SALMAN RUSHDIE, 1947 in Bombay geboren, studierte in Cambridge Geschichte. Mit seinem Roman »Mitternachtskinder« wurde er weltberühmt. Seine Bücher erhielten renommierte internationale Preise, er wurde u. a. als der beste aller Booker-Preisträger ausgezeichnet, 1996 wurde ihm der Aristeion-Literaturpreis der EU zuerkannt. 2007 schlug ihn die Queen zum Ritter. Zuletzt erschien bei C. Bertelsmann sein Roman »Golden House«.

»Gebt Salman Rushdie den Nobelpreis.« *FAZ*

Außerdem von Salman Rushdie lieferbar:

Grimus, *Roman*
Mitternachtskinder, *Roman*
Scham und Schande, *Roman*
Das Lächeln des Jaguars, *Eine Reise durch Nicaragua*
Die Satanischen Verse, *Roman*
Harum und das Meer der Geschichten, *Roman*
Heimatländer der Phantasie, *Essays und Kritiken*
Osten, Westen, *Kurzgeschichten*
Des Mauren letzter Seufzer, *Roman*
Der Boden unter ihren Füssen, *Roman*
Wut, *Roman*
Shalimar der Narr, *Roman*
Joseph Anton, *Die Autobiografie*
Zwei Jahre, acht Monate und achtundzwanzig Nächte, *Roman*
Golden House, *Roman*

Besuchen Sie uns auf www.penguin-verlag.de und Facebook.

Salman Rushdie

ÜBERSCHREITEN SIE DIESE GRENZE!

Schriften 1992–2002

Aus dem Englischen von
Gisela Stege, Barbara Heller und
Rudolf Hermstein

Die Originalausgabe erschien 2002 unter dem Titel
»Step across this Line. Collected Non-Fiction 1992–2002«
bei Jonathan Cape, London.

Sollte diese Publikation Links auf Webseiten Dritter enthalten,
so übernehmen wir für deren Inhalte keine Haftung, da wir uns diese
nicht zu eigen machen, sondern lediglich auf deren Stand
zum Zeitpunkt der Erstveröffentlichung verweisen.

Verlagsgruppe Random House FSC® N001967

PENGUIN und das Penguin Logo sind Markenzeichen
von Penguin Books Limited und werden
hier unter Lizenz benutzt.

1. Auflage 2019
Copyright © 2002 by Salman Rushdie
Abb. Seite 153 Copyright © Richard Avedon
Alle Rechte an der Übertragung ins Deutsche
beim Rowohlt Verlag, Reinbek bei Hamburg
Copyright © dieser Ausgabe 2019 by
Penguin Verlag in der Verlagsgruppe Random House GmbH,
Neumarkter Straße 28, 81673 München
Umschlag: buerosued.de unter Verwendung
eines Motivs von plainpicture / goZooma / Jörg Dickmann
Druck und Bindung: GGP Media GmbH, Pößneck
Printed in Germany
978-3-328-10353-0
www.penguin-verlag.de

Dieses Buch ist auch als E-Book erhältlich.

Für Christopher Hitchens
und für Gisela Stege (1927–2003)
in Dankbarkeit

INHALT

TEIL EINS: ESSAYS 11
Out of Kansas 13
Die besten jungen britischen Romanciers 53
Angela Carter 60
Beirut Blues 70
Arthur Miller mit achtzig 74
Wieder einmal – Zur Verteidigung des Romans 78
Bemerkungen über das Schreiben und die Nation 90
Einfluss 96
Die Adaptation der *Mitternachtskinder* 106
Reservoir Frogs (oder Lokale, die *Mama's* heißen) 121
Heavy Threads: Frühe Abenteuer im
 Klamottenhandel 125
In der Voodoo Lounge 130
Rockmusik – Notizen aus der Hinterhand 136
U2 138
Eine alternative Karriere 145
Über gesäuertes Brot 148
Über das Fotografiertwerden 151
Crash: Prinzessin Dianas Tod 158
Der Volkssport: Notizen eines Fans 163
Über die Straußenzucht 185
Eine Commencement-Rede am Bard College, New York 194
»*Imagine There's No Heaven*«: Ein Brief an den
 sechsmilliardsten Erdenbürger 201

»Verdammich, das ist eben der Orient!« 207
Indiens fünfzigster Geburtstag 226
Gandhi heute 234
Der Taj Mahal 242
Das Baburnama 245
Der Traum von einer glorreichen Heimkehr 254

TEIL ZWEI:
BOTSCHAFTEN AUS DEN JAHREN
DER HEIMSUCHUNG   297

TEIL DREI: KOLUMNEN
Drei Staatschefs 365
Das Millennium 368
Zehn Jahre Fatwa 372
Globalisierung 375
Rockmusik 379
Der Trottel des Jahres 383
Kaschmir 387
Nordirland 391
Kosovo 394
Darwin in Kansas 398
Edward Said 401
Pakistan 405
Der Islam und der Westen 409
Terror vs. Sicherheit 412
Jörg Haider 416
Amadou Diallo 420
Elián González 424
J. M. Coetzee 428
Fidschi 432
Sport 436

Zwei Abstürze 440
Senator Lieberman 444
Der Human Rights Act 447
Auf ins Wahlmännerkollegium 450
Eine große Koalition? 454
Wie der Grinch Amerika gestohlen hat 458
Die Korruption meldet sich zurück 462
Tiger und Drache 466
Ich war's nicht 470
Abtreibung in Indien 474
Reality-TV 478
Die Freilassung der Bulger-Mörder 482
Arundhati Roy 486
Telluride 490
Die Angriffe auf Amerika 494
Nicht um den Islam? 498
Antiamerikanismus 502
Gott in Gujarat 506

**TEIL VIER:
ÜBERSCHREITEN SIE DIESE GRENZE! 511**

Danksagung 559
Register 560

TEIL I: **ESSAYS**

Out of Kansas

Meine erste Kurzgeschichte schrieb ich mit zehn Jahren in Bombay. Ihr Titel lautete *Over the Rainbow*. Sie bestand aus etwa einem Dutzend Seiten, von der Sekretärin meines Vaters gewissenhaft auf Durchschlagpapier getippt, und ging bei den vielen Umzügen meiner Familie, die uns zwischen Indien, England und Pakistan hin- und herführten, schließlich verloren. Kurz vor seinem Tod im Jahre 1987 behauptete mein Vater, in einem alten Aktenhefter eine halb vermoderte Kopie gefunden zu haben, legte sie mir aber trotz meiner inständigen Bitten niemals vor. Ich habe oft über diesen Vorfall nachgedacht. Vielleicht hatte er die Geschichte ja gar nicht gefunden, sondern nur den Verlockungen der Phantasie nachgegeben, und dies war das letzte von zahlreichen Märchen, die er mir erzählt hatte. Oder er hatte sie doch gefunden, sie aber als einen Talisman und Erinnerung an problemlosere Zeiten für sich behalten, sie als seinen – nicht meinen – persönlichen Schatz betrachtet, als seinen Topf voll nostalgischem, elterlichem Gold.

An die Geschichte selbst erinnere ich mich nicht mehr genau. Sie handelte von einem zehnjährigen Jungen aus Bombay, der eines Tages zufällig auf den Anfang eines Regenbogens stößt, einen Ort, der ebenso schwer aufzufinden ist wie das Ende mit dem Topf voll Gold und nicht weniger verheißungsvoll. Der Regenbogen ist breit, so breit wie der Bürgersteig, und sieht aus wie eine riesige Treppenflucht. Natürlich beginnt der Junge hinaufzusteigen. Seine Abenteuer habe ich so gut wie vollständig vergessen, bis auf die

Begegnung mit einem sprechenden Pianola, dessen Persönlichkeit eine unmögliche Mischung aus Judy Garland, Elvis Presley und den »Playback Singers« der Hindi-Filme ist, gegen die *Der Zauberer von Oz* wirkt wie eine biedere Abfolge von Küchenliedern.

Mein schlechtes Gedächtnis – das, was meine Mutter als »Vergesserei« bezeichnen würde – ist vermutlich ein Segen. An alles, was wichtig ist, erinnere ich mich jedenfalls. Ich erinnere mich, dass *Der Zauberer von Oz* (der Film, nicht das Buch, das ich als Kind nicht gelesen habe) das erste literarische Produkt war, das mich beeinflusste. Mehr noch: Ich erinnere mich, dass ich, als zum ersten Mal die Rede davon war, mich möglicherweise in England zur Schule zu schicken, diesen Vorschlag ebenso aufregend fand wie eine Reise hinter den Regenbogen. England war für mich ein nicht weniger wundervolles Ziel als Oz.

Der Zauberer hingegen wohnte bei uns in Bombay. Mein Vater, Anis Ahmed Rushdie, war ein märchenhafter Vater für kleine Kinder, aber er neigte auch zu Explosionen, donnernden Wutausbrüchen, emotionalen Blitzschlägen, Rauchwolken von schnaubendem Drachenqualm und anderen Einschüchterungsversuchen, wie sie von Oz praktiziert wurden, diesem großen, furchtbaren, dem ersten Zauberer de luxe. Als sich später dann der Vorhang hob und wir, seine heranwachsenden Sprösslinge, (wie Dorothy) die Wahrheit über den Humbug der Erwachsenen entdeckten, fiel es uns leicht, genau wie sie unseren Zauberer für einen wirklich sehr bösen Mann zu halten. Ein halbes Leben lang brauchte ich, um zu entdecken, dass des Großen Oz' *apologia pro vita sua* haargenau auf meinen Vater passte; dass auch er ein guter Mensch, aber ein ziemlich miserabler Zauberer war.

Ich habe mit diesen persönlichen Reminiszenzen begonnen, weil *Der Zauberer von Oz* ein Film ist, dessen treibende Kraft die Unzulänglichkeit der Erwachsenen ist, selbst der guten Erwachsenen. Anfangs zwingen die Schwächen der Erwachsenen die kleine Dorothy, die Kontrolle über ihr Schicksal (und das ihres Hundes) selbst in die Hand zu nehmen. Damit beginnt ironischerweise für sie der Prozess, selber zur Erwachsenen zu werden. Der Weg von Kansas nach Oz ist ein Ritus des Übergangs von einer Welt, in der Dorothys Pflegeeltern, Tante Em und Onkel Henry, ihr nicht helfen können, ihren Hund Toto vor der bösen Miss Gulch zu retten, in eine Welt, in der die Menschen nicht größer sind als sie selbst und in der sie nicht als Kind behandelt wird, sondern als Heldin. Zu diesem Ruf gelangt sie allerdings rein zufällig, weil sie mit dem Beschluss ihres Hauses, die böse Hexe des Ostens zu zerquetschen, nicht das Geringste zu tun hatte; am Ende ihres Abenteuers ist sie jedoch so groß geworden, dass sie deren Schuhe, die berühmten rubinroten Schuhe, ausfüllen kann. »Wer hätte gedacht, dass ein so gutes kleines Mädchen meine herrliche Bosheit vernichten würde«, lamentiert die böse Hexe des Westens, als sie dahinschmilzt – eine Erwachsene, die kleiner wird als ein Kind und vor einem Kind zurückweicht. Während die böse Hexe des Westens dahinschmilzt, sieht man, dass Dorothy aufzuwachsen scheint. Das ist meiner Ansicht nach eine weitaus zufriedenstellendere Erklärung für Dorothys neu gewonnene Macht über die rubinroten Schuhe als die sentimentalen Gründe, die von der unsäglich gefühlsduseligen guten Hexe Glinda und dann von Dorothy selbst in dem süßlichen Schluss genannt werden, einem Schluss, der für mich nicht zu dem eher anarchischen Geist des Filmes passt. (Mehr darüber später.)

Angesichts der Hilflosigkeit von Tante Em und Onkel Henry gegenüber Miss Gulch, die den Hund Toto vernichten will, beschließt Dorothy, wie Kinder es eben tun, von zu Hause wegzulaufen – zu fliehen. Das ist der Grund, warum sie sich, als der Tornado zuschlägt, nicht mit den anderen im Sturmkeller aufhält, sondern zu einer Flucht davongewirbelt wird, die ihre kühnsten Träume übersteigt. Als sie später jedoch mit der Schwäche des Zauberers von Oz konfrontiert wird, läuft sie nicht davon, sondern zieht tapfer zu Felde – zunächst gegen die Hexe, dann aber gegen den Zauberer selbst. Die Unfähigkeit des Zauberers ist eine der vielen Symmetrien des Films und passt zu den Schwächen von Dorothys

Verwandten; wichtig ist jedoch Dorothys unterschiedliche Reaktion auf diese beiden.

Der Zehnjährige, der sich im Metro-Kino von Bombay den Film *Der Zauberer von Oz* ansah, wusste sehr wenig von fremden Ländern und noch weniger vom Erwachsenwerden. Dafür wusste er sehr viel mehr vom Kino des Phantastischen als jedes westliche Kind im selben Alter. Im Westen war *Der Zauberer von Oz* etwas Ausgefallenes, ein Versuch, so etwas wie die lebensechte Action-Version eines Comics von Walt Disney zu machen, obwohl die Filmindustrie wusste (wie sich die Zeiten ändern!), dass Fantasy-Filme gewöhnlich ein Flop wurden. Es scheint nur wenig Zweifel daran zu geben, dass es der große Erfolg von *Schneewittchen und die sieben Zwerge* war, der MGM veranlasste, einem 39 Jahre alten Buch seine ganze, uneingeschränkte Aufmerksamkeit zukommen zu lassen. Dies war jedoch nicht die erste Filmversion. Den Stummfilm von 1925 habe ich nicht gesehen, aber es heißt, dass er nicht gut sein soll. Immerhin jedoch gab Oliver Hardy darin den Blechmann.

Der Zauberer von Oz spielte so gut wie gar kein Geld ein, bis er Jahre nach seinem ursprünglichen Kinostart zu einem oft wiederholten Film im Fernsehen wurde, obwohl – das sollte man nicht vergessen – die Tatsache, dass er nur wenige Tage vor dem Beginn des Zweiten Weltkriegs anlief, seine Chancen mit Sicherheit verringert hat. In Indien dagegen passte er genau in das, was damals der Mainstream der »Bollywood«-Filmproduktion war und es bis heute geblieben ist.

Es ist leicht, sich über die kommerzielle Filmindustrie in Indien lustig zu machen. In James Ivorys Film *Bombay Talkie* (deutsch *Hollywood in Bombay*) besucht eine Journalistin (die 1984 verstorbene, rührende Jennifer Kendal) ein Aufnahmestudio und beobachtet eine verblüffende Tanznummer, bei der knapp bekleidete Mädchen auf den Tasten einer riesigen Schreibmaschine tanzen. Der Regisseur erklärt ihr, dies sei nichts weniger als die Schreibmaschine des Lebens, und dass wir alle auf dieser gigantischen Maschine

»die Geschichte unseres Schicksals« tanzen. »Das ist sehr symbolisch«, sagt die Journalistin. Und der Regisseur antwortet mit leicht verkniffenem Lächeln: »Danke.«

Schreibmaschinen des Lebens, Sexgöttinnen in nassen Saris (das indische Äquivalent zu nassen T-Shirts), Götter, die vom Himmel herabsteigen, um in die Probleme der Menschen einzugreifen, Zaubertränke, Superhelden, dämonische Bösewichter und so weiter waren schon immer das Hauptvergnügen der indischen Kinofans. Die blonde Glinda, die in ihrer magischen Seifenblase im Zwergenland erscheint, mochte Dorothy eine Bemerkung über die hohe Geschwindigkeit und ausgefallene Art der Transportmittel in Oz entlocken, für ein indisches Publikum dagegen erschien Glinda genau so, wie es einem Gott angemessen sein sollte: *ex machina*, aus ihrer göttlichen Maschine. Auch die orangefarbenen Rauchwolken der bösen Hexe des Westens waren ihrem superbösen Image angemessen. Dennoch bestehen trotz aller Ähnlichkeiten zwischen dem Kino von Bombay und einem Film wie *Der Zauberer von Oz* gravierende Unterschiede. Gute Feen und böse Hexen mögen, oberflächlich betrachtet, den Gottheiten und Dämonen des Hindu-Pantheons gleichen, in Wirklichkeit aber ist einer der auffallendsten Aspekte des Weltbilds im *Zauberer von Oz* sein fröhlicher und fast vollständiger Säkularismus. Religion wird in dem Film nur einmal erwähnt: Als Tante Em, sprühend vor Wut über die grässliche Miss Gulch, dieser erklärt, dass sie seit Jahren auf eine Gelegenheit warte, ihr mitzuteilen, was sie von ihr hält, »und jetzt ... verbietet mir die Nächstenliebe, es Ihnen zu sagen«. Von diesem Moment abgesehen, in dem die christliche Nächstenliebe ein paar gute alte, deutliche Worte verhindert, ist der Film auf eine befreiend frische Art gottlos. In Oz selbst findet man keine Spur von Religion. Böse Hexen werden gefürchtet, gute geliebt, aber keine von beiden wird zur Heiligen erklärt; und obwohl der Zauberer von Oz als nahezu allmächtig gilt, denkt niemand daran, ihn anzubeten. Dieses Fehlen höherer Werte trägt deutlich zum Charme des Films bei und ist ein wichtiger Grund für seinen

Erfolg, weil eine Welt gezeigt wird, in der nichts mehr Bedeutung hat als die Liebe, Fürsorge und Bedürfnisse der Menschen (und natürlich der Blechwesen, Strohwesen, Löwen und Hunde).

Der andere Unterschied ist schwerer zu definieren, weil er letztlich eine Frage der Qualität ist. Die meisten Hindi-Filme waren damals und sind jetzt das, was man wirklich nur als Schund bezeichnen kann. Das Vergnügen, das man an solchen Filmen haben kann (und einige sind überaus vergnüglich), ähnelt dem Spaß beim Essen von Junkfood. Der klassische *Bombay Talkie* stützt sich auf Drehbücher von erschreckender Abgedroschenheit, wirkt grellbunt-geschmacklos und vulgär und verlässt sich voll auf die Beliebtheit seiner Stars bei den Massen und darauf, dass die Musiknummern ein bisschen Schwung hineinbringen. *Der Zauberer von Oz* verfügt ebenfalls über Filmstars und Musiknummern, ist aber zugleich eindeutig ein guter Film. Er nimmt die Phantasie Bombays und ergänzt sie durch hohen Produktionswert und noch etwas anderes. Nennen wir es imaginative Wahrheit. Nennen wir es (na los, zieht nur schon die Revolver) Kunst.

Doch wenn *Der Zauberer von Oz* ein Kunstwerk ist, dann ist es äußerst schwierig zu sagen, wer der Künstler war. Die Geburt des Landes Oz ist selbst bereits Legende geworden: L. Frank Baum, der Autor, benannte seine Zauberwelt nach den Buchstaben O-Z auf der untersten Schublade seines Karteikartenschranks. Baums eigenes Leben glich auf sonderbare Weise einer Achterbahn. Reich geboren, erbte er von seinem Vater eine Kette kleiner Kinos, die er durch Missmanagement alle verlor. Er schrieb ein erfolgreiches Theaterstück und mehrere Stücke, die Flops waren. Die Oz-Bücher machten ihn zu einem der führenden Kinderbuchautoren seiner Zeit, doch seine übrigen Fantasy-Romane fielen allesamt durch. *The Wonderful Wizard of Oz* sowie eine Musical-Adaptation des Buchs für die Bühne brachten Baums Finanzen zeitweise wieder ins Gleichgewicht, doch ein finanziell katastrophaler Versuch zu einer Tournee durch Amerika, auf der er mit einem so genannten »Fairylogue« aus Dias und Filmen für seine Bücher werben wollte, führte im Jahre 1911 erneut zum Bankrott. Von da an wurde Baum zu einer etwas schäbigen, doch immer noch mit seinem Gehrock bekleideten Gestalt und lebte auf Kosten seiner Frau in »Ozcot« in Hollywood, wo er Hühner züchtete und auf Blumenschauen Preise gewann. Nach dem kleinen Erfolg eines anderen Musicals, *The Tik-Tok Man of Oz*, besserten sich seine Finanzen, doch er ruinierte sie abermals, als er eine eigene Filmgesellschaft gründete, die Oz Film Company, und erfolglos versuchte, die Oz-Bücher zu verfilmen und zu vertreiben. Nach zwei Jahren, in denen er bettlägerig, aber, wie wir erfuhren, immer noch optimistisch war, starb Baum im Mai 1919. Sein Gehrock dagegen lebte weiter und sollte auf seltsame Weise Unsterblichkeit erringen.

The Wonderful Wizard of Oz, erschienen im Jahre 1900, enthält bereits viele Zutaten des Zaubertranks: Alle wichtigen Personen und Ereignisse sind vorhanden, ebenso die wichtigsten Örtlichkeiten, der gelbe Steinweg, das tödliche Mohnfeld und Emerald City, die Smaragdstadt. Dennoch ist der spätere Film, *Der Zauberer von Oz*, eine große Seltenheit, denn es handelt sich dabei um einen Film, der besser ist als das gute Buch, aus dem er entstand. Zu den Veränderungen gehört die Erweiterung des Kansas-Teils, der im Roman vor dem Einsetzen des Tornados genau zwei Seiten und am Ende neun Zeilen umfasst. Die Handlung im Oz-Teil dagegen ist vereinfacht, indem mehrere Nebenhandlungen hinausgeworfen wurden, unter anderem der Besuch bei den kämpfenden Bäumen, das zierliche Porzellanland und die Quadlings, die im Roman kurz nach dem dramatischen Höhepunkt, der Vernichtung der Hexe, kommen und den erzählerischen Schwung des Buchs unterbrechen. Außerdem gibt es zwei sogar noch wichtigere Veränderungen: bei der Farbe der Stadt des Zauberers und der Farbe von Dorothys Schuhen.

Frank Baums Smaragdstadt war nur grün, weil jeder Bewohner eine smaragdgrüne Brille tragen musste, während es sich im Film um ein richtig futuristisches Chlorophyllgrün handelt, das heißt bis auf das Chamäleonpferd. Das Pferd verändert in jeder neuen Einstellung seine Farbe, ein Effekt, den man erreichte, indem man es mit pulverisierter Gelatine in vielen verschiedenen Farbtönen einstäubte.*

Auch die rubinroten Schuhe hat Frank Baum nicht erfunden. Er nannte sie Silberschuhe. Baum glaubte, Amerikas Stabilität erfordere einen Wechsel vom Gold- zum Silberstandard, und die Schuhe waren eine Metapher für die magischen Vorteile des Silbers. Noel Langley, der erste der drei preisgekrönten Drehbuchautoren, hielt sich ursprünglich an Baums Vorstellung. Aber in seinem vierten Skript, dem Skript vom 14. Mai 1938, bekannt als das DO-NOT-MAKE-CHANGES-Skript, wurde das schwerfällige, metallische und überhaupt nicht märchenhafte Schuhwerk verworfen, und man führte die unsterblichen Juwelenschuhe ein, vermutlich als Reaktion auf die Forderung nach Farbe. (In Einstellung 114 erscheinen »die rubinroten Schuhe an Dorothys Füßen; sie funkeln und glitzern in der Sonne«.)

Auch andere Autoren ergänzten den fertigen Film um wichtige Einzelheiten. Florence Ryerson und Edgar Allan Woolf waren vermutlich für »Es ist nirgends besser als daheim« verantwortlich, einen Satz, der für mich die am wenigsten überzeugende Idee des Filmes beinhaltet (es ist eine Sache, dass Dorothy sich nach Hause sehnt, eine ganz andere jedoch, dass ihr das nur gelingen kann, indem sie den idealen Staat verherrlicht, der Kansas ganz offensichtlich keineswegs ist).**

Doch auch in dieser Hinsicht gibt es verschiedene Meinungen. Eine Mitschrift aus dem Studio lässt darauf schließen, dass es der Co-Produzent Arthur Freed gewesen sein könnte, der als Erster

---

* Siehe Aljean Harmetz' *The Making of the Wizard of Oz*, Pavilion Books, 1989.
** Als ich diesen Essay 1992 veröffentlichte, war die Idee des »Daheim« aus Gründen, die ich hier nicht wiederholen möchte, problematisch geworden. (Aber schlagen Sie Teil II nach, »Botschaften aus den Jahren der Heimsuchung«.) Ich will nicht leugnen, dass ich in jenen Zeiten viel über die Vorteile eines Paars schöner rubinroter Schuhe nachgedacht habe.

diesen putzigen Slogan ins Spiel brachte. Und nach einigen Auseinandersetzungen zwischen Langley und Ryerson-Woolf war es wohl der Autor der Songtexte Yip Harburg, der das endgültige Drehbuch zusammensetzte und die entscheidende Szene einfügte, in der der Zauberer, da er den Gefährten nicht geben kann, was sie verlangen, ihnen stattdessen Symbole aushändigt, die dann auch, zu unserer Genugtuung, ihre Wirkung tun. Der Name der Rose ist, wie sich herausstellt, letztlich doch Rose.

Wer also ist im Grunde der *auteur* des *Zauberers von Oz?* Tatsächlich kann diese Ehre kein einzelner Schreiber für sich beanspruchen, nicht mal der Autor des ursprünglichen Buches. Mervyn LeRoy und Arthur Freed, die Produzenten, haben beide ihre Favoriten. Mindestens vier Regisseure arbeiteten an dem Film, allen voran Victor Fleming, der aber vor dem Ende der Dreharbeiten aufhörte (und nicht gerade rühmlich durch King Vidor ersetzt wurde), um *Vom Winde verweht* zu drehen, ironischerweise genau den Film, der die meisten Oscars einheimste, während *Der Zauberer von Oz* nur drei Mal diese Auszeichnung erhielt: für den besten Song («Over the Rainbow») und die beste Filmmusik sowie einen Special Award für Judy Garland. In Wahrheit kommt ausgerechnet dieser großartige Film, in dem Zänkereien, Entlassungen und Fehler aller Beteiligten etwas hervorbrachten, das man als reinen, mühelosen und irgendwie unvermeidlichen Glücksfall bezeichnen könnte, verdammt dicht an einen Begriff heran, der noch immer durch die moderne Literaturtheorie geistert: den autorlosen Text.

Das Kansas, wie L. Frank Baum es beschreibt, ist ein trostloses Land, in dem alles grau ist, so weit das Auge reicht – die Prärie ebenso wie das Haus, in dem Dorothy wohnt. Tante Em und Onkel Henry werden wie folgt beschrieben: »Sonne und Wind ... hatten das strahlende Leuchten in ihren Augen gelöscht und sie nüchtern-grau werden lassen; auch das Rot von ihren Wangen und Lippen hatten sie vertrieben und sie grau gemacht. Tante Em war dünn und ausgemergelt, und gelächelt hatte sie schon lange nicht mehr.« Und: »Onkel Henry lachte niemals. Auch er war grau, von seinem langen Bart bis zu den derben Stiefeln hinab.« Und der Himmel? »Er war sogar noch grauer als sonst.« Nur Toto blieb diese allgemeine Grauheit zum Glück erspart. Er »rettete Dorothy davor, ebenso grau zu werden wie ihre Umwelt«. Der Hund war zwar nicht gerade sehr farbig, doch seine Augen zwinkerten lustig, und sein Fell war seidenweich. Toto war schwarz.

Aus dieser Grauheit heraus – der zunehmenden, sich zusammenbrauenden Grauheit dieser trostlosen Welt – kommt das Unheil. Der Tornado ist die gebündelte Grauheit; er wirbelt und wirbelt und wird sozusagen gegen sich selbst entfesselt. All diesen Schilderungen folgt der Film erstaunlich werksgetreu, indem die Kansas-Szenen in jenem Ton gedreht werden, den wir Schwarzweiß nennen, der aber in Wirklichkeit aus einer Vielzahl von Grauschattierungen besteht, und die Bilder immer dunkler werden, bis der Wirbelwind sie einsaugt und zerfetzt.

Es gibt jedoch auch noch eine andere Möglichkeit, den Tornado zu sehen. Dorothy hat einen Nachnamen: Gale, zu Deutsch Sturm. Und in vieler Hinsicht ist auch Dorothy der Sturm, der durch diesen kleinen Winkel im Nichts dahinfegt. Sie fordert Gerechtigkeit für ihren kleinen Hund, während die Erwachsenen eingeschüchtert der mächtigen Miss Gulch nachgeben. Sie ist bereit, mit der grauen Unabwendbarkeit ihres Lebens zu brechen, indem sie ausbüxt, kehrt in ihrer Gutherzigkeit jedoch sofort um, als sie von Professor Marvel erfährt, Tante Em sei untröstlich darüber, dass sie davongelaufen ist. Dorothy ist die Lebenskraft von Kansas, genau wie Miss Gulch die Macht des Todes ist; und vielleicht ist es Dorothys innerer Aufruhr, der Wirbelsturm von Gefühlen, die in dem Konflikt zwischen Dorothy und Miss Gulch entstehen, der sich in der großen, finsteren Schlangenröhre der Wolke materialisiert, welche über die Prärie dahintobt und die Welt in sich hineinschlingt.

Das Kansas im Film ist ein bisschen weniger erbarmungslos öde als das Kansas im Buch, wenn auch nur durch die Einführung der drei Farmarbeiter und des Professors Marvel, vier Personen, die ihren »Reim«, ihr Gegenstück, in den drei Freunden von Oz und dem Zauberer selbst finden. Andererseits ist das Film-Kansas auch beängstigender, denn ihm wird noch etwas wirklich Böses hinzugefügt: die knochendürre Miss Gulch und ihr Profil, mit dem man einen Truthahn tranchieren könnte, wie sie mit einem Hut wie ein Plumpudding oder eine Bombe steif auf ihrem Fahrrad umhergondelt und für ihren Kreuzzug gegen Toto den Schutz des Gesetzes fordert. Dank Miss Gulch ist das Film-Kansas nicht nur durch die Trostlosigkeit erdgrauer Armut definiert, sondern auch durch die Bösartigkeit von Möchtegern-Hundemörderinnen.

Und *das* soll die Heimat sein, der kein anderer Ort gleichkommt? *Das* ist das verlorene Paradies, das wir (wie Dorothy) dem Lande Oz vorziehen sollen?

Ich erinnere mich (oder glaube mich zu erinnern), dass mir, als ich den Film zum ersten Mal sah, Dorothys Zuhause ziemlich schäbig vorkam. Ich hatte Glück, denn ich besaß ein schönes, gemütliches Zuhause, was mich zu der Überzeugung brachte, wenn *ich* nach Oz versetzt worden wäre, hätte ich mir natürlich gewünscht, nach Hause zurückkehren zu können. Aber Dorothy? Vielleicht sollten wir sie einmal zu uns einladen, dachte ich. Alles schien mir besser zu sein als *das*.

Und noch etwas anderes dachte ich mir, das ich nunmehr wohl eingestehen sollte, denn es flößte mir sowohl eine klammheimliche Hochachtung ein für Miss Gulch und ihr Gegenstück, die böse Hexe, als auch, wie manche sagen würden, ein geheimes Mitgefühl für alle Personen ihrer hexenhaften Veranlagung – alles Gefühle, die sich bis jetzt in mir erhalten haben: Ich konnte Toto nicht ausstehen. Ich kann es immer noch nicht. So wie Gollum es von dem Hobbit Bilbo Baggins in einem anderen großartigen Fantasy-Roman sagte: »*Baggins*: Wir hassen ihn zu Tode.«

Toto, dieses kleine, kläffende Haarteil von einem Hund, dieser lästige Kehrbesen! Löblicherweise hatte L. Frank Baum dem

Hund eine eindeutig mindere Rolle gegeben: Toto hielt Dorothy bei Laune, und wenn sie nicht fröhlich war, neigte er dazu, »jämmerlich zu winseln« – kein besonders liebenswerter Zug. Der einzig wirklich wichtige Beitrag, den er in der Baum'schen Erzählung leistet, besteht darin, dass er zufällig den Wandschirm umstößt, hinter dem sich der Zauberer verbirgt. Der Film-Toto dagegen reißt eher absichtlich einen Vorhang herunter, um den großen Humbug zu entlarven, was ich trotz allem als einen sehr ärgerlichen Kinderstreich empfand. Als ich hörte, dass der Köter, der Toto spielte, regelrechte Starallüren hatte und einmal sogar mit einem Nervenzusammenbruch die Dreharbeiten aufhielt, war ich keineswegs verwundert. Mich hat es immer schon geärgert, dass Toto das einzige Objekt wahrer Liebe in diesem Film sein sollte. Doch jeder Protest ist sinnlos (wenngleich befriedigend). Längst kann mich niemand mehr von diesem quirligen Toupet befreien.

Als ich den *Zauberer von Oz* zum ersten Mal sah, machte das Erlebnis einen Schriftsteller aus mir. Viele Jahre später begann ich das Garn zu spinnen, aus dem letztlich *Harun und das Meer der Geschichten* entstand. Ich hatte das starke Gefühl, es müsste – wenn ich den richtigen Ton treffen könnte – möglich sein, die Geschichte so zu erzählen, dass sie sowohl für Erwachsene als auch für Kinder von Interesse sein würde. Die Welt der Bücher ist zu einem stark kategorisierten und abgegrenzten Tummelplatz geworden, auf dem Kinderbücher nicht nur eine Art Ghetto, sondern auch in Literatur für verschiedene Altersgruppen unterteilt sind. Das Kino dagegen hat sich immer wieder über eine derartige Kategorisierung hinweggesetzt. Von Spielberg bis zu Schwarzenegger, von Disney bis zu Gilliam hat das Kino häufig Filme herausgebracht, vor denen Kinder und Erwachsene fröhlich nebeneinander sitzen. *Falsches Spiel mit Roger Rabbit* habe ich mir an einem Nachmittag in einem Kino voll aufgeregter, lärmender Kinder angesehen und bin dann am folgenden Abend zu einer Zeit, die zu spät für die Kinder war, noch einmal in eine Vorstellung gegangen, damit ich alle

Gags genießen, über die Insider-Witze der Filmindustrie lachen und noch einmal das brillante Toontown-Konzept bewundern konnte. Aber von allen Filmen war es *Der Zauberer von Oz*, der mir die größte Hilfe bei der Suche nach dem richtigen Ton für *Harun* geboten hat. Der Einfluss des Films ist deutlich im Text zu sehen. In Haruns Begleitern erkennt man sofort das Echo der Freunde, die mit Dorothy den gelben Steinweg entlangtanzten.

Und nun werde ich etwas Seltsames tun, etwas, das meine Liebe zu diesem Film zerstören müsste, es aber nicht tut: Ich sehe mir eine Videoaufzeichnung an – mit einem Notizbuch auf dem Schoß, einem Stift in der einen und der Fernbedienung in der anderen Hand, während ich den *Zauberer von Oz* der Demütigung der Zeitlupe, des Schnellvorlaufs und des Bildstopps unterwerfe, also versuche, das Geheimnis des Zaubertricks zu entdecken; und tatsächlich, ich sehe Dinge, die mir bis dahin noch nie aufgefallen waren ...

Der Film beginnt. Wir befinden uns in der monochromen, der »realen« Welt von Kansas. Ein kleines Mädchen läuft mit seinem Hund einen Feldweg entlang. »Nein, sie kommt uns nicht nach, Toto. Hat sie dir wehgetan? Sie darf dir nichts tun!« Ein reales Mädchen, ein realer Hund und mit der allerersten Textzeile der Anfang eines realen Dramas. Aber Kansas ist nicht real, nicht realer als Oz. Kansas ist ein Ölgemälde. Dorothy und Toto sind in den MGM-Studios ein kurzes Stück des »Feldwegs« entlanggelaufen, und diese Einstellung ist zu einem Bild der Leere gestaltet worden. Die »reale« Leere würde vermutlich nicht leer genug sein. Sie hält sich so dicht an das allgemeine Grau von Frank Baums Geschichte, dass es kaum einen Unterschied gibt; die Leere wird nur durch ein paar Zäune und die vertikalen Striche der Telegrafenmasten durchbrochen. Wenn Oz *nirgendwo* ist, dann suggeriert das Kansas-Szenenbild des Studios, dass gerade Kansas ebenfalls *nirgendwo* ist. Das ist notwendig. Eine realistische Darstellung der extremen Armut, in der Dorothy Gale lebt, hätte eine Bürde geschaffen, eine Schwerfälligkeit, die den imaginären Sprung ins Märchenland, den schwerelosen Flug nach Oz hinein unmöglich gemacht hätte. Die Märchen der Gebrüder Grimm sind zwar häufig realistisch. In *Der Fischer und seine Frau* wohnt dieses eponyme Paar, bis die beiden dem Butt begegnen, in einer Bude, die kurz und bündig als »Pisspott« beschrieben wird. In vielen Kinderversionen der Grimm'schen Märchen wird der Pisspott jedoch zur Elendshütte oder noch etwas Schönfärberischerem herabgemildert. In Hollywood befleißigte man sich stets dieser Weichzeichner-Version. Dorothy wirkt außerordentlich wohlgenährt und ist nicht wirklich, sondern *unwirklich* arm.

Sie erreichen den Farmhof, und hier sehen wir (wenn wir das Bild anhalten) den Anfang eines visuellen Motivs, das immer wiederkehren wird. In der Szene, die wir angehalten haben, sind Dorothy und Toto im Hintergrund und steuern auf das Hoftor zu. Links in der Szene ist ein Baumstamm zu sehen, eine vertikale Linie, welche die Telegrafenmasten der vorigen Szene wiederholt. An einem annähernd horizontalen Ast hängen ein Triangel (zum Herbeirufen der Farmhelfer zum Abendessen) und ein Kreis (das heißt ein Autoreifen). Im Mittelgrund sehen wir weitere geometrische Elemente: die parallelen Linien des Zaunes, die teilende Diagonale des Holzbalkens am Tor. Wenn wir später das Haus betrachten, entdecken wir abermals diese schlichte Geometrie; alles besteht aus rechten Winkeln und Dreiecken. Die Welt von Kansas, die große Leere, wird durch den Einsatz einfacher, unkomplizierter Figuren zum »Zuhause« gestaltet; hier gibt es keine verstädterte Vielfalt. Im ganzen *Zauberer von Oz* werden Zuhause und Sicherheit durch diese geometrische Einfalt gekennzeichnet, während Gefahr und Böses unweigerlich gewunden, unregelmäßig und missgestaltet sind.

Eine ebenso unzuverlässige, sich windende, sich ständig verändernde Form ist auch der Tornado. Entfesselt, losgelassen vernichtet er die schlichten Formen des einfachen, schmucklosen Lebens.

Diese Kansas-Sequenz erinnert nicht nur an Geometrie, sondern ganz allgemein an Mathematik. Als Dorothy wie ein aufgewühlter Wirbelwind in ihrer Angst um Toto zu Tante Em und Onkel Henry läuft – womit sind die beiden gerade beschäftigt? Warum schicken sie sie davon? »Wir sind doch jetzt beim Zählen«, tadeln sie sie, während sie die Bilanz ihrer Hühnerzucht ziehen und metaphorische Küken zählen, ihre kleine Hoffnung auf ein Einkommen, die der Tornado kurz darauf davonfegen wird. So errichtet Dorothys Familie mit einfachen Figuren und Zahlen ihre Abwehr gegen die immense und aufreizende Leere; Abwehrmechanismen, die natürlich sinnlos sind.

Nach Oz vorgreifend, wird deutlich, dass diese Gegenüberstellung von Geometrie und Schnörkeln kein Zufall ist. Man braucht sich nur den Beginn des gelben Steinwegs anzusehen: Er ist eine perfekte Spirale. Man beachte Glindas Transportmittel, diese perfekt kugelförmige, leuchtende Luftblase. Man beachte die straffe Aufstellung der Zwerge, die Dorothy begrüßen und ihr für den Tod der bösen Hexe des Ostens danken. Später dann die Smaragdstadt: Aus der Ferne gesehen, besteht sie aus senkrechten Strichen, die in den Himmel emporragen! Und nun dagegen die Welt der bösen Hexe des Westens: ihre geduckte Gestalt, ihr missgestalteter Hut. Wie entschwebt sie? In einer formlosen Rauchwolke ... »Nur böse Hexen sind hässlich«, erklärt Glinda Dorothy, eine Bemerkung höchster politischer Inkorrektheit, welche die Animosität des Films gegenüber allem verkörpert, was wirr, krallenkrumm und unheimlich ist. Wälder sind unweigerlich beängstigend – die knorrigen Äste der Bäume könnten zum Leben erwachen –, und der einzige Moment, da Dorothy sogar der gelbe Steinweg Angst einflößt, ist der Moment, als er aufhört, geometrisch (anfangs spiralförmig, dann geradlinig) zu sein, sich teilt und in alle Himmelsrichtungen verzweigt.

Wieder in Kansas, liefert Tante Em die Strafpredigt, welche die Einleitung zu einem der unsterblichen Momente des Kinos ist. »Bilde dir doch nicht immer solche Dinge ein! Du regst dich ganz umsonst auf ... Such dir einen stillen Platz und reg dich nicht mehr auf!«

»Einen Platz ganz ohne Aufregungen? Glaubst du, es gibt einen solchen Platz, Toto? Das muss es doch ...« Jeder, der die Auffassung des Drehbuchschreibers geschluckt hat, dass dieser Film davon handele, wie viel besser »daheim« als »die Fremde« ist und dass die »Moral« des *Zauberers von Oz* so zuckersüßlich ist wie eine kreuzgestickte Lebensweisheit – »Osten, Westen, daheim ist's am besten« –, sollte der Sehnsucht in Judy Garlands Stimme lauschen, wenn sie den Blick hoch in den Himmel richtet. Was sie dadurch ausdrückt, was sie mit der Reinheit des Archetypus verkörpert, ist der menschliche Traum des In-die-Fremde-Gehens, ein Traum, der mindestens so mächtig ist wie der entgegenwirkende Traum von den Wurzeln. Im innersten Kern des *Zauberers von Oz* herrscht eine starke Spannung zwischen diesen beiden Träumen, doch wenn die Musik anschwillt und diese große, klare Stimme in die bangen, sehnsüchtigen Höhen des Songs aufsteigt – kann da noch jemand fragen, welche Botschaft mächtiger ist? In seinen kraftvollsten, gefühlvollsten Momenten ist dies ganz unbestreitbar ein Film über die Freuden des In-die-Fremde-Gehens, des Zurücklassens all der Grauheit und des Eintretens in die Farbe, vom Beginn eines neuen Lebens, an einem »Platz ganz ohne Aufregungen«. »Over the Rainbow« ist – oder sollte es zumindest sein – die Hymne aller Migranten der Welt, all jener, die sich auf die Suche nach einem Platz begeben, wo »die Träume, die man zu träumen wagt, tatsächlich wahr werden«. Dieser Song feiert das Entfliehen, ist ein Lobgesang auf das entwurzelte Ich, eine Hymne – *die* Hymne an das Anderswo.

E. Y. Harburg, Texter von »Brother, Can You Spare a Dime?«, und Harold Arlen, der »It's Only a Paper Moon« mit Harburg schrieb, haben die Songs für den *Zauberer von Oz* komponiert, und die Melodie fiel Arlen tatsächlich vor Schwab's Drugstore in Hollywood ein. Aljean Harmetz notierte Harburgs Enttäuschung über die Vertonung: zu kompliziert für eine Sechzehnjährige, die sie doch singen soll, zu fortschrittlich im Vergleich zu Disney-Hits wie »Heigh Ho, Heigh Ho, It's Off To Work We Go«. »Harburg zuliebe«, setzt Harmetz hinzu, »schrieb Arlen die Melodie für den geschwätzigen Mittelteil des Songs.« *Where troubles melt like lemon drops,/Away above the chimney tops,/That's where you'll find me ...* Kurz gesagt, ein bisschen höher als die Protagonistin in jener anderen Ode an das Entfliehen, »Up on the Roof«.

Dass »Over the Rainbow« Gefahr lief, aus dem Film herausgeschnitten zu werden, ist wohl bekannt und ein Beweis dafür, dass in Hollywood Meisterstücke durch Zufall entstehen, weil es einfach nicht weiß, was es tut. Andere Songs wurden ebenfalls herausgenommen: »The Jitter Bug«, nach fünf Wochen Dreharbeiten, und praktisch alles von »Lions and Tigers and Bears«, das nur als kleine Melodie der Gefährten bestehen bleibt, als sie auf dem gelben Steinweg singen: »Löwen und Tiger und Bären – o weh!« Unmöglich zu sagen, ob der Film mit diesen Songs besser oder schlechter geworden wäre; würde *Catch-22* auch *Catch-22* sein, wenn es unter dem Originaltitel *Catch-18* veröffentlicht worden wäre? Fest steht jedoch, dass sich Yip Harburg (keiner von Judys Bewunderern) geirrt hat, was Garlands Stimme betrifft.

Die Hauptdarsteller der Besetzungsliste beschweren sich, es gebe in diesem Film »nichts zu schauspielern«, und im konventionellen Sinn hatten sie Recht. Aber als Garland »Over the Rainbow« sang, geschah etwas Außergewöhnliches. In diesem Moment verlieh sie dem Film ein Herz. Die Kraft ihrer Wiedergabe ist so stark, süß und tief, dass sie uns durch die ganzen darauf folgenden Spielereien trägt und ihnen sogar einen rührenden Anstrich gibt, einen verletzlichen Charme, der nur durch Bert Lahrs ebenso außergewöhnliche Interpretation des feigen Löwen erreicht wird.

Was könnte man noch über Garlands Dorothy sagen? Die landläufige Meinung besagt, dass sie an Ironie gewinnt, weil ihre Unschuld so krass mit dem kontrastiert, was wir von dem problembeladenen späteren Leben der Schauspielerin wissen. Ich bin nicht sicher, ob das zutrifft, obwohl alle Filmfans dazu neigen, Bemerkungen dieser oder ähnlicher Art zu machen. Ich habe den Eindruck, dass Judy Garlands Erfolg sowohl ihr eigener Verdienst war als auch der des Films. Die Rolle verlangt von ihr einen nahezu unmöglichen Trick. Einerseits soll sie die *Tabula rasa* des Filmes sein, die leere Tafel, auf die sich die Handlung der Geschichte nach und nach selber schreibt – oder, weil dies schließlich ein Film ist, die leere Leinwand, auf der die Handlung stattfindet. Bewaffnet nur mit dem Aussehen großäugiger Unschuld, muss sie ebenso das Objekt des Streifens sein wie sein Subjekt, muss zulassen, dass sie selbst zu dem leeren Gefäß wird, das der Film allmählich füllt. Und dennoch soll sie andererseits – mit ein wenig Hilfe vom feigen Löwen – das gesamte emotionale Gewicht, die ganze zyklonische Wucht des Filmes tragen. Dass sie das schafft, verdankt sie nicht nur der reifen Tiefe ihrer Singstimme, sondern auch ihrer komischen Stämmigkeit, ihrer Ungelenkigkeit, die gerade deswegen so liebenswert wirken, weil sie im Gegensatz zu der affektierten Schönheit, die eine Shirley Temple in die Rolle eingebracht hätte – und es war tatsächlich erwogen worden, Temple diese Rolle zu geben –, halb un-schön ist, *jolie-laide*. Die sauber geschrubbte, ein klein wenig mollige Geschlechtslosigkeit von Judy Garlands Spiel ist es, die diesem Film seine Wirkung verleiht. Man braucht sich nur die katastrophale Koketterie vorzustellen, auf der die junge Shirley bestanden hätte, und wird dem Glück danken, dass die MGM-Manager sich überreden ließen, es mit Judy zu versuchen.

Der Tornado, von dem ich gesagt habe, er sei das Produkt des »Sturms« *(gale)* in Dorothys Namen, bestand eigentlich aus drahtverstärktem Musselin. Ein Requisiteur musste sich in die Musselinröhre hinablassen und von innen helfen, die Nadeln hereinzuziehen und wieder hinauszustechen. »Als wir das enge Ende erreichten, wurde es ziemlich unbequem«, gestand er. Diese Unbequemlichkeit war die Sache jedoch wert, denn daraus, dass der Tornado über Dorothys Haus herfällt, entsteht das zweite wahrhaft mythische Bild des *Zauberers von Oz*: sozusagen der archetypische Mythos des *moving house*.

In dieser Übergangssequenz des Films, in der die irreale Realität von Kansas der realistischen Surrealität der Welt der Zauberei weicht, gibt es, wie es sich für einen Türschwellenmoment gehört, alle möglichen Fenster- und Türenaktivitäten. Erstens öffnen die Farmarbeiter die Türen des Sturmkellers, während Onkel Henry, heldenhaft wie eh und je, Tante Em davon überzeugt, dass sie es sich nicht leisten können, auf Dorothy zu warten. Zweitens kämpft Dorothy, die mit Toto von ihrem Fluchtversuch zurückkehrt, gegen den Wind, um die äußere Fliegendrahttür des Wohnhauses zu öffnen; diese Außentür wird sofort aus den Angeln gerissen und davongeweht. Drittens sehen wir, wie die anderen die Türen des Sturmkellers schließen. Viertens öffnet und schließt Dorothy im Haus die Türen verschiedener Zimmer, während sie aufgeregt nach Tante Em ruft. Fünftens geht Dorothy zum Sturmkeller, dessen Türen jedoch verschlossen sind. Sechstens sucht Dorothy, deren Rufe nach Tante Em jetzt schwach und angstvoll klingen, im Wohnhaus Zuflucht, woraufhin ein Fenster – Echo der Außentür – aus den Angeln gerissen wird und sie bewusstlos schlägt. Sie fällt aufs Bett, und von nun an regiert die Zauberei. Wir haben die wichtigste Schwelle des Films überschritten.

Dieses Manöver – Dorothy bewusstlos werden zu lassen – ist in Frank Baums Originalversion die radikalste und in gewisser Hinsicht schlimmste Veränderung. Denn im Buch besteht keinerlei Zweifel daran, dass Oz real ist, dass es ein Ort derselben Gattung, wenn auch nicht desselben Typs ist wie Kansas. Der Film bringt hier, wie in der TV-Seifenoper *Dallas*, ein Element des Unglaubens ein, weil er die Möglichkeit zulässt, dass alles, was nun folgt, ein Traum ist. Dieser Unglaube hat *Dallas* sein Publikum gekostet und die Serie letztlich erledigt. Dass dem *Zauberer von Oz* das Schicksal der Seifenoper erspart blieb, ist ein Beweis für die allgemeine Integrität des Films, durch die es gelang, dieses haarsträubende Klischee zu überwinden.

Während das Haus durch die Luft fliegt und in der Totale wie ein winziges Spielzeug wirkt, »erwacht« Dorothy. Was sie durchs Fenster sieht, ist eine Art Film – das Fenster dient als Filmleinwand, ein Bild innerhalb eines Bildes –, der sie auf die neue Art Film vorbereitet, in die sie nun eintreten wird. Zu den Spezialeffekten, für die damalige Zeit sehr raffiniert, gehören eine alte Dame, die in ihrem Schaukelstuhl sitzt und strickt, während der Tornado sie vorüberwirbelt, eine Kuh, die gelassen im Auge des Sturmes steht, zwei Männer, rudernd in einem Boot, das sich durch die kreiselnde Luft bewegt, und vor allem Miss Gulch auf ihrem Fahrrad, die sich vor unseren Augen in die böse Hexe des Westens auf ihrem Besenstiel verwandelt, mit wild flatterndem Umhang und einem gackernden Lachen, das sogar den Lärm des Tornados übertönt.

Das Haus landet. Dorothy kommt mit Toto auf dem Arm aus ihrem Schlafzimmer. Wir haben den Moment der Farbe erreicht.

Die erste Farbszene, in der Dorothy von der Kamera fort zur Vordertür des Hauses geht, ist bewusst – an das vorausgegangene Monochrom erinnernd – in einem matten Grau gehalten. Sobald sich aber die Tür öffnet, überflutet die Farbe den Bildschirm. In der heutigen, farbensatten Zeit kann man sich nur schwer in eine Zeit zurückversetzen, in der Farbfilme noch relativ neu waren. Wenn ich noch einmal an meine Kinderzeit im Bombay der fünfziger Jahre zurückdenke, als Hindi-Filme allesamt noch schwarzweiß waren, erinnere ich mich gut, wie aufregend der Beginn der Farbfilmzeit war. In einem Epos über den Großmogul, Kaiser Akbar, mit dem Titel *Mughal-e-Azam* gab es damals nur eine einzige Farbfilmrolle, die einen Tanz bei Hof mit der berühmten Anarkali zeigte. Und doch hat diese Rolle allein den Erfolg des Films garantiert und die Massen zu Millionen in die Kinos gelockt.

Die Filmemacher des *Zauberers von Oz* hatten sich eindeutig dafür entschieden, ihre Farben so farbig wie möglich zu gestalten, genau wie Michelangelo Antonioni, ein ganz anderer Filmemacher, es Jahre später in seinem Farbstreifen *Die rote Wüste* tat.

In dem Antonioni-Film wird die Farbe benutzt, um übertriebene, häufig surrealistische Effekte zu erzielen. *Der Zauberer von Oz* verwendet ebenfalls starke, expressionistische Farbtupfer: das Gelb des Steinwegs, das Rot des Mohnfelds, das Grün der Smaragdstadt und der Haut der Hexe. So eindrucksvoll waren diese Farbeffekte, dass ich, nachdem ich den Film als Kind gesehen hatte, immer wieder von grünhäutigen Hexen träumte. Jahre später übertrug ich diese Träume auf den Erzähler meines Romans *Mitternachtskinder*, obwohl ich die Quelle total vergessen hatte: »Keine Farben außer Grün und Schwarz die Wände sind grün der Himmel ist schwarz ... die Sterne sind grün die Witwe ist grün aber ihre Haare sind schwarz so schwarz.« In dieser Bewusstseinsstrom-Traumsequenz verschmilzt der Albtraum Indira Gandhis mit der ebenso albtraumhaften Gestalt Margaret Hamiltons: eine Vereinigung der bösen Hexen des Ostens und Westens.

Als Dorothy, umrahmt von exotischem Blattwerk mit einer Gruppe von Zwergenhäuschen dahinter, in die Farbe hinaustritt und aussieht wie ein Schneewittchen im blauen Kleid, keine Prinzessin, sondern ein bodenständiges amerikanisches Mädchen, wirkt das Fehlen der gewohnten, heimeligen Grautöne offenbar wie ein Schock auf sie. »Toto, es scheint mir, als ob wir nicht mehr in Kansas wären.« Dieser Camp-Klassiker von Textzeile, *Toto, I have a feeling we're not in Kansas any more*, hat sich später verselbständigt und ist zu einem bekannten amerikanischen Schlagwort geworden, immer wieder neu verwendet, bis er schließlich sogar als Epigraph zu Thomas Pynchons paranoider Mammutphantasie über den Zweiten Weltkrieg, *Die Enden der Parabel*, auftauchte, in der die Bestimmung der Personen nicht »hinter dem Mond, jenseits des Regens« liegt, sondern »jenseits der Null« des Bewussten, in einem Land, das mindestens so seltsam ist wie Oz.

Aber Dorothy hat mehr getan, als aus dem Grau ins Bunt des Technicolor hinauszutreten. Sie wurde *enthaust*, und ihre »Hauslosigkeit« wird noch von der Tatsache unterstrichen, dass sie nach all der Türenspielerei der Übergangssequenz, und nachdem sie nunmehr ins Freie hinausgetreten ist, keine einzige Räumlichkeit mehr betreten wird, bis sie die Smaragdstadt erreicht hat. Vom Tornado bis nach Oz hat Dorothy kein einziges Mal mehr ein Dach über den Kopf.

Da draußen, inmitten der riesigen Stockrosen, die Blüten wie alte His-Master's-Voice-Grammophontrichter tragen, dort draußen in der Ungeschütztheit des freien Raums, der so ganz anders ist als die Prärie, ist Dorothy drauf und dran, Schneewittchen um einen Faktor von etwa fünfzig den Rang abzulaufen. Man kann fast hören, wie die MGM-Studiochefs planen, den Disney-Hit in den Schatten zu stellen, nicht einfach, indem zwischen die Live-Action möglichst viele Zaubereffekte wie die von den Disney-Trickzeichnern gestreut werden, sondern auch was das Problem der Zwerge betrifft. Wenn Schneewittchen sieben Zwerge hatte, dann muss Dorothy Gale von dem Stern namens Kansas dreihundertundfünfzig haben. Die Meinungen, wie eine so große Zahl von Liliputanern nach Hollywood geholt und verpflichtet wurde, gehen auseinander. Die offizielle Version lautet, dass sie von einem Impresario namens Leo Singer zur Verfügung gestellt wurden. John Lahrs Biographie über seinen Vater Bert erzählt jedoch eine andere Geschichte, die ich aus Gründen, die Roger Rabbit verstehen würde – das heißt, weil sie so komisch ist –, hier gern wiedergeben möchte. Lahr zitiert den Leiter des Castings, Bill Grady:

> Leo (Singer) konnte mir nur 150 geben. Also ging ich zu einem Liliputaner-Spezialisten namens Major Doyle ... Ich hätte 150 von Singer, habe ich ihm gesagt. »Wenn Sie mit diesem Hundesohn Geschäfte machen, werde ich Ihnen keinen einzigen geben.« »Was soll ich tun?«, antwortete ich. »Ich gebe Ihnen 350.« ... Also rief ich Leo an und erklärte ihm die Situation ... Als ich dem Major sagte, ich hätte Singer angerufen, legte er mitten auf der Straße vor Dinty Moore's einen Jig aufs Pflaster. Der Major beschafft mir die Liliputaner ... Ich hole sie mit Bussen in den Westen ... Major Doyle griff sich die (ersten drei) Busse und fuhr direkt vor Singers Haus. Der Major ging zum Türsteher. »Rufen Sie oben an und sagen Sie Leo Singer, er soll

aus dem Fenster sehen.« Es dauerte ungefähr zehn Minuten. Dann sah Singer aus dem Fenster im vierten Stock. Und da waren all diese Liliputaner in den Bussen direkt vor seinem Haus und hatten den Busfenstern den nackten Hintern zugekehrt.

Dieser Zwischenfall wurde als Major Doyles Rache bekannt.*

Das, was mit einem Strip begann, setzte sich im Comic-Stil fort. Die Zwerge wurden wie 3-D-Comicfiguren geschminkt und kostümiert. Der Bürgermeister des Zwergenlandes ist eher unglaubwürdig mollig, der Leichenbeschauer («Ein Ende hat die grause Not/Denn sie ist wirklich mausetot«) liest den Nachruf der Hexe des Ostens von einer Schriftrolle ab und trägt dazu einen Hut mit einem komischen, schriftrollenähnlichen Rand;** die Stirnlocken der Lollipop Kids, die via Bash Street und Dead End nach Oz gelangt zu sein scheinen, stehen steifer auf ihren Köpfen als die von Tintin. Aber was eine groteske und unappetitliche Sequenz hätte werden können – schließlich handelt es sich um eine Totenfeier –, entpuppt sich stattdessen als die Szene, in der *Der Zauberer von Oz* sein Publikum endgültig fasziniert, indem der Film den natürlichen Charme der Story mit der brillanten MGM-Choreographie verbindet, bei der Massenauftritte sich abwechseln mit hübschen, kleinen Einzelnummern wie etwa dem Tanz der Lullaby League und den Sleepy Heads, die mit Schlafmützen und Nachthemden in einem riesigen Nest aus zerbrochenen Eierschalen erwachen. Und natürlich ist da auch noch die ansteckende Fröhlichkeit von Arlen

---

* Einigen zeitgenössischen Betrachtern zufolge hat Major Doyle die 350 Liliputaner nie bekommen, und die Filmemacher mussten sich mit 124 begnügen.
** Nach der Veröffentlichung einer früheren Version dieses Essays im *New Yorker* erhielt ich einen anerkennenden Brief des Zwergen-Leichenbeschauers Manfred Raabe, der jetzt in einer Penney Retirement Community in Fort Lauderdale, Florida, lebt. Ihm hatte das, was ich zu sagen hatte, so gut gefallen, dass er mir ein Geschenk übersandte: das Farb-Xerox eines Fotos seines großen Augenblicks auf der Treppe des Rathauses, als er die große Schriftrolle emporhielt, auf der in Fraktur *Certificate of Death* zu lesen war. Unter dieser Überschrift hatte er gewissenhaft meinen Namen eingetragen. Ich weiß nicht, was es bedeutet, eine Sterbeurkunde der Zwerge zu besitzen, aber ich besitze eine.

und Harburgs außergewöhnlich witziger Nummer »Ding, Dong, the Witch is Dead«.

Arlen betrachtete diesen Song und das ebenso unvergessliche »We're Off to See the Wizard« eher mit Geringschätzung und nannte sie seine »Zitronendrops-Songs« – vielleicht weil die eigentliche Erfindungsgabe in beiden Fällen in Harburgs Texten liegt. In Dorothys Intro zu »Ding, Dong« hat sich Harburg in ein pyrotechnisches Schnellfeuer von AAA-Reimen gestürzt (*the wind began to switch/The house to pitch*; bis wir schließlich zur *witch* gelangen, die, um *to satisfy an itch/Went flying on her broomstick thumbing for a hitch*, und *what happened then was rich* ...). Wie bei den Alliterationen eines Bänkelsängers begrüßen wir jeden neuen Reim als eine Art turnerischen Triumph. Diese Art von Verbalspielerei beherrscht auch weiterhin beide Songs. In »Ding, Dong« beginnt Harburg, indem er witzige, wie bei einer Wort-Konzertina verschachtelte Wörter benutzt:

Ding, Dong, the witch is dead!
Wichohwitch?
The wicked witch!

Diese Technik fand noch intensivere Anwendung in »We're Off to See the Wizard«, wo sie zur eigentlichen Attraktion des Songs wurde:

We're off to see the Wizard
The wonderful *Wizzerdavoz;*
We hear he is a *Whizzavawiz,*
If ever a *whizztherwoz.*
If *everoever* a *whizztherwoz,*
The *Wizzardavoz* is one because ...

Ist es allzu weit hergeholt, wenn man annimmt, Harburg habe, als er während des ganzen Films ein Reimschema voll interner Reime und Assonanzen benutzte, bewusst die »Reime« des Plots selbst wiederholt, die Parallelen der Personen in Kansas mit denen in

Oz, die Echos der Themata zwischen Monochrom und der Welt des Technicolor?

Weil sie kein Englisch sprachen, konnten nur wenige Zwerge ihre Zeilen selber singen. Im Grunde brauchten sie in dem Film nicht viel zu tun, kompensierten diese Tatsache aber durch ihre Aktivitäten außerhalb des Drehorts. Manche Filmhistoriker versuchen die Geschichten von sexuellen Ausschweifungen, Messerstechereien und allgemeiner Hemmungslosigkeit herunterzuspielen, aber die Legende der Zwergenhorden, die eine Schneise durch Hollywood schlugen, wird wohl nicht so leicht vergessen werden. In Angela Carters Roman *Wie's uns gefällt* gibt es die komische Schilderung einer fiktiven Hollywoodversion von Shakespeares *Sommernachtstraum*, die den Eskapaden der Zwerge und, jawohl, dem Zwergenland viel zu verdanken hat.

»Der Wald war für eine Elfengeschichte konzipiert, also war alles zweimal so groß wie normal und noch größer. Gänseblümchen, so groß wie Menschenköpfe und weiß wie Schlossgespenster, Fingerhutstauden hoch wie der Turm von Pisa, die wie Glöckchen klingelten, wenn man sie schüttelte. ... Selbst die kleinen Elfen waren real – das Studio suchte das ganze Land nach Liliputanern ab. Bald begannen, wahr oder erfunden, wilde Geschichten herumzugehen – wie ein armer Kleiner ins Klo gefallen war und eine halbe Stunde herumpaddelte, bis jemand mal dringend pinkeln musste und auf die Toilette gerannt kam und ihn sah und herausfischte. Einem anderen bot man im Brown Derby, wo er mal einen Hamburger ziehen wollte, das Kinderstühlchen an ...«[*]

Inmitten all dieses Zwergengewimmels werden wir mit zwei Erwachsenenporträts konfrontiert, die sich sehr stark voneinander unterscheiden. Die gute Hexe Glinda ist hübsch rosa (nun ja, ganz

---

[*] Angela Carter, *Wie's uns gefällt*, Aus dem Englischen übersetzt von Joachim Kalka, Stuttgart: Klett-Cotta, 1993.

hübsch, obwohl Dorothy sich dazu hinreißen lässt, sie sogar als »schön« zu bezeichnen). Sie hat eine hohe, turtelnde Stimme und ein Lächeln, das festgefroren zu sein scheint. Ein einziger ausgezeichneter Gag kommt aus ihrem Munde. Nachdem Dorothy abgestritten hat, selbst eine Hexe zu sein, zeigt Glinda auf Toto und fragt: »Oh, vielleicht ist das die Hexe«. Abgesehen von diesem Scherz verbringt sie die gesamte Szene damit, affektiert zu lächeln und ganz allgemein gütig, liebevoll und ein wenig zu dick gepudert auszusehen. Interessant, dass ihr, obwohl sie die gute Hexe ist, das Gute von Oz nicht innezuwohnen scheint. Die Menschen von Oz sind von Natur aus gut, es sei denn, sie befinden sich in der Macht der bösen Hexe (wie bewiesen durch das eher lockere Verhalten ihrer Soldaten, nachdem die Hexe zerschmolzen ist). In der moralischen Welt des Films ist nur das Böse äußerlich. Es wohnt einzig in der dualen Teufelsgestalt der Miss Gulch/bösen Hexe.

(Nebenbei eine Zwischenfrage, was die Darstellung des Zwergenlandes betrifft: Ist es nicht insgesamt um eine Winzigkeit zu hübsch, zu gepflegt, zu zuckersüß für einen Ort, der sich bis zu Dorothys Ankunft in der absoluten Gewalt der bösen Hexe des Ostens befand? Wieso besaß diese zerquetschte Hexe kein Schloss? Wie kommt es, dass ihr Despotismus so wenige Spuren im Land hinterlassen hat? Warum sind die Zwerge so relativ angstfrei, verstecken sich nur kurz, bevor sie auftauchen, und kichern, während sie sich verstecken? Ein ketzerischer Gedanke drängt sich auf: Vielleicht war die Hexe des Ostens *ja gar nicht so böse* – schließlich hat sie dafür gesorgt, dass die Straßen sauber, die Häuser ordentlich gestrichen und gut instand gehalten waren, und ganz zweifellos waren die Züge, falls es denn solche gab, immer pünktlich. Außerdem und im Gegensatz zu ihrer Schwester scheint sie ohne den Einsatz von Soldaten, Polizisten und anderen Instrumenten der Unterdrückung regiert zu haben. Warum also war sie so verhasst? Ist nur so eine Frage.)

Glinda und die Hexe des Westens sind die beiden einzigen Symbole der Macht in einem Film, der weitgehend ohne Macht auskommt, daher ist es interessant, sie »auseinander zu nehmen«. Beide sind Frauen, und auffallend am *Zauberer von Oz* ist, dass es keinen männlichen Helden gibt – denn trotz ihrer Klugheit, ihres guten Herzens und ihrer Courage vermag man weder in der Vogelscheuche noch im Blechmann oder dem feigen Löwen klassische Hollywood-Hauptrollen zu sehen. Das Machtzentrum in diesem Film ist ein Dreieck, dessen Spitzen Glinda, Dorothy und die Hexe sind. Die vierte Spitze, an der man sich während eines großen Teils der Erzählung den Zauberer vorstellen muss, entpuppt sich später als Illusion. Die Macht der Männer ist illusorisch, suggeriert der Film. Die Macht der Frauen ist real.

Sieht man sich die beiden Hexen an, die gute und die böse – würde irgendjemand freiwillig auch nur fünf Minuten mit Glinda verbringen? Die Schauspielerin dieser Rolle, Billie Burke, Ex-Ehefrau von Flo Ziegfeld, redete privat genauso affektiert wie in ihrer Rolle (sie neigte dazu, auf negative Kritik mit zitternder Unterlippe und einem gehauchten Aufschrei: »Oh, Sie *wollen mir wohl Angst machen!*« zu reagieren). Margaret Hamiltons böse Hexe des Westens dagegen erobert die Szene von ihrem allerersten, grüngesichtigen Fauchen an. Gewiss, Glinda ist »gut«, und die böse Hexe ist »böse«, aber Glinda ist eine trillernde Nervensäge, während die böse Hexe schlank und gemein ist. Sehen Sie sich die Kleidung der beiden an: rüschenbesetztes Rosa gegenüber gertenschlankem Schwarz. *Kein Vergleich!* Betrachten wir ihr Verhalten gegenüber anderen Frauen: Glinda lächelt affektiert, wenn sie als schön bezeichnet wird, und verunglimpft ihre un-schönen Schwestern, während die böse Hexe wütend über den Tod ihrer Schwester ist und sozusagen einen vernünftigen Sinn für Solidarität an den Tag legt. Wir mögen sie beschimpfen, und sie mag uns als Kinder eingeschüchtert haben, aber wenigstens bringt sie uns nicht so in Verlegenheit wie Glinda. Gewiss, Glinda strahlt eine Art gekünstelter mütterlicher Geborgenheit aus, während die Hexe des Westens, jedenfalls in dieser Szene, sonderbar zerbrechlich und hilflos wirkt, weil sie zu leeren Drohungen greifen muss – »Also gut, ich warte meine Zeit ab. Aber hüte dich, kreuze nie meinen Weg« –, aber genau wie der Feminismus versucht, alte, herabsetzende Wörter wie altes Weib, Vettel, Hexe zu rehabilitieren, so könnte man sagen, dass die böse Hexe des Westens das positivere der beiden Bilder kraftvoller Frauen verkörpert, die hier angeboten werden.

Glinda und die Hexe streiten sich hitzig um die rubinroten Schuhe, die Glinda von den Füßen der toten Hexe des Ostens an Dorothys Füße hext und die von der bösen Hexe des Westens anscheinend nicht wieder weggehext werden können. Aber Glindas Anweisungen an Dorothy klingen seltsam rätselhaft, ja sogar widersprüchlich. So sagt sie zu Dorothy (1): »Es muss wohl ein mächtiger Zauber drin wohnen, sonst wäre sie darauf nicht so versessen.« Und später (2): »Du darfst diese roten Schuhe nicht einen Augenblick von deinen Füßen nehmen, sonst fällst du in die Gewalt der bösen Hexe des Westens.« Nun lässt Aussage 1 darauf schließen, dass Glinda über den Zauber der roten Schuhe nicht informiert ist, während Aussage 2 darauf hindeutet, dass sie alles über ihre schützende Macht weiß. Außerdem weist keine der beiden Aussagen auf die Rolle der roten Schuhe hin, die diese später bei Dorothys Heimkehr nach Kansas spielen. Diese Verwirrungen sind höchstwahrscheinlich Spätfolgen der endlosen Meinungsverschiedenheiten bei der Entstehung des Drehbuches, wobei die Funktion der Schuhe Objekt hitziger Diskussionen war. Aber man kann Glindas Widersprüche ebenso gut als Beweis dafür gelten lassen, dass eine gute Fee oder Hexe den Menschen, wenn sie versucht, ihnen zu helfen, nie und nimmer alles gibt. Auf Glinda trifft letztlich also wohl auch ihre eigene Beschreibung des Zauberers von Oz zu: Oh, er ist gut, aber voll von Geheimnissen.

»Folge nur dem gelben Steinweg«, sagt Glinda und kullert in ihrer Seifenblase auf und davon, den fernen blauen Bergen entgegen, während Dorothy, geometrisch beeinflusst, wie es nach einer Kindheit zwischen Dreiecken, Kreisen und Rechtecken wohl jeder wäre, ihre Reise genau an dem Punkt beginnt, von dem die gelbe Spirale ausgeht. Als sie und die Zwerge Glindas Anweisungen mit ihren manchmal schrillen, hohen, manchmal guttural tiefen Stimmen wiederholen, geht etwas mit Dorothys Füßen vor. Ihre Bewegungen nehmen einen synkopenhaften Rhythmus an, der in wunderschönen, gemächlichen Stufen immer ausgeprägter wird. Als schließlich das ganze Ensemble zum ersten Mal in den Titelsong des Films ausbricht – »You're Off to See the Wizard« –, sehen wir in voller Pracht den flinken, cleveren Wechselhüpfer, der das Leitmotiv der ganzen Reise sein wird:

> *You're off to see the Wizard*
> (hü-hüpf)
> *The wonderful Wizzardavoz*
> (hü-hüpf)

So macht sich Dorothy Gale, bereits Nationalheldin vom Zwergenland und schon (wie ihr die Zwerge versichert haben) ein Teil der Geschichte, der »im Ehrensaal aufgestellt werden wird«, munter hü-hüpfend auf ihren Schicksalsweg und wandert, wie es Amerikaner eben müssen, nach Westen.

Off-Camera-Anekdoten über die Produktion eines Films können zugleich köstlich und enttäuschend sein. Einerseits besteht da unleugbar eine gewisse Trivial-Pursuit-Neugier, die befriedigt werden will: Wussten Sie, dass Buddy Ebsen, der spätere Patriarch der Beverly Hillbillies, ursprünglich die Vogelscheuche war, dann aber mit Ray Bolger die Rollen tauschte, weil der nicht den Blechmann spielen wollte? Und wussten Sie, dass Ebsen aus dem Film aussteigen musste, weil er von seinem Blechkostüm eine Aluminiumvergiftung bekam? Und wussten Sie, dass Margaret Hamilton sich beim Drehen der Szene, in der die Hexe an den Himmel über der Smaragdstadt SURRENDER DOROTHY (Liefert Dorothy aus) schreiben musste, ziemlich schwere Brandverletzungen an der Hand zuzog und dass sich ihr Stunt-Double Betty Danko bei der Wiederholung der Szene noch schwerer verbrannte? Wussten Sie, dass sich Jack Haley (der dritte und endgültige Blechmann) in seinem Kostüm nicht setzen, sondern nur an einem extra konstruierten »Lehnbrett« ausruhen konnte? Dass keiner der drei männlichen Hauptdarsteller die Mahlzeiten in der MGM-Kantine einnehmen durfte, weil ihr Make-up zu abstoßend wirkte? Oder dass Margaret Hamilton statt eines richtigen Umkleideraums ein primitives Zelt zugewiesen bekam, als sei sie auch in Wirklichkeit eine Hexe? Oder dass Toto eine Hündin war und eigentlich Terry hieß? Und vor allem, wussten Sie, dass der Gehrock, den Frank Morgan als Professor Marvel/Zauberer von Oz trug, in einem Secondhandstore gekauft worden war und den Namen L. Frank Baum eingestickt trug? Wie sich herausstellte, war der Gehrock tatsächlich für den Autor persönlich angefertigt worden; so trug der Zauberer im Film tatsächlich die Kleider seines Schöpfers.

Viele dieser Geschichten hinter den Kulissen zeigen uns leider, dass bei der Herstellung eines Films, der so viele Menschen glücklich gemacht hat, niemand so richtig glücklich war. Es trifft zwar mit ziemlicher Sicherheit nicht zu, dass Haley, Bolger und Lahr zu Judy Garland unfreundlich waren, wie es in manchen Geschichten heißt, aber Margaret Hamilton fühlte sich eindeutig von den Jungs ausgeschlossen. Sie war einsam auf dem Set, ihre Drehtage fielen nur selten einmal mit denen des Schauspielers zusammen, den sie kannte, Frank Morgan, und sie konnte nicht mal ohne Hilfe pinkeln gehen. Tatsächlich hat wohl kaum jemand – bestimmt nicht Lahr, Haley und Bolger in ihren komplizierten Kostümen, die sie tagtäglich nur höchst ungern anlegten – beim Drehen eines der vergnüglichsten Streifen der Filmgeschichte Vergnügen empfunden. Im Grunde wollen wir das alles gar nicht wissen; und dennoch sind wir eifrig darauf bedacht, uns genau das zu wünschen, was unsere Illusionen zerstören könnte, und so wollen wir es eben wissen, und wollen, wollen, wollen.

Als ich mich in das Geheimnis des Alkoholproblems unseres Zauberers von Oz vertiefte und erfuhr, dass Morgan nach W. C.

Fields und Ed Wynn nur die dritte Wahl für diese Rolle gewesen war, und als ich mich fragte, wie viel verächtliche Boshaftigkeit Fields wohl in die Rolle eingebracht haben würde und wie es wohl gewesen wäre, wenn sein weiblicher Gegenpart, die Hexe, von der ersten Wahl, Gale Sondergaard, gespielt worden wäre, die nicht nur eine große Schönheit, sondern überdies ein weiterer »Sturm« *(gale)* zusätzlich zu Dorothy und ihrem Tornado gewesen wäre, da betrachtete ich ein altes Farbfoto von der Vogelscheuche, dem Blechmann und Dorothy, die in einer Walddekoration posierten, umgeben von buntem Herbstlaub, und merkte auf einmal, dass ich gar nicht die Stars vor mir hatte, sondern ihre Stunt-Doubles, ihre Stand-ins. Es war nur ein wenig bemerkenswertes Studio-Standfoto, aber es raubte mir den Atem, weil auch dieses Foto ebenso traurig wirkte wie faszinierend. In meinen Augen wurde es zum Epitom meiner eigenen zwiespältigen Reaktionen.

Da stehen sie, Nathanael Wests Heuschrecken, die ultimativen Möchtegerns. Garlands Schatten Bobbie Koshay, die Hände hinterm Rücken verschränkt und eine weiße Schleife im Haar, tut tapfer ihr Möglichstes, ein Lächeln zu zeigen, weiß aber nur allzu gut, dass sie eine Fälschung ist: Sie trägt keine rubinroten Schuhe an den Füßen. Das Double der Vogelscheuche blickt ebenfalls finster drein, obwohl der Mann sich vor dem großen Sackleinen-Make-up gedrückt hat, das Bolgers tagtägliches Schicksal war. Gäbe es nicht ein kleines Strohbündel, das aus seinem rechten Ärmel lugt, könnte man meinen, eine Art Tippelbruder vor sich zu haben. Zwischen ihnen steht, ganz in Metall, das noch blechernere Echo des Blechmanns und blickt verdammt bitter drein. Stand-ins kennen ihr Schicksal: Sie wissen, dass wir ihre Existenz zu leugnen suchen. Selbst wenn uns der Verstand sagt, dass wir in dieser oder jener schwierigen Szene – wenn die Hexe fliegt oder der feige Löwe durch ein Glasfenster springt – nicht wirklich die Stars sehen, besteht der Teil von uns, der den Unglauben verbannt hat, energisch darauf, dass wir die Stars und nicht ihre Doubles sehen. So werden die Stand-ins unsichtbar gemacht, selbst wenn sie im vollen Scheinwerferlicht stehen. Obwohl sie auf der Leinwand zu sehen sind, bleiben sie doch immer im Off.

Dennoch ist dies aber nicht der Grund für die seltsame Faszination des Stand-in-Fotos. Es wirkt so bezaubernd, weil wir – die Zuschauer – im Fall eines geliebten Films *allesamt Doubles der Stars sind*. Die Phantasie steckt uns in die Haut des Löwen, zaubert uns die rubinrot funkelnden Schuhe an die Füße und schickt uns gackernd auf einem Besenstiel durch die Luft. Betrachtet man dieses Foto, ist es, als blicke man in einen Spiegel: weil wir uns darin selber sehen. Die Welt des *Zauberers von Oz* hat Besitz von uns ergriffen. Unversehens sind wir selber die Stand-ins.

Ein Paar rubinrote Schuhe, entdeckt in einer Kiste im Keller der MGM, wurde im Mai 1970 bei einer Auktion für die erstaunliche Summe von 15 000 Dollar versteigert. Der Käufer war und blieb anonym. Wer war es wohl, der sich so innig wünschte, Dorothys Zauberschuhe zu besitzen, ja vielleicht sogar zu tragen? Waren Sie es, lieber Leser? War ich es?

Auf derselben Auktion wurde der zweithöchste Preis für das Kostüm des feigen Löwen erzielt (2400 Dollar). Das war doppelt so viel wie das nächste Gebot, 1200 Dollar für Clark Gables Trenchcoat. Die hohen Preise, die für die Memorabilien des *Zauberers von Oz* erzielt wurden, legen Zeugnis für die Macht ab, die der Film über seine Bewunderer besaß, für unsere Sehnsucht, buchstäblich in seine Schuhe zu schlüpfen. (Wie sich übrigens herausstellte, waren die 15 000-Dollar-Schuhe zu groß für Judy Garlands Füße. Sie waren vermutlich für ihr Double Bobbie Koshay angefertigt worden, deren Füße zwei Nummern größer waren. Passt es nicht wunderbar, dass die Schuhe, die für ein Stand-in gemacht wurden, in den Besitz eines anderen Stand-ins übergingen – eines Filmfans?

Wenn wir gebeten würden, ein einziges, bezeichnendes Bild des *Zauberers von Oz* zu nennen, würden die meisten von uns, nehme ich an, vermutlich jenes nennen, auf dem die Vogelscheuche, der

Blechmann, der feige Löwe und Dorothy den gelben Steinweg entlang hü-hüpfen (tatsächlich wird aus dem Hü-Hüpfer im Laufe der Reise ein deutlich betonter Springschritt). Wie seltsam, dass ausgerechnet die berühmteste Passage dieses überaus filmischen Films, eines Films, der mit technischer Zauberei und Spezialeffekten voll gestopft ist, der am wenigsten cinematische, der »bühnenmäßigste« Teil des Ganzen sein soll! Aber vielleicht doch nicht so seltsam, denn das ist vor allem eine Passage voll surrealer Komik, und wir erinnern uns, dass die ebenso begeisternden Clownerien der Marx Brothers nicht weniger bühnenmäßig gefilmt waren. Das fröhliche Durcheinander des Spiels erlaubte nichts anderes als die allereinfachste Kameratechnik.

»Wo ist Vaudeville?« Offenbar irgendwo auf dem Weg zum Zauberer. Die Vogelscheuche und der Blechmann sind reine Produkte der Burleske, spezialisiert auf die pantomimischen Übertreibungen von Stimme und Körperbewegungen, Hinfallern (die Vogelscheuche, als sie von ihrem Pfosten befreit wird), unrealistischem Hinauslehnen aus dem Zentrum der Schwerkraft (der Blechmann bei seinem kleinen Tanz) und natürlich dem naseweisen Frage-und-Antwort-Spiel:

BLECHMANN (*eingerostet*): (Quakt)
DOROTHY: Er sagt »Ölkanne«!
VOGELSCHEUCHE: Ölkanne, wieso?

Der Höhepunkt all dieser Clownerien ist jedoch ein Comic-Meisterstück, Bert Lahrs feiger Löwe mit seinen lang gezogenen Vokalen («Auf die Beine zum Kampf«), albernen Reimen und seiner opernhaft gespielten, schwanzzupfenden, blubbernden Angst. Alle drei, Vogelscheuche, Blechmann und Löwe, sind mit Eliots Worten hohle Menschen. Die Vogelscheuche hat wirklich einen »Kopf voll Stroh, leider«; aber der Blechmann ist nicht weniger hohl, ja, er lässt sich sogar auf die Brust klopfen, um zu beweisen, dass seine Innereien fehlen, weil der »Klempner«, sein schattenhafter

Schöpfer, vergessen hat, ihm ein Herz zu geben. Und der Löwe, der bar jeglicher löwenhafter Eigenschaften ist, jammert:

> Wer macht Könige aus Sklaven?
> Was macht die Sphinx zum siebten Wunder?
> Was macht die Künstler oft so kühn?
> Courage!

Vielleicht ist es ja gerade, weil sie alle so hohl sind, dass unsere Phantasie so leicht in sie eindringen und sie ausfüllen kann. Das heißt, es ist ihr Anti-Heldentum, ihr deutlicher Mangel an edlen Eigenschaften, der sie auf unsere Größe zurechtstutzt oder sie sogar noch kleiner macht, sodass wir ihnen so ebenbürtig gegenüberstehen können wie Dorothy den Zwergen. Allmählich jedoch entdecken wir, dass sie, zusammen mit ihrem »ernsten Mann« Dorothy (die in dieser Sequenz die Rolle des unkomischen Marx Brother spielt, der nur singen und mürrisch dreinblicken und sonst kaum etwas konnte), eine der »Botschaften« des Films verkörpern: dass wir nämlich das, was wir uns am sehnlichsten wünschen, bereits besitzen. Die Vogelscheuche hat ständig brillante Einfälle, die sie mit selbst-herabsetzenden Worten anbietet. Der Blechmann kann lange, bevor der Zauberer ihm ein Herz gibt, vor Kummer weinen. Und als Dorothy von der Hexe gefangen wird, kommt die Courage des Löwen zum Vorschein, obwohl er seine Freunde anfleht, ihm das doch bitte auszureden.

Damit diese Botschaft jedoch ihre volle Wirkung tut, ist es notwendig, dass wir erkennen, wie sinnlos es ist, in der Außenwelt nach Lösungen zu suchen. Wir müssen einen weiteren hohlen Menschen kennen lernen: den Zauberer von Oz persönlich. Genau wie der Klempner ein unzulänglicher Schöpfer der Blechmenschen war – genau wie der Gott des Blechmannes in diesem säkularen Film tot ist –, muss auch unser Glaube an Zauberer verschwinden, damit wir endlich an uns selbst glauben können. Mit Hilfe eines mysteriösen Schneefalls müssen wir das tödliche

Mohnfeld überwinden (wie kann Schnee das Mohngift unschädlich machen?) und so, von himmlischen Chören begleitet, an die Tore der Stadt gelangen.

Hier begibt sich der Film wieder einmal auf ein anderes Gebiet der Konvention. Jetzt zeigt er ein paar Vagabunden, die in einer Metropole eintreffen, ein klassisches Thema des amerikanischen Films, das an *Mr. Deeds geht in die Stadt* und sogar an Clark Kent in *Superman* erinnert, bei Smallvilles Ankunft im *Daily Planet*. Dorothy ist eine Landpomeranze, »Dorothy, klein und bescheiden«, ihre Begleiter sind hinterwäldlerische Hanswurste. Und dennoch sind es – auch dies ein vertrauter Hollywood-Tropus – die Besucher von draußen, die Landeier, die den Tag retten werden.

Nie hat es jedoch eine Metropole wie die Smaragdstadt gegeben. Von außen wirkt sie wie ein märchenhaftes New York, ein Dickicht von grünen Wolkenkratzern. Innerhalb ihrer Mauern ist sie die Quintessenz der malerischen Kleinstadt. Überraschend ist die Entdeckung, dass ihre Bürger – viele davon von Frank Morgan selbst gespielt, der hier seinen Rollen als Professor Marvel und Zauberer noch jene des Torwächters, des Kutschers und der Palastwache hinzufügt – einen englischen Akzent haben, der Dick van Dykes unsterblichem Cockney in *Mary Poppins* gleichkommt. *Tyke yer any place in the city, we does*, sagt der Kutscher in der Originalversion und fügt hinzu: *I'll tyke yer to a place where you can tidy up a bit, what?* Andere Bürger sind wie Hotelpagen und glitzernde Nonnen gekleidet und sagen – oder vielmehr singen – Dinge wie *Jolly good fun!* Dorothy lässt sich bald davon anstecken. Bei der Wash and Brush Up Co., einer Hommage an urbane Technik-Genies, ohne die finsteren Zweifel von *Moderne Zeiten* oder *Lichter der Großstadt*, gibt sich unsere Heroine sogar selbst ein bisschen englisch:

DOROTHY (singt): *Can you even dye my eyes*
                to match my gown?
DIENER (unisono): *Uh-huh!*
DOROTHY: *Jolly old town!*

Die meisten Stadtbewohner sind fröhlich und freundlich, und jene, die anders zu sein scheinen – der Torwächter, der Palastwächter –, werden schnell bekehrt. (In dieser Hinsicht sind sie wiederum untypisch für Städter.) Schließlich werden unsere vier Freunde in den Palast des Zauberers eingelassen, weil Dorothys Tränen der Enttäuschung bei dem Wächter eine solch beunruhigende Wasserflut auslösen, dass sein Gesicht sehr schnell in Tränen gebadet ist, und wenn man sich diesen Niagarafall betrachtet, fällt einem die große Zahl von Gelegenheiten auf, bei denen die Menschen in diesem Film weinen. Abgesehen von Dorothy und dem Wächter ist es der feige Löwe, der heult, als Dorothy ihm eins auf die Nase gibt; ist es der Blechmann, der beim Weinen fast wieder ganz einrostet; und ist es dann wieder Dorothy, als sie sich in der Macht der Hexe befindet. (Wäre die Hexe bei nur einer dieser Gelegenheiten zur Hand gewesen und hätte sich selber eingenässt, wäre der Film möglicherweise sehr viel kürzer geworden.)

Also: Auf geht's, in den Palast und einen langen Bogengang entlang, der wie eine verlängerte Version des Looney-Tunes-Logos aussieht, bis wir schließlich einem Zauberer gegenüberstehen, dessen Illusionen – Riesenköpfe, Feuerblitze – seine grundlegende Verwandtschaft mit Dorothy, wenn auch nur eine kurze Zeit lang, verbergen. Auch er ist ein Einwanderer in Oz; ja, wir werden später erfahren, dass er sogar aus Kansas stammt. (Im Roman kommt er aus Omaha.) Diese beiden Einwanderer, Dorothy und der Zauberer, haben entgegengesetzte Strategien entwickelt, um in dem neuen, fremden Land zu überleben. Dorothy ist unbeirrbar höflich, vorsichtig, »klein und bescheiden«, während der Zauberer Feuer und Rauch, Prahlereien und ein bombastisches Auftreten benutzt hat und sich dadurch den Weg nach oben erkämpfte, wo er nun sozusagen auf dem Strom der eigenen heißen Luft dahintreibt. Doch Dorothy muss erkennen, dass Bescheidenheit nicht ausreicht, während der Zauberer – als sein Ballon ihm zum zweiten Mal den Gehorsam verweigert – begreift, dass er seine heiße Luft wohl doch nicht ganz so gut unter Kontrolle hat. Für einen

Migranten wie mich ist es schwer, in diesen wechselnden Schicksalen nicht eine Parabel zum Thema Einwanderung zu sehen.

Die Erklärung des Zauberers, er werde keine Wünsche erfüllen, bis die vier Freunde ihm den Besenstiel der Hexe gebracht haben, führt zur vorletzten und am wenigsten herausfordernden (wohl aber aktionsreichsten und »aufregendsten«) Passage des Films, der in dieser Phase zugleich ein Kumpelfilm, eine redliche Abenteuererzählung und, nach Dorothys Gefangennahme, eine mehr oder weniger konventionelle Prinzessinnen-Rettungs-Geschichte ist. Nachdem der Film an den großen, dramatischen Höhepunkt der Konfrontation mit dem Zauberer von Oz gelangt ist, hängt er eine Zeit lang durch und gewinnt erst durch den ebenso hochdramatischen Kampf mit der bösen Hexe des Westens neuen Schwung, der damit endet, dass sie dahinschmilzt, bis sie zu einem Nichts »niederwächst«. Die relative Langeweile dieser Sequenz hat eine Menge damit zu tun, dass das Drehbuch es nicht fertig bringt, aus den geflügelten Affen etwas zu machen, denn sie bleiben immer Nullen, während man sie doch (zum Beispiel) hätte einsetzen können, um uns zu zeigen, was aus den unterdrückten Zwergen in der Gewalt der Hexe des Ostens möglicherweise geworden wäre, bevor sie durch Dorothys herabstürzendes Haus gerettet wurden.

(Ein interessantes Detail: Als die Hexe die geflügelten Affen ausschickt, um Dorothy zu fangen, spricht sie eine Zeile, die überhaupt keinen Sinn ergibt. Um dem Oberaffen zu versichern, dass sein Opfer keine Schwierigkeiten machen wird, sagt die Hexe: »Ich habe ihnen ein kleines Insekt geschickt, das sie willig und schwach macht.« Doch als wir in den Wald hinunterkommen, erfahren wir nichts weiter über dieses Insekt, denn es kommt in dem Film nicht vor. Und doch gab es eins. Die Dialogzeile ist ein Relikt aus einer früheren Version des Films und bezieht sich auf die herausgenommene Musiksequenz, die ich zuvor schon erwähnt habe. Das »kleine Insekt« war nämlich eigentlich ein ganzer, ausgewachsener Song, den zu filmen man über einen Monat brauchte: der »Jitter Bug«.)

Schnellvorlauf. Die Hexe ist verschwunden. Der Zauberer ist demaskiert und hat im Augenblick seiner Entlarvung ein bisschen wahre Magie zustande gebracht, indem er Dorothys Gefährten die Gaben verlieh, die zu besitzen sie bis zu jenem Moment nicht glauben konnten. Auch der Zauberer ist verschwunden, und zwar ohne Dorothy, nachdem ihre Pläne von Toto (wem sonst?) durchkreuzt wurden. Und dann kommt Glinda, die Dorothy erklärt, sie müsse die Bedeutung der rubinroten Schuhe selbst herausfinden ...

> BLECHMANN: Begreifst du's jetzt, Dorothy?
> DOROTHY: Wenn ich mich wieder nach etwas sehnen
> sollte, dann werde ich nie mehr weit von
> unserem Hof suchen. Denn wenn etwas nicht
> da ist, dann kann's natürlich nicht gefunden
> werden. Stimmt das?
> GLINDA: Genauso ist es. ... Aber diese Zauberschuhe
> bringen dich schnell nach Hause.
> ... Schließ deine Augen ... klappe deine
> Hacken dreimal zusammen ... und sage zu dir
> selbst ... 's ist nirgends besser als ...

Stopp!
Sofort stopp!
Wie kommt es, dass uns am Ende dieses radikalen und ermutigenden Films, der uns auf möglichst wenig didaktische Art lehrt, das zu nutzen, was wir haben, und das Beste aus uns selbst zu machen, diese kleine Moralpredigt aufgetischt wird? Sollen wir etwa glauben, Dorothy hätte auf ihrer Reise nicht mehr gelernt, als dass es von vornherein nicht nötig gewesen wäre, diese Reise zu unternehmen? Müssen wir uns damit abfinden, dass sie nunmehr die Grenzen ihres häuslichen Lebens akzeptiert und anerkennt, dass die Dinge, die sie dort nicht hat, kein Verlust für sie sind? *»Stimmt das?«* Nun, ich bitte um Verzeihung, Glinda, aber es stimmt *nicht*.

Wieder daheim im alten Schwarzweiß, wo Tante Em und Onkel Henry sowie die einfachen Arbeiter sich um ihr Bett scharen, beginnt Dorothy ihre zweite Rebellion, und sie kämpft nicht nur gegen die herablassende Negierung durch die eigene Familie, sondern auch gegen die Drehbuchschreiber und das sentimentale Moralisieren des gesamten Studiosystems in Hollywood. »Aber es war kein Traum«, weint sie bitterlich. »Es war ein Land, ein richtiges, wirkliches Land! Warum glaubt ihr mir denn nicht?«

Viele, viele Menschen haben ihr geglaubt. Frank Baums Leser glaubten ihr, und ihr Interesse an Oz veranlasste ihn, dreizehn weitere Oz-Bücher zu schreiben, zugegebenermaßen von minderer Qualität; nach seinem Tod wurde die Serie, noch weit schwächer, von anderer Hand weitergeführt. Darin kehrt Dorothy, die »Lektion« der rubinroten Schuhe ignorierend, nach Oz zurück – trotz aller Bemühungen der Leute in Kansas, darunter Tante Em und Onkel Henry, ihr die Träume auszureden (siehe die beängstigende Elektroschocktherapie-Sequenz in dem Disney-Film *Oz – Eine phantastische Welt*); und im sechsten Buch der Serie nimmt sie dann Tante Em und Onkel Henry mit, und sie alle lassen sich in Oz nieder, wo man Dorothy zur Prinzessin macht.

So wird Oz dann letztlich doch noch zu Dorothys Heimat; die imaginäre Welt wird zur realen Welt, wie es uns allen geschieht, denn sobald wir die Orte unserer Kinderzeit verlassen und begonnen haben, uns ein eigenes Leben aufzubauen, bewaffnet nur mit dem, was wir haben und sind, begreifen wir in Wirklichkeit erst dann, dass das wahre Geheimnis der rubinroten Schuhe nicht dieses »Es ist nirgends so schön wie daheim« ist, sondern dass es nie wieder einen Ort *wie* Daheim geben wird: natürlich bis auf das Zuhause, das wir uns in Oz selber schaffen oder das für uns geschaffen wird, in Oz, das einfach überall ist, nur nicht an dem Ort, an dem wir begannen.

An dem Ort, an dem ich begann, betrachtete ich den Film aus der Sicht des Kindes, also mit Dorothys Augen. Mit ihr gemeinsam erlebte ich, wie frustrierend es ist, von Onkel Henry und Tante Em beiseite geschoben zu werden, weil sie mit ihrer langweiligen

Erwachsenen-Zählerei beschäftigt sind. Wie alle Erwachsenen können sie sich nicht auf das einstellen, was für Dorothy wirklich wichtig ist: die Gefahr für Toto. Ich lief mit Dorothy davon und kehrte mit ihr zurück. Selbst der Schock bei der Entdeckung, dass der Zauberer ein Humbug war, war ein Schock, den ich als Kind empfand, ein Schock für den Glauben des Kindes an die Erwachsenen. Vielleicht fühlte ich auch etwas Tieferes, etwas, das ich nicht artikulieren konnte; vielleicht wurde in mir ein Verdacht hinsichtlich der Erwachsenen bestätigt, den ich bereits in mir trug.

Nun, da ich den Film wieder sehe, bin ich selbst ein fehlbarer Erwachsener geworden und gehöre jenem Stamm unzulänglicher Eltern an, die nicht auf die Stimmen ihrer Kinder hören können. Ich, der ich keinen Vater mehr habe, bin stattdessen Vater geworden, und nun ist es meine Bestimmung, unfähig zur Befriedigung der Sehnsüchte eines Kindes zu sein. Dies ist die ultimative und schrecklichste Lektion des Filmes: dass es einen letzten, unerwarteten Übergangsritus gibt. Am Ende werden wir, nachdem wir aufgehört haben, Kinder zu sein, allesamt Zauberer ohne Magie geworden sein, enttarnte Illusionisten, mit nichts als unserer schlichten Menschlichkeit, mit deren Hilfe wir uns durchs Leben schlagen müssen.

Nun sind wir die Humbugs geworden.

April 1992

Die besten jungen britischen Romanciers

Im Jahre 1983 wurden die folgenden zwanzig Schriftsteller zu den »Best of Young British Novelists« gekürt: Martin Amis, Pat Barker, Julian Barnes, Ursula Bentley, William Boyd, Buchi Emecheta, Maggie Gee, Kazuo Ishiguro, Alan Judd, Adam Mars-Jones, Ian McEwan, Shiva Naipaul, Philip Norman, Christopher Priest, Salman Rushdie, Clive Sinclair, Lisa St. Aubin de Teran, Graham Swift, Rose Tremain und A. N. Wilson. Bemerkenswert war, dass zu den Nicht-Gewählten Bruce Chatwin und Timothy Mo gehörten.

Zehn Jahre später half ich bei der zweiten Auswahl. Unsere endgültige Liste enthielt folgende Namen: Iain Banks, Louis de Bernières, Anne Billson, Tibor Fischer, Esther Freud, Alan Hollinghurst, Kazuo Ishiguro, A. L. Kennedy, Philip Kerr, Hanif Kureishi, Adam Lively, Adam Mars-Jones, Candia McWilliam, Lawrence Norfolk, Ben Okri, Caryl Phillips, Will Self, Nicholas Shakespeare, Helen Simpson und Jeanette Winterson.

Am Freitag, dem 8. Januar 1993, rief Bill Buford, Herausgeber von *Granta*, bei der *Sunday Times* an, um die Namen der zwanzig Autoren bekannt zu geben, die für die Auswahlliste der zweiten »Best of Young British Novelists« ausgewählt worden waren. Ebenso wie die anderen Juroren – die Romanautorin und Kritikerin A. S. Byatt, John Mitchinson von Waterstone's und ich – befand er sich im Zustand beträchtlicher Erregung. Wir waren alle stolz auf die Liste und überzeugt davon, dass die Leser genauso begeistert davon sein würden wie wir selbst, so viele engagierte, selbstsichere und ehrgeizige neue Schriftsteller zu entdecken. Das allwissende Geschwätz der Bücherwelt über diese »Generation« besagt, sie tauge nichts. Wie schön, dachten wir, dass wir in der Lage sind, diese Behauptung zu widerlegen.

Am Sonntag, dem 10. Januar, brachte die *Sunday Times* – die uns Unterstützung für die Nominierung zugesagt und dafür die Exklusivrechte für die Veröffentlichung der Liste bekommen hatte – einen Beitrag ihres verantwortlichen Literatur-Redakteurs Harry Ritchie, der etwa so hilfreich war wie eine Fatwa.*

Darin wurde die Liste nachteilig mit der ersten »Best of Young British Novelists«-Liste verglichen. Zitiert wurden so zuverlässige Spötter wie Julie Burchill und Kingley Amis mit der Behauptung, die Liste sei »Mist«; außerdem versuchte man, Martin Amis' neutrale Bemerkungen zu einer weiteren Attacke zu verdrehen. Es war ein giftiger, kleinlicher Artikel für jemanden, dessen Job von seiner Liebe zur Schriftstellerei abhängig sein sollte und von seiner Bereitschaft, die Besten der Neuen zu fördern. Zur Rede gestellt, gab Ritchie mir gegenüber zu, dass er von der Arbeit der Hälfte aller Autoren auf der Liste keine Ahnung hatte.

Der Vergleich mit 1983 ist nicht fair, wenn man sich nicht daran erinnert, welchen Punkt diese Schriftsteller zu jener Zeit erreicht hatten. Im Sommer 1983 hatte Martin Amis weder *Gierig*, *London Fields* noch *Pfeil der Zeit* veröffentlicht; Ian McEwan weder *Ein Kind zur Zeit* noch *Unschuldige* oder *Schwarze Hunde*; Julian Barnes weder *Flauberts Papagei* noch *Eine Geschichte der Welt in 10 ½ Kapiteln* oder *Das Stachelschwein*. William Boyd hatte seinen »Durchbruchsroman« *Die neuen Bekenntnisse* noch nicht herausgebracht; Rose Tremain noch nicht *Des König Narr*; Graham Swift noch nicht *Waterland*. Adam Mars-Jones hatte erst eine Sammlung von Kurzgeschichten geschrieben; Kazuo Ishiguro weder *Der Maler der fließenden Welt* noch den Booker-Sieger *Was vom Tage*

---

* Für diesen Vergleich wurde ich von einigen Stellen kritisiert. Offenbar bin ich der einzige Mensch, der keine Witze über die Fatwa reißen darf. Meine Aufgabe ist es ausschließlich, Zielscheibe dafür zu sein.

übrigblieb. Und Pat Barkers beste Arbeit sollte ebenso erst noch kommen wie die Romane von Clive Sinclair.

Sie alle waren, kurz gesagt, viel versprechende Schriftsteller mit einigen Erfolgen, vor denen eine große Zukunft lag – genau wie die Gruppe von 1993. Die frühere Gruppe umfasste einen Booker-Preisträger; die neue enthält zwei sowie zahlreiche Gewinner des Somerset-Maugham-, John-Llewellyn-Rhys-, Betty-Trask- und Whitbread-Preises. Buchstäblich keiner der Gruppe von 1983 hatte schon eine große, treue Leserschaft um sich gesammelt, obwohl einige von ihnen auf dem besten Wege dazu waren; von der 1993er-Gruppe haben Iain Banks, Kazuo Ishiguro, Ben Okri, Jeanette Winterson, Philip Kerr – ein innovativer Thriller-Autor, den ich noch nie zuvor gelesen hatte – und Hanif Kureishi Legionen von Fans.

Gewiss, manche Namen auf unserer Liste werden den meisten Lesern unbekannt sein, darunter einige der besten und aufregendsten Schriftsteller dieser Auswahl. Ich finde es erstaunlich, dass ein Autor mit dem erzählerischen Schwung und komischen Brio eines Louis de Bernières so wenig bekannt ist, vor allem, nachdem er einen Commonwealth-Literaturpreis gewonnen hat. Ein weiteres Überraschungspaket ist Tibor Fischer, dessen erster, mit dem Betty-Trask-Preis gekrönter Roman *Stalin oder ich* ein köstliches, halb ernstes, halb lustiges Kabinettstückchen ist; dabei handelt es sich um einen Roman über Ungarn im Jahre 1950 – Fischer ist ungarischer Abstammung –, gesehen mit den Augen eines Basketballteams, das splitternackt durch die Lande reist. Esther Freuds viel gelobter Erstling *Marrakesch* hat der Autorin ebenfalls einen wohlverdienten Platz auf dieser Liste eingetragen.

Zwei Schriftsteller hatte ich noch nicht gelesen, bevor sie mich mit ihren Ambitionen, ihrer Bildung und ihrem Können beeindruckten. Lawrence Norfolks *Lemprières Wörterbuch* ist ein sprachlich und formal blendendes Werk, das sich ein ergiebiges und wenig erforschtes Thema vorgenommen hat: die East India Company. (Es gibt zahllose fiktive Raj-Romane, aber nur wenige imaginäre Darstellungen aus der frühen Periode jener Handelsgesellschaft.) Es erinnerte mich zuweilen an das holländische Meisterwerk über den Kolonialhandel, Multatulis *Max Havelaar*. Und Adam Livelys Monsterroman einer dystopischen Zukunft, *Sing the Body Electric*, ist ein so opulenter, komplexer Ideen-Roman, wie man ihn sich nur wünschen kann.

Wenn man sieht, wie eine so vielgestaltige Liste von Personen niedergemacht wird, die nicht einmal die Bücher gelesen haben, möchte man an der Kultur der Verunglimpfung, in der wir leben, verzweifeln. Können wir nicht wenigstens so fair sein, diesen Büchern, diesen Autoren eine Chance zu geben? Können wir ihnen nicht wenigstens ihre Viertelstunde im Rampenlicht gönnen, bevor wir auf sie einschimpfen?

Die Kritiker der Liste sagen, dass Schriftsteller mit vierzig ein paar handfeste Triumphe aufweisen müssten. Wie wär's mit *Was vom Tage übrigblieb, Die Wespenfabrik, Die Schwimmbad-Bibliothek, Der Buddha aus der Vorstadt, Die hungrige Straße* oder *Verlangen*? Sie behaupten, die jungen Autoren auf der Liste hätten keine Aufmerksamkeit verdient. Aber Fischer, Freud und Nicholas Shakespeare sind gelobt worden und haben Preise gewonnen; und Will Self ist längst eine Kultfigur.

Gewiss, einige dieser zwanzig Schriftsteller stehen gerade erst kurz vor der Veröffentlichung: zum Beispiel A. L. Kennedy, eine Autorin voll jener Menschlichkeit und Wärme, die in diesen rauen Zeiten hoch im Kurs stehen, und durchaus in der Lage, eine vielschichtige Erzählung zu handhaben und zu einem überraschenden Höhepunkt zu führen, der ehrlich verdient und kein bisschen billig ist.

Es ist ein Tribut an die Kraft dieser Liste, dass so viele hoch bewertete Autoren – Adam Thorpe, Robert McLiam Wilson, Rose Boyt, Lesley Glaister, Robert Harris, Alexander Stuart, D. J. Taylor, Richard Rayner, David Profumo, Sean French, Jonathan Coe, Mark Lawson, Glenn Patterson, Deborah Levy – nicht in sie aufgenommen wurden. Ich persönlich bedaure, keinen

Raum für so begabte Erstlings-Autoren wie Tim Pears gefunden zu haben, dessen wunderschöner erster Roman *Die Farben des Sommers* eine Ahnung von Macondo ins ländliche Devon während der Hitzewelle von 1984 bringt. Wie Nadeem Aslam, dessen Roman über das moderne Karachi, *Season of the Rainbirds*, weitaus besser ist als sein Titel; und wie Romesh Gunesekera, dessen erste Erzählsammlung *Monkfish Moon* bereits erkennen lässt, dass er das Zeug zu einem guten Schriftsteller hat.

Zwanzig junge Autoren haben es auf die Liste geschafft, weil sie nach unserer Meinung die Besten waren, die wir haben. Über die Namen können wir streiten – wer hätte aufgenommen werden sollen, wer dagegen nicht –, aber um Himmels willen, Leute, geben wir ihnen doch eine Chance!

Wenn man zweihundert oder mehr Romane liest, entdeckt man allmählich bestimmte allgemeine Trends und Themen. Es gab zum Beispiel einen Punkt, an dem ich sagte, wenn ich noch einen weiteren Roman über ein junges Mädchen beim Einsetzen seiner Periode lesen müsste, würde ich schreien. (A. S. Byatt wies darauf hin, dass die besten dieser Romane tatsächlich von einem Mann geschrieben wurden: Tim Pears, der vom weiblichen Standpunkt aus schreibt.) Es gab eine Menge Gewalttätigkeit, eine Menge Autoren, die über Pornographie schreiben wollten, eine Menge Gewalt gegen Frauen – Romane, die etwa so begannen: »Sie setzte sich in der U-Bahn mir gegenüber, und ich fragte mich, wie sie mit einer Axt im Gesicht aussehen würde«; und dann war da auch noch Helen Zahavis abscheulicher, überspannter kleiner Racheroman über Gewalt gegen Männer.

Da waren die typischen »Warmduscher«-Romane: »Ich hatte diesen echt langweiligen Job als Angestellter in einer kleinen Provinzstadt«, begannen sie, »als ich diesen echt wunderbaren schwulen Krüppel und damit eine völlig neue Welt kennen lernte.« (Hier übertreibe ich, aber nur ein bisschen.) Da war eine ganze Gruppe von schottischen Wir-sind-alle-wie-Kelman-Romanen, in denen die Leute ständig *fuck* und *cunt* sagen und die Namen unbedeutender Punkbands aufzählen. Und dann war da noch der Unglaublich-Schlecht-Bearbeitete-Roman. Ich erinnere mich an einen, der in den Sechzigern spielte und in dem ein Kommunist Baader und Meinhof nicht richtig schreiben konnte («Bader», »Meinhoff«). Viele der eingereichten Werke lasen sich, als hätten sie nie einen Lektor gesehen.

Eines jedoch war klar – und das ist vermutlich der Grund, warum so viel Mist über eine *lost generation* geredet worden ist: Man erkannte überall in der Landschaft der zeitgenössischen Fiktion die verheerende Wirkung der Thatcher-Jahre. Viele dieser Autoren schrieben ohne Hoffnung. Sie hatten alle Ambitionen verloren, jeglichen Wunsch, mit der Welt zu ringen. Ihre Bücher handelten von winzigen Flecken der Welt, winzigen Teilen der menschlichen Erfahrung – einem Sozialwohnungsblock, einer Mutter, einem Vater, einem verlorenen Job. Nur wenige Schriftsteller hatten die Courage oder auch die Energie, einen großen Happen aus dem Universum abzubeißen und wiederzukäuen. Nur wenige zeigten sprachliche oder formale Innovation. Viele waren gelangweilt und daher langweilig. (Und dann gab es da, noch schlimmer, die Hurra-Heinis, die anscheinend glaubten, die Tage des Yuppie-Romans, des Bellini-Trinkens, der Alles-easy-Fiktion sei angebrochen. Herzogtümer und Landhaus-Bulimiker in Hülle und Fülle.) Es war offensichtlich, dass zu viele Bücher veröffentlicht wurden; dass zu viele Texte ohne jede Rechtfertigung in Druck gegangen waren; dass zu viele Verlage ihre Veröffentlichungen nach einer Art Zufallsprinzip auswählten, nur im Hinblick auf den Umsatz und in der Hoffnung, dass schon irgendetwas hinhauen würde.

Wenn das allgemeine Bild so entmutigend ist, übersieht man nur allzu leicht das Gute. Ich beschloss, mich als Juror für die »Best of Young British Novelists II« zur Verfügung zu stellen, weil ich selbst herausfinden wollte, ob es wirklich gute Arbeiten gab. Nach meiner Ansicht gibt es sie. Wir vier haben sehr hart gearbeitet, haben gelesen, noch einmal gelesen, bewertet, debattiert.

Es war eine wundervolle Erfahrung, ohne Hickhack und Intrigen, und ich hoffe, man gesteht uns zu, nicht nur den ausgewählten Schriftstellern, sondern auch den Lesern einen Dienst geleistet zu haben. Ich hoffe, dass diese Liste uns ein klein wenig von der Erregung zurückbringt, von der die Romanliteratur vor ungefähr einem Jahrzehnt umgeben war.

Einer meiner alten Schullehrer erfand gern englische Versionen der Epigramme von Martial. Ich erinnere mich nur noch an eine, an seine Version von Martials Botschaft an einen besonders rückwärts gewandten Kritiker:

You only praise the good old days
We young 'uns get no mention.
I don't see why I have to die
To gain your kind attention.

Sie loben immer nur die alte Zeit,
Wir Jungen werden nie erwähnt.
Muss ich erst sterben, um Ihr Augenmerk
Auf meine Wenigkeit zu lenken?

Januar 1993

Angela Carter

(Zuerst erschienen als Einleitung zu Burning Your Boats, *den gesammelten Kurzgeschichten von Angela Carter.)*

Als ich Angela Carter einige Wochen vor ihrem Tod zum letzten Mal besuchte, hatte sie trotz ihrer starken Schmerzen darauf bestanden, sich für den Tee anzukleiden. Mit wachen Augen, hoch aufgerichtet, den Kopf wie ein Papagei schief gelegt, die Lippen ironisch geschürzt, saß sie da und widmete sich hingebungsvoll dem, was man bei einer richtigen Teestunde eben so tut, nämlich die neuesten Bosheiten anzuhören und ebensolche auszuteilen: bissig, scharfzüngig, leidenschaftlich. Kompromisslos offen zu sein war charakteristisch für sie; als ich einmal am Ende einer Beziehung angelangt war, die sie missbilligt hatte, rief sie mich an und sagte: »Nun ja. Von heute an werden Sie wohl wieder eine ganze Menge mehr von mir zu sehen kriegen.« Zugleich gehörte es für sie zu den Regeln der Höflichkeit und der vornehmen Zurückhaltung, beim Nachmittagstee ein tödliches Leiden zu kaschieren.

Der Tod machte Angela wirklich wütend, aber sie hatte einen Trost: Kurz bevor der Krebs zuschlug, hatte sie eine, wie sie sagte, »immense« Lebensversicherung abgeschlossen. Die Aussicht, dass ihre Versicherer gezwungen sein würden, nach so wenigen Prämienzahlungen »ihren Jungs« (ihrem Mann Mark und ihrem Sohn Alexander) ein Vermögen auszuzahlen, bereitete ihr großes Vergnügen und inspirierte sie zu einer ausführlichen, schadenfrohen Arie nach Art der schwarzen Komödie, über die nicht zu lachen völlig unmöglich war.

Sie plante ihre Beerdigung sorgfältig. Ich erhielt die Anweisung, Marvells Gedicht »On a Drop of Dew« zu lesen. Das war eine Überraschung. Die Angela, die ich kannte, war stets eine auf skatologische Weise unreligiöse, fröhlich gottlose Frau gewesen; nun aber wünschte sie, dass an ihrem Sarg ausgerechnet Marvells Meditation über die unsterbliche Seele – »*that Drop, That Ray/Of the clear Fountain of Eternal Day*« – gesprochen wurde. Was war das – ein letzter, surrealer Scherz der Sorte Gott-sei-Dank-sterbe-ich-als-Atheist oder eine Verneigung vor der hochsymbolischen Sprache des Metaphysikers Marvell, von einer Schriftstellerin, deren bevorzugte Sprache ebenfalls erhaben und voller Symbole war? Man sollte anmerken, dass in Marvells Gedicht außer »*th' Almighty Sun*« keine Gottheit auftritt. Vielleicht wollte Angela, immer eine Geberin des Lichts, uns am Ende bitten, uns vorzustellen, wie sie sich in der »Glorie« jenes größeren Lichtes auflöste – eine Künstlerin, die schlicht und einfach selbst ein Teil der Kunst wurde.

Sie war jedoch eine viel zu individualistische, zu leidenschaftliche Autorin, um sich einfach so aufzulösen: mal formell, mal empörend, zugleich exotisch und demotisch, exquisit und ungehobelt, affektiert und burschikos, fabulistisch und sozialistisch, purpurrot und pechschwarz. Ihre Romane sind immer wieder anders, von der transsexuellen Koloratur des *Buchs Eva* bis zu der Music-Hall-Hupfdohlen-Atmosphäre von *Wie's uns gefällt*; aber ihr Bestes findet man, glaube ich, in ihren Kurzgeschichten. Jene unverwechselbare Stimme Angela Carters, diese rauchigen Opiumfresser-Kadenzen, unterbrochen durch harte oder komische Dissonanzen, diese Mondstein-und-Rheinkiesel-Mixtur von Opulenz und Kassenschwindel, kann manchmal bei der Länge eines Romans ermüdend wirken. In ihren Kurzgeschichten aber vermag sie zu blenden und zuzustoßen, nur um dann aufzuhören, solange sie noch in der Vorhand ist.

Schon bei ihren ersten Auftritten war Carter fast voll entwickelt; ihre frühe Geschichte »A Very, Very Great Lady and Her Son at Home« strotzt bereits von Carter'schen Motiven. Da ist die Liebe zum Romantischen, zur üppigen Sprache und zur hohen Kultur; zugleich aber auch zu primitiven Dingen – fallenden Rosenblättern, die klingen wie Taubenfurze, einem Vater, der nach Pferdeäpfeln stinkt, und Gedärmen, die »große Gleichmacher« sind. Hier ist das Ich eine Performance: parfümiert, dekadent, träge, erotisch, pervers; sehr ähnlich der geflügelten Fevvers, der Heldin ihres vorletzten Romans *Nächte im Zirkus*.

Eine andere frühe Geschichte, »A Victorian Fable«, kündet von Carters Sucht nach allen Arkana der Sprache. Dieser außergewöhnliche Text, halb *Jabberwocky*, halb *Fahles Feuer*, bringt die Vergangenheit ans Licht wie niemals zuvor, indem ihre toten Wörter zutage gefördert werden: »*In every snickert and ginnel, bone-grubbers, rufflers, shivering-jemmies, anglers, clapperdogeons, peterers, sneeze-lurkers and Whip Jacks with their morts, out of the picaroon, fox and flimp and ogle*«.

Eins ist klar: Diese frühen Storys bezeugen, dass die Autorin kein Fleisch-mit-Kartoffeln-Schreiberling ist, sondern eine Rakete, ein Feuerrad. Ihre erste Anthologie wird sie *Fireworks* nennen.

Mehrere *Fireworks*-Geschichten beschäftigen sich mit einem Land, dessen Teezeremonien-Förmlichkeit und dunkle Erotik Carters Phantasie verletzte und herausforderte. In »A Souvenir of Japan« arrangiert sie vor unseren Augen blank polierte Bilder jenes Landes. »Die Geschichte von Momotaro, der von einem Pfirsich geboren wurde ... Spiegel machen ein Zimmer ungemütlich.« Die Erzählerin präsentiert uns ihren japanischen Liebhaber als Sexobjekt mit Bienenstich-Lippen. »Ich hätte ihn gern einbalsamieren lassen ... damit ich ihn ständig beobachten und er nicht vor mir davonlaufen könnte.« Wenigstens ist der Liebhaber schön; die Schilderung der grobknochigen Erzählerin, wie sie sich selbst in einem Spiegel sieht, ist dagegen eindeutig ungemütlich. »Im Kaufhaus gab es eine Stange voll Kleider mit der Bezeichnung:

‹Nur für junge, zierliche Mädchen›. Wenn ich sie mir ansah, fühlte ich mich so plump wie Swifts Glumdalclitch.«

In »Flesh and the Mirror« verdichtet sich die exquisite, erotische Atmosphäre, nähert sich dem Pastiche – schließlich hat sich die japanische Literatur weitgehend auf diese erhitzten sexuellen Perversitäten spezialisiert –, bis auf die Stellen, an denen sie von Carters Selbst-Bewusstheit scharf durchbrochen wird, die immer präsent ist. («War ich nicht achttausend Meilen weit gegangen, auf der Suche nach einem Klima mit genügend Schmerz und Qual und Hysterie, um mich zu befriedigen?«, fragt ihre Erzählerin; und in »The Smile of Winter« ermahnt uns ein namenloses Ich: »Denkt nicht, mir wäre nicht klar, was ich tue«, und analysiert dann seine Geschichte mit einem Scharfsinn, der das, was sonst vielleicht ein statisches Stück Stimmungsmusik gewesen wäre, rettet und lebendig macht. Carters Kaltwasserduschen der Intelligenz kommen ihrer Phantasie oftmals zur Hilfe, wenn sie allzu sehr aus dem Ruder läuft.)

In den Nicht-Japan-Geschichten betritt Carter zum ersten Mal jene Fabelwelt, die sie zu ihrer eigenen machen wird. Ein Bruder und eine Schwester haben sich in einem sinnlichen, bösartigen Wald verirrt, dessen Bäume Brüste haben und beißen. Hier lehrt der Apfelbaum des Wissens nicht Gut und Böse, sondern inzestuöse Sexualität. Der Inzest – ein immer wiederkehrendes Thema bei Carter – kommt auch in »The Executioner's Beautiful Daughter« vor, einer Erzählung, die in einem öden Hochlanddorf spielt: eine typische Carter-Szenerie, wo es, wie sie in der Story »Der Werwolf« in *Blaubarts Zimmer* sagt, »kaltes Wetter und kalte Herzen gibt.« Um diese Carterland-Dörfer herum heulen die Wölfe, und es gibt zahllose Metamorphosen.

Carters anderes Land ist der Rummelplatz, die Welt des grellbunten Schaustellers, des Hypnotiseurs, des Zauberers, des Puppenspielers. »The Loves of Lady Purple« führt ihre geschlossene Zirkuswelt zu einem weiteren Bergdorf irgendwo in Mitteleuropa, wo Selbstmörder wie Vampire behandelt werden (Knoblauchkränze, Holzpflöcke durchs Herz), während echte Hexenmeister »in den Wäldern Riten von uralter Grausamkeit praktizierten«. Wie bei allen Carter'schen Rummelplatzstorys gehört das Groteske hier zum Alltag. Lady Purple, Marionette und Domina, steht für die Warnung einer Moralistin: Anfangs eine Hure, verwandelt sie sich in eine Marionette, weil sie »nur von den Schnüren der Lust beherrscht« wird. Sie ist ein weibliches, tödliches Abbild des Pinocchio und zusammen mit der metamorphen Katzenfrau in »Master« eine der vielen dunklen (oder auch blonden) Ladys mit »unersättlicher Gier«, für die Angela Carter ein solches Faible hat.

In ihrer zweiten Anthologie *Blaubarts Zimmer* treten diese zügellosen Damen Carters erzählerisches Erbe an. *Blaubarts Zimmer* ist Carters Meisterwerk: das Buch, in dem ihr gehobener, leidenschaftlicher Stil perfekt zu den Bedürfnissen ihrer Storys passt. (Will man das Beste von der primitiven, demotischen Carter finden, sollte man *Wie's uns gefällt* lesen; aber trotz der überbordenden Frisch-deinen-Shakespeare-auf-Comedy dieses letzten Romans wird *Blaubarts Zimmer* von all ihren Arbeiten am wahrscheinlichsten überdauern.)

Die Titelstory in Novellenlänge beginnt als klassischer Grand Guignol: eine unschuldige Braut, ein vielfach verheirateter Millionärs-Ehemann, ein einsames Schloss an einer wegschmelzenden Küste, ein Geheimzimmer voller Horror. Das hilflose Mädchen und der kultivierte, dekadente, mörderische Mann: Carters erste Variation des Themas *Die Schöne und das Biest*. Doch es gibt eine Veränderung zum Femininen: Statt des schwachen Vaters, um den zu retten die Schöne in dem Märchen einwilligt, zum Biest zu gehen, haben wir hier eine unbezähmbare Mutter, die ihrer Tochter zu Hilfe eilt. In dieser Anthologie ist es Carters geniale Begabung, welche die Fabel *Die Schöne und das Biest* zur Metapher für all die Myriaden Sehnsüchte und Gefahren sexueller Verbindungen macht. Mal ist die Schöne die Stärkere, mal ist es das Biest. In »Mr. Lyons Werbung« ist es an der Schönen, das Leben des Biests zu retten, während die Schöne in »Die Braut des Tigers« selbst erotisch in ein exquisites Tier verwandelt wird: »Und jeder Schlag seiner Zunge riss mir eine Haut nach der anderen fort, all die Häute eines Lebens in der Welt, und übrig blieb eine eben geborene Patina aus glänzenden Haaren. Meine Ohrringe wurden wieder zu Wasser ... ich schüttelte die Tropfen aus meinem wunderschönen Fell«.*

Als werde ihr ganzer Körper defloriert und damit in ein neues Instrument des Begehrens verwandelt, das ihr Zutritt zu einer neuen («animalisch« im Sinne von »spirituellen« wie auch von »tigerhaften«) Welt verschafft. Im »Erlkönig« dagegen werden die Schöne und das Biest nicht versöhnt. Hier gibt es weder Heilung noch Unterwerfung, sondern nur Rache.

Die Anthologie wird um viele andere alte Fabelgeschichten erweitert: Blut und Liebe, die einander immer nahe sind, liegen ihnen allen zugrunde und vereinen sie. In »Die Dame aus dem Haus der Liebe« vereinigen sich Liebe und Blut in der Person eines Vampirs: die Schöne, selbst zum Monster, zum Biest geworden. In »Das Schneekind« befinden wir uns im Märchenland weißen Schnees, roten Blutes, eines schwarzen Vogels und eines Mädchens, weiß, rot und schwarz, geboren auf den Wunsch eines Grafen; Carters moderne Vorstellungskraft weiß jedoch, dass es für jeden Grafen eine Gräfin gibt, die ihre Phantasie-Rivalin nicht dulden wird. Der Kampf der Geschlechter wird auch unter Frauen ausgefochten.

Rotkäppchens Ankunft vervollständigt Carters brillante, neu erfundene Synthese der *Kinder- und Hausmärchen*. Nun wird uns die radikale, schockierende Vorstellung geboten, dass die Großmutter in Wirklichkeit der Wolf sein könnte («Der Werwolf«); oder, nicht weniger schockierend, der Gedanke, dass das Mädchen (Rotkäppchen, die Schöne) ohne weiteres genauso amoralisch-wild sein könnte wie der Wolf/das Biest; dass sie den Wolf durch die Macht

---

* Angela Carter, *Blaubarts Zimmer*. Märchen aus der Zwischenwelt. Deutsch von Sybil Gräfin Schönfeldt, Reinbek: Rowohlt 1982

ihrer eigenen räuberischen Sexualität, ihrer erotischen wölfischen Raubgier besiegen könnte. Das ist das Thema von »Die Gesellschaft der Wölfe«, und wenn man den Film *Die Zeit der Wölfe* sieht, den Carter mit Neil Jordan gemacht und in dem sie mehrere ihrer Wolfs-Erzählungen ineinander verwoben hat, sehnt man sich nach dem großen Wolf-Roman, den sie niemals geschrieben hat.

»Wolfs-Alice« bietet letzte Metamorphosen. Jetzt gibt es keine Schöne mehr, nur noch zwei Tiere: einen kannibalischen Herzog und ein Mädchen, von Wölfen großgezogen, das, als es die weibliche Reife erlangt, durch das Mysterium seiner eigenen blutigen Kammer zur Selbsterkenntnis gebracht wird; das heißt durch seinen Menstrualfluss. Durch Blut und durch das, was es in den Spiegeln sieht, die sein Haus ungemütlich machen.

> Am Ende erscheint die Erhabenheit der Berge monoton ... Er drehte sich um und starrte den Berg lange an. Er hatte vierzehn Jahre dort gewohnt, doch hatte er ihn nie so gesehen wie jemand, der das Gebirge nicht wie einen Teil seiner selbst empfindet ... Als er ihm Lebewohl sagte, sah er, wie sich der Berg in Landschaft verwandelte, in die wundervolle Kulisse eines alten Volksmärchens, einer Geschichte vielleicht von einem von Wölfen gesäugten Kinde, oder von Wölfen, gesäugt von einer Frau.*

Carters Lebwohl an ihr Gebirgsland, am Ende ihrer letzten Wolf-Story »Peter und der Wolf« in *Schwarze Venus*, signalisiert, dass sie, wie ihr Held, davongewandelt ist, »in eine andere Geschichte«.

In dieser dritten Anthologie gibt es noch eine Geschichte, die durch und durch Fantasy ist, eine Betrachtung über *Ein Sommernachtstraum*, die eine Passage aus *Wie's uns gefällt* vorwegnimmt (und besser ist als diese). In dieser Story zeigt sich Carters linguistischer Exorzismus in voller Pracht – da gibt es leichte Winde, die

---

* Angela Carter, *Schwarze Venus*, Deutsch von Joachim Kalka, dtv: München, 1990.

»saftigfeucht wie Mangofrüchte mit mythenerzeugendem Hauch die Küste von Koromandel liebkosen, weit weg an den porphyr- und lapislazulifarbenen indischen Gestaden«.*

Aber wie immer reißt ihre sarkastische Vernunft die Story auf die Erde zurück, bevor sie sich in einer exquisiten Rauchwolke auflösen kann. Dieser Traum-Wald – er liegt »keineswegs in der Nähe von Athen«, sondern »irgendwo in den englischen Midlands, möglicherweise bei Bletchley« – ist feucht und voller Wasser, und die Feen sind allesamt erkältet. Außerdem ist er mittlerweile abgeholzt worden, um Platz für eine Straße zu schaffen. Carters elegante Fuge über Shakespeare-Themen wird durch ihre Exposition des Unterschieds zwischen dem Wald des *Sommernachtstraums* und dem »düsteren, vom finsteren Zauber durchwehten nördlichen Forst« der Gebrüder Grimm zur Brillanz gesteigert. Der Forst, erinnert sie uns behutsam, ist ein Angst einflößender Ort; sich in ihm zu verirren bedeutet, Ungeheuern und Hexen zum Opfer zu fallen. In einem Wald jedoch kann man absichtlich »seinen Weg verlieren«; da gibt es keine Wölfe, und der Wald »will den Liebenden wohl«. Dies ist der Unterschied zwischen den englischen und den europäischen Märchen, präzise und unvergesslich definiert.

Zumeist jedoch meiden *Schwarze Venus* und sein Nachfolger, *American Ghosts and Old World Wonders*, die Märchenwelten; Carters revisionistische Vorstellungskraft wendet sich dem Realen zu, ihr Interesse dem Porträtieren statt dem Erzählen. Die besten Stücke in diesen späteren Büchern sind dann auch Porträts – von Baudelaires schwarzer Mistress Jeanne Duval; von Edgar Allan Poe; und in zwei Storys von Lizzie Borden, lange bevor sie »zur Axt griff«, und von derselben Lizzie am Tag ihrer Verbrechen, einem Tag, der mit gemächlicher Präzision und Aufmerksamkeit für Details geschildert wird: die Folgen, wenn man sich während einer Hitzewelle zu warm anzieht und wenn man zweimal gekochten Fisch isst, spielen jeweils eine Rolle. Auch bei diesem Hyper-

---

* Angela Carter, *Schwarze Venus*, a.a.O.

Realismus gibt es jedoch einen Anklang an *Blaubarts Zimmer*, denn Lizzies Tat ist eine Bluttat, und außerdem menstruiert sie gerade. Ihr eigenes Lebensblut fließt, während der Todesengel auf einem nahen Baum wartet. (Wieder einmal, genau wie bei den Wolf-Storys, lechzt man nach mehr – nach dem Lizzie-Borden-Roman, der uns versagt bleibt.)

Baudelaire, Poe, der Shakespeare des *Sommernachtstraums*, Hollywood, Pantomime, Märchen: Carter zeigt ihre Einflüsse offen, denn sie ist ihr Dekonstrukteur, ihr Saboteur. Sie nimmt, was wir wissen, und wenn sie es zerbrochen hat, setzt sie es auf ihre eigene kompromisslose, höfliche Art neu zusammen. In ihrer Hand ist Cinderella, die ihren ursprünglichen Namen Aschenputtel wieder erhalten hat, die vom Feuer gezeichnete Heldin einer Geschichte von grässlichen Verstümmelungen, hervorgerufen durch Mutterliebe; John Fords *Schade, dass sie eine Hure war* wird zu einem Film, bei dem ein ganz anderer Ford Regie führt; und die verborgene Natur der Pantomimen-Personen wird entlarvt.

Angela Carter schlägt für uns eine alte Geschichte auf wie ein Ei und findet darin die neue Story, die Jetzt-Story, die wir hören wollen.

Dabei war Angela Carter beileibe keine perfekte Schriftstellerin. Ihre Hochseilnummer findet über einem Sumpf von Affektiertheit statt, über Treibsand aus Künstelei und Geziertheit; und man kann nicht leugnen, dass sie zuweilen abstürzt, dass es kein Entrinnen vor merkwürdigen Ausbrüchen gibt, vor Firlefanz, und dass einige ihrer Puddings, das werden selbst ihre treuesten Bewunderer zugeben, zu viele Eier enthalten. Zu reichlich ist ihre Verwendung von Wörtern wie *eldritch* (ein schottisches Wort für »unheimlich«), zu viele Männer gibt es bei ihr, die so reich sind »wie Krösus«, und da ist auch zu viel Porphyrie und Lapislazuli für eine gewisse Sorte von Puristen. Aber das Wunder ist, wie oft ihr das alles gelingt; wie oft sie Pirouetten hinlegt, ohne zu stürzen, oder jongliert, ohne den Ball fallen zu lassen.

Von einzelnen trägen Federn der *political correctness* bezichtigt, war sie eine überaus individuelle, unabhängige und exzentrische Schriftstellerin; und obwohl viele sie schon zu Lebzeiten als marginale, kultische Figur abtaten, als exotische Treibhausblüte, ist sie zu derjenigen zeitgenössischen Schriftstellerin geworden, die an britischen Universitäten am intensivsten studiert wird – ein Sieg über den Mainstream, den sie genossen hätte.

Angela Carter ist nicht fertig geworden. Genau wie Italo Calvino, wie Bruce Chatwin, wie Raymond Carver hat sie auf der Höhe ihres Schaffens das Zeitliche gesegnet. Für Schriftsteller ist das der grausamste Tod: mitten im Satz sozusagen. Die Storys in diesem Band sind ein Maßstab für unseren Verlust. Aber sie sind auch unser Schatz, den es zu genießen und zu bewahren gilt. Raymond Carver soll, kurz bevor er (ebenfalls an Lungenkrebs) starb, zu seiner Frau gesagt haben: »Wir sind jetzt da draußen. Wir sind da draußen in der Literatur.« Carver war ein sehr moderner Mensch, aber dies ist die Bemerkung eines Mannes, der wusste und dem man oft gesagt hatte, wie kostbar sein Werk sei. Angela hat zu Lebzeiten weniger Bestätigung für den Wert ihres einzigartigen Œuvres gefunden; aber auch sie ist jetzt da draußen, da draußen in der Literatur, ein Strahl der klaren Fontäne der Ewigkeit.

April 1995

Beirut Blues

An einer Stelle in Hanan al-Shaykhs neuem Roman *Beirut Blues* erfährt Asmahan, die Erzählerin, dass ihr Großvater, ein schmutziger alter Mann, der gern die Brüste der Frauen streift, mit einer jungen Lolita angebändelt hat. Juhayna, das Nymphchen, wird von verschiedenen Familienmitgliedern verdächtigt, es auf ihr Erbe abgesehen zu haben, aber Asmahan kommt zu einem großmütigeren und seltsameren Urteil. »Indem sie ihn erwählte, erwählte sie lediglich die Vergangenheit, die im Gegensatz zu den bärtigen Führern, den streitenden Stimmen, dem Klirren der Waffen ihre Glaubwürdigkeit bewiesen hatte.«

Die Vergangenheit wird überall in *Beirut Blues* betrauert, betrauert ohne Sentimentalität. Die Vergangenheit ist der Ort, an dem Asmahans Großmutter um das Recht auf Schulbildung kämpfen musste, aber sie ist auch das verlorene ländliche Heimatdorf, zuerst von den Palästinensern und dann von einheimischen Verbrechern besetzt; sie ist Beirut, diese einstmals schöne, strahlende, kosmopolitische Stadt, nun in die Primitivität von Ruinen zurückgeworfen, in denen Heckenschützen hocken, um auf Frauen in blauen Gewändern zu schießen. Die junge Asmahan ist süchtig geworden nach Billie Holidays Stimme. Nun schreibt sie Briefe an ausgewanderte Freunde, an ihr verlorenes Land, an ihren Geliebten, an ihre Stadt, an den Krieg selbst, Briefe wie langsame, sinnliche, traurige Musik. Die seltsame Frucht aus Billies Liedern hängt an den Bäumen vor Asmahans eigenen Fenstern, und sie ist zu der Lady geworden, die den Blues singt.

»Im Libanon«, hat Edward Said gesagt, »existiert der Roman weitgehend als eine Form, die ihre eigenen Zulänglichkeiten dokumentiert, sie kaschiert, oder indem er auf die autobiographische Form zurückgreift (wie in der bemerkenswerten Vielfalt von Schriften libanesischer Frauen), auf Reportage, Pastiche ...« Wie soll man Literatur hervorbringen – wie ihre Zerbrechlichkeiten und ebenso ihre harte Individualität bewahren –, wenn man mitten in einer Explosion steckt? Elias Khoury schuf mit seinem brillanten Kurzroman *Little Mountain* (1977) eine Mischung aus Fabel, Surrealismus, Reportage, Low Comedy und Denkschrift, die eine Antwort auf diese Frage gibt. Hanan al-Shaykh, die wohl beste der Schriftstellerinnen, auf die sich Said bezog – Autorin der hochgelobten Bände *Sahras Geschichte* und *Im Bann der High-Tech-Harems* – bietet eine neue Lösung. Was das zerborstene Universum ihres Romans zusammenhält, ist die Präsenz des leichten, aber unverminderten Fiebers menschlichen Begehrens, das überall in ihrer Prosa gegenwärtig ist. Es ist das melancholische, sinnliche Porträt der Briefeschreiberin Asmahan, einer wahren Sensualistin Beiruts, einer Frau, die lange Nachmittage damit verbringen kann, sich die Haare zu ölen, die mit sexueller Freiheit handelt und mit einer Deutlichkeit erotischen Fühlens und Schilderns schreibt, die diesen Roman nach den puritanischen, zensurgesteuerten Regeln der von Moscheen und Militär beherrschten Gegenwart ziemlich gewagt erscheinen lässt.

Asmahan beginnt und endet ihre erzählende Korrespondenz mit Briefen an einen alten Freund, Hayat, der jetzt im Ausland lebt; und das Thema Exil ist eines der im Buch immer wiederkehrenden Motive. (Die moderne arabische Literatur wird mehr und mehr zu einer Literatur nicht nur des Exils, sondern der Exilanten; dafür sorgen die Männer der Gewalt und der Gottesfurcht.) Asmahan empfindet Mitleid mit ihrem alten Freund, der fern von zu Hause lebt und dem das libanesische Essen fehlt; für den heimkehrenden Schriftsteller Jawad mit seinen klugen Fragen, seinen Verabredungen, seinem Auftreten als Voyeur ihrer gelebten Realität, empfindet sie dagegen fast Verachtung. »Dann öffnete er eines Tages die Augen ... die Zeitungen hörten auf, ihn mit den Jagdgründen für seine sarkastischen Witze zu versorgen; es schien ihm fast körperliche Schmerzen zu bereiten, von der Sinnlosigkeit all dessen zu lesen, was geschah.« In diesem Moment beginnen Jawad und Asmahan ihre Affäre; sie muss zwischen neuer Liebe und alter Heimat wählen, denn Jawad wird Beirut verlassen, und auch sie muss in Erwägung ziehen, ins Exil zu gehen. Vielleicht wird sie im Namen der Liebe wie Hayat werden, ihr Freund und ihre Spiegelseele, für den sie so großes Mitleid, ja Geringschätzung empfunden hat.

Es wäre falsch, Asmahans letztendliche Wahl zu verraten, aber sie fällt ihr nicht leicht. Ihre Anhänglichkeit an Beirut geht sehr tief, obwohl sie sich in einem Schreiben an Jill Morrell mit den Geiseln vergleicht.

> Mein Verstand gehört nicht mehr mir selbst ... Ich besitze meinen Körper, nicht aber, nicht einmal vorübergehend, den Boden unter meinen Füßen. Was bedeutet es, gekidnappt zu werden? Gewaltsam aus der gewohnten Umgebung von Familie, Freunden, Haus und Bett gerissen zu werden? So kann ich mir auf seltsame Weise selbst einreden, dass es mir schlechter geht als ihnen ... Denn ich lebe immer noch in meinem Heimatort, wenn auch auf schmerzhafte Weise von ihm getrennt: Dies ist meine Stadt, und ich erkenne sie nicht mehr.

Al-Shaykh begegnet diesem veränderten Beirut mit leidenschaftlichen Schilderungen. Da gibt es Kühe, die cannabissüchtig geworden sind, und iranische Schilder an den Geschäften, und Bäume voller Plastikflaschen. Alte Ortsnamen haben ihre Bedeutung verloren, neue sind aufgetaucht. Es gibt Palästinenser, die eine Beckett'sche Sprache führen – »Ich werde mich umbringen müssen. Nein, ich muss weitermachen« –, und es gibt Milizen und Terroristen, und es gibt den Krieg. »Die Menschen haben ein verzweifeltes Bedürfnis, in jeden Konflikt einzugreifen, mit dem sie vertraut sind ... um es sich zu ersparen, weiter draußen suchen und die Mysterien von Leben und Tod erforschen zu müssen«, schreibt Asmahan. »Du [der Krieg] gibst ihnen Selbstvertrauen und eine Art Klarheit; die Menschen machen diese kostbare Entdeckung und spielen dein Spiel.«

Was soll ich mit diesen Ideen anfangen?, fragt sich Asmahan gequält, und die beste Antwort darauf liegt vermutlich in einem Rat ihrer unschlagbaren Großmutter. »Vergiss nicht, wer wir sind. Sorge dafür, dass Speisekammer und Kühlschrank niemals leer sind.« In diesem, ihrem ersten Roman vollzieht Hanan al-Shaykh diesen Akt der Erinnerung, fügt ihn dem unvergesslichen Porträt einer zerbrochenen Stadt hinzu. Er sollte von jedem gelesen werden, dem die Wahrheiten hinter dem Klischee Beirut der TV-Nachrichten etwas bedeuten; und von jedem, der auf der Suche nach jenen universellen Wahrheiten des Herzens ist, die die Zeiten überdauern.

März 1995

Arthur Miller mit achtzig

(Ursprünglich Teil einer Geburtstagsfeier für und von Arthur Miller an der University of East Anglia.)

Arthur Millers Leben ist nicht nur an sich großartig, es gibt auch ein großartiges Buch ab: *Zeitkurven*, eine Autobiographie, die sich wie ein großer amerikanischer Roman liest – als wäre Bellows Augie March zu einem bedeutenden jüdischen Dramatiker herangewachsen und habe, in Bellows berühmten Worten, »auf eigene Art seinen Weg gemacht: als Erster geklopft, als Erster eingelassen; manches Mal ein harmloses Klopfen, manches Mal nicht so harmlos«.

In einer Zeit, da sich die Literatur und noch mehr die literarische Kritik nach innen gewandt haben, sich in Spiegelgalerien verlieren, klingt Arthur Millers doppeltes Beharren auf der Realität des Realen und auf der moralischen Funktion des Schreibens wieder einmal so radikal wie in seiner Jugend. »Das Bemühen, in der menschlichen Spezies eine Gegenkraft zu der Beliebigkeit zu entdecken, mit der Menschen zu Opfern werden«, nennt er es, und fügt hinzu: »Aber wie uns die Geschichte lehrt, kann diese Kraft nur moralisch sein. Leider.«

Wenn ein großer Autor ein hohes Alter erreicht, erliegt man sehr leicht der Versuchung, ihn zu einer Institution zu machen, zu einer Statue seiner selbst. Aber Miller lesen heißt, auf jeder Seite die fortdauernde Relevanz seines Denkens zu entdecken: »Das ultimative menschliche Geheimnis«, schreibt er, »mag nicht mehr sein als die Ansprüche, die Rasse und Familie an uns stellen, Ansprüche, die, wie sich noch herausstellen könnte, die Macht haben, die Welt zu vernichten, weil sie dem rationalen Verstand trotzen.« Die Schärfe derartiger Erkenntnisse macht Miller durchaus ebenso zu unserem Zeitgenossen, zu einem Mann für diese Jahreszeit wie all seine anderen männlichen Figuren auch. Willy Lomans Satz »Ich hab das Gefühl, als wär mein Leben immer noch – irgendwie vorläufig« beschreibt auch das Gefühl, das Arthur Miller, wie er sagt, sich selbst gegenüber immer gehabt hat. »Der Drang, nicht stehen zu bleiben, mich ständig zu verändern – vielleicht ist es auch das Talent, zeitgemäß zu sein –, wurde mir als wichtige und unverzichtbare Grundlage des Lebens mitgegeben.« In Miller sind das Vorläufige und das Zeitgemäße vereint und erweisen sich als ein und dasselbe.

Millers große Kunst ist es immer gewesen, das aufzuzeigen, was die einführenden Bühnenanweisungen zu *Tod eines Handlungsreisenden* als Traum bezeichnen, der der Wirklichkeit »entrückt« ist. Indem er aufmerksam ist, entdeckt er das Wunderbare innerhalb des Realen. Sein Leben ist ebenso leidenschaftlich der Erinnerung und dem Beleben des Kleinen und Unbeachteten durch die Kunst gewidmet wie der Artikulation der großen moralischen Fragen der Zeit. Hier, in seiner Autobiographie, findet man eine endlose Reihe von Männern und Frauen, die in wundervolle Kameen gefasst sind: der Urgroßvater, der »ein Orchester von Düften war – jede seiner Gesten duftete anders«; der Rabbi, der dem sterbenden Patriarchen die Diamanten stahl und von dem Sterbenden zusammengeschlagen werden musste, bevor er sie ihm zurückgab; Mr. Dozick, der Apotheker, der Millers Bruder auf dem Tisch in seinem Drugstore das Ohr nähte; der polnische Schultyrann, der Miller ein paar frühe Lektionen in Antisemitismus erteilte; und Lucky Luciano in Palermo, voll Sehnsucht nach Amerika und beängstigend über-großzügig, sodass Miller zu fürchten begann, in dem Bunyan'schen »Morast von Etwas für Nichts unterzugehen, aus dem es keine Wiederkehr gibt«.

Moralisches Format ist in diesen entarteten Zeiten eine seltene Eigenschaft. Miller scheint sie angeboren zu sein, sie wurde von ihm aber noch stark vertieft, weil er aus seinen Fehlern zu lernen vermochte. Wie Günter Grass, der in einem Nazi-Haushalt aufwuchs und nach dem Krieg die betäubende Erfahrung machen musste, dass alles, woran er geglaubt hatte, eine Lüge gewesen war, hat Arthur Miller mehr als einmal sein Weltbild aufgeben müssen. Spross einer Familie auf Profit gedrillter Männer und mit sechzehn den Marxismus entdeckend, lernte er, dass »die wahre Natur des Menschen das komplette Gegenteil des von Konkurrenz bestimmten Systems mit all seinen Hassgefühlen und Intrigen war, das ich für normal gehalten hatte. Das Leben konnte eine kameradschaftliche Umarmung sein, Menschen, die einander halfen, statt nach Möglichkeiten zu suchen, einander reinzulegen.« Später erscheint sein Marxismus weniger idealistisch: »Tief drinnen in der kameradschaftlichen Welt der marxistischen Verheißung liegt der Verwandtenmord«, schrieb er, und als er und Lillian Hellman mit der Aussage eines Jugoslawen über die Schrecken der Sowjet-Herrschaft konfrontiert wurden, bekennt er rückhaltlos: »Wir waren anscheinend die Narren der Geschichte.«

Aber Miller ist der Narr der Geschichte geblieben. Durch seinen Widerstand gegen den McCarthyismus, durch seine Zeit als PEN-Präsident, durch seinen Kampf gegen die Zensur und seine Verteidigung verfolgter Schriftsteller auf der ganzen Welt ist er zu einer gigantischen Gestalt geworden, die zu ehren wir heute hier sind. Als ich Hilfe brauchte, war die Stimme von Arthur Miller, das kann ich mit Stolz sagen, eine der ersten und lautesten, die sich zu meiner Verteidigung erhoben, und es ist mir ein Privileg, hier sprechen und ihm heute Abend danken zu können.

Wenn Arthur Miller sagt: »Wir müssen die Freiheit in jeder Generation neu erkennen, vor allem, da eine gewisse Anzahl von Menschen immer davor Angst haben«, tragen seine Worte das Gewicht erlebter Erfahrung, seiner eigenen, profunden

Neuerkenntnisse. Vor allem aber tragen sie das Gewicht seines Genies. Arthur, wir feiern das Genie und den Menschen. *Happy birthday.*

Oktober 1995

Wieder einmal –
Zur Verteidigung des Romans

Auf der Jahrhundert-Konferenz der British Publishers' Association sprach Professor George Steiner ein großes Wort:

> In unseren Romanen werden wir sehr müde ... Genres tauchen auf, Genres gehen unter, das Epos, das Vers-Epos, die formelle Vers-Tragödie. Höhepunkte, dann ebben sie ab. Romane werden auch weiterhin geschrieben werden, aber zunehmend wird nach hybriden Formen gesucht, nach dem, was wir eher unpräzise Faction nennen werden ... Welcher Roman kann heutzutage wirklich mit den besten Reportagen konkurrieren, mit den allerbesten Beispielen für unmittelbares Erzählen?
>
> Pindar [war] der Erste, der nachweislich gesagt hat: »Diese Dichtung wird noch gesungen werden, wenn die Stadt, die sie in Auftrag gegeben hat, aufgehört hat zu existieren.« Die immense Prahlerei der Literatur angesichts des Todes. So etwas zu sagen, würde sich vermutlich auch der größte Dichter zutiefst schämen ... Die große klassische Angeberei – aber welch eine wundervolle Angeberei – der Literatur. »Ich bin stärker als der Tod«, sagt sie. »Ich kann in der Poesie, im Drama, im Roman über den Tod sprechen, weil ich ihn überwunden habe, weil ich mehr oder weniger unsterblich bin.« Und genau das ist nicht mehr machbar.

Da ist er also wieder, verpackt in schönste, glänzendste Rhetorik – ich meine natürlich diese köstliche alte Kamelle, den Tod des Romans. Wobei Professor Steiner, um das Maß voll zu machen, den Tod des Lesers (oder wenigstens seine radikale Umwandlung in eine Art Computer-Kid, eine Art Super-Fachidiot) noch hinzufügt; und den Tod des Buches selbst (oder wenigstens die radikale Umwandlung in eine elektronische Form). Da der Tod des Autors vor mehreren Jahren in Frankreich verkündet wurde – und der Tod der Tragödie in einem früheren Nachruf von Prof. Steiner selbst –, ist die Bühne mittlerweile mit mehr Leichen übersät als beim Schluss von *Hamlet*.

Noch immer steht inmitten dieses Gemetzels jedoch eine einsame, alles beherrschende Gestalt, ein veritabler Fortinbras, vor dem wir alle, Schreiber von autorlosen Texten, post-literate Leser, das Haus von Usher, also die Verlagsindustrie – sie ist das Dänemark, in dem etwas faul ist – und sogar die Bücher selbst demütig den Kopf neigen müssen. Es ist natürlich der Kritiker.

Auch ein prominenter Schriftsteller hat vor wenigen Wochen das Hinscheiden der Form verkündet, für die er ein so gefeierter Experte war. V. S. Naipaul hat nicht nur aufgehört, Romane zu schreiben: Das Wort »Roman« selbst, erklärt er uns, verursacht ihm inzwischen Übelkeit. Genau wie Prof. Steiner findet der Autor von *Ein Haus für Mr. Biswas*, dass der Roman seinen historischen Moment überlebt hat, keine nützliche Rolle mehr spielt und durch Tatsachenberichte abgelöst werden wird. Mr. Naipaul befindet sich, es wird niemanden überraschen, an vorderster Front der Geschichte, wo er diese neue post-fiktionale Literatur produziert.*

Ein anderer namhafter britischer Autor hat Folgendes zu sagen.

Man braucht kaum darauf hinzuweisen, dass das Prestige des Romans im Augenblick extrem niedrig ist, so niedrig, dass die Worte »Ich lese niemals Romane«, die noch vor zwölf Jahren im Allgemeinen mit einer Andeutung von Bitte um Entschuldigung geäußert wurden,

---

* Mr. Naipaul – inzwischen Sir Vidia – hat fünf Jahre, nachdem er diese Erklärung abgab, einen neuen Roman veröffentlicht, *Ein halbes Leben*. Wir müssen ihm dafür danken, dass er diese tote Form doch wieder zum Leben erweckte.

heutzutage voll Stolz gesprochen werden ... Der Roman wird höchstwahrscheinlich in irgendeiner oberflächlichen, verachteten und hoffnungslos degenerierten Form wie der der modernen Grabsteine oder des Kasperletheaters überleben, wenn nicht die besten literarischen Köpfe dazu gebracht werden können, zu ihm zurückzukehren.

Das hat George Orwell 1936 geschrieben. Man sollte meinen – wie Prof. Steiner in der Tat zugibt –, dass die Literatur noch nie eine Zukunft gehabt hat. Selbst die *Ilias* und die *Odyssee* haben frühe schlechte Kritiken bekommen. Gute Schriftsteller sind immer attackiert worden, besonders von anderen guten Schriftstellern. Schon ein flüchtiger Blick auf die Geschichte der Literatur lässt erkennen, dass kein Meisterwerk zum Zeitpunkt seiner Veröffentlichung vor Angriffen sicher war, der Ruf keines Schriftstellers nicht von seinen Zeitgenossen angegriffen wurde: Aristophanes nannte Euripides »einen Sammler von Klischees ... und einen Schöpfer von Vogelscheuchen«, Samuel Pepys hielt den *Mittsommernachtstraum* für »geschmacklos und lächerlich«, Charlotte Brontë tat Jane Austens Werk ab, Zola rümpfte die Nase über *Die Blumen des Bösen*, Henry James hielt *Middlemarch*, *Sturmhöhe* und Dickens' *Unser gemeinsamer Freund* für Schund. Alle Welt hohnlachte über *Moby Dick*. Als *Madame Bovary* veröffentlicht wurde, verkündete der *Figaro*, »M. Flaubert ist kein Schriftsteller«, Virginia Woolf nannte *Ulysses* »ungebildet«, und der *Odessa Courier* schrieb über *Anna Karenina*, es sei »sentimentaler Müll ... Zeigen Sie mir eine einzige Seite, die eine Idee enthält«.

Wenn also heutzutage deutsche Kritiker Günter Grass attackieren, wenn italienische Literati, wie uns der französische Romancier und Kritiker Guy Scarpetta erklärt, »zu ihrer Überraschung« von Italo Calvinos und Leonardo Scascias hervorragendem internationalen Ruf hören, wenn sich die Haubitzen der amerikanischen *political correctness* auf Saul Bellow richten, wenn Anthony Burgess Graham Greene Momente nach dessen Tod schlecht macht, und wenn Prof. Steiner sich, ehrgeizig wie eh und je, nicht nur ein paar individuelle Schriftsteller vorknöpft, sondern den gesamten literarischen Output von Nachkriegseuropa, leiden sie möglicherweise alle an der kulturell endemischen Golden-Age-Krankheit: dieser ständig wiederkehrenden, galligen Sehnsucht nach einer literarischen Vergangenheit, die zur damaligen Zeit niemandem um so viel besser erschien als uns heute die Gegenwart.

Prof. Steiner sagt: »Es ist fast axiomatisch, dass heute die großen Romane vom entfernten Rand unserer Welt her kommen, aus Indien, aus der Karibik, aus Lateinamerika«, und manche werden überrascht sein, dass ich diese Vision eines ausgepowerten Zentrums und der dagegen vitalen Peripherie nicht teile. Wenn ich anderer Meinung bin, dann teils, weil es ein so eurozentrisches Lamento ist. Nur ein westeuropäischer Intellektueller würde auf der Basis, dass die Literatur von, sagen wir, England, Frankreich, Deutschland, Spanien und Italien nicht mehr die interessanteste auf Erden ist, ein Klagelied anstimmen. (Es ist unklar, ob Prof. Steiner die Vereinigten Staaten im Zentrum oder am äußeren Rand sieht; es ist schwierig, dieser Geographie einer Vision von der flachen Erde der Literatur zu folgen. Von dort, wo ich sitze, scheint mir die amerikanische Literatur in gutem Zustand zu sein.) Spielt es eine Rolle, woher die großen Romane kommen, solange sie tatsächlich kommen? Was ist diese flache Erde, auf welcher der gute Professor lebt, mit ausgelaugten Romanen im Zentrum und erschreckend begabten Hottentotten und Menschenfressern, die an den Rändern lauern? Die Weltkarte in Prof. Steiners Kopf ist eine imperiale Karte, und Europas Imperien sind längst verschwunden. Das halbe Jahrhundert, dessen literarische Produktion für Steiner und Naipaul den Niedergang des Romans beweist, ist auch das erste halbe Jahrhundert der postkolonialen Periode. Könnte es nicht einfach sein, dass ein neuer Roman auftaucht, ein postkolonialer Roman, ein dezentrierter, transnationaler, interlingualer, multikultureller Roman; und dass wir in dieser neuen Weltordnung oder -unordnung eine bessere Erklärung für die Gesundheit des zeitgenössischen Romans sehen als Prof. Steiners irgendwie gönnerhafte Hegel'sche Ansicht, der Grund für die

Kreativität des »fernen Randes« liege darin, dass es Gebiete sind, »die sich in einem früheren Stadium der spießbürgerlichen Kultur befinden und damit in einem früheren, primitiveren, problematischen Zustand«?

Da es dem Franco-Regime jahrzehntelang gelang, die spanische Literatur zu unterdrücken, ist es folglich auch ihm zu verdanken, dass die guten Schriftsteller, die in Lateinamerika ansässig waren, mehr ins Scheinwerferlicht gerückt wurden. Der so genannte Lateinamerika-Boom war also ebenso das Resultat der Korruption der alten bürgerlichen Welt wie die angeblich primitive Kreativität der neuen. Und die Bezeichnung von Indiens uralter, hoch entwickelter Kultur als »früheren, primitiveren« Zustand als der des Westens ist bizarr. Indien mit seinen großen merkantilen Klassen, seinen wuchernden Bürokratien, seiner explodierenden Wirtschaft besitzt eine der größten und dynamischsten Bourgeoisien der Welt, und das seit mindestens ebenso langer Zeit wie Europa. Große Literatur und eine Klasse von Literaturlesern sind nichts Neues in Indien. Was neu ist, ist das Entstehen einer begabten Generation von indischen Schriftstellern, die *auf Englisch* schreiben. Was neu ist, ist die Tatsache, dass das »Zentrum« Notiz von der »Peripherie« genommen hat, weil die »Peripherie« begonnen hat, mit Myriaden von Versionen einer Sprache zu sprechen, die der Westen leichter verstehen kann.

Sogar Prof. Steiners Porträt eines ausgepowerten Europas ist nach meiner Ansicht ganz einfach und beweisbar falsch. Die letzten fünfzig Jahre haben uns die Werke von, um nur ein paar zu nennen, Albert Camus geschenkt, von Graham Greene, Doris Lessing, Samuel Beckett, Italo Calvino, Elsa Morante, Vladimir Nabokov, Günter Grass, Aleksandr Solschenizyn, Milan Kundera, Danilo Kis, Thomas Bernhard, Marguerite Yourcenar. Jeder von uns kann sich eine eigene Liste zusammenstellen. Wenn wir die Autoren von außerhalb der Grenzen Europas hinzunehmen, wird klar, dass die Welt nur selten eine so reiche Ernte an großen Romanciers erlebt hat, die zur selben Zeit lebten und arbeiteten

– und dass das einfache Schwarzsehertum der Steiner-Naipaul-Position nicht nur deprimierend ist, sondern ungerechtfertigt. Wenn V. S. Naipaul keine Romane mehr schreiben will – oder auch nicht mehr kann –, dann ist das unser Verlust. Aber die Kunstsparte des Romans wird zweifellos auch ohne ihn weiterbestehen.

Nach meiner Ansicht gibt es in der Kunst des Romanschreibens keinerlei Krise. Der Roman ist genau jene »hybride Form«, nach der sich Prof. Steiner sehnt. Sie ist teils soziale Untersuchung, teils Fantasy, teils Beichte. Sie überschreitet Grenzen des Wissens ebenso wie topographische Trennlinien. Er hat jedoch Recht, wenn er sagt, dass viele gute Schriftsteller die Grenzen zwischen Fakt und Fiktion verwischt haben. Ein Beispiel für dieses kreative Verwischen ist Ryszard Kapuscinskis großartiges Buch über Haile Selassie, *König der Könige*. Der so genannte Neue Journalismus, wie er in Amerika von Tom Wolfe und anderen entwickelt wurde, war ein direkter Versuch, dem Roman die Kleider zu stehlen, und im Fall von Wolfes eigenen *Radical Chic & Mau-Mau bei der Wohlfahrtsbehörde* oder *The Right Stuff* war der Versuch auf überzeugende Art erfolgreich. Die Kategorie des »Reiseromans« hat sich erweitert und schließt nunmehr Werke profunden kulturellen Nachdenkens ein: Claudio Magris' *Donau* etwa, oder Neal Aschersons *Schwarzes Meer*. Und angesichts einer brillanten Tour-de-Force-Prosa wie in Roberto Calassos *Die Hochzeit von Kadmos und Harmonia*, in dem eine Neuerforschung der griechischen Mythen die ganze Spannung und intellektuelle Erregung bester Fiktion erzielt, kann man nur das Aufkommen einer neuen Art von imaginativen Essays feiern – oder besser, die Wiederkehr der enzyklopädischen Verspieltheit eines Diderot oder Montaigne. Der Roman kann diese Entwicklungen begrüßen, ohne sich bedroht fühlen zu müssen. Es gibt dort Raum genug für uns alle.

Vor ein paar Jahren veröffentlichte der britische Romancier Will Self eine komische Kurzgeschichte mit dem Titel »The Quantity Theory of Insanity«, die andeutete, die Gesamtsumme der für die menschliche Rasse verfügbaren geistigen Gesundheit könne festgelegt und zur Konstante werden, sodass jeder Versuch, die Geisteskranken zu heilen, sinnlos sei, denn wenn ein einzelner Mensch seine geistige Gesundheit wiedererlange, so hätte das unvermeidlicherweise zur Folge, dass jemand anders irgendwo die seine verlieren würde, als lägen wir alle schlafend in einem Bett, bedeckt von einer großen Decke – der geistigen Gesundheit –, die nicht ganz ausreicht, um uns alle zusammen zu wärmen. Einer von uns zieht die Decke zu uns herauf; sofort liegen die Zehen eines anderen bloß. Es ist eine überaus komische Idee, und sie kehrt wieder in Prof. Steiners witzigstem Argument, das er uns präsentiert, ohne eine Miene zu verziehen, dass nämlich zu jedem Zeitpunkt ein totales Quantum an kreativem Talent existiert und dass die Verlockungen des Kinos, des Fernsehens und sogar der Werbung dem Roman die Decke der Genialität wegziehen, welcher folglich entblößt daliegt und in den Tiefen unseres kulturellen Winters in seinem Pyjama vor Kälte zittert.

Das Dumme an dieser Theorie ist nur, sie setzt voraus, dass das gesamte kreative Talent von ein und derselben Art ist. Wendet man diese Auffassung auf die Leichtathletik an, wird sofort klar, wie absurd sie ist. Der Nachschub an Marathonläufern wird durch die Popularität der Sprinter nicht beeinträchtigt. Die Qualität der Hochspringer hat nichts mit der Anzahl der großen Stabhochspringer zu tun.

Es ist weitaus wahrscheinlicher, dass die Entwicklung neuer Kunstformen es neuen Personengruppen erlaubt, die Arena der Kreativen zu betreten. Ich kenne sehr wenige große Filmemacher, die vielleicht gute Romanciers geworden wären – Satyajit Ray, Ingmar Bergman, Woody Allen, Jean Renoir, und damit ist eigentlich schon Schluss. Wie viele Seiten von Quentin Tarantinos tempogeladenem Material, seinen Gangster-Partituren über das Essen von Big Mäcs in Paris könnte man lesen, wenn man nicht Samuel Jackson oder John Travolta hätte, die sie für uns sprechen? Die besten Drehbuchautoren sind genau deswegen die besten, weil sie nicht romanmäßig denken, sondern bildmäßig.

Kurz gesagt, ich mache mir weniger Sorgen als Steiner über die Bedrohung des Romans durch diese neueren High-Tech-Formen. Es ist vielleicht die Low-Tech-Natur des Schreibens, die ihn retten wird. Die Mittel künstlerischen Ausdrucks, die große Mengen an Geld und eine hoch entwickelte Technologie erfordern – Filme, Theaterstücke, Schallplatten –, sind aufgrund dieser Abhängigkeit leicht zu zensieren und zu kontrollieren. Aber was ein Schriftsteller in der Einsamkeit eines einzigen Zimmers produzieren kann, ist etwas, das keine Macht so leicht zu zerstören vermag.

Ich stimme Prof. Steiners Loblied auf die moderne Wissenschaft zu – »Heute, das ist, wo die Freude ist, das ist, wo die Hoffnung ist, die Energie, das formidable Gefühl, dass sich eine Welt nach der anderen öffnet« –, aber dieser Ausbruch wissenschaftlicher Kreativität ist ironischerweise gerade die beste Erwiderung auf seine »Quantitätstheorie der Kreativität«. Die Idee, dass potenzielle große Romanciers an das Studium der subatomischen Physik oder der Schwarzen Löcher verloren wurden, ist ebenso wenig plausibel wie ihr Gegenteil: dass die großen Schriftsteller der Geschichte – Jane Austen etwa, oder James Joyce – durchaus die Newtons und Einsteins ihrer Zeit hätten werden können, hätten sie nicht einen anderen Weg eingeschlagen.

Wenn Prof. Steiner die Qualität der Kreativität im modernen Roman infrage stellt, weist er uns in die falsche Richtung. Wenn es in der Gegenwartsliteratur eine Krise gibt, ist sie von etwas anderer Art.

Der Romancier Paul Auster hat mir erst kürzlich erklärt, alle amerikanischen Schriftsteller müssten akzeptieren, dass sie einer Tätigkeit nachgehen, die in den Vereinigten Staaten für wenig mehr als eine Minderheit von Interesse ist – wie zum Beispiel Fußball. Diese Beobachtung passt zu Milan Kunderas Klage in seinem neuen Essay-Band *Testaments Betrayed*, wo er Europas Unfähigkeit bedauert, diese europäische Kunst, die Kunst des Romanschreibens, zu verteidigen und zu erklären (geduldig sich selbst und anderen zu erklären); mit anderen Worten, die eigene Kultur zu erklären und zu verteidigen. Die »Kinder des Romans«, argumentiert Kundera, hätten die Kunst aufgegeben, die sie geformt hat. Europa, die Gesellschaft des Romans, habe sich selbst aufgegeben. Auster spricht über den Tod des Interesses amerikanischer Leser an dieser Form von Lesematerial; Kundera über den Tod des Sinnes der europäischen Leser für kulturelle Bindung an diese Art von Kulturprodukt. Fügt man nun noch Steiners ungebildetes, computerbesessenes Kind von morgen hinzu, dann sind wir vielleicht schon beim Tod des Lesens selbst.

Aber vielleicht auch nicht. Denn Literatur, gute Literatur, ist immer nur für eine Minderheit von Interesse gewesen. Ihre kulturelle Bedeutung entspringt nicht dem Erfolg in irgendeiner Art von Quotenkrieg, sondern dem Erfolg insofern, als sie uns Dinge über uns selbst erzählt, die wir von keiner anderen Seite hören. Und diese Minorität – die Minorität, die bereit ist, zu lesen und gute Bücher zu kaufen – ist in Wirklichkeit nie größer gewesen als jetzt. Das Problem besteht darin, ihr Interesse zu gewinnen. Was hier geschieht, ist nicht so sehr der Tod als vielmehr die Verunsicherung des Lesers. Im Jahre 1999 wurden über fünftausend neue Romane veröffentlicht. Fünftausend! Es wäre ein Wunder, wenn fünfhundert publizierbare Romane in einem Jahr geschrieben worden wären. Es wäre etwas Außergewöhnliches, wenn fünfzig davon gut wären. Es wäre auch Grund zum allgemeinen Feiern, wenn fünf von ihnen – wenn einer von ihnen! – großartig wären.

Verleger veröffentlichen zu viel, weil die guten Lektoren von einem Verlag nach dem anderen entlassen oder nicht ersetzt wurden, und weil die Besessenheit, gute Umsätze zu erzielen, die Fähigkeit verdrängt hat, gute Bücher von schlechten zu unterscheiden. Soll doch der Markt entscheiden, scheinen zu viele Verleger zu denken. Bringen wir einfach dieses Zeug hier heraus. Irgendetwas wird schon hinhauen. Und so gehen sie hinaus, in die Buchhandlungen, ins Tal des Todes, die Fünftausend, während Publicity-Maschinen in diesem Sperrfeuer für unzulängliche Deckung sorgen. Eine Methode, die auf phantastische Weise selbstvernichtend ist. Wie

Orwell 1936 sagte – Sie sehen, es gibt nichts Neues unter der Sonne –, wird »der Roman aus der Existenz herausgeschrien«. Leser, die unfähig sind, den Weg durch den Regenwald der Schundliteratur zu finden, oder zynisch geworden durch die minderwertige Sprache des Hyperbolismus, mit der jedes Buch garniert ist, geben auf. Sie kaufen ein paar Preisträger pro Jahr, vielleicht ein oder zwei Bücher von Autoren, deren Namen sie kennen, und suchen das Weite. Zu viel Veröffentlichung und zu viel Hyperbolismus haben zu wenig Lesen zur Folge. Es geht ja nicht nur darum, dass zu viele Romane zu wenige Leser jagen, sondern es geht darum, dass zu viele Romane tatsächlich Leser ver-jagen. Wenn die Veröffentlichung eines Erstlingsromans, wie Prof. Steiner meint, zu einem »Glücksspiel gegen die Realität« geworden ist, kommt das zum größten Teil von diesem Nicht-Urteilen-Können, diesem Streubüchsen-Verhalten. Heutzutage hören wir viel von einem neuen Geist finanzieller Rücksichtslosigkeit bei den Verlagen. Was wir stattdessen brauchen, ist die beste Form verlegerischer Rücksichtslosigkeit. Wir müssen zum Urteilsvermögen zurückkehren.

Und noch eine große Gefahr droht der Literatur, die Prof. Steiner jedoch mit keinem Wort erwähnt: Das ist der Angriff auf die intellektuelle Freiheit selbst; die intellektuelle Freiheit, ohne die es keine Literatur gibt. Und es ist auch keine neue Gefahr. Wieder einmal bietet uns George Orwell, diesmal im Jahre 1945, eine bemerkenswerte Menge an zeitgenössischer Weisheit, und Sie werden es mir sicher verzeihen, wenn ich ihn hier ein wenig ausführlicher zitiere.

> In unserem Zeitalter wird der Begriff der intellektuellen Freiheit aus zwei Richtungen attackiert. Einerseits sind da ihre theoretischen Feinde, die Apologeten des Totalitarismus [heute könnte man wohl sagen, Fanatismus], andererseits sind da ihre unmittelbaren praktischen Feinde, Monopol und Bürokratie. Früher ... waren die Idee der Rebellion und die Idee der intellektuellen Integrität miteinander vermischt. Ein Ketzer – politisch, moralisch, religiös oder ästhetisch – war jemand, der sich weigerte, gegen sein eigenes Gewissen

zu handeln. [Heutzutage lautet] die gefährliche Behauptung, dass die Freiheit unerwünscht und dass intellektuelle Ehrlichkeit eine Form antisozialer Selbstsucht sei. Die Feinde der intellektuellen Freiheit versuchen ständig, ihren Fall als Plädoyer für die Disziplin gegen den Individualismus darzustellen. Der Schriftsteller, der sich weigert, seine Meinung zu verkaufen, wird als mieser Egoist gebrandmarkt. Das heißt, er wird beschuldigt, sich entweder in einen Elfenbeinturm einzuschließen, die eigene Persönlichkeit auf exhibitionistische Weise darzustellen oder sich der unvermeidlichen Strömung der Geschichte entgegenzustemmen und zu versuchen, sich an ungerechtfertigte Privilegien zu klammern. [Aber] um in einer schlichten Sprache zu schreiben, muss man furchtlos denken, und wenn man furchtlos denkt, kann man nicht politisch orthodox sein.

Der Druck von Monopol und Bürokratie, von Firmendenken und Konservatismus, von Eingrenzung und Abgrenzung der Bandbreite und der Qualität dessen, was verlegt wird, ist jedem arbeitenden Schriftsteller bekannt. Vom Druck der Intoleranz und Zensur habe ich persönlich in den vergangenen Jahren vielleicht zu viel erlebt. Auf der Welt finden heutzutage zu viele solcher Kämpfe statt: In Algerien, in China, im Iran, in der Türkei, in Ägypten, in Nigeria werden Autoren zensiert, belästigt, eingesperrt und sogar ermordet. Selbst in Europa und den Vereinigten Staaten versuchen die Sturmtruppen verschiedener »Sensibilitäten« unsere Redefreiheit einzuschränken. Nie war es wichtiger, diese Werte, welche die Kunst der Literatur ermöglichen, weiterhin zu verteidigen. Der Tod des Romans mag in weiter Ferne liegen, aber der gewaltsame Tod vieler zeitgenössischer Romanciers ist leider eine unbestreitbare Tatsache. Dennoch glaube ich nicht, dass die Schriftsteller die Nachwelt abgeschrieben haben. Was George Steiner so schön »die wunderbare Eitelkeit« der Literatur nennt, befeuert uns noch immer, selbst wenn wir, wie er meint, zu viel Hemmungen haben, das öffentlich zuzugeben. Der Dichter Ovid hat diese großen, zuversichtlichen Worte ans Ende seiner *Metamorphosen* gesetzt:

Ich werde doch, mit dem besseren Teil meines Selbst, mich über die Sterne heben, auf ewig und unzerstörbar wird bleiben mein Name.

Ich bin sicher, dieselbe Ambition wohnt immer noch im Herzen eines jeden Autors, um in kommenden Zeiten erinnert zu werden, so wie Rilke sich an Orpheus erinnert:

> Er ist einer der beiden Boten,
> Der noch weit in die Türen der Toten
> Schalen mit rühmlichen Früchten hält.

Mai 2000

Bemerkungen über das Schreiben und die Nation

(*Für* Index on Censorship.)

1.

> Die Ringdrossel, die im Wald von Cilgwri singt,
> Unermüdlich, wie ein Bach über die bemoosten Steine fließt,
> Ist nicht so alt wie die Kröte von Cors Fochno,
> Die spürt, wie ihr die kalte Haut
> Um die Knochen hängt.

Nur wenige Schriftsteller engagieren sich so stark für ihr Herkunftsland wie R. S. Thomas, ein Waliser Nationalist, dessen Gedichte die Nation in eine stürmische, lyrische Existenz hineinzuschreiben scheinen, indem sie bemerken, argumentieren, schwärmen, mythologisieren. Und dennoch schreibt derselbe R. S. Thomas auch:

> Hass braucht sehr lange,
> Um in dich hineinzuwachsen, und meiner
> Ist von Geburt an größer geworden;
> Nicht auf die wilde Erde ...
>   ... ich merke
> Dieser Hass gilt meiner eigenen Art ...

Erschreckend, in den Zeilen eines Nationalbarden ein Bekenntnis zu etwas zu finden, das so nah an Selbsthass grenzt. Wenn die Phantasie durch die Leidenschaft sieht, nimmt sie Dunkelheit genauso wahr wie Licht. So heftig zu empfinden bedeutet, Verachtung ebenso zu fühlen wie Stolz, Hass ebenso wie Liebe. Diese stolze Verachtung, diese hasserfüllte Liebe tragen dem Schriftsteller häufig den Zorn einer ganzen Nation ein. Die Nation verlangt Hymnen, Flaggen. Der Dichter bietet Dissonanzen. Fetzen.

2.

Zwischen der historischen Entwicklung einer Romanhandlung und der des Nationalstaats wurde einmal eine Verbindung hergestellt. Man vergleicht den Fortgang einer Story, die sich durch die Seiten des Buches in Richtung ihres Ziels entwickelt, mit dem Selbstbild der Nation, das durch die Geschichte seiner manifesten Bestimmung entgegengeht. So gefällig eine solche Parabel auch sein mag, ich nehme sie heutzutage *cum grano salis*. Vor elf Jahren, auf dem berühmten PEN-Kongress in New York City, diskutierten die Autoren der Welt über »Die Imagination des Schriftstellers und die Imagination des Staates«, ein Thema von Mailer'scher Größe, ersonnen natürlich von Mailer selbst. Auffallend, wie verschieden man das kleine »und« im Motto der Veranstaltung lesen kann. Für viele von uns bedeutete es »versus«. Südafrikanische Autoren – Gordimer, Coetzee – wandten sich in jenen Tagen der Apartheid gegen die offizielle Definition der Nation und retteten möglicherweise die wahre Nation vor jenen, die sie gefangen hielten. Andere Autoren befanden sich mehr im Einklang mit ihren Nationen. John Updike sang eine unvergessliche Lobeshymne auf die kleinen Briefkästen in Amerika, für ihn Symbole des freien Austauschs von Ideen. Danilo Kis erzählte ein Beispiel für einen staatlichen »Scherz«. Ein Brief, den er in Paris erhielt, war in dem Land aufgegeben worden, das damals noch Jugoslawien hieß. In dem versiegelten Umschlag waren auf die erste Seite des Schreibens die Worte gestempelt worden: *Dieser Brief wurde zensiert.*

3.

Die Nation kooperiert entweder mit ihren größten Autoren (Shakespeare, Goethe, Camões, Tagore), oder sie versucht sie zu vernichten (Ovids Exil, Soyinkas Exil). Beide Schicksale sind problematisch. Die Stille der Ehrfurcht passt nicht zur Literatur; große Texte machen viel Lärm im Verstand, im Herzen. Es gibt sogar Menschen, die glauben, Verfolgung sei gut für die Schriftsteller. Das ist falsch.

4.

Vorsicht vor dem Schriftsteller, der sich selbst zur Stimme einer Nation erklärt. Dazu gehören die Nationen von Rasse, Geschlecht, sexueller Orientierung, politischer Neigung. Alles geschieht Im-Namen-von! Vorsicht vor diesem Im-Namen-von!

Der Anhänger des Im-Namen-von verlangt Erbauung, akzentuiert das Positive, bietet rührende moralische Belehrung. Er verabscheut den tragischen Sinn des Lebens. Da er Literatur als unausweichlich politisch betrachtet, vertauscht er politische Werte mit literarischen. Er ist der Mörder des Denkens. Vorsicht!

5.

»Beachten Sie, mein Pass ist grün.«
»Amerika, ich stemme meine schwache Schulter gegen das Rad.«
»Um in der Schmiede meiner Seele das unerschaffene Gewissen meiner Rasse zu schmieden.«

Kadarés Albanien, Ivo Andrics Bosnien, Achebes Nigeria, García Marquez' Kolumbien, Jorge Amados Brasilien: Schriftsteller können den Zauber der Nation nicht verleugnen, seine Gezeiten in unserem Blut. Schreiben ist Karten zeichnen, die Kartographie der Imagination. (Oder, wie die moderne kritische Theorie es möglicherweise schreiben würde, Imagi/Nation.) Dennoch wird sich in den besten Texten die Landkarte einer Nation auch als Landkarte der Welt erweisen.

6.

Die Geschichte ist debattierbar geworden. In den Nachwehen des Empire, im Zeitalter der Supermacht, unter dem Eindruck parteigängerischer Vereinfachungen, wie sie von den Satelliten zu uns heruntergebeamt werden, können wir uns nicht mehr so leicht darauf einigen, *was Sache ist*, und schon gar nicht darauf, was das zu bedeuten haben könnte. In diesen Ring steigt die Literatur. Historiker, Medienmogul, Politiker halten nichts von diesem Eindringling, aber der Eindringling ist von der hartnäckigen Sorte. In dieser vieldeutigen Atmosphäre, auf dieser zertrampelten Erde, in diesen schlammigen Wassern gibt es viel für ihn zu tun.

7.

Der Nationalismus korrumpiert auch Schriftsteller. Man denke nur an Eduard Limonows giftige Interventionen zum Krieg im ehemaligen Jugoslawien. In dieser Zeit des immer enger definierten Nationalismus, des ummauerten Tribalismus, wird man auch Schriftsteller hören, die das Kriegsgeschrei ihres Stammes ausstoßen. Geschlossene Systeme haben schon immer anziehend auf Schriftsteller gewirkt. Deswegen handeln so viele Texte von Gefängnissen, Polizei, Krankenhäusern, Schulen. Ist die Nation ein geschlossenes System? Kann in dieser internationalisierten Zeit überhaupt ein System geschlossen bleiben? Nationalismus ist jene »Revolte gegen die Geschichte«, die schließen möchte, was nicht mehr geschlossen bleiben kann. Einzäunen möchte, was grenzenlos sein sollte.

Gute Texte setzen eine grenzenlose Nation voraus. Schriftsteller, die Grenzen zuarbeiten, sind Grenzwächter geworden.

8.

Ein Text, der sich wiederholt an eine Nation wendet, wendet sich ebenso oft von ihr ab. Der freiwillig entwurzelte Intellektuelle (Naipaul) sieht die Welt, wie es nur eine freie Intelligenz kann, er geht dahin, wo die Action ist, und berichtet. Der Intellektuelle, der gegen seinen Willen entwurzelt wird (eine Kategorie, zu der heutzutage viele der besten arabischen Schriftsteller gehören), lehnt die eingezäunten Pferche ab, aus denen man ihn ausgeschlossen hat. In dieser Wurzellosigkeit liegen großer Verlust und großes Heimweh. Aber es gibt auch Gewinne. Die grenzenlose Nation ist keine Phantasie.

9.

Ein großer Teil der Texte braucht die öffentliche Dimension nicht. Ihr Schmerz kommt von innen. Öffentlichkeit ist nichts für Elizabeth Bishop. Ihr Gefängnis – ihre Freiheit – ihr Thema ist anderswo.

> Wiegenlied.
> Lasst Nationen wüten.
> Lasst Nationen fallen.

Der Schatten des Kinderbettchens zeichnet einen riesigen Käfig
An die Wand.

April 1997

Einfluss

(Ein Vortrag an der Universität von Turin.)

Der australische Romancier und Dichter David Malouf sagt: »Der wahre Feind des Schreibens ist das Reden«. Vor allem warnt er vor den Gefahren des Redens über Texte, die sich noch in Arbeit befinden. Beim Schreiben ist man am besten beraten, wenn man den Mund hält, damit die Wörter nicht durch ihn hinausfließen, sondern sozusagen durch die Finger, durch das Schreiben selbst. Um die Wasserkraft der Literatur in Gang zu setzen, baut man einen Damm quer über den Fluss der Wörter.

Ich schlage daher vor, statt von meinem Schreiben von meinem Lesen zu sprechen, insbesondere davon, auf wie vielerlei Art meine Erfahrungen mit der italienischen Literatur (und, muss ich hinzufügen, des italienischen Films) meine Gedanken über die Frage, wie und was ich schreiben soll, bestimmt haben. Das heißt, ich möchte über den Einfluss sprechen.

»Einfluss«. Das Wort selbst suggeriert etwas Fließendes, etwas, das »hereinfließt«. Das fühlt sich richtig an, und sei es nur, weil ich mir die Welt der Phantasie schon immer nicht so sehr wie einen Kontinent als wie einen Ozean vorgestellt habe. Fließend und beängstigend frei auf diesen grenzenlosen Meeren, übernimmt der Schriftsteller mit bloßen Händen die magische Aufgabe der Metamorphose. Wie die Gestalt im Märchen, die Stroh zu Gold spinnen muss, so muss der Schriftsteller den Trick erlernen, die

Wasser miteinander zu verweben, bis sie zu Land werden: bis auf einmal Festigkeit entsteht, wo vorher nur Fließen war, und Form, wo vorher nur Formlosigkeit war; bis es Boden unter seinen Füßen gibt. (Sollte ihm das nicht gelingen, muss er natürlich ertrinken. Das Märchen ist die unnachsichtigste Form der Literatur.)

Der junge Schriftsteller, vielleicht unsicher, vielleicht ehrgeizig, vermutlich beides zugleich, blickt sich nach Hilfe um; und entdeckt im Fließen des Ozeans gewisse wellenförmige Verdickungen, wie Seile – das Werk früherer Weber, die Arbeit von Zauberern, die schon vor ihm hier entlanggeschwommen sind. Jawohl, er kann diese »Ein-Fließungen« packen und sein eigenes Werk um sie herumwinden. Er weiß jetzt, dass er überleben wird. Voll Eifer macht er sich an die Arbeit.

Eines der bemerkenswertesten Charakteristika des literarischen Einflusses, dieser nützlichen Ströme des Bewusstseins anderer Menschen, ist, dass sie von nahezu überall auf den Schriftsteller zufließen können. Häufig legen sie weite Strecken zurück, um den zu erreichen, der sie nutzen kann. In Südamerika zum Beispiel war ich beeindruckt davon, wie gut die lateinamerikanischen Schriftsteller mit dem Werk des bengalischen Nobelpreisträgers Rabindranath Tagore vertraut waren. Die Schriftstellerin und Herausgeberin Victoria Ocampo, die Tagore kennen gelernt hatte und ihn bewunderte, hat dafür gesorgt, dass sein Werk gut übersetzt und auf ihrem ganzen Kontinent weithin veröffentlicht wurde, daher ist Tagores Einfluss dort vielleicht sogar größer als in seiner eigenen Heimat, wo die Übersetzungen aus dem Bengalischen in die vielen anderen indischen Sprachen oft von erbärmlicher Qualität sind und das Genie des großen Mannes in gutem Glauben hingenommen werden muss.

Ein weiteres Beispiel ist William Faulkner. Dieser große Schriftsteller wird heutzutage in den Vereinigten Staaten sehr wenig gelesen; gewiss, es gibt einige zeitgenössische amerikanische Schriftsteller, die ihn als beeinflussendes Vorbild oder Lehrer nennen. Einmal fragte ich Eudora Welty, eine andere gute Schriftstellerin des amerikanischen Südens, ob Faulkner für sie eine Hilfe oder ein Hindernis gewesen sei. »Weder noch«, antwortete sie. »Es ist, als wüsste man, dass es in der Nähe einen hohen Berg gibt. Es ist schön zu wissen, dass er da ist, aber das hilft einem nicht bei der eigenen Arbeit.« Außerhalb der Vereinigten Staaten jedoch – in Indien, in Afrika und wiederum in Lateinamerika – ist Faulkner der amerikanische Schriftsteller, der von den einheimischen Autoren in den höchsten Tönen gelobt wird als Inspiration, als Ermöglicher, als Öffner von Türen.

Von dieser transkulturellen, translingualen Kraft des Einflusses können wir etwas über das Wesen der Literatur ableiten: dass Bücher (wenn ich meine wässrige Metapher kurz verlassen darf) ebenso mühelos aus Sporen in der Luft entstehen können wie aus den persönlichen und territorialen Wurzeln ihrer Produzenten. Dass es genauso internationale Familien von Wörtern gibt wie die vertrauteren Clans von Erde und Blut. Manchmal – wie im Fall des Einflusses von James Joyce auf das Werk Samuel Becketts und des daraus folgenden und ebenso großen Einflusses von Beckett auf das Werk Harold Pinters – ist das Gefühl einer Dynastie, einer Fackel, die durch die Generationen weitergereicht wird, sehr klar und sehr stark. In anderen Fällen sind die Familienbande weniger offensichtlich, deswegen aber nicht weniger mächtig.

Als ich zum ersten Mal die Romane von Jane Austen las, Bücher aus einem Land und einer Zeit, weit, weit entfernt von meiner eigenen Erziehung im großstädtischen Bombay der Mitte des zwanzigsten Jahrhunderts, fiel mir auf, wie indisch ihre Heldinnen wirkten, wie zeitgenössisch. Diese intelligenten, eigenwilligen, scharfzüngigen Frauen, übersprudelnd von Energie, durch engstirnige Konventionen zu einem endlosen Reigen von Ballbesuchen und Ehemann-Jagden verdammt, waren Frauen, deren Gegenstücke in der gesamten indischen Bourgeoisie zu finden waren. Der Einfluss Austens auf Anita Desais *Im hellen Licht des Tages* und Vikram Seths *Eine gute Partie* ist deutlich zu erkennen.

Auch Charles Dickens kam mir von Anfang an vor wie ein im

Wesentlichen indischer Romancier. Das Dickens'sche London, diese stinkende, faulige Stadt voll verschlagener, doppelzüngiger Winkeladvokaten, diese Stadt, in der Rechtschaffenheit ständig durch Falschheit, Boshaftigkeit und Habgier gefährdet ist, schien mir den wimmelnden Städten Indiens den Spiegel vorzuhalten, diesen Metropolen mit ihren eitlen Eliten, die sich in glänzenden Wolkenkratzern ein schönes Leben machen, während die große Mehrheit ihrer Landsleute unten im Gewühl der Straßen ums Überleben kämpft. In meinen frühen Romanen versuchte ich auf den genialen Dickens zurückzugreifen. Vor allem war ich begeistert von dem, was ich für eine echte Innovation hielt: seine einzigartige Kombination von naturalistischem Hintergrund und surrealem Vordergrund. Bei Dickens sind die Einzelheiten von Ort und gesellschaftlichen Sitten durchschossen von gnadenlosem Realismus, einer naturalistischen Genauigkeit, die unvergleichlich ist. Auf diese realistische Leinwand stellt er seine übergroßen Charaktere, an die zu glauben wir gezwungen sind, weil wir an die Welt, in der sie leben, ganz einfach glauben müssen. So versuchte ich in meinem Roman *Mitternachtskinder* gegen einen gewissenhaft beobachteten sozialen und historischen Hintergrund – das heißt gegen die Leinwand des »realen« Indien – meine »irrealistische« Vorstellung von Kindern zu setzen, die um die Mitternachtszeit von Indiens Tag der Unabhängigkeit geboren werden und durch diesen Zufall mit magischen Kräften begabt sind – Kinder, die irgendwie zur Verkörperung sowohl der Hoffnungen als auch der Fehler jener Revolution werden.

Auch Dickens kann uns innerhalb des verbindlichen Rahmens seines Realismus die perfekt surrealistische Vorstellung einer Regierungsabteilung, das Circumlocution Office (in *Little Dorrit*, A. d. Ü.), glaubhaft machen, das sich damit beschäftigt, nichts geschehen zu lassen; er schildert (in *Bleak House*, A. d. Ü.) den völlig absurden, Ionesco-ähnlichen Fall Jarndyce versus Jarndyce, einen Fall, dessen Wesen es ist, niemals zu einem Ende zu kommen; oder denken wir an das »magisch-realistische« Bild der Staubhaufen in *Unser gemeinsamer Freund*: physisches Symbol einer Gesellschaft, die im Schatten ihrer eigenen Exkremente lebt. Ein Buch, das übrigens auch Einfluss auf ein jüngst erschienenes amerikanisches Meisterwerk gehabt haben muss, in dem die Abfallprodukte Amerikas zur zentralen Metapher gemacht werden – Don DeLillos *Unterwelt*.

Wenn Einfluss in der Literatur allgegenwärtig ist, so ist er aber auch, wie man betonen sollte, stets zweitrangig in einem Werk von Qualität. Ist er nämlich zu krude, zu offensichtlich, kann das Ergebnis lächerlich sein. Mir wurde einmal von einem aufstrebenden Schriftsteller eine Kurzgeschichte zugesandt, die so begann: »Eines Morgens erwachte Mrs. K. und stellte fest, dass sie sich in eine Frontlader-Waschmaschine verwandelt hatte.« Man kann sich gut vorstellen, wie Kafka auf eine so alberne – so »verwaschene« – Huldigung reagiert hätte.

Vielleicht weil so viele zweitklassige Texte derivativ sind – und so viele Texte nur im besten Fall zweitklassig –, ist die Idee »Einfluss« zu einer Art Vorwurf geworden, zu einer Möglichkeit, das Werk eines Schriftstellers zu verunglimpfen. Die Grenzen zwischen Einfluss und Imitation, sogar zwischen Einfluss und Plagiat, sind in letzter Zeit ein wenig verwischt worden. Vor zwei Jahren wurde der renommierte britische Schriftsteller Graham Swift von einem obskuren australischen Akademiker beschuldigt, in seinem mit dem Booker Prize gekrönten Roman *Letzte Runde* etwas verwendet zu haben, das gefährlich nahe an ein Plagiat grenzt: das »substanzielle Entleihen« der vielstimmigen Erzählstruktur seines Romans von William Faulkners *Als ich im Sterben lag*. Die britische Presse peitschte diese Anschuldigung zu einer Art Skandal hoch, man beschuldigte Swift des literarischen »Plünderns«, und jene, die ihn verteidigten, wurden wegen ihrer »herablassenden Duldsamkeit« ihm gegenüber verhöhnt. Das alles trotz oder vielleicht auch wegen Swifts bereitwilligem Eingeständnis, dass er von Faulkner beeinflusst worden war, und auch trotz der seltsamen Tatsache, dass die Struktur der beiden Bücher gar nicht so sehr ähnlich ist, obwohl einige Echos durchaus auftauchen. Schließlich sorgten genau diese einfachen Tatsachen dafür, dass der Skandal im Sande verlief, allerdings nicht, bevor Swift von den Medien in die Mangel genommen worden war.

Interessant ist, dass Faulkner, als er damals seinen Roman veröffentlichte, selbst ebenfalls des Entleihens einer Struktur beschuldigt wurde, und zwar von einem früheren Roman Nathaniel Hawthornes, *Der scharlachrote Buchstabe*. Seine Erwiderung ist die bestmögliche Antwort, die er hätte geben können: dass er, als er sich in den Schöpfer-Wehen dessen befand, was er bescheiden seine »Tour de Force« nannte, alles, was er brauchte, hernahm, wo immer er es finden konnte, und dass er keinen Schriftsteller kenne, der ein derartiges Entleihen nicht absolut gerechtfertigt fände.

In meinem Roman *Harun und das Meer der Geschichten* reist ein kleiner Junge tatsächlich auf dem Ozean der Phantasie, der ihm von seinem Begleiter beschrieben wird:

> Als er tief ins Wasser blickte, sah er, dass es aus tausend-tausend-tausend-und-einer verschiedenen Strömung bestand, jede von einer anderen Farbe, die sich ineinander verflochten und verschlangen wie eine flüssige Tapisserie von atemberaubender Vielfalt. Wie Wenn ihm erklärte, waren das die Geschichtenströme, und jeder farbige Strang repräsentierte und enthielt eine einzelne Erzählung. Verschiedene Teile des Meeres enthielten verschiedene Erzählformen, und da alle Geschichten, die jemals erzählt und ausgedacht wurden, hier zu finden waren, stellte das Meer der Geschichtenströme die größte Bibliothek des Universums dar. Und da die Geschichten hier in flüssiger Form aufbewahrt wurden, behielten sie die wundersame Fähigkeit, sich zu verändern, sich in neue Versionen ihrer selbst zu verwandeln, sich mit anderen Geschichten zu vereinen und dadurch zu wieder neuen Geschichten zu werden; sodass das Meer der Geschichtenströme ... weit mehr war als ein Lagerraum für Erzählungen. Denn es war nicht tot, sondern lebendig.*

---

* Salman Rushdie, *Harun und das Meer der Geschichten*. Aus dem Englischen von Gisela Stege, München: Kindler 1991.

Indem wir benutzen, was alt ist, und etwas Neues von uns selbst hinzufügen, lassen wir etwas Neues entstehen. In *Die Satanischen Verse* versuchte ich die Frage zu beantworten, wie das Neue in die Welt kommt. Einfluss, das Fließen von etwas Altem in etwas Neues, ist ein Teil dieser Antwort.

In *Die unsichtbaren Städte* schildert Italo Calvino die märchenhafte Stadt Octavia, die zwischen zwei Bergen ausgespannt ist wie ein Spinnennetz. Wenn Einfluss das Spinnennetz ist, in das wir unser Werk hängen, dann ist das Werk wie Octavia selbst, dieses glitzernde Juwel einer Traumstadt, die in den Fäden des Netzes hängt, solange sie ihr Gewicht tragen können.

Ich lernte Calvino kennen, als ich gebeten wurde, die Einführung zu einer Lesung zu sprechen, die er Anfang der achtziger Jahre in den Riverside Studios in London gab. Das war die Zeit, als in Großbritannien *Wenn ein Reisender in einer Winternacht* herauskam, und ich hatte gerade in der *London Review of Books* einen langen Essay über seine Arbeit veröffentlicht – schändlicherweise war das einer der ersten ernsthaften Texte über Calvino, der in der britischen Presse veröffentlicht wurde. Ich wusste, dass mein Essay Calvino gefallen hatte, trotzdem war ich nervös angesichts der Aufgabe, in seiner Gegenwart über sein Werk sprechen zu müssen. Meine Nervosität nahm noch zu, als er verlangte, meinen Text zu sehen, bevor wir hinausgingen und vor das Publikum traten. Was sollte ich tun, wenn er ihm nicht gefiel? Er las ihn schweigend, krauste ein wenig die Stirn, dann reichte er ihn mir zurück und nickte. Ich hatte die Prüfung offenbar bestanden, und was ihm besonders gefallen hatte, das war mein Vergleich seiner Arbeit mit jener des klassischen Schriftstellers Lucius Apuleius, Autor von *Der goldene Esel*.

»Gebt mir einen Pfennig, und ich werde euch eine goldene Geschichte erzählen«, pflegten die alten Geschichtenerzähler zu sagen, und Apuleius' Geschichte über Transformation hatte die fabulistische Manier dieser antiken Erzähler langer Geschichten mit großer Wirkung genutzt. Er besaß außerdem jene Tugenden, die Calvino ebenfalls verkörperte und von denen er in einem seiner letzten Werke, *Sechs Vorschläge für das nächste Jahrtausend*, so schön schrieb: die Tugenden der Leichtigkeit, Schnelligkeit, Genauigkeit, Sichtbarkeit und Vielfalt. Diese Eigenschaften hatte ich im Kopf, als ich begann, *Harun und das Meer der Geschichten* zu schreiben.

Obwohl dieser Roman die phantastischen Abenteuer eines Kindes schildert, lag es in meiner Absicht, in ihm die Trennung zwischen Kinderbüchern und Erwachsenenliteratur aufzuheben. Dabei kam es darauf an, genau den richtigen Ton zu finden, und Apuleius und Calvino waren jene, die mir bei der Suche halfen. Ich las Calvinos große Trilogie *Der Baron auf den Bäumen*, *Der geteilte Visconte* und *Der Ritter, den es nicht gab* noch einmal und entdeckte dort die Hinweise, die ich brauchte. Der Trick war, die Sprache des Märchens zu benutzen, während man den leicht erhobenen moralischen Zeigefinger von, zum Beispiel, Äsop vermied.

Vor kurzem habe ich wieder einmal an Calvino gedacht. Der sechste seiner *Vorschläge für das nächste Jahrhundert* hatte das Thema »Beständigkeit« sein sollen. Beständigkeit ist die natürliche Begabung von Melvilles Schreiber Bartleby, wollte Calvino andeuten, jenes heldenhaften, unerklärlichen Bartleby, der einfach und unerschütterlich alles »lieber nicht« tut. Man könnte den Namen von Kleists Michael Kohlhaas hinzufügen, der so unerbittlich auf der Suche nach ein wenig notwendiger Gerechtigkeit ist, den von Conrads Nigger von der *Narcissus*, der darauf bestand, dass er leben müsse, bis er stirbt; den des vom Ritterwahn besessenen Quichotte; oder den von Kafkas Landvermesser, der sich ewig nach dem unerreichbaren Schloss sehnt.

Wir sprechen von einer epischen Beständigkeit, einer Monomanie, die sich dem Begriff der Tragödie oder des Mythos nähert. Aber Beständigkeit kann auch in einem dunkleren Sinn verstanden werden, wie die Beständigkeit von Kapitän Ahab bei der Verfolgung seines Wals, von Savonarola, der die Bücher verbrannte, von Khomeinis Definition seiner Revolution als Revolte gegen die Geschichte selbst.

Immer mehr fühle ich mich zu Calvinos unerforschtem sechstem Wert hingezogen. Das neue Jahrtausend, das uns bevorsteht, lässt jetzt schon Zeichen dafür erkennen, dass es von beunruhigenden Beispielen der Beständigkeit aller Art beherrscht werden wird: von den großen Verweigerern, den wilden Quichottes, den Engstirnigen, den Bigotten und jenen, die tapfer für die Wahrheit eintreten. Aber jetzt bin ich kurz davor, das zu tun, wovor David Malouf uns gewarnt hat – das heißt, das Wesen meiner eigenen embryonalen und zerbrechlichen (weil bisher noch unerschaffenen) Arbeit zu diskutieren. Deswegen muss ich hier abbrechen und möchte nur noch eines sagen: dass Calvino, dessen Unterstützung und Ermutigung ich niemals vergessen werde, mir noch immer ins Ohr murmelt. Ich sollte hinzufügen, dass viele andere Künstler sowohl des klassischen Rom als auch des modernen Italien sozusagen stets bereit neben mir stehen. Als ich *Scham und Schande* schrieb, las ich noch einmal Suetons große Studie der zwölf Cäsaren. Hier saßen sie in ihren Palästen, diese üblen Dynasten, machtbesessen, libidinös, wahnsinnig, eingeschlossen in einer Reihe mörderischer Umarmungen, einander Schreckliches zufügend. Hier ging es um Schlag und Gegenschlag, und dennoch hat sich, was die Untertanen dieser Cäsaren jenseits der Palasttore betraf, nichts wirklich verändert. Die Macht blieb innerhalb der Familie. Der Palast war immer noch der Palast.

Von Sueton erfuhr ich viel über die paradoxe Natur der Machteliten, was mich in die Lage versetzte, eine eigene Elite für Pakistan, den Schauplatz von *Scham und Schande*, zu konstruieren: eine Elite, getrieben von Hass und Kämpfen bis zum Tod, doch vereint durch Bluts- wie durch Ehebande und, das ist entscheidend, im Besitz der gesamten Macht im Lande. Für die Massen, die jeglicher Macht beraubt sind, verändern die brutalen Kämpfe innerhalb der Elite wenig oder gar nichts. Der Palast herrscht immer noch, und die Menschen stöhnen unter seinem Joch.

Wenn Sueton *Scham und Schande* beeinflusste, dann lernten *Die Satanischen Verse*, ein Roman, dessen zentrales Thema das der Metamorphose ist, offensichtlich eine Menge von Ovid; und für *Der Boden unter ihren Füßen*, das durchdrungen ist vom Mythos von Orpheus und Eurydike, war Vergils *Georgica* die wichtigste Lektüre. Und wenn ich noch einen weiteren Schritt in die ungeschriebene Zukunft machen darf, habe ich mich sehr lange und voller Faszination mit dem Florenz der Hochrenaissance im Allgemeinen und der Person des Niccolò Machiavelli im Besonderen beschäftigt.

Die Dämonisierung des Machiavelli erscheint mir eine der erfolgreichsten Verleumdungen der europäischen Geschichte zu sein. In der englischen Literatur des goldenen Elisabethanischen Zeitalters gibt es etwa vierhundert Hinweise auf Machiavelli, keiner von ihnen ist positiv. Zu jener Zeit war kein einziges Werk von Machiavelli in englischer Sprache erhältlich; die Dramatiker in England stützten ihre satanischen Porträts auf einen übersetzten französischen Text, den *Anti-Machiavell*. Der finstere, amoralische Charakter, der für Machiavelli geschaffen wurde, bestimmt also immer noch seinen Ruf. Als Schriftsteller-Kollege habe ich das Gefühl, es könnte bald an der Zeit sein, den verleumdeten Florentiner neu zu bewerten.

Ich habe mich bemüht, ein wenig der kulturellen gegenseitigen Befruchtung zu schildern, ohne welche die Literatur provinzlerisch und marginal werden würde. Bevor ich schließe, muss ich dem Genie Federico Fellinis noch Tribut zollen, aus dessen Filmen ich als junger Mann gelernt habe, wie man das stark belastete Material der Kinderzeit und des Privatlebens zu Stoff für Schauspiel und Geschichten verarbeitet; Tribut auch all den anderen italienischen Meistern, Pasolini, Visconti, Antonioni, de Sica; und so weiter und so fort – denn von Einfluss und kreativer Stimulation kann es niemals genug geben.

März 1999

Die Adaptation der *Mitternachtskinder*

Dies ist die Geschichte einer Produktion, die nie zustande kam. Im Jahre 1998 schrieb ich die Drehbücher für die fünf Episoden einer 290-Minuten-Fernseh-Adaptation meines Romans *Mitternachtskinder*, ein Projekt, an dem zwei Autoren, drei Regisseure, mindestens vier Produzenten und ein ganzes, leidenschaftlich engagiertes Produktionsteam über vier Jahre lang gearbeitet haben und das, als endlich alles in Ordnung war und man in wenigen Wochen mit den Dreharbeiten hätte beginnen können, aus rein politischen Gründen scheiterte.

Nachdem *Mitternachtskinder* 1981 in England veröffentlicht wurde und im Herbst desselben Jahres den Booker Prize gewann, wurde erstmals davon gesprochen, den Stoff zu verfilmen. Der Regisseur Jon Amiel, der damals wegen seines Fernseh-Erfolges mit Dennis Potters *The Singing Detective* heiß gehandelt wurde, zeigte sich interessiert, doch das Projekt kam nie richtig in Gang. Auch Rani Dube, eine der Produzentinnen von Richard Attenboroughs mit vielen Oscars ausgezeichnetem Film *Gandhi*, trat an mich heran. Wie sie mir erklärte, lag ihr sehr viel daran, mein Buch zu verfilmen, aber dann sagte sie mir, sie habe das Gefühl, die wichtigsten späteren Kapitel des Romans – in denen es um die Exzesse während Indira Gandhis autokratischer Regierung in Zeiten der so genannten Emergency Mitte der Siebziger geht – seien überflüssig und könnten in einem Film ohne weiteres unter den Tisch fallen. Diese Auffassung, die Mrs. G. ganz zweifellos äußerst willkommen gewesen wäre, stieß beim Verfasser des Buches nicht auf Gegenliebe. Miss Dube zog sich zurück, und von da an gab es nichts Neues an der Kinofront. Ich legte den Gedanken an einen Film oder eine Fernseh-Adaptation ad acta. Ehrlich gesagt machte es mir nicht allzu viel aus. Bücher und Filme sind wie zwei verschiedene Sprachen, und Übersetzungsversuche schlagen oft fehl. Die wundervolle Aufnahme, die der Roman selber bei seinen Lesern fand, war mir mehr als genug.

Zwölf Jahre vergingen. Dann wurde *Mitternachtskinder* 1993 zum »Booker of Bookers« gewählt, nach Ansicht der Jury also zum besten Buch, das den Preis im ersten Vierteljahrhundert seines Bestehens errungen hatte. Dieses große Kompliment erregte die Aufmerksamkeit nicht nur eines, sondern zweier Fernsehsender, und innerhalb weniger Wochen sah ich mich in der glücklichen Lage, von sowohl Channel Four als auch von BBC umworben zu werden. Es war eine knappe Entscheidung, letztlich aber entschloss ich mich, mit der BBC zusammenzuarbeiten, weil der Sender, anders als Channel Four, in der Lage war, die Serie selbst zu finanzieren und zu produzieren; aber auch wegen des beruhigenden Gedankens, dass mein Freund Alan Yentob am kreativen Ruder der Firma saß. Ich konnte mich darauf verlassen, dass Alan das Projekt sicher durch alle eventuellen Fährnisse zu steuern verstand.

Nicht lange danach nahm Channel Four *Eine gute Partie* von Vikram Seth unter Vertrag, und plötzlich wurden gleich zwei »Indien-Projekte« in Angriff genommen. Ich fand es ermutigend, dass das britische Fernsehen bereit war, genügend Zeit, Begeisterung und Geld zu investieren, um diese beiden doch sehr unterschiedlichen zeitgenössischen Romane, die in einem fernen Land spielen, auf den Bildschirm zu bringen. Wir würden, wie ich hoffte, eine willkommene Abwechslung zu den zahlreichen Kostüm-Adaptationen der englischen Literatur bieten, die in jedem Jahr herauskamen.

Ich machte Alan Yentob und Kevin Loader, dem ursprünglichen Produzenten, von Anfang an klar, dass ich es vorziehen würde, die

Adaptation nicht selbst abzufassen. Ich hatte bereits Jahre meines Lebens damit verbracht, *Mitternachtskinder* zu schreiben, und der Gedanke, alles noch einmal von vorn zu beginnen, war für mich erschreckend und äußerst unattraktiv. Es würde sein, »als atme man denselben Atemzug zweimal«, um Arundhati Roys denkwürdige Verurteilung des Umschreibens zu übernehmen. Außerdem hatte ich keine Erfahrung darin, große Fernsehdramen zu verfassen. Was wir brauchten, wandte ich ein, sei ein Fernsehfachmann, der mein Buch mochte und in der Lage war, es einem völlig anderen Medium anzupassen, in das es nunmehr gebracht werden sollte. Kurz gesagt, wir brauchten einen Experten im Übertragen.

Als Erstes sprachen wir den hoch angesehenen Andrew Davies an, der *Mitternachtskinder* noch einmal las, anschließend einige Zeit darüber nachdachte, uns letztlich jedoch eine Absage erteilte; seine Begründung war, dass er den Roman zwar sehr bewundere, sich aber nicht genügend in Indien hineindenken könne, um einen Erfolg zu gewährleisten. Dann schlug Kevin Loader Ken Taylor vor, den Adapter von Paul Scotts *Juwel in der Krone* für Granada TV. Ich nahm den Vorschlag bereitwillig an. Zwar war ich kein Fan der so genannten »Raj-Tetralogie«, hielt aber die Fernseh-Adaptation mit ihren hohen Produktionswerten, brillanten Schauspielern und gut gearbeiteten Drehbüchern für eine deutliche Verbesserung des Originals. Und wegen seiner Arbeit am *Juwel* wusste Ken natürlich eine Menge über Indien.

Bei unserer ersten Besprechung fand Ken das Projekt zwar attraktiv, hatte im Hinblick auf die Natur der zu adaptierenden Textvorlage jedoch Bedenken. Fernsehfilme werden seit langem vom Naturalismus beherrscht, und Kens Tendenzen und dramatische Instinkte waren sehr stark naturalistisch geprägt. Wie also sollte er an einen Roman mit einem so surrealistischen und fabulistischen Material herangehen? Was sollte er mit hypersensiblen Nasen und tödlichen Knien anfangen, mit Optimismus-Krankheiten, abgewirtschafteten Geistern, mit summenden Männern und schwebenden Wahrsagern, mit Telepathen und Hexen, mit 1002 magischen Kindern, ja, mit der zentralen Idee des Romans an sich: dass Saleem Sinai, ein Junge, der im Moment der indischen Unabhängigkeit geboren wird, durch diesen Zufall irgendwie »an die Geschichte gefesselt« und infolgedessen für die gesamte Geschichte des modernen Indiens irgendwie verantwortlich ist? Ich erklärte ihm, dass das Ganze, so märchenhaft einige Teile des Romans auch sein mögen, zutiefst im realen Leben der Personen und der Nation verankert sei. Für viele der scheinbar »magischen« Momente gibt es natürliche Erklärungen. Der Wahrsager, der in der Luft zu schweben scheint, sitzt in Wirklichkeit mit untergeschlagenen Beinen auf einem niedrigen, schmalen Regalbrett. Sogar Saleems »telepathische« Entdeckung der anderen »magischen Kinder« kann als extremes Beispiel für imaginäre Freunde ausgelegt werden, wie einsame Kinder sie sich häufig erfinden. Saleems Idee, er sei für die Geschichte verantwortlich, ist für ihn wahr, sagte ich, für uns aber kann sie wahr sein oder auch nicht. Und alles um Saleem herum ist reale indische Geschichte. Interessant ist, dass die westlichen Rezensenten beim Erscheinen des Romans dazu neigten, sich auf die phantastischeren Elemente zu konzentrieren, während die indischen Rezensenten ihn wie ein Geschichtsbuch behandelten. »Ich hätte Ihr Buch auch schreiben können«, sagte ein Leser einmal sehr schmeichelhaft in Bombay zu mir. »Ich kenne den ganzen Kram auswendig.«

Ein wenig beruhigt, erklärte Ken sich einverstanden, den Auftrag zu übernehmen. Im Nachhinein ist man immer klüger, aber ich bin jetzt wirklich der Meinung, dass es falsch von mir war, Ken diese naturalistische Version meines Romans zu »verkaufen«. Ich glaube, ich dachte, das würde es ihm ermöglichen, die dramatische Struktur der Serie in Form zu bringen, und dass man den Drehbüchern, falls sie einen Schuss von »Unnaturalismus« brauchten, diesen nachträglich verabreichen könne. Wie sich herausstellte, wurde alles weit komplizierter.

Wer sollte die Drehbücher umsetzen? Viel zu früh, um darüber nachzudenken, bekam ich zur Antwort: erst das Drehbuch, dann der Regisseur. Und würde es ein Problem sein, die Zustimmung der indischen Regierung zu diesem Film zu erhalten? Ich hoffte nicht; schließlich war der Roman selbst in ganz Indien frei verkäuflich gewesen, welchen logischen Grund konnte es daher für die Ablehnung eines Films geben, der auf dem Buch beruhte? In jenen Anfangstagen war es einfach, derartige Fragen vor sich herzuschieben.

Ken machte sich gewissenhaft an die Arbeit zu einem siebenteiligen Fernsehfilm, während ich mich wieder meiner eigenen Schreibarbeit zuwandte. Da ich zu jener Zeit gerade *Des Mauren letzter Seufzer* beendete, mit *Der Boden unter ihren Füßen* begann und an der Herausgabe von *The Vintage Book of Indian Writing* beteiligt war, konzentrierte ich mich auf andere Dinge. Es folgte eine lange Phase, während Ken vor sich hin arbeitete; Kevin Loader die BBC verließ; Produzenten kamen und gingen; eine indische Produktionsfirma rekrutiert wurde, deren erste Hauptaufgabe darin bestand, die Zustimmung der Regierung einzuholen; und man sich immer besorgter fragte, wie viel das Projekt wohl kosten würde. Mittlerweile musste *Eine gute Partie* ins Gras beißen. Es seien ungünstige Zeiten, hieß es; bei uns herrschte ein kleines, wenig feines Gefühl der Erleichterung – wir würden nicht mehr um dieselben Schauspieler, dieselben Finanzierungsquellen, dasselbe Publikum werben müssen –, aber wir waren zugleich traurig und gedemütigt. Die Seth-Absage war auch für uns ein böses Omen.

Ich hielt mich gerade im Ausland auf, als schließlich ein Regisseur verpflichtet wurde: Richard Spence, ein junger Filmemacher mit einem Ruf für visuelles Flair. Etwa zur selben Zeit wurde entschieden, dass sieben Episoden zu viele seien; konnten wir die Story vielleicht auf fünf komprimieren? Zuletzt einigten wir uns auf einen ersten Teil in Spielfilmlänge, gefolgt von vier Fünfzig-Minuten-Episoden. Zweihundertneunzig Minuten statt dreihundertfünfzig: eine ganze Stunde weniger.

Als ich nach England zurückkehrte, lernte ich Richard persönlich kennen und war von seinen Ideen beeindruckt. Wir führten stundenlange Gespräche, und ich bekam das Gefühl, dass wir das Material zu etwas Aufregendem in der Hand hatten. Richards Phantasie sollte sich auf die Grundlagen von Kens Arbeit stützen.

Schon bald zeigte sich jedoch, dass sich das Arbeitsverhältnis zwischen Ken und Richard laufend verschlechterte. Als ich hörte, dass Richard von Ken verlangte, die Story um weitere drastische Schnitte zu kürzen – vor allem, was die Kinderjahre des Helden betraf –, begann ich mir Sorgen zu machen. *Mitternachtskinder* ohne Kinder? Der ursprüngliche Beweggrund für den Roman war gewesen, dass ich meine Erinnerungen an die Zeit meines Heranwachsens in Bombay in einen Roman einfließen lassen wollte; sollten wir daraus wirklich eine Fernsehversion machen, aus der das alles herausgeschnitten worden war?

Es gab eine Krisensitzung in Alan Yentobs Büro bei der BBC. Einen Moment lang schien es, als werde das ganze Projekt zu jenem Zeitpunkt scheitern. Ich versuchte zwischen Ken und Richard zu vermitteln. Ken hatte Recht damit, dass die Kinderzeit-Sequenz wesentlich war, und handelte auf seine ernsthafte Art als getreuer Hüter meines Buches. Richard dagegen hatte Recht damit, dass Kens Skript-Entwürfe überarbeitet werden mussten, um ihnen genau jene Phantasie und Magie zu verleihen, die ich durch das Hinzuziehen eines Regisseurs zu erreichen gehofft hatte. Am Ende der Sitzung schien es, als hätten wir die Voraussetzungen zu einem Schritt vorwärts geschaffen.

Innerhalb weniger Tage wurde jedoch klar, dass Ken und Richard nicht miteinander arbeiten konnten. Einer von ihnen musste gehen. In Hollywood wäre diese Entscheidung einfach und unbarmherzig ausgefallen; wer hätte je gehört, dass ein Regisseur gefeuert wurde, weil der Autor nicht mit ihm zusammenarbeiten konnte? Wir aber befanden uns in England, und Ken hatte schon sehr lange an dem Projekt gearbeitet. Die BBC stellte sich hinter ihn. Richard war enttäuscht, verhielt sich aber nobel und verabschiedete sich.

Inzwischen machte ich mir auch Sorgen wegen der Drehbücher.

Wir hatten unseren Regisseur verloren, die großen Finanzbosse bei der BBC gaben der Produktion kein grünes Licht, und ich hörte, dass die Skripts weder andere Regisseure anlockten noch in den Korridoren der Macht bei der BBC Vertrauen erweckten. Ich selbst war jetzt überzeugt, dass noch viel an den Büchern gearbeitet werden musste, hatte alle möglichen Ideen, wie sie umgeschrieben werden konnten, und telefonierte endlos mit Ken über die Frage, was nun zu tun sei. Aber die vorgenommenen Veränderungen waren minimal. Wir marschierten geradewegs ins Nichts hinein.

Etwa um diese Zeit fragte mich Alan Yentob, ob ich mal daran gedacht hätte, persönlich als Drehbuchautor einzuspringen. Ich hatte auch schon überlegt, ob das nicht die einzige Möglichkeit sei, die uns blieb, aber meine Zuneigung zu Ken und meine Hochachtung vor seiner Arbeit hatten mich von einer Zusage abgehalten. Außerdem würde ich die Arbeit an meinem neuen Buch unterbrechen müssen, und daran war ich alles anderes als interessiert.

Mittlerweile hatte Gavin Millar Interesse daran bekundet, die Regie zu übernehmen, offenbarte jedoch, was das Umschreiben der Drehbücher betraf, recht radikale Ideen. In einem Dokument mit dem Titel »Ein bescheidener Vorschlag« legte er uns eine Reihe provokativer Gedanken vor, deren extremster der Einfall war, ich solle die erzählenden Sequenzen der Story verschieben. Statt die Geschichte mit den Großeltern und dann den Eltern des Erzählers zu beginnen, schlug Gavin vor, wir sollten mitten in Saleems eigene Story hineinspringen und anschließend die anderen Geschichten in einer Reihe von Rückblenden erzählen, die immer weiter in die Zeit zurückreichen sollten.

Bei Gavins Vorschlägen ging mir ein Licht auf. Auf einmal erkannte ich mit großer Klarheit, wie ich die Drehbücher schreiben musste. Ich erkannte, wie ich seinen »bescheidenen Vorschlag« umsetzen und darüber hinaus dem Fernsehfilm eine etwas freiere, surrealistischere Konstruktion verleihen konnte. (Später sollte ich Gavins zeitverzerrende Ideen verwerfen und zur ursprünglichen, einfacheren Zeitlinie des Romans zurückkehren. Ich bin sicher, dass das richtig war, aber ich bin auch überzeugt davon, dass Gavins ikonoklastische Ideen meine Phantasie befreit hatten und dass ich ohne sie möglicherweise niemals erkannt hätte, wie ich vorgehen sollte.)

Ich glaube, in Ken riefen Gavins Vorschläge eine ähnliche, gewissermaßen aber auch entgegengesetzte Reaktion hervor. Sie weckten in ihm das Gefühl, genug ist genug; sie bewirkten, dass er sich plötzlich wehrte und seine Entwürfe verteidigte, als seien sie fertige Drehbücher. An diesem Punkt begriff ich, dass ich, falls es überhaupt weitergehen sollte, selbst die Zügel in die Hand nehmen musste, und nachdem schon so viel Zeit und Mühe aufgewandt worden waren, hatte ich nicht vor, das Projekt scheitern zu lassen. Also erklärte ich mich bereit, zu übernehmen. Als ich mit der Arbeit begann, erkannte ich, dass nur wenig oder gar nichts von den bisher existierenden Drehbüchern verwendet werden konnte, die ganze Anlage der Skripts musste verändert werden, die Episoden sollten an anderen Orten beginnen und enden, die Auswahl des Materials aus dem Roman und der interne Spannungsbogen jeder Episode mussten sich ändern. Alles, was die beiden Versionen gemeinsam hatten, waren die Dialoge, die direkt aus dem Buch selber stammten.

Ich bat das Produktionsteam, Ken klar zu machen, dass das, was als Umschreiben begann, zu etwas ganz Neuem geführt hatte. Das konnte man unmöglich auf nette Art sagen, aber gesagt werden musste es. Leider versäumten es die zuständigen Manager, ihn umgehend zu informieren, und das bedeutete, dass der menschliche Schaden letztlich weit schlimmer wurde, als nötig gewesen wäre. Ken war verletzt und zornig, ich war verärgert, unsere Freundschaft nahm Schaden, es gab Beschuldigungen und Gegenbeschuldigungen. Schließlich zog Ken sich in seiner würdevollen Art zurück. Ich wünschte nur, das alles wäre besser gehandhabt worden.

Eine Zeit lang arbeitete ich mit Gavin, schließlich trat aber auch er, wie Andrew Davis es vor ihm getan hatte, zurück, und zwar mit der Begründung, er habe nicht das »Gefühl« für Indien, das dieser

Film erfordere. Ich hatte inzwischen fieberhaft geschrieben, fest davon überzeugt, dass die Drehbücher funktionieren würden, und Gavins Rücktritt war für mich, nach allem anderen, ein schwerer Schlag.

All dieses Hin und Her hatte uns über ein Jahr lang aufgehalten, doch die Verzögerung hatte auch eine positive Seite für uns. Tristram Powell, der früher die Regie nicht hatte übernehmen können, stand jetzt zur Verfügung. Als die *Mitternachtskinder* 1981 veröffentlicht wurden, war es Tristram gewesen, der die Arena-Dokumentation darüber anfertigte. Er war, wie er erklärte, sehr interessiert daran, die Serie zu machen, aber nur auf der Basis seiner neuen Sicht der Dinge. Ich verfiel in eine regelrechte Schreibwut. Innerhalb von fünf Wochen, im November und Dezember 1996, hatte ich einen Entwurf für das gesamte, fünfteilige Drehbuch fertig. Am Weihnachtstag nahm ich mir frei, doch davon abgesehen stand ich kaum jemals vom Schreibtisch auf. Wie ich schon angedeutet habe, hat es mir großen Spaß gemacht. Ich hatte weit weniger Respekt vor dem Originaltext, als Ken ihn gehabt hatte. Seine Treue zum Buch, das Gefühl, mein Stellvertreter zu sein, hatten ihn gehemmt, ihn behindert. Möglich, dass sich niemand frei genug gefühlt hätte, um die Änderungen vorzunehmen, die ich selber völlig unbeschwert erledigte. Hinaus mit den langen Sequenzen – dem Aufenthalt im Kif-Tal, dem Krieg im Rann of Kutch. Hinaus mit einigen sehr phantastischen Bildern (einem Politiker, der vor Energie buchstäblich summte) und peripheren Charakteren (dem Schlangengift-Experten, der in der Wohnung über der Familie Sinai lebte). Hinein mit neuen Erfindungen, zum Beispiel der Idee, Lifafa Das, den Guckkasten-Mann, in jeder Episode eine Einleitung sprechen zu lassen, als sei sie Teil seiner Show, und gelegentlichen »unrealistischen« Momenten, in denen sich Saleem, der Erzähler, an sein vergangenes Leben erinnert und plötzlich in frühere Momente hineintreten und beobachten kann, wie sich die Handlung entwickelt.

Handlungsabläufe wurden verändert, um den Erfordernissen

der Episodenstruktur und der dramatischen Form zu entsprechen. So wurden Saleems Besuche in Pakistan zum Beispiel verkürzt und kondensiert und finden nun an verschiedenen Punkten der Story statt, um das Problem des schnellen Ortswechsels, das Hin und Her zwischen Bombay und Karachi, zu vermeiden. Außerdem wird Saleems Onkel General Zulfikar von seinem verbitterten Sohn ermordet. Im Drehbuch jedoch erschien es mir absurd, so spät in der Story, am Ende des Krieges in Bangladesch, noch einen neuen Pakistani-General einzuführen. Also ließ ich Zulfikar bis dahin am Leben und sorgte dafür, dass er auf andere Art und Weise aus dem Weg geräumt wird.

Die wohl wichtigsten Änderungen in der Handlung haben mit dem zentralen Duo Saleem und Shiva zu tun, den beiden Babys, die bei der Geburt vertauscht wurden und daher eines das Leben des anderen führten. Im Buch erfährt Shiva niemals die Wahrheit über seine Eltern, und das spielt auch keine Rolle, weil der Leser die ganze Zeit darüber informiert ist. Auf dem Fernsehschirm jedoch verlangt ein so weitreichendes Motiv ganz einfach einen Höhepunkt, die Konfrontation, also habe ich eine hinzugefügt. Zum Teil finde ich sogar, dass die Version der Ereignisse in diesem Drehbuch weit zufriedenstellender ist als im Roman. (Am Ende des Buches ist Saleem nicht sicher, ob Shiva tot oder lebendig ist, und fürchtet weiterhin seine Rückkehr. In der Fernsehversion wird dem Publikum eine Lösung geboten, die größere Klarheit bringt.)

Die Skripts wurden gut aufgenommen. Es folgte 1997 eine Reihe von Monaten, in denen Tristram Powell und ich den Text bearbeiteten: feilten, klarstellten, hinzufügten, herausnahmen. Tristram war so aufmerksam, so hilfreich, so voller Vorschläge und Verbesserungen und so vollständig im Einklang mit dem Roman, dass ich sicher war, wir hatten den idealen Regisseur für das Projekt gefunden. Wir beide arbeiteten perfekt zusammen, und die Skripts wurden täglich dicker. Selbst wenn wir nur etwas ändern mussten, weil wir es uns nicht leisten konnten, fanden wir Lösungen, die den

Geist unserer Arbeit nicht kompromittierten. Zum Beispiel fanden die Szenen an Bord des Schiffes im jetzigen Drehbuch im Hafen statt; wir hatten kein Geld, um aufs Meer hinauszufahren, aber das war auch nicht unbedingt nötig. Viel wichtiger ist, dass das Massaker von Amritsar im Jahre 1919 jetzt nicht mehr vor der Kamera stattfand. Für mich wird das Entsetzen dieser berühmten Gräueltat dadurch, dass man sie nur andeutet, sogar noch suggestiver.

Allmählich tauchten andere Produktionsprobleme auf. Die bizarre Bürokratie der BBC – es galt, nicht weniger als fünf Stationen zwischen dem Produzenten und dem Controller von BBC2 zu durchlaufen – machte es buchstäblich unmöglich, zu einer definitiven Entscheidung zu gelangen. Außerdem stellten wir fest, dass wir mit anderen Projekten, vor allem *Tom Jones*, um unsere Finanzierung konkurrierten. Und das Geld, das die BBC uns gab, würde einfach nicht genügen. Wir brauchten fremde Investoren.

Die fanden wir in Gestalt eines Ex-Bankers aus Amerika und eines Geschäftsmannes, beide indischer Herkunft, beide befeuert von patriotischem Stolz. Und so addierten sich endlich die Summen, und die langen Sitzungen, in denen Tristram und ich über den Skripts brüteten, hatten zu einem Drehbuch geführt, von dem jeder, der damit zu tun hatte, begeistert war. Wir veranstalteten drei Casting-Lesungen in London, und die Qualität der britisch-asiatischen Schauspieler, die wir sahen, machte tiefen Eindruck auf mich. Zur Zeit der ursprünglichen Veröffentlichung von *Mitternachtskinder* hatten wir nur eine sehr geringe Auswahl solcher Schauspieler gehabt. Eine Generation später konnten wir über eine höchst unterschiedliche und vielseitig begabte Schar verfügen. Ich war gerührt und bewegt von den Gefühlen der Schauspieler für meinen Roman und ihre professionelle Begeisterung beim Lesen von Rollen, die so ganz anders waren als die Kioskbesitzer und Krankenwärter, die sie gewohnt waren. Der einzige Haken daran war, dass einige der jüngeren Schauspieler, in Großbritannien geboren und aufgewachsen, Schwierigkeiten mit der Aussprache der indischen Namen und Sätze hatten!

Nicht alle Rollen wurden auf diese Art besetzt. Einige der älteren indischen Schauspieler – Saeed Jaffrey, Roshan Seth – wurden angesprochen, um ihnen freie Rollenwahl anzubieten. Außerdem gab es Castings in Bombay, und es war auch in Bombay, wo wir unseren Saleem fanden, einen brillanten jungen Schauspieler namens Rahul Bose. Andere »Entdeckungen« waren Nicole Arumugan als Padma und Ayesha Dharker als Jamila (deren sensationelle Stimme uns alle überwältigte, als sie mitten in einer Lesung in einen A-cappella-Song ausbrach), und es ist überaus frustrierend, dass wir ihnen letzten Endes nicht die Chance geben konnten, die sie so reichlich verdient hatten.

Denn als der Augenblick des »grünen Lichts« endlich gekommen war, verweigerte die indische Regierung uns schlichtweg die Dreherlaubnis – ohne Erklärung und ohne Hoffnung auf Verhandlungen. Schlimmer noch war die Entdeckung, dass die indischen Partner der BBC schon Monate zuvor erfahren hatten, dass der Antrag abgelehnt werden würde. Sie hatten uns nicht informiert, vielleicht weil sie glaubten, an der Entscheidung etwas ändern zu können. Aber das konnten sie leider nicht.

Es war ein Gefühl, als machten wir am Ende der Startbahn einen senkrechten Sturzflug in den Boden. Außerdem fühlte ich mich persönlich beleidigt. Dass die *Mitternachtskinder* so willkürlich und mit einer so absoluten Indifferenz abgelehnt wurden, und das von dem Land, über das ich mit all meiner Liebe und all meinem Können geschrieben hatte, war ein furchtbarer Schlag, von dem ich mich, wie ich gestehen muss, immer noch nicht so recht erholt habe. Es war, als hätte man mir erklärt, mein Lebenswerk sei sinnlos gewesen. Ich verfiel in eine tiefe Depression.

Nun machten Christopher Hall, der neue Produzent, und der gesamte Rest des Teams heroische Anstrengungen, um das Projekt zu retten, indem sie es nach Sri Lanka verlegten. Und Sri Lanka gab uns tatsächlich die Drehgenehmigung. (Schriftlich.) Präsidentin Chandrika Kumaratunga persönlich sagte, sie stehe fest hinter dem Projekt. Wegen der indischen Ablehnung und der fortlaufenden Kontroverse um die *Satanischen Verse* traf sie sich mit muslimischen Parlamentsmitgliedern ihres Landes, um sie hinsichtlich des Inhalts unseres Drehbuchs zu beruhigen und ihnen zu erklären, dass das Projekt für Sri Lankas Wirtschaft wichtig sei.

Also kam alles wieder ins Rollen. Der Schmerz über die Behandlung durch Indien blieb ungemildert, aber wenigstens würde der Film gedreht werden. Wir fanden Drehorte (in mancher Hinsicht war Sri Lanka tatsächlich eine Verbesserung gegenüber Indien), boten vielen Einheimischen Mitarbeit in der Crew an und casteten eine Anzahl sri-lankischer Schauspieler für größere Rollen. Der Geist der Zusammenarbeit, den wir vorfanden, war eine Freude. (Die sri-lankische Armee erbot sich sogar, uns bei der Inszenierung der Kriegsszenen zu helfen, die das Skript erforderte.) In Colombo richteten wir ein Produktionsbüro ein und planten, im Januar 1998 mit den Dreharbeiten zu beginnen.

Und dann ging wieder alles schief. Im *Guardian* erschien ein Artikel von einer Journalistin namens Flora Botsford, die auch mit der BBC in Colombo zu tun hatte und ihr Insiderwissen hinsichtlich der Probleme, die wir gehabt hatten, benutzte, um eine Diskussion anzuheizen; so jedenfalls sahen es Chris Hall und das Produktionsteam. Einheimische Muslim-MPs, die bis dahin nichts gegen die Dreharbeiten einzuwenden gehabt hatten, schwangen sich jetzt aufs hohe Ross. Es schien außerdem, dass dieser Artikel die Iraner auf den Plan gerufen hatte, die anschließend die Regierung von Sri Lanka drängten, die Genehmigung zu widerrufen. Die Entente cordiale, an der wir so hart gearbeitet hatten, brach auseinander.

Zu jener Zeit war die Regierung von Sri Lanka eifrig mit dem Versuch beschäftigt, eine behutsame Übergangslegislatur durch die Nationalversammlung zu bringen, und dazu brauchte sie die Unterstützung der Oppositions-MPs. Das bedeutete, dass eine winzige Hand voll Parlamentarier im Gegenzug zu ihren Stimmen politische Konzessionen verlangen konnten. So kam es, dass die Genehmigung, obwohl die Medien von Sri Lanka das Projekt sehr intensiv befürworteten und Muslim- wie auch Nichtmuslim-Kommentatoren uns täglich schriftlich unterstützten, unvermittelt und ohne Vorwarnung zurückgezogen wurde – nur einen Tag nachdem die Regierungsminister uns versichert hatten, es gebe keine Probleme, wir könnten sofort anfangen und unseren Film drehen.

All unsere schönsten Hoffnungen zerstoben. Genau wie Sisyphus mussten wir zusehen, wie unsere Arbeit zunichte gemacht wurde, als der dicke Felsbrocken unserer Produktion bergab in einen tiefen Sri-Lanka-Graben rollte. Für mich bewirkte die Ablehnung der *Mitternachtskinder* eine drastische Veränderung in meiner Einstellung zum Osten. Irgendetwas zerbrach, und ich weiß nicht, ob es repariert werden kann.

Das hier ist also die Story eines Fehlschlags. Aber was einmal gedacht worden ist, kann nicht ungedacht gemacht werden, hat Friedrich Dürrenmatt geschrieben. Nichts bleibt jemals so, wie es ist. Regierungen ändern sich, Meinungen ändern sich, Zeiten ändern sich. Und ein Film, der es bis zur halben Fertigstellung gebracht hat, kann es möglicherweise schaffen, irgendwann doch einmal geboren zu werden.

November 1999

Postscriptum

Dieser Essay wurde in einem schwermütigen Augenblick der fortdauernden Saga rund um die Mitternachtskinder *geschrieben. Wie sich jedoch herausstellt, könnte es sein, dass der vorsichtige Optimismus des letzten Abschnitts gerechtfertigt war. Erstens hat sich mein eigenes Verhältnis zu Indien glücklicherweise erneuert (siehe »Der Traum von einer glorreichen Heimkehr« S. 254). Zweitens bilden die Drehbücher, die ich geschrieben habe, jetzt die Grundlage für eine Bühnen-Adaptation des Romans für die Royal Shakespeare Company unter der Regie von Tim Supple (der vor ein paar Jahren auch eine wunderbare Adaptation von*

Harun und das Meer der Geschichten *im National Theatre auf die Bühne gebracht hat). Drittens besteht momentan wieder einmal großes Interesse daran,* Mitternachtskinder *zu verfilmen* ...

Reservoir Frogs
(oder Lokale, die *Mama's* heißen)

Zum ersten Mal seit dem Niedergang des Dadaismus erleben wir eine Wiederbelebung der schönen Kunst der sinnlosen Namensgebung. Dieser Gedanke wurde ausgelöst durch die US-Freigabe des britischen Films *Trainspotting* und die Aufführung von Lanford Wilsons neuem Theaterstück *Virgil is Still the Frogboy*. Mr. Wilsons Stück handelt nicht von Virgil. Kein einziger Frosch kommt darin vor. Der Titel wurde von einem Graffito in East Hampton, Long Island, übernommen, auf dessen Sinn das Stück keinerlei Hinweise gibt. Diese Unterlassung hat den Erfolg der Show nicht mindern können.

Wie Luis Buñuel wusste, ist Unverständlichkeit ein Charakteristikum von Objekten der Begierde. Dementsprechend werden in *Trainspotting* keine Züge beobachtet, sondern der Film ist nichts weiter als ein berechenbarer, ja sogar sentimentaler Streifen, der sich für *hip* hält. (Verglichen mit der Arbeit von, sagen wir, William S. Burroughs ist er eindeutig niedlich.) Er hat viele Bewunderer, vielleicht *weil* sie nicht mal den Titel, geschweige denn das modisch unentzifferbare Argot der Dialoge verstehen können. Tatsache bleibt jedoch: *Trainspotting* enthält keinen einzigen Hinweis auf Personen, die sich zwanghaft Notizen über Ankunft und Abfahrt von Zügen machen. Die einzigen Eisenbahnen befinden sich auf der Tapete im Schlafzimmer der Hauptperson. Wieso also dieses Schu-Schu-Signalwort? Vielleicht ist irgendein Witz beabsichtigt.

Irvine Welshs Originalroman bietet da keine Hilfe. Der Teil mit dem Titel »Trainspotting at Leith Central Station« führt die handelnden Personen zu einer aufgegebenen, zuglosen Bahnstation, wo einer von ihnen einen heruntergekommenen Menschen attackiert, der eigentlich sein Vater ist, und eine Menge davon austeilt, was Anthony Burgess' Rowdy Alex in *Uhrwerk Orange* »die alte Ultragewalt« nennt. Hier versucht man sich eindeutig an etwas Metaphorischem, obwohl nicht so genau klar wird, was das sein soll. Außerdem liefert Welsh rücksichtsvoll ein Glossar für die amerikanischen Leser: »*Rat-arsed* – betrunken; *wanker* – Masturbierer; *thrush* – leichte, sexuell übertragene Krankheit«. Wenigstens macht er den Versuch einer Übersetzung. Die echten Unverständlichkeitsfanatiker verschmähen derartige Geschwätzigkeit jedoch.

Wie viele Leser von *Uhrwerk Orange* oder Rezensenten von Stanley Kubricks Film nach dem Buch wissen, dass Burgess seinen Titel von einem angeblich allgemein üblichen, tatsächlich jedoch niemals benutzten britischen Vergleich abgeleitet hat: *queer as a clockwork orange*? Kann sich irgendjemand an die Bedeutung von Ausdrücken wie »Koyaanisqatsi« und »Powaqqatsi« erinnern? Und gab es in »Lucy in the Sky with Diamonds« nicht doch verschlüsselte Geheimnisse, oder war es einfach ein Song über ein fliegendes Mädchen mit einer Halskette?

Heutzutage ist die alte, langweilige Verständlichkeit noch überall zu finden. Ein Film über einen jungen Mann namens Jack heißt einfach *Jack*. Ein Film über einen verrückten Baseballfan heißt *Der Fan*. Die Filmversion von Jane Austens *Emma* heißt *Emma*.

Trotzdem nimmt die Titel-Mystifizierung weiter zu. Wenn Oasis, die britische Pop-Band, singt »(You're my) Wonderwall«, was meinen sie dann damit? »Ich werde dich mit meinem Motorrad überfahren, immer wieder, in Höchsttempo«? Bestimmt nicht. Und *Blade Runner*? Ja, ja, ich weiß, dass Jäger von Androiden-«Replikanten« Blade Runner genannt werden: Aber warum? Ja, ja, William S. Burroughs (schon wieder!) benutzte den Ausdruck in einem Roman von 1979; und, um wirklich rätselhaft zu werden, es gibt einen Ärzte-Thriller des verstorbenen Dr. Alan E. Nourse aus dem Jahr 1974, der *Bladerunner* heißt. Aber was hat irgendetwas davon mit Ridley Scotts Film zu tun? Harrison Ford rennt nicht, und er »bladet« nicht. Sollte ein Kunstwerk uns nicht die Schlüssel liefern, mit denen wir uns seine Aussagen erschließen können? Aber vielleicht gibt es ja gar keine Aussagen. Vielleicht klingt der Ausdruck ja nur cool dank der Anklänge an Burroughs, Daddy Cool persönlich.

Im Jahre 1928 führten Luis Buñuel und Salvador Dalí gemeinsam Regie bei dem surrealistischen Klassiker *Ein andalusischer Hund*, einem Film über viele Dinge, nur nicht über andalusische Hunde. Genauso ist es mit Quentin Tarantinos erstem Film, *Reservoir Dogs*. Im ganzen Film kein Reservoir, keine Hunde, nirgends die Wörter *reservoir*, *dogs* oder *reservoir dogs*. Keine Bilder, die von Hunden oder Reservoirs oder Hunden in Reservoirs oder Reservoirs von Hunden herrühren könnten. *Nada* oder, wie Mr. Pink und Co. sagen würden, *fuckin' nada*.

Wie es heißt, soll Tarantinos Abneigung gegen europäische Autoren in verrückten Hosen wie etwa Louis Malle sich, als er als junger Mann in einer Videothek von Los Angeles arbeitete, dadurch manifestiert haben, dass er die Titel ihrer Filme nicht aussprechen konnte. Malles *Au Revoir les Enfants* (deutsch *Auf Wiedersehen, Kinder*, A. d. Ü.) entzog sich ihm total (*oh reservoir les oh fuck*), bis er den Film verächtlich – Sie werden's erraten – »*those, oh, reservoir dogs*« nannte. Von da an machte er diesen Titel zu einem eigenen Film, zweifellos als weitere Geste antieuropäischen Trotzes. Leider war diese Stichelei so schief geraten, dass die Europäer sie einfach nicht *comprenday* konnten. »Was wir hier haben«, wie der Mann in *Der Unbeugsame* bemerkte, »das ist das Versagen der Kommunikation.«

Aber heutzutage ist es mit der Unverständlichkeit so, dass die Leute gar nicht kapieren *sollen*. In Übereinstimmung mit dem neuen Zeitgeist ist der Titel dieses Essays daher zum Teil aus Lou

Reeds weisem Ratschlag – »*Don't eat at places called* Mama's« – aus dem Tagebuch seiner jüngsten Tournee gewählt worden. Um jedem Versuch zur Exegese zuvorzukommen («Autor, vormalige Esoterik des Dadaismus zitierend, opponiert gegen heutige ‹Mamaisten›-Verunglimpfung«), bekenne ich, dass er als Titel überhaupt keine Bedeutung hat; aber schließlich ist schon das Konzept der Bedeutung heute veraltet, klugscheißerisch, prä-ironisch. Herzlich willkommen zur Neuen Unverständlichkeit: Kauderwelsch mit Pose.

August 1996

Heavy Threads:
Frühe Abenteuer im Klamottenhandel

Im Sommer 1967, der, wenn ich mich recht erinnere, damals von niemandem als »Sommer der Liebe« bezeichnet wurde, mietete ich mir ein Zimmer in einer Maisonette-Wohnung direkt über einer legendären Boutique namens *Granny Takes a Trip*; sie war *damals* legendär, meine ich, und hatte irgendetwas an sich, das sofort als mythisch erkannt wurde. Die Maisonette gehörte einer Frau namens Judy Scutt, die eine Menge Kleider für die Boutique nähte und deren Sohn Paul ein Uni-Freund von mir war. (Sie waren Mitglieder einer Familie, die in Medizinerkreisen berühmt war, weil sie an jedem Fuß sechs Zehen hatten, aber trotz des psychotropischen Geistes jener Zeit bestanden sie enttäuschenderweise darauf, dass sie keine Six-Toed-Scutts seien.)

Granny Takes a Trip lag beim *World's End*, am falschen Ende der King's Road in Chelsea, aber für die assortierten Freaks, die dort herumhingen, war es das Mekka, der Olymp, das Kathmandu des Hippie-Chics. Wie man munkelte, trug auch Mick Jagger Sachen von dort. Immer wieder mal hielt John Lennons weiße Limousine vor dem Haus, ein Chauffeur betrat den Laden, griff sich eine Hand voll Kleider »für Cynthia« und verschwand damit. Deutsche Fotografen mit Heerscharen von starrgesichtigen Models kamen ein- bis zweimal die Woche, um *Grannys* Schaufenster als Hintergrund für ihre Fotos zu nutzen. *Grannys* Schaufenster waren berühmt. Lange waren die Scheiben mit einer Marilyn im Warhol-Stil bemalt. Ein anderes Mal kam, wieder für längere Zeit, der

Kühler eines echten Mack-Truck aus einer Explosion à la Lichtenstein gekracht. Später prangte auf jeder Boutique der Erde eine imitierte Warhol-Monroe oder kam krachend ein Mack-Truck aus dem Schaufenster, aber *Grannys* war die Erste. Genau wie *Vom Winde verweht* war sie es, die die Klischees erfand.

Drinnen war es bei *Grannys* stockdunkel. Man betrat den Laden durch einen schweren Perlenvorhang und war augenblicklich blind. Die Luft war schwer von Räucherwerk und Patschuliöl und den Aromen dessen, was die Polizei als »gewisse Substanzen« bezeichnet. Psychedelische Musik, dröhnend von der Rückkoppelung, terrorisierte die Trommelfelle. Nach einiger Zeit nahm man ein mattes, purpurnes Glühen wahr, in dem einige reglose Gestalten auszumachen waren. Dabei handelte es sich vermutlich um Kleider, die vermutlich zum Verkauf standen. Man fragte nicht gern. *Grannys* war ein ziemlich einschüchternder Ort.

Die Leute von *Grannys* hatten für das aufdringliche Boutiquen-Land des »richtigen«, des Sloane-Square-Endes der King's Road nur Verachtung übrig. All diese Quant-Haarschnitte und hüfthohen Schlangenstiefel, all dieses von glänzendem Plastik und Vidal Sassoon dominierte England-swingt-wie-ein-Pendel-Palaver. All dieses *Licht*. Es war fast so uncool wie (igitt) Carnaby Street. Da unten sagten die Leute *fab* und *groovy*. Bei *Grannys* sagte man *beautiful*, um einen Hauch von Anerkennung auszudrücken, und wenn man etwas wirklich wundervoll fand, sagte man *really nice*.

Ich begann, mir die Bettüberwurf-Jacken und Holzperlen meines Freundes Paul auszuleihen. Ich begann, ständig weise zu nicken. In meinem Bemühen, cool zu sein, half es mir, dass ich Inder war. »*Indien*, Mann«, sagten die Leute. »*Far out.*«

»Yeah«, sagte ich und nickte. »Yeah.«

»Der Maharishi, Mann«, sagten die Leute. »*Beautiful.*«

»Ravi Shankar, Mann«, sagte ich. An diesem Punkt gingen den Leuten gewöhnlich die Inder aus, über die sie sprechen konnten, und wir alle konnten nur noch strahlend nicken. »Genau, genau«, sagten wir. »*Genau!*«

Aber obwohl ich aus Indien kam, war ich nicht cool. Paul war cool. Paul war, was ein Mädchen in einem Teenie-Film »direkt aus dem Eisschrank« genannt hat. Paul hatte Zugang zu einem endlosen Vorrat an langbeinigen Mädchen und einem ebenso endlosen Vorrat an Dope. Er hatte einen Vater in der Musikbranche. Es wäre leicht gewesen, Paul zu hassen. Eines Tages überredete er mich, zwanzig Pfund zu bezahlen, um an einer Foto-Session für männliche Möchtegern-Models teilzunehmen, die von einem seiner »Freunde« veranstaltet wurde. Ich könnte seine Sachen tragen, sagte er. Der »Freund« nahm mein Geld und wurde nie wieder gesehen. Meine Karriere als Fotomodell kam nicht mal in die Startlöcher.

»Wow«, sagte Paul, der erst den Kopf schüttelte, um dann philosophisch zu nicken. »Dumm gelaufen.«

Das Herz unserer kleinen Welt war Sylvia. (Ihren Nachnamen habe ich nie erfahren.) Sylvia leitete den Laden. Neben ihr wirkte Twiggy wie ein Teenager mit Babyspeck. Sie war sehr blass, vermutlich weil sie ihr Leben damit verbrachte, im Dunkeln zu sitzen. Ihre Lippen waren immer schwarz. Sie trug Minikleider aus schwarzem Samt oder durchsichtigem weißen Musselin: ihr Vampir- und ihr Baby-Look. Der Mode jener Zeit entsprechend stand sie mit eingeknickten Knien und einwärts gekehrten großen Zehen so da, dass ihre Füße ein winziges, verkrampftes T bildeten. Sie trug riesige Schlagring-Ringe aus Silber und eine schwarze Blume im Haar. Halb Love Child, halb Zombie, war sie ein Ehrfurcht erweckendes Zeichen jener Zeit. Ich hatte schon mehrere Wochen dort gewohnt, ohne ein einziges Wort mit ihr zu wechseln. Eines Tages nahm ich all meinen Mut zusammen und ging in den Laden.

Sylvia war eine purpurne Präsenz in den bodenlosen Tiefen der Boutique.

»Hi«, sagte ich. »Da wir alle hier wohnen, dachte ich mir, ich schau mal rein und stelle mich vor. Wissen Sie, ich dachte, es wäre an der Zeit, dass wir uns kennen lernen. Ich bin Salman ...« An dieser Stelle ging mir der Dampf aus.

Sylvia tauchte aus dem Dunkel auf, kam ganz dicht heran und starrte mich an. Ich konnte deutlich die Verachtung erkennen, die aus ihrer Miene sprach.

»Konversation ist tot, Mann«, sagte sie.

Das waren schlechte Nachrichten. Das war echt *heavy*. Die Konversation sollte tot sein? Warum hatte ich nichts davon gehört? Wann war die Beerdigung? Ich war und bin immer noch ein redseliger Mensch, aber da stand ich vor Sylvias Verachtung, niedergeschmettert, sprachlos. Wie Paul Simon in »The Boxer« war ich bezaubert von den *ragged people*, den zerlumpten Menschen, unter denen Sylvia eindeutig eine dunkle Prinzessin war; ich wollte zu ihnen gehören, ich »suchte nach den Orten, die nur sie allein kennen«. Wie unfair, dass ich dazu verurteilt war, aus den inneren Kreisen der Gegenkultur ausgesperrt zu sein, auf ewig verbannt von dort, wo sie war, und das nur aufgrund meines Plappermauls. Die Konversation war tot, und ich kannte die neue Sprache nicht. Erfüllt von Tragik schlich ich mich aus Sylvias Nähe davon und sprach kaum mehr mit ihr.

Ein paar Wochen später erteilte sie mir eine zweite Lektion über diese ungewöhnlichen Zeiten. Eines Tages – ich glaube, es war ein Samstag oder Sonntag, und es war erst gegen Mittag, daher war natürlich noch niemand auf und der Laden geschlossen – klingelte es so lange an der Tür, bis ich in eine rote Pannesamt-Hose mit Schlag stieg und zur Tür hinunterstolperte. Auf der Schwelle stand ein Alien: ein Mann in Straßenanzug und dazu passendem Schnurrbart, mit Aktenkoffer in der einen Hand und in der anderen ein Hochglanzmagazin, aufgeschlagen auf der Seite, auf der ein Model eine von *Grannys* jüngsten Kreationen trug.

»Guten Tag«, sagte der Alien. »Ich habe eine Ladenkette in Lancashire ...«

Sylvia, nackt unter einem eher unzulänglichen Morgenrock, die Zigarette zwischen den Lippen hängend, kam die Treppe herab. Der Alien wurde dunkelrot, und seine Blicke begannen umherzuirren. Ich zog mich zurück.

»Yeah?«, sagte Sylvia.

»Guten Tag«, brachte der Alien schließlich heraus. »Ich habe eine Ladenkette in Lancashire, in der ich Damenmoden verkaufe, und bin äußerst interessiert an diesem Kleid, das hier abgebildet ist. Mit wem müsste ich sprechen, um eine erste Bestellung von sechs Dutzend Exemplaren aufzugeben, mit einer Option auf spätere Nachbestellungen?« Es war der größte Auftrag, den *Granny Takes a Trip* jemals bekommen hatte. Ich stand ein paar Schritte hinter Sylvia, und auf halber Treppe stand jetzt Judy Scutt. Ein Prickeln der Erregung lag in der Luft. Der Alien wartete geduldig, während Sylvia über die Angelegenheit nachdachte. Dann, in einem der charakteristischsten Momente der Sechziger, nickte sie ein paar Mal, langsam, so wie man es damals eben tat.

»Wir haben geschlossen, Mann«, sagte sie und machte die Tür zu.

Wo früher *Granny* lag, gegenüber dem *World's-End*-Pub, ist jetzt ein Café namens *Entre Nous*. Ich habe den Kontakt mit Judy Scutt verloren, aber ich weiß, dass ihr Sohn Paul, mein Freund Paul, zum schwer kranken Opfer der Sechziger geworden ist. Da sein Gehirn durch Acid verschmort ist, arbeitete er, als ich zuletzt von ihm hörte, in einfachen Handlangerjobs: in einem Park Laub aufsammeln, etwas in der Art.

Vor kurzem jedoch traf ich einen Mann, der behauptete, nicht nur Sylvia zu kennen, sondern jahrelang mit ihr ausgegangen zu sein. Das war wirklich eindrucksvoll.

»Hat sie je mit Ihnen gesprochen?«, fragte ich ihn. »Hat sie tatsächlich irgendetwas über *irgendetwas* zu sagen gehabt?«

»Nein«, antwortete er. »Kein einziges verdammtes Wort.«

Oktober 1994

In der Voodoo Lounge

Clap your hands, befiehlt Mick Jagger dem Wembley, und 70 000 Menschen gehorchen. Es sieht aus wie eine von diesen Massen-Gymnastikdemonstrationen, die früher den Chinesen so gut gefielen. *Yea yea yea WOO*, feuert er uns mitten in »Brown Sugar« an, und *yea yea yea WOO* antworten wir. »Ihr seid heute gut bei Stimme«, schmeichelt er uns, und einen Moment fühlen wir uns, als gehörten wir allesamt zur Band. Als ich zwanzig war, wurde ich von einem Studenten-Publikum dazu aufgefordert, »freiwillig« für Robin Williamson und Mike Heron's Incredible String Band eine Kuhglocke zu schwingen, doch alles in allem ist es besser, Back-up für die Rolling Stones zu singen. In einer erfolgreichen Stadion-Rockshow wird das Publikum ebenso sehr selbst zum Event wie die Künstler oder das Set, und das weiß Jagger. Also spielt Mick zweieinhalb Stunden mit uns, während Keith seine Monster-Riffs spielt und seine Gitarre küsst, und Charlie gibt den Takt mit seinen Drums an.

Wie *ist* das, vor Zehntausenden von Menschen zu stehen und sie zu manipulieren, als wären es bloß ein paar Dutzend? Vor zwei Jahren (es ist niemals zu früh, um mit den Recherchen zu beginnen) befand sich Ihr Korrespondent ein paar Minuten lang mit U2 oben auf der Wembley-Bühne und ist daher in der Lage, Ihnen einen kurzen Bericht zu liefern.

Licht umgibt uns wie eine Mauer. Man kann gerade eben über die Rausschmeißer hinweg bis in die ersten Reihen der emporgewandten Gesichter sehen, darüber hinaus jedoch – null. Man empfindet den Raum fast als intim; dann brüllt die unsichtbare Menge wie die Bestie aus einem Science-Fiction-Film, und man selbst gerät – nun ja, wenn man ein Romancier ist, der irgendwie dorthin geraten ist, gerät man in Panik. Was macht man mit einem so großen Publikum? *Singt* man für die Zuhörer? Aber man kann – wie in allen guten Albträumen – keine einzige Note singen. Zeit für den Rockstar, einzugreifen. Unmittelbar neben ihm stehend, sieht man zu, wie er die unsichtbare Hydra da draußen umschmeichelt, streichelt und kontrolliert, und man fühlt sich mehr als beeindruckt. Man empfindet Dankbarkeit.

Ich hatte Bono ein paarmal getroffen, doch als ich ihm auf der Wembley-Bühne ins Gesicht blickte, sah ich da einen Fremden und begriff, dass dies das Star-Wesen war, das normalerweise in ihm verborgen lag, ein Wesen, so mächtig wie die große Bestie, für die es sang, so gewaltig, dass es nur in diesem Käfig aus Licht losgelassen werden konnte. Das Star-Wesen in Mick Jagger war am Dienstagabend in Wembley losgelassen. Es wirkte schon sehr viel länger als U2; es war alt und gewaltig und brillant.

All die Witze über alte Rockmusiker sind in dieser vergangenen Woche wieder hervorgeholt worden: Rock 'n' Wrinkle, Crock 'n' Roll. Ich saß neben einem Mann, der sich erinnerte, die Stones auf ihrer ersten Tournee im September 1963 gesehen zu haben. Vor zweiunddreißig Jahren – *zweiunddreißig Jahren!* – hatte auch ich diese Tournee gesehen; als sechzehnjähriger Schuljunge beschloss ich morgens im Bus, die Schule zu schwänzen. Mein Nachbar und ich konnten uns nicht darauf einigen, wer in jenem Herbst ganz oben auf der Hitliste stand: Er war für einen von denen, die bei einem Flugzeugabsturz umgekommen waren, während ich für Gene Vincent stimmte, der »Be-Bop-A-Lula« sang. Aber wir lagen beide falsch. Es waren die Everly Brothers und Bo Diddley. Die Stones waren schon so lange da, dass das Gedächtnis ihres Ur-Publikums zu streiken begann – *so* lange waren sie schon da.

Auf dem Weg zu einer galaxis-großen Supershow wie *Voodoo*

Lounge müssen Sie sich durch Meteorenschauer von Fakten und Faktoiden arbeiten. Außer all dem Alterskram – wussten Sie, dass das Durchschnittsalter der Stones höher ist als das unseres Regierungskabinetts? – hören Sie, wieder einmal, die alte Geschichte, Keith Richards habe sein gesamtes Blut austauschen lassen; von einem aufgebrachten Fanatiker, dem es nicht gelungen ist, Jaggers Gunst zu erringen, erfahren Sie, der große Mann habe einen »wirklich winzigen Kopf«; es wird sogar angedeutet – ja, gibt es denn überhaupt keinen Respekt mehr? –, dass Mick dazu neige, die Größe seiner Kronjuwelen zu übertreiben, indem er sich verschiedene Obst- und Gemüsesorten vorn in die Leggings stecke. Außerdem wissen wir inzwischen, dass Mick, obwohl die Tournee von Volkswagen gesponsert wird («*Stones Team Up With Beetles*«), einen Mercedes fährt; und dass die Stones trotz all ihrer rebellischen Posen in Wirklichkeit nichts anderes sind als gesellschaftliche Aufsteiger, auf nichts anderes aus als Geld und Ruhm. Wir wissen, dass sich die Ramones aus dem Geschäft zurückziehen wollen und den Stones geraten haben, ihrem Beispiel zu folgen, und dass diese das nicht wollen – nicht, solange die Megabucks nur so hereinströmen. Wir haben gehört, dass ein warmer Regen von endlosen Dollars auf unsere Helden niedergeht. *What can a poor boy do 'cept to play for a rock'n'roll band?* Vielleicht sollten sie heutzutage lieber »Diamond Life« singen.

Selbst eine 32 Jahre währende Anhänglichkeit an die Rolling Stones kann sich unter einem solchen Bombardement abnutzen und in Reizbarkeit übergehen, vor allem, wenn man von der kanadischen Mafia, die für die Sitzverteilung verantwortlich ist, hinter eine Säule verbannt wird und einen freundlichen Sicherheitsbeamten des Stadions braucht, um einen Platz zu ergattern, von dem aus man die Show überhaupt sehen kann. Ich gestehe, dass ich mir bereits ein paar schöne bissige Adjektive zurechtgelegt hatte, während ich auf den Auftritt der Dinosaurier wartete.

Dann gab es Drachen-Feuer, und die ganze Nörgelei wurde mit einem Schlag überflüssig. Mark Fishers »Cobra«-Bühnenbild erwachte zum Leben: Der Hightech-Schlangenkopf am Himmel spie Flammen. Fisher, vor kurzem auch für die Bühne der Pink Floyd und für *Zoo TV* verantwortlich, ist augenblicklich der Mann, den man anruft, wenn man ein Vermögen ausgeben will, um ein Sportstadion in eine Zukunftsvision zu verwandeln. Die Promoter der Show vergleichen die Tournee gern mit einem militärischen Unternehmen, aber das trifft nicht ins Schwarze. Viel erstaunlicher ist die Überlegung, dass all dieser theatralische Gigantismus – «250 Mann Personal, 4 Tage für den Aufbau, 3 verschiedene Stahl-Teams, die kreuz und quer durchs Land reisen, um die Bühne aufzubauen, 8 Meilen Kabel, die größte mobile Jumbotron-Video-Leinwand der Welt, 56 Wohnwagen, 9 Busse und eine Boeing 727, 3 840 000 Watt Elektrizität, produziert von 6000-PS-Generatoren» steht hier – nur eingesetzt wird, um mehr Spaß zu erzeugen. *Only rock'n'roll, but I like it.* Gut zu wissen, dass auch das Vergnügen seine Armeen hat.

Und tatsächlich: Von dem Augenblick an, als die Stones »Not Fade Away« anstimmten, bis zur einzigen Zugabe »Jumpin' Jack Flash« gab es nichts anderes als Vergnügen; zweieinhalb Stunden davon. Die Bühne war ein pyrotechnisches Wunder mit Lichtkaskaden, die zu einem Feuerwerk explodierten und während »Sympathy for the Devil« diese herrlich grausigen Riesen-Luftballons hervorzauberten – Elvis, eine Schlange, ein Star Child, eine Hindu-Göttin –, die wie riesige Voodoo-Puppen, Sklaven des Rhythmus, über Jaggers Baron-Samedi-Kapriolen tanzten. Der Sound war ebenfalls gut, jeder Ton voll und klar, jedes Wort verständlich und resonant; und die High-Definition-Video-Leinwand war die beste, die ich jemals gesehen habe. Aber nichts davon ist wirklich wichtig.

Wichtig ist, dass die Stones überwältigend waren. Ihre Kraft, ihr Tempo, die schiere Qualität und Frische von Micks Gesang und dem Spiel der Band (Keith Richards schien bei »Satisfaction« einmal lautlos die Worte »*I love this song*« zu formen); Micks athletische und graziöse Bewegungen (einmal machte er »Walk the

Dog« und markierte das »Funky Chicken«, wie Tina Turner es ihm gezeigt hatte; heutzutage liegt etwas fast Orientalisches in seinem Tanz, wie eine Bharat-Natyam-Tänzerin, durch die 3 840 000 Watt Elektrizität schießen); und Keith, breitbeinig ganz vorn in der Mitte, wie er seine Gitarre im klassischen Rock-Gott-Stil schlägt, Keith mit seinem Mount-Rushmore-in-Ruinen-Kopf, der mühelos die Bühne beherrscht, während Mick hüpft, springt und zoomt. Keith läuft nicht. Das überlässt er seinem Partner. (Er sollte das Singen vermutlich ebenfalls Mick überlassen. Wenigstens sollte er das Schicksal und die Kritiker nicht herausfordern, indem er Songs mit dem Titel »The Worst« singt.)

Schon beim zweiten Song, »Tumbling Dice«, war klar, dass der neue »Maschinenraum«, in dem sich der Bassgitarrist Darryl Jones zu Charlie Watts gesellte, so dicht und kraftvoll war wie eh und je. Ebenfalls offensichtlich war nach ihrem Duett mit Mick in »Gimme Shelter«, dass Back-up-Vokalistin Lisa Fischer ein kleiner Star für sich ist. Nicht genug, dass sie in etwas auf die Bühne kam, das aussah wie Leder-Unterwäsche und Fuck-me-Stöckelschuhe mit Fesselriemen bis zu den Waden.* Sie entfaltete außerdem eine volle, sexy Stimme mit lang gehaltenen hohen Tönen, die mitten ins Herz treffen konnten.

Die neuen Songs konnten sich durchaus gegen die Wunder des Back Catalogue behaupten, aber es waren die Klassiker, die uns wirklich in Stimmung brachten; unvermeidlicherweise, denn diese Musik – der »Satisfaction«-Riff, das genial-schmutzige »Honky Tonk Women« – ist uns so sehr in Fleisch und Blut übergegangen, dass wir das Wissen darum inzwischen womöglich sogar genetisch an unsere Kinder weitergeben können, die bei der Geburt fröhlich *how come you dance so good* summen oder die alten satanischen Verse

---

* Als dieser Bericht im *Observer* veröffentlicht wurde, schrieb ein sarkastischer Leser, er vermute – zu Unrecht –, dass ich in den letzten Jahren nicht sehr viel Sex gehabt hätte, jedenfalls sei er nicht scharf darauf, von meinen Gelüsten zu lesen. Dein Pech, Kumpel.

pleased to meet you, hope you guessed my name. Und wie befriedigend, dass die Stones nicht in die Bob-Dylan-Falle gegangen sind und ihre alten Songs gemordet haben. Deswegen war Wembley voller Kids, die lustig zu Songs abtanzten, die älter waren als sie selbst, vom Gefühl her aber neu zu sein schienen. Dies ist keine Nostalgie-Show; diese Songs sind keine Museumsstücke. Hören Sie nur, wie Keith Richards' Gitarre »Wild Horses« spielt. Diese Songs sind lebendig.

Da war ein grauhaariger alter Kauz in rosa T-Shirt und Jeans – *still crazy after all these years* –, der in seiner Begeisterung schließlich von einem Trupp Kleiderschränken hinausgeführt werden musste. Da war ein dunkelhaariges Mädchen in einem Outfit, das ihr auf den Körper gemalt zu sein schien, ein Mädchen, das bei »Sweet Virginia« in der Promi-Ecke aufstand und so sinnlich tanzte, dass die Leute (Männer) sich von der Bühne abwandten, um ihr zuzusehen. Da gab es zwischen Mick und Lisa Fischer ein gegenseitiges Brustwarzen-Küssen, das unsere Aufmerksamkeit wieder auf sie zog. Da gab es eine Ovation für Charlie Watts. Man hätte sich nicht mehr wünschen können. Die Rolling Stones mögen jetzt nicht mehr gefährlich sein, mögen für die anständige, zivilisierte Gesellschaft keine Bedrohung mehr darstellen, aber sie verstehen es immer noch, sie bluten zu lassen. *Yea yea yea WOO*.

Juli 1995

Rockmusik – Notizen aus der Hinterhand

Frank Zappa und die Mothers of Invention spielen in der Albert Hall. Es ist irgendwann in den frühen Siebzigern. (Wenn man sich an das genaue Datum erinnern kann, so heißt es, war man nicht dabei.) Nach der Hälfte des Gigs klettert ein riesiger Schwarzer in glänzend purpurrotem Hemd auf die Bühne. (In jener unschuldigen Zeit nahm man es mit der Sicherheit noch nicht so genau.) Er schwankt ein wenig, besteht aber darauf, mit der Band spielen zu dürfen.

Zappa, die Ruhe selbst, fragt tiefernst: »Ah-ha, Sir, und welches Instrument wählen Sie?«

»Horn«, murmelt der Purpurhemdmann.

»Gebt dem Mann ein Horn«, befiehlt Frank Zappa. Aber kaum bläst der Purpurhemdmann den ersten grausamen Ton, ist es klar, dass seine Hornblasekunst einiges zu wünschen übrig lässt. Ganz kurz wirkt Zappa, Kinn in Hand, gedankenverloren. »Hmmm.« Dann geht er zum Mike. »Ich möchte wissen«, sinniert er, »was wir diesem Mann für sein Horn wohl für eine Begleitung geben können.« Er tut, als komme ihm ein Gedanke. »Ich weiß! Die mächtige Orgel der Albert Hall.«

Eigentlich ist die mächtige Orgel der Albert Hall für die Band zum Tabu erklärt worden, aber nun steigt einer der Mothers tatsächlich zu dem großen Biest empor, klettert auf den Platz des Organisten, zieht jedes einzelne Register und füllt die große, alte Halle mit seiner ohrenbetäubenden Präsentation von »Louie, Louie« bis zum Beben.

Vavava/va-voom!

Unten auf der Bühne tutet der Purpurhemdmann vor sich hin, glückselig und absolut unhörbar, während Frank Zappa ihm auf seine wohlwollende, unterschwellig humorvolle Art dabei zusieht.

Humor ist nicht die Eigenschaft, die am häufigsten mit Rockmusik verbunden wird, und wenn man dem Cromagnon-Grunzen der meisten Rockstars lauscht, wird man sehr schnell erkennen, warum. Trotz der Spice Girls kann der Rock 'n' Roll jedoch auf eine lange Vorgeschichte verbaler, musikalischer und aus dem Ärmel geschüttelter Glücksgriffe und Geschicklichkeiten zurückblicken.

Da ist Elvis, der so tut, als jucke es ihn wie einen Mann mit dem Rücken voll Juckpulver.

Da ist John Lennons flinke Zunge. («Wie findest du Amerika?« – »Bei Grönland links abbiegen.«)

Da ist Randy Newman, der in »Sail Away« bewiesen hat, dass ein Song hymnisch und zugleich satirisch sein kann. (*«In America, there's plenty food to eat/Don't have to run through the jungle/and scuff up your feet.«*)

Da sind Paul Simons surreal-assoziative Verse. (*«Why am I soft in the middle/when the rest of my life is so hard?«*)

Und da ist der Troubadour sondergleichen, Tom Waits, der seine groben Wandergeschichten von nassen Katzen und streunenden Hunden erzählt (*«I got the cards but not the luck/I got the wheels but not the truck/but heh I'm big in Japan.«*)

In alledem gibt es für Literaten viel zu studieren und zu bewundern. Ich halte nicht viel von der Texte-sind-Dichtung-Schule der Rock-Aficionados. Aber ich weiß, ich wäre unheimlich stolz darauf, wenn ich etwas so Gutes geschrieben hätte. Und ich hätte liebend gern das Talent, den Humor und die schnellen Gedankenblitze von Frank Zappa an jenem Abend in der Albert Hall.

Mai 1999

U2

Im Sommer 1986 reiste ich nach Nicaragua und arbeitete an dem Reportagenbuch, das sechs Monate später als *Das Lächeln des Jaguars* veröffentlicht wurde. Es war der siebente Jahrestag der Sandinisten-Revolution, und der Krieg gegen die von den USA unterstützten Contra-Truppen wurde fast täglich schlimmer. Meine Begleiterin war die Dolmetscherin Margarita, eine unwahrscheinlich glamouröse und feurige Blondine mit einer mehr als flüchtigen Ähnlichkeit mit Jayne Mansfield. Begegnungen mit Not und Überlebenskampf prägten unsere Tage: die Lebensmittelknappheit auf den Märkten von Managua, die Bombenkrater auf der Landstraße, wo ein Schulbus auf eine Mine der Contras gefahren war. Eines Morgens jedoch schien Margarita außergewöhnlich erregt zu sein. »Bono kommt!«, rief sie mit leuchtenden Augen wie jeder Fan, um mich dann, ohne ihren Ton zu verändern oder ihr Strahlen zu dämpfen, zu fragen: »Sag mal, wer ist Bono?«

Irgendwie war diese Frage von allem, was ich in den Dörfern des Frontverlaufs, den Not leidenden Bayous an der Atlantikküste oder den von Erdbeben zerstörten Straßen der Städte erlebt hatte, die impulsivste Demonstration für die Abgeschiedenheit und Isolation ihres Landes. Im Juli 1986 waren es noch neun Monate bis zur Veröffentlichung des Monsteralbums der U2 *The Joshua Tree*, aber sie waren schließlich schon die Meistersänger von *War*. Wer war Bono? Er war der Mann, der sang »*I can't believe the news today,/I can't close my eyes and make it go away.*« Nicaragua war eines der Länder, in denen die Nachrichten unglaubwürdig geworden waren, etwas, vor dem man die Augen nicht verschließen konnte, und deswegen war er natürlich dort.

Ich habe Bono in Nicaragua nicht persönlich getroffen, aber er las *Das Lächeln des Jaguars*. Fünf Jahre später, als ich mit ein paar eigenen Problemen zu tun hatte, fragte mich mein Freund, der Komponist Michael Berkeley, ob ich Lust hätte, zum Gig *Achtung Baby* der U2 mit seinen hängenden psychedelischen Trabanten zu gehen. In jener Zeit fiel es mir meist schwer, irgendwohin zu gehen, aber ich sagte ja und war gerührt von der Begeisterung, mit der die Anfrage von den U2-Leuten begrüßt wurde. Und so war ich also im Earls Court, stand im Schatten und lauschte. Nach der Show, hinter der Bühne, wurde ich in einen Wohnwagen voller Sandwiches und Kinder geführt. Bei den U2-Gigs gab es keine Groupies, sondern nur Scharen von Kindern. Bono kam herein und behängte sich fast augenblicklich mit Töchtern. Meine Erinnerung an jene erste Plauderei ist, dass ich über Musik sprechen wollte, während er auf Politik scharf war – Nicaragua, einen bevorstehenden Protest gegen Nuklearabfall in Sellafield, seine Unterstützung für mich und meine Arbeit. Wir waren nicht sehr lange zusammen, aber wir haben es beide genossen.

Ein Jahr später, als die gigantische *Zhooropa*-Tournee im Wembley-Stadion anlegte, rief Bono mich an und fragte, ob ich auf die Bühne kommen wolle. U2 wollten eine Geste der Solidarität bieten, und das war die eindrucksvollste, die ihnen einfiel. Als ich meinem damals vierzehnjährigen Sohn von dem Plan erzählte, antwortete der: »Aber fang nicht an zu singen, Dad. Wenn du singst, muss ich mich umbringen.« Die Frage, ob ich singen durfte, stellte sich nicht – U2 sind schließlich nicht dumm –, aber ich ging da hinauf und spürte einen Augenblick lang, wie es ist, wenn einem 80 000 Fans zujubeln. Das Publikum bei einer einfachen Buchlesung ist zahlenmäßig ein bisschen kleiner. Da steigen keine Girls auf die Schultern ihrer Boyfriends, und Stage-Diving wird nicht geduldet. Selbst bei den allerbesten Buchlesungen gibt es höchstens ein oder zwei Supermodels, die neben dem Mischpult tanzen. An jenem Tag machte Anton Corbijn ein Foto, für das er Bono und mich bat, die Brillen zu tauschen. Und so sehe ich also in Bonos Pilotenbrille göttergleich aus, während er gütig über meine uncoolen Literatengläser hinwegspäht. Es hätte kein deutlicheres Bild für den Unterschied zwischen unseren Welten geben können.

Es war unvermeidlich, dass U2 wie auch ich dafür kritisiert wurden, dass wir diese beiden Welten zusammengebracht hatten. Diese Band wurde beschuldigt, ein bisschen intellektuellen Kredit einheimsen zu wollen, und bin ich natürlich einer, der sich im Ruhm von Rockstars sonnen will. Aber das ist alles nicht so wichtig. Ich habe mein Leben lang Grenzen überschritten – physische, soziale, intellektuelle, künstlerische Grenzlinien –, und in Bono und Edge, die ich bisher besser kennen gelernt habe als die anderen, habe ich einen ebensolchen Hunger auf das Neue, auf alles entdeckt, was nähren kann. Außerdem denke ich, dass die Verbindung der Band mit der Religion – in Irland ein ebenso unvermeidliches Thema wie in Indien – uns bei unserer ersten Begegnung ein Thema gab und einen Feind – den Fanatismus –, der uns gemeinsam ist.

Eine Verbindung mit U2 ist gut für den Anekdotenvorrat, den man besitzt. Einige von diesen Anekdoten sind auf geradezu lächerliche Weise apokryph. Zum Beispiel verkündete vor ein paar Jahren ein irischer Pressebericht vertraulich auf der Titelseite, ich hätte vier ganze Jahre in »*the folly*« gewohnt, dem Gästehaus mit einem spektakulären Blick auf die Killiney Bay, das im Garten von Bonos Haus in Dublin steht. Anscheinend kam und ging ich in tiefer Nacht mit einem Hubschrauber, der auf dem Strand unterhalb des Hauses landete. Andere Geschichten, die ebenso apokryph klingen, sind dagegen leider wahr. Es stimmt zum Beispiel, dass ich einmal mit Van Morrison in Bonos Wohnzimmer geschwoft – oder, um genau zu sein, Pogo getanzt – habe. Es stimmt auch, dass ich in den frühen Morgenstunden des folgenden Tages die spitze Zunge des großen Mannes zu spüren bekam. (Mr. Morrison wird gegen Ende eines langen Abends bekanntlich ein wenig reizbar.

Möglicherweise entsprach mein Pogo-Tanz nicht ganz seinem anspruchsvollen Standard.)

Im Laufe der Jahre diskutierten U2 und ich verschiedene Projekte. Bono erwähnte, dass er eine Idee für ein Bühnen-Musical habe, konnte meine Phantasie damit aber nicht sonderlich beflügeln. Während einer langen Dubliner Nacht (bei der auch eine Flasche Jameson's involviert war) tüftelten der Regisseur Neil Jordan, Bono und ich an einer möglichen Verfilmung meines Romans *Harun und das Meer der Geschichten*. Auch dieser Plan sollte zu meinem Bedauern nie in die Tat umgesetzt werden. Dann, im Herbst 1999, veröffentlichte ich *Der Boden unter ihren Füßen*, einen Roman, in dem der Mythos von Orpheus in eine Geschichte aus der Welt der Rockmusik verwoben ist. Orpheus ist der Schlüsselmythos sowohl für Sänger wie für Schriftsteller – für die alten Griechen war er ebenso der größte Sänger wie der bedeutendste Dichter –, und ausgerechnet meine orpheische Erzählung machte eine Zusammenarbeit zwischen uns möglich. Wie so oft, wenn etwas Gutes entsteht, geschah es, ohne geplant zu sein. Ich schickte Bono und den Manager von U2, Paul McGuinness, Kopien der getippten Fassung des Romans und hoffte, sie könnten mir sagen, ob das Ganze funktionieren würde oder nicht. Bono sagte hinterher, er sei um meinetwillen sehr besorgt gewesen, weil er glaubte, ich hätte mich einer völlig unmöglichen Aufgabe verschrieben, und dass er das Buch im Geiste eines »Polizisten« zu lesen begonnen habe – das heißt, um mich vor meinen Fehlern zu bewahren. Glücklicherweise bestand der Roman die Prüfung. Tief darin verborgen, so Bono, sei der Text zu dem Lied, das er den »Titelsong« des Romans nannte: eine traurige Elegie, geschrieben von der männlichen Hauptfigur, über die Frau, die er liebt und die von einem Erdbeben verschlungen wurde – eine zeitgenössische Klage für seine verlorene Eurydike.

Bono rief mich an: »Ich habe da diese Melodie für deinen Text geschrieben, und ich glaube, es könnte eins der besten Sachen sein, die ich je gemacht habe.« Ich war überrascht. Eines der Hauptbilder des Romans ist das der durchlässigen Grenze zwischen der Welt der Phantasie und jener, die wir bewohnen, und hier war ein imaginärer Song, der diese Grenze überschritt. Ich ging zu Paul McGuinness' Haus bei Dublin, um ihn mir anzuhören. Bono zog mich von allen anderen fort und spielte mir draußen in seinem Auto die Demo-CD vor. Erst als er sicher war, dass sie mir gefiel – und sie gefiel mir sofort –, gingen wir wieder hinein und spielten sie für die versammelte Gesellschaft.

Danach gab es nicht viel, was man streng genommen als »Zusammenarbeit« bezeichnen könnte. Es gab einen langen Nachmittag, an dem Daniel Lanois, der den Song produzierte, seine Gitarre mitbrachte und sich mit mir zusammensetzte, um die Textstruktur auszuarbeiten. Und dann gab es den »Tag der verlorenen Worte«, als ich von einer Frau im Principle Management, das sich um U2 kümmerte, einen dringenden Anruf erhielt. »Sie sind im Studio, und sie können den Text nicht finden. Könnten Sie ihn rüberfaxen?« Ansonsten Funkstille, bis der Song fertig war.

Ich erwartete nicht, dass es klappte, aber ich bin stolz auf das, was dabei herauskam. Auch für U2 war es etwas Neues. Sie benutzen nicht oft Texte anderer Leute, immer nur die eigenen, und normalerweise beginnen sie nicht mit dem Text; der kommt meistens erst ganz zum Schluss. Aber irgendwie klappte letztlich alles. Ich machte scherzhaft den Vorschlag, sie könnten die Band jetzt möglicherweise U2+1 nennen, oder noch besser Me2, aber ich glaube, diese Art Gags haben sie alle schon oft gehört.

Während eines Garten-Lunches in Killiney verkündete der Filmregisseur Wim Wenders überraschenderweise, die Künstler sollten keine Ironie mehr verwenden. Jetzt sei, wie er meinte, eine deutliche Sprache angesagt: Die Kommunikation solle direkt sein, und alles, was Verwirrung stiften könnte, solle vermieden werden. In der Rock-Welt hat die Ironie eine spezielle Bedeutung gewonnen. Was Wenders kritisierte, war das Multimedia-Bewusstsein von U2s *Achtung Baby/Zooropa*-Phase, in der sich U2 die Mythologie und das Kauderwelsch der Rockstars, Kapitalismus und Macht zugleich zu Eigen machte und entlarvte und deren Emblem Bonos MacPhisto-Verkörperung – weißes Gesicht, sein Goldlamé-Anzug, rote Samthörner – war. Charakteristischerweise reagierten U2, indem sie diesen Gedanken auf der weniger gut akzeptierten *PopMart*-Tournee so weit auf die Spitze trieben, dass es nicht mehr zu ertragen war. Danach folgten sie, wie es schien, Wenders' Ratschlag. Das zurückhaltende, eindrucksvolle Resultat sind das neue Album und die *Elevation*-Tournee.

Mit diesem Album, mit dieser Tournee stand eine Menge auf dem Spiel. Wenn die Dinge nicht gut gegangen wären, hätte das das Ende von U2 sein können. Gewiss stand diese Möglichkeit zur Debatte, was die Veröffentlichung des Albums über all den Diskussionen ziemlich hinauszögerte. Außerterminliche Aktivitäten – vor allem von Bono – behinderten die Sache zusätzlich, doch da es zu eben diesen Aktivitäten gehörte, David Trimble und John Hume dazu zu bringen, einander auf offener Bühne die Hand zu schütteln, und Jesse Helms – Jesse Helms! – zu Tränen zu rühren, um seine Unterstützung für die Kampagne gegen die Schulden der Dritten Welt zu gewinnen, kann man schwerlich behaupten, es handele sich um eigensüchtige Irrelevanzen. Auf jeden Fall wurde *All That You Can't Leave Behind* zu einem starken Album, einer Erneuerung der kreativen Kraft, und wie Bono es formulierte, bringt man der Band im Moment eine Menge *goodwill* entgegen. Ich habe sie in diesem Jahr dreimal gesehen: bei dem »geheimen« Pre-Tour-Gig in Londons kleinem Astoria-Theater und dann zweimal in Amerika, in San Diego und Anaheim. U2 ist aus den Riesenstadien herabgestiegen, um in Arenen zu spielen, die nach dem Gigantismus ihrer jüngsten Vergangenheit geradezu winzig wirken. Der Auftritt ist ganz und gar abgetakelt; im Grunde sind es nur die vier da draußen, die ihre Instrumente spielen und ihre Songs singen. Einem Menschen meines Alters, der sich an die Zeiten erinnert, als Rockmusik ausschließlich so war, erscheint die Show zugleich nostalgisch und innovativ. Im Zeitalter der choreographierten, instrumentlosen Kleine-Jungen- und Kleine-Mädchen-Bands – (jawohl, ich weiß, dass die Supremes nicht Gitarre spielten, aber das waren schließlich die Supremes!) – ist es ein Vergnügen, mit anzusehen, wie ein großes, erwachsenes Quartett all die feinen, einfachen Sachen so gut macht. Direkte Kommunikation, wie Wim Wenders sagte. Sie funktioniert.

Und sie spielen meinen Song.

Mai 2001

Eine alternative Karriere

Michael Ondaatje bat mich, für eine Ausgabe des kanadischen Literaturmagazins Brick *einen Text über alternative Karrieren zu schreiben. Das war natürlich viele Jahre vor meinem Auftritt in dem Film* Schokolade zum Frühstück ...

Ich wollte schon immer Schauspieler werden, trotz einiger früher Rückschläge.

Angefangen habe ich im Alter von sieben Jahren als Kobold in einer Schulaufführung in Bombay. Mein Kostüm war aus orangefarbenem Krepppapier gefertigt, und mitten in dem kleinen Koboldtanz, den ich mit ein paar anderen Kobolden aufs Parkett legen musste, fiel es einfach von mir ab.

Als ich zwölf war, spielte ich den Ankläger in Shaws *Heilige Johanna*. Ich musste den ganzen Tag in einer schmuddeligen weißen Soutane an einem Tisch sitzen und mit einem Federkiel ausgiebig Notizen machen. Der einzige Federkiel, der in Bombay zu finden war, war in Wirklichkeit ein Kugelschreiber, an dem eine lange rote Feder befestigt war. Ich kritzelte munter drauflos. Nach der Aufführung gratulierte mir jemand zu meiner Leistung und sagte, besonders beeindruckt sei man von der Tatsache gewesen, dass es mir gelungen sei, so lange zu schreiben, ohne jemals den Federkiel ins Tintenfass tunken zu müssen.

Auf der Schule in England setzten sich die Probleme fort. In einer Produktion spielte ich einen dunkelhäutigen Latino-Schurken, der am Ende des ersten Aktes vergiftet wird. Man gestattete mir eine wunderbar melodramatische Sterbeszene mit endlosem Taumeln und Kehle-Umklammern, bevor ich hinter dem Sofa zusammenbrach. Im zweiten Akt jedoch musste ich eine Stunde lang so hinter dem Sofa liegen, dass meine Beine herausragten. Bühnenarbeiter kletterten über die Bühne hoch und ließen mir boshafterweise Erdnussschalen aufs Gesicht fallen, damit ich irgendwann einmal mit den Beinen zuckte. Sie hatten Erfolg.

Als Nächstes wurde ich in Friedrich Dürrenmatts *Die Physiker* als einer der Verrückten besetzt, aber dann erkrankte der junge Schauspieler, der die megalomanische, bucklige Frau Doktor darstellen sollte – die Leiterin des Irrenhauses, in dem das Stück spielt –, und ich wurde angewiesen, die Rolle zu übernehmen. (Es handelte sich um eine nicht gemischte Schule, weshalb wir gezwungen waren, der Nur-Männer-Philosophie des elisabethanischen Theaters zu folgen.) Ich trug dicke Tartan-Leggings, einen Tweedrock und den Akzent einer durchgeknallten Deutschen. Das Stück wurde kein Erfolg.

In Cambridge konstruierte ich mir aus Knetmasse eine Nasenverlängerung für ein Ionesco-Stück, aber als ich mich am ersten Abend über die Hand einer Dame beugte, wurde mein falscher Gesichtserker zur Seite gequetscht, und ich sah dem Elefantenmann ähnlicher, als es mir lieb war.

Bei der Premiere einer zu wenig geprobten Produktion von Ben Jonsons *Alchemist*, vor mir eine Frontreihe von englischen Literaturprofessoren, merkte ich plötzlich, dass die Zeile, die ich sprach, die Antwort auf die Frage war, die mir gerade gestellt werden sollte. Die ganze Truppe geriet sofort in Panik und begann in etwas, das so ähnlich war wie das Jonson-Versmaß, zu improvisieren, nur um einen Umweg zu etwas – irgendetwas – zu finden, das uns bekannt war. Es dauerte scheinbar stundenlang, aber dann hatten wir's geschafft. Nicht eine der versammelten Leuchten der Cambridge-Literaturfakultät hatte etwas gemerkt.

Nach dem Examen verbrachte ich eine Weile als Mitarbeiter

von Londoner Randproduktionen. In einer Aufführung von Megan Terrys *Viet Rock* musste ich ein ganzes Publikum von Menschen in Rollstühlen beleidigen und sie für ihre Apathie in Sachen Krieg attackieren. Warum beteiligten sie sich nicht an Protestmärschen, warum hatten sie nicht an der Demonstration auf dem Grosvenor Square teilgenommen und der berittenen Polizei die Stirn geboten, wollte ich selbstgerecht von ihnen wissen. Die Rollstuhlfahrer ließen beschämt die Köpfe hängen.

In einer anderen Produktion trat ich wieder in Verkleidung auf; ich trug ein langes schwarzes Abendkleid und eine lange blonde Perücke, um in einem Stück, geschrieben von einem Freund, der inzwischen ein erfolgreicher Schriftsteller geworden ist, eine Art »Miss Einsames Herz« zu spielen. Um Nathanael Wests Erklärung, dass derartige Rollen oft von Männern gespielt werden, zu unterstreichen, prangte ein dicker schwarzer Zapata-Schnauzbart auf meiner Lippe. Mein Freund, der inzwischen erfolgreiche Schriftsteller, droht mir heute noch von Zeit zu Zeit, Fotos von dieser Aufführung zu veröffentlichen.

Nachdem ich die Blondine gespielt hatte, begriff ich, dass mir in diesem Beruf nur eine begrenzte Zukunft beschieden war, und hörte auf, die Bretter zu betreten, die die Welt bedeuten. Aber der Reiz ist geblieben. Vor ein paar Jahren schlug mir ein anderer frustrierter Schauspieler, der Schriftsteller, Herausgeber und Verleger Bill Buford, vor, wir sollten gemeinsam einen Sommer lang bei der ausgefallensten amerikanischen Sommertheatergesellschaft arbeiten, die wir finden konnten, und ein paar fröhliche Monate damit verbringen, Kobolde, finstere Latinos, Priester in Soutane, wahnsinnige Ärzte etc. zu spielen. Es ist nie was daraus geworden, aber ich wünschte, es hätte geklappt.

Vielleicht im nächsten Jahr.

Oktober 1994

Über gesäuertes Brot

Es gab gesäuertes Brot in Bombay, aber das war traurige Kost: trocken, krümelig, geschmacklos, ein hellerer, unglückseliger Verwandter des ungesäuerten Brotes. Es war nicht »richtig«. »Richtiges« Brot war *chapati* oder *phulka*, glühend heiß serviert; das *tandoori nan* und seine süßere Grenz-Variante, das *peshawari nan*; und, als Luxus, das *reshmi roti*, das *shirmal*, das *paratha*. Verglichen mit diesen Aristokraten schienen die gesäuerten weißen Laibe meiner Kinderzeit jene Beschreibung zu verdienen, die Shaws unsterblicher Müllmann Alfred Doolittle sich für Leute wie ihn selbst erträumte: Sie waren in Wirklichkeit »die unwürdigen Armen«.

Die erste Ahnung, es könnte mehr am gesäuerten Brot sein, als ich wusste, bekam ich bei einem Besuch in Karachi, Pakistan, wo ich erfuhr, dass ein verborgen lebender Nonnenorden in einem Gebäude, das als das Monastery of the Angels bekannt war, ein ausgezeichnetes Brot backe. Wenn man es kaufen wollte, musste man bei Tagesanbruch aufstehen – das heißt, ein Dienstbote musste bei Tagesanbruch aufstehen – und draußen vor einer kleinen Luke in der Klostermauer Schlange stehen. Die Backmöglichkeiten der Nonnen waren begrenzt, die täglich verkaufte Menge war gering und der Ruf dieser geheimen Bäckerei enorm. Nur der frühe Vogel fing den Laib. Die Luke ging auf, und eine Nonne reichte den Wartenden das Brot hindurch. Die Laibe waren streng rationiert. Hamsterkäufe waren nicht erlaubt. Und der Preis war natürlich hoch. (Das alles wusste ich vom Hörensagen, denn ich stand nie zu einer so unnatürlichen Stunde auf, um es persönlich zu überprüfen.)

Das Brot der Nonnen – weiß, knusprig, köstlich duftend – war eine kleine Offenbarung, aber aufgrund seiner außergewöhnlichen Provenienz exzentrisch. Es kam von jenseits der Grenze des Alltäglichen, ein Geheimnis mit einer Anekdote im Schlepptau. Es war fast, nun ja, fiktiv. (Später, als ich das Kloster mitsamt seinen geheimnisvollen Insassinnen in die *Mitternachtskinder* aufnahm, wurde es tatsächlich fiktiv.) Nun ist eine derartige Außergewöhnlichkeit im Zusammenhang mit Brot nicht gut. Man möchte Brot zum Bestandteil des täglichen Lebens machen. Man möchte, dass es normal ist. Man möchte, dass es einfach da ist. Man will nicht mitten in der Nacht aufstehen und vor einer Luke in der Wand Schlange stehen müssen. Und so wirkte das Brot der Engel, obwohl es wunderbar schmeckte, wie eine Verirrung, ein Bruch der natürlichen Ordnung. Es veränderte meine Einstellung nicht wirklich.

Dann flog ich mit dreizehneinhalb Jahren nach England. Und plötzlich war es da, in jedem Schaufenster. Das *white crusty*, das *sliced* und das *unsliced*. Das *small tin*, das *large tin*, das *danish bloomer*. In hemmungsloser, überreichlicher Vielfalt. In weicher, kissensanfter Elastizität. In gut gefederter Geschmeidigkeit. Harte Kruste und weiches Inneres: die Sinnlichkeit perfekten strukturellen Kontrastes. Es war um mich geschehen. In den Freudenhäusern der Bäckereien wurde ich fortan voller Gier und unwiderruflich all den *chapatis* nebenan untreu, die zu Hause auf mich warteten. *East was East, but Yeast was West.**

Man vergesse nicht, dass dies lange war, bevor die britischen Brottheken durch die Invasion von europäischen Brotsorten belebt wurden, lange vor Olivenbrot und Tomatenbrot, Ciabatta und Brioche; es war im Jahre 1961. Aber das Liebesverhältnis, das da-

---

* Einige dieser Gedanken finden sich bei Ormus Cama wieder, dem Helden von *Der Boden unter ihren Füßen*.

mals begann, hat nie an Intensität verloren; die neuen, exotischen Brotsorten haben die freudige Erregung nur erneuert.

Ich sollte hinzufügen, dass es noch eine zweite, fast ebenso aufregende Entdeckung gab: das Wasser. Das Wasser zu Hause war gefährlich, musste gründlich abgekocht werden. Wasser aus dem Hahn trinken zu können war tatsächlich ein Privileg. In dieser Hinsicht hat der Westen an Qualität ein wenig nachgelassen ... aber ich habe niemals vergessen, wie ich, als ich in diesen unermesslich reichen und mächtigen Ländern ankam, die ersten Beweise für mein Glück in Laib und Glas entdeckte. Eine Diät aus Wasser und Brot ist mir seitdem nie mehr wie eine Härte vorgekommen.

November 1999

Über das Fotografiertwerden

Vor einem Fotostudio in South London wartet der berühmte Avedon-Backdrop aus strahlend weißem Papier und wirkt seltsamerweise wie eine Abwesenheit: ein leerer Fleck in der Welt. In Avedons Porträtgalerie werden seine »Objekte« gebeten, eine Leere auszufüllen und zu definieren. Irgendjemand hat mir einmal erzählt, dass ein Frosch auf einem Seerosenblatt die Augen (die durch relative Bewegung sehen) so still hält, dass sie gar nichts sehen, bis ein Insekt durch ihr Blickfeld fliegt, wo es buchstäblich das Einzige wird, das vorhanden ist, ohne Entkommen auf der weißen Leinwand der künstlichen, vorübergehenden Blindheit des Froschs gefangen. Dann *schnapp*, und es ist verschwunden.

Der gesamten Fotografie haftet etwas Räuberisches an. Das Porträt ist die Nahrung des Porträtisten. Während eines realen Zwischenfalls, den ich in *Mitternachtskinder* fiktionalisiert habe, hat meine Großmutter einem Fotografen dessen eigene Kamera über den Schädel geschlagen, weil er es gewagt hatte, den Apparat auf sie zu richten, denn sie war überzeugt davon, dass er sie, wenn er einen Teil ihres Wesens in diesem Kasten einfangen könne, dieses Teils berauben würde. Was der Fotograf gewann, verlor das Objekt; Kameras aßen, genau wie die Angst, die Seele auf.

Wenn Sie der Sprache glauben – und die Sprache selbst lügt niemals, obwohl Lügner oft mit Engelszungen reden –, dann ist die Kamera eine Waffe: Ein Foto ist ein *shot*, eine Sitzung ist ein *shooting*, und ein Porträt könnte daher die Trophäe sein, die der

Jäger von seiner *shikar*, seiner Jagd, nach Hause bringt. Ein ausgestopfter Kopf für seine Wand.

Aus Obigem könnte man schließen, dass ich es nicht sehr schätze, fotografiert zu werden, weil ich es nicht sehr schätze, zum Objekt zu werden, statt selber eins zu erforschen. Heutzutage werden Schriftsteller endlos fotografiert, aber zum größten Teil sind das keine echten Porträts – es sind Publicity-Fotos, und jede Zeitung, jede Zeitschrift muss ihre eigenen haben. Zumeist sind die Fotografen, die mit den Schriftstellern arbeiten, recht freundlich. Sie richten es so ein, dass wir möglichst gut aussehen, was nicht immer ganz einfach ist. Sie machen uns Komplimente, wie interessant wir seien. Sie fragen nach unserer Meinung. Sie haben vielleicht sogar unsere Bücher gelesen.

Richard Avedon hat einige der eindrucksvollsten Porträtfotos unserer Tage geschaffen, aber er ist nicht freundlich, jedenfalls nicht in dem Sinn, in dem ich diesen Ausdruck benutze. Er sieht aus wie ein amerikanischer Adler, und er betrachtet seine Objekte vor weißem Hintergrund mit scharfem, furchtlosem Blick, ob es sich nun um Schriftsteller handelt, um die Mächtigen dieser Erde, um anonyme Personen oder um den eigenen sterbenden Vater. Möglicherweise ist die ungeschminkte, frontale Technik seiner Porträtfotografie eine notwendige Alternative zu der Hochglanz-Phantasiewelt seines sonstigen Lebens als Modefotograf. Mit diesen Porträts verkauft er nicht, sondern erzählt. Und vielleicht ist er auch von der Tatsache begeistert, dass die Menschen, die er ansieht, keine Mitglieder dieses neuen Stammes sind, der von der Kamera erschaffen wurde: des Stammes der professionellen Objekte.

Wenn die Kamera ein Seelendieb ist, ist dann nicht etwas Faustisches an dem Kontrakt zwischen Fotograf und Modell, zwischen dem Mephistopheles der Kamera und den schönen jungen Männern und Frauen, die mit der Hoffnung auf Ewigkeit (oder wenigstens auf Ruhm) von ihrem einäugigen starren Blick ins Leben gerufen werden? Models wissen, wie sie aussehen müssen, die guten

wissen, was die Kamera sieht. Sie sind Darsteller der Oberfläche, Manipulierer und Präsentierer ihres eigenen, hinreißenden Aussehens. Aber letztlich ist das Aussehen der Models etwas Künstliches, eine Darstellung dessen, wie man aussehen sollte. Models außer Dienst fotografieren einander unaufhörlich, halten jeden flüchtigen Augenblick ihres Lebens – einen Lunch, einen Spaziergang, eine Begegnung – fest, indem sie sie auf Film bannen. Garry Winogrand sagt – zitiert in Susan Sontags *Über Fotografie* –, er schieße Fotos, um »herauszufinden, wie etwas aussieht, wenn es fotografiert ist«, und diese professionellen Objekte sind in einer ganz ähnlichen Falle gefangen – sie können nie aus ihrem Rahmen heraustreten. Sie werden zu Zitaten ihrer selbst. Bis die Kamera das Interesse verliert und sie verblassen. Die Geschichte des Herrn Dr. Faust nimmt keine gutes Ende.

Avedons Glamour-Fotografie befasst sich oft mit dem Thema Schönheit und ihrer Vergänglichkeit. Vor kurzem sah man das Supermodel Nadja Auermann in einer Reihe surrealer High-Fashion-Umarmungen mit einem beweglichen Skelett, das natürlich ein Fotograf ist. Der Tod und das Mädchen, eine Sensation, mit Kostümen von den großen Designern dieser Welt. Möglicherweise macht Avedon einen Scherz auf eigene Kosten, und das Skelett ist ein großer alter Mann; möglicherweise deutet er die Vergänglichkeit des Phänomens Supermodel an. Ebenso relevant ist jedoch seine aufrichtige Bereitschaft, sich auf die teure Hochglanz-Bearbeitung dieses Typs mega-kommerzieller Extravaganz des Klamottenhandels einzulassen. Wir haben es nicht mit einem Künstler im Elfenbeinturm zu tun.

Der Kontrast zu seiner Porträtfotografie könnte nicht größer sein. Die Porträtfotografie ist Avedons nackte Bühne, sein weites Feld. Muss man, frage ich mich, außergewöhnlich schönen Menschen *etwas antun* – ihr Gesicht mit Eiszapfen bedecken, sie mit Skeletten tanzen lassen –, um sie für die Fotografie interessanter zu machen, während die Nicht-Schönen, die Gesichter des realen Lebens, sich sogar (nur) lohnen, wenn sie ungeschmückt sind?

Bei einem großen Porträtfoto geht es um das Innenleben. Cartier-Bresson und Elliott Erwitt erwischen ihre Leute sozusagen unterwegs: Ihre Arbeiten sind oft verräterisch, weil die Objekte unerwartet fotografiert wurden. Avedon ist da formeller: ein weißes Laken, die majestätische alte Plattenkamera auf ihrem Stativ. In diesem Dekor muss das Insekt absolut stillhalten, nicht der Frosch.

Ich habe eine Menge Fotografen bei der Arbeit beobachtet. Ich denke an Barry Lategan in einem schmucken Barett, wie er während eines Interviews drauflosknipste und jedes Mal nickte, wenn ich etwas sagte, das ihm gefiel. Ich begann ihn aufmerksam zu beobachten, wurde abhängig von seinem Nicken, süchtig nach seiner Zustimmung: Ich spielte für ihn. Ich denke an Sally Soames, wie sie mich überredete, mich auf einem Sofa auszustrecken, sodass sie sich mehr oder weniger auf mich legen konnte, um das Bild zu kriegen, das sie sich wünschte, ein Bild, auf dem ich, kaum verwunderlich, einen eher verträumten Ausdruck in den Augen habe. Ich denke an Lord Snowdon, wie er sämtliche Möbel in meinem Haus umstellte, alle möglichen Anzeichen von »Indischsein« um mich herum arrangierte – ein Bild, eine Huka. Das daraus entstandene Foto ist eines, das mir nie besonders gefallen hat: der Autor als Exot. Manchmal kommen Fotografen schon mit einem Foto im Kopf an, und dann ist man erledigt.

Ich habe eine Menge Fotografen bei ihrer Arbeit beobachtet, aber ich habe keinen gesehen, der bei einer Sitzung weniger Fotos geschossen hat als Avedon mit seiner großen Plattenkamera. Kommt es daher, dass er genau weiß, was er will, oder dass er sich mit dem begnügt, was er bekommt?, habe ich mich gefragt – denn Mr. Avedon ist ein Mann mit lückenlosem Terminkalender. Manche Leute geben ihm mehr als andere; bleibt also die Verpflichtung, ein gutes Foto zu machen, an uns hängen, seinen nicht-professionellen Objekten, die wir mehr über unser Innenleben wissen als über unser Aussehen? Müssen wir uns selbst offenbaren, oder wird er uns mit seiner Zauberei ohnehin enttarnen?

Er positioniert mich, wie er will. Ich darf mich nicht rühren, nicht mal einen Millimeter, weil das Foto sonst unscharf wird: Das ist enorm wichtig. Auch meinen Gesichtsausdruck muss ich, wie es mir vorkommt, eine Ewigkeit lang beibehalten. Unwillkürlich denke ich: So sehe ich aus, wenn man mich zwingt, so dreinzublicken. Dies wird das Foto eines Mannes werden, der unbeholfen etwas tut, das zu tun er nicht gewohnt ist. Dann zucke ich innerlich die Achseln und ergebe mich dem großen Mann. Das ist *Richard Avedon*, sage ich mir. Lass ihn sein verdammtes Foto machen und halt den Mund.

Zwei Set-ups, eins drinnen in einem langen schwarzen Regenmantel und eins drinnen aus nächster Nähe in einem schwarzen Hemd mit Nadelstreifen. Das Ergebnis der Nahaufnahme sah ich zuerst, und es hat mich ehrlich gesagt erschreckt und deprimiert. Ich sah so, na ja, satanisch aus. Ein Teil von mir gab dem Fotografen die Schuld; ein anderer, größerer Teil gab meinem Gesicht die Schuld. Als ich Avedon das nächste Mal traf, lauteten seine ersten Worte: »Also, haben Sie's gehasst?« Ich vermochte nicht mal zu grinsen und zu sagen, es sei großartig. »Es ist sehr düster«, sagte ich. »Oh, aber das andere Foto ist viel freundlicher«, tröstete er mich. Das andere ist das Foto, das diesem Text vorangestellt ist. Zum Glück gefällt es mir wirklich gut. Ich weiß nicht recht, ob »freundlich« der richtige Ausdruck dafür ist (eigentlich bin ich sicher, dass »freundlich« *nicht* der richtige Ausdruck dafür ist; manchmal kann ich wirklich fröhlich, ja sogar quietschvergnügt aussehen, aber das ist diesmal definitiv nicht der Fall), aber ich fühle mich, wie man so sagt, »wohl« bei der Art, wie es mich darstellt. Der Kopf hat eine gute Form – mein Kopf hat auf Fotos nicht immer eine gute Form –, der Bart ist gepflegt, und das Gesicht hat eine gewisse an-gelebte Melancholie, die ich unleugbar von meinem Spiegelbild wiedererkenne. Der schwarze japanische Regenmantel sieht großartig aus.

Die Art, wie das Objekt eines Fotos das Foto sieht, ist anders, als sonst irgendjemand es jemals sehen wird. Man hofft, dass die negativen Züge nicht allzu sehr betont worden sind. Man hofft, dass man nicht aussieht wie ein Landstreicher. Man hofft, dass man keine Leute erschreckt, die rein zufällig auf das Foto stoßen.

Lassen Sie mich versuchen, dieses Foto zu sehen, als wäre ich nicht sein Objekt. Richard Avedon war nicht daran interessiert, ein Foto von einem fröhlichen Romancier zu machen, der keine Sorgen auf dieser Welt hat. Ich glaube, er wollte das Porträt eines Schriftstellers machen, dem schon viele schlimme Dinge zugestoßen sind. Ich glaube, das Foto zeigt einiges von diesem Schmerz, aber es zeigt, wie ich hoffe, auch etwas von Widerstand und Durchhaltewillen. Es ist ein kraftvolles Foto, und ich bin Avedon dankbar – für seine Solidarität, für die Klarheit seines Fotos und für seine Kraft.

November 1995

Crash: Prinzessin Dianas Tod

Es war alles auf so beunruhigende Weise romanhaft, und der Roman, an den ich denke, ist kein Märchen, obwohl Dianas Story wie ein Märchen begann, und auch eine Seifenoper ist es nicht, obwohl die lange Saga von den streitlustigen Windsors weiß Gott Schaum genug geschlagen hat. Ich denke an J. G. Ballards *Crash*, dessen kürzliche Verfilmung durch David Cronenberg die Zensorenlobby laut aufheulen ließ, vor allem in Großbritannien. Es gehört zu den dunkleren Ironien eines dunklen Geschehens, dass die von Ballard und Cronenberg erforschten Themen und Ideen, also Themen und Ideen, die in Großbritannien von vielen Seiten als pornographisch bezeichnet werden, in dem Autounfall, bei dem Prinzessin Diana, Dodi al-Fayed und ihr betrunkener Fahrer starben, auf so tödliche Art und Weise umgesetzt wurden.

Wir leben in einer Kultur, die ihre Verbraucher-Technologie, besonders das Auto, routinemäßig erotisiert und glamourisiert. Wir leben außerdem im Zeitalter des Ruhms, in dem die Intensität unseres Blicks auf die Prominenten diese ebenfalls in Handelsware verwandelt, eine Verwandlung, die sich oft als mächtig genug erwiesen hat, um sie zu vernichten. In Ballards Roman wurden diese beiden mächtigen erotischen Fetische – das Automobil und der Star – in einem Akt sexueller Gewalt (einem Autounfall) zusammengebracht und bewirkten dadurch einen so schockierenden Effekt, dass er als obszön empfunden wurde.

Der Tod Prinzessin Dianas ist genauso eine Obszönität. Einer der Gründe, warum er so unendlich traurig ist, besteht darin, dass er so sinnlos zu sein scheint. Zu sterben, weil man nicht fotografiert werden will! Was könnte sinnloser, was könnte absurder sein? In Wirklichkeit ist dieser schreckliche Unfall mit Bedeutungen überfrachtet. Er sagt uns unbequeme Wahrheiten über das, was aus uns geworden ist.

In unserer Vorstellung kann sich möglicherweise nur die Kamera mit dem Automobil messen. Die Kamera fängt als Reporter die neuesten Ereignisse ein, liefert sie uns an die Haustür und richtet ihren Blick auf eher bewundernde Art und Weise oft auf schöne Frauen, die sie zu unserem Vergnügen anbietet. Im Fall von Prinzessin Dianas tödlichem Unfall gesellt sich die Kamera (sowohl als Reporter wie als Lover) zu Automobil und Star, und dieser Cocktail von Tod und Begehren wird noch weit mächtiger als der in Ballards Buch.

Sehen Sie es mal so. Das Objekt des Begehrens (Prinzessin Diana) wird wiederholt der unwillkommenen Aufmerksamkeit eines hartnäckigen Freiers (der Kamera) ausgesetzt, bis ein eleganter, glamouröser Ritter (in seinem Automobil) kommt und mit ihr davonfährt. Die Kamera mit ihrem unvermeidlich phallischen Teleobjektiv macht sich an die Verfolgung. Und die Story kommt zu ihrem tragischen Höhepunkt, denn das Automobil wird nicht von einem Helden gefahren, sondern von einem unfähigen Betrunkenen. Verlassen Sie sich niemals auf Märchen oder ritterliche Kavaliere. Das Objekt des Begehrens sieht im Augenblick seines Todes, wie sich ihm die phallischen Linsen nähern und knipsen, knipsen, knipsen. Wenn Sie es so sehen, wird die pornographische Natur von Diana Spencers Tod ganz deutlich. Sie starb bei einer sublimierten sexuellen Attacke.

Sublimiert. Das ist der Punkt. Letztlich ist die Kamera selbst kein eigentlicher Freier. Gewiss, sie versucht, die Schöne einzuvernehmen, aus Geldgründen auf Film zu bannen. Aber das ist ein Euphemismus. Die brutale Wahrheit ist, dass die Kamera nur an unserer Stelle handelt. Wenn die Kamera voyeuristisch handelt, tut sie das bloß, weil unser Verhältnis zu der Schönen von Anfang an voyeuristisch war. Wenn also an den Händen der Fotografen, der Fotoagenturen und der Fotoredakteure von den Nachrichtenmedien Blut klebt, klebt es ebenso an den unseren. Welche Zeitungen lesen Sie? Als Sie die Fotos von Dodi und Diana sahen, wie sie sich miteinander amüsierten, haben Sie da gesagt, das geht mich nichts an, und weitergeblättert?

Wir sind tödliche Voyeure. »Seid ihr jetzt zufrieden?«, haben die Menschen in Großbritannien den Fotografen zugerufen. Könnten wir dieselbe Frage beantworten? Sind wir jetzt zufrieden? Werden wir aufhören, diese unerlaubten Bilder von Dianas Küssen fasziniert zu betrachten, oder frühere »sensationelle Scoops« von Prinz Charles splitternackt in einem fernen Zimmer, von Fergie, wie sie sich die Zehen ablutschen lässt, all diese gestohlenen Momente, diese gestohlenen Geheimnisse aus dem Privatleben von Personen der Öffentlichkeit, die jetzt seit über einem Jahrzehnt das Futter für unsere beliebtesten Zeitungen und Zeitschriften waren? Werden wir von nun an nicht mehr die Intimitäten jener belauschen wollen, die wir – wie der wollüstige weibliche Filmstar in einem Vonnegut-Roman, der auf dem Planeten Tralfamadore mit einem Mann in einem Zoo eingesperrt wird, damit die Einheimischen die Paarungsgewohnheiten der beiden studieren können – in ihren Ruhm eingeschlossen haben?

Keine Chance.

Prinzessin Diana entwickelte eine große Geschicklichkeit darin, die Bilder von sich selbst zu schaffen, welche die Leute sehen wollten. Ich erinnere mich an einen britischen Zeitungsredakteur, der mir erzählte, wie sie das berühmte Foto komponierte, in dem sie, allein und voller Liebeskummer, vor dem größten Liebesmonument der Welt saß, dem Taj Mahal. Sie wusste genau, sagte er, wie das Publikum dieses Foto auslegen würde. Es würde ihr große Sympathie eintragen und die Leute dazu bringen, vom Prince of Wales (noch) weniger zu halten als zuvor. Prinzessin Diana pflegte keine Wörter wie »Semiotik« zu verwenden, aber sie war selbst eine tüchtige Semiotikerin. Mit wachsender Sicherheit gab sie uns

Zeichen, an denen wir erkennen sollten, wie sie gesehen werden wollte.

Es gab Stimmen, die behaupteten, ihr »heimliches Einverständnis« mit den Medien im Allgemeinen und mit Fotografen im Besonderen müsse bei jeder Diskussion über die Rolle der Paparazzi bei ihrem Tod ein wichtiger mäßigender Faktor sein. Mag sein; aber man muss auch die Bedeutung in Betracht ziehen, die eine Frau in ihrer Position der Kontrolle über ihr öffentliches Image beimisst. Die Person der Öffentlichkeit lässt sich nur gern fotografieren, wenn sie oder er darauf vorbereitet, sozusagen »auf der Hut« ist. Der Paparazzo sucht aber nur den unbewussten Augenblick. Bei dem Kampf geht es um die Kontrolle; um eine Form der Macht. Diana wollte den Fotografen keine Macht über sich einräumen; nicht immer nur ihr (unser) Objekt sein. Indem sie vor den sie verfolgenden Linsen floh, erklärte sie ihre Entschlossenheit, vielleicht auch ihr Recht, etwas ganz und gar Würdevolleres zu sein: das heißt ein Subjekt. Auf der Flucht vom Objekt zum Subjekt, von der Handelsware zur Menschlichkeit fand sie den Tod. Da sie ihr Leben selbst bestimmen wollte, lieferte sie sich einem Fahrer aus, der nicht einmal in der Lage war, ihren Wagen unter Kontrolle zu halten. Auch das ist bittere Ironie.

Die Windsors und die Fayeds sind Archetypen von Insidern und Outsidern. Mohamed al-Fayed, der Ägypter, der unbedingt Engländer sein wollte, kaufte bei seiner fehlgeschlagenen Bemühung um die britische Staatsbürgerschaft Harrods (und ein paar konservative Parlamentsmitglieder) sowie die Mitgliedschaft in einem Establishment, das seine Pforten vor ihm verschloss. Prinzessin Dianas Liebe zu Dodi al-Fayed mag Dodis Vater wie ein Augenblick süßen Triumphs über dieses Establishment vorgekommen sein. Die lebende Diana war die ultimative Trophäe. Im Tod könnte sie al-Fayed vernichten. Er verlor seinen ältesten Sohn und vielleicht auch seine letzte, beste Chance, von den Briten akzeptiert zu werden.

Ich habe die Windsors als Insider beschrieben, aber ihr Status ist ebenfalls zweifelhaft. Einst von der Nation geliebt, werden sie nun weithin als die Familie gesehen, welche die weitaus beliebtere Diana schlecht behandelt hat. Wenn es al-Fayed bestimmt ist, draußen zu bleiben und hineinzuspähen, dann könnte die Royal Family selbst möglicherweise auf dem Weg hinaus sein. Die Liebe der Nation zu Diana wird sich zweifellos auf ihre Söhne übertragen. Aber wenn unsere unersättliche, voyeuristische Gier nach der Ikone Diana letztlich für ihren Tod verantwortlich war, dann sollten wir uns im Hinblick auf diese Jungen ein paar nüchterne Fragen stellen. Würde es ihnen, befreit von der hinderlichen Bürde, ein Royal zu sein, besser gehen? Wie können sie in der realen Welt weiterleben, die sie ihnen zu zeigen versuchte, der Welt hinter der geschlossenen Gesellschaft der britischen Aristokratie, hinter dem Eton College? Diana selbst schien viel glücklicher zu sein, nachdem sie der Royal Family entkommen war. Vielleicht würde auch Großbritannien glücklicher sein, wenn es diese Flucht anträte und ohne Könige und Königinnen zu leben lernte. Das sind undenkbare Gedanken, die inzwischen allzu denkbar geworden sind.

September 1997

Der Volkssport:
Notizen eines Fans

1. We Are The World

Im Jahre 1994, als die Bilder von der Fußballweltmeisterschaft über die ganze Länge und Breite eines weitgehend indifferenten Amerikas ausgestrahlt werden sollten, galt die Hauptsorge jener wenigen US-Bürger, die wussten, was geschehen würde, der Frage, ob das bis dato unbekannte Phänomen der Fußball-Hooligans auch in die Staaten gelangen würde. Zum Glück schaffte es das englische Team nicht in die Endrunde, daher blieben die gefürchteten englischen Hooligans zu Hause. Zum Glück für die Hooligans, vermute ich, denn die Spiele sollten, wie ich einen amerikanischen Komiker im britischen Fernsehen erklären hörte, in einigen der gefährlichsten Viertel einiger der gefährlichsten Großstädte der Welt stattfinden. »Ich mache Ihnen einen Vorschlag«, sagte er, »Sie bringen Ihre Hooligans mit und wir die unseren.«

Vier Jahre später fand die Weltmeisterschaft von 1998 in Frankreich statt und wurde auch von Frankreich gewonnen; zufällig sah ich das gesamte Turnier in Amerika, auf ESPN und Univision. Die stumpfsinnige Berichterstattung von ESPN, deren Kommentatoren in ihrer Verzweiflung die Terminologie von Amerikas Ballspielen auf den Fußball übertrugen, ließ darauf schließen, dass Amerikas Interesse für das Lieblingsspiel der restlichen Welt genauso gering war wie eh und je. Selbst als das Team der USA vom Iran besiegt wurde – vom Iran! –, gab es kaum mehr als einen winzigen Moment der Aufmerksamkeit.

Auf dem spanischsprachigen Univision-Kanal jedoch lagen die Dinge – »*Goooooooool!!!!!*« – völlig anders. Hier gab es all die Erregung und Lebendigkeit, die der ESPN-Kommentar vermissen ließ. Und wie im Fernsehen, so war es auch im realen Leben; denn überall, wo man im polyglotten Amerika auf Ansammlungen von französischen Männern und Frauen stieß oder auf Brasilianer, Kolumbianer, Mexikaner, Kroaten, Deutsche, ja sogar Briten, zum Beispiel in den vielen nationalen Bars von Queens, begegnete man dem Turnier und der Leidenschaft seiner Fans, die genauso entflammt waren wie auf der ganzen übrigen Welt.

Das schlechte Spiel des US-Teams war zweifellos zum Teil auf das erdrückende Desinteresse der amerikanischen Öffentlichkeit zurückzuführen; man könnte es, dachte ich, aber auch der Tatsache zuschreiben, dass das Team ausschließlich aus College-Kids zu bestehen schien. Denn während die College-Teams der NFL und NBA Jahr um Jahr neue Talente zuführen, ist Fußball kein Sport fürs College. Fußball ist das Spiel des Volkes, gespielt mit leeren Blechdosen auf den Nebenstraßen der brasilianischen Großstädte. Im Fußball drückt sich die Seele der Arbeiterklasse aus. Wenn die USA ein erstklassiges Fußballteam haben wollen, dürfen ihre Administratoren nicht in den Colleges suchen, sondern im Herzen der Minderheiten-Gemeinden, die sich in den Sommerwochen um ihre Fernseher scharen, um ihre freudige Erregung über die Weltmeisterschaft von *o jogo bonito*, dem »schönen Spiel«, miteinander zu teilen.

Wie kann man Amerika die Glücksvorstellung eines Ballspiels nahe bringen, von dem es so wenig weiß und um das es sich so wenig kümmert? Wie die Verbindungen erklären, die zwischen den Fußballmannschaften und dem Nationalcharakter bestehen? Denn alle Fußballfans wissen, was es bedeutet, wie die Brasilianer zu spielen (das heißt mit Flair, Begeisterung und ansteckendem Rhythmus) oder wie die Deutschen (mit viel Disziplin, unermüdlicher Kraft und eisernem Willen) oder die Italiener (defensiv, aber mit verheerenden, explosionsartigen Gegenangriffen).

Dieser Essay versucht, derartige Fragen zu beantworten, indem er sie vermeidet. Er versucht, Gemeinsamkeiten bei denen zu finden, die – wie ich – Fußball lieben, und jenen, für die er eine fremde Irrelevanz darstellt. Er bemüht sich nicht, die Geheimnisse des Spieles selbst zu beschreiben, sondern einen Zustand, der damit zu tun hat und der alle Grenzen des Sports überwindet: ein Fan zu sein.

Ein Fan stimmt nicht bloß alle vier Jahre einmal mit ein, um zur Zeit der Weltmeisterschaft die Mannschaft seines Landes anzufeuern. Der wahre Fußballfan ist der Clubfan, für den Beständigkeit genauso selbstverständlich ist wie Loyalität in schlechten Zeiten und dem kleine Freuden großen emotionalen Lohn bringen. Weshalb ich mich an einem regnerischen Sonntagnachmittag im März auf den Weg zum Wembley-Stadion in London machte, um meinem Lieblingsteam, den Tottenham Hotspurs, dabei zuzusehen, wie sie im Endspiel des Worthington Cups gegen Leicester City antraten.

Es gibt in jeder Saison drei Hauptturniere im englischen Fußball: eines, das in Leagues gespielt wird – die elitäre Premiership und die drei rangniederen Divisionen der Football League –, sowie zwei andere auf Knock-out-Basis: den alten und glamourösen Football Association Challenge Cup (den FA Cup), und den später gekommenen, Cheap-And-Cheerful League Cup, der sich in diesem Zeitalter des Sponsorentums in den Milk Cup, den Coca-Cola Cup und jetzt den Worthington Cup verwandelt hat. (Wenigstens sind Milch, Coke und Worthington-Bier allesamt Flüssigkeiten, die man in Cups, das heißt in Pokale, füllen kann. Cricket, ebenfalls ein üppig gesponserter Sport, lässt sich seine Cups durch die Hersteller von Zigaretten und Rasierklingen sponsern.)

Trotz seines Status als Dritter von dreien ist die Chance, das eigene Team beim Worthington Cup in Wembley spielen zu sehen, erhebend und pulsbeschleunigend. Wembley ist das geheiligte Herz des englischen Fußballs, der Rasen, auf dem die englische Mannschaft damals, 1966, das einzige Mal die Weltmeisterschaft gewann. Ich bin seit den frühen Sechzigern ein Fan der Spurs, aber ich habe es nie nach Wembley geschafft, um sie in einem Finale zu sehen – bis jetzt.

Darüber hinaus waren die Neunziger magere Jahre für diesen einstmals großen Fußballclub. Aber nun sind wir wieder einmal in einem Cup-Finale. Ein Sieg könnte den Anfang eines neuen goldenen Zeitalters einläuten. Hoffnungsfroh mache ich mich auf den Weg zum großen Stadion.

2. Erste Liebe

Im Januar 1961 kam ich als Junge von dreizehneinhalb Jahren auf dem Weg zum Internat in Begleitung meines Vaters nach London. Es war ein kalter Monat, mit blauem Himmel bei Tag und grünem Nebel bei Nacht. Wir stiegen in einer riesigen Baracke von Hotel ab, dem Cumberland am Marble Arch, und kaum hatten wir ausgepackt, da fragte mich mein Vater, ob ich gern ein Profi-Fußballspiel sehen würde.

In Bombay, wo ich aufgewachsen war, hatte es keinen nennenswerten Fußball gegeben; dort waren Cricket und Hockey die üblichen Sportarten. Der einzige Teil Indiens, wo Fußball ernst genommen wurde, war Bengalen, und obwohl der gute Ruf des Mohun-Bagan-Teams von Kalkutta bis an meine Ohren gedrungen war, hatte ich noch nie bei einem Spiel zugesehen.

Das erste Spiel, zu dem mich mein Vater mitnahm, war ein Freundschaftsspiel zwischen dem Nordlondoner Club Arsenal und den spanischen Champions Real Madrid. Damals wusste ich nicht, dass die Spanier als wohl die größte Clubmannschaft galten, die es jemals gegeben hat. Auch nicht, dass sie soeben den Europacup gewonnen hatten, das alljährliche Turnier, bei dem der Champion aller nationalen Meister Europas ermittelt wurde – und zwar zum fünften Mal hintereinander (eine Leistung, die es noch niemals zuvor und niemals danach wieder gegeben hat). Auch nicht, dass zu den Spielern gleich zwei der größten Fußballer aller Zeiten gehörten, der Ungar Ferenc Puskás, »der kleine General«, der die demütigenden Niederlagen des englischen Teams durch seine Nationalmannschaft dirigiert hatte, und der argentinische Mittelstürmer Alfredo di Stéfano. Andere Real-Spieler – der leichtfüßige Flügelspieler Gento, der Abwehrkoloss Santamaria – wurden fast ebenso hoch gehandelt wie die beiden Superstars.

So jedenfalls erinnere ich mich an das Spiel:* In der ersten Hälfte zerriss Real Madrid Arsenal in der Luft. Der Londoner Club war und ist für sein hartes Defensivspiel bekannt – »Boring Arsenal – Langweiler Arsenal«, diese Bezeichnung konnten sie jahrelang nicht ablegen –, aber Real machte permanent Druck und führte zur Halbzeit 3:0. Dann nahm Real, weil es sich schließlich um ein Freundschaftsspiel handelte, bei dem es um nichts ging, seine Starspieler heraus und ersetzte sie in der zweiten Halbzeit durch eine Gruppe junger Spieler. Arsenal behielt hartnäckig seine Erstmannschaft auf dem Rasen, und das Spiel endete unentschieden 3:3; nicht mal die unentwegtesten Arsenal-Fans hätten jedoch behaupten können, dass dieses Ergebnis die Qualität der beiden Teams zutreffend wiedergab. Auf dem Rückweg ins Hotel fragte mich mein Vater nach meinem Eindruck. »Die Engländer haben mir nicht besonders gefallen«, antwortete ich, »aber die Spanier fand ich gut. Kannst du herausfinden, ob es ein englisches Team gibt, das so spielt wie Real Madrid?« Ohne es zu wissen, hatte ich um etwas nahezu Unmögliches gebeten; als hätte ich in Michael Jordans grandioser Glanzzeit gefragt: »Kannst du herausfinden, ob es ein Team gibt, das spielt wie die Chicago Bulls?« Mein Vater, fast genauso ahnungslos in diesen Dingen wie ich, antwortete: »Ich

---

* Zutiefst beunruhigt muss ich jedoch entdecken, dass es in den Unterlagen des Clubs keinen Hinweis auf dieses Spiel gibt, obwohl es im September 1962 ein Freundschaftsspiel Arsenal gegen Real Madrid gab, bei dem Real 4:0 gewann. Wie es scheint, habe ich mir irgendwie eine Phantom-Erinnerung zurechtgelegt, auf deren Richtigkeit mein Gedächtnis trotz aller Beweise für das Gegenteil weiterhin besteht. Möglicherweise ein früher Hinweis darauf, dass sich eher die Fiktion als mein Spezialgebiet herausstellen würde.

werde mich am Empfang erkundigen.« Was er von jenem längst vergessenen Hotelportier erfuhr, veränderte mein Leben, denn wenige Tage später zogen wir los, um uns den anderen berühmten Club von North London anzusehen, die Tottenham Hotspurs. Bei diesem Spiel verlor ich mein Herz.

Es gab noch immer vieles, das ich nicht wusste. Ich wusste nicht, dass zwischen Tottenham und Arsenal, den Spurs und den Gunners, seit Jahren Rivalität herrschte und sie einander von Herzen verabscheuten. Ich wusste nicht, dass die Tradition der Spurs auf ihrem arroganten Angriffsspiel beruhte, und wenn Arsenal wegen seines passiven Spiels verhöhnt wurde (es hieß, dass seine Fans sogar ein torloses Unentschieden bejubelten), so lachten Fußballfans überall auf der Welt nicht weniger traditionsgemäß über die durchlässige Abwehr der Spurs. Ich kannte nicht einmal die Spur-Version von »Glory, Glory, Hallelujah«: *»Poor old Arsenal lies a-mouldering in the grave/while the Spurs go marching on! On! On!«*

Vor allem wusste ich nicht, dass die Tottenham Hotspurs unter ihrem Manager, dem wortkargen Bill Nicholson aus Yorkshire – »Billy Nick« –, und ihrem redseligen Kapitän Danny Blanchflower zum größten Team Britanniens geworden waren, seit die »Busby Babes« von Manchester United 1958 bei dem Flugzeugabsturz in München umgekommen waren. Der Hotelportier hatte Recht gehabt. Dieses Team hätte Real Madrid Angst einjagen können. Damals hatten die Spurs ihr größtes Jahr, sie waren auf dem Weg, den Heiligen Gral des britischen Fußballs, das League and Cup Double, zu holen; das heißt, sowohl in der Premier League als auch bei der ersten K.-o.-Konkurrenz, dem FA Cup, in einer Saison den Sieg zu erringen.

Ich weiß nicht mehr, wen die Spurs an jenem Tag vertrimmt haben, aber ich erinnere mich an das Gefühl, das mich mein Besuch in diesem trostlosen nördlichen Viertel einer Großstadt, in der ich noch ein absolut Fremder war, auf tiefe und unwiderrufliche Art verändert hatte. Der Junge, der nach dem Abpfiff das Stadion an der White Hart Lane verließ, war auf einmal kein Zuschauer mehr. Er war zum echten Fan geworden.

Bill Brown, Peter Baker, Ron Henry, Danny Blanchflower, Maurice Norman, Dave Mackay, Cliff Jones, John White, Bobby Smith, Les Allen, Terry Dyson. Bis heute kann ich die Namen des ersten Teams aufsagen, ohne sie nachschlagen zu müssen. Ich weiß sogar noch die Namen der meisten Reservespieler. Johnny Hollowbread, Mel Hopkins, Tony Marchi, Terry Medwin, Eddie Clayton, Frank Saul ... Pardon. Pardon. Ich hör ja schon auf.

Ich erinnere mich an das Entsetzen, mit dem ich die Serie von Unglücksfällen beobachtete, durch die das Team auseinander brach. Ich erlebte sie als persönliche Tragödien: Blanchflowers Knieverletzung, Normans Beinbruch, Mackay, der sich dasselbe Bein *zweimal* brach, und vor allem den Tod von John White, der vom Blitz getroffen wurde, als er auf einem Golfplatz unter einem Baum Zuflucht suchte. Whites Spitzname bei den Spurs hatte »The Ghost« gelautet.

Die Spurs erzielten das »Double« in der Saison 1960–61, verpassten die Wiederholung 1961–62 ganz knapp und sind in den folgenden siebenunddreißig Jahren häufig »eine gute Cup-Mannschaft« gewesen, indem sie britische und europäische K.-o.-Trophäen nach Hause brachten, aber eine League-Championship haben sie nie wieder gewonnen. Das ist es, was es bedeutet, Fan zu sein: auf ein Wunder zu warten, Jahrzehnte der Desillusion zu ertragen und dennoch keinen Moment in seiner Loyalität zu wanken. Jedes Wochenende schlage ich die Sportseiten auf, und mein Blick sucht automatisch nach den Ergebnissen der Spurs. Haben sie gewonnen, wird das Wochenende schöner. Haben sie verloren, senkt sich eine schwarze Wolke herab. Es ist erschütternd. Es ist eine Sucht. Es ist eine monogame, Bis-dass-der-Tod-uns-scheidet-Liebe.

In jener glorreichen Saison 1960–61 jedoch gewann Blanchflowers Tottenham tatsächlich, ein einziges Mal, die Meisterschaft der Premier League im Sturm. Dann gingen sie am ersten Samstag im Mai ein Stück die Straße runter zum Cup-Endspiel, dem zweiten Bein des Double, nach Wembley. Sie gewannen das Spiel 2:0, obwohl sie an jenem Tag nicht besonders gut spielten, wie sogar ihr Manager Bill Nicholson später zugab. Sie hatten im Grunde sogar Glück, dass sie überhaupt gewannen.

Das Team, das sie schlugen, war Leicester City.

3. Torhüter

Das Endspiel des Worthington Cups von 1999 sollte sich als die Geschichte von zwei gegnerischen Torhütern entwickeln. Der Torwart der Spurs, Ian Walker, hatte nach einem Nachlassen seiner Form erst kürzlich seinen Platz in der ersten Mannschaft zurückerobert, und viele von uns machten sich noch immer Sorgen über seine Anfälligkeit. Leicester dagegen hatte den internationalen US-Keeper Kasey Keller im Tor. Walker und Keller machten in entscheidenden Situationen des Spiels jeweils einen schlimmen Fehler. Einer von ihnen kam damit durch. Die Ungeschicklichkeit des anderen entschied das Spiel.

Torhüter sind nicht wie andere Spieler – vielleicht, weil sie den Ball innerhalb der Umgrenzung des Strafraums mit den Händen berühren dürfen, vielleicht, weil sie die letzte Abwehrlinie ihrer Mannschaft bilden, vor allem aber, weil es für Torhüter keine »mittelguten« Leistungen gibt; jedes Mal, wenn sie spielen, wissen sie, dass sie entweder als Helden oder als Clowns vom Spielfeld gehen.

Ein guter Keeper muss den Mut haben, sich einem in vollem Tempo heranlaufenden Gegner vor die Füße zu werfen. Er muss die Umgebung seines Tors beherrschen und eine Atmosphäre schneller Entscheidungsfreude verbreiten. Er muss wissen, wann er den Ball fangen und wann er ihn abwehren muss, und jedes Mal, wenn von den Flügeln her hohe Flanken in den Strafraum geschossen werden, muss er, wenn er kann, hoch über das Gewühl der Spieler hinausspringen und sich den Ball holen.

Trotz (oder wegen) der lebenswichtigen Aufgabe des Torwarts gibt es im englischen Fußball Goalie-Witze, so wie man sich im Rock 'n' Roll Drummer-Witze erzählt. Einmal gab es einen Torwart mit dem Spitznamen Dracula, weil er sich vor *Crosses*, vor Querschüssen, fürchtete. Und einen Goalie mit dem Spitznamen Cinderella, weil er immer zu spät zum Ball kam.

Der Keeper in der Mannschaft des »Super Spurs Double« war der schottische Nationalspieler Bill Brown. Er war hager, ernst und brillant und trug einen altmodischen, hinten und an den Seiten kurzen Haarschnitt, aber keiner hat je einen Witz über ihn gemacht.

Eines Tages Mitte der Sechziger ließ »Billy Nick« 30 000 Pfund, damals eine Weltrekordsumme, für einen Transfer springen, um einen bulligen, unerprobten irischen Jungen als Torhüter die kurze Strecke vom kleinen Watford Football Club zu den mächtigen Spurs herüberzuholen. Er hieß Pat Jennings, und er trug seine Haare modisch lang und wellig, mit Koteletten. Die Getreuen der Spurs misstrauten ihm auf den ersten Blick.

Er saß seine Zeit in der Reservemannschaft ab, bekam aber schon bald seine Chance im Tor. Die Clubfans machten ihm an jenem Tag das Leben schwer, bis er in einem entscheidenden Moment quer vor dem Tor hechtete, um einen Schuss zu retten, der mit einem Irrsinnstempo in die entfernte obere Ecke gezielt war. Er hielt nicht nur den Schuss, sondern *fing den fliegenden Ball sauber mit einer ausgestreckten Hand*.

Entgeistert sahen wir einander an; in aller Augen stand dieselbe Frage: *Wie groß müssen die Pranken dieses Burschen sein?* Nach diesem rettenden Fang hatte Jennings keine Probleme mehr mit den Spurs-Fans, die ihn ins Herz schlossen, bis das Management viele Saisons später etwas Unvorstellbares tat. Es entschied, Pat habe seine beste Zeit hinter sich, und überstellte ihn – unseren inzwischen heiß geliebten Pat, Irlands Nationaltorwart ebenso wie der unsere, Pat, der regelmäßig als Weltbester bezeichnet wurde! – zu Arsenal. Ausgerechnet zu Arsenal, wo er anschließend fortfuhr, Jahr um Jahr Triumphe zu feiern! Selbst jetzt noch fällt es mir schwer, die Wut, die ich damals empfand, in Worten auszudrücken. Die Wut, die ich immer noch empfinde. Ich kann nur sagen, was die Spurs-Fans in jenen Tagen zueinander sagten – empört, traurig, unter Hinzufügung einer Anzahl nicht wiederzugebender Beschimpfungen.

»*It's a joke*. Das ist ein Witz.«*

4. Der Soundtrack

Ossie's going to Wembley
His knees have gone all trembly
Come on, you Spurs.
Come on, you Spurs.

Fußball ist ein Sing-Spiel; es wird herzhaft und ausdauernd gesungen. Die Mannschaften haben ihre eigenen Hymnen – »Glory, Glory« für die Spurs, »You'll Never Walk Alone« für Liverpool – und eine Anzahl anderer, sozusagen patriotischer Songs. Ossie war Osvaldo Ardiles, ein Mitglied von Argentiniens Weltmeisterschaftsteam von 1978, der unmittelbar nach seinem World-Cup-Sieg zu den Spurs kam und sich bei den Fans sowohl durch die saubere Brillanz seines Spiels als auch durch seine Unfähigkeit, den Klang der englischen Sprache zu beherrschen, beliebt machte. («Tottingham«, nannte er seinen erwählten Club, oder aber »The Spoors«.)

Ossie ging nach Wembley, um im FA-Cup-Finale 1981 für die Spurs gegen Manchester zu spielen, wo er als Mannschaftskameraden einen argentinischen Landsmann hatte, Ricardo »Ricky« Villa. Das Match endete unentschieden, aber beim Rückspiel erzielte

---

* Ein Witz, der sich wiederholte. Im Jahre 2001 geschah es noch einmal. Sol Campbell, Kapitän der Spurs und Star-Verteidiger, beschloss ebenfalls, zu Arsenal überzuwechseln.

Villa eines der begeisterndsten Tore der modernen Zeit; er trickste und spielte sich an den meisten gegnerischen Verteidigern vorbei, bevor er den Ball ins Netz setzte. So wurde Ossis Finale Villas Triumph. Ricky gewann den Cup für »Tottingham«, Ossie aber bleibt immer noch der Song.

Der Fußball hat noch viele andere hörbare Codes. Da gibt es zum Beispiel den Rhythmus der Ergebnisse. An jedem Samstag hören wir im Radio und im Fernsehen, wie die Ergebnisse gelesen werden, und diese Lesungen sind so formalisiert, dass man das Resultat allein an der Betonung und der Satzmelodie erkennen kann. Dann gibt es die Musik des Gebrülls. Mitte der Achtziger wohnte ich eine Zeit lang an einem Ende von Highbury Hill, der langen Straße, an deren anderem Ende das Arsenal-Stadion liegt. An Spieltagen, wenn die Menge an unserem Haus vorbeidrängte, wurde es oft ein bisschen wild. (Einmal warf jemand einen gehäuteten Schweinekopf über den Eisenzaun meines Vorgartens. Warum? Das Schwein konnte es mir nicht sagen.) Dafür konnte ich, ohne mein Arbeitszimmer zu verlassen, immer erkennen, wie das Spiel lief – nur an der Art, wie die Menge brüllte. Die eine Art Gebrüll – ungebremst, brusttrommelnd, triumphierend – folgte unweigerlich einem Tor der Heimmannschaft. Ein anderes, eher stöhnendes Geräusch wies auf einen knappen Fehlschlag hin, ein drittes, kreischendes kündete von einem knappen Fehlschlag des Gegners, und ein dumpfes Grunzen, ein Gehäutetes-Schweinekopf-Grunzen, folgte jeweils einem Tor der Gäste.

Es gibt aber auch Gesänge, nicht team-spezifische Melodien, die von jeder Fangruppe für ihren Lokalgebrauch umfunktioniert werden. Ich habe einmal Mario Vargas Llosa zur White Hart Lane mitgenommen, und er war verdutzt und hocherfreut, als ihm klar wurde, dass der Ruf der Fans, nämlich die Worte »*One team in Europe! There's only one team in Europe!*« mehr oder weniger zur Melodie von »Guantanamera« gesungen wurde.

In jenem Jahr hatten die Spurs einen rechten Verteidiger namens Gary Stevens. Everton, ein rivalisierender Fußballverein, hatte ebenfalls einen rechten Verteidiger namens Gary Stevens, und um allem die Krone aufzusetzen, hatten beide Fußballer zu verschiedenen Zeiten als rechte Verteidiger für England gespielt. Und so lautete zu Vargas Llosas noch größerer Verwirrung eine andere Version des »Guantanamera«-Schlachtrufs: »*Two Gary Stevens! There's only two Gary Stevens!*«

Alle zusammen jetzt: »*We all agree ... Arsenal are rubbish!*« Oder, wenn das eigene Team so richtig schön gewinnt: »*Are you watching, are you watching, are you watching, Arsenal?*« Oder, unter den gleichen Umständen, aber hitziger: »*At last they're gonna believe us, at last they're gonna believe us, at last they're gonna believe us!!! ... We're going to win the League.*« (Oder, falls zutreffender, »*the Cup*«.)

Oder, rachsüchtig, wenn die eigene Mannschaft in Führung gegangen ist, und mit hämisch ausgestreckten Zeigefingern zu den gegnerischen Anhängern in ihrer Fankurve: »*You're not singing, you're not singing, you're not singing any more!*«

5. David und der Gent

Eine Woche vor dem Worthington-Cup-Endspiel hatte Tottenhams französischer Superstar, der begabte linke Flügelspieler David Ginola, in einem Liga-Spiel, das fast eine Wiederholung von Ricky Villas berühmtem Cup-Meisterstück war, ein Tor-Solo hingelegt. Ginola sieht aus wie ein Filmstar und hat Pat Jennings' Haare: Locken, die lang und seidig genug waren, um ihm eine Rolle – das ist die Wahrheit! – in einem Fernseh-Werbespot für L'Oréal einzubringen. (*«Because I'm worth it«* wurde durch Ginolas starken Akzent zu »*Because I'm worse eat.*«)

Daran, dass Ginola es wert ist, besteht kein Zweifel. Seine Kunstfertigkeit glänzt noch mehr als seine Locken. Ginola kann Shimmy tanzen wie kein anderer. Seine Balance, seine Finten, seine absolute Ballbeherrschung bei hohem Tempo, seine Fähigkeit, aus einer Entfernung von dreißig Metern zu treffen oder an den Verteidigern vorbeizutanzen wie die großen Matadores, die ganz dicht am Stier arbeiten, machen ihn zum Albtraum aller Verteidiger. Zweierlei ist an ihm jedoch zu kritisieren. Erstens, dass er faul ist, ein Luxus-Spieler, desinteressiert an der harten Arbeit des Spiels. Zweitens, dass er immer wieder gern eine Schwalbe macht.

Diving, die Schwalbe, ist eine Art von »Sport«. Ein *diver* tut, als sei er gefoult worden, obwohl das gar nicht der Fall war. Ein großartiger *diver* gleicht einem Lachs, der springt, sich dreht und dann fällt. Ein großartiger *dive* kann fast so lange währen wie das Sterben eines Schwans. Und er kann natürlich den Schiedsrichter beeinflussen, kann Freistöße oder Strafstöße bewirken, kann einem Gegner die gelbe oder sogar die rote Karte einbringen.

Der Verlauf des Worthington-Cup-Finales zwischen den Spurs und Leicester sollte von einer Schwalbe stark beeinflusst werden.

Auch einem anderen früheren Spurs-Star, dem großen deutschen Torjäger Jürgen Klinsmann, wurde der Hang zur Schwalbe vorgeworfen. Als Ginola noch für Newcastle United spielte, schrien die Spur-Fans ihm »Schiebung« zu; England-Fans johlten und buhten Klinsmann aus, wenn er sich als Spieler der deutschen Nationalmannschaft zu Boden warf. Als die beiden jedoch bei den Spurs unterzeichneten, begriffen die Fans, dass gegen diese ehrenwerten Gentlemen in Wirklichkeit eher gesündigt wurde, als dass sie selber sündigten. O ja, jetzt sahen wir sie, die versteckten Stöße, mit denen zynische Verteidiger sie aus dem Gleichgewicht brachten, die verstohlenen kleinen Fußfallen und Knöcheltritte, an deren Existenz wir so lautstark Unglauben geäußert hatten. Jetzt verstanden wir die Tragik des Genies, jetzt sahen wir, wie übel Ginola und Klinsmann mitgespielt worden war. War dies nur unser egoistischer Wankelmut? Bestimmt nicht. Nein, lieber Leser, es waren die Schuppen, die uns von den Augen fielen.

Was den zweiten Punkt der Kritik an Ginola betrifft, den Vorwurf, dass er faul war, so änderte sich das, als die Spurs im Verlauf der Saison 1998–99 einen neuen Manager bekamen. Er heißt George Graham und war früher, da er ein eleganter Spieler war (einer der Stars des schottischen Teams), als »Gentleman George«

bekannt geworden. Als Manager hat er sich allerdings ein weniger kultiviertes Image als härtester der harten Männer erworben, als Mann, dessen Teams auf dem Granit einer unüberwindlichen Abwehr aufgebaut sind. In ein paar kurzen Monaten hat er die Tottenham-Abwehr, diesen wohl bekannten Witz, in eine gut gedrillte, zupackende Einheit verwandelt. Er hat den vier Abwehrspielern beigebracht, sich vorzustellen, sie seien durch ein Seil verbunden, und nun bewegen sie sich, statt in alle Himmelsrichtungen zu laufen, wie ein Mann.

Was würde ein grimmiger Bursche wie George Graham aus diesem verflixten Schmetterling Ginola machen? Allgemein war man der Ansicht, das L'Oréal-Model würde der erste Spieler sein, den Graham feuerte, nachdem er den Posten bei den Spurs übernommen hatte. Stattdessen ist der Flügelspieler zu wunderbarer Größe aufgeblüht, und heute singen er und Graham fast täglich einer des anderen Loblied. Der Manager inspiriert den Spieler dazu, hart zu arbeiten, und der Spieler, nun ja, der inspiriert den Manager ebenso, wie er uns alle inspiriert. »Zeig etwas Außergewöhnliches«, verlangt Graham jetzt vor jedem Spiel von Ginola, und es ist erstaunlich, wie oft ihm Ginola diesen Gefallen tut.*

Oh, es gibt noch etwas über George Graham zu sagen. Er machte sich zuerst als Spieler und dann als Manager einen Namen und gewann in Highbury eine Vitrine voll Trophäen. Und die Spurs haben den ehemaligen Manager ihres Erzfeindes Arsenal angeheuert.

6. Abstieg und Fall

Wie konnte so etwas geschehen? Die Antwort liegt in der jüngsten Geschichte der Spurs. Die letzte größere Trophäe, den FA Cup,

---

* Diese Liebe dauerte nicht ewig. Schließlich machte sich Grahams wahre Natur wieder bemerkbar, und Ginola wurde fortgeschickt. Aber nicht lange danach wurde auch Graham fortgeschickt. Das ist Fußball, wie man so schön sagt.

gewannen sie 1991. Von da an begann der Club einen langen, deprimierenden Abstieg. Börsen-Inkompetenz hatte Tottenham in ernsthafte finanzielle Schwierigkeiten gebracht, und der Starspieler des Teams, Englands geniales Kind-im-Manne, Paul Gascoigne – ebenso berühmt dafür, dass er während eines WM-Spiels in Tränen ausbrach, wie für sein außergewöhnliches Talent – musste an Lazio Rom verkauft werden, damit der Club seine Schulden abbezahlen konnte.

Paul Gascoignes Verkauf wurde zum traumatischen Ereignis für die Fans. Gascoigne war das, was wir für einen echten Spurs-Spieler hielten, fabelhaft begabt, ein Spielmacher, der mindestens ebenso einflussreich war wie der selige John White. Jetzt war auch Gascoigne vom Blitz getroffen worden und von der Bildfläche verschwunden.

Während der Club abstieg, blieben die Fans ihren Erinnerungen überlassen. Die Spurs hatten mehr als ihren Anteil an wahrhaft großen Spielern gehabt: die tödliche Torschützen-Partnerschaft der Abstauber Jimmy Greaves und Alan Gilzean (der mit der »kultivierten Stirn«), die listige Schönheit des Spiels von Martin Peters, einem Mitglied von Englands Weltmeisterteam von 1966. Später boten uns die Tottenham-Teams die wieselflinke Virtuosität von Gary Lineker, der viele Jahre, bevor er zu den Spurs kam, ein Leicester-City-Spieler gewesen war, und die maßgeschneiderten Steilpässe von Ardiles und Villas englischem Mannschaftskameraden Glenn Hoddle.

(Derselbe Hoddle wurde wegen einer Reihe konfuser Bemerkungen, die er über die Reinkarnation machte, von seinem Job als Trainer der englischen Nationalmannschaft gefeuert. Indem er den Sprachgebrauch des Buddhismus, des Hinduismus und des Christentums durcheinander brachte und mit spiritistischem Hokuspokus vermischte, gab er der Überzeugung Ausdruck, behinderte Menschen seien selbst schuld an ihren Behinderungen; doch trotz des vorhersehbaren Aufruhrs in den Boulevardzeitungen fiel es mir schwer, den armen »Glenda« wegen etwas, das eher

Dummheit als Bosheit zu sein schien, zu verurteilen. Ich dachte an sein großes Spiel in den alten Zeiten, an das Vergnügen, das er mir bereitet hatte, und fand es schade, dass er sich als ein solcher Dussel entpuppte. »Eigentlich hab ich so was nie gesagt«, murmelte er unglücklich, als er nach seiner Entlassung davonschlurfte und nur noch wünschte, er könnte das Reden noch immer seinen Füßen überlassen.)*

Der Tiefpunkt der Spurs war in der Saison 1997–98 erreicht, als der Eigentümer des Teams, der Computer-Industrie-Millionär Alan Sugar, einen Schweizer namens Christian Gross zum Manager machte. Gross schaffte es nie, sich den Respekt des Teams zu sichern oder erstklassige Spieler für den Club zu interessieren, und unter seinem Regime war Tottenham nahe daran, seinen Elite-Status zu verlieren.

Zu Beginn der Saison 1998–99 stand es noch schlimmer um das Team, und Gross wurde folgerichtig entlassen. Fünf Tage nach seinem Abgang wurde ich Zeuge, wie die Mannschaft bei einem Heimspiel 3:0 von Middlesbrough geschlagen wurde, einem Team, das die großen Spurs-Mannschaften der Vergangenheit mühelos in der Luft zerrissen hätten. Dann wandte sich Alan Sugar zur Bestürzung vieler Spurs-Fans an den Ex-Gunner Gentleman George.

George Graham hatte selbst einige Schläge einstecken müssen. Im letzten Jahrzehnt hat große Besorgnis über die Zunahme von Korruption im Fußball geherrscht. Es gab Hinweise darauf, dass Wettsyndikate aus dem Fernen Osten alte Spieler zu überreden suchten, Spiele freiwillig zu verlieren. Im Jahre 1997 wurde in Frankreich Bernard Tapie, der Multimillionär und Eigentümer der damaligen Champion-Mannschaft Marseille, der Spiele-Manipulation und Korruption schuldig gesprochen.

Als Spieler war George Graham Mitglied jenes Arsenal-Teams

---

* George Grahams Entlassung ermöglichte Glendas Rückkehr. Er übernahm an der White Hart Lane und behielt fortan den spirituellen Unsinn für sich.

gewesen, dem 1971 das Double gelang und das so den großen Erfolg der Spurs nachahmte. (Verdammt, erst vor einem Jahr haben sie's nochmal getan; und sie haben so brillant, so sehr wie ein klassisches Spurs-Team gespielt, dass ich gezwungen war, die Vorurteile eines ganzen Lebens beiseite zu schieben und ihnen zuzujubeln.) Als Manager führte Graham die Gunner zu zwei League-Championships und vier anderen größeren Siegen. Mitte der Neunziger wurde jedoch auch er mit Vorwürfen einiger Missetaten konfrontiert. Die Football Association erklärte ihn für schuldig, so genannte *bungs* angenommen zu haben, heimliche Barzahlungen im Werte von etwa 425 000 Pfund, geleistet als Schmiergelder im Verlauf großer Geldtransfer-Deals. Trotz allen Erfolgs, den er Arsenal gebracht hatte, verlor Gentleman George seinen Job.

Aber er ist ein zäher Bursche und erkämpfte sich langsam den Rückweg ins große Spiel. Als Sugar sich an ihn wandte, war Graham Manager eines anderen Clubs der Premiership, Leeds United, geworden, wo er eine der vielversprechendsten jungen Mannschaften der Liga zusammengestellt hatte. Aber der Reiz, einen der fünf großen traditionellen Clubs zu managen, erwies sich als unwiderstehlich, und er kehrte nach London zurück.

Falls einige Spurs-Fans ihm misstraut haben, hat das Tempo, in dem die Mannschaft Fortschritte machte, sie zum Schweigen gebracht. Tottenham hat noch immer kein großartiges Team; während ich dies schreibe, krebsen sie auf der Premiership-Tabelle im Mittelfeld herum. Aber nach Wembley zu kommen ist das glanzvollste Ereignis im Leben eines Club-Fußballspielers. George Graham ist es zu verdanken, ein wenig vom alten Glanz in die White Hart Lane zurückgebracht zu haben.

7. Das Ergebnis zählt

Ein Mann auf dem Weg zum großen Spiel kommt an einem Pub in der Nähe des Stadions vorbei und starrt mit einer Grimasse auf den Bürgersteig, der knöcheltief mit Bierbechern aus Plastik und leeren Blechdosen bedeckt ist. »Deswegen wird sich der Fußball in den Staaten niemals durchsetzen, genau deswegen«, sagt er ein bisschen beschämt. Ein zweiter Mann stimmt ihm zu. »Deswegen und wegen dem Fraß«, sagt er. »Den Fleischpasteten, den beschissenen Burgern.« Der erste Mann schüttelt noch immer den Kopf über den Müll. »Amerikaner würden nie so viel Dreck machen«, seufzt er. »Die würden das nicht dulden.«

Ein dritter Passant erkennt den ersten und begrüßt ihn freudig: »He, du altes Stück Hundescheiße, Sportsfreund – du bist wohl auch überall, oder?«

Die drei Männer machen sich fröhlich davon, nach Wembley.

Drinnen im Stadion ist das Spielfeld mit zwei riesigen Clubtrikots und zwei überdimensionalen Fußbällen bedeckt. Es gibt eine Menge Klamauk: Als die Teams einlaufen, werden riesige Bündel von blauen und weißen Ballons fliegen gelassen, und riesige Fackeln beginnen zu brennen; das hat man eindeutig den amerikanischen Sportereignissen abgeschaut. Aber das Wichtigste sind, wie immer, nicht diese Dinge, sondern es ist das Publikum. Man muss aus Stein sein, um nicht von dem allgemeinen Ausbruch der Erregung gepackt zu werden, ganz einfach von dem Gefühl, gemeinsam gegen die Welt zu stehen, oder jedenfalls gegen die gegnerische Mannschaft. Das Skandieren schwillt an und brandet von einem Ende des großen alten Stadions zum anderen. Im nächsten Jahr soll Wembley abgerissen und an seiner Stelle ein neues, dem dritten Jahrtausend angemessenes Super-Stadion errichtet werden. Dies ist folglich so gut wie das letzte Hurra der alten Dame.*

Das Spiel beginnt. Ich sehe bald, dass es kein Klassiker werden wird. Leicester sieht eindeutig zweitrangig aus, und obwohl die Spurs schnell in ihr Spiel finden, wirken sie nicht überzeugend. In

---

* Noch ist es nicht abgerissen worden. Stattdessen ist nach alter Tradition des britischen Fiaskos – z. B. der unbenutzbaren Bouncing Bridge über die Themse, dem Millennium Dome – der Super-Stadion-Plan den Bach runtergegangen. Wird es in North London ein neues Stadion geben oder nur ein großes Loch im Boden? Niemand scheint es so recht zu wissen.

der einundzwanzigsten Minute verpasst Sol Campbell, ein englischer Nationalspieler, einen entscheidenden *tackle* (eine Chance, den Ball zu erobern), und Leicester wird nur durch eine großartige harte Deckung des Schweizers Ramon Vega in Schach gehalten; Vega ist Verteidiger der Spurs und ebenfalls ein Spieler, dessen Form sich seit Grahams Eintreffen drastisch verbessert hat.

Das Herz schlägt mir bis zum Hals, aber Ginola sorgt für kleine Freuden: Er legt zwei flinke, hakenreiche Läufe hin, mit nicht weniger als drei Leicester-Spielern, die versuchen, ihn zu stoppen, und einem atemberaubenden Moment der Ball-Kontrolle, in dem er einen unangenehm hohen Ball mit einer Berührung durch den Außenrist seines rechten Schuhs herunterholt und ihn fast sofort abspielt; ein Einsatz seiner großen Spielkunst, mit dem er einen gefährlichen Durchbruch für Tottenham einleitet.

Keine Tore in der ersten Hälfte. In der zweiten dagegen wird's hochdramatisch. In der dreiundsechzigsten Minute wird der Tottenham-Verteidiger Justin Edinburgh von Leicesters blondmähnigem Robbie Savage grob attackiert. Verärgert über die Ungeschicklichkeit des Angriffs streckt Edinburgh dummerweise die offene Hand aus und klatscht sie Savage irgendwo auf den Kopf. Blondhaar fliegt. Dann, nach einer lächerlich langen Pause, vollführt Savage eine perfekte Rückwärtsschwalbe und bricht auf dem Boden zusammen.

Terry Heilbron, der Schiedsrichter, lässt sich täuschen. Er verwarnt Savage wegen seiner unfairen Attacke, zeigt Edinburgh dann aber die gefürchtete rote Karte für sein »Foul« an Schwalben-Robbie. Edinburgh wird vom Platz geschickt, aus dem Spiel genommen, und die Spurs spielen jetzt mit zehn Mann gegen Leicesters elf.

»Schiebung, Schiebung!«, brüllen die Spurs-Fans, dann buhen sie. Der Lärm, den 35 000 oder mehr Fußballfans beim gemeinsamen Buhen machen, ist schauerlich, monströs; aber tief im Herzen fürchten wir dennoch, das Spiel könnte verloren werden. Als Leicester City in den nächsten Minuten vorwärts stürmt, scheinen unsere Befürchtungen gerechtfertigt zu sein. Ian Walker, im Tor der Spurs, muss sich lang recken, um einen fliegenden Ball zu fangen. Dann bricht Leicester abermals durch die erschöpfte Abwehr der Spurs, und diesmal wird Vega für ein »professionelles Foul« verwarnt – das vorsätzliche Foul an einem Spieler, den er durch faire Mittel nicht mehr hätte stoppen können.

Leicester City dominiert, aber ganz langsam – und das ist ein Zeichen für den eisernen Siegeswillen, den Graham ihnen eingebläut hat – beginnen sich die Spurs neu zu formieren. Um ihnen Mut zu machen, singen ihre Fans in aufrüttelndem Chor »Glory, Glory, Hallelujah«, und zu unserer Überraschung erkämpfen sich die Spurs wieder die Oberhand. David Ginola auf dem linken Flügel zeigt ein nach seinen hohen Maßstäben ruhiges Spiel, doch Leicester braucht immer noch zwei oder sogar drei Spieler, um ihn zu stoppen. Das bedeutet, dass die Spurs, obwohl sie mit einem Mann weniger spielen, tatsächlich oft an ihrem rechten Flügel einen Mann zu viel haben, und auf dieser Seite kommen jetzt ihre besten Angriffe. Tottenhams rechter Verteidiger Stephen Carr legt immer mehr bedrohliche Läufe hin. Der National-Mittelfeldspieler Darren Anderton (früher einmal »Sicknote« genannt, weil er so oft verletzt war, inzwischen aber endlich fit ist) macht sich ebenfalls mit seinem Markenzeichen, den langen Schritten, und seinen gefährlichen leichtfüßigen Querpässen bemerkbar. Der Haupt-Torjäger der Spurs, Les Ferdinand, wirkt jetzt ebenso lebhaft wie die beiden skandinavischen Stars der Spurs: der norwegische Stürmer Steffen Iversen und der dänische Mittelfeldspieler Allan Nielsen, der nur in der Mannschaft ist, weil die Neuerwerbung der Mannschaft, der England-Spieler Tim Sherwood, nicht einsatzfähig ist, kommen jeweils einmal zum Schuss und kombinieren dann geschickt, um Nielsen einen weiteren Schuss zu ermöglichen, der jedoch von Kasey Keller mühelos gehalten wird.

Inzwischen wird Leicesters Savage, deutlich nervös gemacht von den Buhrufen, die das Stadion füllen, wann immer er den Ball berührt, in eine andere Rangelei verwickelt, kommt aber ungeschoren davon. Das Spiel geht in die letzten fünf Minuten. Wenn nach neunzig Spielminuten noch immer kein Resultat erzielt ist, gibt es eine halbe Stunde Verlängerung, und wenn das Spiel dann immer noch unentschieden steht, wird es durch Elfmeterschießen entschieden. (Fußballfans hassen die Willkürlichkeit des plötzlichen Todes durch Elfmeterschießen. Wir hoffen immer, dass es nicht dazu kommen wird.) In der sechsundachtzigsten Minute läuft Ian Walker zum Rand des Strafraums, um einen verirrten Ball abzufangen, rutscht aus, verpasst den Ball und gibt Leicesters Tony Cotte die Möglichkeit, ihn hüpfend und springend quer über die Linie von Tottenhams ungedecktem Tor zu schicken. Erstaunlicherweise ist kein einziger Leicester-Spieler bei der Hand, um ihn ins leere Netz zu befördern. Walker rappelt sich auf und stellt sich wieder in Position. Tottenhams Augenblick der größten Gefahr ist vorüber.

Die letzte reguläre Spielminute beginnt. Leicester, das schon auf Zeit spielt, nimmt vorsichtshalber den viel geschmähten Robbie Savage heraus, der, wenn er zum zweiten Mal verwarnt wird, vom Platz fliegen würde; so, wie er bisher gespielt hat, kann er von Glück sagen, nicht schon jetzt die rote Karte bekommen zu haben. An seiner Stelle kommt Theo Zagorakis, der Kapitän von Griechenlands Nationalmannschaft. Bevor Leicester Zeit hat, den Eingewechselten in seine Formation aufzunehmen, schlägt jedoch unvermittelt der Blitz ein.

Ein peitschender Pass von Ferdinand im Mittelfeld bringt Iversen in Bewegung, dessen schneller Lauf die rechte Flanke entlang die Leicester-Abwehr eiskalt erwischt. Er bricht durch in Richtung Tor und schießt. Es ist kein überragender Schuss, gut gezielt, aber weich. Irgendwie jedoch kann Kasey Keller den Ball nicht halten, sondern schickt ihn mit schwacher Hand nach rechts auf die Stirn des angreifenden Allan Nielsen. Bumm! Wie die Univisión-Kommentatoren sagen würden: »*Gooooool!!!!!*«

Innerhalb von Sekunden ist alles vorüber, und Tottenham hat 1:0 gewonnen. Und dann kommen die Feiern, die Präsentationen, der Jubel. *You're not singing, you're not singing, you're not singing any more.* Der seltsamerweise dreihenklige Worthington Cup wird nacheinander von jedem Tottenham-Spieler emporgehoben. Jetzt, nach dem Sieg, sehen sie plötzlich nicht mehr wie reiche, verwöhnte Superstar-Sportler aus, sondern werden zu naiven jungen Männern, die übers ganze Gesicht strahlen, weil ihnen klar ist, dass dies einer der ganz großen Augenblicke ihres Lebens ist. Die massierte Freude der Spurs-Fans allein ist ein wundervoller Anblick. Was macht es schon, dass das Spiel unspektakulär war? Was zählt, ist ganz allein das Ergebnis.

George Graham ist berühmt als Manager von *»result teams«*, von Mannschaften, die irgendwie das Resultat herausschinden, das sie brauchen, ohne dabei allzu viel an den Unterhaltungswert ihres Spiels zu denken. Ich kann mich nicht erinnern, wann dieser Ausdruck zum letzten Mal für eine Spurs-Mannschaft verwendet wurde. Er ist ein Konzept für Arsenal. »Boring Arsenal« war wegen der Gewohnheit des Teams, Spiele wie dieses zu stehlen, auch »Lucky Arsenal«. Na ja, und wer ist denn jetzt langweilig und wer glücklich?

Als ich mit einem törichten Grinsen auf dem Gesicht das Stadion verließ, erkannte mich ein Mit-Spurs-Fan und winkte mir fröhlich zu. »Gott segne dich, Salman«, rief er laut. Ich winkte zurück, aber ich sagte nicht, was ich gern gesagt hätte: Nein, nicht Gott, Sportsfreund, der spielt nicht in unserem Team. Außerdem, wer braucht ihn schon, wenn ihr David Ginola habt, und wenn ihr das Wembley-Stadion mit einem Siegerpokal verlasst?

April 1999

Über die Straußenzucht

(Ursprünglich als programmatische Rede vor der American Society of Newspaper Editors gehalten.)

Es ist ein ziemlich einschüchterndes Privileg, in einer Morgenstunde, zu der ich gewöhnlich kaum der Sprache mächtig bin, vor eine so illustre »Pressekonferenz« zu treten. Obwohl ich nach meiner letzten Buchtournee in Amerika sagen muss, dass mir neun Uhr morgens, damit verglichen, eher wie ein Kinderspiel vorkommt. An einem Januartag in Chicago wachte ich plötzlich in Präsident Reagans Hotelbett auf – ich sollte wohl hinzufügen, nicht mit dem Präsidenten zur selben Zeit – und gab vor acht Uhr nicht weniger als elf Rundfunk-Interviews am Telefon: eine persönliche Bestleistung. Als ich vor vier Jahren nach Washington kam, um an einer Free-Speech-Konferenz teilzunehmen, erklärte mir ein Assistent Präsident Bushs auf die Frage, warum kein Mitglied der Administration bereit sei, mit mir zu sprechen, dass ich schließlich »nur ein Autor auf Lesereise« sei. Man kann nur schwer in Worten ausdrücken, welch wundervolle Genugtuung ich in diesem Januar empfand und welch überwältigendes Gefühl es trotz aller früheren Versuche für mich war, endlich doch nur ein Autor auf Lesereise zu sein. Ein Autor auf Lesereise, *der im Bett des Präsidenten schlief.*

Da wir von Präsidenten sprechen, interessiert es Sie vielleicht, dass der Besuch, in dessen Verlauf ich schließlich tatsächlich das Weiße Haus aufsuchen durfte, auf den Tag vor Thanksgiving gelegt worden war, und zwar unmittelbar vor jenem unaufschiebbaren Termin Präsident Clintons, bei dem er auf dem Rasen des Weißen Hauses vor dem gesamten Pressecorps einen gewissen Tom, seines Zeichens Truthahn, »begnadigen« sollte. Verständlicherweise war es deshalb unsicher, ob der Präsident noch Zeit für meinen Besuch erübrigen konnte. Auf dem Weg zu diesem Termin erfand ich hektisch die Schlagzeilen des folgenden Tages: »Clinton trifft Truthahn – Rushdie wird gefüllt«, zum Beispiel. Glücklicherweise erwies sich diese imaginäre Schlagzeile als unrichtig; meine Begegnung mit Mr. Clinton fand tatsächlich statt und erwies sich als sowohl interessant wie auch, politisch gesehen, äußerst nützlich.

Ich war gerade mit der Frage beschäftigt, was ich Ihnen heute Nützliches und Interessantes sagen könnte – zum Beispiel welche Gemeinsamkeiten es, falls überhaupt, zwischen Romanciers und Journalisten geben könnte –, als mein Blick auf den folgenden Text in einer englischen Tageszeitung fiel:

»In der gestrigen Ausgabe des *Independent* meldeten wir, dass Sir Andrew Lloyd Webber Strauße züchte. Das trifft nicht zu.«

Man kann nur ahnen, welche Aufregung sich hinter diesen bewundernswert lakonischen Sätzen verbirgt: die menschliche Qual, die Proteste. Wie Sie wissen, hat Großbritannien in letzter Zeit etwas durchgemacht, was man vielleicht als erhöhte Zuchtvieh-Gefährdung bezeichnen könnte. Abgesehen von mental herausgeforderten Rinderherden gab es den beunruhigenden Fall der großen Straußenzucht-Seifenblase oder -Schwindelaffäre. In diesen überhitzten Zeiten wird ein Mann, der kein Straußenzüchter ist, jedoch beschuldigt wird, einer zu sein, diese Behauptung folglich nicht auf die leichte Schulter nehmen. Er hat möglicherweise sogar das Gefühl, dass sein guter Ruf geschädigt wurde.

Tatsächlich war es ziemlich falsch vom *Independent*, anzudeuten, Sir Andrew Lloyd Webber züchte Strauße, denn er ist vielmehr ein gefeierter Exporteur musikalischer *turkeys*, d. h. Misserfolge. Doch wenn wir uns mal für einen Moment darauf einigen, die angeblich heimliche und vorgeblich betrügerische Straußenzucht als Metapher für sämtliche angeblich heimlichen und vorgeblich betrügerischen Aktivitäten der Welt stehen zu lassen, müssen wir uns dann nicht auch darauf einigen, dass es lebenswichtig ist, diese Straußenzüchter zu identifizieren, beim Namen zu nennen und für ihre Aktivitäten zur Verantwortung zu ziehen? Ist dies nicht das Kernstück der Arbeit einer freien Presse? Und könnte es nicht Umstände geben, unter denen ein jeder Redakteur in diesem Raum bereit wäre, eine solche Story – man könnte sie Straußengate nennen – im nationalen Interesse zu veröffentlichen, etwa als einen Fall der weniger-als-sicher-geltenden Beweise?

Ganz allmählich nähere ich mich dem springenden Punkt: dass nämlich das große Problem, vor dem sowohl Autoren journalistischer Texte wie auch von Romanen stehen, darin liegt, die Wahrheit zu erkennen und dann zu veröffentlichen. Denn letztlich ist das Ziel sowohl des faktischen als auch, so paradox es klingen mag, des fiktiven Schreibens die Wahrheit. Und die Wahrheit ist aalglatt und schwer zu fassen. Fehler passieren, wie im Fall Lloyd Webber. Und wenn die Wahrheit frei machen kann, so kann man mit ihr auch ganz schön baden gehen. So gut das Wort klingt, aber die Wahrheit ist allzu oft ungenießbar, peinlich, unorthodox. Ganze Armeen von gemeinhin anerkannten Ideen haben sich gegen sie formiert, und auch die Legionen all jener, die von nützlichen Unwahrheiten profitieren, werden gegen sie aufmarschieren. Dennoch muss sie, wenn irgend möglich, gesagt werden.

Aber, so könnte man einwenden, kann man wirklich behaupten, es gäbe eine Verbindung zwischen der Wahrheit der Nachrichten und der Welt der Phantasie? In der Welt der Tatsachen ist ein Mann entweder ein Straußenzüchter, oder er ist es nicht. Im Universum der Fiktion könnte er fünfzehn einander widersprechende Dinge auf einmal sein.

Lassen Sie mich versuchen, darauf eine Antwort zu geben.

Das Wort *novel* kommt vom lateinischen Wort für »neu«; auf Französisch sind *nouvelles* sowohl Geschichten als auch Nachrichten, Berichte. Vor hundert Jahren lasen die Menschen *novels* unter anderem zur Information. In Dickens' *Nicholas Nickleby* erhielten die britischen Leser schockierende Informationen über arme Schulen wie Dotheboys Hall, woraufhin derartige Schulen abgeschafft wurden. Auch *Onkel Toms Hütte*, *Huckleberry Finn* und *Moby Dick* sind in diesem nachrichtendienstlichen Sinn wahre Kraftpakete an Information.

Also: Bis zum Heraufdämmern des Fernsehzeitalters teilte sich die Literatur mit dem Zeitungsjournalismus die Aufgabe, den Menschen Dinge zu erzählen, von denen sie nichts wussten. Das ist heute nicht mehr der Fall, weder in der Literatur noch im Zeitungsjournalismus. Diejenigen, die Zeitungen und Romane lesen, erhalten ihre primären Informationen über die Welt durch Fernsehen, Internet und Rundfunk. Es gibt Ausnahmen: Der Erfolg des spannenden Romans *Mit aller Macht* zeigt, dass Romane die Geheimnisse einer verborgenen Welt noch immer effektiver zu lüften vermögen als eine Reportage; und natürlich sind die gesendeten Nachrichten stark selektiert, während die Zeitungen ausführlicher und intensiver berichten. Aber manche Leute lesen, behaupte ich, inzwischen Zeitungen, *um das Neueste über die neuesten Nachrichten zu erfahren*. Wir lesen wegen der Meinungen, Stellungnahmen, wegen der öffentlichen Erregung. Wir lesen nicht wegen schlichter Daten, nicht wegen »Fakten, Fakten, Fakten«, sondern um uns ein »Bild« von den Nachrichten zu machen, die uns gefallen. Nun, da die Sende-Medien die Funktion erfüllen, alle Nachrichten als Erste zu bringen, sind die Zeitungen genau wie die Romane ins Reich der Phantasie abgewandert. Sie bieten uns beide ihre Versionen der Welt.

Die Nachrichten sind eine Frage der Meinung geworden. Und das versetzt den Zeitungsredakteur in eine Lage, die jener eines Romanciers nicht unähnlich ist. Der Romancier hat die Aufgabe, eine persönliche und kohärente Vision der Welt zu erschaffen, wiederzugeben und über die Zeit aufrechtzuerhalten, die seine Leser unterhält, interessiert, stimuliert, provoziert und bereichert.

Die Aufgabe des Zeitungsredakteurs ist es, mit den Seiten, die ihm zur Verfügung stehen, so ungefähr das Gleiche zu tun. In diesem spezialisierten Sinn – und ich möchte betonen, dass ich dies als Kompliment meine! – sind wir alle jetzt im Fiktionsgeschäft.

Manchmal wirken die Nachrichten in den Zeitungen natürlich in einem weniger schmeichelhaften Sinn fiktiv. Über Ostern brachte eine führende britische Sonntagszeitung auf der Titelseite eine Aufmacherstory, die verkündete, das Grab – ja sogar die Knochen selbst – von Jesus Christus sei gefunden worden; eine Entdeckung, wie sich die Zeitung zu betonen beeilte, von tiefer Bedeutung für die christliche Religion, deren Anhänger in eben diesem Moment Jesu körperliche Himmelfahrt, vermutlich in Begleitung seiner Knochen, feierte. Nicht nur Jesus, sondern Joseph, Maria, eine Person, die »Maria II« genannt wurde (vermutlich Magdalena), und sogar ein gewisser Judas, Jesu Sohn, seien entdeckt worden, behaupteten die Schlagzeilen. Weit unten im selben Artikel – viel weiter, als die meisten Leser kommen würden – wurde enthüllt, *der einzige Beweis* dafür, dass es sich tatsächlich um die Familie Jesu handele, sei die zufällige Gleichheit der Namen; die, wie die Journalisten einräumten, zu den häufigsten jener Zeit gehörten. Dennoch, beharrte man, könne man sich gewisser Spekulationen nicht enthalten ...

Ein derartiger Unsinn ist vermutlich schon immer ein Teil des Unterhaltungswerts der Zeitungen gewesen. Aber der Geist der Fiktion weht auch auf andere Art durch die Presse.

Eine der außergewöhnlichsten Wahrheiten über die Seifenoper rund um die britische königliche Familie besteht darin, dass der Charakter ihrer Hauptpersonen von der britischen Presse für sie erfunden wurde. Und so groß ist die Macht der Fiktion, dass die Royals aus Fleisch und Blut ihren Print-Personen immer ähnlicher wurden und mittlerweile unfähig sind, der Fiktion ihres imaginären Lebens zu entrinnen.

Die Erschaffung von »Charakteren« wird in der Tat immer häufiger ein wesentlicher Teil des Handwerkszeugs im Zeitungsjournalismus. Noch nie haben Persönlichkeitsprofile und Kolumnen – noch nie hat der *Klatsch* – einen so großen Teil der Zeitungen eingenommen wie jetzt. Der Ausdruck »Profil« passt genau. Im Profil wird das Objekt niemals von vorn angegangen, sondern nur durch einen kurzen Seitenblick. Ein Profil ist flach und zweidimensional. Es ist ein Umriss. Dennoch sind die Bilder, die durch diese kuriosen Texte (häufig durch Zusammenarbeit mit den Objekten) entstehen, außerordentlich potent – es kann für die eigentliche Person nahezu unmöglich werden, durch eigene Worte und Taten den Eindruck zu ändern, den sie kreieren –, und dank dichter Aktenordner mit Presseausschnitten pflanzen sie sich auch noch selber fort.

Ein Romancier, der begabt ist und Glück hat, mag im Verlauf seines Lebenswerks ein bis zwei Charaktere erschaffen, die ins exklusive Pantheon der Unvergessenen eingehen. Die Figuren eines Romanciers hoffen auf Unsterblichkeit; das Profil eines Journalisten höchstens auf Prominenz. Heutzutage verehren wir keine Images mehr, sondern das Image per se; und jeder Mensch, der ins Blickfeld der Öffentlichkeit gerät, wird zu einem potenziellen Opfer in diesem Tempel. Häufig, möchte ich wiederholen, zu einem bereitwilligen Opfer, das aus freien Stücken den Giftbecher der Berühmtheit trinkt. Für viele Menschen jedoch, auch für mich selbst, gleicht die Erfahrung, in einem Profil dargestellt zu werden, wohl am ehesten dem Gefühl, von einem Schriftsteller als Rohmaterial benutzt und in eine fiktive Person verwandelt zu werden, zu erleben, dass die eigenen Gefühle und Handlungen, die eigenen Verhältnisse und Schicksalsschläge durch das Schreiben subtil – oder weniger subtil – in etwas anderes verwandelt werden. Sich selbst zu jemandem mutiert zu sehen, den wir nicht wiedererkennen. Ein Romancier, über den geschrieben wird, fühlt sich, wie ich zugeben muss, wie eine Art betrogener Betrüger. Fair ist fair. Dennoch empfindet man irgendetwas an diesem Prozess als ganz leicht – und ich betone, *ganz leicht* – ungehörig.

In England hat dieses Eindringen ins Privatleben von Personen der Öffentlichkeit bei gewissen Kreisen den Ruf nach Gesetzen zum Schutz des Privatlebens ausgelöst. Gewiss, in Frankreich, wo derartige Gesetze existieren, konnte die uneheliche Tochter des ehemaligen Präsidenten Mitterrand ungestört von der Presse aufwachsen; aber da, wo sich die Mächtigen hinter dem Gesetz verstecken, könnte da nicht eine ganze Menge geheimer Straußenzucht unentdeckt bleiben? Ich bin noch immer gegen Gesetze, welche die Freiheit der investigativen Presse einschränken. Aber – und ich spreche als jemand, der die ungewöhnliche Erfahrung gemacht hat, eine Zeit lang zur heißen Nachrichtenstory zu werden, oder, wie mein Freund Martin Amis es formuliert, »in die Titelseite zu verschwinden« – es wäre unaufrichtig zu leugnen, dass es meine Prinzipien aufs äußerste belastet hat, als meine Familie und ich zum Ziel von Presserummel und Falschmeldungen wurden.

Dennoch empfinde ich für die Presse überwiegend Dankbarkeit. Kein Schriftsteller hätte sich eine großzügigere Reaktion auf seine Arbeit – oder fairere, höflichere Profile! – wünschen können, als ich sie dieses Jahr in Amerika und auf der ganzen Welt bekommen habe. Und während der langen Entwicklung der so genannten Rushdie-Affäre waren amerikanische Zeitungen äußerst wichtig für die Aufgabe, die strittigen Fragen am Leben zu erhalten, dafür zu sorgen, dass die Leser die wesentlichsten Punkte der betreffenden Grundsätze im Auge behielten, und sogar die führenden Persönlichkeiten Amerikas zu drängen, dass sie das Wort ergriffen und handelten. Aber es gibt noch mehr, wofür ich Ihnen danken muss. Ich sagte vorhin, dass Zeitungsredakteure, genau wie Romanciers, für ihre Leser die Vision einer Gesellschaft erschaffen, beschreiben und aufrechterhalten müssen. In jeder Vision von einer freien Gesellschaft muss der Wert der Redefreiheit am höchsten rangieren, denn diese Freiheit ist es, ohne die alle anderen Freiheiten fehlschlagen würden. Journalisten tun mehr dafür, diese Werte zu schützen, als die meisten von uns; denn die Ausübung von Freiheit ist die beste Verteidigung der Freiheit, und das ist es, was Sie alle tun, Tag für Tag.

Dennoch leben wir in einem zunehmend zensurfreudigen Zeitalter. Damit meine ich, dass die breite, sogar internationale Akzeptanz der Prinzipien des First Amendment ständig weiter untergraben wird. Viele spezielle Interessengruppen, welche die hohe Moral gepachtet zu haben behaupten, verlangen jetzt nach dem Schutz durch den Zensor. Politische Korrektheit und die Zunahme der religiösen Rechten schaffen eine Pro-Zensur-Lobby mitsamt weiteren Kohorten. Ich möchte ein paar Sätze über nur eine der Waffen dieser wieder auflebenden Lobby sagen, eine Waffe, die interessanterweise von allen verwendet wird, ob es nun Feministinnen im Kampf gegen die Pornographie sind oder religiöse Fundamentalisten. Ich meine das Konzept des »Respekts«.

Oberflächlich gesehen ist Respekt eine von jenen Ideen, gegen die niemand etwas hat. Respekt ist wie ein schöner, warmer Mantel im Winter, wie Applaus, wie Ketchup zu Fritten – wohl ein jeder wünscht sich ein wenig davon. Her damit, her damit, her damit, wie Aretha Franklin gesagt hat. Aber das, was wir bisher unter Respekt verstanden haben – was Aretha darunter verstanden hat: eine Mischung aus gutherziger Rücksicht und aufrichtiger Aufmerksamkeit –, hat nur wenig mit der neu-ideologischen Verwendung dieses Begriffs zu tun.

Religiöse Extremisten verlangen heutzutage in zunehmend schrillen Tönen »Respekt« vor ihrer Einstellung. Nur sehr wenige Menschen würden dagegen sein, dass das Recht der Menschen auf Religionsfreiheit respektiert werden muss – schließlich verteidigt die Verfassung diese Rechte ebenso eindeutig wie die Redefreiheit –, aber jetzt verlangt man von uns, wir sollen bestätigen, dass eine Abweichung von diesen Glaubensrichtungen – zum Beispiel die Behauptung, sie seien suspekt, antiquiert oder falsch; ja, sie seien *diskutabel* – mit der Idee des Respekts unvereinbar sei. Wenn Kritik als »respektlos« diffamiert und somit als beleidigend bezeichnet wird, geschieht etwas sehr Seltsames mit dem Konzept Respekt. Und dennoch haben kürzlich sowohl das American National Endowment for the Arts als auch die sehr britische BBC verkündet, sie würden die neue Version des »Respekts« als Kriterium für ihre Unterstützung heranziehen.

Andere Minderheitengruppen – rassisch, sexuell, sozial – haben ebenfalls verlangt, dass ihnen diese neue Form des Respekts entgegengebracht wird. Louis Farrakhan zu »respektieren« soll also ganz einfach heißen, dass wir mit ihm übereinstimmen müssen. Ihn zu kritisieren heißt, ebenso einfach, nicht mit ihm übereinzustimmen. Aber wenn diese Nichtübereinstimmung auch als eine Art von Diffamierung betrachtet wird, dann sind wir endgültig der großen Gedankenpolizei auf den Leim gegangen. Ich möchte Sie daran erinnern, dass Bürger freier Gesellschaften, Demokratien, ihre Freiheit nicht bewahren, indem sie auf möglichst leisen Sohlen um die Meinung ihrer Mitbürger herumschleichen, selbst wenn es sich um einen tiefen Glauben handelt. In einer freien Gesellschaft muss es ein freies Spiel der Ideen geben. Es muss Diskussionen geben, und die müssen leidenschaftslos und uneingeschränkt sein. Eine freie Gesellschaft ist kein stiller, ereignisloser Ort – das wäre jene Art von statischer, lebloser Gesellschaft, die Diktatoren zu schaffen suchen. Freie Gesellschaften sind dynamisch, lärmerfüllt, turbulent und voll radikaler Streitigkeiten. Skepsis und Freiheit sind unauflöslich miteinander verbunden; und es ist die Skepsis der Journalisten, ihre Zeig's-mir-, Beweis-es-mir-Weigerung, sich beeindrucken zu lassen, die vermutlich ihr wichtigster Beitrag zur Freiheit der freien Welt ist. Es ist der *Un-Respekt* der Journalisten – vor Macht, vor Orthodoxien, vor Parteilinien, vor Ideologien, vor Eitelkeiten, vor Arroganz, vor Torheit, vor Falschheit, vor Korruption, vor Dummheit und möglicherweise sogar vor Redakteuren –, den ich heute Vormittag feiern möchte und den ich Sie alle bitte, sich zu bewahren, im Namen der Freiheit.

April 1996

Eine Commencement-Rede am Bard College, New York

Liebe Mitglieder der Abschlussklasse 1996, wie ich in der Zeitung sehe, hat die Southampton University auf Long Island eigentlich Kermit, den Frosch, eingeladen, in diesem Jahr die Commencement-Rede zu halten. Aber nun werden Sie sich leider mit mir begnügen müssen. Die einzige Verbindung zu den Muppets, die ich aufzuweisen habe, ist die Tatsache, dass Bob Gottlieb, mein ehemaliger Lektor bei Alfred Knopf, auch das höchst bedeutende Selbsthilfebüchlein *Fragen Sie Miss Piggy* lektoriert hat. Einmal habe ich ihn gefragt, wie es war, mit einem so großen Star zu arbeiten, und er hat ehrfürchtig erwidert: »Salman – die Sau war göttlich.«

In England, wo ich aufs College gegangen bin, handhaben wir die Feiern zum Graduation Day nicht ganz so wie hier, deswegen habe ich ein wenig über das Commencement und seine Traditionen recherchiert. Die erste amerikanische Freundin, die ich fragte, erzählte mir, dass sie und ihre Kommilitonen in ihrem Abschlussjahr – nicht an diesem College, muss ich schnell hinzufügen – so wütend über die Wahl des Commencement-Redners waren – den ich hier nicht namentlich erwähnen sollte, ach was, na gut, es war Jeane Kirkpatrick –, so wütend waren, dass sie die Zeremonie boykottierten und stattdessen in einem der Collegegebäude ein Sit-in veranstalteten. Es ist für mich daher eine ungeheure Erleichterung festzustellen, dass Sie alle anwesend sind.

Was mich selbst betrifft, so habe ich meinen Abschluss an der

Cambridge University im Jahre 1968 gemacht – dem großen Jahr der Studentenproteste –, und ich muss Ihnen gestehen, dass ich es fast nicht geschafft hätte. Diese Story hat nichts mit Politik oder Demonstrationen zu tun; sondern sie ist die unwahrscheinliche und warnende Geschichte von einer dicken braunen Zwiebelsoße. Sie beginnt ein paar Nächte vor meinem Graduation Day, als ein anonymer Witzbold beschloss, mein Zimmer in meiner Abwesenheit zu dekorieren, indem er einen Eimer voll oben genannter Zwiebelsoße über Wände und Möbel leerte, ganz zu schweigen von meinem Plattenspieler und meinen Kleidern. Mit jener uralten Tradition der Fairness und Gerechtigkeit, auf welche die Colleges von Cambridge so stolz sind, machte mein College mich sofort als Einzigen für die Schweinerei verantwortlich, ignorierte all meine Beteuerungen des Gegenteils und informierte mich, ich müsse den Schaden *noch vor der Zeremonie* bezahlen, sonst würde ich nicht zur Graduation zugelassen werden. Dies war die erste, aber leider nicht die letzte Gelegenheit, da man mich fälschlich des Dreckschleuderns beschuldigte.

Ich bezahlte, wie ich gestehen muss, und wurde daher zum Empfang meines akademischen Grades zugelassen. Von Trotz erfüllt, ging ich, vermutlich aufgrund meiner jüngsten Soßen-Erfahrung, mit braunen Schuhen zu der Feier, wurde prompt aus der Parade meiner mit Talar bekleideten und angemessen schwarz beschuhten Kommilitonen herausgeholt und in mein Quartier zurückgeschickt, um mich umzuziehen. Ich weiß nicht genau, warum Leute in braunen Schuhen als nicht angemessen gekleidet galten, aber ich sah mich wieder einmal einem Urteil gegenüber, gegen das es keine Berufung gab.

Erneut gab ich nach, sprintete davon, um meine Schuhe zu wechseln, und kam gerade noch rechtzeitig in die Parade zurück; dann war ich, nach all diesen Zwischenfällen, endlich an der Reihe, man wies mich an, einen Universitätsbeamten beim kleinen Finger zu fassen und ihm gemessenen Schrittes dorthin zu folgen, wo der Rektor auf einem mächtigen Thron saß. Wie vorgeschrieben, kniete ich zu seinen Füßen nieder, hob meine Hände, die Handflächen aneinander gelegt, mit flehender Geste empor und bat auf Latein um den akademischen Grad, auf den ich, wie ich unwillkürlich denken musste, drei Jahre lang äußerst angestrengt und von meiner Familie mit beträchtlichen Summen unterstützt hingearbeitet hatte. Wie ich mich erinnere, riet man mir, die Hände hoch über den Kopf zu heben, damit der ältliche Rektor, wenn er sich vorbeugte, um sie zu fassen, nicht von seinem großen Stuhl purzeln und auf mir landen würde.

Ich befolgte diesen Rat; der ältere Gentleman fiel nicht, sondern ließ mich, ebenfalls auf Latein, schließlich zum Grad des »Bachelor of Arts« zu.

Wenn ich an jenen Tag zurückdenke, bin ich doch ein wenig entsetzt über meine Passivität, obwohl es schwer vorstellbar ist, was ich sonst hätte tun sollen. Ich hätte *nicht* bezahlen, *nicht* meine Schuhe wechseln, *nicht* um meinen B.A. bitten können. Ich fügte mich lieber und bekam den akademischen Grad. Seitdem bin ich jedoch starrsinniger geworden. Ich bin zu dem Schluss gekommen, den ich Ihnen jetzt hier präsentiere, dem Schluss nämlich, dass es falsch war, Kompromisse zu schließen; falsch war, mich mit der Ungerechtigkeit zu arrangieren, so verlockend die Gründe dafür auch gewesen sein mochten.

Ungerechtigkeit ruft auch heute noch die Erinnerung an Soße in mir wach. Ungerechtigkeit ist für mich eine braune, klumpige, zähe Flüssigkeit, die beißend scharf nach Zwiebeln riecht. Unfairness ist das Gefühl, so schnell wie möglich, in letzter Minute, auf mein Zimmer laufen zu müssen, um meine verbotenen braunen Schuhe zu wechseln. Sie ist das Bewusstsein, auf den Knien, in einer toten Sprache, zum Betteln um etwas gezwungen zu sein, das mir rechtmäßig zusteht.

Hier also das, was ich aus meinem eigenen Graduation Day gelernt habe; hier ist die Lehre, die ich aus den Parabeln vom Unbekannten Soßenbomber, vom Abgelehnten Schuhwerk und vom Schwankenden Rektor auf seinem Thron gezogen habe und die ich heute an Sie weitergebe. Erstens: Wenn jemand Sie im Laufe Ihres Lebens eines Tages einer Tat beschuldigen sollte, die man als schweren Soßenmissbrauch bezeichnen könnte – und das wird man tun, o ja, das wird man –, und Sie sind tatsächlich nicht des Missbrauchs von Soße schuldig, nehmen Sie die Schuld nicht auf sich. Zweitens: All jene, die Sie ablehnen, weil Sie die falschen Schuhe tragen, sind es nicht wert, von Ihnen akzeptiert zu werden. Und drittens: Knien Sie vor keinem Menschen nieder. Stehen Sie für Ihre Rechte gerade.

Ich rede mir gerne ein, dass die Cambridge University, wo ich drei wundervolle Jahre lang so glücklich war und wo ich so viel gewonnen habe – ich hoffe, Ihre Jahre am Bard College sind ebenso glücklich gewesen und Sie haben das Gefühl, ebenso viel gewonnen zu haben –, dass die Cambridge University mit ihrem hoch entwickelten Sinn für Ironie beabsichtigt hatte, mir durch die Ereignisse jenes seltsamen Graduation Day genau diese wertvollen Lektionen zu erteilen.

Mitglieder der Klasse von 1996, wir sind hier, um mit Ihnen zusammen einen der großen Tage Ihres Lebens zu feiern. Wir nehmen heute an den Übergangsriten teil, durch die Sie aus diesem Leben der Vorbereitung in das Leben entlassen werden, auf das Sie nun ebenso vorbereitet sind wie jeder andere. Während Sie am Tor zur Zukunft stehen, möchte ich Ihnen noch eine Information über diese außerordentliche Institution zuteil werden lassen, die Sie jetzt verlassen, und es ist zugleich eine Erklärung dafür, warum es für mich eine so besondere Freude ist, heute hier bei Ihnen zu sein. Im Jahr 1989, innerhalb weniger Wochen nach der Drohung, die von den Mullahs im Iran gegen mich ausgesprochen worden war, wurde ich durch meinen Literaturagenten vom Präsidenten des Bard Colleges kontaktiert und gefragt, ob ich es in Erwägung ziehen würde, einen Platz im Lehrkörper dieses Colleges einzunehmen. Mehr als einen Platz; mir wurde versichert, dass ich hier in Annandale, in der Bard-Gemeinde, viele Freunde und einen sicheren Hafen finden würde, in dem ich leben und arbeiten könnte.

Leider war ich in jener schwierigen Zeit nicht in der Lage, dieses mutige Angebot anzunehmen, aber ich habe niemals vergessen, dass das Bard College in einem Augenblick, da überall in der Welt rote Gefahrensignale aufleuchteten und alle möglichen Personen und Institutionen vor Angst den Kopf einzogen, genau das Gegenteil tat – dass es in intellektueller Solidarität und menschlicher Anteilnahme auf mich zukam und nicht etwa hochtrabende Reden hielt, sondern mir ein konkretes Hilfsangebot machte.

Ich hoffe, Sie alle sind sehr stolz darauf, dass das Bard College still, ohne Fanfaren, zu einem solchen Zeitpunkt eine so grundsätzliche Geste machte. Ich jedenfalls bin außerordentlich stolz darauf, von Bard einen akademischen Ehrentitel und das Privileg erhalten zu haben, heute zu Ihnen zu sprechen.

Hybris war, nach den alten Griechen, die Sünde, den Göttern frevelhaft zu trotzen, und konnte, wenn man wirklich Pech hatte, die fürchterliche Gestalt der Rachegöttin Nemesis auf den Sünder herabbeschwören, in einer Hand einen Apfelzweig und in der anderen das Rad des Schicksals, das sich im unvermeidlichen Moment der Rache zu drehen beginnt. Da ich zu meiner Zeit nicht nur des Soßenmissbrauchs und des Tragens brauner Schuhe beschuldigt wurde, sondern auch der Hybris, und da ich glauben gelernt habe, dass ein solcher Trotz ein unvermeidlicher und wesentlicher Aspekt dessen ist, was wir Freiheit nennen, dachte ich, dass ich sie Ihnen empfehlen sollte. Denn in den vor Ihnen liegenden Jahren werden Sie sich allen möglichen Göttern gegenübersehen, großen und kleinen Göttern, körperlichen und unkörperlichen Göttern, die alle verlangen, dass man sie verehre und ihnen gehorche – die Myriaden Gottheiten des Geldes und der Macht, der Konvention und des Brauchtums, die allesamt versuchen werden, Ihre Gedanken und Ihr Leben einzugrenzen und zu kontrollieren. Trotzen Sie ihnen; das ist der Rat, den ich Ihnen gebe. Machen Sie ihnen eine lange Nase; zeigen Sie ihnen die Zunge. Denn nur indem man den Göttern trotzt, so lehren uns die Mythen, kann der Mensch am besten seine Menschlichkeit ausdrücken.

Die Griechen erzählen so manche Geschichte vom Kampf zwischen uns und den Göttern. Arachne, die große Künstlerin des Webstuhls, setzt ihre Kunstfertigkeit des Webens und Stickens gegen jene der Göttin der Weisheit, Minerva oder Pallas Athene, und beschließt unverschämterweise, nur Versionen jener Szenen zu weben, welche die Fehler und Schwächen der Götter zeigen – die Entführung der Europa, Leda und den Schwan. Dafür – für die Respektlosigkeit, nicht für ihr geringes Können, für das, was wir heute *Kunst* nennen würden, und *Chuzpe* – verwandelt die Göttin ihre Todfeindin in eine Spinne.

Königin Niobe von Theben befiehlt ihrem Volk, nicht Latona zu verehren, die Mutter von Diana und Apollo, und sagt: »Welch eine Dummheit – denen, die vor euren Augen stehen, Wesen vorzuziehen, die ihr niemals gesehen habt!« Für diese Meinung, die wir heute *Humanismus* nennen würden, ermorden die Götter ihre Kinder und ihren Ehemann, und Niobe verwandelt sich, versteinert vor Trauer, in einen Felsen, aus dem ein endloser Fluss von Tränen rinnt.

Prometheus, der Titan, stiehlt den Göttern Feuer und gibt es den Menschen. Dafür – für das, was wir heute den Wunsch nach *Fortschritt* nennen, nach verbesserten wissenschaftlichen und technologischen Möglichkeiten – wird er an einen Felsen geschmiedet, und ein großer Vogel frisst bis in alle Ewigkeit von seiner Leber, die sich erneuert, während sie gefressen wird.

Der interessante Punkt ist, dass die Götter in diesen Geschichten alles andere als gut dastehen. Wenn Arachne übermäßig stolz ist, als sie versucht, sich mit einer Göttin zu messen, ist das nur der Stolz der Künstlerin, gepaart mit jugendlichem Übermut; während Minerva, die es sich leisten könnte, gnädig zu sein, lediglich rachsüchtig ist. Die Story vergrößert Arachnes Schatten, wie man sagt, und verkleinert den der Minerva; Arachne gewinnt aus der Geschichte eine gewisse Unsterblichkeit.

Und die Grausamkeit der Götter gegen die Familie der Niobe beweist, dass sie Recht hat. Wer würde die Herrschaft so grausamer Götter der Selbstregierung vorziehen, der Regierung von Männern und Frauen durch Männer und Frauen, und sei sie auch noch so unvollkommen? Wieder einmal werden die Götter durch Ausübung ihrer Stärke geschwächt, während die Menschen stärker werden, obwohl sie – ja, sogar *weil sie* – vernichtet werden.

Und der gefolterte Prometheus, Prometheus mit seiner Gabe des Feuers, ist natürlich der größte Held von allen.

Es sind Männer und Frauen, welche die Welt gemacht haben, und sie haben sie trotz ihrer Götter gemacht. Die Botschaft der Mythen ist nicht dieselbe, die uns die Götter lehren wollen – »gehorcht und kennt euren Platz« –, sondern genau das Gegenteil. Wir müssen uns durch unsere Natur führen lassen. Gewiss, unsere schlimmste Natur kann arrogant, käuflich, korrupt oder selbstsüchtig sein; aber in unserem besten Ich können wir – das heißt *Sie* – und werden wir fröhlich, abenteuerlustig, spitzbübisch, kreativ, neugierig, anspruchsvoll, wetteifernd, liebevoll und herausfordernd sein.

Beugen Sie niemals den Kopf. Vergessen Sie Ihren Platz. Trotzen Sie den Göttern. Sie werden sich wundern, wie viele von ihnen plötzlich auf tönernen Füßen stehen. Lassen Sie sich möglichst von Ihrer besseren Natur leiten. Alles, alles Gute und meine herzlichsten Glückwünsche an Sie alle.

Mai 1996

»Imagine There's No Heaven«:
Ein Brief an den sechsmilliardsten Erdenbürger

(Geschrieben für eine von der UN geförderte Anthologie solcher Briefe)

Lieber kleiner sechsmilliardster Mensch,
als jüngstes Mitglied einer notorisch wissbegierigen Spezies wirst du nicht lange brauchen, bis du anfängst, die beiden 64000-Dollar-Fragen zu stellen, mit denen wir übrigen 5 999 999 999 uns schon seit längerer Zeit herumschlagen: Wie sind wir hierher gekommen? Und nun, da wir hier sind, wie sollen wir leben?

Merkwürdigerweise wird man – als wären sechs Milliarden von uns nicht schon genug, mit denen man auskommen muss – dir fast mit Sicherheit erklären, die Antwort auf die Frage nach dem Ursprung erfordere es, dass du an die Existenz eines weiteren, unsichtbaren, unnennbaren Wesens »irgendwo da oben« glaubst, eines allmächtigen Schöpfers, den wir armen, beschränkten Kreaturen nicht einmal wahrzunehmen, geschweige denn zu verstehen vermögen. Das heißt, man wird dich nachdrücklich dazu auffordern, dir einen Himmel vorzustellen, in dem mindestens ein Gott residiert. Dieser Himmelsgott hat, so heißt es, das Universum geschaffen, indem er seine Materie in einem gigantischen Topf zusammenrührte. Oder er hat getanzt. Oder er hat die Schöpfung aus sich herausgespien. Oder er hat sie ganz einfach ins Leben gerufen, und siehe da, da WAR sie. In einigen der interessanteren Schöpfungsgeschichten ist der einzige, mächtige Himmelsgott in viele mindere Kräfte unterteilt – Junior-Gottheiten, Avatars, gigantische metamorphe »Vorfahren«, deren Abenteuer die Landschaft erschaffen, oder die launenhaften, unbarmherzigen, grausamen Pantheons der großen Vielgötterei, deren ungezügeltes Betragen dich zu der Annahme führt, die wahre Triebkraft der Schöpfung sei die Begierde: nach unendlicher Macht, nach allzu leicht zerbrochenen menschlichen Körpern, nach Wolken von Ruhm. Fairerweise aber muss hinzugefügt werden, dass es auch Geschichten gibt, welche die Botschaft übermitteln, der primäre kreative Impuls sei – und ist – die Liebe.

Viele dieser Geschichten werden dir außerordentlich schön und daher verführerisch vorkommen. Leider wird man jedoch von dir nicht verlangen, auf sie rein literarisch zu reagieren. Nur die Geschichten »toter« Religionen dürfen wegen ihrer Schönheit bewundert werden. Lebendige Religionen verlangen weit mehr von dir. So wird man dir sagen, dass der Glaube an »deine« Geschichten sowie das Festhalten an den Anbetungsritualen, die um sie herum entstanden sind, ein lebenswichtiger Teil deines Lebens in dieser menschenwimmelnden Welt werden muss. Sie werden als Herz deiner Kultur bezeichnet, ja sogar deiner individuellen Identität. Es wäre möglich, dass sie dir irgendwann einmal unentrinnbar vorkommen, nicht in der Art, wie die Wahrheit unentrinnbar ist, sondern in der Art, wie es das Gefängnis ist. Irgendwann einmal könnten sie aufhören, wie die Texte zu wirken, in denen menschliche Wesen versucht haben, ein großes Geheimnis zu lösen, sondern stattdessen wie ein Vorwand für andere, richtig gesalbte menschliche Wesen, ein Vorwand dafür, dich herumzukommandieren. Und es trifft zu, dass die Menschheitsgeschichte voll ist von der Unterdrückung der Öffentlichkeit durch die Rosselenker der Götter. Nach der Meinung der Frommen jedoch ist der Trost, den jene Religion dem Einzelnen bringt, reichliche Entschädigung für das Böse, das in ihrem Namen getan wird.

Als das Wissen der Menschen immer mehr zunahm, wurde es außerdem klar, dass jede Religionsgeschichte, die jemals über die Frage, wie wir hierher kamen, erzählt wurde, schlichtweg falsch ist. Dies ist endlich etwas, das alle Religionen gemeinsam haben. Sie haben es nicht richtig hingekriegt. Es gab kein himmlisches Rühren, keinen Tanz des Schöpfers, kein Ausspeien von Galaxien, keine Schlangen- oder Känguru-Vorfahren, keine Walhalla, keinen Olymp, keinen Sechs-Tage-Zaubertrick, gefolgt von einem Tag des Ruhens. Falsch, falsch, falsch. Aber hier ist wirklich etwas seltsam. Die Tatsache, dass die heiligen Geschichten falsch sind, hat den Eifer der Frommen nicht im Mindesten beeinträchtigt. Falls überhaupt, führt schon allein die ausgesprochene Narrheit der Religion die Religiösen dazu, immer heftiger auf die Bedeutung des blinden Glaubens zu pochen.

Als Resultat dieses Glaubens hat es sich übrigens in vielen Teilen der Welt als unmöglich erwiesen, zu verhindern, dass sich die Menschen auf alarmierende Weise vermehren. Schuld daran sind wenigstens zum Teil die fehlgeleiteten spirituellen Führer unserer Rasse. Im Verlauf deines eigenen Lebens könntest du durchaus die Ankunft des neunmilliardsten Erdenbürgers erleben. Wenn du ein Inder bist (und die Chance, dass du einer bist, steht sechs zu eins), wirst du noch leben, wenn die Population dank des Versagens der staatlich gesteuerten Familienplanung in diesem armen, von Göttern heimgesuchten Land die Bevölkerung Chinas noch überholt. Und wenn zum Teil als Folge der harten Einstellung der Religionen gegenüber Geburtenkontrolle zu viele Menschen geboren werden, dann sterben zugleich auch zu viele Menschen, weil die religiöse Kultur, indem sie sich weigert, die Fakten der menschlichen Sexualität zur Kenntnis zu nehmen, sich zugleich weigert, die Verbreitung sexuell übertragbarer Krankheiten zu bekämpfen.

Es gibt jene, die sagen, die großen Kriege des neuen Jahrhunderts werden wieder einmal, wie im Mittelalter, Religionskriege, Jihads und Kreuzzüge sein. Ich glaube ihnen nicht, jedenfalls nicht so, wie sie das meinen. Sieh dir die Moslem-Welt an, oder vielmehr die *islamistische* Welt, um den Ausdruck zu verwenden, der geprägt wurde, um den augenblicklichen »politischen Arm« des Islams zu beschreiben. Die Dissonanzen zwischen ihren großen

Mächten (Afghanistan gegen Iran gegen Irak gegen Saudi-Arabien gegen Syrien gegen Ägypten) fallen da am stärksten ins Auge. Es gibt sehr wenig, das einem gemeinsamen Ziel auch nur annähernd ähnelt. Selbst nachdem die nicht-islamische Nato einen Krieg für die muslimischen Kosovo-Albaner führte, ließ sich die Muslim-Welt enorm viel Zeit, bis sie sich zur dringend benötigten humanitären Hilfe bequemte.

Die echten Religionskriege sind diejenigen, welche die Religionen in ihrer »Einfluss-Sphäre« gegen ganz gewöhnliche Bürger führen. Es sind Kriege der Gottesfürchtigen gegen die weitgehend Wehrlosen – amerikanische Fundamentalisten gegen Pro-Choice-Ärzte, iranische Mullahs gegen die jüdische Minderheit in ihrem Land, die Taliban gegen die Bewohner Afghanistans, die Hindu-Fundamentalisten in Bombay gegen die zunehmend angsterfüllten Muslime in der Stadt.

Sieger in diesem Krieg dürfen niemals die Engstirnigen werden, die, wie immer, mit Gott an ihrer Seite in die Schlacht marschieren. Den Unglauben wählen heißt Verstand statt Dogma wählen, auf unsere Menschlichkeit vertrauen, statt auf all diese gefährlichen Gottheiten. Also, wie sind wir hierher gekommen? Such nicht in Geschichtenbüchern nach der Antwort. Das unzulängliche Wissen der Menschheit mag eine holprige Straße voller Schlaglöcher sein, aber es ist die einzige Straße, die einzuschlagen sich lohnt. Vergil, der daran glaubte, dass der Imker Aristäus spontan neue Bienen aus dem verrottenden Kadaver einer Kuh hervorbringen konnte, war der Wahrheit über unseren Ursprung näher als all die hochverehrten alten Bücher.

Was in uralter Zeit Weisheit war, ist in der modernen Zeit Unsinn. Lebe du in deiner Zeit, verwende, was wir wissen, und während du erwachsen wirst, wird die menschliche Rasse möglicherweise mit dir zusammen erwachsen werden und den ganzen Kinderkram hinter sich lassen.

Wie es im Liede heißt: *It's easy if you try*.

Was nun die Sterblichkeit betrifft, die zweite große Frage – Wie soll man leben? Welche Handlungsweise ist richtig, und welche falsch? –, so kommt es auf deine Bereitschaft an, selbständig zu denken. Nur du persönlich kannst entscheiden, ob du dir von Priestern die Gesetze vorschreiben lassen und akzeptieren willst, dass Gut und Böse irgendwie außerhalb unserer selbst existieren. Für mich wird unser ethisches Ich durch die Religion, selbst in ihrer höchst entwickelten Form, im Wesentlichen nur infantilisiert, indem sie uns unfehlbare moralische Arbiter und unverbesserlich unmoralische Versucher vor die Nase setzt; die ewigen Elternpaare, Gut und Schlecht, Hell und Dunkel, des übernatürlichen Reichs.

Wie also sollen wir ohne ein göttliches Regelbuch oder einen Richter eine ethische Wahl treffen? Ist der Unglaube nur der erste Schritt auf dem langen Abstieg in den Hirntod des kulturellen Relativismus, nach dem viele unerträgliche Dinge – die weibliche Beschneidung, um nur eines davon zu nennen – mit kulturell spezifischen Gründen entschuldigt und die Universalität der Menschenrechte auch ignoriert werden dürfen? (Dieses letzte Beispiel moralischen Widerspruchs findet Unterstützung in einigen der autoritärsten Regimes der Welt, aber niederschmetternderweise auch auf den Leserbriefseiten des *Daily Telegraph*.)

Nein, ist er nicht, aber die Gründe dafür, das zu behaupten, sind nicht klar umrissen. Nur die Hardline-Ideologie ist fest umrissen. Die Freiheit, das Wort, das ich für die säkular-ethische Position verwende, ist notwendigerweise ungenauer. Jawohl, Freiheit ist der Raum, in dem Widerspruch herrschen kann, ist eine niemals endende Debatte. Sie ist nicht an sich die Antwort auf die Frage der Moral, sondern die Konversation über diese Frage.

Und sie ist weit mehr als bloßer Relativismus, weil sie nicht nur eine niemals endende Talkshow ist, sondern ein Ort, an dem Entscheidungen getroffen, Werte festgelegt und verteidigt werden. In der Geschichte Europas hat die intellektuelle Freiheit zumeist Freiheit von den Zwängen der Kirche bedeutet, nicht von denen des Staates. Das ist die Schlacht, die Voltaire schlug, und das ist es auch, was wir, die ganzen sechs Milliarden, für uns selbst tun könnten, die Revolution, in der jeder von uns einen kleinen, sechsmilliardsten Teil übernehmen könnte: Ein für alle Mal könnten wir uns weigern, die Priester und die Fiktionen, für die zu sprechen sie behaupten, zu Polizisten unserer Freiheiten und Verhaltensweisen zu machen. Ein für alle Mal könnten wir diese Geschichten in die Bücher verbannen, die Bücher ins Regal zurückstellen und die Welt undogmatisiert und einfach sehen.

Stell dir vor, es gäbe keinen Himmel, mein lieber Sechsmilliardster, und sofort ist das Firmament die Grenze.

Juli 1997

»Verdammich, das ist eben der Orient!«

Einmal hielt ich in Delhi vor Uni-Studenten eine Vorlesung, und als ich fertig war, hob eine junge Frau die Hand. »Mr. Rushdie, ich habe Ihren Roman *Mitternachtskinder* gelesen«, sagte sie. »Es ist ein sehr dickes Buch, aber ich hab's trotzdem durchgelesen. Und nun wollte ich Sie fragen: Was wollen Sie eigentlich damit sagen?«

Bevor ich ihr antworten konnte, sprach sie schon weiter. »Oh, ich weiß, was Sie jetzt sagen wollen. Sie wollen sagen, das ganze Werk – von vorn bis hinten – sei der Sinn der Sache. Das wollten Sie doch sagen, nicht wahr?«

»So etwas Ähnliches, vielleicht ...« Ich hörte auf.

Sie schnaubte verächtlich. »Das reicht aber nicht.«

»Bitte«, flehte ich, »muss ich denn nur eine Sache im Sinn haben?«

»Eigentlich«, gab sie mit beeindruckender Entschlossenheit zurück, »ja.«

Die zeitgenössische indische Literatur ist in den Vereinigten Staaten trotz ihrer beträchtlichen modernen Energie und Mannigfaltigkeit weitgehend unbekannt. Die wenigen Autoren, die Eindruck gemacht haben (R. K. Narayan, Vikram Seth), werden unvermeidlicherweise in einer Art literarischer Isolation gelesen: Texte ohne Kontext. Einige Schriftsteller indischer Herkunft (V. S. Naipaul, Bharati Mukherjee) weisen die ethnische Bezeichnung »indische Autoren« zurück, möglicherweise in dem Bemühen, sich in einen anderen, besser verständlichen literarischen Kontext zu stellen. Mukherjee sieht sich heutzutage als amerikanische Schriftstellerin, während Naipaul es vermutlich vorziehen würde, als Künstler von überall und nirgends gelesen zu werden. Die Inder (und seit der Teilung des Subkontinents vor nahezu fünfzig Jahren sollte man wohl sagen, auch die Pakistanis) sind seit langem Migranten, suchen ihr Glück in Afrika, Australien, Großbritannien, der Karibik und Amerika, und diese Diaspora hat zahlreiche Autoren hervorgebracht, die Anspruch auf ein Übermaß an Wurzeln erheben; Autoren wie der kaschmiri-amerikanische Dichter Agha Shahid Ali, dessen Verse von Amherst, Massachusetts, auf dem Umweg über andere Katastrophen in Richtung Srinagar zielen:

> Was außer Gott verschwindet am Altar?
> O Kaschmir, Armenien, einst verschwunden. Worte sind nichts,
> nur Gerüchte – wie Rosen –, um ein Blutbad zu schmücken.

Wie also soll man eine einfache, zusammenfassende Erklärung – »Was wollen Sie eigentlich damit sagen?« – über eine so vielfältige Literatur abgeben, die aus dieser riesigen Masse Land mit seinen Myriaden Menschen (bei der letzten Zählung nahezu eine Milliarde) kommt, dieser unendlich großen, metamorphischen, kontinent-großen Kultur, die Inder und Besucher gleichermaßen als einen Nonstop-Angriff auf die Sinne, die Gefühle, die Phantasie und den Geist empfinden? Verlegte man Indien in den Atlantischen Ozean, würde es von Europa bis nach Amerika reichen; legt man Indien und China zusammen, hat man fast die Hälfte der Weltbevölkerung zusammen.

Heutzutage scheinen alle paar Wochen neue indische Autoren aufzutauchen. Ihre Arbeit ist so polymorph wie das Land, und Leser, denen die Vitalität der Literatur am Herzen liegt, werden feststellen, dass wenigstens einige dieser Stimmen etwas sagen, das sie hören wollen. Der herannahende fünfzigste Jahrestag der Unabhängigkeit Indiens ist ein willkommener Vorwand für einen Überblick über ein halbes Jahrhundert Post-Liberation-Schreibens. Seit vielen Monaten habe ich mich jetzt durch diese Literatur gelesen, und meine Fragestellerin in Delhi wird sich freuen zu hören, dass diese Erfahrung mich in der Tat zu einer einzigen – unerwarteten und zutiefst ironischen – Schlussfolgerung gebracht hat.

Hier ist sie: Die Prosa – Fiction wie Non-Fiction –, die in dieser Periode von indischen, auf Englisch schreibenden Indern geschaffen wurde, erweist sich als Gesamtwerk interessanter denn das meiste, das in den sechzehn offiziellen Sprachen Indiens, den so genannten »einheimischen Sprachen«, in diesem Zeitraum hervorgebracht wurde.

Dies ist eine kühne Behauptung, obwohl sie für westliche Leser leicht zu akzeptieren ist; wenn die meisten englisch schreibenden indischen Autoren im Westen noch immer weitgehend unbekannt sind, ist dieses Problem im Fall der einheimischen Sprachen noch weit größer. Von Indiens nicht-englisch schreibenden Autoren wäre wohl nur der Name des bengalischen Nobelpreisträgers Rabindranath Tagore bekannt, und selbst sein Werk, obwohl in Lateinamerika noch immer beliebt, ist anderswo ein ziemlich fest geschlossenes Buch.

Es ist jedoch eine Behauptung, die den Erkenntnissen der literarischen Kritik Indiens in großen Teilen widerspricht.* Und eine Behauptung, die ich aus meinem eigenen Munde niemals erwartet hätte.

Zugegeben, ich habe ausschließlich englische Texte gelesen; in Indien gibt es ein echtes Problem mit der Übersetzung – nicht nur ins Englische, sondern von einer einheimischen Sprache in die andere –, und es ist möglich, dass den guten Autoren durch

---

* Als dieser Essay anfangs in zwei leicht verschiedenen Versionen erschien, löste er Stürme von Protesten und Tadel aus. Nahezu alle indischen Kritiker und die meisten indischen Autoren widersprachen seiner zentralen Feststellung. Entsprechend wurden die Leser gewarnt, dass meine Ansicht unpassend sei. Was nicht unbedingt heißen muss, dass sie falsch ist.

die Unzulänglichkeit ihrer Übersetzer ein Bärendienst geleistet wurde. Heutzutage jedoch haben Institute wie die Indian Sahitya Akademi und die UNESCO wie auch die indischen Verleger selbst beträchtliche Mittel in die Erstellung besserer Übersetzungen gesteckt, und während das Problem noch immer nicht beseitigt ist, so ist es doch wesentlich verringert worden.

Ich sollte hinzufügen, dass ich die Poesie von meiner These ausnehme. Die reichen lyrischen Traditionen Indiens blühen in vielen Sprachen weiter; die englischsprachigen Dichter kommen hier dagegen nur mit ganz wenigen Ausnahmen – Arun Kolatkar, A. K. Ramanujan, Jayanta Mahapatra, Dom Moraes – an die Qualität ihrer Prosa-Kollegen heran.

Ironischerweise gab es im Jahrhundert vor der Unabhängigkeit viele landessprachliche Autoren, denen in jeder Anthologie ein Platz gebühren würde: Bankim Chandra Chatterjee, Rabindranath Tagore, Dr. Muhammad Iqbal, Mirza Ghalib, Bibhutibhushan Banerjee (der Autor von *Pather Panchali*, auf dem die gefeierte Apu-Filmtrilogie Satyajit Rays beruht) und Premchand, der produktive (und daher sehr variable) Hindi-Autor des, unter vielen anderen, berühmten Romans über das ländliche Leben *Godaan* oder *The Gift of a Cow*.

Das soll nicht heißen, dass außerhalb der englischen Sprache keine hervorragenden Schriftsteller zu finden sind. Zu den führenden Köpfen zählen Mahasveta Devi (Bengali), O. V. Vijayan (Malayalam), Nirmal Verma (Hindi), U. R. Ananthamurthy (Kannada), Suresh Joshi (Gujarati), Amrita Pritam (Punjabi), Qurratulain Haider (Urdu) oder Ismat Chughtai (Urdu). Aber diese Künstler sind auf zahlreiche Sprachen verteilt; hingegen ist es die Konzentration der neuen Talente auf Englisch, die das Phänomen, den »Boom«, bewirkt hat. Für mich ist der beste indische Autor, der in Übersetzung zu haben ist – ein besserer Autor als die meisten englischsprachigen – Saadat Hasan Manto, ein immens beliebter Urdu-Autor von Romanen, die in den unteren Schichten spielen; von konservativen Kritikern wurde er wegen seiner Wahl der Charaktere und des Milieus zuweilen genauso verrissen, wie Virginia Woolf voller Snobismus die fiktive Welt von James Joyces *Ulysses* herabgesetzt hat. Mantos Meisterwerk ist vermutlich die Kurzgeschichte »Toba Tek Singh«, eine Parabel über die Teilung Indiens, in der ein Irrenhaus nahe der neuen Grenze beschließt, die Irren müssten ebenfalls geteilt werden: die indischen Irren nach Indien, die pakistanischen Irren nach Pakistan. Aber alles ist verschwommen, der genaue Verlauf der Grenze genauso wie die Herkunft der einzelnen Irren. Die Irren in der Anstalt werden in dieser urkomischen Story zur perfekten Metapher für den größeren Wahnsinn der Geschichte.

Für manche indischen Kritiker wird die indische Literatur in englischer Sprache niemals mehr sein als eine postkoloniale Anomalie, das Bastard-Kind des Empire, gezeugt von den abziehenden Briten mit Indien; der kontinuierliche Gebrauch der alten kolonialen Sprache wird als fataler Fehler angesehen, der diese Texte auf immer unauthentisch mache. Die »indo-englische« Literatur ruft bei diesen Kritikern dieselbe von Vorurteilen belastete Reaktion hervor, wie manche Inder sie der »anglo-indischen« Gemeinde des Landes, das heißt den Eurasiern, entgegenbringen.

Vor fünfzig Jahren hielt Jawaharlal Nehru auf Englisch seine große »Freedom at Midnight«-Rede, die den Moment der Unabhängigkeit markierte:

> Glockenschlag Mitternacht, wenn die Welt schläft, wird Indien zum Leben und zur Freiheit erwachen. Es wird ein Augenblick kommen, den es in der Geschichte nur selten gibt, da wir aus dem Alten ins Neue treten, da ein Zeitalter endet und da die Seele einer lange unterdrückten Nation endlich ihre Stimme findet.

Seit dieser eindeutig anglophonen Ansprache wird die Rolle des Englischen selbst in Indien immer wieder diskutiert. Versuche, aus Indiens kontinentalem Vorrat an Sprachen medizinische, naturwissenschaftliche, technologische und Alltagsneologismen zu prägen, um die gebräuchlichen englischen Ausdrücke zu ersetzen, sind häufig auf das komischste gescheitert. Und als die marxistische Regierung des Staates Bengalen Mitte der Achtziger verkündete, der angeblich elitäre, kolonialistische Englischunterricht werde in staatlichen Grundschulen ausgesetzt, bezeichneten viele Linke diese Entscheidung selbst als elitär, da sie den Massen die zahlreichen wirtschaftlichen und gesellschaftlichen Vorteile durch die Beherrschung der Weltsprache vorenthalte; nur der wohlhabenden Elite an den Privatschulen würde von nun an dieses Privileg zuteil werden. Ein bekanntes Graffito in Kalkutta klagte: *My son won't learn English. Your son won't learn English. But Jyoti Basu* [der Ministerpräsident] *will send his son abroad to learn English.* Des einen Menschen Privilegien-Ghetto ist des anderen Weg in die Freiheit.

Wie den griechischen Gott Dionysos, der zerstückelt und dann wieder zusammengesetzt wurde – und der Sage nach einer der ersten Eroberer Indiens war –, nannte man die indische, auf Englisch geschriebene Literatur »zweimal geboren« (so der Kritiker Meenakshi Mukherjee), um ihre doppelte Abstammung anzudeuten. Während ich die dionysischen Resonanzen dieser angeblichen Doppelgeburt attraktiv finde, scheint sie mir doch auf der falschen Voraussetzung aufzubauen, dass Englisch, da es von außerhalb Indiens kam, deswegen dort automatisch etwas Fremdes sein muss. Urdu, meine eigene Muttersprache, das Camp-Argot der frühen Muslim-Eroberer des Landes, war ursprünglich ebenfalls eine Einwanderersprache, entstanden aus einer Mischung aus der mitgebrachten Sprache der Eroberer und der einheimischen Sprache, die sie vorfanden. Dennoch wurde es schon vor langer Zeit auf dem Subkontinent zu einer naturalisierten Sprache; und dasselbe ist inzwischen mit dem Englischen geschehen. Englisch ist zu einer indischen Sprache geworden. Deren koloniale Ursprünge bedeuten, dass sie, genau wie Urdu und anders als all die anderen indischen Sprachen, keine regionale Basis hat; aber in jeder anderen Hinsicht hat sie sich zweifellos endgültig eingenistet.

(In vielen Teilen Südindiens ziehen es die Einheimischen vor, mit zu Besuch weilenden Nordindern statt Hindi, das ihnen gegenüber ihrer eigenen Sprachen Tamil, Kannada oder Malayalam wie eine koloniale Sprache vorkommt, Englisch zu sprechen; diese hat im Süden den kulturell neutralen Status einer *lingua franca* erworben. Der neue Silicon-Valley-artige Boom der Computertechnologie, der die Ökonomie in Bangalore und Madras verändert, hat dem Englischen in diesen Städten eine noch größere Bedeutung verliehen als zuvor.)

Gewiss, indisches Englisch ist kein »englisches« Englisch, ebenso wenig wie irisches, amerikanisches oder karibisches Englisch. Und es gehört zu den Erfolgen der englisch schreibenden indischen Autoren, literarische Stimmen gefunden zu haben, die so eindeutig indisch und ebenso für jegliche Anwendung in der Kunst geeignet sind wie jene anderen englischen Sprachen, die in Irland, Afrika, den Westindischen Inseln und den Vereinigten Staaten entstanden sind.

Dennoch wird diese neue Literatur immer wieder einmal von indischen Kritikern angegriffen. Man wirft ihren Anhängern vor, sie seien viel zu sehr »obere Mittelklasse«; es fehle ihnen an Vielseitigkeit bei der Auswahl ihrer Themen und Techniken; sie seien in Indien weniger populär als außerhalb Indiens; ihr guter Ruf sei aufgebauscht, weil sie die Macht der internationalen englischen Sprache sowie die Zugänglichkeit für westliche Kritiker und Verleger besäßen, um dem Osten ihren kulturellen Standard aufzuprägen; sie lebten in vielen Fällen außerhalb Indiens; sie seien so sehr entwurzelt, dass es ihrem Werk an der spirituellen Dimension fehle, die für ein »echtes« Verständnis der indischen Seele unerlässlich sei; sie seien nur unzulänglich mit den uralten Traditionen Indiens verknüpft; sie seien das literarische Äquivalent der MTV-Kultur, der globalisierenden Coca-Cola-Kolonisation; und sogar, wie ich leider berichten muss, sie litten an einem Zustand, den kürzlich ein WASP-Kommentator, Pankaj Mishra, als »Rushdie-itis« bezeichnete, einen »Zustand, den Rushdie persönlich in seinen späteren Arbeiten für sich in Anspruch genommen hat«.

Es ist interessant, dass nur wenige dieser Kritiken im wahrsten Sinne des Wortes literarisch sind. Denn zumeist befassen sie sich weder mit Sprache noch mit Stimme, psychologischer oder sozialer Kenntnis, Phantasie oder Talent. Stattdessen befassen sie sich mit Klassen, Macht und Glauben. Es haftet ihnen ein Hauch politischer Korrektheit an: Die ironische Behauptung, dass Indiens beste Literatur seit der Unabhängigkeit vermutlich in der Sprache der abgereisten Imperialisten geschrieben worden sein könnte, ist für manche Leute schwer zu ertragen. Es darf nicht wahr sein, deswegen darf man nicht zulassen, dass es wahr ist. (Dass zahlreiche Attacken gegen die englischsprachige indische Literatur auf Englisch und von Autoren verfasst wurden, die selbst der college-gebildeten, Englisch sprechenden Elite angehören, ist eine weitere Ironie.)

Schnell wollen wir konzedieren, was konzediert werden muss. Es trifft zu, dass die meisten dieser Autoren aus den gebildeten Schichten Indiens kommen; aber wie könnte es anders sein in einem Land, das immer noch unter hohen Analphabetenquoten leidet? Daraus folgt jedoch nicht – es sei denn, man hält sich an eine streng klassenkämpferische Betrachtung der Welt –, dass Autoren mit dem Privileg einer guten Ausbildung automatisch Romane schreiben, die nur das Leben der Bourgeoisie porträtieren. Es stimmt zwar, dass eine gewisse Vorliebe für großstädtische und kosmopolitische Belletristik besteht, aber es hat im Laufe dieses halben Jahrhunderts etliche ehrliche Versuche gegeben, so viele indische Realitäten wie möglich zu behandeln, ländliche wie städtische, fromme wie weltliche. Dies ist außerdem, vergessen wir das nicht, eine junge Literatur. Sie stemmt sich noch gegen die Grenzen des Möglichen.

Das Argument hinsichtlich der Macht der englischen Sprache sowie der westlichen Verlags- und Kritiker-Verbrüderung enthält ebenfalls einige Wahrheit. Vielleicht ist es auch tatsächlich so, wie einige »einheimische« Kommentatoren behaupten, dass den Literaten von außen bestimmte Kriterien aufgezwungen wurden. Vom

Westen aus sieht das freilich ganz anders aus. Hier scheint es wiederum so zu sein, dass westliche Verleger und Kritiker allmählich immer mehr von den Stimmen aus Indien begeistert sind; in England werden die britischen Autoren häufig von den Rezensenten getadelt, weil ihnen die Ambitionen und der Verve der Inder fehle. Man hat das Gefühl, dass sich der Osten dem Westen aufdrängt statt umgekehrt.

Und, jawohl, die englische Sprache ist das mächtigste Kommunikationsmedium der Welt; sollten wir uns nicht freuen, dass diese Künstler sie beherrschen und dass sie wachsenden Einfluss ausüben? Die Schriftsteller für ihren erfolgreichen »Ausbruch« zu kritisieren ist nichts weiter als Engstirnigkeit (und Engstirnigkeit ist vermutlich das Hauptübel der einheimischen Literatur). Eine wichtige Dimension von Literatur ist, dass sie ein Instrument für die Konversation mit der Welt ist. Diese Autoren stellen sicher, dass Indien, oder vielmehr die indischen Stimmen (denn sie sind zu gut, um in die Falle zu gehen und *nationalistisch* zu schreiben), von nun an unerlässliche Teilnehmer dieser literarischen Konversation sind.

Gewiss, viele dieser Autoren sind außerhalb Indiens beheimatet. Auch Henry James, James Joyce, Samuel Beckett, Ernest Hemingway, Gertrude Stein, Mavis Gallant, James Baldwin, Graham Greene, Gabriel García Márquez, Mario Vargas Llosa, Jorge Luis Borges, Vladimir Nabokov, Muriel Spark waren oder sind Wanderer. Muriel Spark, im März 1997 mit dem britischen Literature Prize für ihr Lebenswerk ausgezeichnet, behauptete sogar, Reisen in andere Länder sei ein wesentlicher Faktor für alle Autoren. Die Literatur hat wenig oder gar nichts mit der Heimatanschrift eines Schriftstellers zu tun.

Wenn wir von einem Land sprechen, das so voller Frömmigkeit ist wie Indien, ist die Religionsfrage, sowohl als Thema wie auch als Annäherung an ein Thema, eindeutig von Bedeutung; aber es wäre mit Sicherheit übertrieben, sie, wie es ein führender Wissenschaftler, der gestrenge Professor C. D. Narasimhaiah tut, als Kriterium zu benutzen. Folge wäre, dass zum Beispiel Mulk Raj Anand für seinen »Mut« gelobt wird, nur weil er es als linker Autor einer Person gestattet, sich von tiefem Glauben leiten zu lassen, während Arun Kolatkars Dichtung dafür in ein schlechtes Licht gerückt wird, dass er »die Tradition missachtet und ein Vakuum schafft« und daher »an Bedeutung verliert«, weil er in *Jejuri*, einem Lyrik-Zyklus über den Besuch einer Tempelstadt, die steinernen Götter in den Tempeln skeptisch mit den Steinen auf den nahen Hügeln gleichsetzt («und jeder zweite Stein/ist Gott oder sein Cousin«). Tatsächlich verfügen viele der Autoren, die ich bewundere, über profunde Kenntnisse von der »indischen Seele«; viele empfinden tiefe spirituelle Anteilnahme, während andere radikal säkular sind, aber das Bedürfnis, sich mit Indiens religiösem Ich zu beschäftigen, eine Art Bilanz zu ziehen, findet man überall.

Die Minderung künstlerischer Qualität, wie sie durch die Behauptung der Entwurzelung und Verwestlichung angedeutet wird, ist in den Werken dieser Autoren bemerkenswerterweise nirgends zu finden. Und was die angeblich excessive Rushdie-itis betrifft, so kann ich nicht leugnen, dass ich gelegentlich selbst an so etwas Ähnlichem gelitten habe. Es war jedoch ein kurzlebiges Virus. Jene, die es befiel, schüttelten es bald wieder ab und fanden ihre eigene, wahre Stimme. Und heutzutage scheint mehr oder weniger jeder gegen diese Krankheit immun zu sein.

Wie dem auch sei, es gibt keine feindselige Verbindung zwischen der englischsprachigen Literatur und den anderen Literaturen Indiens. In meinem Fall, und ich vermute, im Fall eines jeden indischen Autors, der auf Englisch schreibt, ist die Kenntnis der und die Liebe zu den indischen Sprachen, mit denen ich aufgewachsen bin, immer von lebenswichtiger persönlicher und künstlerischer Bedeutung geblieben. Für mich als Individuum bleibt Hindi-Urdu, das »Hindustani« Nordindiens, ein wesentlicher Aspekt meines Selbstgefühls; als Autor bin ich zum Teil von der ständigen Gegenwart jener anderen Musik in meinem Kopf, den Rhythmen, Gesetzmäßigkeiten und Gewohnheiten des Denkens und der Metaphern der Sprachen meiner indischen Heimat geprägt worden.

In welcher Sprache auch immer wir schreiben, wir trinken aus derselben Quelle. Indien, dieses unerschöpfliche Füllhorn, ernährt uns alle.

Der erste indische Roman auf Englisch war ein Flop. *Rajmohan's Wife* (1864) ist ein armseliges, melodramatisches Machwerk. Bankim Chandra Chatterjee, der Autor, kehrte anschließend zum Bengalischen zurück und erlangte prompt hohes Ansehen. Von da an gab es ungefähr siebzig Jahre lang keinerlei englischsprachige Romanliteratur, bei der man von Qualität sprechen konnte. Es war die Generation der Unabhängigkeit, »Mitternachtseltern« könnte man sie nennen, deren Mitglieder die wahren Architekten dieser neuen Tradition waren. (Jawaharlal Nehru selbst war ein guter Schriftsteller; seine Autobiographie und seine Briefe sind bedeutende, einflussreiche Werke. Und Nayantara Sahgal, seine Nichte, deren frühe Memoiren *Prison and Chocolate Cake* wohl die schönste Beschwörung der berauschenden Zeit der Unabhängigkeit enthalten, zählte später zu den größeren Romanciers.)

In dieser Generation wurde Mulk Raj Anand sowohl von Joyce als auch von Marx beeinflusst, vor allem aber vielleicht von den Lehren Mahatma Gandhis. Am bekanntesten ist er für seine sozialrealistischen Werke wie etwa den Roman *Coolie*, eine Studie des Lebens der Arbeiterklasse, die an das italienische neorealistische Nachkriegskino erinnert (an de Sicas *Fahrraddiebe* oder Rossellinis *Rom, offene Stadt*). Raja Rao, ein Sanskrit-Gelehrter, schrieb energisch von der Notwendigkeit, ein indisches Englisch für sich zu erfinden, aber selbst *Kanthapura*, sein viel gepriesenes Porträt des Dorflebens, wirkt heutzutage altmodisch, seine Betrachtungsweise schwülstig und zugleich archaisch. Der hundertjährige Nirad C. Chaudhuri war sein langes Leben hindurch ein gebildeter und boshafter Mensch. Seine Meinung lautete, wenn ich sie hier paraphrasieren und zusammenfassen darf, dass Indien keine eigene Kultur besitzt und dass alles, was wir heute als indische Kultur bezeichnen, von Wellen aufeinander folgender Eroberungen ins Land getragen wurde. Eine Ansicht, die ihn, polemisch und brillant ausgedrückt, bei nur wenigen seiner indischen Mitbürger beliebt gemacht hat. Dass er immer kräftig gegen den Strom geschwommen ist, hat dagegen nicht verhindert, dass *The Autobiography of an Unknown Indian* als das Meisterwerk anerkannt wurde, das es ist.

Die bedeutendsten Schriftsteller dieser ersten Generation, R. K. Narayan und G. V. Desani, hatten entgegengesetzte Karrieren. Narayans Bücher füllen ein beträchtliches Regal; Desani ist der Autor eines einzigen Romans, *All About H. Hatterr*, und dieser einzige Band ist schon fünfzig Jahre alt. Desani ist nahezu unbekannt, während R. K. Narayan natürlich ein weltbekannter Name ist, weil er die imaginäre Stadt Malgudi erfunden und so liebevoll gestaltet hat, dass sie für uns lebendiger wurde als die meisten realen Orte. (Aber Narayans Realismus ist mit Spuren von Legenden durchsetzt; der Fluss Sarayu, an dessen Ufern die Stadt liegt, ist einer der großen Flüsse der Hindu-Mythologie. Es ist, als hätte William Faulkner sein Yoknapatawpha County an die Ufer des Styx verlegt.)

Narayan zeigt uns immer wieder den Streit zwischen dem traditionellen, statischen Indien einerseits und dem modernen und fortschrittlichen andererseits, in vielen seiner Geschichten und Romane dargestellt durch eine Konfrontation zwischen einem Schwächling und einem Tyrann – zum Beispiel in *The Painter of Signs* dem Schildermaler und seiner aggressiven Geliebten mit ihrer Kampagne für die Geburtenkontrolle; dem Süßwarenverkäufer aus *The Vendor of Sweets* und seiner emanzipierten amerikanischen Schwiegertochter mit ihrer absurden »Romanschreibmaschine«; oder dem sanftmütigen Drucker und dem extrovertierten Tierpräparator in *Der Menschenfresser von Malgudi*. Mit seiner behutsamen, ein wenig komischen Kunst dringt Narayan tief ins Herz der »Conditio indiana« ein und darüber hinaus auch in die »Conditio humana« selbst.

G. V. Desani, der Autor, den ich neben Narayan gestellt habe, ist so tief aus der Gunst des Publikums gefallen, dass das außergewöhnliche *All about H. Hatterr* gegenwärtig überall vergriffen ist, sogar in Indien. Milan Kundera hat einmal gesagt, dass die ganze moderne Literatur entweder von Richardsons *Clarissa* oder von Sternes *Tristram Shandy* abstammt, und wenn Narayan Indiens Richardson ist, dann ist Desani sein anderes Shandy-Ich. *Hatterrs* glänzende, verwirrende, sprunghafte Prosa ist der erste aufrichtige Versuch, über das Englischsein der englischen Sprache hinauszugelangen. Seine zentrale Figur, »Fifty-fifty der Spezies«, das Halbblut als unerschrockener Antiheld, springt und tummelt sich hinter dem Werk vieler seiner Nachfolger:

> Die Erde war berauscht vom Wachstum der Weiden, Pfirsiche, Mangoblüten und Blumen. Jedes hässliche Ding, jeder üble Geruch war inkognito wie Duft und Frische. Da ich empfänglich war, schlug dieses typische Frühlingsgefühl, diese Aktivität, einen triumphierenden phantasmagorischen Ton im inneren Menschen an. Medizinisch gesprochen, ließen diese Verhältnisse meine endokrinen Drüsen vibrieren und machten mich eins mit einem wibbelwabbel *Whoa, Jamison!*-flipflap, um *zu leben, zu leben!*

Oder, abermals:

> Die Zwischenfälle finden in Indien statt. Ich war äußerst knapp bei Kasse: richtig in den Miesen. Und es ist erstaunlich, wie der Mangel an Barem im Orient sich irgendwie mit Romanzen und Weiblichem vermischt! Hier in England heißt es, wenn ein Mann pleite ist, sind die Weiber natürlich auf einmal verschwunden. Klingt vernünftig. Während sie sich draußen im Osten an dich hängen! Verdammich, das ist eben der Orient!

Das ist »Babu-Englisch«, das halb literarische, halb gelehrte Englisch der Basare, durch Bildung, intellektuelles Herumspielen und die schelmische Magie von Desanis einzigartiger Phrasierung und seinem Rhythmus in eine ganz neue Art literarischer Sprache verwandelt. Es fällt schwer, sich I. Allan Sealys jüngeres eurasisches Comic-Epos *The Trotter-Nama*, einen dicken Wälzer voller Interpolationen, Exklamationen, Resumptionen, Enkomia und Katastrophen ohne Desani vorzustellen. Auch meine eigene Arbeit hat ein paar Tricks von ihm gelernt.

Ved Mehta ist wohl bekannt sowohl für seine scharfsinnigen Kommentare über die indische Szene als auch für die bemerkenswerten Bände seiner Autobiographie. Der erste davon ist der bewegendste: *Vedi*, die Erinnerung an seine blinden Jugendjahre, beschreibt Grausamkeiten und Freundlichkeiten mit der gleichen Leidenschaftslosigkeit und enormem Affekt. (In jüngerer Zeit hat auch Firdaus Kanga in seinem autobiographischen Roman *Trying to Grow* körperliches Leiden mit wunderbarem Stil und komischem Brio verdeutlicht.)

Ruth Prawer Jhabvala, Autorin des Booker-Prize-Gewinners *Hitze und Staub* (später zu einem Merchant-Ivory-Film verarbeitet), ist eine angesehene Meisterin der Kurzgeschichte. Als Schriftstellerin wird sie in Indien manchmal unterschätzt, ich glaube, weil die Stimme des wurzelosen Intellektuellen (also in der Quintessenz ihre Stimme) in diesem Land, in dem sich die Menschen deutlich in ihren regionalen Identitäten definieren, etwas so Fremdartiges ist.

Dass Ruth Jhabvala eine zweite Karriere als Drehbuchautorin gemacht hat und dafür sogar einen Oscar erhielt, ist wohl bekannt. Aber nicht vielen Menschen ist bewusst, dass auch der verstorbene Satyajit Ray, Indiens größter Filmregisseur, außerdem ein hervorragender Autor von Kurzgeschichten war. Sein Vater war Redakteur von *Sandesh*, einer berühmten Kinderzeitschrift in Bengalen, und Rays bissige kleine Fabeln sind durch ihren kindlichen Charme umso aussagekräftiger geworden.

Anita Desai, eine von Indiens großen lebenden Autoren, kann durchaus mit Jane Austen verglichen werden. In Romanen wie *Im hellen Licht des Tages* – geschrieben in einem klaren, leichten

Englisch voll subtiler Stimmungen – zeigt sie sowohl ihr außergewöhnliches Geschick für soziale Porträts als auch – wie Jane Austen – einen unerbittlichen Sarkasmus bei ihren Einblicken in die menschlichen Motivationen. In *Der Hüter der wahren Freundschaft*, bis heute wohl ihrem besten Roman, benutzt sie sehr elegant die englische Sprache, um den Verfall einer anderen Sprache, des Urdu, und die hochliterarische Kultur, die darin lebte, zu schildern. Hier ist der Dichter, der letzte, sauflustige, heruntergekommene Hüter der sterbenden Tradition, (umgekehrt wie bei Narayan) der »Tyrann«; und die Hauptperson des Romans, Deven, der junge Bewunderer des Dichters, ist der »Schwächling«. Die sterbende Vergangenheit, die alte Welt, erklärt Desai uns, kann ebenso sehr eine Last sein wie die linkische, zuweilen querköpfige Gegenwart.

Obwohl V. S. Naipaul Indien als Außenseiter betrachtet, beschäftigt er sich so intensiv damit, dass keine Aufzählung der modernen indischen Literatur ohne ihn vollständig wäre. Seine drei Sachbücher über Indien, *Land der Finsternis*, *India. A Wounded Civilization* und *Indien. Ein Land in Aufruhr*, sind Schlüsselschriften, und nicht nur, weil sie zum Widerspruch reizen. Viele indische Kritiker nehmen Naipaul die Härte seiner Reaktionen übel. Immerhin haben einige von ihnen fairerweise konzediert, dass er Dinge attackiere, die des Attackierens wert sind. »Ich bin anti-Naipaul, wenn ich mich im Westen aufhalte«, hat mir ein führender südindischer Romancier erklärt, »aber zu Hause bin ich häufig pro-Naipaul.«

Einige von denen, die Naipaul aufs Korn nimmt, wie etwa – dies stammt aus *A Wounded Civilization* – das Institut für Agrartechnologie, das »Erntestiefel« (mit angefügten Messern) für die indischen Bauern zur Getreideernte erfindet, verdienen die volle Wucht seines Hohns. Ein anderes Mal wirkt er lediglich überheblich. Indien, das verlorene Paradies seiner Auswanderer-Vorfahren, hört nicht auf, ihn zu enttäuschen. Im dritten Band dieser Serie jedoch scheint er den Zustand des Landes zuversichtlicher zu sehen. Anerkennend spricht er von der Entstehung »eines zentralen Willens, eines zentralen Intellekts, einer nationalen Idee« und bekennt sich besänftigend, ja sogar bewegend zu der atavistisch gereizten Stimmung, in der er nahezu dreißig Jahre früher seine erste Reise unternahm. »Das Indien meiner Phantasie und meines Herzens war etwas Verlorenes, Unwiederbringliches ... Auf dieser ersten Reise war ich ein fürchterlicher Reisender.«

In *Land der Finsternis* rufen Naipauls Bemerkungen über indische Schriftsteller im Leser eine charakteristische Mixtur aus Zustimmung und abweichender Meinung hervor. Wenn er schreibt:

> ... man ist der Meinung, daß Englisch, so gut es für Tolstois Werke taugen mag, der indischen »Regionalliteratur« niemals wird gerecht werden können. Das mag sein; das wenige, was ich in englischer Übersetzung davon gelesen habe, hat in mir nicht den Wunsch erweckt, mir mehr davon zu besorgen. Der große, in Indien verehrte Premchand erwies sich als zweitklassiger Fabeldichter ... Andere Schriftsteller ermüdeten mich mit der Behauptung, daß Armut und Tod traurig seien. ... Viele der »modernen« Kurzgeschichten waren in Wirklichkeit bloß runderneuerte Volkssagen ...,[*]

dann drückt er auf seine emphatische, furchtlose Art und Weise aus, was ich ebenfalls empfunden habe. (Obwohl ich mehr von Premchand halte als er.) Wenn er weiterhin sagt,

> Der Roman ist eine westliche Kunstform. Er entsteht aus dem westlichen Interesse für die Befindlichkeit des Menschen und ist eine Reflexion des Hier und Jetzt. In Indien zogen tiefgründige Menschen es vor, dem Hier und Jetzt den Rücken zu kehren und das zu befriedigen, was Staatspräsident Radhakrishnan »das allgemein menschliche Bedürfnis nach dem Unsichtbaren« nennt. Das befähigt einen nicht eben zum Schreiben oder Lesen von Romanen ...,[**]

---

[*] V. S. Naipaul, *Land der Finsternis. Fremde Heimat Indien*. Aus dem Englischen von Dirk van Gunsteren, Hamburg: Hoffmann und Campe 1997.
[**] V. S. Naipaul, a.a.O.

dann kann ich nur einen Teil des Weges mit ihm gehen. Gewiss, viele gelehrte Inder treten für eine klangvoll undurchdringliche Form des Kritiko-Mystizismus ein. Einmal hörte ich, wie ein recht bekannter indischer Autor, der sich sehr für Indiens uralte Weisheiten interessierte, seine Theorie dessen erklärte, was man vielleicht als Motionismus bezeichnen könnte. »Nehmen wir das Wasser«, schlug er uns vor. »Wasser ohne *motion*, i. e. ohne Bewegung ist – was? Ein See. Nun gut. Und Wasser plus Bewegung ist – was? Ein Fluss. Verstehen Sie? Das Wasser ist immer noch dasselbe Wasser. Nur hat man ihm Bewegung hinzugefügt. Aus demselben Grund«, fuhr er fort, indem er einen atemberaubenden intellektuellen Sprung wagte, »ist die Sprache Schweigen, dem man Bewegung hinzugefügt hat.«

(Ein guter indischer Dichter, der im Publikum des großen Mannes neben mir saß, flüsterte mir ins Ohr: »Darm [engl. *bowels*] ohne Bewegung ist – was? Verstopfung! Darm plus Bewegung ist – was? Scheiße!«)

Ich bin mit Naipaul einer Meinung, dass Mystizismus für Romanautoren schlecht ist. Aber in dem Indien, das ich kenne, gibt es für jeden finsteren Motionisten einen lichten Bowelisten, der einem etwas ins Ohr flüstert. Für jeden weltfremden Sucher nach den uralten Weisheiten des Ostens gibt es einen klarsichtigen Zeugen, der hier und jetzt auf genau die Art reagiert, die Naipaul unzutreffend ausschließlich westlich nennt. Und wenn Naipaul damit schließt, dass Indien infolge der »fehlgeschlagenen« indo-britischen Begegnung nur wenig mehr ist als eine sehr naipaulische Gemeinschaft von Nachahmern – dass das künstlerische Leben im Land stagniert und der kreative Eifer versagt hat; dass »Shiva nicht mehr tanzt« –, dann fürchte ich, dass sich unsere Wege trennen müssen. *Land der Finsternis* wurde 1964 geschrieben, nur siebzehn Jahre nach der Unabhängigkeit, und ein bisschen früh für einen Nekrolog. Die zunehmende Qualität der indischen, auf Englisch geschriebenen Literatur könnte ihn noch eines Besseren belehren.

In den Achtzigern und Neunzigern wurde aus dieser guten Literatur eine richtige Flut. Bapsi Sidhwa ist, technisch gesehen, eine Pakistani, aber die Literatur braucht keine Trennungen, vor allem, da Sidhwas Roman *Cracking India* eine der schönsten Reaktionen auf den Horror der Teilung des Subkontinents ist. Gita Mehtas *Narmada oder Geschichten vom menschlichen Herzen* ist der wichtige Versuch einer ganz und gar modernen Inderin, mit der Hindu-Kultur abzurechnen, aus der sie kam. Padma Perera, Anjana Appachana (*Listening Now*) und Githa Hariharan, beide weniger bekannt als Sidhwa und Mehta, bestätigen die Qualität zeitgenössischer Literatur aus der Feder indischer Frauen.

Es entwickelte sich eine Anzahl verschiedener Arbeitsstile: der Stendhal-Realismus eines Schriftstellers wie Rohinton Mistry, des Autors zweier sehr gelobter Romane, *So eine lange Reise* und *Das Gleichgewicht der Welt*, sowie einer Sammlung von Kurzgeschichten, *Das Kaleidoskop des Lebens*; die ebenso naturalistische, aber leichtere, schneller bezaubernde Prosa von Vikram Seth (zugegeben, es liegt eine Art Perversität darin, im Zusammenhang mit einem Buch, das so viel pures literarisches Gewicht aufweist wie *Eine gute Partie*, von Leichtigkeit zu sprechen); die elegante gesellschaftliche Beobachtungsgabe von Upamanyu Chatterjee (*English, August*); die farbigere Art von Vikram Chandra (*Die fünf Seiten des Lebens*). Amitav Ghoshs bisher eindrucksvollster Erfolg ist die Non-Fiction-Studie von Indien und Ägypten, *In einem alten Land*. Es könnte sein, dass seine größte Stärke sich als Essayist in dieser Art erweist. Sara Suleri, deren Memoiren *Meatless Days* wie Bapsi Sidhwas *Cracking India* von jenseits der pakistanischen Grenze kommen, ist eine Non-Fiction-Autorin von immenser Originalität und Grazie. Und Amit Chaudhuris träge, elliptische, wunderschöne Prosa ist so eindrucksvoll, dass man sie kaum in überhaupt eine Kategorie einordnen kann.

Es ist höchst ermunternd, dass jetzt wieder eine neue begabte Generation auftaucht. Die Autorin Arundhati Roy aus Kerala ist mit einem lauten Trompetenstoß eingetroffen. Ihr Roman *Der*

Gott der kleinen Dinge ist ein ebenso ehrgeiziges wie funkelndes Stück Literatur und in einem fein ziselierten, ganz und gar persönlichen Stil geschrieben. Nicht weniger eindrucksvoll ist das Debüt von zwei weiteren neuen Romanciers. Ardashir Vakils *Beach Boy* und Kiran Desais *Der Guru im Guavenbaum* sind auf ihre höchst unterschiedliche Art sehr originelle Bücher. Das Vakil-Buch, eine Erzählung über das Heranwachsen eines Jungen in der Nähe des Juhu Beach in Bombay, ist bissig, komisch und temporeich; Kiran Desais Roman, eine Fabel im Stile Calvinos über einen unangepassten Burschen, der auf einen Baum klettert und zu einer Art kleinem Guru wird, ist opulent und sehr phantasievoll. Kiran Desai ist die Tochter von Anita: Durch ihr Erscheinen etabliert sich die erste Dynastie der modernen indischen Romanliteratur. Aber sie ist durchaus eine eigenständige Schriftstellerin und der willkommene Beweis dafür, dass Indiens Begegnung mit der englischen Sprache – weit davon entfernt, fehlgeschlagen zu sein – immer neue, mit reichen Gaben beschenkte Kinder zur Welt bringt.

Die Weltkarte geht nach der Mercatorprojektion nicht besonders freundlich mit Indien um und lässt es weitaus kleiner wirken als zum Beispiel Grönland. Auch auf der Karte der Weltliteratur ist Indien viel zu lange winzig gezeichnet worden. Fünfzig Jahre nach Indiens Unabhängigkeit geht dieses Zeitalter der Finsternis endlich zu Ende. Indiens Schriftsteller haben die alte Karte zerrissen und sind eifrig damit beschäftigt, ihre eigene zu zeichnen.

März 1997

Indiens fünfzigster Geburtstag

(Ursprünglich vom Time Magazine *in Auftrag gegeben und veröffentlicht)*

Es gibt eigentlich nur zwei Möglichkeiten, seinen fünfzigsten Geburtstag zu begehen. Man kann es (1) trotzig tun – indem man Vater Zeit eine lange Nase macht, die Mutter aller Partys schmeißt und die Absicht verkündet, in Unwürde alt zu werden – oder (2) mit Verdruss darauf reagieren, indem man so tut, als sei nichts passiert, den Kopf unter den Kissen vergräbt und wünscht, der Tag möge schnell zu Ende gehen. Als ich vor kurzem das halbe Jahrhundert vollendete, neigte ich eindeutig eher zu Route (1). Und nun ist Indien an der Reihe; aber obwohl der fünfzigste Jahrestag des Endes der britischen Herrschaft auf der ganzen Welt lauthals verkündet wurde, reagiert Indien selbst, indem es das Ereignis zwar nicht ganz ignoriert, darauf jedoch mit einem halbherzigen, mürrischen Achselzucken, einem gewissen Kategorie-(2)-Mangel an Festtagsstimmung quittiert, der so manchen internationalen Beobachter die Brauen hochziehen ließ. Man hat das Gefühl, die Lady hätte im Hinblick auf ihr Alter ganz gern gelogen.

Inder sind für das begeisterte Feiern von Jahrestagen stets weniger anfällig gewesen als Abendländer. Die alljährliche Parade am Republic Day (26. Januar), bei den Touristen in Indien vor allem beliebt wegen der Teilnahme prächtig aufgeputzter Elefanten, wird von den Einheimischen zumeist ignoriert. Auch der Independence

Day selbst (15. August) ist traditionell eine wenig glanzvolle Angelegenheit. Vor zehn Jahren, am vierzigsten Jahrestag des Endes des Raj, war ich am Roten Fort in Delhi und filmte die Ansprache des damaligen Premierministers Rajiv Gandhi an eine bedrückend indifferente Nation. Ja, das Publikum war so wenig beeindruckt, dass die Menschen in sehr großer Zahl einfach davongingen, während Rajiv noch immer sprach.

Die indische Regierungs-Elite ist schon seit langem überaus sparsam mit der Genehmigung öffentlicher Mittel für bloße Zurschaustellungen. Man ist der Ansicht, die Öffentlichkeit werde es missbilligen, wenn Geld zum Beispiel auf pyrotechnische Spielereien verschwendet würde, während man es für dringend benötigte Bewässerungsprojekte nutzen könnte. Dagegen mag man einwenden, die Wertschätzung der indischen Öffentlichkeit für ihre Führung sei wegen der kürzlichen Korruptionsskandale und endemischen Parteiengezänks so tief gesunken, dass schwer einzusehen ist, wieso ein bisschen Spaß die Lage noch verschlimmern könnte. Und tatsächlich liegen bisher keine speziellen Vorschläge für wichtige neue Projekte auf dem Tisch.

Man könnte sich daher eine Spur mehr subkontinentalen Rummels für die große Fünfzig wünschen, die vor der Tür steht. In Indien rangieren die Pläne, die bisher bekannt wurden, von konventionell Langweiligem (Mitglieder der indischen Nationalversammlung sollen Aufzeichnungen von Ansprachen der Gründer der Nation, Gandhi und Nehru, lauschen) über billige Amateuraufführungen, bei denen die Verabschiedung der Quit India Resolution 1942 in Bombay »wieder aufgeführt« wird, bis hin zu eindeutig Bizarrem: nämlich dem durchaus ernst gemeinten Vorschlag, den Jahrestag durch das Errichten einer Statue von Gandhiji – zweifellos nur mit seinem legendären Lendentuch bekleidet – *in der Antarktis* zu feiern. Und von Pakistan – schließlich ist es auch Pakistans fünfzigster Geburtstag – ist noch weniger zu erwarten; nach Aussagen der Pakistani High Commission in London hat die Regierung von Nawaz Sharif beschlossen, »bescheiden« zu feiern. Da Pakistani-Politiker nicht für ihre Bescheidenheit bekannt sind, wäre das irgendwie eine Premiere.

Vor fünfzig Jahren hat Mr. Nehru, als er sein Amt als Indiens erster Premierminister antrat, die Unabhängigkeit beschrieben als den Moment, »da die Seele einer lange unterdrückten Nation endlich ihre Stimme findet«. Die Erklärung für die gegenwärtige Weigerung der Nation, ihr *Nehru-topi* in die Luft zu werfen, ist in den nachfolgenden Prügeln zu suchen, welche die Geschichte dieser frisch befreiten Seele verabfolgt hat. Wenn viele Inder im August 1947 idealistische Hoffnungen in einen großen Neubeginn setzten, dann ist der August 1997 von dem Gefühl eines Endes beherrscht. Wieder ist ein Zeitalter beendet: das erste Zeitalter der Geschichte des postkolonialen Indien, könnte man sagen. Es war nicht das verheißene goldene Zeitalter der Freiheit. Die vorherrschende Stimmung ist die der Desillusionierung. Private Bürger wie öffentliche Kommentatoren liefern bereitwillig eine lange, überzeugende Liste der Gründe für diese Desillusionierung, beginnend mit der dunklen Seite der Unabhängigkeit selbst; das ist natürlich die Partition, die Teilung. Die Entscheidung, ein Muslim-Land, nämlich Pakistan, aus dem Körper des Subkontinents Indien zu schneiden, führte zu blutigen Massakern, bei denen über eine Million Hindus, Sikhs und Muslime ihr Leben ließen. Seitdem hat die Teilung die folgende Geschichte der Beziehungen zwischen den beiden neugeborenen Staaten vergiftet. Warum in aller Welt sollte also jemand den fünfzigsten Jahrestag einer der größten Tragödien des Jahrhunderts feiern wollen?

Wie viele säkular denkende Inder möchte ich behaupten, dass die Teilung ein vermeidbarer Fehler war, das Resultat nicht etwa historischer Unvermeidlichkeit oder des Volkswillens, sondern politischer Antagonismen – zwischen Gandhi und M. A. Jinnah, zwischen der Kongress-Partei und der Muslim League –, die Mr. Jinnah, ursprünglich ein entschiedener Gegner der Idee eines separaten Muslim-Staates, allmählich in ihren leidenschaftlichsten Vertreter und letztlich ihren Gründer verwandelten. (Die Teile-

und-herrsche-Taktik der Briten tat natürlich das Ihre dazu.) Meine eigene Familie, wie bei so vielen anderen Menschen muslimischer Herkunft, wurde durch die Partition geteilt. Meine Eltern entschieden sich dafür, in Bombay zu bleiben, ebenso meine beiden Onkels und ihre Familien, aber meine Tanten und ihre Familien gingen nach West-Pakistan, wie es bis 1971 hieß, als Ost-Pakistan sich abtrennte und zu Bangladesch wurde. Wir hatten Glück und entkamen dem schlimmsten Blutbad, aber unser Leben wurde durch die Grenze, die uns trennte, bestimmt und geformt. Wer würde das Herabsenken des Eisernen Vorhangs und den Bau der Berliner Mauer feiern?

Die Zeit nach der Teilung gab Anlass zu einer weiteren bekannten Klagelitanei. Die großen gesellschaftlichen Krankheiten der Nation sind nicht geheilt worden. Mrs. Indira Gandhis berühmter Slogan *Garibi Hatao* (Weg mit der Armut) war ein leeres Versprechen; Indiens Arme sind so arm wie immer und zahlreicher denn je, und zwar auch wegen der verhassten Zwangssterilisations-Kampagne ihres Sohnes Sanjay während Mrs. G.s Periode der diktatorischen »Emergency Rule« Mitte der Siebziger, durch die andere Bemühungen um Geburtenkontrolle mehr als eine Generation zurückgeworfen wurden. Analphabetentum, Kinderarbeit, Säuglingssterblichkeit, die Entbehrungen, die das Kastensystem den Angehörigen der niedrigeren oder gar keiner Kaste auferlegt, all diese wichtigen Fragen blieben unbeantwortet. (Dass einer Statue der Dalit und dem Führer der Unberührbaren, Dr. Ambedkar, kürzlich Girlanden von Schuhen um den Hals gelegt wurden, eine alte indische Beleidigung, führte zu tagelangen Tumulten in Bombay.)

Uralte Gewalt nimmt neue Formen an. Die Praxis, junge Frauen wegen ihrer Mitgift zu verbrennen, nimmt zu. Es gibt erschreckende Beweise für das rituelle Kinderopfer, ausgeübt von einigen Anhängern des Kultes um die Göttin Kali. Regelmäßig brechen kommunale Gewalttätigkeiten aus. Terroristen, die für einen separaten Sikh-Staat sind, legen im Punjab Bomben, und

Terroristen, die für den Separatismus Kaschmirs sind, entführen in diesem wunderschönen Fleckchen Erde Touristen. In Meerut, in Assam und in Ayodhya, Uttar Pradesh, hat es nach der Zerstörung des Babri Masjid, einer Moschee, von der manche glauben, sie stehe an der Stelle des Geburtsortes der Hindu-Gottheit Rama, durch Hindu-Nationalisten unendliches Blutvergießen gegeben.

Bombay, meine Heimatstadt, hat sich lange für immun gegen die schlimmsten von Indiens kommunalen Übeln gehalten; im Jahre 1993 wurde dieser Mythos durch eine Reihe von Bombenanschlägen zerstört, Beweis dafür, dass sich der Idealismus und die Unschuld des ersten Post-Independence-Zeitalters möglicherweise für immer in Luft aufgelöst haben – und das im Herzen dieser großen Metropole, die alles beherbergt, was es in dem neuen, modernisierten Indien gibt: sein Bestes und sein Schlimmstes, alles, was am dynamischsten innovativ und am hoffnungslosesten verarmt ist, am stärksten international ausgerichtet und am stärksten sektiererisch.

Und dann gibt es da die Korruption. In meinem Roman *Des Mauren letzter Seufzer* schildert eine Figur ihre Definition einer modernen indischen Demokratie («ein Mann, eine Bestechung») und das, was sie die indische Relativitätstheorie nennt («alles für die *relatives*, die Verwandten»). Wie das meiste, was über Indien geschrieben wird, wirkt dies übertrieben, ist in Wirklichkeit jedoch noch untertrieben. Der Umfang der öffentlichen Korruption ist heute fast lächerlich groß. Vom Maruti-Skandal der Siebziger (riesige Summen öffentlicher Gelder verschwanden aus einem »Volkswagen«-Projekt, geleitet von Sanjay Gandhi) über den Bofors-Skandal in den Achzigern (riesige Summen öffentlicher Gelder verschwanden aus einem internationalen Waffenhandel, der den Ruf Rajiv Gandhis befleckte) bis zu den Versuchen in den Neunzigern, die Bewegungen auf dem indischen Börsenmarkt zu manipulieren, indem man, natürlich, riesige Summen öffentlicher Gelder benutzte, ist die Lage immer schlimmer geworden. Gegen Dutzende von führenden Politikern, darunter der letzte Kongress-

Premierminister, P. V. Narasimha Rao, sind Verfahren im Gange. Und dann gibt es da noch Laloo Prasad Yadav, Ministerpräsident des Staates Bihar (einer der ärmsten Gegenden in Indien), dem die Verwicklung in Bihars so genannten »Fodder Scam« vorgeworfen wird, einem Schwindel im Zusammenhang mit dem Verschwinden, jawohl, riesiger Summen aus öffentlichen Geldern, mit denen viele Jahre lang die Zucht großer Herden von absolut fiktiven Rindern subventioniert wurde. Über 150 Millionen Dollar sollen auf diese Weise in einer Intrige verschwunden sein, wie sie selbst der unsterbliche Tschitschikow, der Antiheld in Gogols großem Schwindel-Roman *Die toten Seelen*, nicht hätte erfinden können.

Es wäre leicht, auf diese Art fortzufahren. Da gibt es ein Anwachsen von extremistischem Hindu-Nationalismus, den Niedergang des Beamtentums, auf das sich die indische Demokratie so lange verlassen hat, und die Tendenz der Koalition, die die indische Minderheitenregierung von Premierminister I. K. Gujral unterstützt, in die Brüche zu gehen. Mit betrüblicher Häufigkeit spalten sich Teile von ihr ab – die Yadav-Faktion ist fort, und die DMK-Partei aus dem Süden hat ebenfalls gedroht, die Koalition zu verlassen –, und die Regierung überlebt nur noch, weil niemand allgemeine Wahlen will; niemand, das heißt bis auf die Partei der militanten Hindus, Bharatiya Janata Party (BJP), die größte einzelne Partei im Parlament, die zwar gegenwärtig von der Macht ausgeschlossen ist, bei der nächsten Runde jedoch wahrscheinlich sogar noch mehr Sitze gewinnen und somit schwerer zu bändigen sein wird. Wenn Sie altmodisch sind, mögen Sie sich über die Wirkung der MTV-Kultur auf die indische Jugend beschweren, und als Sportfan können Sie Indiens Mangel an Weltklasse-Athleten beklagen.

Dennoch ist mir nach Feiern zumute. Nicht alle Nachrichten sind schlecht. (Zum Beispiel wird die Wahl von Indiens erstem Präsidenten aus der Kaste der Unberührbaren, Kocheril Raman Narayanan, vermutlich zum Abbau der schlimmsten Exzesse des Kastensystems führen.) Vor allem jedoch möchte ich die Vorteile der wichtigsten Sache preisen, die um jene Mitternacht vor fünfzig Jahren entstanden ist, der Sache, die alles überlebt hat, womit die Geschichte sie beschuldigen konnte: Das ist die so genannte »Idee Indien«. Ich habe einen großen Teil meines Erwachsenenlebens damit verbracht, über diese Idee nachzudenken und zu schreiben. Zur Zeit des letzten Anfalls von Jahrestagsfieber im Jahre 1987 bin ich durch ganz Indien gereist und habe gewöhnliche Inder gefragt, was diese Idee ihrer Meinung nach bedeute und ob sie sie für wichtig hielten. Angesichts von Indiens Größe und Vielfalt und der starken regionalen Loyalitäten der Inder waren bemerkenswerterweise alle, mit denen ich sprach, mit dem Terminus Indien vertraut, waren sich ganz sicher, dass sie ihn verstanden und »dazugehörten«; und, jawohl, wenn man die Frage näher untersuchte, sah man, dass ihre Definitionen sich ebenso radikal voneinander unterschieden wie ihre Vorstellung davon, was »dazugehören« bedeuten könnte.

Diese Vielfalt schließlich war der springende Punkt. In unserem modernen Zeitalter verstehen wir uns selbst als Kompositum, häufig einander widersprechend, intern sogar inkompatibel. Aber wir haben begriffen, dass jeder von uns sich aus vielen verschiedenen Menschen zusammensetzt. Unser jüngeres Ich unterscheidet sich von unserem älteren Ich; in Gegenwart unserer geliebten Menschen können wir unerschrocken sein, vor unserem Arbeitgeber aber schüchtern; wir mögen voller Prinzipien sein, wenn wir unsere Kinder belehren, und korrupt, wenn uns eine geheime Versuchung geboten wird; wir sind zugleich ernsthaft und frivol, laut und still, aggressiv und leicht verlegen. Das Konzept des integrierten Ich, das aus dem neunzehnten Jahrhundert stammt, ist durch diese rempelnde Menge von »Ichs« ersetzt worden. Und dennoch haben wir, wenn wir nicht verdorben oder geistesgestört sind, eine relativ klare Vorstellung davon, *wer wir sind*. Ich bin mir mit meinen vielen Ichs darin einig, dass ich sie alle »ich« nenne. Und so geht man auch am besten mit der Idee Indien um. Indien hat eine sehr moderne Vorstellung von seinem Ich angenommen und sie so erweitert, dass sie fast eine Milliarde Seelen umfassen kann. Diese Selbstvorstellung von Indien ist so geräumig, so elastisch, dass sie eine Milliarde Unterschiede beherbergen kann. Sie ist sich mit einer Milliarde Ichs darin einig, sie alle »Indien« zu nennen. Das ist eine weit originellere Vorstellung als die alten pluralistischen Ideen des »Schmelztiegels« oder des »kulturellen Mosaiks«. Sie funktioniert, weil der Einzelne sein eigenes Wesen im Wesen des Staates großgeschrieben sieht. Deswegen ist den einzelnen Indern die Kraft der nationalen Idee so vertraut, deswegen fällt es ihnen so leicht »dazuzugehören«, trotz aller Turbulenzen, trotz der Korruption, der übergrellen Buntheit, der Enttäuschung von fünfzig überwältigenden Jahren.

Churchill hat gesagt, Indien sei keine Nation, sondern eine »Abstraktion«. John Kenneth Galbraith hat es ein wenig liebevoller und denkwürdiger als »funktionierende Anarchie« beschrieben. Nach meiner Meinung haben alle beide die Kraft der Idee Indien unterschätzt. Sie könnte die innovativste nationale Philosophie sein, die in der postkolonialen Periode entstanden ist. Sie verdient es, gefeiert zu werden; weil sie eine Idee ist, die Feinde hat, innerhalb Indiens ebenso wie außerhalb seiner Grenzen, und sie zu feiern bedeutet, sie auch gegen ihre Feinde zu verteidigen.

Juli 1997

Gandhi heute

Ein magerer Inder mit wenigen Haaren und schlechten Zähnen sitzt allein auf nacktem Fußboden. Er trägt nichts weiter als ein Lendentuch und eine billige Brille und studiert einen Stoß handgeschriebener Notizen in seiner Hand. Das Schwarzweißfoto füllt eine ganze Seite der britischen Zeitung. Oben in der linken Ecke der Seite prangt in voller Farbe ein kleiner, regenbogenbunt gestreifter Apfel. Darunter steht in einer Art Slang die grammatisch falsche amerikanische Aufforderung: »*Think Different.*« So groß ist heutzutage die Macht des internationalen Big Business. Selbst die bedeutendsten Toten dürfen summarisch in seine Image-Kampagnen einbezogen werden. Früher, vor über einem halben Jahrhundert, bestimmte dieser knochige Mann den Kampf einer Nation um ihre Freiheit. Aber das ist, wie man so sagt, Geschichte. Fünfzig Jahre nach seiner Ermordung steht Gandhi Modell für Apple. In dieser neuen Inkarnation zählen seine Gedanken so gut wie gar nichts. Was zählt, ist die Tatsache, dass er für *on message* gehalten wird, in Übereinstimmung mit der Firmenphilosophie des Mac.

Die Werbung ist absurd genug, um sie ein wenig auseinander zu nehmen. Offensichtlich ist sie voll unbeabsichtigter Komik. M. K. Gandhi war, wie das Foto selbst demonstriert, ein leidenschaftlicher Gegner der Moderne und der Technologie; er zog den Bleistift der Schreibmaschine vor, das Lendentuch dem Straßenanzug, das gepflügte Feld der lärmenden Fabrik. Wäre der Word-Processor zu seinen Lebzeiten schon erfunden worden, hätte er ihn mit Sicherheit abstoßend gefunden. Allein der Ausdruck

»Word-Processor« mit seinem übermäßig technologischen Klang hätte vermutlich keine Gnade vor seinen Augen gefunden.

»*Think Different.*« Tatsächlich hatte Gandhi, ein intellektueller, westlich orientierter Anwalt, seine Denkweise in jungen Jahren radikaler verändert, als es die meisten Menschen tun. Ghanshyam Das Birla, einer der Handelsfürsten, die ihn unterstützten, sagte einmal: »Gandhi war moderner als ich. Aber er traf ganz bewusst die Entscheidung, zum Mittelalter zurückzukehren.« Das ist wohl nicht ganz die revolutionäre neue Denkrichtung, welche die guten Leute von Apple zu fördern trachten. Was sie sahen, war ein »Icon« – eine Ikone –, ein Mann, so berühmt, dass er ein halbes Jahrhundert nach seiner Ermordung immer noch sofort erkannt wurde. Zweimal auf dieses Icon klicken, und man öffnete einen Satz von so genannten Werten, *values*, mit denen Apple sich offensichtlich verbunden wissen wollte: »Moral«, »Führungskraft«, »Frömmigkeit«, »Erfolg« und so weiter. Man sah in »Mahatma« Gandhi, der »großen Seele«, die Verkörperung der Tugend, gleichzusetzen mit, oh, Mutter Teresa, dem Dalai-Lama, dem Papst.

Vielleicht stellte die Firma dann fest, dass sie sich auch mit einem kleinen Mann identifizierte, der über ein großes Reich siegte. Es stimmt, dass Gandhi selbst die Unabhängigkeitsbewegung als eine Art indischen Kampf Davids gegen die Philister des Empires-in-dem-die-Sonne-niemals-unterging sah und ihn »einen Kampf des Rechts gegen die Macht« nannte. Möglicherweise wollte die aufstrebende Apple-Company, im Kampf mit den Kohorten des allmächtigen Bill Gates, sich mit dem Gedanken trösten, wenn ein »halb nackter Gent« – wie ein britischer Vizekönig, Lord Willingdon, Gandhi einmal nannte – die Briten niederringen konnte, dann könnte ein gut geworfener Apfel auch vielleicht, nur vielleicht, den Goliath Microsoft zu Fall bringen.

Mit anderen Worten, Gandhi ist heute frei zu haben. Er ist abstrakt geworden, ahistorisch, postmodern, kein Mann in oder aus seiner Zeit mehr, sondern ein freies Konzept, ein Teil des jedermann zugänglichen Vorrats an kulturellen Symbolen, ein Image, das man ausborgen, benutzen, verzerren, neu erfinden kann, um es vielen verschiedenen Zwecken zuzuführen, und zum Teufel mit geschichtlicher Faktizität oder Wahrheit.

Richard Attenboroughs Film *Gandhi* schien mir, als er zuerst herauskam, ein Beispiel für diese Art unhistorischer, westlicher Heiligsprechung zu sein. Da gab es Gandhi-als-Guru, der das modische Produkt, die Weisheit des Ostens, lieferte; und Gandhi-als-Christus, der starb (und zuvor häufig in den Hungerstreik trat), damit andere leben konnten. Seine Philosophie der Gewaltlosigkeit schien zu funktionieren, weil sie die Briten in Verlegenheit und dann zum Abzug brachte; die Freiheit konnte errungen werden, so schien der Film es anzudeuten, indem man moralischer war als der Unterdrücker, dessen eigener Moralkodex ihn dann zwingen würde, sich zurückzuziehen.

Aber so wirksam ist dieser symbolische Gandhi, dass der Film trotz aller Vereinfachungen und Hollywoodisierungen einen starken und positiven Einfluss auf zahlreiche Freiheitsbestrebungen ausübte. Südafrikanische Freiheitskämpfer und demokratische Stimmen in ganz Südamerika haben sich mir gegenüber begeistert über die elektrisierende Auswirkung des Films geäußert. Dieser posthume, erhabene, »internationale Gandhi« ist eindeutig zu einem Totem von realer, inspirierender Kraft geworden.

Das Problem mit dem idealisierten Gandhi ist, dass er so verflixt langweilig ist, kaum mehr als ein Austeiler von Moralpredigten und Patentrezepten («das Prinzip Auge um Auge bewirkt, dass die ganze Welt blind wird«), mit nur hier und da einem Aufblitzen von Schlagfertigkeit. (So gab er auf die Frage, was er von der westlichen Zivilisation halte, die gefeierte Antwort: »Ich glaube, das wäre eine gute Idee.«) Der wirkliche Mensch Gandhi, wenn man einen derartigen Ausdruck nach den Generationen von Hagiographie und Neuerfindung noch benutzen kann, war unendlich viel interessanter, eine der komplexesten und widersprüchlichsten Persönlichkeiten des Jahrhunderts. Sein voller Name, Mohandas Karamchand Gandhi, wurde von dem Romancier G. V. Desani denkwürdig – und wörtlich – als »Action-Slave Fascination-Moon Grocer« ins Englische übersetzt, und er war eine genauso vielseitige und außergewöhnliche Gestalt, wie dieser gloriose Name es andeutet.

Ganz und gar ohne Angst vor den Briten, fürchtete er sich dennoch vor der Dunkelheit und schlief immer mit einem brennenden Licht an seinem Bett.

Gandhi glaubte leidenschaftlich an die Einheit aller Menschen in Indien, doch seine Unfähigkeit, den Muslim-Führer Jinnah im Schoß der Kongress-Partei zu halten, führte zur Teilung des Landes. (Sein Widerspruch verhinderte, dass Jinnah Präsident der Partei wurde, was ihn möglicherweise daran gehindert hätte, die Führung der separatistischen Muslim League zu übernehmen; dass er unter Druck von Nehru und Patel schließlich ein Angebot des Premierministeramtes an Jinnah zurückzog, machte die letzte, ganz schwache Chance zunichte, die Teilung zu verhindern. Und trotz all seiner viel gerühmten Selbstlosigkeit und Bescheidenheit erhob Gandhi keinen Einspruch, als Jinnah während einer Kongress-Sitzung attackiert wurde, weil er ihn schlicht und einfach »Mr. Gandhi« nannte, statt das respektvollere »Mahatma« zu gebrauchen.)

Gandhi war fest entschlossen, das Leben eines Asketen zu führen, aber wie der Dichter Sarojini Naidu scherzte, kostete es die Nation ein Vermögen, Gandhi ein Leben in Armut zu ermöglichen. Seine gesamte Philosophie gab dem Landleben den Vorzug vor dem Stadtleben, finanziell jedoch war er stets auf die Unterstützung milliardenschwerer Industrieller wie Birla angewiesen. Seine Hungerstreiks vermochten Aufruhr und Massaker zu stoppen, aber einmal trat er auch in den Hungerstreik, um die Angestellten seines kapitalistischen Patrons zu zwingen, einen Aufstand gegen ihre harten Arbeitsbedingungen abzubrechen.

Gandhi versuchte die Lebenssituation von Indiens Unberührbaren zu verbessern, aber im Indien von heute haben sich diese Menschen, die sich inzwischen Dalits nennen und eine zunehmend gut organisierte und effektive politische Gruppierung bilden, um das Andenken ihres eigenen Führers, Dr. Ambedkar, geschart, der ein alter Rivale Gandhis war. So wie Ambedkars Stern bei den Dalits aufgegangen ist, so hat Gandhis Größe abgenommen.

Der Schöpfer der politischen Philosophien vom passiven Widerstand und der konstruktiven Gewaltlosigkeit hat einen großen Teil seines Lebens weit weg von der politischen Arena verbracht, um seine exzentrischeren Theorien des Vegetariertums, der Darmbewegungen und der wohltuenden Eigenschaften menschlicher Exkremente zu verfeinern.

Für immer von dem Wissen gezeichnet, dass er als sechzehnjähriger junger Mann mit seiner Frau Kasturba geschlafen hatte, während sein Vater starb, schwor Gandhi allen sexuellen Beziehungen ab, setzte bis ins hohe Alter hinein jedoch das fort, was er als seine »Brahmacharya-Experimente« bezeichnete, bei denen er junge Frauen, häufig die Ehefrauen von Freunden und Kollegen, bat, sich die ganze Nacht nackt zu ihm zu legen, damit er beweisen konnte, dass er seine physischen Bedürfnisse zu kontrollieren vermochte. (Er glaubte, die Umwandlung seiner »Lebenssäfte« würde sein spirituelles Verständnis vertiefen.)

Er, nur er allein, war verantwortlich für die Umwandlung der Forderung nach Unabhängigkeit in eine landesweite Bewegung, die jede Gesellschaftsklasse gegen die Imperialisten mobilisierte; dennoch war das freie Indien, das daraus entstand – geteilt und einem Programm der Modernisierung und Industrialisierung verschrieben –, nicht das Indien seiner Träume. Sein zeitweiliger Anhänger Jawaharlal Nehru war der Hauptverfechter der Modernisierung, und es ist Nehrus Vision, nicht Gandhis, der letztlich – und wohl auch unvermeidlicherweise – der Vorzug gegeben wurde.

Anfangs glaubte Gandhi daran, dass die Politik des passiven Widerstands und der Gewaltlosigkeit in jeder Situation effektiv sein könne, selbst gegenüber einer so bösartigen Macht wie Nazi-Deutschland. Später musste er seine Meinung revidieren und zog den Schluss, zwar hätten die Briten, ihrer Natur gemäß, auf diese Techniken reagiert, andere Unterdrücker würden dies jedoch möglicherweise nicht tun. Dies unterscheidet sich nicht sehr von Attenboroughs Film-Position und ist, natürlich, falsch.

Nach allgemeiner Ansicht war die Gandhi'sche Gewaltlosigkeit die Methode, durch die Indien die Unabhängigkeit erreichte. (Diese Meinung wird sowohl in Indien als auch im Ausland beharrlich gefördert.) Tatsächlich kam es während der indischen Revolution zu Ausschreitungen, und diese Gewalttätigkeit enttäuschte Gandhi so sehr, dass er den Unabhängigkeitsfeiern aus Protest fernblieb. Überdies trugen die ruinösen ökonomischen Folgen des Zweiten Weltkriegs für das Vereinigte Königreich und – wie der britische Autor Patrick French in *Liberty or Death* sagt – der allmähliche Zusammenbruch des bürokratischen Würgegriffs des Raj auf Indien ab Mitte der dreißiger Jahre ebenso viel zur Erlangung der Freiheit bei wie jede Aktion Gandhis oder der nationalen Bewegung als Ganzes. Ja, es ist wahrscheinlich, dass Gandhis Techniken gar nicht die eigentlichen Auslöser für Indiens Freiheit waren. Sie verliehen der Unabhängigkeit ihren äußeren Charakter und waren angeblich ihre Ursachen, den erwünschten Effekt aber erzielten dunklere, tiefere historische Kräfte.

Heutzutage denken nur wenige Menschen über den komplexen Charakter von Gandhis Persönlichkeit, über die zweideutige Natur seiner Erfolge und seines Erbes oder über die wirklichen Gründe für Indiens Unabhängigkeit nach. Wir leben in Zeiten der Hast und der Slogans, und wir haben weder die Zeit noch – was schlimmer ist – die Lust, uns mit vielschichtigen Wahrheiten zu beschäftigen. Die härteste Wahrheit von allen ist die, dass Gandhi in dem Land, dessen »kleiner Vater« – *Bapu* – er war, immer mehr an Bedeutung verliert. Wie der Analytiker Sunil Khilnani ausgeführt hat, ist Indien zu einem säkularisierten Staat geworden, aber Gandhis Vision war im Wesentlichen religiös. Dennoch ließ ihn der Hindu-Nationalismus »zurückschrecken«. Seine Lösung war es, aus dem gemeinsamen Fundus uralter Erzählungen eine indische Identität zu schmieden. »Er wandte sich den Legenden und Geschichten aus Indiens religiösen Traditionen zu und zog deren Lektionen den angeblichen der Geschichte vor.«

Es funktionierte nicht. Der letzte Gandhianer, der wirksam in die indische Politik eingriff, war J. P. Narayan, der Anführer jener Bewegung, die Indira Gandhi am Ende ihrer Periode der »Emergency Rule« (1974–77) aus dem Amt entfernte. Im heutigen Indien greift der Hindu-Nationalismus in Gestalt der BJP und ihres halsabschneiderischen Helfershelfers, der Shiv Sena, um sich. Während der gegenwärtigen Wahlen sind Gandhi und seine Ideen kaum je erwähnt worden. Die meisten von denen, die sich nicht von einer bürokratischen Politik verführen ließen, befinden sich in den Fängen einer ebenso mächtigen, ebenso anti-Gandhi'- schen Macht: des Geldes. Und auch das organisierte Verbrechen ist in die öffentliche Sphäre eingedrungen. In Gandhis geliebtem ländlichem Herzland werden bekannte Verbrecher in öffentliche Ämter gewählt.

Vor einundzwanzig Jahren sprach der Autor Ved Mehta mit C. Rajagopalachari, einem von Gandhis führenden politischen Freunden und dem ehemaligen Generalgouverneur des unabhängigen Indien. Sein Urteil über Gandhis Erbe ist ernüchternd, klingt aber im heutigen Indien, das auf der Schnellstraße zum Freimarkt-Kapitalismus ist, noch immer wahr:

> Der Glamour der modernen Technologie, des Geldes und der Macht ist so verführerisch, dass niemand – und ich meine niemand – ihm widerstehen kann. Die Hand voll Gandhianer, die noch immer an seine Philosophie des einfachen Lebens in einer einfachen Gesellschaft glauben, sind fast allesamt Sonderlinge.

Was aber ist nun Größe? Wo wohnt sie? Schlägt das Projekt eines Menschen fehl oder überlebt es nur in hoffnungslos verfälschter Form, kann der Macht seines Beispiels dann immer noch höchste Anerkennung zuteil werden? Für Jawaharlal Nehru war das bestimmende Bild von Gandhi das, »als ich ihn, den Stab in der Hand, im Jahre 1930 auf dem Salzmarsch nach Dandi marschieren sah. Er war der Pilger auf der Suche nach der Wahrheit, ruhig, friedlich, entschlossen und furchtlos, der diese Suche, diese Pilgerfahrt ohne Rücksicht auf die Folgen fortsetzen würde«. Indira Gandhi, Nehrus Tochter, sagte später: »Mehr als seine Worte war sein Leben die Botschaft.« Heutzutage wird dieser Botschaft außerhalb Indiens mehr Aufmerksamkeit geschenkt. Albert Einstein war einer von vielen, die Gandhis Erfolge lobten; Martin Luther King, der Dalai-Lama und alle Friedensbewegungen der Welt sind in seine Fußstapfen getreten. Gandhi, der den Kosmopolitismus aufgab, um ein Land zu gewinnen, ist in seinem seltsamen Nachleben zum Weltbürger geworden. Sein Geist kann sich immer noch als hartnäckig, klug, zäh, raffiniert und – jawohl – ethisch genug erweisen, um eine Assimilierung durch eine globale McCulture (und Mac-Culture) zu vermeiden. Gegen dieses neue Empire ist eine Gandhi'sche Intelligenz besser als eine Gandhi'sche Frömmigkeit. Und was ist mit dem passiven Widerstand? Wir werden sehen.

Februar 1998

Der Taj Mahal

(Geschrieben für eine Sondernummer der National Geographic *über die größten Wunder der Welt.)*

Das Problem mit dem Taj Mahal ist, dass er mit angesammelten Bedeutungen so überladen ist, dass man ihn kaum noch zu sehen vermag. Eine Milliarde Pralinenschachtelbilder und Reiseführer befehlen uns, in dem Marmormausoleum des Mogul-Kaisers Shah Jehan für seine Ehefrau Mumtaz Mahal, bekannt als »Taj Bibi«, das größte Monument der Liebe auf der ganzen Welt zu sehen. Es steht ganz oben auf der kurzen Liste des Westens für Bilder des exotischen (und auch zeitlosen) Orients. Genau wie die *Mona Lisa*, wie Andy Warhols Siebdruck-Elvis, -Marilyn und -Mao hat die Massen-Reproduktion den Taj praktisch sterilisiert.

Auch ist dies keineswegs ein einfacher Fall von Aneignung oder »Kolonisierung« eines indischen Meisterwerks durch den Westen. Denn erstens würde der Taj, der Mitte des neunzehnten Jahrhunderts so gut wie aufgegeben war und sich in einem Zustand sehr starken Verfalls befand, ohne die fleißigen Erhaltungsbemühungen der kolonialen Briten heute vermutlich nicht dort stehen. Und zweitens ist Indien durchaus in der Lage, sich in übertriebenem Maße selbst zu vermarkten.

Wenn man an der Außenmauer der Gärten ankommt, in denen der Taj steht, scheint es, als hätte jeder Trödler und Hausierer von Agra auf einen gewartet, um das Vertrautheit-gebiert-Verachtung-

Problem zu verschlimmern und nachgemachte Mahals in jeder Größe und zu jedem Preis zu verhökern. Das führt zu einer gewissen Portion achselzuckender Desillusionierung. Vor kurzem erzählte mir ein britischer Freund, der seine erste Reise nach Indien plante, er habe beschlossen, den Taj wegen des übergroßen Andrangs dort von seiner Tour zu streichen. Als ich ihn drängte, das nicht zu tun, geschah das wegen meiner eigenen lebhaften Erinnerung daran, wie ich mich zum ersten Mal durch die wimmelnde Menge nicht nur der Imitationen-Verkäufer gedrängt hatte, sondern auch der vorgeschriebenen Belehrungen, vorbei an all den Myriaden von Händlern der Bedeutungen und Interpretationen bis zur Präsenz der *Sache-an-sich*, die mich absolut überwältigte und all meine Vorstellungen von Entwertung total und komplett überflüssig erscheinen ließ.

Ich war hinsichtlich des Besuchs skeptisch gewesen. Eine der Legenden des Taj besagt, der Kaiser hätte dem Maurermeister, der ihn erbaut hatte, die Hände abschlagen lassen, damit sie niemals etwas noch Schöneres bauen konnten. Eine andere will wissen, dass das Mausoleum heimlich hinter hohen Mauern erbaut wurde und dass ein Mann, der verstohlen einen Blick darauf zu erhaschen suchte, für sein Interesse an der Architektur geblendet wurde. Von diesen grausamen Erzählungen war meine persönliche Vorstellung des Taj ein wenig getrübt worden.

Das Bauwerk selbst machte jedoch all meine Skepsis zunichte. Es zeigte sich als es selbst, zwang mir mit absoluter Macht seine beherrschende Souveränität auf, löschte sofort die Abermillionen Imitate von sich und füllte ein für alle Mal den Platz in meiner Erinnerung, der bis dahin von seinen Imitationen eingenommen worden war.

Und das ist letztlich der Grund, warum man den Taj Mahal sehen muss: damit er uns daran erinnert, dass die Welt real ist, dass der Klang selbst echter ist als das Echo, das Original eindrucksvoller als ein Spiegelbild. Die Schönheit schöner Dinge hat in diesen bildgesättigten Zeiten immer noch die Macht, Imitationen zu übertreffen. Und der Taj Mahal ist, über die Macht der Worte hinaus, mit denen man es auszudrücken vermag, etwas Wunderschönes an sich, womöglich überhaupt das Schönste von allem.

Juni 1999

Das *Baburnama*

Zahiruddin Muhammad Babur (1483–1530), Begründer des Mogul-Kaiserreichs in Indien, ist vor allem für drei Dinge bekannt: die Geschichte seines Todes, die Kontroverse über seine Moschee und den außergewöhnlich großen Ruhm seines Buches *Baburnama*.

Zum ersten Mal hörte ich die Legende von Baburs Tod, als ich noch ein Junge war. Die Geschichte ging so: Baburs Sohn und Erbe Humayun war krank. Sein Fieber stieg, und die Ärzte am Hofe gaben alle Hoffnung auf, ihn retten zu können. Da suchte Babur einen Weisen auf, schritt dreimal um Humayuns Bett und bot sich Gott anstelle seines Sohnes an. Woraufhin Humayun neue Kraft bekam und sich erholte, während Babur schwächer wurde und – am 21. Dezember 1530 – starb. Es war eine Geschichte, die mich mit nahezu mythischer Kraft traf. Wie ich mich erinnere, war ich entsetzt gewesen über Abrahams unnatürliche Bereitschaft, seinen angeblich geliebten Sohn – nach dem Alten Testament Isaak, in der Muslim-Version dagegen Ismail – zu opfern. War es das, wozu die Liebe zu Gott die Väter befähigte? Anlass genug jedenfalls, um den eigenen Vater mit einiger Besorgnis zu betrachten. Baburs Geschichte verhielt sich dazu wie eine heilsame Medizin. Hier wurde die Liebe zu Gott benutzt, um das entgegengesetzte und irgendwie »natürlichere« Opfer zu ermöglichen: Der Vater starb, damit das Kind leben konnte. Babur und Humayuns Geschichte ruhte fortan tief in mir als beispielhafte Erzählung von väterlicher Liebe.

Auch heutzutage ist Baburs Name noch mit Legenden verbunden, doch diese Legenden sind von einer anderen und kontroverseren Art. Die Babri Masjid, die Moschee, die er in Ayodhya erbaute, einer Stadt in dem, was früher einmal das Königreich Awadh (Oudh) war und heute der Kernstaat von Uttar Pradesh ist, wurde 1992 von Hindu-Extremisten zerstört, die glaubten, sie sei auf den Ruinen eines Hindu-Tempels erbaut worden, der einem sagenhaften Helden des *Ramayana*, Lord Ram (oder Rama) selbst geweiht war; einem Tempel überdies, der erbaut worden war, um den Ort des Ramjanmabhoomi – den eigentlichen Geburtsort des Helden-Gottes – zu kennzeichnen.

Tatsächlich war Ayodhya der Name von Ramas Stadt, von wo aus er sich aufmachte, um seine geliebte Sita vor ihrem Entführer, Lord Ravan, zu retten. Aber es gibt kaum einen Grund zu glauben, dass das moderne Ayodhya auf derselben Stelle steht wie das märchenhafte Reich des *Ramayana*. Und obwohl ich damit riskiere, den Zorn militanter Hindus auf mich zu ziehen, gibt es auch keinen echten Beweis dafür, dass der mythologische Lord Ram, eine Inkarnation des großen Gottes Vishnu, überhaupt eine geschichtliche Person war. Selbst die einfachsten Fakten bleiben zweifelhaft; die Archäologen streiten sich über den Ort, und was die Frage betrifft, ob er der »echte« Ramjanmabhoomi ist, so ist das genauso wahrscheinlich wie die Behauptung, Christus sei auf dem Krippenplatz des modernen Bethlehem geboren. (Es sei außerdem darauf hingewiesen, dass in Indien zahlreiche Hindu-Tempel auf den Ruinen buddhistischer Schreine errichtet wurden.)

All diese Zweifel und Einwände werden vom Zorn der Zeloten hinweggefegt. Babur, der blutdürstige Schlächter der Ungläubigen, der geweihte Zerstörer der Tempel, ist in ihren Augen aller Taten schuldig, die man ihm vorwirft, und alle Muslime Indiens sind durch sein Verbrechen indirekt mitschuldig. (Es gibt die Meinung der Hindu-Nationalisten, nach der Indien ein Land mit vielen Völkern ist: Hindus, Sikhs, Parsis, Buddhisten, Jains, Christen – und Moguln.) Außerdem, so wird behauptet, sei die Babri Masjid nur die erste Moschee auf ihrer Liste. In Mathura, sagen sie, stehe eine weitere Moschee auf dem zerstörten Geburtsort einer anderen Gottheit – übrigens einer anderen Inkarnation von Vishnu: Lord Krishna mit den Milchmädchen und der leuchtend blauen Haut.

Hinsichtlich der Zeit, die Babur in und um die Gegend von Ayodhya verbracht hat, schweigt sich seine Autobiographie, die Baburs dritten und nachhaltigsten Anspruch auf Ruhm darstellt, leider – oder nach Meinung seiner heftigeren Kritiker zum Glück – weitgehend aus. In allen erhaltenen Manuskripten gibt es eine fünf Monate währende Lücke zwischen April und September 1528, die Zeit, in der Babur in Oudh weilte und in der die Babri Masjid erbaut wurde. Daher gibt es keinen Beweis dafür, dass überhaupt etwas zerstört wurde, um die Moschee zu bauen; oder auch dafür, dass nichts zerstört wurde. In unserem paranoiden Zeitalter ist es vielleicht notwendig, darauf hinzuweisen, dass an der Zeitlücke nichts Verdächtiges ist. Vierhundertsiebzig und mehr Jahre sind eine lange Zeit. Vieles geht in viereinhalb Jahrhunderten verloren; manchmal etwas (Thomas Kyds *Hamlet*, zum Beispiel), das wir besonders dringend finden möchten.

Der Charakter eines Mannes kann im Laufe der Zeit verschwommen werden. Da, wo es ungenügend Fakten gibt, wird die Lücke durch Interpretationen gefüllt. Nehmen wir zwei kürzliche Darstellungen einer einzelnen Szene aus dem Leben des Kaisers: die vorübergehende Gefangennahme des Gründers des Sikhismus, Guru Nanak, durch Baburs Eroberertruppen im Punjab. Der Kritiker N. S. Rajaram, ein Zerleger von Indiens »säkularen Mythen« und Apologet für die Zerstörung der Babri Masjid, im Allgemeinen alles andere als ein Fan von Babur, schreibt, dass »Nanak ihn in seinem *Babur Vani* eindeutig denunzierte und eine deutliche Beschreibung von Baburs Vandalismus in Aimanabad« lieferte. Amitav Ghosh dagegen erzählt uns kürzlich in einem Essay, die Sikhs »hüten seit langem eine in ihrer schriftlichen Tradition erhaltene Geschichte über eine Begegnung zwischen Babur und dem

Gründer ihres Glaubens, Guru Nanak ... Als er von einem Wunder vernahm, das der Guru vollbracht hatte, suchte Babur ihn im Gefängnis auf. Und so gewaltig war die Präsenz des Guru, dass Babur sich ihm zu Füßen warf und rief: ‹Im Gesicht dieses Fakirs sieht man Gott persönlich.›«

Ghosh räumt ein, dass die Sikhs »im siebzehnten Jahrhundert hingebungsvolle Gegner des Mogul-Staates« geworden seien, betont jedoch, dass der aufblühende Hinduismus, inklusive der Vaishnavitischen Entwicklung der Theologie und heiligen Geographie der Krishna-Anbetung, die unter Babur und seinen Nachfolgern im nördlichen Indien stattfand, in einem Klima der Verfolgung unmöglich gewesen wäre. »Der Hinduismus wäre heute kaum noch erkennbar«, schreibt Ghosh,

> ... wenn im sechzehnten Jahrhundert der Vaishnavismus aktiv unterdrückt worden wäre: Andere Anbetungsformen hätten seinen Platz eingenommen, aber wir können nicht wissen, wie diese ausgesehen hätten. Es ist eine schlichte Tatsache, dass der heutige Hinduismus als lebendige Praxis ohne die Anbetungs-Praktiken, die unter der Mogul-Herrschaft eingeführt wurden, nicht das wäre, was er ist. Die traurige Ironie des Angriffs auf die Babri-Moschee ist, dass die Hindu-Fanatiker, die sie angegriffen haben, ein Symbol eben der Einrichtungen zerstört haben, die ihren eigenen Glauben ermöglichten.

Rajaram erwidert, mit nahezu gleichem Nachdruck, dass Babur

> ... mehr als durchschnittlich grausam war. Bis zum Äußersten genau befolgte er das Konzept des Jihad – eines totalen Krieges zur Auslöschung seiner Gegner, so verlangt vom Islam, dessen Anhänger er war. Er war ein Produkt seiner Zeit und seiner Umgebung, und genau so müssen wir ihn sehen. Sein blutgetränktes Register weißzuwaschen, um ihn in eine ritterliche Gestalt und einen jugendlichen Charmeur zu verwandeln, ist ein Akt juveniler Phantasie. Babur sah in der Grausamkeit eine Tugend und im Terror ein nützliches Mittel zum Zweck. Darin war er ein echter Nachkomme von Timur und Dschingis Khan, die beide zu seinen Vorfahren zählten. Guru Nanaks

Augenzeugenbericht zeichnet ein besseres Bild von Babur und seinen Methoden als nahezu jedes moderne Geschichtsbuch. Dasselbe gilt für das *Baburnama*: Es ist eine Hauptquelle von größter Bedeutung, das alle romantischen Erzählungen über ihn zunichte macht.

(Ein wenig derb erinnert Rajaram uns daran, dass der Ausdruck *Babur ki aulad*, »Nachkomme Baburs«, ein Schimpfwort für die indischen Muslime ist.)

Wie modern dieser Disput klingt! Heutzutage fühlen wir uns wieder einmal zwischen Apologeten und Verleumdern des Islam hin- und hergerissen. Zum Teil, weil jene, die Indiens Muslime gegen die Anschuldigungen der Hindu-Nationalisten verteidigen wollen, durch diese modernen Meinungsverschiedenheiten die Zivilisiertheit und Toleranz des Mogul-Islams auf die Probe stellen. Wie schon viele Autoren gesagt haben, war die Dynastie, die Babur begründete – sein wahres *aulad* –, für ihre polytheistische Haltung bekannt. Auf der Höhe des Mogul-Kaiserreichs ging Baburs Enkel Akbar sogar so weit, einen neuen Glauben – den *Din-i-Illahi* – zu erfinden, der eine Fusion der besten Strömungen indischer Spiritualität zu sein suchte. Dagegen wird jedoch eingewandt, dass Aurangzeb, der letzte der so genannten Großmoguln, sein ikonoklastisches Bestes tat, um das gute Werk seines Vorgängers rückgängig zu machen, indem er im ganzen Land Tempel zerstörte. (Eine von Indiens kostbarsten Antiquitäten, der Tempelkomplex bei Khajuraho, überlebte nur, weil diese außergewöhnlichen Bauwerke mit ihren berühmten erotischen Schnitzereien zu Aurangzebs Zeit ihre Bekanntheit verloren hatten und auf seinen Landkarten nicht verzeichnet waren.)

Wer also war Babur – Gelehrter oder Barbar, naturliebender Poet oder Schrecken verbreitender Kriegsherr? Die Antwort findet man im *Baburnama*, und sie ist eher beunruhigend: Er war beides. Man könnte sagen, dass der Kampf, der in unserer eigenen Zeit innerhalb des Islam stattfindet, der Kampf, der, wie ich glaube, ein Merkmal der Geschichte des Islam von ihren Anfängen bis zum heutigen Tag gewesen ist – der Kampf zwischen dem Konservatismus und dem Progressivismus, zwischen dem von Männern dominierten, aggressiven, grausamen Aspekt des Islam und seiner sanfteren, zutiefst verfeinerten Kultur der Bücher, Philosophen, Musiker und Maler, dieselbe widersprüchliche Zwiespältigkeit, die für moderne Kommentatoren so schwer zu verstehen ist –, im Fall Babur ein interner Konflikt war. Beide Baburs sind real, und vielleicht das Sonderbarste am *Baburnama* ist, dass sie nicht uneins miteinander zu sein scheinen. Wenn der Autor des Buches in sich hineinschaut und nachsinnt, ist er häufig melancholisch; aber die dunklen Wolken, die sich über ihm zusammenziehen, scheinen nicht das Produkt eines inneren Gewitters zu sein. Zumeist haben sie etwas mit seinem Gefühl des Verlustes zu tun. Der erste Mogul-Kaiser von Indien war darüber hinaus ein Exilant und litt unter Heimweh. Seine Seele sehnte sich nach dem, was wir heute Afghanistan nennen.

Afghanistans neue Bedeutung in der Welt nach dem 11. September 2001 verändert auch die Art, wie wir jetzt das *Baburnama* lesen. Bis dahin war der indische Teil des Buches mit seinem Augenzeugenbericht über die Geburt eines Imperiums, das zweihundert Jahre bestand, bis die Briten es ersetzten, von größerem Interesse gewesen. Auf einmal ist es jedoch der »afghanische« Beginn des Werkes, der uns fasziniert. Ortsnamen von Kunduz bis Kabul, neuerdings vertraut durch die Bulletins eines modernen Krieges, springen uns ins Auge. Die uralten Verrätereien der Kriegsherren der Region scheinen uns etwas über den heutigen Machtkampf zu lehren. In all diesen Fragen ist Babur auf faszinierende Weise offen. (Es ist deutlich, dass die beste Reaktion auf den Tod eines Vaters zu seiner Zeit die war, Deckung zu suchen und den Tod der eigenen Sprösslinge zu planen, weil man wusste, dass diese Sprösslinge sich mit ähnlich liebevollen Gedanken über einen selbst trugen.)

Und dennoch war es dieses verräterische Land, das Babur liebte. Lesen Sie, was er über Kabul schreibt, »eine hübsche, kleine Provinz«, und die lebensprallen Einzelheiten, die seine schlichten

Aussagesätze beleben. »Am Ende des Kanals liegt eine Gegend, die Gulkana genannt wird, ein abgeschiedener, behaglicher Ort, an dem man sich in vielerlei Ausschweifungen ergeht.« Das *Baburnama* findet Sex und Alkohol, wo immer es sucht, was den Text durchaus attraktiv macht. »Der Kabuler Wein ist berauschend. Der Wein von den Hängen des Khwaja-Khawand-Sa'id-Berges ist bekannt dafür, wie stark er ist.« Tropische und Kaltwetter-Früchte werden gelobt, Melonen gering geschätzt, Wiesen werden gepriesen, weil sie frei von Fliegen sind, während andere fliegenverseucht sind und gemieden werden sollen. Bergstraßen und -pässe, die während der jüngsten Kämpfe gegen die Streitkräfte der Taliban und Al-Qaida das Thema allabendlicher Analysen in den Medien der Welt waren, werden hier peinlich genau beschrieben. Bisamratten huschen umher, und Rebhühner fliegen auf. Eine Welt entsteht vor unseren Augen.

In Indien, das er berühmterweise so wenig mochte, wird die Kraft von Baburs Schilderungen, falls möglich, sogar noch stärker. Manchmal überlässt er sich der Phantasie. »Es heißt, dass ... es zehn Meter hohe Elefanten gibt.« Gewöhnlich beschränkt er seine Anmerkungen jedoch auf das, was er mit eigenen Augen gesehen hat. »[Rhinozerosse] schwingen ihr Horn auf ganz erstaunliche Art und Weise ... Bei einer Jagd wurde das Pferd eines Pagen namens Maqsud von einem solchen Tier eine ganze Speerwurflänge weit geworfen. Von da an hieß er nur noch Rhinozeros-Maqsud.« Babur beschreibt die Kühe, die Affen, die Vögel, die Früchte Indiens; aber trotz seines offensichtlichen Respekts vor dem »exzellenten« System der Zahlen und dem »wundervollen« System der Maße und Gewichte kann er es nicht lassen, auch eine Attacke zu reiten. »Hindustan ist ein Ort mit wenig Charme. Seine Menschen verfügen über keinerlei Schönheit ... den Künsten und Handwerken eignet weder Harmonie noch Symmetrie ... Es gibt kein Eis ... Es gibt keine Bäder.« Er mag den Monsun, nicht aber die Luftfeuchtigkeit. Er mag den Winter, nicht aber den Staub. Der Sommer ist nicht so heiß wie in Balkh und Kandahar, und das ist ein Plus.

Er bewundert die »Handwerker und Fachleute jedweden Berufs«. Was ihm aber am liebsten ist, das ist der Reichtum. »Der einzig schöne Aspekt Hindustans ist der, dass es ein großes Land mit großen Mengen von Geld und Gold ist.«

Die Widersprüche in Baburs Persönlichkeit spiegeln sich in seinem Bericht über die Eroberung von Chanderi im Jahre 1528. Zuerst kommt eine blutrünstige Schilderung des Tötens vieler »Ungläubiger« und des augenscheinlichen Selbstmords von zwei- oder dreihundert weiterer Personen. («Sie töteten einander fast bist zuletzt, indem ein Mann ein Schwert schwang, während die anderen bereitwillig den Kopf hinhielten ... Auf dem Hügel nordwestlich von Chanderi wurde ein Turm aus Schädeln der Ungläubigen errichtet.«) Dann, nur drei Sätze später, lesen wir Folgendes: »Chanderi ist ein prachtvoller Ort. Überall in dieser Gegend gibt es zahlreiche fließende Bäche ... Der See ... ist in ganz Hindustan für sein gutes, frisches Wasser bekannt. Es ist wirklich ein hübscher, kleiner See ...«

Der westliche Denker, dem Babur am stärksten ähnelt, ist sein Zeitgenosse, der Florentiner Niccolò Machiavelli. In beiden Männern verbindet sich eine eiskalte Anerkennung der Notwendigkeiten der Macht, also dessen, was man heute *Realpolitik* nennen würde, mit einer zutiefst kultivierten, literarischen Natur, ganz zu schweigen von der oft bis zum Exzess ausgelebten Liebe zu Wein und Weib. Natürlich war Babur tatsächlich ein Fürst, nicht nur der Autor eines Buches über einen *Fürsten*, und konnte in die Tat umsetzen, was er predigte; während Machiavelli, der geborene Republikaner, der Überlebende der Folter, der weitaus Beunruhigtere von den beiden war. Dennoch waren diese wider Willen Exilierten als Schriftsteller mit einer Klarsicht gesegnet – oder vielleicht auch geschlagen –, die amoralisch wirkt; so wie es die Wahrheit häufig tut.

Das *Baburnama*, die erste Autobiographie in der islamischen Literatur, wurde ursprünglich auf Chaghatay-Türkisch geschrieben, der Sprache von Baburs Vorfahr Temur-i-Lang, dem »lahmen

Temur«, im Westen besser bekannt als Tamerlan. Wheeler M. Thackstons Übersetzung ersetzt die inadäquate Beveridge-Version und ist so fließend lesbar und durch die detaillierte Gelehrsamkeit von Thackstons zahlreichen Anmerkungen so gründlich gestützt, dass man sie für definitiv hält. Aus Thackstons Fußnoten lernen wir vieles, das Babur ungesagt lässt – zum Beispiel über die persischen Versformen wie etwa die Qasida und die Gasele; oder die spitzen Mongolenmützen; oder den Platz des Sterns Canopus am Himmel. Er scheut nicht davor zurück, mit Babur zu streiten. Wenn Babur überlegt, der Name einer Provinz, Lamghan, leite sich von der islamischen Version des Namens Noah, »Lamkan«, ab, entgegnet Thackson: »Hier irrt er sich durchaus, denn die Endungen -ghan und -qan bei so vielen Toponymen in dieser Gegend sind iranischen Ursprungs.« Babur sollte sich freuen, einen so wenig unterwürfigen Übersetzer und Redakteur zu haben. Eine große Übersetzung kann ein großes Buch aufzeigen, es buchstäblich ent-decken; und in Thackstons Übersetzung wirkt eines der klassischen Werke der Weltliteratur auf Englisch wie eine wundervolle Entdeckung.

Januar 2002

Der Traum von einer glorreichen Heimkehr

Donnerstag, 6. April

Ich habe Indien oftmals verlassen. Das erste Mal, als ich dreizehneinhalb war und das Internat in Rugby, England, besuchte. Meine Mutter wollte nicht, dass ich gehe, aber ich bestand darauf. Aufgeregt flog ich im Januar 1961 nach Westen, ohne wirklich zu wissen, dass ich einen Schritt unternahm, der mein Leben für immer verändern sollte. Ein paar Jahre später verkaufte mein Vater plötzlich, ohne mir etwas davon zu sagen, die Windsor Villa, das Haus unserer Familie in Bombay. An dem Tag, an dem ich das hörte, hatte ich das Gefühl, ein Abgrund öffne sich unter meinen Füßen. Ich habe meinem Vater, glaube ich, niemals verziehen, dass er das Haus verkauft hat, und ich bin mir sicher, ich würde immer noch dort wohnen, wenn er es nicht getan hätte. Seit damals sind meine Protagonisten häufig von Indien nach Westen geflogen, doch die Phantasie des Autors kehrt stets dorthin zurück, Roman für Roman. Das ist es vielleicht, was es bedeutet, ein Land zu lieben: dass seine Form auch die eigene ist, die Art, wie man denkt und fühlt und träumt. Das kann man nie wirklich hinter sich lassen.

Vor den Massakern der Teilung von 1947 verließen meine Eltern Delhi und zogen nach Süden, weil sie ganz zu Recht vermuteten, dass es im säkularen, kosmopolitischen Bombay weniger Probleme geben würde. Und so wuchs ich in dieser toleranten, liberalen Großstadt auf, deren besondere Eigenschaft – nennen wir sie Freiheit – ich seither immer wieder einzufangen und zu feiern versucht habe. *Mitternachtskinder* (in England erschienen 1981) war mein erster Versuch zu einer derartigen literarischen Landrückgewinnung. Ich lebte in London und wollte Indien zurück; und die Freude, mit der die indischen Leser das Buch an sich drückten, die Leidenschaft, mit der sie wiederum mich für sich in Anspruch nahmen, bleibt die kostbarste Erinnerung in meinem Schriftstellerleben.

Im Jahre 1988 plante ich, mir von dem Vorschuss, den ich für meinen neuen Roman erhalten hatte, eine Bleibe in Indien zu kaufen. Doch bei dem Roman handelte es sich um *Die Satanischen Verse*, und mit seiner Veröffentlichung veränderte sich die Welt für mich; ich war nicht mehr in der Lage, mein Heimatland zu betreten, das für mich die Hauptquelle künstlerischer Inspiration gewesen war. Jedes Mal, wenn ich ein Visum beantragen wollte, bekam ich prompt zur Antwort, man würde es mir verweigern. Nichts in jenen Jahren der Heimsuchung, jenem dunklen Jahrzehnt, das auf die Khomeini-Fatwa folgte, hat mich tiefer geschmerzt als dieser Riss. Ich kam mir vor wie ein abgewiesener Liebhaber, der mit seiner unerwiderten, unerträglichen Liebe allein gelassen wird. Man kann Liebe an der Größe der Lücke messen, die sie hinterlässt.

Es war ein tiefer Riss, das muss ich zugeben. Indien war das erste Land, das *Die Satanischen Verse* verbot – ohne den in Indien vorgeschriebenen Ablauf bei derartigen Dingen zu befolgen, wurden sie geächtet, von einer schwachen Kongress-Regierung unter Rajiv Gandhi in einem verzweifelten, erfolglosen Kampf um muslimische Stimmen verbannt. Von da an schien es, als seien die indischen Behörden fest entschlossen, wieder Salz in die Wunde zu reiben. Als im Herbst 1995 *Des Mauren letzter Seufzer* veröffentlicht wurde, blockierte die indische Regierung in dem Versuch, Bal Thackerays brutale Shiv Sena in Bombay in Schach zu halten (was viel dazu beigetragen hat, die alte, freigeistige Offenheit der Stadt zu schädigen, weshalb ich es in meinem Roman zur Satire gemacht habe), den Import des Buches durch den Zoll, machte aber sehr schnell einen Rückzieher, als der Fall vor Gericht ging. Die Bemühungen von BBC Television um eine anspruchsvolle fünfstündige Dramatisierung der *Mitternachtskinder* mit einem Drehbuch, das ich selbst nach dem Roman geschrieben hatte, wurden zunichte gemacht, weil Indien die Drehgenehmigung verweigerte. Dass ausgerechnet die *Mitternachtskinder* für ungeeignet erklärt wurden, in ihrem eigenen Land verfilmt zu werden, dem Land, das erst kurz zuvor ihre Veröffentlichung mit so viel Anerkennung und Freude gefeiert hatte, war ein schlimmer und böser Schock.

Es gab kleinere, doch immer noch schmerzende Kränkungen. Jahrelang war ich im Nehru Centre, Londons kultureller Dependance der Indian High Commission, zur *persona non grata* erklärt. Und zum Zeitpunkt des fünfzigsten Jahrestages der indischen Unabhängigkeit wurde ich in New York von den Feierlichkeiten des indischen Konsulats verbannt.

Inzwischen ist es in einigen literarischen Kreisen Indiens zur Mode geworden, meine Arbeit zu verunglimpfen. Und der Bann auf den *Satanischen Versen* ist natürlich immer noch nicht aufgehoben.

Nach dem Übereinkommen zwischen der britischen und der iranischen Regierung vom 24. September 1998, das die Khomeini-Fatwa wirksam aufhob, begannen sich die Dinge auch in Indien für mich zu ändern. Vor etwas mehr als einem Jahr gewährte mir Indien ein Fünfjahresvisum, sofort gefolgt von Drohungen durch Muslim-Hardliner wie Imam Bukhari von der Freitagsmoschee in Delhi. Noch beunruhigender war, dass manche Kommentatoren mir rieten, nicht nach Indien zu reisen, weil es dann so aussehen könnte, als sei ich ein Unterpfand der hindu-nationalistischen Regierung der Bharatiya Janata Party. Ich war niemals ein BJP-Mann gewesen, aber das würde sie nicht zurückhalten, mich für ihre eigenen, sektiererischen Zwecke zu benutzen.

»Exil«, heißt es irgendwo in den *Satanischen Versen*, »ist der Traum von einer glorreichen Heimkehr.« Aber der Traum verblasst, die imaginierte Heimkehr erscheint nicht mehr so glorreich. Der Träumer erwacht. Ich hätte Indien fast aufgegeben, hätte fast geglaubt, das Liebesband sei auf ewig gerissen.

Doch wie sich herausstellt, ist dem nicht so. Wie sich herausstellt, werde ich nach zwölfeinhalb Jahren wieder nach Delhi reisen. Mein Sohn Zafar, zwanzig, wird mich begleiten. Er war nicht mehr in Indien, seit er drei Jahre alt war, und ist sehr aufgeregt. Verglichen mit mir ist er jedoch ein Muster an Coolness und Gelassenheit.

Freitag, 7. April

Das Telefon klingelt. Die Polizei von Delhi ist wegen meiner bevorstehenden Ankunft extrem nervös. Könnte ich es bitte vermeiden, im Flugzeug erkannt zu werden? Mein kahler Kopf ist leicht erkennbar, könnte ich bitte einen Hut tragen? Auch meine Augen sind leicht zu identifizieren; könnte ich bitte eine Sonnenbrille tragen? Ach ja, und auch mein Bart ist höchst verräterisch; könnte ich einen Schal drum wickeln? Die Temperatur in Indien ist nahe an vierzig Grad Celsius, erkläre ich ihnen: Ein Schal könnte ein wenig zu warm werden. Ach ja, aber es gibt Baumwollschals ...

All diese Ansinnen werden mir im klassischen »Schießen Sie nicht auf den Überbringer«-Ton von meinem normalerweise unerschütterlichen und gelassenen indischen Anwalt Vijay Shankardass nahe gebracht. »Soll ich nicht lieber gleich die ganze Reise mit dem Kopf in einer Papiertüte verbringen?«, gebe ich hitzig zurück. »Salman«, sagt Vijay vorsichtig, »hier gibt es eine ganze Menge Spannungen. Ich selbst bin auch ein bisschen besorgt.«

Die Organisatoren des Commonwealth Writers' Prize, auf deren Einladung ich nach Delhi reise, übermitteln mir gemischte Botschaften. Mr. Pavan Varma, ein Beamter, der überdies mit den Medienkontakten für das Ereignis betraut ist, ignoriert alle Bitten um Diskretion und hält eine Pressekonferenz, auf der er verkündet, dass ich vermutlich an dem Bankett anlässlich der Preisverleihung teilnehmen werde. Wohingegen Colin Ball, Präsident der Commonwealth Foundation, deren Preis dies ist, Vijay erklärt, sollte der Polizeischutz nicht auf alle ungefähr zwanzig ausländischen Besucher erweitert werden, die für die Zeremonie im Claridge's Hotel eintreffen, müsse er meine Einladung möglicherweise zurückziehen, obwohl ich nicht im Claridge's absteigen werde und niemand je die Delegierten bedroht hat, die von den indischen Behörden für ungefährdet gehalten werden. Die einzige Bedrohung ist hier im Moment Mr. Ball.

Ich gehe nach Indien, weil sich die Lage gebessert hat und ich finde, dass es an der Zeit ist, nach Indien zu gehen. Ich gehe nach Indien, denn wenn ich nicht gehe, werde ich niemals erfahren, ob es okay ist hinzugehen, oder nicht. Ich gehe, weil der Angelhaken der Liebe trotz allem, was zwischen Indien und mir vorgefallen ist, trotz der Verletzungen in meinem Herzen, zu tief sitzt, um ihn herauszuziehen. Vor allem gehe ich, weil Zafar mich gebeten hat, ihn mitzunehmen. Es wird höchste Zeit für ihn, die Bekanntschaft mit seinem anderen Heimatland zu erneuern.

In Wirklichkeit weiß ich nicht, was ich erwarten soll. Werde ich willkommen geheißen oder zurückgewiesen? *Ich weiß nicht, ob ich heimkehre, um Hallo oder Lebewohl zu sagen*. Ach was, hör auf, so melodramatisch zu sein, Salman! Beschwör den Ärger nicht noch herauf. Steig einfach in den Flieger und flieg los.

Also fliege ich nach Delhi, und keine Menschenseele sieht mich dabei. Da, auf seinem Platz in der Business-Class, sitzt der unsichtbare Mann. Da sitzt er und schaut sich auf einem kleinen, herausklappbaren Bildschirm den neuen Pedro-Almodóvar-Film an, während die Maschine den, äh, Iran überfliegt. Da sitzt der unsichtbare Mann mit seiner Schlafmaske und schläft.

Und da bin ich nun, am Ende der Reise, trete mit Zafar an meiner Seite in die Hitze von Delhis internationalem Airport hinaus, und nur Vijay Shankardass kann uns sehen. *Abrakadabra!* Hier herrscht magischer Realismus. Fragen Sie mich nicht, wie die das machen. Der kluge Zauberkünstler verrät niemals einen Trick.

Ich habe das Bedürfnis, den Boden zu küssen, oder vielmehr den blauen Teppich in dem Airport-«Finger», aber es ist mir peinlich, das unter den aufmerksamen Augen einer kleinen Armee von Sicherheitsbeamten zu tun. Den Teppich ungeküsst lassend, begebe ich mich aus dem Terminal in die glühende, knochentrockene Hitze von Delhi hinaus, die so ganz anders ist als die klatschnasse Luftfeuchtigkeit meiner Geburtsstadt Bombay. Der heiße Tag umfängt uns wie eine Umarmung. Die Straße entrollt sich vor uns wie ein Teppich. Wir klettern in einen engen weißen Hindustan Ambassador, einen Wagen, der selbst ein Stück Vergangenheit ist: der britische Morris Oxford, in Britannien längst dahingeschieden, ist hier, in seiner indischen Übersetzung, noch immer lebendig. Die Klimaanlage des Ambassador funktioniert nicht.

Ich bin zurück.

Samstag, 8. April

Indien hält nicht viel von Höflichkeit und drängt von allen Richtungen auf mich ein, reißt mich mitten in seine endlosen Streitereien, beansprucht lärmend meine ganze Aufmerksamkeit, wie es das schon immer getan hat. *Kauft Chilly-Kakerlakenfallen! Trinkt Hello-Mineralwasser! Tempo ist spannend und kostet das Leben!*, kreischen die Reklamewände. Außerdem gibt es ganz neue Botschaften. *Schreib dich ein für Oracle 81. Kein Abschluss ohne Java.* Und zum Beweis dafür, dass die Jahre des Protektionismus vorüber sind, ist Coca-Cola mit Pauken und Trompeten zurückgekehrt. Als ich das letzte Mal hier war, war es verbannt worden und überließ das Feld den abscheulichen einheimischen Imitationen Campa-Cola und Thums Up. Jetzt gibt es alle naselang eine rote Coke-Reklame. Cokes gegenwärtiger Slogan ist auf Hindi abgefasst und in lateinischer Schrift geschrieben: *Jo Chaho Ho Jaaye*. Was man wörtlich etwa übersetzen kann mit »Was immer du willst, lass es geschehen!«.

Ich beschließe, das als ein gutes Omen zu betrachten.

Bitte hupen, verlangen die Schilder hinten an den Millionen von Lastwagen, die alle Straßen verstopfen. Alle anderen Lastwagen, Autos, Fahrräder, Motorroller, Taxis und *phut-phut*-Autorikschas reagieren begeistert, begrüßen Zafar und mich in der Stadt mit einer energiegeladenen Aufführung der traditionellen Symphonie indischer Straßen.

Wait for Side! Sorry-Bye-Bye! Fatta Boy!

Die Nachrichten sind ebenso kakophonisch. Zwischen Indien und Pakistan herrscht, wie immer, Bitterkeit. Pakistans Ex-Premierminister Nawaz Sharif ist soeben nach dem, was sehr nach einem Schauprozess aussah, zu einer lebenslangen Haftstrafe verurteilt worden; inszeniert wurde das Ganze vom starken Mann des Militärs, General Pervez Musharraf, der die Macht ergriffen hat. Indiens Heer von lärmenden Kommentatoren verbindet diese Story mit der Präsentation einer neuen Rakete, der Shaheen-II, und warnt ominös vor einer Verschlechterung der Beziehungen zwischen den beiden Ländern. Ein Politiker von der BJP wirft Imam Bukhari »aufrührerische Äußerungen« für angeblich pro-pakistanische, anti-indische Verlautbarungen vor. *Plus ça change*. Die Gemüter sind, wie immer, höchst erregt.

Bei seinem kürzlichen Besuch auf dem Subkontinent wurde auch Bill Clinton unvermeidlicherweise in diese alten Antagonismen hineingezogen. Vom indischen Standpunkt aus sagte er zumeist das Richtige. Vor allem durch seine harten Worte gegen Pakistan, seine Diktatur, seine Atombombe, seine Engstirnigkeit gewann er viele Freunde, und das nach all den Jahren, in denen die Inder überzeugt davon waren, die amerikanische Außenpolitik in der Region »tendiere«, in Henry Kissingers Worten, grundsätzlich »zu Pakistan«.

Insgesamt sonnt sich Indien, als ich eintreffe, im Nachglühen des Clinton-Besuchs. Der optimistische alte Charmeur hat es wieder mal geschafft. Bombays Filmwelt ist entzückt. »Die hindustanischen Herzen«, berichtet ein Showbiz-Magazin im unnachahmlichen Prosastil der Großstadt, »waren verrückt nach dem Granddaddy von Uncle Sam.« Suman Ranganathan, ein Starlet, verschiedentlich als »*sexy babe*« und »*apni sizzling mirchi*« beschrieben, das heißt als »unser spezielles zischend heißes Chili«, ist ganz und gar eingenommen von Big Bill, der, wie sie erklärt, »wundervoll und zugänglich ist, ein Mann, der den Puls der Menschen kennt«.

Wie mich meine Freundin, die bekannte Kunstkritikerin Geeta Kapur, erinnert, kümmern sich die Leute in Indien herzlich wenig um das Privatleben ihrer Politiker. Ein sehr alter BJP-Führer hält sich, wie man weiß, seit Jahren eine Geliebte, ohne dass es seiner Karriere im Mindesten schadet. Daher betrachten die Inder den Lewinsky-Skandal mit verständnislosem Staunen. Wenn verschiedene heiße Chilis unbedingt um den mächtigsten Mann der Welt herumzischen wollen, wen sollte es wundern?

Ich bin kaum einen Augenblick zurück, und schon beglückt mich jeder, mit dem ich mich unterhalte – Vijay Shankardass, Freunde, die ich voller Ungeduld anrufe, um ihnen meine Ankunft zu verkünden, ja sogar Polizisten – mit Meinungen über die neue Art der indischen Politik. Wenn Bombay Indiens New York ist – glamourös, glitzernd, vulgär-chic, eine Handelsstadt, eine Filmstadt, eine Slumstadt, unglaublich reich, entsetzlich arm –, dann ist Delhi eher wie Washington. Hier ist das einzige Spiel in der Stadt die Politik. Kein Mensch spricht längere Zeit über etwas anderes.

Früher suchten Indiens Minderheiten Schutz bei der nach links tendierenden Kongress-Partei, damals der einzigen organisierten Polit-Maschinerie. Jetzt wird das Durcheinander dieser Partei überall ebenso sichtbar wie ihr Drift nach rechts. Unter der Führung von Sonia Gandhi siecht die einstmals mächtige Maschine dahin und rostet.

Leute, die Sonia seit Jahren kennen, raten mir, ihr nicht die Behauptung abzunehmen, sie hätte sich nie für Politik interessiert und sich nur wegen ihrer Sorge um die Partei drängen lassen, die Führung zu übernehmen. Es entsteht das Porträt einer Frau, die sich völlig von der Macht verführen lässt, aber nicht in der Lage ist, damit umzugehen, weil ihr die Fähigkeit, der Charme, die Vision, ja, einfach alles dazu fehlt, bis auf die Gier nach der Macht an sich. Um sie herum schwänzeln die schmeichlerischen Höflinge der Nehru-Gandhi-Dynastie, eifrig bemüht, das Auftauchen neuer Führer – P. S. Chidambaram, Madhavrao Scindia, Rajesh Pilot – zu verhindern, die möglicherweise die Energie und den Willen besitzen, die Partei wieder zu beleben, denen man aber nicht gestatten darf, die Führungsrolle zu übernehmen, welche nach Ansicht von Sonias Clique allein ihr und ihren Kindern gebührt.

Zuletzt war ich im August 1987 in Indien, um eine Fernsehdokumentation über den vierzigsten Jahrestag der Unabhängigkeit zu machen. Ich habe nicht vergessen, wie ich im Roten Fort Rajiv Gandhi zuhörte, der in gebrochenem Schuljungen-Hindi eine verblüffend langweilige Rede hielt, während das Publikum einfach und vernichtend davonging. Jetzt ist hier im Fernsehen seine Witwe zu sehen, deren Hindi noch gebrochener ist als das seine, eine Frau, die sich ihres Rechts auf Herrschaft sicher ist, davon jedoch keinen, außer sich selbst, überzeugen kann.

Ich denke an eine andere Witwe. In jener Dokumentation von 1987 nahmen wir ein Interview mit Ravel Kaur auf, einer Sikh-Frau, die zugesehen hatte, wie ihr Ehemann und ihre Söhne vor ihren Augen von Banden ermordet wurden, von denen man wusste, dass sie von Kongress-Leuten angeführt und organisiert wurden. Indira Gandhi war vor kurzem von ihren Sikh-Leibwächtern ermordet worden, und die gesamte Sikh-Gemeinde von Delhi musste dafür bezahlen. Obwohl es stichfeste Beweise gab, durch die viele der Killer identifiziert werden konnten, wurde keiner wegen dieser Morde je angeklagt.

Für Vijay Shankardass, der Rajiv seit Jahren kannte, waren das desillusionierende Tage. Er und seine Frau versteckten ihre

Sikh-Nachbarn in ihrem eigenen Haus, um sie in Sicherheit zu bringen. Als er zu Rajiv ging und ihn aufforderte, irgendetwas gegen diese Morde zu unternehmen, war er von Rajivs scheinbarer Gleichgültigkeit zutiefst schockiert. »Er war so *gelassen*, Salman.« Arjun Das, einer von Rajivs engsten Beratern, war weniger ruhig. »*Saalón ko phoonk do*«, fauchte er. »Knallt diese Hunde ab.« Später wurde auch er getötet.

Durch die Indian High Commission in London (Salman Haidar, mein Freund und Namensvetter, damals Deputy High Commissioner, wurde zum Zensurdienst gepresst) tat die Rajiv-Regierung wegen des Interviews mit der Sikh-Witwe ihr Bestmögliches, um zu verhindern, dass unser Film gezeigt wurde. Obwohl sie keine Sikh-Terroristin war, sondern ein Opfer des Anti-Sikh-Terrorismus, obwohl sie gegen die Forderungen der radikalen Sikhs nach einem eigenen Staat war und blieb und nichts weiter verlangte als Gerechtigkeit für die Toten, versuchte Indien, sie zum Schweigen zu bringen. Und, wie ich nur zu gerne feststelle, ohne Erfolg.

So viele Witwen. In den *Mitternachtskindern* machte ich eine Satire aus der ersten Witwe, die die Macht in Indien übernahm, Mrs. Indira Gandhi, und zwar wegen ihres Missbrauchs dieser Macht während der quasi-diktatorischen Emergency-Jahre Mitte der Siebziger. Ich hatte nicht voraussehen können, wie nachhaltig – auf abwechselnd tragische und tragikomische Weise – der Tropus der Witwe auch weiterhin sein würde.

Auch in dem unbeendeten Film *Water* der indisch-kanadischen Filmregisseurin Deepa Mehta dominieren Witwen; er spielt zum Teil in einem Witwenhotel in der heiligen Stadt Benares, in die hinterbliebene Witwen kommen, um am Ufer des heiligen Ganges zu beten und zu trauern. Durch Gewaltandrohung von extremistischen Hindu-Gruppen wurden die Dreharbeiten gestoppt. Mehta brach ihre Bemühungen um eine Fertigstellung des Filmes ab und kehrte verzweifelt nach Kanada zurück.

Jahre zuvor spielten auch wichtige Szenen der *Mitternachtskinder* in einem Witwenhotel in Benares. Das ist natürlich reiner Zufall, doch ein anderer Autor, Sunil Gangopadhyay aus Bengalen, erhebt schwere Beschuldigungen gegen Deepa Mehta. Er wirft ihr vor, wesentliche Passagen seines Romans *Those Days* »gestohlen« und in ihrem Film verwendet zu haben. Mehta gibt zu, von Gangopadhyays Buch inspiriert worden zu sein, wehrt sich aber gegen den Vorwurf des Plagiats. Die Übersetzerin des Schriftstellers, Aruna Chakravati, entgegnet, Mehtas Film sei Gangopadhyays epischem, historischem Roman weit unterlegen: nicht »aufklärend«, sondern »stagnierend«.

Der Vorwurf des Plagiats ist ein Grund, warum die indische Kultur-Elite Deepa Mehta nur halbherzig gegen ihre bedrohlichen Gegner unterstützt. Die Leute sagen, sie hätte nicht versuchen sollen, sich bei Arun Jaitley, dem Informationsminister der BJP, einzuschmeicheln, den ein großer Teil der Kunstgemeinde genauso verabscheut wie die BJP im Allgemeinen. Außerdem habe sie sich und ihrem Film keinen Gefallen getan, als sie so viele freimütige öffentliche Erklärungen abgab, die ihre Gegner in ihrem Verhalten bestätigten und es immer weniger wahrscheinlich machten, dass der Film jemals fertig gestellt werden würde. Sie hätte ihren Film erst machen und später den Mund aufreißen sollen, sagen die Leute.

Der Maler Vivan Sundaram wendet ein, die Episode zeige uns sehr deutlich die beiden Gesichter der BJP: die »moderate« Haltung von Atul Behari Vajpayees Regierung, die der Filmemacherin ursprünglich die Dreherlaubnis erteilte, und die Hardliner-Position des Parteivolks, dessen Banden Teile ihres Filmsets in den Ganges warfen und sogar Mehtas Leben bedrohten, bis die BJP-Führung gezwungen war, die Dreharbeiten zu stoppen.

Die Kongress-Partei hat heutzutage seltsame Freunde. Ihren Niedergang kann man am besten an der erbärmlichen Qualität ihrer Verbündeten erkennen. Im Staat Bihar nimmt der bizarre politische Doppelakt Laloo Prasad Yadav und seine Frau Rabri Devi – dem die ganz und gar fiktiven und extrem korrupten Bombay-Politiker

Piloo und Golmatol Doodhwala in *Der Boden unter ihren Füßen* im weitesten Sinne nachempfunden waren – wieder die Bühnenmitte ein. Vor einigen Jahren war Laloo, damals Bihars Chefminister, in den so genannten Fodder Scam verwickelt, einen Schwindel, bei dem große Mengen öffentliche Viehzucht-Subsidien für den Unterhalt von Rindern beansprucht wurden, die in Wirklichkeit nicht existierten. (In meinem Roman zieht Piloo, Indiens »Scambaba de luxe«, einen ähnlichen Schwindel mit nicht-existenten Ziegen auf.) Laloo wanderte ins Kittchen, schaffte es aber, seiner Frau Rabri den Posten des Chefministers zu sichern, und fuhr munter fort, den Staat von seiner Gefängniszelle aus per Stellvertreterin zu leiten.

Seitdem war er mal drinnen, mal draußen. Gegenwärtig ist er das Erstere; Rabri sitzt wenigstens technisch gesehen auf erstem Posten, und ein weiterer saftiger Korruptionsskandal ist in der Mache. Bei den Finanzbehörden fragt man sich, wie Laloo und Rabri es schaffen, trotz des relativ bescheidenen Salärs, das selbst höhere Minister in Indien beziehen, in einem derartigen Luxus zu leben (sie führen ein besonders großartiges Haus). Rabri wurde sogar ins Polizeiregister aufgenommen, weigert sich aber, zurückzutreten – oder vielmehr Laloo verkündet vom Gefängnis aus, dass sich die Frage, ob seine Frau, der Chefminister, ihren Posten aufgibt, ganz und gar nicht stellt.

Als Autor mit satirischen Neigungen bin ich entzückt von der Yadav-Saga, von der unverschämten Gemeinheit, der bodenlosen Sturheit, der spitzbübischen Freude, mit der Laloo und Rabri einfach weiterhin so schrecklich bleiben, wie sie sind. Doch ihr Überleben ist auch ein Zeichen für die wachsende Korruption in der politischen Kultur Indiens. Dies ist ein Land, in dem bekannte Gangster ins nationale Parlament gewählt wurden und in dem ein Mann, der einen Staat von der Gefängniszelle aus lenken kann, mündliche Unterstützung von keiner Geringeren erhält als der Führerin der Kongress-Partei, Sonia Gandhi persönlich.

Sonntag, 9. April

Zafar ist, im Alter von zwanzig Jahren, ein kräftiger, sanfter junger Mann, der seine Emotionen, im Gegensatz zu seinem Vater, verborgen hält. Aber er ist zu tiefen Gefühlen fähig und engagiert sich ernsthaft für Indien. Voller Wissbegierde hat er mit der Entwicklung eines eigenen Bildes von diesem Land begonnen, was möglicherweise ein bisher noch unbekanntes anderes Ich in ihm erschließen kann.

Anfangs fällt ihm auf, was auch anderen Erstbesuchern auffällt: die schreckliche Armut der Familien, die neben der Bahnstrecke in Behausungen leben, die aussehen wie Mülleimer und Müllsäcke; die Männer, die sich auf der Straße bei der Hand halten; die »grässliche« Qualität des indischen MTV und die »fürchterlichen« Bollywood-Filme. Als wir durch das weitläufige Armee-Kantonnement kommen, fragt er, ob die Streitkräfte hier einen ebenso wichtigen politischen Faktor darstellen wie im benachbarten Pakistan, und wirkt beeindruckt, als ich ihm sage, dass das Militär in Indien niemals nach politischer Macht gestrebt hat.

Ich kann ihn nicht überreden, indische Nationaltracht zu tragen. Ich selbst lege, kaum dass ich angekommen bin, die kühle, weite Kurta-Pyjama-Kleidung an, aber Zafar ist widerspenstig. »Das ist nicht mein Stil«, behauptet er und zieht es vor, bei der Uniform der jungen Londoner zu bleiben – T-Shirt, Cargo-Hose und Sneakers. (Gegen Ende der Reise trägt er eine weiße Pyjamahose, nicht aber die Kurta; doch immerhin ist ein gewisser Fortschritt zu verzeichnen.)

Zafar hat, obwohl es ihm gewidmet wurde («Für Zafar Rushdie, der, entgegen allen Erwartungen, am Nachmittag geboren wurde«), niemals mehr als die ersten drei Kapitel der *Mitternachtskinder* gelesen. Ja, abgesehen von *Harun und das Meer der Geschichten* und *Osten, Westen* hat er keines meiner Bücher zu Ende gelesen. Die Kinder von Schriftstellern sind häufig so. Sie brauchen Eltern, die Eltern sind, und keine Romanciers. Zafar hat in seinem Zimmer ständig voll Stolz ein vollständiges Set meiner Bücher ausliegen, aber er selbst liest Alex Garland und Bill Bryson, und ich tue so, als mache es mir nichts aus.

Jetzt aber wird der Ärmste einem Crashkurs sowohl meiner Werke als auch meines Lebens unterworfen. Im Roten Fort mussten meine Tante und mein Onkel nach der Teilung wie viele andere durch das Militär vor der Gewalt, die draußen herrschte, beschützt werden; eine Version davon schildert mein Roman *Scham und Schande*. Hier gehen von der Chandni Chowk, der geschäftigen Hauptstraße von Old Delhi, die Nebenstraßen aus, die sich in die alten Moslem-*mohallas* hinaufwinden; in einem von ihnen, Ballimaran, haben meine Eltern gelebt, bevor sie nach Bombay umzogen; und hier erlebten auch Ahmed und Amina Sinai, die Eltern des Erzählers der *Mitternachtskinder*, den sich zusammenbrauenden Sturm vor der Unabhängigkeit.

Zafar nimmt all diesen literarischen Tourismus gelassen hin. Sieh mal, hier in Purana Qila, der alten Festung, die angeblich auf dem Boden der legendären Stadt Indraprastha erbaut worden ist, ließ Ahmed Sinai einen Sack Geld zurück, um eine Bande Brandstifter-Erpresser zu beschwichtigen. Sieh mal, hier sind die Affen, die den Sack aufgerissen und das Geld weggeworfen haben. Sieh mal, hier in der National Gallery of Modern Art hängen die Gemälde von Amrita Sher-Gil, der halb indischen, halb ungarischen Künstlerin, die das Vorbild für die Aurora Zogoiby in *Des Mauren letzter Seufzer* war ... Okay, das reicht, Dad, denkt er offensichtlich, ist aber zu höflich, um es auszusprechen. Okay, ich werde das alles lesen, diesmal werde ich es wirklich tun. (Und er wird es vermutlich doch nicht tun.)

Im Roten Fort gibt es Plakate, die einen Abend mit einer *Son-et-lumière*-Show ankündigen. »Wenn Mum hier wäre«, sagt er plötzlich, »würde sie unbedingt da hinwollen.« Zafars kluge, wunderschöne Mutter, meine erste Ehefrau Clarissa Luard, die hoch geschätzte Literatur-Offizierin des British Arts Council, Schutzengel junger Autoren und kleiner Zeitschriften, ist im Alter von nur fünfzig Jahren an einem Wiederauftreten ihres Brustkrebses gestorben. Zafar und ich haben den größten Teil ihrer letzten Stunden an ihrem Bett verbracht. Er war ihr einziges Kind.

»Nun ja«, antworte ich, »sie war ja hier, weißt du.« Im Jahre 1974 reisten Clarissa und ich mehr als vier Monate lang durch Indien; wir begnügten uns mit billigen Hotels und Fahrten im Langstreckenbus, weil wir die Reise mit dem Vorschuss, den ich für meinen ersten Roman *Grimus* bekommen hatte, finanzierten und mit dem Geld möglichst lange auszukommen versuchten. Jetzt fange ich an, Zafar bewusst zu erzählen, was seine Mutter von diesem oder jenem hielt – wie sehr sie die stille Schönheit dieses Fleckchens oder den Trubel an jenem genoss. Was als ein kleiner Vater-und-Sohn-Ausflug begann, nimmt eine zusätzliche Dimension an.

Ich habe immer gewusst, dass dieser erste Besuch nach allem, was geschehen ist, der problematischste sein würde. Übernimm dich nicht, sagte ich mir. Wenn alles gut geht, wird sich die Lage beruhigen. Der zweite Besuch? »Rushdie kehrt zurück« ist kein großer Nachrichtenhit. Und der dritte – »Oh, jetzt ist er wieder mal da« – klingt so gut wie gar nicht nach einer Nachricht. Auf dem langen, mühsamen Rückweg in die »Normalität« war Gewöhnung, sogar Langeweile eine nützliche Waffe. »Ich werde«, beginne ich den Menschen in Indien zu sagen, »Indien so lange langweilen, bis es aufgibt.«

Was ich mir hätte denken können, ist, dass alle Leute um mich herum eine Mordsangst haben, wo ich doch selbst ein bisschen unsicher war, wie alles laufen würde. In England und Amerika hat sich meine Lage gebessert und sich weitgehend auf einen normalen Level eingependelt. Ich bin nicht mehr an die Probleme eines maximalen Sicherheitsschutzes gewöhnt. Was jetzt in Indien geschieht, kommt mir in dieser Hinsicht vor, als geriete ich in eine Zeitschleife und würde in die schlechten alten Zeiten des iranischen Angriffs zurückgeworfen.

Mein Personenschutzteam könnte nicht netter und tüchtiger sein, aber o Gott, es sind so viele, und sie sind nervös. In Old Delhi, wo viele Muslime leben, sind ihre Nerven besonders gespannt, vor allem jedes Mal, wenn ein Mitglied der Öffentlichkeit trotz meiner Tarnkappe den Fauxpas begeht, mich zu erkennen.

»Sir, es hat Erkennung gegeben! Eine Erkennung ist erfolgt!« – »Sir, sie haben den Namen genannt, Sir! Der Name ist ausgesprochen worden!« – »Bitte, Sir, der Hut!« –

Ich muss nicht darauf hinweisen, dass es in der Tat nicht schwer ist, mich zu erkennen, weil ich, na ja, eben so aussehe und andere Leute nicht; oder dass bei jeder einzelnen »Erkennung« die Reaktion der betreffenden Personen freundlich, ja hocherfreut ausfiel. Meine Beschützer haben ein Albtraum-Szenario im Kopf – Tumulte etc. –, und das reale Leben allein genügt nicht, um es auszulöschen.

Dies war einer der frustrierendsten Aspekte während der letzten paar Jahre. Alle möglichen Leute – Journalisten, Polizisten, Freunde, Fremde – schreiben Drehbücher für mich, und ich sitze in diesen Phantasien in der Falle. Was in keinem dieser Szenarien jemals vorzukommen scheint, ist die Möglichkeit eines Happy Ends – eines Endes, in dem die Probleme, mit denen ich es zu tun hatte, allmählich überwunden werden und ich das normale literarische Leben wieder aufnehme, denn das ist alles, was ich mir jemals gewünscht habe. Und doch ist genau das, die ganz und gar unerwartete Storyline, tatsächlich eingetroffen.

Mein größtes Problem ist heutzutage das Warten darauf, dass alle ihre Albträume ad acta legen und sich mit den Fakten vertraut machen.

Ich bin bei Vivan Sundaram und Geeta Kapur in deren Haus im Shanti-Niketan-Distrikt im Süden von Delhi zum Abendessen eingeladen. Bevor ich aufbreche, soll ich, so verlangt es die Polizei von mir, Vivan und Geeta ermahnen, niemandem zu erzählen, dass ich komme. Während des Essens werden sie von einem höheren

Polizeibeamten angerufen, der sie bittet, niemandem zu erzählen, dass ich bei ihnen gewesen bin. Am folgenden Tag erhalten sie einen weiteren Anruf, der sie auffordert, Diskretion zu wahren. Sie sind belustigt, ich aber bin verärgert. Das alles wird allmählich lächerlich.

Vivan ist Amrita Sher-Gils Neffe, und einige ihrer besten Arbeiten hängen an den Wänden seines Hauses, wie auch sein eigenes brillantes Familienporträt von Amritas Welt. Das ist ein großes Gemälde in der Kulisse des Sher-Gil-Salons und ein Werk, das jeden unaufhörlich anzieht und dennoch auf wunderschöne Weise geheimnisvoll bleibt. Die Offenheit von Amritas Blick – sie allein sieht uns aus dem Bild direkt an – wird von der verträumten In-sich-Gekehrtheit der anderen Familienmitglieder ausgeglichen. Eine Verlorene-Welt-Atmosphäre bestimmt den Raum, zugleich golden und beklemmend; und es gibt eine Schusswaffe. Ich habe eine Vorliebe für zeitgenössische indische Kunst, und einfach nur dieses großartige Gemälde wieder zu sehen gibt mir ein Gefühl der Heimkehr.

»Na, hat sich etwas verändert?«, erkundigt sich Vivan, und ich antworte, nicht so sehr, wie ich es gedacht hatte. Die Menschen verändern sich nicht, tief drinnen ist hier alles gleich geblieben. Aber natürlich gibt es Veränderungen. Ein Freund war sehr schwer krank, ist aber auf dem Wege der Besserung. Einem anderen lieben Freund geht es immer noch sehr schlecht. Und dann sind da natürlich die offensichtlichen Veränderungen. Die BJP an der Macht. Der neue Technologie-Boom, der der indischen Bourgeoisie noch mehr Einfluss und Wohlstand gebracht hat.

Ich erwähne Clintons Besuch; Geeta und Vivan schildern ihn als bestimmendes Moment für das reiche Indien, das seit meinem letzten Besuch, angespornt von der neuen Technologie, sprunghaft gewachsen ist. In Amerika sind inzwischen vierzig Prozent der Personen, die in Silicon Valley arbeiten, indischer Herkunft, und in Indien selbst hat das neue elektronische Zeitalter viele große Vermögen geschaffen. Clinton schenkte diesen Aufsteigern in der

Techno-Branche viel Aufmerksamkeit und legte Wert darauf, Hyderabad zu besuchen, eines der neuen Zentren der Technologie. Für die indischen Reichen war sein Besuch zugleich Bestätigung und Apotheose.

»Du glaubst nicht, wie die das genossen haben«, sagt Geeta. »Viele Menschen hätten sich am liebsten tief verneigt und gesagt, Sir, Sir, wir lieben Amerika.«

»Indien und die USA als die beiden großen Demokratien«, ergänzt Vivan. »Indien und Amerika als Partner und Gleichgestellte. Das war die Idee, und es wurde ohne eine Spur von Ironie ausgesprochen.«

Das Indien, das in den Fängen religiös-kommunalistischer Minister der extremsten und mittelalterlichsten Sorte zappelt; das Indien, das in Kaschmir eine Art Bürgerkrieg führt; das Indien, das seine Bevölkerung nicht ernähren, ausbilden oder adäquat medizinisch betreuen kann; das Indien, das nicht in der Lage ist, eine Versorgung mit sauberem Trinkwasser zu garantieren; das Indien, in dem das Fehlen einfacher Toilettenanlagen Millionen von Frauen zwingt, tagsüber ihre natürlichen Funktionen zu kontrollieren, damit sie sich im Schutz der Dunkelheit erleichtern können; dieses Indien wurde dem Präsidenten der Vereinigten Staaten nicht vorgeführt. Stattdessen schwirrten und wirbelten Hurra-Kernkraft-Indien, Geldsack-Indien, Computerfreak-Indien, Schickimicki-Indien herum, im Scheinwerferlicht der internationalen Medien, das den Führer der freien Welt überallhin begleitet, wo er geht und steht.

Montag, 10. April

Ein leicht paranoider Start für meinen Tag. Ich erfahre, dass Colin Perchard, der Leiter des British Council in Indien, mir die Genehmigung verweigert hat, Ende der Woche das Auditorium des Council für eine Pressekonferenz zu benutzen. Außerdem erhielt

Rob Young, der britische High Commissioner, vom Außenministerium die Anweisung, sich von mir fern zu halten – er soll »bei Fuß bleiben«, erzählt er Vijay.

Robin Cook, der britische Außenminister, soll an dem Tag, an dem ich abreisen muss, in Indien eintreffen und legt Wert darauf, nicht zu eng mit mir in Verbindung gebracht zu werden. Er wird bald in den Iran weiterreisen, und diese Reise darf natürlich nicht gefährdet werden. (Später: Cooks Reise wird wegen der unter Ausschluss der Öffentlichkeit stattfindenden so genannten Spionage-Prozesse gegen die Juden im Iran ohnehin gestrichen. So kann's gehen.)

Bessere Nachrichten kommen von Colin Ball von der Commonwealth Foundation, der seine Einstellung gemäßigt hat und nicht mehr damit droht, meine Einladung zu seinem Preisverleihungs-Dinner zurückzuziehen. So werde ich vermutlich tatsächlich wie Aschenputtel auf dem Ball erscheinen. In meiner paranoiden Stimmung jedoch überlege ich mir, dass die Stiftung, wenn meine Gegenwart sie so nervös macht, doch höchstwahrscheinlich auch nicht die noch engere Verbindung mit mir wünschen kann, die durch das Überreichen des Preises an mich unweigerlich entstehen würde.

Ich rufe mir ins Gedächtnis zurück, warum ich wirklich hier bin. Der Commonwealth Writers' Prize ist nur ein Vorwand. Der eigentliche Triumph besteht darin, dass ich diese Reise mit Zafar zusammen gemacht habe. Für uns beide ist Indien der Hauptpreis.

Der Hansie-Cronje-Cricket-Skandal verdrängt die Politik von den Titelseiten und meine eigenen kleinen Kümmernisse aus meinem Kopf. Cronje, Kapitän des südafrikanischen Cricket-Teams und Aushängeschild für das neue Südafrika, wird von der indischen Polizei beschuldigt, zusammen mit drei seiner Teamkameraden, Herschelle Gibbs, Nicky Boje und Pieter Strydom, von den indischen Buchmachern Sanjiv Chawla und Rajesh Kalra Geld dafür genommen zu haben, dass sie die Ergebnisse von diversen internationalen Eintagesspielen manipulierten.

Das ist eine Sensation. Die indische Polizei behauptet, Mitschriften von Telefongesprächen zu haben, die keinen Raum für Zweifel mehr lassen. Erste Hinweise lassen auf eine Verbindung zu kriminellen Syndikatsbossen der Unterwelt wie dem berüchtigten Dawood Ibrahim schließen. Es kommt zu Spekulationen darüber, dass dies nur die Spitze eines riesigen Eisbergs sei. Kann Cricket überleben, wenn die Zuschauer nicht mehr wissen, ob sie einen fairen Wettkampf sehen oder eine Art Profi-Wrestling in weißem Flanell? »Wir haben sie wie Halbgötter verehrt«, sagt ein Fan, »und nun entpuppen sie sich als Betrüger.«

Gerüchte über Spielmanipulationen liegen seit Jahren in der Luft und schädigen den Ruf einiger der besten Cricket-Spieler: Pakistans Salim Malik, Australiens Shane Warne und Indiens eigener ehemaliger Kapitän Mohammed Azharuddin, der von Manoj Prabhakar, einem Teamkameraden, der Korruption beschuldigt wurde. Chris Lewis, ein ehemaliger internationaler Star aus England, hat den britischen Cricket-Behörden die Namen von drei angeblich korrupten englischen Stars genannt. (Diese Namen sind nie veröffentlicht worden.) Bisher ist jedoch keiner der Vorwürfe bewiesen worden, und von dem Dreck, der geschleudert wurde, ist nicht viel kleben geblieben.

Es ist kein Geheimnis, dass die Eintagesversion des Crickets zu einer richtigen Goldgrube geworden ist, und da die Anzahl derartiger Matches enorm gestiegen ist, ist auch das Interesse der Wettsyndikate und Buchmacher aus Fernost mit Verbindungen zur Unterwelt gewachsen. Aber kein Cricket-Fan will glauben, dass seine Helden schlechte Menschen sind. Auch eine so bewusste Blindheit ist eine Form der Korruption.

Unmittelbar darauf setzt die Phase des Leugnens ein. Hansie ist ein Gentleman, so sauber wie blütenweiße Wäsche, so ehrlich, wie der Tag lang ist. Und warum haben die indischen Polizisten überhaupt die Telefone der südafrikanischen Spieler verwanzt?

Die Stimmen auf den Bändern klingen ja nicht mal südafrikanisch.

Cronje selbst gibt eine Pressekonferenz, auf der er die Vorwürfe zurückweist und erklärt, sowohl seine Teamkameraden als auch ein Blick auf seine Bankkonten würden bestätigen, dass er niemals versucht habe, ein Spiel zu manipulieren; auch habe er niemals Geld für etwas Derartiges bekommen. Hinter all diesem Hin und Her lauert etwas, das für indische Ohren verdächtig nach Rassismus klingt. Kommentatoren aus den weißen Cricket spielenden Ländern waren als Erste in den Startlöchern, um die falschen Anschuldigungen zu bestreiten und Zweifel an der Professionalität und sogar der Integrität der indischen Polizisten zu wecken, von denen der Fall untersucht wurde.

Der Beamte, der für mein Schutzteam zuständig war, ist der gutmütige Akshey Kumar, ein Liebhaber der Literatur, der kenntnisreich über die Arbeit von Vikram Seth und Vikram Chandra, Rohinton Mistry und Arundhati Roy spricht und stolz darauf ist, zwei Töchter am Tufts, dem College von Boston, zu haben. K. K. Paul, der die Cronje-Untersuchung leitet, ist sein Freund, nach Aussage von Kumar ein großartiger Polizist und überaus rechtschaffener Mann. Außerdem würden die indischen Behörden, da Südafrika eine befreundete Nation ist, niemals dulden, dass diese Anschuldigungen veröffentlicht würden, wenn sie nicht hundertfünfzigprozentig von der Hieb- und Stichfestigkeit des Falles, den Paul und sein Team aufgebaut haben, überzeugt wären. Daher rät Kumar in weiser Voraussicht, abzuwarten und Tee zu trinken.

Wir sind zu einer Autotour aufgebrochen, um dem Jungen die Sehenswürdigkeiten zu zeigen: Jaipur, Fatehpur Sikri, Agra. Für mich ist die Straße selbst schon immer die Hauptattraktion gewesen.

Es sind mehr, viel mehr Lastwagen unterwegs, als ich mich erinnern kann, hupend und todesdrohend kommen sie uns auf der falschen Seite der Fahrbahn direkt entgegen. Alle paar Kilometer liegen Wracks von Frontalunfällen. Sieh nur, Zafar, das ist der

Schrein eines bekannten Muslim-Heiligen; sämtliche Trucker machen hier Halt und beten für eine glückliche Fahrt, sogar die Hindus. Dann klettern sie wieder in ihre Kabinen und spielen russisches Roulette mit ihrem und mit unserem Leben.

Sieh nur, Zafar, da ist ein Traktor mit Anhänger, der voll geladen ist mit Männern. Zur Wahlzeit hat jeder *sarpanch* oder Dorfvorsteher Befehl, solche Anhängerladungen für die Versammlungen der Politiker zu liefern. Für Sonia Gandhi werden zehn Traktorladungen pro Dorf verlangt. Die Menschen sind inzwischen so enttäuscht von den Politikern, dass buchstäblich niemand freiwillig zu diesen Versammlungen geht.

Sieh nur, das sind die Dreckschleudern von Ziegelbrennöfen, die da auf den Feldern qualmen. Außerhalb der Stadt ist die Luft weniger verschmutzt, aber lange noch nicht sauber. Stell dir vor, in Bombay können die Flugzeuge von Dezember bis Februar wegen des Smogs nicht vor elf Uhr vormittags starten oder landen.

Das neue Zeitalter ist auch hier angekommen. Wenn du Hindi lesen könntest, Zafar, würdest du sehen, dass all die neuen Wörter phonetisch in die Devanagiri-Schrift des Hindi übertragen werden: *Millennium tyres. Oasis Cellular. Modern's Chinese »Fastfood«.*

Zafar möchte Hindi lernen. Er ist gut in Sprachen und möchte Hindi und Urdu lernen, um dann ohne all das Drumherum wieder herzukommen, von dem wir jetzt umgeben sind: deutlich gesagt, ohne mich. Gut. Er hat sich angesteckt. Wenn das Virus Indien dich packt, Zafar, wirst du nie wieder davon genesen.

Sieh nur, Zafar, sieh dir die unverständlichen Akronyme von Indien an. Was ist ein WAKF Board? Was ist ein HSIDC? Aber ein Akronym verrät eine echte Veränderung der Realität. Man sieht es jetzt überall, ungefähr alle hundert Meter: STD-ISD-PCO. PCO heißt Personal Call Office, und jetzt kann jeder in eine dieser kleinen Zellen schlüpfen, überall in Indien oder sogar auf der Welt anrufen und beim Hinausgehen bezahlen. In der Telekommunikation findet die wahre Revolution Indiens statt. Niemand braucht mehr isoliert zu sein.

In den Straßenrand-*dhabas*, wo wir für Erfrischungen anhalten, wird über Hansie Cronje geredet. Kein Mensch zweifelt daran, dass er so schuldig ist wie die Sünde.

Bill Clinton hat die Festung Amber oben auf ihrem Hügel außerhalb von Jaipur besucht. Doch seine Sicherheitsleute wollten ihm nicht erlauben, auch das Touristenvergnügen zu genießen, für das Amber berühmt ist. Am Fuß des Hügels wartet eine Taxi-Reihe von Elefanten. Man erwirbt im Elefanten-Buchungsbüro eine Eintrittskarte und kann dann auf dem Rücken eines gemieteten Dickhäuters bergauf schaukeln. Wo der Präsident verzichten musste, haben Zafar und ich Erfolg. Es ist mir – in einem Moment echter Schadenfreude – eine Genugtuung zu wissen, dass die Sicherheitsbeamten eines anderen noch strenger und restriktiver waren als meine.

Immerhin durfte Clinton in Ambers Safrangarten zusehen, wie eine Gruppe von jungen Mädchen einen ihrer anmutigen, wirbelnden Tänze aufführten. Es wird ihm gefallen haben. Rajasthan ist herrlich farbenfroh. Die Menschen tragen farbenfrohe Kleidung, führen farbenfrohe Tänze auf und reiten auf farbenfrohen Elefanten zu farbenfrohen uralten Palästen – alles Dinge, von denen ein Präsident wissen sollte.

Doch Clinton sollte auch wissen, dass auf einem Testgelände in der Nähe von Pokhran in Rajasthans Wüste Thar indisches Knowhow dieses Land ins nukleare Zeitalter geführt hat. Rajasthan ist die Wiege des neuen Indien, das man folglich durchaus als Amerikas ebenbürtigen Partner sehen kann. (Clinton schnitt bei seinen Gesprächen zwar das Thema des Teststoppvertrages an, konnte Indien aber nicht überreden, ihn zu unterzeichnen. Schließlich haben auch die USA ihn nicht ratifiziert.)

Worauf Clintons Aufmerksamkeit nicht gelenkt werden sollte – denn das Thema hat keinen Platz, weder im farbenfrohen, touristischen Elefantentaxi-Indien noch in dem neuen, ungeduldigen, unternehmerischen Internet-Milliardär-Indien, das der Welt heutzutage verkauft wird –, ist, dass Rajasthan zusammen mit seinem Nachbarstaat Gujarat gegenwärtig die schlimmste Dürrezeit seit mehr als einem Jahrhundert erlebt und praktisch verdurstet.

Dass das Geld, das für Indiens lächerliche Bombe ausgegeben wird, dazu hätte beitragen können, den Kranken und Hungernden zu helfen, ist etwas, woran man den Präsidenten nicht einmal denken lassen sollte. Oder daran, wie absurd es ist, wenn Premierminister Vajpayee an die Menschen in Indien appelliert, beim Kampf gegen die massiven Zerstörungen durch die Dürre durch wohltätige Spenden zu helfen, »und sei die Spende auch noch so klein«, während die indische Regierung noch immer ein Vermögen für Rajasthans andere Massenvernichtungswaffe ausgibt.

Es ist heiß: fast 110 Grad Fahrenheit, über 40 Grad Celsius. Während der letzten zwei Jahre hat es keinen Regen gegeben, und es sind noch immer zwei Monate bis zum nächsten Monsun. Die Brunnen trocknen aus, die Dorfbewohner sind gezwungen, verschmutztes Wasser zu trinken, von dem sie Durchfall bekommen, wodurch sie wiederum dehydriert werden: ein Teufelskreis, der immer schlimmer wird.

Als ich vor einem Dutzend Jahren zuletzt hier war, litt die Region unter der vorangegangenen größten Dürre aller Zeiten. Damals reiste ich in Gujarat und sah fast die gleiche Zerstörung, wie man sie heute überall im ländlichen Rajasthan sieht. Da die Kluft zwischen dem Festmahl der Habenden und dem Hunger der Habenichtse ständig größer wird, gerät die Stabilität des Landes mehr und mehr in Gefahr. Etwas liegt in der Luft, und während ich zögere, das, was nicht viel mehr ist als ein Instinkt, in Worte zu fassen, spüre ich doch eine stärkere Unruhe bei den Menschen, ein Knistern des Zorns unmittelbar unter der Oberfläche, eine kürzere Lunte.

Beim Abendessen erwischt Zafar schlechte Shrimps. Ich gebe mir selbst die Schuld. Ich hätte es besser wissen und ihn an die grundlegenden Regeln für Reisende in Indien erinnern müssen: ausschließlich abgefülltes Wasser trinken, sich vergewissern, dass die Versiegelung der Flasche vor den eigenen Augen geöffnet wird, niemals Salat essen (er ist bestimmt nicht in Wasser aus der Flasche gewaschen) ... und *nie, niemals Meeresfrüchte essen, wenn man nicht direkt am Meer ist.*

Zafars Wüstenshrimps hauen ihn um. Er verbringt eine schlaflose Nacht: Erbrechen, Durchfall. Am Morgen sieht er furchtbar aus, und wir haben eine lange, anstrengende Reise vor uns, über holprige, schwierige Straßen. Jetzt muss auch er sich vor Austrocknung schützen. Anders als die Dorfbewohner jedoch, die wir zurücklassen, haben wir ausreichend Mineralwasser zum Trinken und die richtigen Medikamente. Und wir reisen natürlich weiter.

Dienstag, 11. April

Ein Tag, der nur mit Mühe zu überstehen ist. Eine lange, strapaziöse Fahrt nach Agra und dann nach Delhi zurück. Zafar leidet, bleibt aber stoisch. Er ist zu schwach, um auf dem herrlichen Gelände von Fatehpur Sikri spazieren zu gehen, und kann sich gerade noch zum Taj schleppen, der, wie er erklärt, kleiner ist, als er es erwartet hatte. Ich bin sehr erleichtert, als ich ihn endlich in einem bequemen Hotelbett untergebracht habe.

Ich schalte die Fernsehnachrichten ein. Cronje hat gestanden.

Mittwoch, 12. April

»CRONJE: ICH BIN EIN BETRÜGER« lauten die Schlagzeilen in den Morgenzeitungen. Der ehemalige Cricket-Götze hat gestanden, auf tönernen Füßen zu stehen: Er sei »unehrlich gewesen«, er habe Geld genommen, und nun hat man ihn als Kapitän der Südafrikaner degradiert und aus der Nationalmannschaft geworfen. K. K. Paul und seine Männer sind gründlich und auf dramatische Weise rehabilitiert worden.

Die Geldsumme, die Cronje genommen hat, war, wie sich herausstellte, geringfügig: nur 8200 amerikanische Dollar. Ein armseliger Preis für den guten Namen eines Mannes.

Mittlerweile stellt sich in Südafrika das hauptsächlich weiße Publikum der Cricket-Fans (die südafrikanischen Schwarzen interessieren sich weit mehr für Fußball) hinter seinen geliebten Hansie. Nehmt ihn wieder ins Team zurück, sagen die Meinungsumfragen, und auch die Medien halten fest zu ihm. In Durban attackiert ein Haufen Weißer Sadha Govender, den Vorsitzenden des »KwaZulu-Natal Cricket Development Programme«; er wird immer wieder geschlagen und getreten. »Die Charros [die Inder] haben Cronje reingelegt«, brüllen die Weißen. (Govender ist indischer Abstammung.)

Hansie Cronjes Spitzname innerhalb der Mannschaft – den er lange vor dem gegenwärtigen Skandal bekommen hat – war *Crime*, »Verbrechen«, so wie in: Verbrechen lohnt sich nicht. Wenn es darum ging, eine Runde zu bezahlen, war Cronje berüchtigtermaßen geizig, heißt es. Nun, da die Regierung von Südafrika dabei ist, seine Auslieferung an Indien für den Prozess zu genehmigen, und seine Anwälte ihn warnen, er habe eine Haftstrafe zu erwarten, muss ihm dieser Spitzname wie eine Prophezeiung vorkommen.

Ich bin beeindruckt von dem relativen Mangel an Triumphgeheul in der indischen Reaktion auf Cronjes Absturz. »Welchen Grund haben wir zur Schadenfreude?«, schreibt Siddharth Saxena in der *Hindustan Times* und meint damit, man sollte in dieser Sache nicht selbstgerecht sein. Die Buchmacher waren schließlich Inder, und bei den Ermittlungen, die jetzt wohl intensiv beginnen werden, könnte sich durchaus ergeben, dass auch wir keine Engel sind. Rajesh Kalra, einer der Buchmacher, ist inzwischen schon verhaftet worden, und ein verdächtiger Mittelsmann, der Filmschauspieler Kishen Kumar, wird festgenommen, sobald er aus dem Krankenhaus kommt, wo er wegen eines Herzproblems behandelt wird.

Heute hat Zafar in einer *dhaba* am Straßenrand auf einem

Pepsi-Poster einen lächelnden jungen Mann gesehen. »Wer ist das?«, wollte er von mir wissen. »Das« war Sachin Tendulkar, Indiens großer Cricket-Superstar, der beste Schlagmann in der Welt. Mein Gott, dachte ich, wenn Tendulkar eines Tages in einen Skandal verwickelt sein sollte, würde das das Ende des ganzen Spiels bedeuten. Die Leute hier würden es einfach nicht ertragen.

Ein weiterer angeblicher Mittelsmann, ein südafrikanischer Businessman namens Hamid »Banjo« Cassim, wird von der indischen Polizei genannt. Er soll Verbindungen sowohl zu dem Buchmacher Sanjiv Chawla als auch zu Mohammed Azharuddin haben ... und zu Sachin Tendulkar. Azharuddin und Tendulkar streiten jede Straftat sofort und wütend ab, und im Grunde werden sie auch von niemandem wegen irgendetwas beschuldigt. Aber ein Schatten hat die Sonne verdunkelt.

Roper Starch Worldwide, eine Marktforschungsagentur, hat ein Barometer herausgebracht, das weltweit Glück messen soll. Im Durchschnitt bezeichnen sich danach offenbar 24 Prozent der Weltbevölkerung als zufrieden. Die zufriedensten Länder sind die USA (46 Prozent), Indien (37 Prozent) und Großbritannien (36 Prozent). Indien hat die Silbermedaille für Zufriedenheit! Sein Recht auf einen Platz an der Weltspitze wurde bestätigt!

Zu den unzufriedensten Ländern der Welt gehören China (9 Prozent) und Russland (3 Prozent). Zahlen für den gegenwärtigen Zufriedenheitsstatus der südafrikanischen Cricket-Fans sind nicht in der Erhebung enthalten.

Indiens nationaler Zufriedenheitsstatus ist heute Morgen durch die gute Nachricht angehoben worden, dass die in Indien geborene Jhumpa Lahiri für ihren ersten Kurzgeschichtenband *Melancholie der Ankunft* den Pulitzerpreis gewonnen hat. Sie prangt auf der Titelseite aller Zeitungen, strahlt über ihr großes Glück und wird trotz der ein wenig zwiespältigen Einstellung hierzulande gegenüber der Arbeit von »Diaspora-Indern« überall hoch gelobt. Sie ist eine sehr begabte Autorin, und ich teile den allgemeinen Stolz auf ihren Erfolg.

Sri Lanka verlangt, dass Großbritannien als Terroristenstaat gebrandmarkt wird, weil dort so viele Terroristengruppen eine Heimat gefunden haben: die LTTE (Tamil Tigers), die Hamas aus Palästina, die kurdische PKK, die kaschmirische Harkat-ul-Ansar und, wie Sri Lanka meldet, sechzehn weitere Gruppen, die auf der US-Terroristenliste stehen. Ich kann mir nicht helfen, aber ich habe das Gefühl, dass Sri Lanka irgendwie Recht hat. Die USA beschuldigen gegenwärtig Pakistan und Afghanistan, das Zentrum des Terrors zu sein, weil sie Osama bin Laden und verschiedenen Separatisten aus Kaschmir Obdach gewährt haben. Wenn die Frage bei all dieser Zufriedenheit nicht zu miesmacherisch klingt: Warum wird Großbritannien eigentlich nicht ebenfalls auf die schwarze Liste gesetzt?

Irgendwann in den Dreißigern erwarb mein Großvater väterlicherseits, Mohammed Din Khaliqi, ein erfolgreicher Geschäftsmann aus Delhi, ein bescheidenes Steinhäuschen in der hübschen kleinen Stadt Solan in den Hügeln von Shimla als Sommersitz für seine Familie. Er nannte es nach seinem einzigen Sohn Anis Ahmed »Anis Villa«. Dieser Sohn, mein Vater, der später den Zunamen »Rushdie« annahm, schenkte mir das Haus zum einundzwanzigsten Geburtstag. Elf Jahre später übernahm es die Staatsregierung von Himachal Pradesh, ohne mich zu fragen.

In Indien ist es nicht leicht, das Eigentum einer Person zu konfiszieren, nicht einmal für eine Staatsregierung. Um sich Anis Villa zu holen, erklärten die örtlichen Behörden sie fälschlich zum »Umsiedler-Eigentum«. Das Gesetz über das Umsiedler-Eigentum wurde nach der Teilung erlassen, um es dem Staat zu ermöglichen, Häuser zu beschlagnahmen, die von nach Pakistan verzogenen Einzelpersonen oder Familien zurückgelassen wurden. Dieses Gesetz traf nicht auf mich zu. Ich war indischer Staatsbürger, bis ich durch Einbürgerung Brite wurde, und habe niemals einen pakistanischen Pass oder die Aufenthaltserlaubnis jenes Landes besessen. Anis Villa war unrechtmäßig beschlagnahmt worden, und das konnte ich beweisen.

Vijay Shankardass und ich wurden wegen des Hauses in Solan Freunde. Als einer der hervorragendsten Anwälte Indiens, übrigens mit einer stolzen Liste von Siegen gegen die Zensur, ging er in meinem Namen gegen die Behörden von Himchal vor. Der Fall dauerte sieben Jahre, und wir haben schließlich gewonnen. Beide Teile dieser Aussage sind bemerkenswert, denn sieben Jahre ist nach indischem Maßstab *unglaublich* schnell, ebenso wie es ziemlich schwer ist, gegen eine Regierung zu gewinnen, selbst wenn das Recht eindeutig auf unserer Seite war. Vijays Sieg ist in Indien sehr bewundert worden, und er verdient wahrlich den ganzen Ruhm, der ihm zuteil wurde.

Für Vijay war der Solan-Fall nur ein Teil der größeren Aufgabe, mein Verhältnis zu Indien wiederherzustellen, und das wurde für ihn so etwas wie ein persönlicher Kreuzzug. Er hat seinem Vorhaben viel Zeit gewidmet, hat behutsam vorgefühlt, Politiker bearbeitet, hat unermüdlich für mich gearbeitet. Die gegenwärtige Reise wäre ohne ihn unmöglich gewesen. Er ist ein sanfter Mensch mit leiser Stimme, besitzt aber eine außerordentliche Begabung für das Verhandeln und Überreden, und ich stehe so tief in seiner Schuld, dass ich sie niemals wieder gutmachen kann.

Im November 1997 erhielten wir die Villa in Solan zurück; das Dach war repariert, das Haus geputzt und gestrichen und ein Badezimmer modernisiert worden. Beeindruckend war, dass alles, Strom, Wasser und Telefon, funktionierte. Als Vorbereitung auf unseren Besuch sind Möbel und Einrichtungsgegenstände – für ein Haus mit sechs Schlafzimmern! – für ganze hundert Dollar bei einem einheimischen Geschäft für eine Woche gemietet worden. Ein Hausmeister lebt mit seiner Familie auf dem Grundstück. Solan ist bis zur Unkenntlichkeit gewachsen, die Aussicht von der Villa auf die Hügel ist und bleibt jedoch klar und unbehindert.

Zafar steht ein paar Wochen vor seinem einundzwanzigsten Geburtstag. Die Reise mit ihm nach Solan schließt heute einen Kreis. Sie erlöst mich auch von einer Verantwortung, die ich lange in Gedanken an meinen 1987 verstorbenen Vater empfunden habe. Siehst du, Abba, ich habe unser Haus zurückerobert. Nun können hier wieder vier Generationen unserer Familie, lebend oder tot, zusammentreffen. Eines Tages wird es Zafar und seinem kleinen Bruder Milan gehören. In einer Familie, die so entwurzelt und weit verstreut ist wie die unsere, bedeutet dieses kleine Stück Erde sehr, sehr viel.

Nach Solan fährt man drei Stunden lang in einem klimatisierten Salonwagen des Shatabdi Express von New Delhi bis zur Le-Corbusier-Stadt Chandigarh, der gemeinsamen Hauptstadt von Punjab und Haryana. Dann fährt man anderthalb Stunden lang mit dem Auto in die Hügel. Jedenfalls tut man das, wann man nicht Salman Rushdie heißt. Die Polizei will nämlich nicht, dass ich den Zug nehme. »Die Gefährdung ist zu groß, Sir.« Die Behörden sind verärgert, weil der Manager des Hotels in Jaipur der Nachrichtenagentur Reuters verraten hat, dass ich dort war. Vijay hat es geschafft, die Reuters-Story vorerst zu stoppen, aber der Schutz der Unsichtbarkeit wird langsam ziemlich dünn. Spätestens in Solan wird man die Katze aus dem Sack lassen, was sogar die Polizei akzeptiert (oder sie behauptet, es zu akzeptieren). Denn alle erwarten, dass ich dort hinfahre. Vorgestern hat der staatliche indische Fernsehsender Doordarshan ein Team zur Anis Villa geschickt, um dort herumzuschnüffeln und Govind Ram, den Hausmeister, auszuhorchen, der tapfer dichtgehalten hat. Sobald ich jedoch wirklich dort bin, wird die Story zweifellos herauskommen.

Eine weitere unschöne Entwicklung: Die hohen Tiere bei der Polizei, die alle fünf Minuten Akshey Kumar anrufen, um zu fragen, wie die Lage aussieht, sind zu der Ansicht gelangt, dass das Jaipur-Leck von Vijay und mir manipuliert wurde. Dieser Keim eines Verdachts wird sich schon bald zu einer ausgewachsenen Krankheit entwickeln.

Zafar geht es besser, aber da ich ihm keine siebenstündige Autofahrt zumuten will, setze ich ihn in den Zug, den Glückspilz. Am Bahnhof von Chandigarh werde ich ihn mit meiner unauffälligen »Autokolonne« von vier schwarzen Limousinen abholen.

Es geht noch ein anderer Zug von Delhi, ein Zug, von dessen Existenz man noch nicht mal geträumt hat, als ich zuletzt in Indien war. Es ist der Samjhauta Express, die Nonstop-Schienenverbindung zwischen der indischen Hauptstadt und der Stadt Lahore in Pakistan. Ich bin mehr als bereit, dieses Zeichen für die Besserung der Beziehungen zwischen den alten Gegnern zu feiern, als ich entdecke, dass die Fortdauer dieser Verbindung inzwischen infrage steht. Pakistan beschwert sich, dass Indien seinen Teil des Waggonparks nicht zur Verfügung stellt. Indien dagegen klagt – mehr zu Recht –, dass Pakistan den Zug benutzt, um Drogen und Falschgeld nach Indien hineinzuschmuggeln.

Drogen sind natürlich ein ernsthaftes Problem, aber das Falschgeldproblem ist ebenfalls nicht klein. In Nepal nehmen die Leute heutzutage wegen der Menge der in Umlauf befindlichen Blüten nur noch zögernd indische Fünfhundert-Rupien-Scheine an. Kürzlich wollte ein Diplomat aus der pakistanischen Botschaft in Delhi das Schulgeld für seinen kleinen Sohn bezahlen und benutzte dazu eine Mischung aus echtem und falschem Geld. Der Junge wurde der Schule verwiesen, und obwohl man ihn später wieder aufnahm, konnte die Verbindung zwischen der pakistanischen Regierung und dem falschen Geld eindeutig bewiesen werden.

(Am Freitag, dem vierzehnten, einigen sich Indien und Pakistan darauf, den Zug vorerst weiter verkehren zu lassen. Aber man kann ihn nicht länger als ein Symbol im Geist der freundlichen Zusammenarbeit bezeichnen. Vielmehr ist er ein weiteres Problem, ein weiterer Ort des Kampfes zwischen den beiden Nachbarn.)

Ich hole Zafar in Chandigarh ab, und während wir in die Hügel fahren, geht mir langsam das Herz auf. Berge haben die Eigenschaft, die Bewohner der Ebenen aufzumuntern. Die Luft wird frischer, hohe Nadelbäume beugen sich von steilen Hängen. Als die Sonne untergeht, beginnen die Lichter der ersten Bergstationen in der Dämmerung über uns zu leuchten. Wir überholen einen Zug der Schmalspurbahn auf seinem gemächlichen, malerischen Weg nach Shimla hinauf. Für mich ist dies bisher der emotionale Höhepunkt der Reise, und ich erkenne, dass auch Zafar bewegt ist. Als wir zum Abendessen an einer *dhaba* in der Nähe von Solan Halt machen, beteuert der Besitzer, wie glücklich er sei, mich dort zu sehen, ein anderer bittet mich um ein Autogramm. Ich ignoriere den besorgten Ausdruck auf Akshey Kumars Miene. Obwohl ich nur selten zuvor hier war, und gar nicht mehr seit meinem zwölften Lebensjahr, habe ich das Gefühl, zu Hause zu sein.

Als wir die Villa erreichen, ist es dunkel. Von der Straße aus müssen wir hundertzweiundzwanzig Stufen zu ihr hinaufsteigen. Ganz unten ist ein kleines Tor, wo Vijay mich, ebenfalls voll großer Gefühle, offiziell in dem Haus willkommen heißt, das er für meine Familie zurückerobert hat. Govind Ram kommt herbeigelaufen und verblüfft Zafar, als er sich bückt, um unsere Füße zu berühren. Ich bin kein abergläubischer Mensch, aber ich spüre neben mir die Gegenwart meines Großvaters, der gestorben ist, bevor ich geboren wurde, und auch die jüngeren Ichs meiner Eltern sind bei mir. Am Himmel glitzern die Sterne. Ohne Begleitung gehe ich in den Garten hinaus. Ich muss jetzt ein wenig allein sein.

Donnerstag, 13. April

Um fünf Uhr morgens werde ich von Lautsprechermusik und -gesang aus einem *mandir*, einem Hindutempel auf der anderen Talseite, geweckt. Ich ziehe mich an und gehe im Morgengrauen ums Haus herum. Mit seinen rot geziegelten Steildächern und kleinen Ecktürmchen ist es noch schöner, als ich mich erinnern kann, noch schöner als auf Vijays Fotos, und der Blick ist genauso überwältigend wie verheißend. Es ist ein sehr sonderbares Gefühl, um ein Haus herumzuwandern, das man nicht kennt, das einem aber irgendwie gehört. Es dauert eine Weile, bis wir uns aneinander gewöhnt haben, das Haus und ich, doch bis die anderen aufwachen, ist es so weit: Es gehört wieder ganz mir.

Wir verbringen fast den ganzen Tag damit, auf dem Grundstück herumzuschlendern, im Garten im Schatten großer, alter Koniferen zu sitzen und Vijays Spezial-Rühreier zu essen. Ich weiß jetzt, dass sich die Reise gelohnt hat: Ich kann's am Ausdruck auf Zafars Gesicht erkennen.

Am Nachmittag machen wir einen Ausflug in die nächste Stadt, die frühere britische Sommerhauptstadt. Die Engländer nannten sie Simla, aber nun, da sie fort sind, heißt sie wieder Shimla. Vijay zeigt mir die Gerichtssäle, in denen er um Anis Villa gekämpft hat, und wir besuchen auch die ehemalige Viceregal Lodge, einen riesigen, alten Bau, in dem 1945, vor der Unabhängigkeit, die berühmte Konferenz von Simla stattgefunden hat; mittlerweile hat hier eine Forschungseinrichtung namens Indian Institute of Advanced Studies ihren Sitz. Die Bausubstanz des Gebäudes ist in einem katastrophalen Zustand und wird wohl bald in gefährlicher Baufälligkeit enden.

Zafar schreitet ernst um den Konferenztisch, wo die Schatten von Gandhi, Nehru und Jinnah sitzen, doch als wir hinausgehen, erkundigt er sich: »Warum hält der steinerne Löwe immer noch eine englische Flagge?« Die Antwort lautet vermutlich, dass niemand sie bis jetzt bemerkt hat. Indien ist seit über einem halben Jahrhundert unabhängig, aber die Georgsflagge flattert noch immer auf dem Dach.

Ein bisschen Versteckspielen auf dem Grundstück, um dem BJP-Wallah aus dem Weg zu gehen, der jetzt das Institut leitet. Leider bin ich nicht nur als Beobachter hier, sondern auch als Beobachteter und darf auf keinen Fall wie ein BJP-Sympathisant aussehen. Also ist es besser, ein paar geschickte Haken zu schlagen, um einen Händedruck zu vermeiden, der mit Sicherheit fotografiert werden würde.

Anders als V. S. Naipaul (der sich, wie ich hörte, ebenfalls in Indien aufhält), sehe ich das Auftauchen des Hindu-Nationalismus nicht als große Eruption von Indiens kreativem Geist. Ich sehe es als Negation des Indien, in dem ich aufgewachsen bin, als den Triumph von Fanatismus über Säkularismus, von Hass über Gemeinschaft, von Hässlichkeit über Liebe. Zwar stimmt es, dass Premierminister Vajpayee versucht hat, seine Partei in eine moderatere Richtung zu führen und dass er persönlich bei den Muslimen erstaunlich beliebt ist, doch seine Bemühungen, die Partei nach seinem eigenen Bild umzugestalten, sind fehlgeschlagen.

Die BJP ist die politische Manifestation der extremistischen Hindu-Bewegung, der RSS (Rashtriya Swyamsevak Sangh), etwa so wie die Sinn Féin in Nordirland der politische Ableger der Provisional IRA ist. Um die BJP zu verändern, müsste Vajpayee die Führung der RSS auf seine Seite ziehen. Bedauerlicherweise geschieht das Gegenteil. Der relativ moderate RSS-Chef Professor Rajendra Singh – »Rajju Bhaiyya« – wurde von dem Hardliner K. S. Sudarshan verdrängt, der nicht aufhört, Vajpayee mit Drohungen auf der Linie der RSS zu halten.

Die Möglichkeiten des Premierministers sind begrenzt. Er könnte nachgeben und die Hunde des Religionskampfes von der Leine lassen. Er könnte das versuchen, was Indira Gandhi damals, 1960, so brillant praktiziert hat, als die Königsmacher der Kongress-Partei alles daransetzten, sie zu ihrer Marionette zu machen. (Sie ist aus ihrer eigenen Partei ausgetreten, hat den Congress-I oder Indira Congress gegründet, die meisten ihrer MPs mitgenommen, eine allgemeine Wahl ausgerufen und die alte Garde an den Urnen besiegt.) Oder, und das ist am wahrscheinlichsten, er könnte bis zur nächsten Wahl durchhalten und dann zurücktreten. An diesem Punkt wird die BJP ihre moderate Maske fallen lassen, sie wird nicht mehr in der Lage sein, eine Koalition auf breiter Basis zusammenzuhalten wie jene, von der ihr Machterhalt jetzt gestützt wird, und Indien wird angesichts des Trümmerhaufens, zu dem die Kongress-Partei inzwischen geworden ist, in eine Phase zersplitterter, instabiler Regierungen eintreten. Das ist keine angenehme Voraussage, aber vieles lässt darauf schließen. Ein guter Grund mehr, sich von BJP-Apparatschiks fern zu halten, so niedrig ihr Rang auch immer sein mag.

Im Institut findet eine Konferenz statt. Professor B. B. Lal versucht mit Hilfe von Grautonscherben, die an Ausgrabungsstellen gefunden wurden, welche mit dem großen Kuru-Pandava-Krieg in Verbindung gebracht werden, zu beweisen, dass das Alter des verehrten *Mahabharata* möglicherweise nur dreitausend statt der angenommenen fünftausend Jahre zählen könnte. Was wird die BJP/RSS aus einer so radikalen Umschreibung der Geschichte dieser heiligen Hindu-Schrift machen?

Meine Metamorphose vom Beobachter zum Beobachteten, von dem Salman, den ich kenne, zu dem »Rushdie«, den ich häufig kaum erkenne, setzt sich sehr schnell fort. Überall wird von meinem Aufenthalt in Indien gemunkelt. Ich bin zutiefst deprimiert, als ich höre, dass ein paar islamische Organisationen geschworen haben, Unruhe zu stiften, denn mit Unruhe kommt man in die Zeitung, und so ist es, denke ich, möglich, dass dies als eigentlicher Zweck meiner Reise nach Indien angesehen wird, was wirklich sehr, sehr traurig und schlimm wäre.

Beim Dinner in Solans Himani-Restaurant mache ich mich an die stark gewürzte indische Version chinesischer Gerichte, als ich von einem Doordarshan-Reporter namens Agnihotri angesprochen werde, der zufällig mit seiner Familie hier oben Ferien macht. Und da ist es: Er hat seinen Scoop, und die Story ist heraus. Innerhalb von Minuten trifft der Reporter der Lokalpresse ein und stellt mir ein paar freundliche Fragen. Nichts davon ist ganz und gar unerwartet, doch infolge dieser zufälligen Begegnung erreicht die Nervosität der Polizei neue Höhen und kocht schließlich über.

Zu Hause in Anis Villa erhält Vijay auf seinem Handy den Anruf von einem Polizeibeamten namens Kulbir Krishan in Delhi. Krishan steht irgendwo in der Mitte einer unsichtbaren Kommandokette von Delhi-Schreibtischhengsten, doch was er sagt, führt dazu, dass Vijay zum ersten Mal in all den Jahren unserer Freundschaft die Fassung verliert. Er zittert fast, als er mir erzählt: »Wir werden beschuldigt, diese Journalisten ins Restaurant bestellt zu haben. Dieser Mann sagt, wir seien keine Gentlemen, wir hätten nicht Wort gehalten, und unser Verhalten sei – es ist wirklich kaum zu glauben – völlig fehl am Platze. Und dann sagt dieser Bursche noch: Morgen wird es in Delhi Krawalle geben, und wenn wir in die Menge feuern müssen und es gibt Tote, wird ihr Blut an euren Händen kleben.«

Ich bin entsetzt. Mir wird schnell klar, dass es hier um zwei Probleme geht. Das erste und weniger wichtige Problem ist, dass wir, nachdem wir eine Woche lang alle möglichen Einschränkungen und Sicherheitsbedingungen akzeptiert haben, der Unehrlichkeit und des Wortbruchs bezichtigt werden. Das ist beleidigend und ungerecht, aber letztlich ist es nicht gefährlich. Das zweite Problem ist eine Frage von Leben und Tod. Wenn die Polizei von Delhi so schießwütig ist, dass sie bereit ist, Menschen zu töten, dann muss sie aufgehalten werden, bevor es zu spät ist.

Keine Zeit für Spitzfindigkeiten. Zafar sieht verunsichert zu, während ich mich an dem armen, anständigen Akshey Kumar abreagiere (den nicht die geringste Schuld trifft) und ihm sage, wenn Kulbir Krishan nicht *augenblicklich* wieder zum Hörer greife, um sich bei Vijay und mir persönlich zu entschuldigen, und mir versichere, dass es keinerlei Pläne gebe, morgen irgendjemanden zu töten, würde ich darauf bestehen, dass wir die Nacht hindurch nach New Delhi zurückfahren, damit ich gleich am Morgen vor der Bürotür des Premierministers Vajpayee warten und ihn bitten kann, sich persönlich mit dem Problem zu befassen.

Nachdem ich mich eine gewisse Zeit lang ausgetobt habe – »Ich werde zum britischen High Commissioner gehen! Ich werde eine Pressekonferenz einberufen! *Ich werde einen Zeitungsartikel schrei-*

ben!«, – ruft der unglückselige Kulbir tatsächlich zurück, faselt von »Missverständnissen« und verspricht, dass es weder Schüsse noch Tote geben wird.

»Wenn ich Unverständliches gesagt habe«, schließt er denkwürdig, »dann tut es mir wirklich sehr, sehr Leid.« Bei dieser absurden Formulierung muss ich laut auflachen und lege den Hörer auf. Aber um meinen ruhigen Schlaf ist es geschehen. Der Zweck dieser ganzen Reise wird durch das definiert werden, was in den nächsten zwei Tagen geschieht, und obwohl ich hoffe und glaube, dass die Polizei überreagiert hat, so kann ich doch nicht sicher sein. Delhi ist ihre Stadt, und ich, ich bin Rip Van Winkle.

Freitag, 14. April

Wir verlassen Solan bei Tagesanbruch und fahren Zafar und Vijay zum Bahnhof von Chandigarh. (Ich fahre natürlich wieder den ganzen Weg mit dem Auto.) Zafar erholt sich allmählich von dem Shrimps-Vorfall, aber Vijay wirkt abgespannt, erschöpft. Mehrmals wiederholt er, dass noch nie jemand so unhöflich mit ihm gesprochen hat und dass er nicht vorhat, die Sache auf sich beruhen zu lassen. Ich merke, dass er die Polizei, die Herumreiserei und vermutlich auch mich gründlich satt hat. Morgen Abend, beruhige ich ihn, wird alles vorbei sein, er kann wieder als Anwalt arbeiten und braucht kein einziges Mal mehr an Salman Rushdie und dessen Probleme zu denken. Er lacht müde und steigt in den Zug.

Es ist der Tag, an dem das Bankett des Commonwealth Writers' Prize stattfinden soll, aber darüber mache ich mir keine Gedanken. Auf der ganzen Rückfahrt nach Delhi überlege ich, wessen Instinkte sich als wacher erweisen werden: meine oder die meiner Beschützer. Wie wird meine Rückkehr-in-die-Heimat-Reise enden: glücklich oder böse? Bald werde ich es wissen.

Um halb eins sitze ich in einer Besprechung mit R. S. Gupta, dem Assistant Commissioner, der für die Sicherheit der gesamten Stadt Delhi verantwortlich ist. Er ist ein ruhiger, kraftvoller Mann, daran gewöhnt, seinen Willen durchzusetzen. Gupta malt ein düsteres Bild. Shoaib Iqbal, ein Muslim-Politiker, will am Freitag beim Mittagsgebet in der wichtigsten Moschee der Stadt, der Juma Masjid in Old Delhi, anwesend sein und dort um Unterstützung für eine Demonstration gegen mich und die indische Regierung werben, weil diese mir gestattet hat, das Land zu betreten. Die Zahl der Teilnehmer wird sechsstellig sein, und wenn der Imam der Moschee – das ist Bukhari – den Aufruf zur Demonstration unterstützt, könnte die Zahl gigantisch ansteigen und die Stadt zum Stillstand bringen. »Wir verhandeln mit ihnen«, sagt Gupta, »damit sie dafür sorgen, dass die Anzahl niedrig und die Demonstration friedlich bleibt. Möglich, dass wir damit Erfolg haben.«

Nach ein paar Stunden gespannten Wartens, in denen ich erfolgreich in meinem Quartier festgehalten werde – »Kein Ortswechsel, Sir, bitte« –, gibt es gute Nachrichten. Nicht einmal zweihundert Personen sind marschiert – und zweihundert Marschierer sind in Indien weniger als nichts –, und alles ist ohne Zwischenfall abgelaufen. Das Albtraum-Szenario ist nicht wahr geworden. »Zum Glück«, informiert mich Mr. Gupta, »hatten wir alles im Griff.«

Was ist heute wirklich in Delhi passiert? Die Welt vom Standpunkt der Sicherheit aus zu sehen ist immer eindrucksvoll und oft überzeugend, aber es ist und bleibt eben nur eine Version der Wahrheit. Es liegt im Charakter der Sicherheitskräfte auf der ganzen Welt, dass sie sich die Dinge immer gerne zurechtlegen, wie sie gerade passen. Hätte es eine Massendemonstration gegeben, so hätte es geheißen: »Sehen Sie, unsere Nervosität war mehr als gerechtfertigt.« Aber es ist keineswegs zu Ausschreitungen gekommen, und so wird mir erklärt: »Durch unsere Voraussicht und unsere Sachkenntnis waren wir in der Lage, das Problem abzuwenden.«

Mag sein. Aber es könnte auch sein, dass die Kontroverse über

Die Satanischen Verse für die große Mehrheit der indischen Muslime inzwischen kalter Kaffee ist und dass trotz aller Bemühungen des Politikers und des Imams (welche beide flammende Reden gehalten haben) niemand so recht zum Marschieren bereit war. Ach ja, heute ist ein Romancier in der Stadt, der ein Dinner besuchen will? Wie heißt er? Rushdie? Na und?

Dies ist jedenfalls der Standpunkt, den die indische Presse fast ohne Ausnahme in ihrer Analyse der Tagesereignisse eingenommen hat. Die kleine Demonstration, die stattfand, wurde bemerkt, aber es wurde auch auf die jeweiligen politischen Interessen ihrer Organisatoren hingewiesen.

Es ist ein heißer Tag in Delhi, und es bläst ein heißer Wind. Ein Staubsturm fegt über die Stadt. Während wir alle die Nachricht hören, dass der einzige Sturm in Delhi heute meteorologischer Natur war, können wir uns endlich entspannen und uns eingestehen, dass möglicherweise alle nervöser gewesen sind als nötig. Der lange Disput, der mich aus Indien fern gehalten hat, scheint endlich beigelegt.

Das Drehbuch im Kopf der Menschen ist umgeschrieben worden. Das vorausgesagte Ende hat sich nicht ergeben. Was dagegen geschieht, ist außergewöhnlich und für Zafar und mich ein Ereignis von immenser emotionaler Wirkung, in seiner ganzen Wucht sogar noch wichtiger als der turbulente Empfang der *Mitternachtskinder* vor zwanzig Jahren. Was hier ausbricht, ist nicht Gewalt, sondern Freude.

Um Viertel vor acht Uhr abends betreten Zafar und ich den Empfang des Commonwealth Prize im Oberoi Hotel, und von diesem Moment an, bis wir Indien verlassen, reißen die Feierlichkeiten nicht mehr ab. Journalisten und Fotografen umringen uns mit ganz unjournalistischem Lächeln auf dem Gesicht. Freunde durchbrechen die Medienmauer, um uns zu umarmen. Der Schauspieler Roshan Seth, erst kürzlich von ernsten Herzproblemen geheilt, drückt mich an sich und sagt: »Sieh uns an, *yaar*, wir müssten beide tot sein, sind aber beide noch gut in Form.« Die berühmte Kolumnistin Amita Malik, eine Freundin meiner Familie aus den alten Zeiten in Bombay, überwindet schnell ihre Verlegenheit, weil sie Zafar für meinen Bodyguard gehalten hat, und schwelgt in Erinnerungen an die Vergangenheit, lobt die Intelligenz meines Vaters, seine Gabe für schlagfertige Antworten und erzählt Geschichten von meinem Lieblingsonkel Hameed, der vor viel zu langer Zeit in viel zu jungen Jahren gestorben ist.

Begabte junge Autoren – Raj Kamal Jha, Namita Gokhale, Shauna Singh Baldwin – kommen herbei, um nette Dinge über die Bedeutung zu sagen, die mein Werk für ihre eigene Arbeit hat. Eine der großen Damen der indischen englischsprachigen Literatur, die Schriftstellerin Nayantara Sahgal, ergreift meine Hände und flüstert mir zu: »Willkommen zu Hause.« Ich sehe mich um und entdecke Zafar, der fürs Fernsehen interviewt wird und fließend und rührend darüber spricht, wie glücklich er ist, hier zu sein. Mein Herz quillt über. Ich hatte nicht gewagt, dies zu erwarten, hatte mich von den Ängsten der Polizei anstecken lassen und mein Herz gegen alle möglichen Enttäuschungen gewappnet. Nun spüre ich, wie die Schutzwehren eine nach der anderen von mir fallen und das Glücksgefühl wie ein tropischer Sonnenaufgang in mir aufsteigt, schnell, glitzernd und heiß. Es gibt nur wenige solcher Augenblicke im Leben. Verzeihen Sie mir, dass ich vielleicht zu viel über diesen einen spreche. Es ist so selten, dass einem ein Herzenswunsch gewährt wird.

Irgendwo da drinnen geht der Commonwealth Writers' Prize dank der Stimme eines Phantoms bei dieser Feier, des indischen Jurymitglieds mit dem steinernen Gesicht, Shashi Deshpande, an J. M. Coetzee. Aber dies ist eine Party, die nicht mal durch ihre verdrehten Urteilssprüche zu verderben ist. Indien ist der Hauptgewinn.

Samstag, 15. April

»Rushdie in Indien: Wie Solschenizyn kehrt er nach Hause zurück, doch ohne Zorn oder mittelalterliche Prophezeiungen. Es herrscht nur Freude, nichts als Freude.« Wie die überschäumend herzliche Schlagzeile auf der Titelseite des *Indian Express* beweist, verbreitet sich die Partystimmung sogar bis in die Medien und erstickt die wenigen gedämpften negativen Stimmen. In all meinen Gesprächen mit der Presse habe ich es zu vermeiden versucht, alte Wunden aufzureißen, indem ich zum Beispiel den indischen Muslimen erklärte, ich sei nicht ihr Feind und es auch niemals gewesen. Stattdessen war ich bemüht zu betonen, dass ich nach Indien gekommen bin, um zerrissene Verbindungen zu flicken und sozusagen ein neues Kapitel zu beginnen. Heute stimmt mir die *Asian Age* zu: »Lasst uns eine neue Seite aufschlagen.« Anderswo, im *Outlook*, widmet man sich der Freude darüber, dass Indien »Wiedergutmachung dafür geleistet hat, dass es als erstes Land die *Satanischen Verse* verboten und ihn der Verfolgung und dem Leid ausgeliefert hat, die darauf folgten«. Der *Pioneer* drückt seine Genugtuung darüber aus, dass Indien wieder für »demokratische Werte und das Recht des Einzelnen zur Meinungsfreiheit« einsteht. Er beschuldigt mich außerdem, in etwas weniger Hochstimmung, aber ebenso übertrieben wie fröhlich, »die feinen Party-Damen der Stadt in einen Haufen kichernder Schulmädchen verwandelt zu haben«, die zu ihren Ehemännern sagten, wenn man mich sehe, könnten »die ganzen Bollywood-Kerle nochmal die Schulbank drücken«.

Dilip Padgaonkar von der *Times of India* formuliert es überaus bewegend: »Er hat Frieden mit Indien geschlossen, und Indien mit ihm ... Etwas Wunderbares ist mit ihm geschehen, das es ihm ermöglichen sollte, uns weiterhin mit seinen Geschichten zu faszinieren. Er ist heimgekehrt.« In der *Hindustan Times* erscheint ein Leitartikel mit der Überschrift »Denkt noch einmal über den Bann nach.« Diese Stimmung findet sich in allen Medien. In der

Times of India unterstützt, neben anderen Intellektuellen, auch ein islamischer Gelehrter ein Ende des Bannes. In den elektronischen Medien ergibt eine Meinungsumfrage, drei Viertel der Bevölkerung seien für die Genehmigung, die *Satanischen Verse* in Indien endlich frei zu veröffentlichen.

Vijay gibt eine Abschiedsparty für mich. Seine Frau Rani, Expertin für Gefängnissysteme und Strafreform, ist gerade rechtzeitig von einer Konferenz in Wien zurückgekehrt. Und es gibt eine Überraschung: meine zwei Tanten, Uzra Butt und ihre Schwester Zohra Segal, beide Schauspielerinnen, sind da, zusammen mit meiner Cousine Kiran Segal, Zorahs Tochter und eine der Befürworterinnen und Lehrerinnen der Odissi-Schule für indischen klassischen Tanz. Sie alle vertreten den schauspielernden Teil der Familie, sind scharfzüngig und boshaft. Uzra und Zohra gelten als die großen alten Damen des indischen Theaters, und in Kiran waren wir alle irgendwann einmal verliebt. In den Sechzigern lebten Zohra und Kiran eine Zeit lang in einer Wohnung in Hampstead, und als ich in Rugby aufs Internat ging, verbrachte ich manchmal die Ferien in ihrem Gästezimmer, direkt neben Kirans Schlafzimmertür, auf der ein großer, warnender Totenkopf mit gekreuzten Knochen darunter prangte. Jetzt entdecke ich, dass sowohl Vijay Shankardass als auch Roshan Seth während desselben Zeitraums einmal in diesem Gästezimmer genächtigt haben. Alle drei haben wir sehnsüchtig auf den Schädel mit den Knochen gestarrt, aber keiner von uns ist jemals daran vorbeigekommen.

»Ich habe dich seit Jahren nicht mehr tanzen gesehen«, sage ich zu Kiran.

»Du musst bald wiederkommen«, antwortet sie. »Dann werde ich tanzen.«

Juni 2000

TEIL ZWEI:
BOTSCHAFTEN AUS DEN JAHREN DER HEIMSUCHUNG

Im Folgenden findet sich eine Auswahl aus der Vielzahl der Artikel, die ich während der langen Kampagne gegen die Fatwa, die wegen der *Satanischen Verse* über mich verhängt wurde, veröffentlicht habe.

Aus einer Rede bei der Internationalen Konferenz zur Freiheit der Meinungsäußerung in Washington, D. C., April 1992

Ich möchte all jenen danken, die dazu beigetragen haben, dass meine Reise hierher möglich wurde. Die Sache war nicht einfach, und das ist wirklich seltsam! Für einen Schriftsteller, der sich für die Freiheit der Meinungsäußerung interessiert, sollte es doch eine einfache Sache sein, an einer Tagung zu diesem Thema teilzunehmen. Seine Reisepläne sollten nicht geheim bleiben müssen, die Sicherheitskräfte sollten nicht gezwungen sein, ein spezielles Augenmerk auf ihn zu richten. Es ist fast wie bei einer Science-Fiction-Story, in der die Gegenwart verändert wird, sodass am Piccadilly Circus die Inquisition erscheint und am Ufer des Potomac Hexenverbrennungen stattfinden.

Imam Khomeinis Fatwa hat die Welt verändert. Ein archaischer Blutdurst wurde geweckt, bewaffnet mit modernster Technologie. Schlachten, von denen wir glaubten, sie seien längst überflüssig geworden – Schlachten gegen Begriffe wie »Gotteslästerung« und »Ketzerei«, die Sturmtruppen der Bigotterie während der ganzen Menschheitsgeschichte –, wurden von neuem in unseren Straßen geschlagen. Viele, die es besser hätten wissen müssen, verteidigten die reale und angedrohte Gewalt und schmähten deren Opfer. Auch jetzt noch gibt es in England eine mächtige Lobby, die immer wieder meinen Charakter verunglimpft. Es ist schwierig für mich, in dieser Sache mein eigener Anwalt zu sein, schwierig, meinen eigenen Wert hervorzuheben. Tue ich das, werde ich der Arroganz und Undankbarkeit bezichtigt, kämpfe ich aber nicht für meine Sache, gerät sie schnell in Vergessenheit. Was für eine Zwickmühle!

Wie wir in den sechziger Jahren zu sagen pflegten: Der Fehler liegt in der Realität. Passt euren Geist nicht an. Was den *Satanischen Versen*, ihrem Autor, ihren Verlegern, Übersetzern und Buchhändlern auf unseren Straßen widerfährt, ist ein Verbrechen gegen die Freiheit. Nicht der Roman ist das Verbrechen; nicht der Autor ist der Verbrecher.

Ich weiß natürlich, dass ich nicht der einzige Schriftsteller bin, der unter Beschuss steht. Ich habe in den vergangenen drei Jahren immer wieder eindringlich darauf hingewiesen, dass ein Schriftsteller nach dem anderen der »Gotteslästerung« und »Ketzerei« bezichtigt wird, besonders in der muslimischen Welt. Ich habe immer wieder daran erinnert, dass wir es mit einem Krieg gegen die Unabhängigkeit des Geistes zu tun haben, mit einem Krieg um Macht.

> Das besondere Übel der Unterdrückung einer Meinungsäußerung liegt darin, dass dadurch die ganze Menschheit beraubt wird, die Nachwelt so gut wie die Heutigen, und zwar jene, die diese Meinung ablehnen, noch mehr als die, die sie vertreten. Denn wenn die Meinung richtig ist, so beraubt man die Menschen einer Gelegenheit, die Wahrheit an die Stelle des Irrtums zu setzen; ist sie dagegen falsch, bringt man sie um einen kaum geringeren Nutzen: nämlich die deutlichere Wahrnehmung und den lebhafteren Eindruck von der Wahrheit zu gewinnen, wie sie durch deren Zusammenprall mit dem Irrtum entstehen.

Diese Passage stammt aus John Stuart Mills großartiger Abhandlung *Über die Freiheit*. Es ist erstaunlich, wie sehr Mills Essay auf den Fall der *Satanischen Verse* zutrifft. Die Forderung, den Roman zu verbieten und seinen Autor auszulöschen, ist genau das, was Mill die »Anmaßung der Unfehlbarkeit« nennt. Wer solche Forderungen aufstellt, tut das, wie Mill es beschrieben hat, weil er das Buch und den Autor für »unmoralisch und gottlos« hält.

> »Dies ist der Fall«, so schreibt Mill, »in dem [die Anmaßung der Unfehlbarkeit] am verhängnisvollsten ist. Gerade dies sind die Gelegenheiten, bei welchen die Menschen einer Generation diese fürchterlichen Fehler begehen, welche das Erstaunen und Entsetzen der Nachwelt erregen.«

Er nennt zwei Beispiele: Sokrates und Jesus. Man könnte ein drittes hinzufügen: Galileo Galilei. Alle drei wurden der Gotteslästerung und Ketzerei beschuldigt. Alle drei wurden von den Sturmtruppen der Bigotterie attackiert. Und doch sind sie, wie für jedermann ersichtlich, die Begründer der philosophischen, ethischen und wissenschaftlichen Traditionen des Westens. Man kann also sagen, dass Gotteslästerung und Ketzerei keineswegs die größten Übel sind – vielmehr sind sie jene Methoden, durch die das menschliche Denken seine wesentlichsten Fortschritte macht. Die Schriftsteller der europäischen Aufklärung, die alle irgendwann mit den Sturmtruppen konfrontiert waren, wussten das. Die Macht der Kirche, nicht etwa die des Staates erfüllte Voltaire mit Sorge und veranlasste ihn zu der Äußerung, Schriftsteller sollten möglichst in der Nähe einer Grenze leben, um notfalls schnell auf die andere Seite wechseln und sich in Sicherheit bringen zu können. Heute schützen Grenzen einen Schriftsteller nicht mehr, zumindest dann nicht, wenn dieser neuen Form des Terrorismus, dem Terrorismus per Dekret und Kopfgeld, Tür und Tor geöffnet werden.

Oft hört man, der Fall Rushdie sei eine Einzelerscheinung und werde sich niemals wiederholen. Auch diese Selbstzufriedenheit ist ein Feind, den es zu besiegen gilt. Lassen wir noch einmal John Stuart Mill zu Wort kommen:

> Die Behauptung, Wahrheit triumphiert stets über Verfolgung, ist eine jener munteren Unwahrheiten, die alle Erfahrung widerlegt. Die Geschichte strotzt von Beispielen, wie die Wahrheit durch Verfolgung niedergehalten wurde. Wenn man sie nicht für immer unterdrückt, kann man sie doch für Jahrhunderte zurückwerfen. ... Die Verfolgung hat überall Erfolg gehabt, außer wo die Ketzer eine zu starke Partei bildeten, um wirksam bekämpft zu werden.

Damit ist alles gesagt. Religiöse Verfolgung ist niemals eine Frage der Moral, sie ist immer eine Frage der Macht. Um die Hexenverbrenner unserer Zeit zu besiegen, müssen wir ihnen zeigen, dass auch unsere Macht groß ist – dass unsere Zahl größer ist als ihre und unsere Entschlossenheit ebenfalls. Es ist ein Kampf des Willens.

Freie Gesellschaften sind Gesellschaften, die in Bewegung sind, und Bewegung erzeugt Reibung. Freie Menschen schlagen Funken, und diese Funken sind der beste Beweis für die Existenz der Freiheit. Totalitäre Gesellschaften wollen die vielen Wahrheiten der Freiheit durch die eine Wahrheit der Macht, ob weltlich oder geistlich, ersetzen, sie wollen die Bewegung der Gesellschaft zum Stillstand bringen, ihren Funken ersticken. Hauptziel der Unfreiheit ist immer, den Geist in Fesseln zu schlagen.

Der schöpferische Prozess ist den Prozessen einer freien Gesellschaft ganz ähnlich. Viele Einstellungen, viele Weltsichten drängen sich im Künstler und reiben sich aneinander, und diesen Reibungen entspringt der Funke, das Kunstwerk. Diese innere Vielfalt ist für den Künstler oft schwer zu ertragen, geschweige denn zu erklären. Denis Diderot, der große Romancier und Philosoph der französischen Aufklärung, sprach von dem Widerstreit zwischen atheistischem, materialistischem Rationalismus und einem tiefen Bedürfnis nach geistiger und moralischer Tiefe in seinem Innern. »Es macht mich wütend«, sagte er, »in eine teuflische Philosophie verstrickt zu sein, die mein Verstand gezwungenermaßen akzeptieren, mein Herz aber ablehnen muss.« Auch Fjodor Dostojewski, ein noch größerer Schriftsteller, schlug sich mit dem Nebeneinander von absolutem Glauben und absolutem Unglauben in seinem Herzen herum. Und schon William Blake meinte zustimmend, Milton, dieses fromme Genie, habe als Dichter naturgemäß der Partei des Teufels angehört. In jedem Künstler – vielleicht in menschlicher Phantasie ganz allgemein – kommt es, frei nach Blake, zu einer Vermählung zwischen Himmel und Hölle.

Offener Brief, veröffentlicht in Japan im Juli 1992
anlässlich des Jahrestages der Ermordung des
japanischen Übersetzers der *Satanischen Verse*

Ein Jahr ist seit dem heimtückischen Mord an Professor Igarashi vergangen, aber ich habe mich noch immer nicht daran gewöhnt. Es ist noch immer genauso grauenvoll, genauso empörend, genauso schlimm wie an dem Tag, als ich davon erfuhr. Auch die anschließenden Freudenfeiern einiger in Japan ansässiger Muslime haften im Gedächtnis wie ein bitterer, unangenehmer Geschmack.

Inzwischen habe ich begriffen, wie wichtig es ist, sich eben nicht an das Unerträgliche zu gewöhnen. In unserer modernen Welt mit ihren schnell wechselnden Themen und ihrer kurzen Aufmerksamkeitsspanne verliert man nur allzu leicht das Interesse an einer Sache, auch wenn sie noch so hohe Wellen geschlagen hat. In diesem Fall aber würde man damit Professor Igarashis Andenken beleidigen. Es ist schlicht inakzeptabel, dass ein Mensch im Namen irgendeines Gottes oder einer Ideologie ermordet wird. In einem solchen Fall haben die Mörder niemals die Moral auf ihrer Seite.

Ich kannte Professor Igarashi nicht, aber er kannte mich, weil er mein Buch übersetzt hat. Beim Übersetzen entsteht eine Art Vertrautheit, eine Art Freundschaft, und so trauere ich um ihn wie um einen Freund. Ich glaube nicht, dass die Menschen in Japan seine Ermordung akzeptabel finden.

Wie es heißt, gibt es keinen Beweis für eine Verbindung der Täter zu arabischen Terroristen. Ich würde so sagen: Wer immer sie waren (und wie wir wissen, sitzen die Zahlmeister vieler arabischer Terroristen in Teheran) – der eigentliche Täter war Khomeinis Fatwa.

Aus diesem Grund und um dem Namen des Getöteten, Hitoshi Igarashi, eines hervorragenden Gelehrten und meines Übersetzers, Ehre zu erweisen, appelliere ich an das Volk und die Regierung Japans, ein Ende dieser terroristischen Bedrohung zu fordern. Ein japanischer Bürger war der Erste, der sein Leben an die Fatwa verloren hat. Japan kann dazu beitragen, dass er auch der Letzte ist.

Unter dem Titel »Die letzte Geisel« am
7. Februar 1993 erstmals veröffentlicht

Vier Jahre. Vier Jahre sind vergangen, und ich bin noch da. Es ist seltsam: wie ein Sieg und eine Niederlage zugleich.

Weshalb ein Sieg? Weil am 14. Februar 1989, als ich die Nachricht aus Teheran hörte, dies meine erste Reaktion war: Ich bin ein toter Mann. Ich musste an ein Gedicht meines Freundes Raymond Carver denken, das davon handelt, wie sein Arzt ihm eröffnet, dass er Lungenkrebs hat.

> Er sagte sind Sie gläubig knien Sie nieder
> Im Wald und gestatten Sie sich um Hilfe zu bitten ...
> Ich sagte noch nicht aber heute fange ich damit an

Doch ich bin nicht gläubig. Ich kniete nicht nieder. Ich gab ein Fernsehinterview und sagte, ich wünschte, ich hätte ein noch kritischeres Buch geschrieben. Warum? Weil man, wenn der Führer eines terroristischen Staates soeben verkündet hat, er beabsichtige einen im Namen Gottes zu ermorden, entweder aufschreien oder nur noch stammeln kann. Ich wollte nicht stammeln. Und weil man, wenn im Namen Gottes ein Mord angeordnet wird, keine so hohe Meinung mehr vom Namen Gottes hat.

Hinterher dachte ich: Wenn es einen Gott gibt, dann werden ihn die *Satanischen Verse* nicht weiter stören, denn was wäre das für ein Gott, dessen Thron durch ein Buch ins Wanken geraten kann? Und wenn es keinen Gott gibt, stört ihn das Buch ohnehin nicht. Es handelt sich also nicht um einen Konflikt zwischen mir und Gott, sondern zwischen mir und jenen, die meinen, sie könnten sich – wie wir von Bob Dylan einmal gehört haben – einfach alles erlauben, weil sie Gott auf ihrer Seite haben.

Die Polizei kam und sagte, ich solle bleiben, wo ich bin, ich solle nirgendwohin gehen, es würden bereits Pläne zu meinem Schutz ausgearbeitet. In dieser Nacht wachten Streifenpolizisten über mich, die in kurzen Abständen vorbeikamen. Ich lag schlaflos und lauschte auf den Todesengel. Einer meiner Lieblingsfilme war und ist Luis Buñuels *Würgeengel*; er handelt von Menschen, die nicht aus einem Zimmer hinauskönnen.

Am nächsten Nachmittag – im Fernsehen kochten Hass und Blutdurst über – bot man mir den Schutz der Special Branch, der Sicherheitspolizei, an. Die Beamten forderten mich auf, für ein paar Tage irgendwohin zu fahren, bis die Politiker die Lage geklärt hätten. Erinnern Sie sich? Vor vier Jahren glaubten wir alle, die Krise sei in wenigen Tagen überwunden. Dass im ausgehenden zwanzigsten Jahrhundert ein Mensch mit dem Tode bedroht wird, weil er ein Buch geschrieben hat, dass der Führer eines religiös-faschistischen Staates den freien Bürger eines weit entfernten freien Landes bedroht, war einfach zu verrückt. Dem würde man einen Riegel vorschieben. Dachte die Polizei. Und ich auch.

Wir fuhren also los, nicht an einen streng geheimen, sicheren Ort, sondern in ein Hotel auf dem Land. Das Zimmer neben meinem hatte ein Reporter des *Daily Mirror*, zusammen mit einer Dame, die nicht seine Frau war. Ich hielt mich von ihm fern, wollte nicht stören. In jener Nacht, als jeder andere Journalist im Land herauszufinden suchte, wo ich war, entging diesem Herrn – wie soll ich sagen? – der Knüller seines Lebens.

In wenigen Tagen, so glaubten wir, würde alles vorbei sein, doch jetzt, vier Jahre später, ist es noch immer nicht vorbei. Und wie ich höre, ist die Gefahr für mein Leben keineswegs geringer geworden. Wie ich höre, schwebt niemand, der unter dem Schutz der Special Branch steht, in größerer Lebensgefahr als ich. Ein Sieg und eine Niederlage also: ein Sieg, weil ich noch lebe, obwohl ein »Freund« mich einen Toten auf Urlaub genannt hat. Eine Niederlage, weil ich mich nach wie vor in diesem Gefängnis befinde. Es begleitet mich überallhin. Es hat keine Wände, kein Dach, keine Ketten, und doch habe ich in vier Jahren keinen Weg hinaus gefunden.

Ich stand unter politischem Druck. Wie stark dieser Druck war, ist wohl gar nicht allgemein bekannt. Immer wieder war von den englischen Geiseln die Rede. Man bat mich, eine Entschuldigung zu formulieren, sonst könnte einer von ihnen etwas zustoßen, und das wäre dann, so gab man mir zu verstehen, meine Schuld. Die Stellungnahme, zu der ich mich bereit fand, wurde nicht einmal von mir selbst verfasst, sondern von dem verstorbenen John Lyttle, dem Beauftragten des Erzbischofs von Canterbury in der Geiselaffäre, und anderen Würdenträgern. Ich änderte zwei Wörter, und selbst darum musste ich noch kämpfen. Genützt hat die Erklärung niemandem. Sie sollte den Geiseln helfen, aber sie wurde als ein erstes Einknicken meinerseits dargestellt, mit dem ich meinen elenden Hals retten wolle. Khomeini bekräftigte seine Fatwa. Ein Kopfgeld in Höhe von mehreren Millionen Dollar wurde ausgesetzt.

Jetzt drängte man mich von offizieller Seite, einfach zu verschwinden; ich hätte schon genug Wirbel verursacht, hieß es. Ich solle mich nicht zu der Sache äußern, ich solle mich nicht verteidigen. Die Gefahr für die öffentliche Ordnung sei schon groß genug, die Behörden täten so viel, um mich zu schützen, ich solle ihnen das Leben nicht noch schwerer machen. Gehen Sie nirgendwohin, treffen Sie sich mit niemandem, sagen Sie nichts. Seien Sie eine Unperson, und seien Sie froh, dass Sie noch leben. Hören Sie sich die Diffamierungen, die Fehlinterpretationen, die mordlüsternen Reden, die Beschwichtigungen an und halten Sie den Mund.

Fast anderthalb Jahre hatte ich keinen Kontakt mit irgendeinem Mitglied der englischen Regierung oder anderen Beamten, weder des Innen- noch des Außenministeriums. Ich hing in der Luft. Das Innenministerium lehnte ein Treffen mit mir strikt ab, wie ich erfahren habe, weil es angeblich den Rassenbeziehungen schaden würde. Schließlich rief ich William Waldegrave an, der damals im Außenministerium tätig war, und fragte ihn, ob wir uns nicht einmal treffen sollten. Er konnte nicht – durfte wohl nicht. Zu guter Letzt fand doch noch ein Gespräch statt, mit einem Diplomaten des Außenministeriums und später auch mit Außenminister Douglas Hurd selbst, unter der Bedingung strengster Geheimhaltung, »um Schaden von den Geiseln abzuwenden«.

Ich kann mich übrigens nicht erinnern, dass Teheran oder die Geiselnehmer im Libanon je diesen Zusammenhang hergestellt hätten, aber vielleicht irre ich mich da. Wenn ich diese Einzelheiten jetzt preisgebe, so deshalb, weil keine Gefahr mehr damit verbunden ist. Bis zu Terry Waites Freilassung war ich eine Art Geisel der Geiseln. Ich akzeptierte, dass ihr Fall zuerst gelöst werden musste, dass meine Rechte bis zu einem gewissen Grad hinter ihren zurückstehen mussten. Ich hoffte nur, dass ich, sobald sie frei wären, ebenfalls an die Reihe kommen würde, dass die britische Regierung und die Weltgemeinschaft sich bemühen würden, auch diese Krise beizulegen.

Ich musste lange warten, und es gab während der Wartezeit viele bizarre Momente. Einem pakistanischen Film, der mich als Folterer, Mörder und Säufer in einer erschreckenden Vielfalt von Technicolor-Safarianzügen zeigte, wurde die Freigabe in England verweigert. Ich sah ihn auf Video – er war grauenvoll. Er endete mit meiner »Hinrichtung« durch die Macht Gottes, und ich konnte die hässlichen Bilder lange nicht vergessen. Nichtsdestotrotz versprach ich in einem Brief an die britische Freigabestelle, keine rechtlichen Schritte gegen sie zu unternehmen, und forderte sie auf, den Film freizugeben. Den zweifelhaften Schutz der Zensur wolle ich nicht, schrieb ich. Die Sperre wurde aufgehoben, und der Film verschwand prompt von der Bildfläche. Ein Versuch, ihn in Bradford zu zeigen, endete vor leeren Sitzreihen. Ein besseres Argument für die Meinungsfreiheit hätte es nicht geben können: Die Menschen können durchaus selbst entscheiden. Aber es war eigenartig, dass ich mich über die Freigabe eines Films freute, der von meinem Tod handelte.

Manchmal wohnte ich in komfortablen Häusern, dann wieder hatte ich nur ein kleines Zimmer, in dem ich nicht ans Fenster durfte, um von draußen nicht gesehen zu werden. Manchmal konnte ich kurz ins Freie, dann wieder war das schwierig.

Ich wollte nach Frankreich und in die USA, doch die Regierungen dieser Länder ließen mich nicht einreisen.

Einmal musste ich ins Krankenhaus, um mir einen Weisheitszahn ziehen zu lassen. Hinterher erfuhr ich, dass die Polizei einen Notfallplan zu meiner Rettung ausgearbeitet hatte: Ich sollte betäubt, in einen Leichensack gesteckt und mit einem Leichenwagen fortgeschafft werden.

Ich freundete mich mit meinen Bewachern an und erfuhr eine Menge über den internen Betrieb der Special Branch. Ich lernte, wie man feststellen kann, ob man auf einer Autobahn verfolgt wird, ich gewöhnte mich an die Geräte, die ständig herumlagen, und ich bekam Einblick in den Polizeislang: Fahrer beispielsweise werden OFDs genannt, Only Fucking Drivers – nur Scheißfahrer.* Die Angehörigen der Autobahnpolizei sind die Black Rats

---

* Ein OFD, der es fertig brachte, dass ein kugelsicherer Jaguar gestohlen wurde, während er in seinem Wagen saß, bekam von seinen Kollegen sofort den Spitznamen »König von Spanien« verpasst, weil der König von Spanien Juan Carlos (engl. *car loss* = Autoverlust) heißt.

– die schwarzen Ratten. Mein richtiger Name wurde nie benutzt; ich war »der Prinzipal«.

Vieles, was mir vor vier Jahren noch unvorstellbar gewesen wäre, ist mir heute vertraut, aber daran gewöhnt habe ich mich nicht. Ich wusste von Anfang an, dass Gewöhnung einer Kapitulation gleichkäme. Es ist grotesk, was mit meinem Leben passiert ist. Es ist ein Verbrechen. Dass es zu meinem Normalzustand geworden sei, wird man von mir nicht hören.

»Was ist blond, hat große Titten und lebt in Tasmanien? – Salman Rushdie.« Ich bekam Briefe, bekomme auch jetzt noch manchmal welche, in denen mir geraten wird: Gib auf, ändere deinen Namen, lass dich operieren, fang ein neues Leben an. Doch das ist die einzige Möglichkeit, die ich nie in Betracht gezogen habe. Das wäre schlimmer als der Tod. Ich will nicht das Leben eines anderen. Ich will mein eigenes.

Die Beamten, die mich schützen, sind sehr verständnisvoll und haben mir über die schlimmsten Zeiten hinweggeholfen. Ich werde ihnen ewig dankbar sein. Es sind mutige Männer. Sie riskieren ihr Leben für mich. Das hat bis dahin noch niemand getan.

Da ich nicht umgebracht worden bin, glauben wahrscheinlich viele, es gebe auch gar keine entsprechenden Versuche. Viele halten die ganze Sache wohl für etwas theoretisch. Aber das ist sie nicht. Anfang des Jahres hat sich ein arabischer Terrorist in einem Hotel in Paddington in die Luft gesprengt. Eine Journalistin, die die Stützpunkte der Hisbollah in der Bekaa-Ebene im Libanon besucht hatte, sagte mir später, sie habe in einem Büro ein Foto des Mannes an einer »Märtyrerwand« gesehen, mit dem Vermerk, dass ich seine Zielscheibe gewesen sei. Und während des Golfkrieges erfuhr ich, dass die iranische Regierung Geld für einen Auftragsmord ausgegeben habe. Nach Monaten äußerster Vorsicht sagte man mir, die Killer seien – um es in der euphemistischen Sprache der Geheimdienste auszudrücken – »frustriert«. Den Ursachen dieser Frustration wollte ich lieber nicht nachgehen.

1992 wurden drei Iraner aus England ausgewiesen. Zwei von ihnen waren Angestellte der iranischen Botschaft in London, der dritte war »Student«. Vom Außenministerium erfuhr ich, dass sie Spione gewesen waren und sich zweifelsfrei im Zusammenhang mit der Vollstreckung der Fatwa in England aufgehalten hatten.

Der italienische Übersetzer der *Satanischen Verse* entging knapp einem Mordanschlag, der japanische Übersetzer *wurde* getötet. 1992 gab die japanische Polizei die Ergebnisse ihrer einjährigen Ermittlungen bekannt. Aus ihrer Sicht waren die Mörder aus China eingereiste arabische Berufsterroristen. Seither tötete ein iranisches Mordkommando in Paris den früheren Ministerpräsidenten Shapour Bakhtiar und trennte ihm den Kopf ab, ein anderes Kommando ermordete in Deutschland einen regimekritischen iranischen Sänger; seine Leiche wurde zerstückelt und in einen Sack gesteckt.

Nicht sehr theoretisch, das alles.

England ist ein kleines Land, es ist voller Menschen, und viele dieser Menschen sind von Natur aus neugierig. In einem solchen Land zu verschwinden ist nicht leicht. Einmal musste ich unbedingt ein Haus verlassen, in dem sich nahe dem Eingang ein Installateur an einem gebrochenen Heizungsrohr zu schaffen machte. Ein Polizist lenkte ihn ab, und ich konnte an ihm vorbeischlüpfen, als er gerade nicht herschaute. Ein andermal befand ich mich in einer Küche, als überraschend ein Nachbar auftauchte. Ich musste mich hinter einen Küchenschrank ducken und dort ausharren, bis der Mann wieder ging. Wieder ein andermal geriet ich in einen Verkehrsstau vor der Moschee am Regents Park, als nach dem Eid-Gebet gerade die Gläubigen herauskamen. Ich saß im Fond eines gepanzerten Jaguars, die Nase tief im *Daily Telegraph*. Ich hätte mich noch nie so für den *Telegraph* interessiert, scherzten meine Bewacher.

So zu leben heißt, sich tagtäglich erniedrigt zu fühlen, zu spüren, wie sich kleine Demütigungen am Herzen anlagern. So zu leben heißt, hinnehmen zu müssen, dass man von anderen – einschließlich der eigenen Exfrau – auf den Titelseiten als Feigling bezeichnet wird. Dieselben Leute hätten bei meiner Beerdigung zweifellos viel Lobendes über mich zu sagen. Doch zu leben, der Ermordung zu entgehen, ist ein größerer Triumph, als umgebracht zu werden. Nur Fanatiker wollen unbedingt Märtyrer werden.

Ich bin fünfundvierzig Jahre alt, und ich kann meinen Aufenthaltsort nicht ohne Erlaubnis verlassen. Ich habe keine Schlüssel. Ab und zu gibt es »Talsohlen«. In einer dieser »Talsohlen« schlief ich innerhalb von zwanzig Tagen in dreizehn verschiedenen Betten. In solchen Momenten ist der Körper von einem wilden Klirren erfüllt. In solchen Momenten beginnt man sich vom eigenen Ich zu lösen.

Ich habe loslassen gelernt: den Zorn, die Bitterkeit. Ich weiß, sie werden wiederkommen, später, wenn sich die Lage gebessert hat. Dann werde ich mich ihnen stellen. Jetzt aber liegt mein Triumph darin, dass ich kein gebrochener Mann bin, dass ich mich nicht verliere. Darin, dass ich weiterarbeite. Es gibt keine Geiseln mehr. Zum ersten Mal seit Jahren kann ich für meine Sache kämpfen, ohne dass man mir vorwirft, die Interessen anderer zu verletzen. Ich kämpfe wie ein Löwe.

Wie jeder andere habe auch ich mich über das Ende des furchtbaren Martyriums der Geiseln im Libanon gefreut. Aber die Menschen, die sich in der Kampagne gegen die Fatwa engagiert haben, Frances d' Souza und Carmel Bedford von Article 19, wussten, dass die ungeheure Erleichterung, die wir alle empfanden, als dieses schreckliche Kapitel abgeschlossen war, auch eine Gefahr bedeutete. Vielleicht würde niemand mehr hinhören wollen, wenn es hieß, pardon, aber da gibt es noch ein anderes Problem. Vielleicht würde man mich als eine Art Spielverderber betrachten. Zudem hielt sich hartnäckig das Gerücht, die britische Regierung stehe kurz vor einer Normalisierung der Beziehungen zum Iran und werde den »Fall Rushdie« schlicht vergessen. Was tun? Schweigen und auf die »stille Diplomatie« vertrauen oder den Mund aufmachen?

Ich denke, ich hatte keine Wahl. Die Befreiung der Geiseln hatte endlich auch meine Zunge befreit. Und es wäre doch absurd, einen Krieg für die Freiheit der Meinungsäußerung schweigend zu führen. Wir kamen überein, die Kampagne mit möglichst viel Lärm zu umgeben, der englischen Regierung zu zeigen, dass sie es sich nicht leisten konnte, den Fall zu ignorieren, und nach Möglichkeit die internationale Unterstützung wiederzugewinnen, die dem iranischen Terrorstaat vor Augen führen würde, dass er mit der Fatwa seinen eigenen Interessen ebenso schadete wie meinen.

Im Dezember 1991, wenige Tage nach der Freilassung Terry Andersons, der letzten amerikanischen Geisel, erhielt ich endlich die Erlaubnis, in die Vereinigten Staaten einzureisen und im Rahmen einer Feier der Columbia University zum zweihundertjährigen Bestehen der Bill of Rights eine Rede zu halten. Die Planung der Reise war ein Albtraum. Noch vierundzwanzig Stunden vor Abflug wusste ich nicht, ob ich die Genehmigung bekommen würde. Ich durfte mit einer Militärmaschine fliegen, eine große Gunst, für die ich unendlich dankbar war. (Die Sache wäre streng geheim geblieben, hätte ein englisches Boulevardblatt es nicht für nötig befunden, darüber zu berichten und mir dann vorzuwerfen, ich hätte die Royal Air Force in Gefahr gebracht.)

Der Moment der Abreise war überwältigend. Zum ersten Mal seit fast drei Jahren kam ich aus England heraus. Für eine Weile schien der Käfig ein wenig größer geworden. In New York wurde ich von einer Autokolonne aus elf Wagen samt Motorradeskorte abgeholt. Man setzte mich in eine gepanzerte weiße Limousine und fuhr mich mit Vollgas durch Manhattan. »Bei Arafat würden wir das auch so machen«, sagte der Leiter der Operation, für diesen Tag »Hudson Commander« genannt. »Und beim Präsidenten?«, fragte ich vorsichtig. Für den Präsidenten würde man wesentlich mehr Seitenstraßen sperren, erklärte Hudson Commander, »aber in Ihrem Fall wäre das vielleicht etwas zu auffällig.« Er sagte das ohne jede Ironie. Die New Yorker Polizei arbeitet sehr sorgfältig, aber viele Witze macht sie nicht.

Ich verbrachte den Tag mit mindestens zwanzig Bewaffneten in einer Suite im vierzehnten Stock. Die Fenster waren mit kugelsicheren Matratzen abgedichtet, und vor der Tür standen noch mehr Männer mit Muskeln und Waffen im Schwarzenegger-Format. Ich führte in dieser Suite eine Reihe von Gesprächen, die geheim bleiben mussten, eines vielleicht ausgenommen. Ich konnte zwanzig Minuten mit dem Dichter Allen Ginsberg verbringen. Kaum war er eingetreten, nahm er Polster von den Sofas und legte sie auf den Boden. »Ziehen Sie Ihre Schuhe aus und setzen Sie sich«, sagte er. »Ich zeige Ihnen ein paar einfache Meditationsübungen, die Ihnen helfen werden, mit Ihrer furchtbaren Situation zurechtzukommen.« Unser gemeinsamer Literaturagent Andrew Wylie war ebenfalls anwesend, und ich forderte ihn auf mitzumachen, was er ein wenig murrend tat. Während wir atmeten und sangen, dachte ich, wie bemerkenswert es doch sei, dass ein gebürtiger Inder von einem mit gekreuzten Beinen am Boden sitzenden amerikanischen Dichter in einem Raum voller bis an die Zähne bewaffneter Männer eine Lektion in Buddhismus erhält. Nichts kommt dem Leben gleich; so etwas kann man nicht erfinden.

Am Abend brachte mich die endlose Wagenkolonne zur Columbia University, und ich konnte meine Rede halten. Meinungsfreiheit sei das Leben selbst, sagte ich. Die Reaktionen der amerikanischen Presse am nächsten Tag waren wohlwollend und positiv. Ganz offenkundig sahen die Amerikaner den Fall genauso wie ich, dass nämlich eine selbstverständliche alte Freiheit zu einer Frage von Leben und Tod geworden war. Zu Hause lagen die Dinge anders. Wieder in England, sah ich mich mit Schlagzeilen wie »Rushdie facht Muslimzorn erneut an« konfrontiert (weil ich um die Veröffentlichung einer Paperback-Ausgabe der *Satanischen Verse* gebeten hatte).

Im darauf folgenden Jahr, als ich mehr und mehr andere Länder besuchte, trat diese Kluft immer deutlicher zutage. In der übrigen freien Welt geht es im »Fall Rushdie« um Meinungsfreiheit und Staatsterrorismus, in England dagegen offenbar um einen Mann, der vor den Folgen seines eigenen Handelns geschützt werden muss. Überall sonst weiß man, dass der Frevel nicht von mir, sondern an mir begangen wird, in gewissen Kreisen meines eigenen Landes aber wird das ganz anders gesehen.

Die Paperback-Ausgabe wurde im Frühjahr 1992 veröffentlicht, nicht vom Penguin-Verlag, der abgelehnt hatte, sondern von einem Konsortium. Ich konnte zur Vorstellung des Buches in Washington sein und präsentierte auf einer Konferenz zum Thema Meinungsfreiheit das erste Exemplar. Dabei übermannten mich unerwartet meine Gefühle, und ich konnte nur mit Mühe die Tränen zurückhalten. (In diesem Zusammenhang sei erwähnt, dass die Veröffentlichung der Taschenbuchausgabe der *Satanischen Verse* trotz düsterer Prophezeiungen vieler und des Kneifens einiger Leute ohne Zwischenfälle verlief. Ich musste, wie so oft, an Roosevelts berühmten Ausspruch denken, dass wir nichts zu fürchten haben außer der Furcht selbst.)

Hauptzweck meiner Reise nach Washington war eine Rede vor Abgeordneten beider Häuser des Kongresses. Am Abend zuvor erfuhr ich, dass Minister James Baker höchstpersönlich deren Vorsitzende angerufen hatte, um ihnen zu sagen, dass er die Rede nicht wünsche. Aus Kreisen der Bush-Regierung waren missbilligende Äußerungen über meinen Aufenthalt im Land zu hören. Marlin Fitzwater sagte in einer Stellungnahme zur Weigerung der Regierung, mit mir zusammenzutreffen: »Er ist nichts weiter als ein Autor auf Lesereise.«[*]

Obwohl die Bush-Leute sich solchermaßen ins Zeug legten, gelang es mir, mit einer Gruppe von US-Senatoren – unter Führung von Daniel Patrick Moynihan aus New York und Patrick Leahy aus Vermont – zusammenzutreffen, die mich zum Essen ins Kapitol einluden und zu meiner Überraschung Exemplare meines Buches zum Signieren mitbrachten. Bei der anschließenden Pressekonferenz machten sich Moynihan und andere mit leidenschaftlichen

---

[*] Siehe S. 185

Worten für mich stark. Es war ein ganz entscheidender Moment. Von da an konnte ich mit Parlamentariern in ganz Europa sowie in Nord- und Südamerika Kontakt aufnehmen. Ich wurde sogar ins britische Unterhaus eingeladen, um vor einer Gruppe von Vertretern aller Parteien zu sprechen, worauf in der iranischen *Majlis* (dem Parlament) prompt die Vollstreckung der Fatwa gefordert wurde.

Im Sommer 1992 ermöglichte man es mir, als Gast des dänischen PEN nach Dänemark zu reisen. Wieder wurden strengste Sicherheitsvorkehrungen getroffen. In Kopenhagen lag sogar ein kleines Kanonenboot im Hafen, »unseres«, wie man mir sagte. Man müsse sich vor einem Angriff der iranischen Flotte oder auch fundamentalistischer Froschmänner in der Ostsee schützen, wurde gewitzelt.

Die dänische Regierung blieb während meines Aufenthaltes auf Distanz (hatte aber damit, dass sie meinen Besuch möglich gemacht und für den entsprechenden Schutz gesorgt hatte, ein gewisses Maß an Unterstützung bewiesen). Als einer der Gründe für ihre Zurückhaltung wurde die Gefährdung der dänischen Fetakäse-Exporte in den Iran genannt. Enthusiastische Unterstützung aber wurde mir von Politikern aller Parteien zuteil, allen voran Anker Jørgensen von den Sozialdemokraten, dem früheren und wohl auch künftigen Ministerpräsidenten, mit dem ich an Bord eines Schiffes im Hafen eine gemeinsame Pressekonferenz abhielt. Jørgensen sicherte mir zu, Gespräche mit der Regierungspartei zu führen, um zu einer alle Parteien einbeziehenden Politik der Unterstützung meines Falles zu gelangen. Das war weniger, als ich mir erhofft hatte, aber es war immerhin ein erster Schritt.

Ich hielt mich auch zu einem kurzen Besuch in Spanien auf. (Auf die gewaltigen Organisationsprobleme will ich hier nicht näher eingehen, aber glauben Sie mir, keine dieser Reisen war einfach.) Dort bot mir Gustavo Villapalos seine Vermittlung an, der Rektor der Madrider Complutense-Universität, ein Mann, der der spanischen Regierung sehr nahe stand und zudem über beste Kontakte zum Iran verfügte. Schon bald berichtete er mir, er habe aus iranischen Regierungskreisen ermutigende Signale empfangen: Der Zeitpunkt für eine Lösung des Problems sei äußerst günstig, habe man ihm gesagt. Der Iran wisse, dass mein Fall das größte Hindernis auf dem Weg zur Realisierung seiner wirtschaftlichen Pläne sei, und alle möglichen namhaften Persönlichkeiten hätten durchblicken lassen, dass sie eine Lösung wollten – in diesem Zusammenhang seien auch die Namen von Khomeinis Witwe und seinem älteren Bruder gefallen. Einige Wochen später aber zitierten europäische Zeitungen Villapalos mit den Worten, ich hätte mich damit einverstanden erklärt, Teile der *Satanischen Verse* umzuschreiben. Ich hatte nichts dergleichen getan. Villapalos sagte, er sei falsch zitiert worden, und bat mich um ein Treffen in London. Ich stimmte zu. Seitdem habe ich nichts mehr von ihm gehört.

Ein Durchbruch erfolgte im Spätsommer in Norwegen. Wieder waren meine Gastgeber die internationale Schriftstellervereinigung PEN und mein mutiger Aschehoug-Verlag. Und wieder erhielt ich von den Medien und Menschen des Landes wärmsten Zuspruch. Diesmal führte ich Gespräche mit den Ministern für Kultur und Bildung, ich erhielt eine Freundschaftsadresse der Ministerpräsidentin Gro Harlem Brundtland und die feste Zusage der Regierung, sich bei den Vereinten Nationen und in anderen internationalen Gremien wie auch in bilateralen Kontakten zwischen Norwegen und dem Iran für mich einzusetzen.

Die nordischen Länder mit ihrem traditionell starken Interesse an Menschenrechtsfragen begannen sich einzuklinken. Im Oktober wurde ich eingeladen, auf einer Konferenz des Nordischen Rates in Helsinki zu sprechen, eine Gelegenheit, auf eine gemeinsame nordische Initiative hinzuarbeiten. Tatsächlich verabschiedete der Nordische Rat eine Resolution, mit der er sich in aller Entschiedenheit hinter mich stellte, und viele Delegierte versprachen, die Angelegenheit bei ihren Regierungen und Parlamenten erneut vorzutragen.

Aber es gab auch einen Wermutstropfen. Der britische Botschafter, der zu der Sitzung des Nordischen Rates, auf der ich sprechen sollte, eingeladen war, weigerte sich zu kommen. Von den Organisatoren erfuhr ich, dass seine Absage von bestürzender Schroffheit gewesen sei.

Kaum wieder zu Hause, wurde ich von einer sichtlich verlegenen Hauptkommissarin darüber informiert, dass man die Schutzmaßnahmen für mich in Kürze aufheben werde, obwohl es keinen Grund zu der Annahme gab, ich könnte mich sicherer fühlen. »Viele Menschen in England schweben in Lebensgefahr«, beschied man mich, »und manche sterben natürlich auch.« Doch nicht lange nachdem Article 19 die Angelegenheit mit Downing Street 10 erörtert hatte, wurde diese Entscheidung rückgängig gemacht, und die Kampagne gegen die Fatwa erhielt ein Schreiben aus dem Büro des Premierministers, in dem uns unmissverständlich versichert wurde, der Schutz werde aufrechterhalten, solange die Bedrohung bestehe.

Ich bin – um es noch einmal zu sagen – sehr dankbar für diesen Schutz. Ich weiß aber auch, dass es größeren Drucks bedarf, um den Iran zu einer Änderung seiner Politik zu bewegen, und meine Auslandsreisen dienten dem Zweck, die nötige Stoßkraft dafür zu schaffen.

Am 25. Oktober 1992 fuhr ich in die deutsche Hauptstadt Bonn. Deutschland ist der wichtigste Handelspartner des Iran. Nach allem, was ich wusste, versprach ich mir nichts von der Reise, und so war das, was dort geschah, eine Art kleines Wunder.

Ein kleines Wunder von einer Frau organisierte meinen Besuch, eine SPD-Bundestagsabgeordnete namens Thea Bock. Ihr Englisch war genauso schrecklich wie mein Deutsch, und wir mussten uns oft in Zeichensprache verständigen, aber wir kamen prächtig miteinander aus. Mit einer Mischung aus Schmeichelei, Brachialgewalt und glattem Schwindel und mit Hilfe anderer Abgeordneter, allen voran Norbert Gansel, arrangierte sie Gespräche mit einigen der wichtigsten deutschen Politiker: mit Rita Süssmuth, der überaus einflussreichen und populären Präsidentin des Deutschen Bundestages, mit hochrangigen Vertretern des Außenministeriums, den führenden Mitgliedern des Außenausschusses und dem SPD-Vorsitzenden Björn Engholm selbst, der mich in Erstaunen setzte, als er im Fernsehen neben mir stand und mich seinen »Bruder im Geiste« nannte. Er verpflichtete die SPD auf uneingeschränkte Unterstützung für mich und setzt sich seither nach Kräften für mich ein. Mit einem Wort, Menschen aus den höchsten politischen Kreisen sicherten mir die Unterstützung Deutschlands zu. Mit konkreten Ergebnissen: »Wir werden Herrn Rushdie schützen«, erklärte die deutsche Regierung. Im Bundestag wurde eine Allparteienresolution verabschiedet, des Inhalts, dass Deutschland den Iran für meine Sicherheit haftbar mache und der Iran, sollte mir etwas zustoßen, mit wirtschaftlichen und politischen Konsequenzen zu rechnen habe. (Die Parlamente Schwedens und Kanadas beraten gegenwärtig über ähnliche Resolutionen.) Darüber hinaus wurde das äußerst umfangreiche deutsch-iranische Kulturabkommen auf Eis gelegt, und Außenminister Kinkel erklärte, man werde sich erst dann wieder damit befassen, wenn die Fatwa zurückgenommen werde.

Deutschlands Bereitschaft, um meinetwillen wirtschaftlichen und kulturellen Druck auf den Iran auszuüben, machte den Iran so nervös, dass er sich zu einer Erneuerung der Fatwa und des Kopfgeldangebots veranlasst sah. Das war unklug, denn es bestärkte eine wachsende Zahl mir wohlgesonnener Regierungen nur darin, sich mit dem Fall zu befassen. Auf Deutschland folgte Schweden, wo mir die Regierung und der schwedische PEN-Club gemeinsam den Kurt-Tucholsky-Preis verliehen, ein Preis, der traditionell an Schriftsteller vergeben wird, die Opfer von Menschenrechtsverletzungen geworden sind. In einer flammenden Rede vor der Presse sicherte mir Schwedens stellvertretender Ministerpräsident Bengt Westerberg die tatkräftige, uneingeschränkte Unterstützung der Regierung zu. Ingvar Carlsson, Vorsitzender der Schwedischen

Sozialdemokratischen Arbeiterpartei, versprach, sich gemeinsam mit anderen sozialistischen Parteien Europas für mich einzusetzen. Ich weiß, dass er inzwischen mit der britischen Labour Party Kontakt aufgenommen hat und sie drängt, mehr zu tun. Bislang hat sich die Führung der Labour Party jedoch weder mit mir noch mit Article 19 in Verbindung gesetzt, um uns über ihre Position und ihre Intentionen zu informieren. Ich fordere John Smith oder Jack Cunningham auf, dies so bald wie möglich nachzuholen.

Ein Diplomat, der sich mit nahöstlichen Gepflogenheiten besser auskennt als jeder andere[*], sagte mir: »Das Geheimnis der Diplomatie besteht darin, am Bahnhof zu sein, wenn der Zug einfährt. Wer nicht dort ist, darf sich nicht beklagen, wenn er den Zug verpasst. Das Problem ist natürlich, dass der Zug in vielen Bahnhöfen einfahren kann; man muss deshalb zusehen, dass man in allen steht.«

Im November erklärte Irans Generalstaatsanwalt Morteza Moqtadaei, es sei Pflicht aller Muslime, mich zu töten, und strafte damit die iranische Behauptung Lügen, die Fatwa habe nichts mit der Regierung des Iran zu tun. Ajatollah Sanei, der Mann, der hinter dem Kopfgeld steht, sagte, es müssten Mordkommandos aus Freiwilligen entsandt werden. Anfang Dezember überquerte ich den Atlantik dann ein zweites Mal: Ich reise nach Kanada, als Gast des kanadischen PEN. (Hat je ein Schriftsteller so viel Unterstützung von seinen Kollegen erfahren? Sollte ich jemals aus dieser Sache herauskommen, werde ich es mir zur Lebensaufgabe machen, ein wenig von der Hilfe, dem Enthusiasmus und der Zuneigung, die ich empfangen habe, zurückzugeben.) Bei einer Benefizveranstaltung des PEN in Toronto ergriffen so viele Schriftsteller für mich Partei, dass jemand mir zuflüsterte: »Eine tolle Bar-Mizwa, die Sie da kriegen.« Und so war es auch. Der Premier

---

[*] Gianni Pico, der als Unterhändler die Freilassung eines Teils der Libanon-Geiseln erreichte.

von Ontario Bob Rae sprang auf die Bühne und umarmte mich. Damit war er der erste Regierungschef überhaupt, der sich öffentlich mit mir zeigte. (Hinter der Bühne hatte er mich zuvor für einen Fotografen geküsst, was ich natürlich erwidert hatte.)

Am nächsten Tag traf ich in Ottawa unter anderem mit der kanadischen Außenministerin Barbara MacDougall und Oppositionsführer Jean Chrétien zusammen. Die Wirkung all dieser Gespräche war begeisternd. Resolutionen mit der Forderung, die kanadische Regierung solle die Angelegenheit vor die Vereinten Nationen bringen und sich auch an vielen anderen Stellen wie etwa dem Internationalen Gerichtshof für mich einsetzen, passierten innerhalb von achtundvierzig Stunden mit Unterstützung aller Parteien das kanadische Parlament, und die Regierung erklärte sich bereit, entsprechende Schritte zu unternehmen.

Ein anderer Zug in einem anderen Bahnhof. Ich hatte seither eine Reihe sehr freundschaftlicher Begegnungen in Dublin, mit dem neuen Außenminister Dick Spring und zwei anderen Kabinettsmitgliedern sowie – auf ihre Einladung – der irischen Staatspräsidentin Mary Robinson im Phoenix Park. Nächste Station vielleicht: Präsident Clinton?

Ich wusste von Anfang an, dass dies ein langer Kampf werden würde, aber jetzt kommt wenigstens Bewegung in die Sache. In Norwegen blockieren Politiker, die mit der Kampagne gegen die Fatwa sympathisieren, ein geplantes Ölabkommen mit dem Iran, in Kanada wurde ein dem Iran zugesagter Kredit in Höhe von einer Milliarde Dollar eingefroren.

Überall, wo ich hinkomme, sage ich, dass es bei diesem Kampf nicht nur um mich geht. Es geht nicht einmal in erster Linie um mich. Im Mittelpunkt stehen Meinungsfreiheit und auch nationale Souveränität. Der Fall der *Satanischen Verse* ist zudem nur der bekannteste aller Fälle von Schriftstellern, Intellektuellen, Progressiven und Dissidenten in der muslimischen Welt, die verboten, eingesperrt und ermordet werden. Die iranischen Künstler und Intellektuellen wissen das, und deshalb haben sie mich so mutig ihrer uneingeschränkten Unterstützung versichert. Führende muslimische Intellektuelle – der Dichter Adonis, der Romancier Tahar Ben Jalloun und zahllose andere – haben ein Ende der iranischen Drohungen gefordert, nicht nur weil sie sich um mich sorgen, sondern weil sie wissen, dass dies auch ihr Kampf ist. Diesen Kampf zu gewinnen heißt, ein einzelnes Gefecht in einem weit größeren Krieg zu gewinnen. Ihn zu verlieren hätte unangenehme Folgen für mich, aber zugleich wäre es eine Niederlage in diesem umfassenderen Konflikt.

Während dieser Text in Druck geht, ist zu vernehmen, dass Yassir Arafat die Fatwa als gegen den Islam gerichtet verurteilt. Und hier in England ist selbst der üble Demagoge Kalim Siddiqui der Meinung, es sei an der Zeit, dass »beide Seiten vergeben und vergessen«. Nach vier Jahren der Einschüchterung und Gewalt gibt es gewiss eine Menge zu vergeben. Doch ich begrüße selbst diesen höchst kuriosen Ölzweig.

Aus einer Ansprache in der King's College Chapel in Cambridge am Sonntag, dem 14. Februar 1993

Hier zu stehen erinnert an das, was das Schönste am Glauben ist: dass er Trost und Inspiration zu spenden vermag, dass er jenen herrlichen Höhen entgegenstrebt, in denen Kraft und Zartheit so vollkommen vereint sind. Und so ist es eine besondere Ehre, an diesem Tag, dem vierten Jahrestag der berüchtigten Fatwa des verstorbenen Imam Khomeini, hier sprechen zu dürfen. Als ich von 1965 bis 1968, in den Jahren von Flower-Power und Studentenrevolte, an diesem College studierte, hätte ich die Vorstellung, in der King's Chapel eine Ansprache zu halten, ziemlich ausgeflippt gefunden, wie wir damals zu sagen pflegten. Aber wie das Leben so spielt: Nun stehe ich hier. Ich bin dem College und der Chapel dankbar für diese Einladung, die ich als eine Geste der Solidarität und Unterstützung verstehe; Unterstützung nicht nur für einen Einzelnen, sondern auch, was sehr viel wichtiger ist, für die hohen moralischen Prinzipien der Menschenrechte und der menschlichen Freiheiten, die Khomeinis Erlass so brutal attackiert. Denn so wie man die King's Chapel als Symbol dessen sehen kann, was das Beste an der Religion ist, so ist die Fatwa zum Symbol dessen geworden, was das Schlechteste an ihr ist.

Dass ich hier spreche, scheint umso passender, als ich im letzten Jahr meines Geschichtsstudiums in Cambridge auf die Geschichte der so genannten »Satanischen Verse« oder der Versuchung des Propheten Mohammed und seiner Überwindung dieser Versuchung stieß. Damals hatte ich Mohammed, den Aufstieg des Islam und des Kalifats als eines meiner Spezialgebiete gewählt. Es gab so wenige Studenten, die sich für diese Themen entschieden, dass die entsprechenden Lehrveranstaltungen gestrichen wurden. Meine Kommilitonen suchten sich andere Spezialgebiete, ich aber wollte unbedingt weitermachen. Arthur Hibbert, einer der Geschichtsdozenten des King's College, erklärte sich bereit, mich zu betreuen. So war ich wohl der einzige Student in Cambridge, der diese Themen bearbeitete, und im Jahr darauf wurden sie, wie ich höre, nicht mehr angeboten. In solchen Fällen könnte man fast an das Wirken einer unsichtbaren Hand glauben.

Die Geschichte der »Satanischen Verse« findet sich unter anderem in den kanonischen Schriften des Schriftstellers Al-Tabari. Bei ihm lesen wir, dass der Prophet eines Tages Verse empfing, in denen die drei populärsten heidnischen Göttinnen Mekkas als Gottheiten anerkannt wurden. Das verstieß gegen den strengen Monotheismus des Islam, und später erklärte Mohammed, die Verse seien ihm vom Teufel eingeflüstert worden; Satan sei ihm in Gestalt des Erzengels Gabriel erschienen und habe die »satanischen Verse« gesprochen.

Die Historiker haben lange über diese Episode spekuliert und sich gefragt, ob nicht die heidnische Obrigkeit Mekkas der im Entstehen begriffenen Religion eine Art Deal vorgeschlagen hatte, mit dem Mohammed zunächst liebäugelte, um ihn dann jedoch abzulehnen. In meinen Augen machte diese Geschichte den Propheten menschlicher und damit zugänglicher, verständlicher für den modernen Leser, dem der Zweifel im Denken eines Menschen und die menschlichen Unzulänglichkeiten in der Persönlichkeit eines großen Mannes dieses Denken, diese Persönlichkeit nur umso faszinierender erscheinen lassen. Nach den überlieferten Worten des Propheten hatte selbst der Erzengel Gabriel Verständnis für den Vorfall und versicherte ihm, dergleichen sei allen Propheten widerfahren und er müsse sich deswegen keine Sorgen machen. Wie es scheint, waren der Erzengel Gabriel und der Gott, in dessen Namen er sprach, um einiges toleranter als gewisse Leute, die heute vorgeben, im Namen Gottes zu sprechen.

Man könnte Khomeinis Fatwa selbst als eine Sammlung moderner satanischer Verse ansehen. Auch in der Fatwa erscheint das Böse im Gewand der Tugend, und die Gläubigen werden getäuscht.

Wir dürfen nicht vergessen, worum es sich bei der Fatwa handelt. Ein Todesurteil kann man sie genau genommen nicht nennen, denn sie geht weit über die Rechtsprechung ihrer Urheber hinaus, weil sie gegen Grundprinzipien des islamischen Rechts verstößt und weil sie ohne auch nur den Schein eines Gerichtsverfahrens erlassen wurde. (Selbst Stalin hielt es für geboten, Schauprozesse zu veranstalten!) Im Grunde ist sie eine unverblümte terroristische Drohung, die im Westen bereits schlimme Wirkungen gezeigt hat. Vieles deutet darauf hin, dass Schriftsteller und Verleger neuerdings zögern, andere als die ehrerbietigsten und neutralsten Texte über den Islam zu veröffentlichen. Buchverträge werden annulliert, Texte umgeschrieben. Selbst ein so unabhängiger Künstler wie der Filmemacher Spike Lee fühlte sich bemüßigt, islamischen Stellen das Drehbuch zu seinem Film über Malcolm X vorzulegen, der eine Zeit lang Mitglied der Nation of Islam war und den Hadsch, die Pilgerfahrt nach Mekka, unternahm. Und bis heute, fast ein Jahr nachdem (durch ein eigens zu diesem Zweck gebildetes Konsortium) die Paperback-Ausgabe der *Satanischen Verse* in den Vereinigten Staaten veröffentlicht und nach England exportiert wurde, hat kein englischer Verleger es gewagt, den Vertrieb der Taschenbuchausgabe zu übernehmen, obwohl sie seit Monaten in den Buchhandlungen liegt, ohne auch nur den leisesten Schauder zu erregen.

Im Osten hat die Fatwa noch weit unheilvollere Auswirkungen. »Sie müssen sich für Rushdie einsetzen«, sagte kürzlich ein iranischer Schriftsteller zu einem englischen Wissenschaftler. »Was Sie für Rushdie tun, tun Sie für uns.« Im Januar tötete in der Türkei ein im Iran ausgebildetes Mordkommando den säkularistischen Journalisten Ugur Mumçu, und im vergangenen Jahr wurde in Ägypten Farag Fouda, einer der führenden säkularistischen Denker des Landes, von fundamentalistischen Mördern umgebracht. Heute werden im Iran viele der mutigen Schriftsteller und Intellektuellen, die für mich eingetreten sind, von Mordkommandos bedroht.

Im vergangenen Sommer konnte ich an einem College in Cambridge an einem literarischen Seminar mit Wissenschaftlern und Schriftstellern aus aller Welt teilnehmen, unter denen auch zahlreiche Muslime waren. Ich war gerührt, wie viel Freundschaft und Enthusiasmus mir die muslimischen Delegierten entgegenbrachten. Ein renommierter saudi-arabischer Journalist fasste mich am Arm und sagte: »Ich möchte Sie umarmen, weil Sie, Mr. Rushdie, ein freier Mann sind.« Die Ironie seiner Worte war ihm vollauf bewusst. Er meinte damit, dass die Redefreiheit, die Freiheit der Phantasie, jene Freiheit ist, die allen anderen Freiheiten ihren Sinn verleiht. Er konnte sich frei bewegen, seine Werke veröffentlichen, ein normales Leben führen, und doch fühlte er sich nicht frei, weil es so vieles gab, was er nicht sagen konnte, so vieles, was er kaum zu denken wagte. Ich wurde von der Special Branch geschützt, er musste sich vor der Gedankenpolizei in Acht nehmen.

Heute wird, wie Professor Fred Halliday diese Woche in *New Statesman & Society* schreibt, »der Kampf für Meinungsfreiheit, für politische Freiheit und das Recht auf geschlechtliche Selbstbestimmung nicht mehr in den Dozentenzimmern und auf den Abendgesellschaften Europas geführt, sondern in der islamischen Welt«. Er nennt in seinem Essay einige Beispiele dafür, wie der Fall der *Satanischen Verse* von den unterdrückten Stimmen der muslimischen Welt als Symbol benutzt wird. Einer der zahlreichen iranischen Exil-Sender nennt sich sogar »Stimme der Satanischen Verse«.

Die Satanischen Verse sind ein dezidiert säkularistischer Text, der streckenweise mit dem Material des Glaubens arbeitet. Für die religiösen Fundamentalisten, derzeit speziell die islamischen Fundamentalisten, ist das Adjektiv »säkular« das schmutzigste aller schmutzigen Wörter. Doch es gibt da ein merkwürdiges Paradox: In meinem Geburtsland Indien hat gerade das säkulare Ideal Nehrus und Gandhis die große muslimische Minderheit geschützt, und der Verfall dieses Ideals führt auf direktem Wege zu den blutigen religiösen Auseinandersetzungen, die der Subkontinent heute erlebt, Auseinandersetzungen, die lange zuvor prophezeit wurden und die hätten vermieden werden können, hätten nicht so viele Politiker die Glut des religiösen Hasses geschürt. Indische Muslime haben immer um die Bedeutung des Säkularismus gewusst; auch mein eigener Säkularismus speist sich aus dieser Erfahrung. In den vergangenen vier Jahren hat sich mein Engagement für dieses Ideal und die ihm untergeordneten Prinzipien des Pluralismus, des Skeptizismus und der Toleranz verdoppelt und verdreifacht.

Ich musste nicht nur begreifen, wogegen ich kämpfe – was in meiner Situation nicht weiter schwierig ist –, sondern auch, wofür ich kämpfe, was es wert ist, sein Leben dafür aufs Spiel zu setzen. Die Verachtung religiöser Fanatiker für Säkularismus und Unglauben hat mich zu meiner Antwort geführt. Sie lautet, dass Werte und Moralvorstellungen unabhängig von religiösem Glauben sind, dass Gut und Böse vor der Religion rangieren: dass es – wenn ich das im Hause Gottes sagen darf – durchaus möglich und für viele von uns sogar notwendig ist, unsere Idee des Guten zu entwickeln, ohne zum Glauben Zuflucht zu nehmen. Hierin liegt unsere Freiheit, und diese Freiheit ist, neben vielen anderen, durch die Fatwa bedroht – wir dürfen nicht zulassen, dass sie zerstört wird.

Aus einem Artikel, der dann doch nicht zur
Veröffentlichung angeboten wurde, April 1993

Am Montag, dem 22. Februar, erklärte das Büro des Premierministers, John Major sei grundsätzlich zu einem Treffen mit mir bereit, um damit zu demonstrieren, dass die Regierung entschlossen ist, sich für die Meinungsfreiheit einzusetzen und für das Recht ihrer Bürger, nicht von den Schergen einer ausländischen Macht ermordet zu werden. Vor kurzem wurde dann ein Termin für das Gespräch festgesetzt, und prompt forderten konservative Abgeordnete in einer lautstarken Kampagne eine Absage des Treffens, weil es die britische »Partnerschaft« mit den mörderischen Mullahs in Teheran beeinträchtige. Heute nun wurde der Termin – man hatte mir versichert, er stehe endgültig fest – ohne weitere Erklärung bis auf weiteres verschoben. Wie es sich seltsamerweise trifft, kann eine britische Handelsdelegation ihre geplante Reise in den Iran nun Anfang Mai ungehindert antreten. Im Iran wird diese Mission – die erste in den vierzehn Jahren seit der Khomeini-Revolution – als ein »Durchbruch« in den beiderseitigen Beziehungen freudig begrüßt. Wie die iranische Nachrichtenagentur meldet, haben sich die Briten bereit erklärt, Kreditlinien einzuräumen.

Es wird immer schwieriger, auf den Beschluss des Außenministeriums, man werde eine neue internationale Initiative »großen Stils« gegen die allbekannte Fatwa starten, zu vertrauen. Denn wir beeilen uns nicht nur, Geschäfte mit dem tyrannischen Regime zu machen, das die US-Regierung als »international verfemt« bezeichnet und als den weltweit größten Sponsor des Terrorismus brandmarkt, wir bieten diesem Regime auch noch an, ihm das Geld für seine Geschäfte mit uns zu leihen. Soviel ich weiß, will man mir einen neuen Termin für mein kleines Treffen vorschlagen, aber bisher hat Downing Street 10 weder mündlich noch schriftlich mit mir Kontakt aufgenommen.

Die »Anti-Rushdie«-Pressure-Group der Torys – schon die Bezeichnung verrät, dass ihre Mitglieder die Sache zu einer persönlichen anstatt zu einer Grundsatzfrage machen wollen – besteht unter anderem aus Sir Edward Heath, Emma Nicholson und dem bekannten Apologeten iranischer Interessen, Peter Temple-Morris*. Emma Nicholson lässt uns wissen, dass sie das iranische Regime (das von den Vereinten Nationen kürzlich als eines der schlimmsten der Welt verurteilt wurde, was Morde, Verstümmelungen und Folter am eigenen Volk anbelangt) mittlerweile »respektiert und mag«, Sir Edward – der noch heute von der Special Branch geschützt wird, weil das englische Volk vor zwanzig Jahren unter seiner verheerenden Amtsführung als Premierminister zu leiden hatte – beschwert sich darüber, dass einem Landsmann, der sich augenblicklich in größerer Gefahr befindet als er selbst, der gleiche Schutz gewährt wird wie ihm.

Alle diese Personen sind sich in einem Punkt einig: Schuld an der Krise bin ich. Es kümmert sie nicht, dass mich über zweihundert der prominentesten Exil-Iraner in einer Erklärung ihrer bedingungslosen Unterstützung versichert haben, dass Schriftsteller, Philosophen, Journalisten und Hochschullehrer aus der gesamten muslimischen Welt – wo die Angriffe auf abweichendes, progressives und vor allem säkularistisches Gedankengut täglich heftiger werden – den britischen Medien gegenüber geäußert haben, »für Rushdie eintreten heißt für uns eintreten«, dass *Die Satanischen Verse*, ein legitimes Produkt der freien Phantasie, viele Fürsprecher haben (und weshalb sollten dort, wo es mindestens zwei Standpunkte gibt, die Bücherverbrenner das letzte Wort behalten?) oder

---

* Sowohl Nicholson als auch Temple-Morris haben sich mittlerweile von den Konservativen getrennt: Nicholson ist jetzt Abgeordneter der Liberalen Demokraten, Temple-Morris ist in die Labour-Partei eingetreten.

dass die Gegner des Buches kein Bedürfnis verspüren, es zu verstehen.

Von offizieller iranischer Seite wird eingeräumt, dass Khomeini kein Exemplar des Buches je auch nur zu Gesicht bekommen hat. Islamische Rechtsgelehrte erklären, die Fatwa stehe im Widerspruch zu islamischem Recht, von internationalem Recht ganz zu schweigen. Unterdessen hat die iranische Presse einen Preis von sechzehn Goldstücken und einer Pilgerfahrt nach Mekka für einen Zeichentrickfilm ausgesetzt, der »beweist«, dass es sich bei den *Satanischen Versen* gar nicht um einen Roman handelt, sondern um eine raffinierte westliche Verschwörung gegen den Islam. Wirkt die ganze Affäre nicht manchmal wie eine rabenschwarze Komödie, eine Zirkuseinlage mörderischer Clowns?

In den vergangenen vier Jahren bin ich von vielen Menschen verleumdet worden. Ich gedenke nicht, immer weiter die andere Wange hinzuhalten. Wenn es gut und richtig war, die Mitläufer des Kommunismus auf der Linken anzugreifen und jene, die eine Appeasement-Politik gegenüber den Nazis betrieben, auf der Rechten, dann haben es die Freunde des revolutionären Iran – Geschäftsleute, Politiker, britische Fundamentalisten – verdient, mit gleicher Verachtung behandelt zu werden.

Ich glaube, wir sind an einem Wendepunkt angelangt. Entweder wir meinen es ernst mit unserer Entschlossenheit, die Freiheit zu verteidigen, oder wir tun es nicht. Wenn ja, dann hoffe ich, dass John Major sich in allernächster Zeit entschließt, wie versprochen öffentlich Stellung zu beziehen. Ich würde sehr gern mit ihm erörtern, wie der Druck auf den Iran verstärkt werden kann – in der Europäischen Kommission, über das Commonwealth und die UNO, beim Internationalen Gerichtshof. Der Iran braucht uns mehr, als wir den Iran brauchen. Statt ins Zittern zu geraten, wenn die Mullahs mit dem Abbruch der Handelsbeziehungen drohen, sollten vielmehr wir diejenigen sein, die an den wirtschaftlichen Schrauben drehen. In meinen Gesprächen überall in Europa und in Nordamerika habe ich festgestellt, dass durch alle Parteien hindurch ein breites Interesse an einer Kreditsperre für den Iran als einem ersten Schritt besteht. Doch alle warten darauf, dass die britische Regierung die Führung übernimmt. In der *Times* von heute aber schreibt Bernard Levin, dass sage und schreibe zwei Drittel der Tory-Abgeordneten entzückt wären, wenn es iranischen Mördern gelänge, mich umzubringen. Sollten diese Abgeordneten tatsächlich die Nation vertreten – sollten wir für unsere Freiheiten nur ein Achselzucken übrig haben –, dann sei's drum: Hebt meine Bewachung auf, gebt meinen Aufenthaltsort bekannt und lasst die Kugeln kommen. Ob so oder so – wir müssen uns entscheiden.

Aus dem *Observer*, Juli 1993

Ich lernte den Schriftsteller und Journalisten Aziz Nesin 1986 kennen, auf einer von britischen Schriftstellern organisierten Protestveranstaltung gegen den Beschluss der türkischen Behörden, Nesins Pass einzuziehen. Ich hoffe, Nesin erinnert sich an meine bescheidenen Bemühungen für ihn, denn vor kurzem hat er mir alles andere als einen Gefallen getan. Nesin ist heute Chefredakteur der türkischen Zeitschrift *Aydinlik* und Verleger. Unlängst begann *Aydinlik* mit dem Abdruck von Auszügen aus den *Satanischen Versen*, »um die Diskussion anzuregen«. Sie erschienen über Wochen hinweg unter dem Titel »Salman Rushdie – Denker oder Scharlatan?« Zu keiner Zeit hat mich Nesin oder *Aydinlik* um Genehmigung des auszugsweisen Abdrucks gebeten. Weder wurde die Auswahl der Passagen mit mir besprochen, noch wurde mir Gelegenheit gegeben, mich von Genauigkeit oder Qualität der Übersetzung zu überzeugen. Ich habe die veröffentlichten Texte nie gesehen. Seit 1989 zitieren und drucken iranische Mullahs und islamische Fanatiker überall in der Welt aus dem Zusammenhang gerissene Passagen aus den *Satanischen Versen* und benutzen sie als Propagandawaffe in dem umfassenderen Krieg gegen progressive Ideen, säkularistisches Denken und die moderne Welt, einem

Krieg, in dem die so genannte »Rushdie-Affäre« nur ein Scharmützel ist. Es hat mich entsetzt, dass diese türkischen Anti-Fundamentalisten mein Werk genauso skrupellos benutzen, wenn auch zu anderen politischen Zwecken. Wieder war ich eine Schachfigur in anderer Leute Spiel.

Ich bat meine Agenten, Nesin zu schreiben und ihn zu fragen, weshalb seine Zeitschrift diesen Raubdruck meines Werks veröffentlicht habe, aus welchen Motiven heraus er überhaupt Texte von mir habe veröffentlichen wollen, ob er sich beispielsweise für meine schriftstellerische Arbeit interessiere; und wenn er, wie er sage, seit vielen Jahren für die Rechte von Schriftstellern kämpfe, ob er dann bereit sei, gegen die Verletzung dieser Rechte durch *Aydinlik* zu protestieren. Nesins Antwort bestand nach langem Schweigen darin, dass er den Brief meiner Agenten in *Aydinlik* abdruckte, zusammen mit einer Erwiderung, die zu den boshaftesten, unaufrichtigsten und – paradoxerweise – aufschlussreichsten Texten gehört, die ich je gelesen habe. Er beschimpfte mich, weil ich es gewagt hatte, nach seinen Motiven zu fragen, und erklärte dann, meine Situation kümmere ihn nicht: »Was geht mich der Fall Rushdie an?« Des Weiteren meinte er, er hätte allenfalls höflichkeitshalber um die Genehmigung zum Abdruck gebeten. Wenn wir ablehnten, »sehe ich mich gezwungen, das Buch ohne Ihre Zustimmung herauszubringen ... Sie können uns ja verklagen.«

Offensichtlich wollten Nesin und Kollegen mich und mein Werk als Kanonenfutter in ihrem Kampf gegen religiösen Fanatismus in der Türkei benutzen. Und an diesem Punkt wird es schwierig für mich. Denn auch ich bin ein engagierter Säkularist. Auch ich beklage die Ausbreitung des religiösen Fanatismus über die ganze Welt und habe in den vergangenen fünf Jahren keine Gelegenheit ausgelassen, dagegen anzukämpfen. Erst letzte Woche konnte ich an einer Zusammenkunft der Académie Universelle des Cultures in Paris teilnehmen, einer von Staatspräsident Mitterrand gegründeten Organisation unter dem Vorsitz des Nobelpreisträgers Elie Wiesel. Zugegen waren unter anderem auch

Wole Soyinka, Umberto Eco, Cynthia Ozick, der große arabische Dichter Adonis und der türkische Romancier Yashar Kemal. Als Mitglieder der Académie brachten wir einen guten Teil des Tages damit zu, gegen fundamentalistische Angriffe auf Säkularisten in Algerien, Ägypten und eben auch in der Türkei zu protestieren. Ich war von Anfang an überzeugt, dass die Angriffe gegen *Die Satanischen Verse* im Kontext dieses größeren Krieges zu sehen sind. Für Nesin aber war ich kein Mitstreiter. Für ihn war mein Werk nichts weiter als eine Waffe, die er nach Belieben benutzte.

Inzwischen geriet Nesin tragischerweise in eine gewalttätige Konfrontation mit den Fundamentalisten im türkischen Sivas. Den Nachrichten ist zu entnehmen, dass er überlebt hat.* Viele, viele andere aber sind tot. Und in den Zeitungen wird der Vorfall ein »Rushdie-Aufstand« genannt. Ich kann kaum sagen, wie mir jetzt zumute ist.

Bei alldem müssen wir indessen darauf achten, dass wir die Verantwortung für diese grauenvollen Morde dort sehen, wo sie in Wahrheit hingehört. Mord ist Mord, und die Schuld an dem Verbrechen muss bei den Verbrechern gesucht werden. Und das sind jene religiösen Fanatiker, die Jagd auf die Teilnehmer einer Tagung säkularistischer Schriftsteller machten, die deren Hotel in Brand steckten und den Rettungskräften den Zugang zum Ort des Geschehens verwehrten. Ich bin zutiefst erschüttert über diesen im Namen Gottes handelnden Mob und seine wilde Gier nach dem Blut Ungläubiger, und ich übermittle meine Trauer, mein Mitgefühl und meine empörte Unterstützung den Familien der Toten, all jenen, die religiöse Eiferer bekämpfen, und auch Aziz Nesin.

Wird diese Tragödie irgendetwas Gutes bewirken? Werden die führenden Politiker der Welt, die jetzt zum G-7-Treffen in Japan zusammenkommen, die moralische Verpflichtung übernehmen zu sagen, genug ist genug, Terrorismus darf nicht unterstützt werden,

---

* Aziz Nesin überlebte den Angriff in Sivas; er starb 1995.

und Staaten, die ihn fördern, die die Mörder ausbilden, bewaffnen und finanzieren, die mit dem Finger in die Welt zeigen und die Köpfe Unschuldiger fordern, werden für ihre Untaten büßen? Wird die viel beschworene neue Weltordnung ein Triumph des Zynismus sein, des Übergehens zur Tagesordnung, nackter Gier und brutaler Macht? Oder können wir vielleicht endlich anfangen, eine menschlichere Gesellschaft zu entwerfen und terroristischen Staaten klar zu machen, dass ihr unmoralisches Handeln politische und wirtschaftliche Konsequenzen haben wird? Ich hoffe, jeder Journalist, der nach Tokio kommt, wird die G-7-Politiker auffordern, die fanatischen Mörder von Sivas und auch ihre »geistigen« Führer und Zahlmeister zu verurteilen. Sie sind nicht nur Feinde von Säkularisten und Menschen aus dem Westen; sie sind die wahren Feinde des Islam.

Der folgende Artikel erschien im Juli 1993 unter der Überschrift »Der Kampf für die Seele des Islam« in der *New York Times*

Die nachfolgenden Meldungen stammen ausnahmslos aus der ersten Hälfte des Jahres 1993.

In Pakistan wird der achtundsiebzigjährige Dichter Akhtar Hameed Khan mit den Worten zitiert, er bewundere Mohammed, seine wahre Inspiration aber sei Buddha. Er dementiert, wird von den Mullahs aber dennoch der Blasphemie bezichtigt. 1992 war er verhaftet worden, weil er die Nachfahren des Propheten angeblich mit einem Tiergedicht beleidigt hatte, in dem die Fundamentalisten eine versteckte allegorische Bedeutung zu erkennen glaubten. Damals gelang es ihm, die Vorwürfe zu entkräften, jetzt aber ist sein Leben von neuem in Gefahr.

In Sharja, einem der Vereinigten Arabischen Emirate, legen die Mitglieder einer indischen Theatertruppe, die 1992 ein Stück mit dem Titel *Leichen fressende Ameisen* aufgeführt hatte und wegen dessen angeblich blasphemischen Inhalts zu sechs Jahren Haft verurteilt worden war, gegen das Urteil Berufung ein. Einige von ihnen werden auf freien Fuß gesetzt, bei einem wird die Strafe dagegen auf zehn Jahre erhöht, bei einem anderen wird das Urteil vom Berufungsgericht bestätigt.

In Istanbul wird Ugur Mumçu, einer der angesehensten säkularistischen Journalisten der Türkei, von einer unter seinem Wagen versteckten Bombe getötet. Türkische Fundamentalisten bekennen sich zu dem Attentat, und die türkische Regierung spricht von Beweisen für eine Verbindung der Mörder zum Iran. Nach Auskunft von Innenminister Ismet gehen mindestens drei Morde auf das Konto einer Gruppe namens Islamische Bewegung, deren Mitglieder »in einer offiziellen iranischen Einrichtung« zwischen Teheran und Qum in Mordtechniken ausgebildet werden.

In Ägypten stehen die Täter, die 1992 den renommierten säkularistischen Denker Farag Fouda ermordeten, gegenwärtig vor Gericht; extremistische Bombenattentate und Morde gehen jedoch weiter.

In Algerien fällt der Schriftsteller Tahar Djaout als einer von sechs Säkularisten einem Massaker der von den Sicherheitskräften so genannten »Muslimterroristen« zum Opfer.

In Saudi-Arabien gründen renommierte Intellektuelle die erste Menschenrechtsgruppe des Landes. Wenige Tage später verlieren eine Reihe von ihnen, darunter auch Universitätsprofessoren, ihre Arbeit, viele werden verhaftet und eingesperrt. Die Gerichtsverfahren sind noch im Gange.

In Ägypten wird Nasr Abu-Zeid, Literaturprofessor an der Kairoer Universität, wegen seiner Kritik an den Islamisten der Apostasie angeklagt. Fundamentalisten fordern das Gericht auf, seine Ehe aufzulösen, weil eine Muslima nicht mit einem Abtrünnigen verheiratet sein dürfe. Die Alternative wäre die Steinigung seiner Frau wegen Ehebruchs.

In der Türkei sterben sechsunddreißig Schriftsteller, Tänzer, Musiker und andere Künstler, die in der Stadt Sivas zu einer Tagung zusammengekommen waren, bei einem Brand in ihrem Hotel. Verantwortlich dafür ist ein Mob islamischer Fundamentalisten, nach deren Auffassung sie es als Atheisten verdient hatten, bei lebendigem Leibe verbrannt zu werden.

Die vielen Beispiele des internationalen islamischen Terrorismus haben die Weltgemeinschaft erschüttert*, die oben genannten Fälle von Terrorismus im eigenen Land dagegen fanden relativ wenig Beachtung. Ich möchte behaupten, dass dieses Ungleichgewicht unseres Interesses so etwas wie einen Sieg des Fanatismus darstellt. Sieht man diesen schlimmsten, reaktionärsten, mittelalterlichsten Zug der muslimischen Welt als die authentische Kultur, sodass Bombenleger und Mullahs die Schlagzeilen beherrschen, während progressive, für Reformen eintretende Stimmen als zweitrangig, marginal und »vom Westen berauscht« unter ferner liefen rangieren, dann lässt man zu, dass die Fundamentalisten den Ton angeben.

Die Wahrheit ist, dass ein großer Kampf für die Seele der muslimischen Welt im Gange ist, und da Macht und Skrupellosigkeit der Fundamentalisten zunehmen, ist es wichtig, dass wir schnellstens mehr über jene mutigen Männer und Frauen erfahren, die bereit sind, die Fundamentalisten in einen Kampf der Ideen und moralischen Werte zu verwickeln, dass wir sie verstehen und unterstützen wie einst die Dissidenten in der früheren Sowjetunion. Auch der sowjetische Terrorstaat hat seine Gegner als übermäßig verwestlicht und als Volksfeinde verunglimpft, auch er hat mitten in der Nacht Männer von ihren Frauen weggeholt, so etwa den Dichter Ossip Mandelstam von Nadeshda. Wir werfen Mandelstam nicht seinen eigenen Untergang vor, wir werfen ihm nicht

---

* Die Vereinigten Staaten haben jüngst auf nur allzu schmerzhafte Weise mit dem Wesen des heiligen – oder besser unheiligen – islamischen Terrorismus Bekanntschaft gemacht. Der Krater unter dem World Trade Center sowie die Aufdeckung von Plänen für noch gigantischere Bombenattentate und die Ermordung führender Politiker haben den Amerikanern gezeigt, wie brutal diese Extremisten sein können.

vor, Stalin attackiert zu haben, sondern wir werfen – zu Recht – Stalin sein Stalin-sein vor. In diesem Sinne sollten wir auch nicht in die Falle gehen und den Theaterleuten von Sharja ihre anscheinend reichlich makabren Ameisen ankreiden oder den türkischen Säkularisten vorwerfen, sie hätten den Mob, der sie getötet hat, provoziert.

Stattdessen sollten wir begreifen, dass der Säkularismus heute Hauptfeind und Hauptzielscheibe der Fanatiker ist. Warum? Weil er die strikte Trennung von Kirche und Staat fordert; Philosophen wie der Ägypter Fouad Zakariya sagen, freie Muslimgesellschaften könne es nur dort geben, wo an diesem Prinzip festgehalten werde. Weil der Säkularismus die Idee, Gesellschaften des ausgehenden zwanzigsten Jahrhunderts könnten als »rein« gelten, ablehnt und damit argumentiert, dass der Versuch, die moderne muslimische Welt von ihren unvermeidlichen Beimischungen zu reinigen, ebenso unvermeidlich zur Tyrannei führt. Weil der Säkularismus unser Verständnis der muslimischen Wahrheiten im historischen Kontext zu sehen sucht: Er betrachtet den Islam als ein Phänomen innerhalb der Geschichte, nicht außerhalb von ihr. Weil der Säkularismus die Unterdrückung der Frau beenden will, die überall dort wieder eingeführt wird, wo radikale Islamisten an die Macht kommen. Und vor allem deshalb, weil Säkularisten wissen, dass man einen modernen Nationalstaat nicht auf Ideen gründen kann, die vor über eintausenddreihundert Jahren in der arabischen Wüste aufgetaucht sind.

Die Waffen, die gegen Dissidenten in der muslimischen Welt eingesetzt werden, sind überall die gleichen. Die Anklage lautet konstant »Blasphemie«, »Apostasie«, »Häresie« und »unislamische Umtriebe«. Diese »Verbrechen«, so heißt es, »beleidigen geheiligte Prinzipien des Islam«. Der dadurch erregte »Volkszorn« sei »nicht aufzuhalten«. Die Angeklagten werden zu Personen, deren »Blut unrein ist« und deshalb vergossen werden muss.

Die britische Schriftstellerin Marina Warner hat einmal darauf hingewiesen, dass Objekte, die mit Hexerei in Verbindung gebracht werden – spitzer Hut, Besenstiel, großer Kessel, Katze –, zur Zeit der großen Hexenjagden unter den Besitztümern der meisten Frauen zu finden gewesen wären. Wenn sie bewiesen, dass eine Frau hexen konnte, dann waren alle Frauen potenziell schuldig, man brauchte nur mit dem Finger auf eine von ihnen zu zeigen und »Hexe!« zu rufen. Amerikaner, die sich noch an die Hexenjagden der McCarthy-Ära erinnern, werden sich unschwer vorstellen können, wie mächtig und zerstörerisch dergleichen auch heute noch sein kann. Und was gegenwärtig in der muslimischen Welt geschieht, ist eine Hexenjagd von ungewöhnlichem Ausmaß, eine Hexenjagd, die in vielen Ländern im Gange ist, oft mit mörderischen Resultaten. Wenn Sie also das nächste Mal über Meldungen wie die eingangs genannten stolpern, vielleicht ganz unten auf einer Seite im Innern dieser Zeitung, dann denken Sie daran, dass der beschriebene Fall von Verfolgung kein Einzelfall ist – dass er Teil eines bewussten, tödlichen Programms ist und das Ziel hat, die besten, ehrenwertesten Stimmen der muslimischen Welt zu schmähen, zu kriminalisieren und sogar auszulöschen: die Stimmen Andersdenkender. Und denken Sie daran, dass diese Dissidenten Ihre Unterstützung brauchen. Mehr als alles andere aber brauchen sie Ihre Aufmerksamkeit.

Aus einem Brief an den *Independent*, Juli 1993

Ich kann mich des Eindrucks nicht erwehren, dass die beschämende Reaktion der Weltgemeinschaft auf die fortgesetzte Auslöschung bosnischer Muslime irgendwie damit zusammenhängt, dass sie Muslime sind. Es sollte jedoch nicht unerwähnt bleiben, dass sich die Empörung über diesen Umstand keineswegs auf die muslimische Gemeinschaft beschränkt – wenn auch nur deshalb, weil Ihrer Korrespondentin Yasmin Alibhai-Brown zufolge das »eigentliche Problem« darin liegt, dass »sich die Muslime in ihrer Mehrheit seit Jahren vom Westen missverstanden und dämonisiert fühlen ... Bosnien gilt als der Gipfelpunkt ihres Entfremdungsprozesses.« Diese Art von Wir-und-sie-Rhetorik, so berechtigt sie auch scheinen mag, schafft ebenso viele kulturelle Probleme, wie sie anspricht.

Sie stiftet intellektuelle Verwirrung insofern, als britische Muslime Europa berechtigterweise dafür brandmarken, dass es seine eigenen Bürger nicht schützt, während sie zugleich abwertend erklären, die Muslime in Bosnien seien »nur dem Namen nach Muslime«. Bosniens Muslime sind in der Tat säkularisiert und humanistisch, sie verkörpern eine reizvolle Mischung muslimischer und europäischer Werte. Wenn britische Muslime diese Mischkultur verhöhnen, fügen sie ihrer eigenen Sache Schaden zu.

Eine solche Rhetorik stiftet zudem moralische Verwirrung: Verbrennen deutsche Rassisten Muslime in ihren Häusern, gibt man die Schuld zu Recht den Tätern; verbrennen aber islamische Fanatiker Dutzende von Menschen in einem Hotel in der Türkei, versuchen einige muslimische Kommentatoren sofort, die Opfer selbst dafür verantwortlich zu machen, und beschuldigen sie, Atheisten und damit Aufrührer gewesen zu sein.

Und das Schlimmste: Diese Rhetorik beschwört die Gefahr herauf, dass die Gemeinschaft in den Bann von Führergestalten gerät, die ihr letztlich mehr schaden als ihre derzeitigen (wirklichen oder vermeintlichen) Feinde. In Deutschland hat Hitler während seines Aufstiegs zur Macht das Gefühl nationaler Demütigung ausgenutzt; der völlig berechtigte Hass des iranischen Volkes auf das Schah-Regime führte zu dem großen historischen Fehler, Khomeini zu unterstützen; im heutigen Indien schart der Ruf »Hinduismus in Gefahr« die Menschen um das Banner der Hindu-Fundamentalisten; und nun hören wir hier in England von Alibhai-Brown, dass »Mäßigung pervers« sei. Folgen denn auf den einfältigen Dr. Siddiqui noch fürchterlichere extremistische Figuren?

Britische Muslime werden es vom Autor der *Satanischen Verse* vielleicht nicht gern hören, aber die wahren Feinde des Islam sind nicht englische Romanschriftsteller oder türkische Satiriker.

Es sind nicht die Säkularisten, die kürzlich in Algerien von Fundamentalisten ermordet wurden. Und auch der renommierte Kairoer Literaturprofessor und seine gebildete Frau, die von ägyptischen Fanatikern als angebliche Apostaten verfolgt werden, gehören nicht zu ihnen, so wenig wie die Intellektuellen in Saudi-Arabien, die ihre Arbeit verloren haben und eingesperrt wurden, weil sie eine Menschenrechtsorganisation gegründet hatten. So schwach, so wenig zahlreich die progressiven Stimmen auch sein mögen: Sie verkörpern die größte Hoffnung der muslimischen Welt auf eine Zukunft in Freiheit und Wohlstand. Die Feinde des Islam sind jene, die die Kultur im Zeitverlauf erstarrt sehen möchten, die, um mit Ali Shariati zu sprechen, »gegen die Geschichte aufbegehren« und deren Tyrannei und Unvernunft den modernen Islam als eine Kultur von Blut und Wahnsinn erscheinen lassen. Alibhai-Browns Interviewpartnerin Nasrin Rehman hat einen klugen Satz gesagt: »Wir müssen aufhören, in binären, oppositären Begriffen zu denken.« Ein erster Anfang könnte, wenn ich das sagen darf, die Erkenntnis sein, dass einerseits die Siddiquis und Hisbollahs, die blinden Scheichs und Ajatollahs die wahren Feinde der Muslime überall in der Welt, der wahre »Feind im Innern« sind und dass es andererseits – wie im Fall der Kampagne für die bosnischen Muslime – viele »Freunde draußen« gibt.

Aus einem Brief an *The Nation*, August 1993

Alexander Cockburn wirft mir »böswilligen Missbrauch« türkischer Säkularisten vor (*The Nation*, 26. Juli). Das ist eine schwere Beschuldigung, und ich hoffe, Sie geben mir Raum für eine Antwort. Ich erfuhr von den Gräueln im türkischen Sivas am Freitag, dem 2. Juli. Bereits eine halbe Stunde später veröffentlichte ich eine Erklärung, in der ich die fundamentalistischen Mörder verurteilte, und in der abendlichen Haupt-Nachrichtensendung des BBC-Rundfunks ging ich in einem Live-Telefoninterview näher auf das

Thema ein. Am nächsten Tag sprach ich im BBC-Fernsehen, auf ITN und Sky Television sowie telefonisch mit Journalisten mehrerer englischer Zeitungen. In allen Fällen lag der Schwerpunkt meiner Äußerungen auf der Verurteilung der Mörder.

In der darauf folgenden Woche schrieb ich einen weiteren Text (6. Juli), der als Leserbrief im Londoner *Independent* erschien. Ich trat darin für die bosnischen Muslime ein und verteidigte außerdem die Toten von Sivas gegen den Vorwurf, ihr aufrührerischer Atheismus habe die Mörder zu ihrer Tat provoziert. In mehreren europäischen Zeitungen gab ich Interviews zu dem Thema. Schließlich veröffentlichte ich einen Text in der *New York Times* vom 11. Juli – einige Ihrer Leser kennen ihn vielleicht –, in dem ich von der Notwendigkeit sprach, den Dissidenten der muslimischen Welt – auch jenen in der Türkei –, die im Moment solch heimtückischen, tödlichen Angriffen ausgesetzt sind, Aufmerksamkeit und Unterstützung entgegenzubringen.

Schade, dass Cockburn sich nicht die Mühe gemacht hat, die Fakten zu überprüfen, bevor er mich angriff – er unternahm keinerlei Versuch, mit mir, meinen Agenten oder der Rushdie Defence Campaign bei Article 19 in London Kontakt aufzunehmen. Nach fast zwei Wochen, in denen kaum ein Tag verging, ohne dass ich für säkularistische Prinzipien und gegen religiösen Fanatismus eingetreten wäre, ist es doch recht erstaunlich, dass ich in Ihrer Zeitung diffamiert werde, weil ich dies angeblich *nicht* getan habe.

Auch der Artikel im *Observer* gibt – wie Cockburn einräumt – die Schuld an dem Massaker von Sivas mit aller Entschiedenheit den religiösen Fundamentalisten der Stadt und bringt meine Empörung über ihre Tat zum Ausdruck. Richtig ist allerdings, dass ich das Verhalten des Journalisten Aziz Nesin kritisiert habe, in dessen Zeitschrift *Aydinlik* im Mai unautorisierte Auszüge aus den *Satanischen Versen* erschienen sind.

Cockburn zitiert Nesin wie folgt: »Ich war in London mit Rushdie zusammengetroffen und hatte mit ihm über die Möglichkeit einer türkischen Ausgabe seines Buches gesprochen.« Das ist unwahr. Ich habe Nesin nur ein einziges Mal gesehen, und zwar 1986, als *Die Satanischen Verse* noch gar nicht fertig waren. Nesin fährt fort: »In letzter Zeit interessiert er sich nur noch dafür, ob er sein Abdruckhonorar bekommt oder nicht.« Falsch. Es interessiert mich nicht, irgendwelche Gelder, die mir vielleicht zustehen, von *Aydinlik* zu bekommen. Brennend interessiert es mich dagegen, wie und von wem mein Werk veröffentlicht wird.

Nesin und *Aydinlik* haben die Auszüge aus meinem Roman auf extrem polemische Weise präsentiert, sie haben mein Werk verunglimpft, meine Integrität als Mensch und Künstler in Zweifel gezogen und damit eine Menge Geld verdient – Cockburn verrät, dass sich die Auflage der Zeitschrift im Zeitraum der Veröffentlichung verdreifacht hat. Solche Leute hätte ich mir ganz bestimmt nicht als die ersten Verleger der *Satanischen Verse* in einem muslimischen Land ausgesucht. Cockburn meint indessen, es sei falsch von mir gewesen, mich zu wehren, obwohl »Sprecher« der Muslime in England und Teile der britischen Medien mich für die Morde von Sivas verantwortlich zu machen suchten. Dies alles – der Diebstahl an meinem Werk, die Angriffe auf meinen Charakter, die Lügen über meine öffentlichen Stellungnahmen und die Tatsache, dass man mich für einen »Rushdie-Aufruhr« verantwortlich macht – scheint in Cockburns Augen ganz in Ordnung zu sein, wohingegen mein Wunsch, die Dinge zurechtzurücken, von nur noch größerer Perfidie zeugt. Der türkische Schriftsteller Murat Belge, einer der Freunde, an die ich mich um Rat wandte, schreibt in einem Brief: »Nesin für sein reichlich kindisches Verhalten zu kritisieren ist durchaus berechtigt. Empörend ist allerdings, dass ihm die Politiker jetzt an allem und jedem die Schuld geben ... Als hätte Nesin diese Menschen getötet und als seien die eigentlichen Mörder harmlose Bürger.« Genauso sehe ich es auch, und das habe ich in den vergangenen zwei Wochen auch immer und immer wieder zum Ausdruck gebracht. Es betrübt mich, dass das nicht bis zu Alexander Cockburn durchgedrungen ist.

Aus dem *Guardian*, September 1993

Ich komme gerade aus Prag zurück, wo Präsident Václav Havel seine Überzeugung bekräftigt hat, dass die so genannte »Rushdie-Affäre« ein Test für die demokratischen Werte sei, ein Testfall, wie er sagte, für ihn selbst. Über unsere Begegnung ist vielerorts berichtet worden – nur nicht in England, wo sie, soweit ich sehe, von keiner einzigen Zeitung erwähnt wird und auch niemand Interesse daran bekundet hat, das dazugehörige Foto, das der Presse frei zugänglich gemacht wurde, abzudrucken. Dagegen fand sich in mehreren Zeitungen Platz für eine unerfreuliche kleine Geschichte über einen Rushdie-Zeichentrickfilm-Wettbewerb im Iran, bei dem Goldmünzen und Tickets nach Mekka als Gewinn ausgesetzt wurden.

Ende Juli hatte ich die Möglichkeit, nach Portugal zu reisen, wo sich Präsident Mario Soares mit mir im staatlichen Fernsehen zeigte, mit leidenschaftlichen Worten seine Unterstützung des Kampfes gegen die Fatwa zusicherte und sich zu jeder ihm nur möglichen Hilfe verpflichtete. Auch das machte in vielen europäischen Ländern Schlagzeilen; in England dagegen – nichts.

Bei meinen Gesprächen mit John Major, Douglas Hogg und Diplomaten des Außenministeriums wurde mir immer wieder gesagt, die britische Regierung messe meinen Reisen höchste Bedeutung und Nützlichkeit bei. Sie erinnerten den Iran an den breiten internationalen Konsens in dieser Angelegenheit und demonstrierten darüber hinaus, dass die internationale Gemeinschaft mehr und mehr die Geduld verliere, weil der Iran seine Drohungen nicht zurückziehe, und dass sie entschlossen sei, ihn dazu zu zwingen. Aus meiner Sicht erfüllen diese Reisen auch eine wichtige symbolische Funktion: Sie zeigen den Fundamentalisten, dass ihre Einschüchterungsversuche nicht wirken. Sie erfordern einen ungeheuren Planungsaufwand, und ohne die Hilfe und Unterstützung vieler Einzelpersonen, Organisationen (namentlich der Rushdie Defence Campaign bei Article 19) und Sicherheitskräfte wären sie nicht möglich. Es ist deshalb, gelinde gesagt, frustrierend, dass sie zu Hause so gründlich ignoriert werden.

Dass der Iran kalte Füße bekommt, ist offenkundig. In einem Interview, das vor kurzem im *Time*-Magazin erschien, sagte Präsident Rafsandjani, in seinen Augen sei der Fall Rushdie eine Verschwörung des Westens mit dem Ziel, Druck auf den Iran auszuüben – eine kaum zu überbietende Verkehrung der Tatsachen. Lässt man aber die paranoide erste Hälfte dieser Äußerung einmal beiseite, so zeigt die zweite Hälfte, dass Rafsandjani sich in der Tat unter Druck gesetzt fühlt. Das ist eine sehr gute Nachricht. Vom iranischen Parlamentssprecher Nateq-Nouri, dem Mann, der vor nicht ganz einem Jahr meinen Kopf auf einem Tablett gefordert hat, ist seit einigen Monaten zu hören, dass es nicht der Politik des Iran entspreche, mich umbringen zu lassen; Rafsandjani hat das in seinem *Time*-Interview bestätigt. So amüsant dieses »Wer-ich?«-Unschuldsgebaren auch sein mag – es zeigt zumindest, dass der Groschen allmählich fällt. Möglicherweise ist der Iran auf der Suche nach den richtigen Worten, um das Problem zu lösen, denn die Fatwa ist, wie mir ein hoher westlicher Diplomat und intimer Kenner der Region sagte, für den Iran in erster Linie eine innenpolitische Frage: Wie soll man tun, was die Welt verlangt, und gleichzeitig das eigene Volk zufrieden stellen?

Wenn es stimmt, dass der Iran allmählich begreift, dann ist es jetzt an der Zeit, den Druck zu verstärken. Die öffentlich bekundete Unterstützung durch die Präsidenten Havel und Soares ist deshalb von großem Gewicht, und das macht den plötzlichen Überdruss der britischen Medien so beunruhigend. Wie der Trickfilm-Wettbewerb der Mullahs zeigt, ist das Problem nicht aus der Welt, nur weil ich jetzt mehr reise. Es wird erst dann aus der Welt sein, wenn der Iran nachgibt. Beginnen Nachrichtenredakteure sich zu langweilen, spielt diese Langeweile den terroristischen Zensoren in die Hände.

Vor drei Jahren bat Václav Havel bei seinem Staatsbesuch in England um ein Treffen mit mir. Die britische Regierung verhinderte die Begegnung, vielleicht aus Angst um die englischen Geiseln im Libanon. Havel hatte sich eine große Geste der Solidarität vor der Weltpresse gewünscht, sah sich aber auf ein Telefongespräch mit mir beschränkt. Welche Ironie, dass das Treffen schließlich mit Hilfe des englischen Botschafters in Prag und des englischen Außenministeriums zustande kam und dann von der Presse totgeschwiegen wurde!

Wir haben es hier mit einem Problem zu tun, das mit dem Stellenwert von Nachrichten zusammenhängt und weit über meinen Fall hinausreicht. Schlimme Dinge scheinen berichtenswert zu sein, konstruktive Entwicklungen dagegen nicht. Als vor kurzem in der Stadt Sivas religiöse Eiferer sechsunddreißig türkische Intellektuelle und Künstler verbrannten, wurde in unseren Zeitungen lang und breit – und ungenau – darüber berichtet. Als aber einige Tage später Hunderttausende von Türken friedlich durch die Straßen zogen und für Säkularismus und Toleranz demonstrierten, wurde das ignoriert. In diesem und anderen Fällen ist es, als würde ein altes Klischee umgekehrt: Nicht die Terroristen werden von der Sauerstoffzufuhr öffentlichen Interesses abgeschnitten, sondern ihre Gegner. Es ist beunruhigend, dass die Vorgehensweisen und Bewertungen der Entscheidungsträger in unseren Nachrichtenredaktionen so – um einen tschechischen Vergleich zu gebrauchen – kafkaesk werden.

Aus der *Daily Mail*, September 1993

Darf ich der *Daily Mail* zu ihrer Konsequenz gratulieren? Mary Kennys gehässiger Artikel, in dem ich als ungezogen, mürrisch, taktlos, dumm, ruppig, unattraktiv, engstirnig, arrogant und egozentrisch bezeichnet werde – sie merkt anscheinend gar nicht, wie komisch es ist, so säuerlich darauf zu bestehen, dass jemand es mal »mit ein bisschen Nettigkeit versuchen« sollte –, ist schließlich nur der jüngste Beitrag im Rahmen Ihrer anhaltenden Bemühungen, mich zum Bösewicht der so genannten »Rushdie-Affäre« zu machen.

Was die Kosten für meine Bewachung anbelangt, so zweifle ich Kennys Zahlen zwar an*, aber meine Dankbarkeit für diesen Schutz habe ich immer und immer wieder zum Ausdruck gebracht, öffentlich – Sie haben offenbar nicht zugehört – wie auch privat, gegenüber der Polizei und dem Premierminister. Ich bin sehr wohl dankbar dafür. Höchstwahrscheinlich hat er mir das Leben gerettet. Doch es ist nicht nur meine Freiheit, die hier verteidigt wird, sondern auch die britische Souveränität – das Recht britischer Bürger, nicht von einer ausländischen Macht umgebracht zu werden – und das Prinzip der freien Meinungsäußerung. Es ist ein Kampf gegen Staatsterrorismus. Mein Tod würde bedeuten, dass der Iran die Schlacht gewonnen hat. Sind Ihnen die Niederlage des Terrorismus, die Bewahrung der Redefreiheit und die na-

---

* Die Kosten für meine Bewachung waren vielen britischen Kommentatoren von Anfang an ein Dorn im Auge. Wilde (eine Million Pfund pro Jahr) bis surreale (zehn Millionen Pfund pro Jahr) Schätzungen sind so oft wiederholt worden, dass sie zu Quasi-Tatsachen geworden sind. Die britischen Behörden haben mich über die Jahre hin in eine unangenehme Lage gebracht, weil sie es ablehnten, für Klarheit zu sorgen, während zugleich »leitende Beamte des Innenministeriums« immer wieder irreführende Informationen durchsickern ließen. Die Wahrheit sieht wie folgt aus. Erstens: Die »dreißig verschiedenen Unterschlupfe«, die man mir der *Mail* zufolge »mit einem Kostenaufwand ... von schätzungsweise zehn Millionen Pfund« zur Verfügung gestellt hat, sind zwar inzwischen ein allseits bekannter Mythos. Fakt ist dagegen, dass man mir *zu keiner Zeit einen Unterschlupf zur Verfügung gestellt hat*. Ich habe mir alle meine Unterkünfte selbst gesucht und bin auch selbst für die Kosten aufgekommen. Die Kosten für den englischen Steuerzahler waren gleich null. Zweitens wurde ich von Beamten bewacht, die ihr Gehalt auch dann bekommen hätten, wenn sie nicht für mich abgestellt gewesen wären; die zusätzlichen Kosten für den englischen Steuerzahler beschränkten sich auf Ausgaben für Überstunden. Drittens habe ich in diesen dunklen Jahren sehr viel Einkommenssteuer auf die von Teilen der Medien – und von islamischen Mitgliedern des Oberhauses – so scharf kritisierten lukrativen Verlagsverträge und hohen Tantiemen gezahlt. Ich möchte behaupten, dass das Finanzamt in unserer seltsamen Beziehung per Saldo sogar einen Gewinn gemacht hat. Und schließlich: Wenn ich im Ausland war, hat zu keiner Zeit der englische Steuerzahler die Rechnung bezahlt.

tionale Integrität so wenig wert, dass Sie ständig über die Kosten jammern müssen?

Mary Kennys Angriff richtet sich vor allem dagegen, dass ich Aspekte der englischen Gesellschaft kritisiere und dass ich nicht konservativ wähle. Kenny mokiert sich, ich hätte Elemente des Rassismus in England aufgezeigt – kann in der Woche des grauenvollen Angriffs auf den jungen Quaddus Ali die Existenz dieses Rassismus noch geleugnet werden? Kenny wirft mir vor, dass ich in der Vergangenheit die Polizei kritisiert habe – glaubt sie allen Ernstes, ich hätte nach der jüngsten Flut aufgehobener Urteile und aufgedeckter Fälle von polizeilichem Amtsmissbrauch kein Recht dazu? Ich zolle jedem, der es verdient, Anerkennung, und die Beamten der Special Branch, die mich bewachen, wissen sehr gut, wie hoch ich ihre Arbeit schätze.

Kenny spottet außerdem über meinen Essay über »Nanny-Britain« anlässlich der Parlamentswahlen von 1983; aber übten nicht die Torys selbst die vernichtendste Kritik an Margaret Thatcher, indem sie sie auf kaltem Wege abservierten? Es stimmt, dass ich kein Tory-Wähler bin; wie viele Briten sind es nach den Ergebnissen der jüngsten Nachwahlen überhaupt noch? Die Konservative Partei ist nicht der Staat. Labour zu wählen ist kein Verrat. (Nicht dass ich überhaupt wählen könnte; zu den Entbehrungen eines Lebens unter »Adresse unbekannt« gehört auch, dass ich mich nicht in die Wahllisten eintragen lassen kann. Interessiert es Mary Kenny überhaupt, dass ich dieses fundamentalsten demokratischen Rechts beraubt bin?)

Des Weiteren spricht Kenny von meiner »besonderen sozialen Verantwortung« – würde ich dasselbe tun, würde sie zweifellos sofort in ein Gezeter über meine »Arroganz« ausbrechen. Ich solle mich »darauf konzentrieren«, fordert sie, »die Gräben, die sich durch die Menschheit ziehen, zu überbrücken«. Ich selbst würde die Rolle des Schriftstellers zwar etwas bescheidener darstellen, aber in den vergangenen Wochen und Monaten bin ich für Gerechtigkeit in Bosnien eingetreten, habe mich für das brüchige Abkommen zwischen Israel und der PLO stark gemacht und das Umsichgreifen religiösen Sektierertums kritisiert, das Indiens säkulare Verfassung gefährdet, ich habe die Welt aufgefordert, auf die progressiven, demokratischen Stimmen überall in der muslimischen und arabischen Welt zu hören, und wiederholt versucht, auf die Verbrechen an diesen Menschen hinzuweisen – auf die Ermordung und Verfolgung von Journalisten, Schriftstellern und Künstlern in der Türkei, in Algerien, Sharja, Ägypten und Pakistan, ganz zu schweigen von meiner alten Freundin, der Islamischen Republik Iran. Über keine dieser Bemühungen hat die *Daily Mail* berichtet.

Was Prinz Charles anbelangt, so wurde in der französischen, spanischen und englischen Presse über seine Kritik an mir und meiner Bewachung berichtet*. Der französische Philosoph Bernard-Henri Lévy, der bei den betreffenden Äußerungen des Prinzen von Wales zugegen war, hat mir das bestätigt. Ich betrachte deshalb die Dementis aus dem Buckingham-Palast mit einiger Skepsis. Aber es stimmt, ich habe mich im Gegenzug tatsächlich über ihn lustig gemacht; bin ich – selbst nach Camillagate – der einzige Brite, dem das Recht verwehrt wird, sich an diesem nationalen Zeitvertreib zu beteiligen?

Um es ganz deutlich zu sagen: Ich greife das Land, das mich schützt, nicht an. Jedes Land hat viele Gesichter, und es gibt viele Engländer, die ich liebe und bewundere; weshalb sonst würde ich seit zweiunddreißig Jahren hier leben? Aber ich habe das gleiche Recht wie jeder andere Bürger – das gleiche Recht wie die *Daily Mail* –, zu sagen, was mit dieser Gesellschaft und ihrer Führung, die ich nicht mag, los ist. Dieses Recht werde ich (wenn ich so sagen

---

* Die *Mail* hat mich wegen meiner Reaktion auf die Meldung angegriffen, nach Ansicht des Prinzen von Wales werde zu viel Geld aus öffentlichen Mitteln für mich ausgegeben. Ein spanischer Journalist hatte mich gefragt, was ich von Ian McEwans Äußerung hielte, Prinz Charles' Bewachung koste weit mehr als meine, Prinz Charles aber habe nie etwas Bedeutendes geschrieben. Ich hatte leichthin geantwortet, ich sei mit Ian einer Meinung. Der Zorn der *Mail* – derselben *Mail*, die Prinz Charles' Wunsch, Camilla Parker Bowles' Tampon zu sein, Dutzende von Seiten gewidmet hatte! – kannte keine Grenzen.

darf) nur über meine Leiche aufgeben. Die eigentliche Arroganz liegt darin anzunehmen, wie es die *Daily Mail* und ihre Kolumnisten tun, dass ihre Sicht dieses Landes, »ihres Britannien«, die einzig legitime ist; die eigentliche Ungezogenheit legt eine Zeitung an den Tag, die täglich all jene verunglimpft und drangsaliert, die nicht in ihr engstirniges, selbstzufriedenes Weltbild passen.

Mary Kenny sagt zu Recht, dass in der Rushdie-Affäre wir alle für die Redefreiheit bezahlen. Ich kämpfe mit aller Kraft dafür, dass der Tag kommt, an dem die finanzielle Bürde abgeworfen werden kann. In der Zwischenzeit wäre es doch absurd – nicht wahr? –, eben diese Freiheit aufzugeben. Ich werde also weiterhin kein Blatt vor den Mund nehmen, und Sie bei der *Daily Mail* werden es, da bin ich mir sicher, ebenso wenig tun.

Aus einer Erklärung in der schwedischen Zeitung *Expressen*, Oktober 1993

Die Entschlossenheit Ihrer Zeitung, gegen die fortgesetzte politische, wirtschaftliche und kulturelle Zusammenarbeit der zivilisierten Welt mit dem iranischen Terrorstaat zu Felde zu ziehen, ist von großer Bedeutung, und ich begrüße sie. Kein Geheimdienstexperte zweifelt daran, dass der Iran hinter dem feigen Anschlag auf meinen renommierten norwegischen Verleger und guten Freund William Nygaard steckt, ein Anschlag, den er wie durch ein Wunder überlebt hat. Der Iran ist auch der Drahtzieher der Morde an über zwanzig iranischen Dissidenten in Europa während der Präsidentschaft des angeblich gemäßigten Rafsandjani, der auch im Nationalen Sicherheitsrat sitzt, in dem die entsprechenden Entscheidungen gefällt werden.

Wie viele Morde und Anschläge auf unschuldige Männer und Frauen wird die freie Welt noch hinnehmen? Wenn wir auf Gewalt weiterhin mit einem Achselzucken und dem Ruf »Business as usual« reagieren, verschließen wir dann nicht die Augen vor dem

Terrorismus und spielen ihm damit in die Hände? Der Iran sucht seine Rolle natürlich durch Vertuschungs- und Tarnmanöver zu verschleiern. Die UNO aber verurteilt die Menschenrechtsverletzungen und den Terrorismus im Iran, die USA bezeichnen den Iran als den weltweit größten Sponsor des Terrorismus, die EU besteht auf einer Besserung der Situation auf diesem Gebiet, bevor an eine Verbesserung ihrer Beziehungen zum Iran zu denken sei. Doch in der vergangenen Woche hat der iranische Geheimdienstchef Fallahian als Ehrengast Deutschland besucht, jener Mann, der hinter den iranischen Mordkommandos steht, die überall auf der Welt am Werk sind – ein geradezu lachhaft zynischer Akt!

Die nordischen Länder haben meinen Feldzug gegen das terroristische Regime im Iran stets unterstützt, und ich bin ihnen seit langem dankbar dafür. Jetzt wollten sich die Terroristen rächen und haben einen unbewaffneten Mann von hinten niedergeschossen. Diesmal darf man sie nicht davonkommen lassen. Ich fordere Schweden, Norwegen, die anderen nordischen Länder und alle freien Nationen Europas auf, den Iran in die Finsternis hinauszustoßen, in die er gehört. Ich fordere den sofortigen, vollständigen Abbruch aller politischen, wirtschaftlichen, finanziellen und kulturellen Beziehungen zum Iran. Die Übeltäter müssen isoliert werden. Mit dem Versuch, unsere verletzlichen, aber kostbaren Freiheiten zu zerstören, fordern sie ihre eigene Zerstörung heraus. Und man täusche sich nicht: So tyrannisch sie auch sein mögen, so grausam sie auch sein mögen, so mörderisch sie auch sein mögen – auch ihr verhasstes und gefürchtetes Regime ist verwundbar. Ohne die Unterstützung des Westens wird es stürzen.

Will der Westen dafür verantwortlich sein, dass die fanatischen Mullahs an der Macht bleiben? Die Zeit ist reif für eine Entscheidung; nicht um meinetwillen, nicht allein um William Nygaards willen, sondern auch um der Freiheit selbst willen.

Aus der Einführung zu einem Dokumentarfilm im Fernsehen

Tahar Djaout war eine der beredtesten Stimmen im Kampf gegen die Bigotterie, die zurzeit in der gesamten muslimischen Welt im Schwange ist. Er wurde getötet, weil er die neue islamische Inquisition bekämpfte, die der alten christlichen an Grausamkeit in nichts nachsteht. Wir sollten seinen Tod als eine Wunde in unserer eigenen Welt betrachten. Die Konfrontation zwischen progressiven und regressiven Elementen in der Muslimkultur – zwischen jenen, wie Djaout sagt, die vorwärts, und jenen, die rückwärts gehen, die zurückfallen – ist von größter Bedeutung für uns alle. Ihr Ausgang könnte das nächste Zeitalter der Menschheitsgeschichte bestimmen.

Tahar Djaout schrieb auf Französisch, was ihm nicht nur im eigenen Land, sondern auch international Gehör verschaffte und ihm den Hass der Fanatiker eintrug, denn Engstirnigkeit liegt in deren Natur. In seiner Identitätsvielfalt, seiner Mehrsprachigkeit wie auch seiner Verletzlichkeit fühle ich mich ihm verwandt. Wer Unterschiedliches in sich vereint, riskiert stets Angriffe von Seiten der Reinheitsapostel. Vorstellungen von Reinheit – rassischer Reinheit, kultureller Reinheit, religiöser Reinheit – führen geradewegs zum Grauen: zur Folterbank, zur Gaskammer, zur ethnischen Säuberung.

Ich stelle diesen Film heute Abend vor, obwohl die Gefahr besteht, dass diese Unterstützung durch einen derart dämonisierten Menschen wie mich den Mullahs eine rhetorische Waffe liefern könnte. Denn ich glaube, dass das Morden erst dann aufhören wird, wenn die Weltgemeinschaft empört aufschreit und der Gedankenpolizei Einhalt gebietet. Die Waffe, die Tahar Djaout getötet hat, war schließlich keine rhetorische. Es war eine Schusswaffe.

Keine Religion rechtfertigt Mord. Wir dürfen uns nicht täuschen lassen, wenn Mörder sich unter dem Mantel des Glaubens verbergen. Der islamische Fundamentalismus ist keine religiöse

Bewegung, sondern eine politische. Lassen Sie uns zum Gedenken an Djaout wenigstens anfangen, die Tyrannei beim Namen zu nennen.

Erklärung, verlesen auf einem Abend für Sarajevo in
New York, November 1993

Es gibt ein Sarajevo im Kopf, ein imaginäres Sarajevo, dessen Zerstörung und Qual uns alle zu Verbannten macht. Dieses Sarajevo verkörpert eine Art Ideal – eine Stadt, in der die Werte des Pluralismus, der Toleranz und der Koexistenz eine einzigartige, unvergängliche Kultur geschaffen haben. In diesem Sarajevo gibt es ihn, jenen säkularistischen Islam, für den anderswo in der Welt so viele Menschen kämpfen. Die Bewohner dieses Sarajevo definieren sich nicht über ihren Glauben oder ihre ethnische Zugehörigkeit, sondern schlicht – und das gereicht ihnen zur Ehre – als Bürger. Geht diese Stadt unter, dann sind wir alle ihre Flüchtlinge. Stirbt die Kultur Sarajevos, dann sind wir alle ihre Waisen. Die Schriftsteller und Künstler von Sarajevo kämpfen daher ebenso für uns wie für sich selbst. Die Sendungen von Radio Zid oder vor kurzem die Veranstaltungen des Filmfestivals von Sarajevo – was für eine Leistung, inmitten eines solchen Krieges ein Filmfestival mit über hundert Beiträgen zu veranstalten! – sorgen dafür, dass die Flamme nicht erlischt.

Würde man die Menschen in Sarajevo nur als Wesen definieren, denen es am Nötigsten fehlt, würde man sie ein zweites Mal berauben: Sie auf ihr bloßes statistisches Opfersein zu reduzieren hieße, ihnen ihre Persönlichkeit, ihre Individualität, ihre Eigenart, mit einem Wort, ihr Menschsein abzusprechen. Was immer also die Regierungen der Welt und die UNO-Schutztruppe sagen – wir müssen darauf beharren, dass Kultur für Sarajevo genauso wichtig ist wie Medikamente oder Nahrungsmittel, dass die Menschen in Bosnien auch kulturelle Konvois brauchen. Wir müssen darauf beharren, dass Kultur in Kriegszeiten, wenn die Macht der Unmenschlichkeit im Zenit steht, kein Luxus und der Kampf für das Überleben der einzigartigen Kultur Sarajevos auch ein Kampf für das ist, was uns an unserer eigenen Kultur am wichtigsten ist.

Geschrieben für das Internationale
Schriftstellerparlament, Februar 1994
Eine Unabhängigkeitserklärung

Schriftsteller sind Bürger vieler Länder: des von Grenzen umschlossenen, endlichen Landes der wahrnehmbaren Realität und des Alltags, des grenzenlosen Reichs der Phantasie, des halb verschütteten Landes der Erinnerung, der Föderationen des Herzens, die heiß und kalt zugleich sind, der vereinigten Staaten des Geistes (ruhig und aufgewühlt, weit und eng, geordnet und verwirrt), der himmlischen und höllischen Nationen der Sehnsucht und – vielleicht die wichtigste aller unserer Wohnstätten – der freien Republik der Sprache. Diese Länder vertritt unser Schriftstellerparlament, und darauf kann es ehrlich und ebenso demütig wie stolz Anspruch erheben. Zusammen umfassen sie ein größeres Gebiet als irgendein von einer weltlichen Macht regiertes, doch ihre Schutzwälle gegen diese Macht können sehr schwach sein.

Es ist eine Grundvoraussetzung für die Kunst der Literatur, dass der Schriftsteller sich frei und nach Belieben zwischen seinen vielen Ländern bewegen kann, dass er keinen Pass und kein Visum braucht, dass er aus ihnen und aus sich selbst machen kann, was er will. Wir sind Bergleute und Juweliere, Wahrheitsliebende und Lügner, Spaßmacher und Befehlshaber, Mischlinge und Bastarde, Eltern und Liebende, Architekten und Abbrucharbeiter. Der kreative Geist setzt sich seinem innersten Wesen nach über Grenzen und Einschränkungen hinweg, er negiert die Autorität von Zensoren und Tabus. Deshalb wird er nur allzu oft als Feind behandelt von jenen großen oder kleinen Potentaten, die sich an der Fähigkeit der Kunst stören, Bilder von der Welt zu schaffen, die mit ihren eigenen simpleren und weniger aufrichtigen Sichtweisen im Widerstreit liegen oder sie untergraben.

Doch nicht die Kunst ist schwach, sondern die Künstler sind verwundbar. Ovids Dichtung hat überdauert, Ovids Leben wurde ihm von den Mächtigen vergällt. Mandelstams Dichtung lebt weiter, der Dichter selbst wurde von dem Tyrannen, den er beim Namen zu nennen wagte, ermordet. Auch heute bietet die Literatur überall auf der Welt der Tyrannei die Stirn – nicht polemisch, sondern indem sie ihre Autorität negiert, indem sie ihren eigenen Weg geht, indem sie ihre Unabhängigkeit erklärt. Das Beste dieser Literatur wird überleben, aber wir können nicht abwarten, bis die Zukunft es aus den Ketten der Zensur befreit. Viele verfolgte Autoren werden ebenfalls irgendwie überleben, aber wir können nicht schweigend abwarten, bis ihre Verfolgung endet. Unser Schriftstellerparlament ist dazu da, für unterdrückte Schriftsteller und gegen all jene zu kämpfen, die sie und ihre Arbeit verfolgen, es ist dazu da, die Unabhängigkeitserklärung immer wieder zu erneuern, ohne die Schreiben nicht möglich ist – und nicht nur Schreiben, sondern auch Träumen; und nicht nur Träumen, sondern auch Denken; und nicht nur Denken, sondern auch die Freiheit selbst.

Offener Brief an Taslima Nasrin, Juli 1994

Liebe Taslima Nasrin, bestimmt sind Sie es allmählich leid, »der weibliche Salman Rushdie« genannt zu werden – was für ein bizarres, komisches Wesen wäre das! –, nachdem Sie sich bisher immer für die weibliche Taslima Nasrin hielten. Es tut mir Leid, dass Ihnen wie ein Schild mein Name um den Hals gehängt wird, aber seien Sie bitte versichert: Viele Menschen in vielen Ländern sorgen dafür, dass eine solche Etikettierung weder Ihre eigene Identität verdeckt noch die besonderen Merkmale Ihrer Situation und die Bedeutsamkeit eines Kampfes, der Sie und Ihre Rechte gegen jene verteidigt, die Sie mit Freuden tot sehen würden.

In Wahrheit sind es unsere Gegner, die offenbar einiges gemeinsam haben und an eine göttliche Ermächtigung zu Lynchjustiz und Terrorismus zu glauben scheinen. Statt Sie zu einem weiblichen Rushdie zu machen, sollten die Schlagzeilenschreiber deshalb besser Ihre Gegner als »die Iraner Bangladeschs« bezeichnen. Wie traurig muss es sein, an einen Gott des Blutes zu glauben! Was für einen Islam haben sie geschaffen, diese Todesapostel, und wie wichtig ist es, Mut zu fassen und andere Ansichten zu vertreten!

Taslima, man hat mich gebeten, den ersten einer Reihe von offenen Briefen zu Ihrer Unterstützung zu schreiben, Briefe, die in etwa zwanzig Ländern Europas veröffentlicht werden sollen. Große Schriftsteller haben sich bereit erklärt, dieser Kampagne Gewicht zu verleihen: Czeslaw Miłosz, Mario Vargas Llosa, Milan Kundera und viele andere. Ich habe solche Briefkampagnen, als sie für mich stattfanden, als ungeheuer stärkend und aufmunternd empfunden, und ich weiß, dass sie die öffentliche Meinung und die Haltung der Regierung in vielen Ländern beeinflusst haben. Ich hoffe, Sie werden aus unseren Briefen ebensolchen Trost und ebensolche Aufmunterung schöpfen, und der Druck, den sie erzeugen, wird hilfreich sein.

Sie haben sich zur Unterdrückung der Frau im Islam geäußert, und was Sie sagten, musste einmal gesagt werden. Es gibt hier im Westen viel zu viele wortgewaltige Apologeten, die die Menschen von der Fiktion zu überzeugen suchen, Frauen würden in muslimischen Ländern nicht diskriminiert, oder wenn ja, dann habe das nichts mit der Religion zu tun. Die Verstümmelung der weiblichen Genitalien ist dieser Argumentation zufolge nicht im Islam begründet. Das mag theoretisch stimmen, praktisch aber wird sie in vielen Ländern von den Mullahs nachdrücklich befürwortet. Und dann sind da noch die unzähligen (und ungezählten) Fälle von Gewalt in der Familie, die ungerechten Rechtsordnungen, in denen Aussagen von Frauen geringer bewertet werden als die von

Männern, die Vertreibung von Frauen aus bezahlter Arbeit in allen Ländern, in denen Islamisten an die Macht oder auch nur in deren Nähe gelangt sind – und so fort.

Sie haben sich auch zu den Anschlägen auf Hindus in Bangladesh nach der Zerstörung der Moschee im indischen Ayodhya durch Hindu-Extremisten geäußert. Deswegen wurde Ihr Roman *Scham* von Fanatikern angegriffen, deswegen geriet Ihr Leben erstmals in Gefahr. Doch jeder unvoreingenommene Mensch würde sagen, dass ein religiös motivierter Angriff von Muslimen auf unschuldige Hindus genauso schlimm ist wie ein Angriff von Hindus auf unschuldige Muslime. Gegen solch simple Fairness richtet sich der Zorn der Fanatiker, und indem wir Sie verteidigen, verteidigen wir auch diese Fairness.

Man wirft Ihnen vor, Sie hätten gesagt, der Koran müsse revidiert werden (dabei meinten Sie, wie Sie sagen, nur die Scharia). Vielleicht haben Sie gehört, dass die türkischen Behörden erst letzte Woche ein Projekt zur Revision der Scharia angekündigt haben; hier stehen Sie also nicht allein. Und noch ein weiterer wichtiger Punkt: Selbst wenn Sie tatsächlich gesagt hätten, dass der Koran revidiert werden müsse, um Unklarheiten, was die Rechte der Frau anbelangt, zu beseitigen, und selbst wenn alle muslimischen Männer der Welt anderer Ansicht wären, verträten Sie dennoch einen absolut legitimen Standpunkt, und keine Gesellschaft, die Sie dafür einsperren oder aufhängen will, kann sich frei nennen.

Die Fundamentalisten erklären immer wieder, sie strebten Einfachheit an, aber in Wirklichkeit sind sie in jeder Hinsicht Obskuranten. Einfach ist es, zu akzeptieren, dass wenn einer sagen darf: »Gott existiert«, ein anderer genauso sagen darf: »Gott existiert nicht«, dass wenn einer sagen darf: »Ich kann dieses Buch nicht leiden«, ein anderer genauso sagen darf: »Aber mir gefällt es sehr gut.« Ganz und gar nicht einfach ist es dagegen, daran glauben zu sollen, dass es nur eine einzige Wahrheit gibt, nur eine Möglichkeit, diese Wahrheit auszusprechen, und nur eine Strafe (den Tod) für den, der anderer Meinung ist.

Wie Sie wissen, Taslima, war die bengalische Kultur – und ich meine damit die Kultur Bangladeschs ebenso wie die bengalische Kultur Indiens – immer stolz auf ihre Offenheit, ihre Freiheit des Denkens und Argumentierens, ihre intellektuelle Streitlust, ihr Freisein von Bigotterie. Es ist eine Schande, dass Ihre Regierung sich zusammen mit den religiösen Extremisten gegen ihre eigene Geschichte, ihre eigene Kultur, ihre eigenen Werte wendet. Den Bengalen war immer klar, dass das Recht der freien Meinungsäußerung nicht nur ein westlicher Wert ist, dass es auch einer ihrer eigenen kostbaren Schätze ist. Und diese Schatzkammer, die Schatzkammer der Intelligenz, der Phantasie und des Wortes, wollen Ihre Feinde plündern.

Ich habe Berichte gesehen und gehört, wonach Sie mit allen möglichen schrecklichen Attributen versehen werden – eine schwierige Frau seien Sie, eine (schrecklichster der Schrecken) Advokatin der freien Liebe. Lassen Sie mich Ihnen versichern: Wir, die wir uns für Sie einsetzen, wissen nur zu gut, dass Rufmord in solchen Situationen normal ist und keine weitere Beachtung verdient. Und die Einfachheit hat auch zu diesem Thema etwas Wichtiges zu sagen: Auch schwierigen Advokatinnen der freien Liebe muss es erlaubt sein, am Leben zu bleiben, sonst gäbe es nur noch jene, die der Meinung sind, die Liebe sei etwas, für das ein Preis – vielleicht ein grauenvoller Preis – bezahlt werden muss.

Taslima, ich weiß, dass in Ihrem Innern ein Sturm toben muss. In einem Moment werden Sie sich schwach und hilflos fühlen, im nächsten stark und trotzig. Manchmal werden Sie sich verraten und verkauft fühlen, dann wieder werden Sie das Gefühl haben, für viele zu sprechen, die schweigend hinter Ihnen stehen. In Ihren dunkelsten Momenten werden Sie vielleicht meinen, Sie hätten etwas Unrechtes getan, und die Demonstranten forderten Ihren Tod womöglich zu Recht. Diesen Kobold müssen Sie als ersten vertreiben. Sie haben nichts Unrechtes getan. Das Unrecht tun andere, gegen Sie. Sie haben nichts Unrechtes getan, und ich bin sicher, eines nicht mehr fernen Tages werden Sie wieder frei sein.

Erklärung für die französische Presse zu Taslima Nasrins Absage ihres Besuchs

Die Schriftstellerin Taslima Nasrin aus Bangladesch sah sich gezwungen, ihren Besuch in Frankreich abzusagen, weil die französische Regierung ihr Visum auf vierundzwanzig Stunden begrenzte, mit der seltsamen Begründung, Frankreich könne nicht für ihre Sicherheit garantieren.

Das sind beunruhigende Nachrichten. *Frankreich* soll nicht für ihre Sicherheit garantieren können? Ausgerechnet Frankreich? Wie kommt es, dass sich Taslima Nasrin ohne Gefahr in Lissabon, in Stockholm, in Stavanger aufhalten kann, nicht aber in Paris? Wieso lässt der französische Innenminister Charles Pasqua, der sich so gern als starker Mann geriert, sein Land so schwach aussehen? Nach meiner Erfahrung sind »Sicherheits«-Argumente immer vorgeschoben; sie sollen die wahren, zynischen Motive solcher Entscheidungen verdecken. Uns, die wir die französische Kultur bewundern, die wir uns schon immer von Frankreichs Beiträgen zur Sprache menschlicher Freiheit inspirieren ließen, scheint es von größter Wichtigkeit, dass die französische Regierung es sich noch einmal überlegt. Frankreich sollte Menschen, die von den Feinden der Freiheit verfolgt werden, nicht meiden, sondern sie willkommen heißen; es sollte nicht Sperrgebiet für sie sein, sondern ein wichtiger Zufluchtsort. Ich fordere Charles Pasqua und die französische Regierung nachdrücklich auf, ihre Entscheidung noch einmal zu überdenken.

Vorwort zu *The Price of Free Speech* von William Nygaard, Oktober 1995

Der Tag, an dem William Nygaard niedergeschossen wurde, war einer der schlimmsten meines Lebens (für ihn natürlich ein noch schlimmerer). Ich rief immer wieder in Oslo an, um mich nach seinem Zustand zu erkundigen, und zwischen den Anrufen versuchte ich mich zu beruhigen: Er war fit, er trieb Sport, er würde es schaffen. Doch als ich hörte, dass er am Leben bleiben würde, merkte ich, dass ich bis zu diesem Moment nicht wirklich daran geglaubt hatte. Dann erfuhren wir, dass er voraussichtlich wieder vollständig genesen würde, und ich fragte mich, ob ich meine lebenslange Skepsis, was Wunder anbelangt, nicht ablegen sollte. Bei meiner Stellungnahme im norwegischen Fernsehen war ich so erleichtert, dass ich einen Scherz machte. Er habe schon immer Rückenprobleme gehabt, sagte ich, jetzt werde er noch größere haben.

In den darauf folgenden Tagen gab es nicht viel zu scherzen. Ich konnte mich des Gefühls nicht erwehren, dass die Kugeln, die meinen Freund und Verleger getroffen hatten, für mich bestimmt gewesen waren. Ich empfand bald Zorn, bald Hilflosigkeit, bald Entschlossenheit und, ja, auch Schuldgefühle, manchmal auch alles gleichzeitig. Williams Kollegen bei Aschehoug reagierten unterdessen überaus mutig und mit großer Charakterfestigkeit auf die grausame Tat. Sie wurden nicht wankend in ihrer Entschlossenheit, mein Buch weiter zu verbreiten; man druckte sogar eine zusätzliche Auflage. Und als William schließlich so weit wiederhergestellt war, dass er telefonieren konnte, sagte er mit vor Schwäche fremd klingender Stimme etwas Außerordentliches. »Du sollst wissen«, so waren seine ersten Worte, »dass ich sehr stolz darauf bin, Verleger der *Satanischen Verse* zu sein.« William mag es nicht, wenn man ihn einen Helden nennt, aber an jenem Tag begriff ich, wie tief seine Überzeugungen, wie ehern seine Prinzipien sind.

Seit er wieder gesund ist, setzt sich William weiter für diese Prinzipien ein, er verteidigt die Freiheiten, die ihm wichtig sind, und verleiht in einer Reihe bemerkenswerter Aufsätze und Reden seinem Zorn darüber Ausdruck, dass jene, die diese Freiheiten bedrohen, weiterhin mit Respekt behandelt werden. Manchmal finde ich in seinen Texten Passagen, die mich überraschen, zum Beispiel, dass einige Verleger meinten, *Die satanischen Verse* seien ein »schwierigeres« Buch als meine früheren Romane (mir gegenüber haben sie nichts davon verlauten lassen!), mit manchem bin ich auch nicht ganz einverstanden, so etwa, wenn er Literaturagenten als die »Killerwale« der modernen Literatur bezeichnet – weil ich weiß, dass *Die satanischen Verse* ohne das leidenschaftliche Engagement meiner Agenten beispielsweise in Frankreich und Spanien wahrscheinlich gar nicht erschienen wären. Doch mit der Hauptrichtung seiner Argumentation stimme ich voll und ganz überein.

Die Angriffe gegen alle, die mit der Veröffentlichung der *Satanischen Verse* zu tun haben, sind eine Schande. Sie sind ein Skandal. Sie sind barbarisch. Sie sind philisterhaft. Sie sind bigott. Sie sind kriminell. Doch in den vergangenen sieben Jahren hat es auch alle möglichen anderen Bezeichnungen dafür gegeben. »Religiös« wurden sie genannt. Ein »kulturelles Problem« wurden sie genannt. »Verständlich« wurden sie genannt. »Theoretisch« wurden sie genannt. Wenn aber Religion ein Versuch ist, die menschlichen Vorstellungen des Guten in ein System zu bringen, wie kann Mord dann ein religiöser Akt sein? Und wenn man heute Verständnis für die Motive potenzieller Mörder aufbringt, wofür wird man morgen Verständnis aufbringen? Für den Scheiterhaufen? Wenn religiöser Fanatismus toleriert wird, weil er angeblich Teil der islamischen Kultur ist, was soll dann aus den vielen, vielen Stimmen in der muslimischen Welt werden – Intellektuelle, Künstler, Arbeiter und vor allem Frauen –, die lautstark Freiheit fordern, die für die Freiheit kämpfen und sogar ihr Leben für sie hingeben? Was ist »theoretisch« an den Kugeln, die William Nygaard getroffen, den Messern, die den italienischen Übersetzer Ettore Capriolo verwundet, den Messern, die den japanischen Übersetzer Hitoshi Igarashi getötet haben?

Nach fast sieben Jahren können wir, denke ich, mit Fug und Recht sagen, dass niemand zornig genug über diese Situation ist. In Dänemark hat man mir gesagt, wie wichtig die Käseexporte in den Iran sind, in Irland waren es die Exporte von Halal-Fleisch, in Deutschland, Italien und Spanien andere Produkte. Sind wir denn wirklich so versessen darauf, unsere Waren zu verkaufen, dass wir

Messerstiche hier, Schüsse dort und sogar den einen oder anderen Mord hinnehmen? Wie lange noch werden wir hinter dem Geld herjagen, das Leute mit blutigen Händen vor unserer Nase baumeln lassen?

William Nygaard hat viele solcher kompromisslosen Fragen gestellt. Ich verneige mich vor seinem Mut, seiner Beharrlichkeit und seinem Zorn. Wird die so genannte freie Welt je zornig genug sein, um in dieser Sache entschlossen aufzutreten? Ich hoffe es, auch jetzt noch. William Nygaard ist ein freier Mann, der sein Recht des Redens und des Handelns ausübt. Unsere politischen Führer sollten wissen, dass ihr unzureichendes Maß an Zorn auf ein unzureichendes Maß an Interesse für die Freiheit schließen lässt. Milde gegenüber dem Terror macht in einem sehr realen Sinn unfrei.

Reflexionen zum achten Jahrestag der Fatwa, Februar 1997

Europa, daran erinnert uns der italienische Schriftsteller Roberto Calasso in *Die Hochzeit von Kadmos und Harmonia*, beginnt mit einem Stier und einer Vergewaltigung. Europa war eine asiatische Jungfrau, die von einem Gott (der sich zu diesem Zweck in einen weißen Stier verwandelte) entführt und in einem neuen Land, das später ihren Namen trug, gefangen gehalten wurde. Die Zeit hat Europa, die Gefangene von Zeus' unersättlichem Verlangen nach sterblichem Fleisch, gerächt. Heute ist Zeus nur noch eine Geschichte. Seine Macht ist dahin, Europa aber lebt. Das Erwachen Europas als Idee geht also mit einem ungleichen Kampf zwischen Menschen und Göttern und einer ermutigenden Lektion einher: Zwar gewinnt der Stier-Gott das erste Gefecht, doch später triumphiert der Jungfrau-Kontinent.

Auch ich stehe in einem Kampf mit einem modernen Zeus, dessen Blitze ihr Ziel bisher allerdings verfehlt haben. Viele andere –

in Algerien und Ägypten wie im Iran – hatten weniger Glück. Wir, die wir diesen Kampf führen, haben längst begriffen, worum es dabei geht. Es geht um das Recht der Menschen, ihrer Gedanken, ihrer Kunstwerke, ihres Lebens, diese Blitze zu überstehen, die Oberhand zu gewinnen über die Willkür eines Olymps – welcher auch immer gerade in Mode ist. Es geht um das Recht, moralische, intellektuelle und künstlerische Urteile zu fällen, ohne sich wegen des Jüngsten Gerichts sorgen zu müssen.

Europas südliche Wurzeln sind die griechischen Sagen. Und auch am anderen Ende des Kontinents, in den nordischen Schöpfungslegenden, tritt die menschliche Rasse an die Stelle der Götter. Die letzte Schlacht zwischen den nordischen Göttern und ihren Furcht erregenden Feinden hat bereits stattgefunden. Die Götter haben sie bezwungen und wurden von ihnen bezwungen. Jetzt, so sagt man uns, müssen wir die Dinge selbst in die Hand nehmen. Götter, die uns helfen könnten, gibt es nicht mehr. Wir sind auf uns allein gestellt. Oder, anders ausgedrückt (denn auch Götter sind Tyrannen): Wir sind frei. Der Verlust des Göttlichen stellt uns mitten auf die Bühne, und wir müssen unsere eigene Moral entwickeln, unsere eigenen Gemeinschaften, wir müssen unsere eigenen Entscheidungen treffen, unseren eigenen Weg gehen. Auch bei den frühesten Denkern Europas liegt der Schwerpunkt auf dem, was menschlich ist, und nicht auf dem, was zu irgendeinem Zeitpunkt als göttlich gilt. Götter mögen kommen, und Götter mögen gehen, wir aber werden mit etwas Glück überdauern. Dieser humanistische Schwerpunkt ist für mein Empfinden einer der reizvollsten Aspekte europäischen Denkens. Man kann natürlich einwenden, dass Europa mit seiner langen Geschichte auch für Eroberung, Plünderung, Ausrottung und Inquisition steht. Doch jetzt, da wir aufgerufen sind, am Aufbau eines neuen Europa mitzuwirken, ist es hilfreich, uns die besten Bedeutungen dieses klangvollen Wortes in Erinnerung zu rufen. Denn es gibt ein Europa, das vielen, wenn nicht den meisten seiner Bürger am Herzen liegt. Nicht ein Europa des Geldes oder der Bürokratie. Das Wort

»Kultur« ist durch Überstrapazierung entwertet, und ich möchte es lieber nicht benutzen. Das Europa, über das man reden, das man wieder beleben sollte, ist ohnehin etwas Umfassenderes als eine »Kultur«. Es ist eine Zivilisation.

Am heutigen Tag lausche ich dem melancholischen Widerhall eines einzelnen kleinen, geistig verkümmerten, erbärmlich gewalttätigen Angriffs auf die Werte dieser Zivilisation. Gemeint sind – ich muss es leider sagen – Khomeinis Fatwa, deren achter Jahrestag heute ist, und die jüngsten barbarischen Töne in Sachen Kopfgeld, die von der bedeutendsten Organisation der iranischen Regierung, der Stiftung 15. Khordad, zu vernehmen sind. Und leider muss ich sagen, dass die Reaktion der EU auf derlei Drohungen allenfalls symbolischer Natur ist. Sie hat nichts bewirkt. Das Europa, das den Europäern am Herzen liegt, hätte mehr getan, als lediglich zu erklären, dass ein solcher Angriff nicht hinnehmbar sei. Es hätte ein Maximum an Druck auf den Iran ausgeübt und zugleich so viel Druck wie nur möglich von jenen genommen, die bedroht werden. Das genaue Gegenteil ist geschehen. Der Iran ist in dieser Sache nur sehr geringem (ich würde sogar sagen, gar keinem) Druck ausgesetzt. Einige von uns dagegen stehen seit acht Jahren unter erheblichem Stress.

In diesen acht Jahren ist mir klar geworden, welche Zweideutigkeiten im Herzen des neuen Europa herrschen. Ich habe den deutschen Außenminister mit einem Achselzucken äußern hören, es gebe Grenzen dessen, was die EU für die Menschenrechte zu tun bereit sei. Der belgische Außenminister sagte mir, die EU wisse alles über die Aktivitäten iranischer Terroristen gegen iranische Dissidenten auf europäischem Boden. Und was wird getan? Ein müdes Lächeln, ein weiteres Achselzucken, das ist alles. In Holland musste ich doch wahrhaftig Beamten des Außenministeriums erklären, warum es nicht gut wäre, wenn die EU die Gültigkeit der Fatwa aus religiösen Gründen akzeptieren würde!

Dieses neue Europa kommt mir nicht wie eine Zivilisation vor, sondern wie ein alles in allem eher zynisches Unternehmen. Führende Vertreter der EU legen Lippenbekenntnisse zu den Idealen der Aufklärung ab – freie Meinungsäußerung, Menschenrechte, das Recht, anders zu denken, die Wichtigkeit der Trennung von Kirche und Staat. Treffen diese Ideale aber auf die mächtigen Banalitäten der so genannten »Realität« – Handel, Geld, Gewehre, Macht –, dann ist es die Freiheit, die auf der Strecke bleibt. Das genügt, um einen überzeugten Europäer zum Europa-Skeptiker zu machen.

Wie so viele meiner englischen Landsleute hoffe ich, dass wir bald eine Labour-Regierung bekommen werden. Ich rate dieser künftigen Regierung dringend, sich klar zu machen, wie wichtig die Kunst ist, wenn es darum geht, den Geist nationaler Erneuerung zu vermitteln, den Labour schnellstens wecken muss. Ich habe Tony Blair auch aufgefordert, dem Kampf gegen den Zeus Iran und seinen Versuch, uns unsere Freiheiten zu rauben, neue Dringlichkeit zu verleihen und damit zu zeigen, dass New Labour dem wahren Geist Europas verpflichtet ist – nicht nur einer Wirtschaftsgemeinschaft oder einer Währungsunion, sondern der europäischen Zivilisation selbst.

Tony Blairs New-Labour-Regierung trat nach einem Erdrutschsieg am 1. Mai 1997 tatsächlich ihr Amt an. Am Donnerstag, dem 24. September 1998, gaben die Außenminister Großbritanniens und des Iran auf der UN-Vollversammlung in New York eine gemeinsame Erklärung ab, mit der die Geschichte der Fatwa ihr Ende fand: nicht sofort (siehe »Zehn Jahre Fatwa« im Kapitel »Kolumnen«), sondern nach und nach. Wie es beim Film heißt:

(Langsam Ausblenden.)

TEIL DREI: **KOLUMNEN**

Dezember 1998: Drei Staatschefs

Der Mensch ist von Natur aus ein politisches Wesen, sagte Aristoteles, also muss das öffentliche Leben einer »guten« Gesellschaft die Natur ihrer Mitglieder widerspiegeln. Viele der Aussagen des großen Mazedoniers – der Sklave sei »von Natur aus« dem Herrn, das Weibliche dem Männlichen, der »Barbar« dem Griechen untergeordnet – erscheinen uns heute antiquiert. Aristoteles' Grundthese aber mutet auch jetzt noch wahr an. Die Schwierigkeiten, mit denen drei führende Politiker – Bill Clinton, Saddam Hussein und Augusto Pinochet – zu kämpfen haben, zeigen, wie tief verwurzelt unser Glaube an eine natürliche Gerechtigkeit ist.

Dass Präsident Clinton seinen Verfolgern im eigenen Land wohl entkommen wird, ist zum Teil der erstaunlichen Dummheit seiner Gegner zuzuschreiben. Er hat Glück mit seinen Feinden, als da sind: der sex-fixierte, glattzüngige Kenneth Starr und seine Hintermänner bei der christlichen Rechten, die uns daran erinnern, dass der Begriff »Fundamentalismus« in den USA entstanden ist: Newt Gingrich, der zu hoch gepokert und alles verloren hat; und Linda Tripp, die böse Telefonhexe, die, ähnlich wie einst Nixon, nicht begreift, dass sie mit den mitgeschnittenen Telefonaten nur ihre eigene Niedertracht unter Beweis stellt, trotz der gelöschten Kraftausdrücke. Wenn sich eine archaische Kraft, nämlich puritanischer Fanatismus, mit dem heutigen Boulevardzeitungsdogma verbindet, wonach öffentliche Figuren kein Recht auf Privatsphäre haben, und wenn sich die politischen und die Medieneliten in Washington in einen heiligen Zorn hineinsteigern, dann gerät selbst der Präsident auf seinem Thron ins Wanken. Doch Clinton überlebt, weil er die menschliche Natur auf seiner Seite hat. Die menschliche Natur unterscheidet zwischen Sex-Affäre und politischem Fehlverhalten. Sie kann brutal sein; wie man hört, interessieren sich die Amerikaner nicht sonderlich für Monica und Paula. Sie haben Bill Clinton viel besser kennen gelernt, als sie ihre führenden Politiker normalerweise kennen lernen, und er hat sie seinerseits natürlich schon immer besser gekannt als jeder andere Politiker. Clinton gewinnt den Kampf, weil er wie sein Volk ist, weil er, so könnte man sagen, ein Naturtalent ist.

Was jedoch den Irak betrifft, so war die Einsicht der US-Regierung in die menschliche Natur, gelinde gesagt, unzureichend. Die Hypothese, Bombenangriffe könnten zu einem Putsch gegen Saddam führen, war von vornherein verfehlt. Die Leute betrachten jemanden, der Unmengen hochexplosiven Sprengstoffs auf sie herabregnen lässt, im Allgemeinen nicht als Verbündeten. Sie nehmen die Bomben persönlich, wie Yossarian, der Held von *Catch-22*.

Manche Iraker scheinen allen Ernstes zu glauben, Paula Jones und Monica Lewinsky seien Schachfiguren in einer internationalen zionistischen Verschwörung, durch die Clinton dazu gebracht werden soll, Bagdad zu bombardieren. Der abgeblasene amerikanisch-britische Militärschlag vor kurzem hat den Vorzug, dass er den schwindenden internationalen Einfluss der beiden Damen demonstriert, ansonsten aber spielt er Saddam Hussein in die Hände. Mit Bomben zu drohen und sie dann nicht abzuwerfen hat den Vorteil, dass weniger Menschen sterben, aber den Nachteil, dass man sich lächerlich macht.

Die Stimmen, die für ein baldiges Ende der Sanktionen und die anschließende Öffnung des irakischen Marktes für westliche Produkte und Ideen plädieren, werden bei amerikanischen Militärexperten kein geneigtes Ohr finden, aber ein von den Entbehrungen des Embargos und der Angst vor einem drohenden Luftangriff befreiter Irak wird den Westen wohl eher als Freund betrachten.

Die beste Methode, Saddam Hussein zu stürzen, wäre vielleicht, einen Irak zu schaffen, in dem seine Gewaltherrschaft nicht nur verhasst, sondern auch anachronistisch ist.

Bei dem anderen Tyrannen des Monats dürften die Dinge einfacher werden. Schließlich hat sich Pinochet das Anrecht erworben, der böseste lebende Mensch der Welt genannt zu werden (sorry, Saddam). Die englischen Lordrichter haben verfügt, dass er nicht vor Auslieferung geschützt ist. Das wichtige Prinzip unbegrenzter Verantwortlichkeit wurde also gewahrt. Ein hohes Amt darf Gräuel nicht entschuldigen.

Weshalb hat sich das englische Innenministerium dann mehr Zeit für seine Entscheidung über Pinochets Zukunft ausbedungen? Vor kurzem ging es dem Extyrannen noch so gut, dass er Lady Thatcher seine Aufwartung machen konnte, und jetzt behauptet er, der Druck, dem er ausgesetzt sei, habe bei ihm ein stressbedingtes Nervenleiden hervorgerufen. Die Familien der Toten müssen über diese List empört sein. Pinochet darf nicht aus solch fadenscheinigen Gründen des »Mitgefühls« davonkommen. Jack Straw sollte sofort klarstellen, dass es für die Massenmörder dieser Welt kein Mitgefühl geben kann.

»Die menschliche Natur existiert, und sie ist gleichermaßen tief und hochgradig strukturiert«, schreibt Edward O. Wilson, der Biologe und Schriftsteller, den Tom Wolfe einen »neuen Darwin« nennt. Wäre sie es nicht – das sei in aller Deutlichkeit gesagt –, besäße der Gedanke der Universalien – Menschenrechte, moralische Prinzipien, Völkerrecht – keine Legitimität.

Unser aller Menschsein erlaubt es uns, Bill Clinton seine Schwächen zu verzeihen. Aus dem gleichen Grund halten so wenige die Bombardierung unschuldiger Iraker für die richtige Methode, Saddam Hussein zu bestrafen. Und aus dem gleichen Grund wollen wir Pinochet vor Gericht sehen. Eine Welt, die Clinton verfolgt, bei Pinochet aber beide Augen zudrückt, wäre in der Tat eine verkehrte Welt.

Januar 1999: Das Millennium

Wenn jetzt Januar ist, dann müsste dies das Jahr des Millenniums sein. Aber das ist es nicht, denn Ende 1999 sind seit dem letzten Millennium, äh, genau 999 Jahre vergangen. Das Millenniumsfieber in diesem Jahr ist, als würde man einem Cricket-Schlagmann, der hundert Punkte hintereinander macht, oder Mark McGwire zu seinem Homerun-Rekord am Anfang statt am Ende des entscheidenden Laufs gratulieren.

Gefeiert wird auch die zweitausendste Wiederkehr der Geburt Christi, wie uns katholische Kardinäle, englische Dome-Baumeister und Gläubige jeder Couleur unermüdlich in Erinnerung rufen. Da spielt es weiter keine Rolle, dass Jesus in die seltsame Lage gerät, innerhalb einer Woche zweimal Geburtstag zu haben (an Weihnachten und zum Jahrtausendwechsel), oder dass er – darin sind sich heute alle ernst zu nehmenden Gelehrten und sogar Kirchenführer einig – in Wirklichkeit weder am einen noch am anderen Tag geboren wurde. Aber Pseudo-Millennium hin oder her – es ist das einzige, das wir erleben werden.

Doch wird dieses Pseudo-Millennium zu einer düsteren Feier dessen geraten, was man Pseudo-Christentum nennen könnte? Das Jahr hat bereits einige eklatante Beispiele von Pseudo-Christentum geliefert, so etwa General Pinochets Besuch der Mitternachtsmesse – was die interessante Frage nach der Rolle seines Beichtvaters aufwirft. Viele von uns würde die Beichte des Generals sehr interessieren. Einer hat sie vermutlich gehört, und so ist das Thema Buße eine kurze Überlegung wert. Wie viele Mea culpas und Ave Marias musste der General wohl sprechen, um seine Verbrechen zu sühnen?

Kompromisslose, aber im Grunde vorgetäuschte christliche »Wertvorstellungen« waren die treibende Kraft hinter den wütenden republikanischen Attacken gegen den sexuell bedauernswerten US-Präsidenten. Für den Beobachter, dessen Bewunderung für die amerikanische Demokratie aus der Zeit der Watergate-Hearings stammt, jener ernsthaften, skrupulösen, von beiden Parteien getragenen Beratungen über die wahrhaft schweren Verbrechen eines früheren Präsidenten, ist die geschmacklose Debatte über eine Amtsenthebung Clintons ein ernüchterndes Spektakel. In den Schmutz hinab taumeln wir, im Namen des sanftmütigen Jesus. Doch einer der Streiter Christi, Robert Livingston, der designierte Sprecher des Repräsentantenhauses, hat sich bereits in den Schlingen seiner eigenen Scheinheiligkeit verfangen. Die Enthüllungen des Sex-Publizisten Larry Flynt könnten noch weitere Personen aufspießen, und keine geringere moralische Autorität als der blamierte Fernsehprediger Jim Bakker hat auf CNN seine eigenen christlichen Kohorten für ihr unchristliches Desinteresse an Vergebung und Läuterung gerügt. Wie tief können wir eigentlich noch sinken?

Es gibt noch einen anderen Namen für das doppelzüngige Christentum der amerikanischen Rechten: Heuchelei. Und Washington, diese hässliche Lästerschule voller Dreckschleudern und falscher Schlangen, befindet sich seit Monaten im Griff eines heuchlerischen Fundamentalismus. Wenn der Senat die leidige Geschichte jetzt zu einem Abschluss bringt, so deshalb, weil nüchterne staatspolitische Erwägungen endlich die Oberhand über tollwütige Frömmigkeit gewinnen, weil weltkluge Politiker die Pseudo-Christen endlich wieder in ihren Zwinger sperren.

Präsident Clinton, der während der Abstimmung über seine Amtsenthebung mit seinen geistlichen Beratern gebetet haben soll, ist, was Schein und Sein anbelangt, auch kein Waisenknabe. Seine derzeitigen erstaunlich hohen Popularitätswerte sind teilweise natürlich eine Reaktion auf die schiere Widerwärtigkeit der Starr-Leute, aber sie sind auch dem positiven Echo zu verdanken, das seine Entscheidung, den Irak zu bombardieren, in Amerika gefunden hat. Hat Clinton mit seinen geistlichen Beratern auch über diesen Punkt gesprochen? War auch sein nicht minder frommer Verbündeter, der englische Premierminister Tony Blair, der Ansicht, dass diese völlig sinnlosen Angriffe ein moralisches, christliches Vorgehen seien?

Mir ist durchaus bewusst, dass Pseudo-Religion nicht nur ein westliches Laster ist. Glauben Sie mir (um mit Bakker zu sprechen): Ich kenne die heuchlerische Inbrunst, mit der sich die militanten Anhänger anderer Glaubensrichtungen – Muslime, Hindus, Juden – auf ihren Gott oder ihre Götter berufen, um Tyrannei und Ungerechtigkeit zu rechtfertigen. Keine westliche Heuchelei reicht an Saddam Husseins Pseudo-Islam und die in seinem Namen begangenen Verbrechen heran. Und doch erdreisten sich religiöse Eiferer, areligiösen Säkularisten einen Mangel an moralischen Grundsätzen vorzuwerfen!

Für einen gottlosen Menschen wie mich hat das Generalthema in diesem Millenniumsjahr nichts mit dem zu tun, was die Gottesstreiter auf ihre Fahnen geschrieben haben. Es geht vielmehr um die Schulden, jene Billionen von Dollar, mit denen die ärmsten Länder der Welt bei den reichsten in der Kreide und unter ihrer Fuchtel stehen. Selbst in finanzpolitisch konservativsten Kreisen herrscht zunehmende Einmütigkeit darüber, dass diese Schulden erlassen werden müssen, wenn wir nicht wollen, dass Verbitterung, Gewalt, Fanatismus und Tyrannei, die unvermeidlichen Folgen dieser globalen Ungerechtigkeit, das dritte Millennium prägen. Wieso sollte man den Schuldenerlass nicht zum Millenniumsgeschenk der Menschheit an sich selbst machen? Damit würde das Jahr 1999 zu einem echten Meilenstein in der Menschheitsgeschichte. Das ist ein Gedanke, in dem sich unsere Interessen und Prinzipien decken, egal, woher wir kommen, ob aus dem reichen Norden oder dem armen Süden, egal, wer wir sind, ob Freund oder Feind. Eine solche Politik würde die Erinnerung an die schäbigen Lewinskyaden des Jahres 1998 löschen, und Clintons Präsidentschaft würde aus wahrhaft hochmoralischen Gründen in die Geschichtsbücher Eingang finden.

Erlasst die Schulden zum Millennium! Das wäre sogar christlich gehandelt.

Februar 1999: Zehn Jahre Fatwa

Ja, es stimmt, am 14. Februar werden es zehn Jahre, seit ich meinen nicht sehr komischen Valentinsgruß bekam. Ich muss gestehen, ich befinde mich in einem Dilemma. Ignoriere ich die Politik (was ich nur zu gern täte), muss es aussehen, als schwiege ich unter Zwang oder aus Angst. Mache ich den Mund auf, riskiere ich, die Welt taub zu machen für jene anderen Äußerungen – meine Bücher – in meiner eigentlichen Sprache, der Sprache der Literatur. Ich riskiere, dazu beizutragen, dass der wahre Salman hinter dem nebulösen, zornigen Rushdie der Affäre verschwindet. Ich führe zwei Leben: ein von Hass zerstörtes, in dieses furchtbare Geschehen verstricktes, das ich hinter mir lassen möchte, und das Leben eines freien Mannes, der frei seiner Arbeit nachgeht. Zwei Leben – aber ich kann es mir nicht leisten, eines davon zu verlieren, denn das wäre das Ende für beide.

Ich werde also meinen Senf dazugeben, und da sich Jubiläen allgemeiner Beliebtheit erfreuen, wird zweifellos auch von den Heeren der Fanatiker und der viel beschäftigten Besserwisser allerhand zu hören sein. Sollen sie ruhig aus allen Rohren feuern – ich werde von literarischen Dingen reden.

Wenn ich gefragt werde, wie sich die seit zehn Jahren andauernden Attacken gegen mein Schreiben auf dieses Schreiben auswirken, antworte ich leichthin, ich interessierte mich jetzt mehr für Happy Ends, und da meine letzten Bücher, wie ich höre, meine lustigsten seien, hätten die Angriffe offensichtlich meinen Sinn für Humor geschärft. Solche Antworten, so zutreffend sie auf ihre Art auch sein mögen, dienen dem Zweck, näheres Nachfragen abzuwehren. Denn wie soll ich Fremden mein Verletztsein erklären? Es ist, als würden Knüppel schwingende Männer lärmend in die Wohnung eindringen und sie verwüsten. Sie kommen, wenn man gerade Sex hat, nackt unter der Dusche steht, auf der Toilette sitzt oder in tiefem innerem Schweigen auf die Zeilen blickt, die man auf ein Blatt Papier geschrieben hat. Nie wieder wird man küssen, duschen, schreiben oder scheißen, ohne an diesen Überfall zu denken. Um all das gut und genussvoll tun zu können, muss man die Erinnerung ausblenden.

Und wie soll man den Schaden beschreiben? Als eine Schwere vielleicht. Als etwas, woran man sich aus der Kindheit im Internat erinnert: Ich wache auf, ich liege im Bett und merke, dass ich mich nicht mehr bewegen kann. Meine Arme und Beine und mein Kopf sind plötzlich bleischwer. Natürlich glaubt mir niemand, und alle Kinder lachen.

Ich kann nicht weitermachen, sagt Becketts Namenloser. *Ich werde (...) weitermachen.* Die Verletzungen eines Schriftstellers sind seine Stärken, und aus seinen Wunden fließen die süßesten, erstaunlichsten Träume.

Ist inmitten der Kakophonie der berufsmäßigen Rechthaber und Schulmeister vielleicht doch eine Stimme zu vernehmen, die die Literatur, diese höchste der Künste, feiert, ihre leidenschaftliche, leidenschaftslose Erforschung des Lebens auf Erden, ihre ungeschützte Reise über das grenzenlose menschliche Terrain, ihre scharfe Zurückweisung von Macht und Dogma, die furchtlose Kühnheit ihrer Eindringlinge? Ich bin in den vergangenen Jahren einigen der mutigsten Kämpfer für die Freiheit der Literatur auf dieser Welt begegnet und habe mich von ihnen inspirieren lassen. Vor kurzem habe ich mit anderen zusammen ein Haus für Exil-Schriftsteller in Mexico-City eröffnet (schon über zwanzig Städte bieten Schriftstellern nach diesem Muster Zuflucht), und ich war stolz darauf, ein wenig dazu beitragen zu können, dass die Dinge für andere von Intoleranz Bedrohte leichter werden. Doch ich kämpfe nicht nur und werde mit Sicherheit weiterkämpfen, ich bin inzwischen auch entschlossen zu beweisen, dass die Kunst der Literatur zäher ist als alles, was sie bedroht. Die beste Verteidigung literarischer Freiheiten besteht darin, sie auszuüben, auch weiterhin unbeschränkt und uneingeschüchtert Bücher zu machen, und so habe ich mich jenseits von Schmerz, Bestürzung und Verzweiflung von neuem unserer hohen Berufung geweiht.

Ich weiß um die Verschiebungen in meinem Schreiben. Es gibt in mir seit jeher ein Tauziehen zwischen »dort« und »hier«, zwischen Heimweh und Fernweh. In diesem Kampf der Dazugehörenden und der Ausgeschlossenen stand ich früher immer auf beiden Seiten zugleich. Jetzt bin ich auf Seiten jener gelandet, die aus Neigung, von Natur aus oder aufgrund der Umstände einfach nicht dazugehören. Dieses Nichtdazugehören – ich sehe es als Desorientierung, als Verlust des Ostens – ist nun mein künstlerisches Land. Wo immer meine Bücher sich befinden, neben einem Lieblingssessel, einem heißen Bad, an einem Strand oder spätnachts im Lichtkreis einer Nachttischlampe: Nur dort ist meine Heimat.

Das Leben kann hart sein, und seit einem Jahrzehnt erinnert mich der Valentinstag an diese Härte. Dennoch habe ich an diesen dunklen Jahrestagen des schrecklichen Valentinsgrußes, den man mir 1989 geschickt hat, stets auch über die ausgleichende Kraft der Liebe nachgedacht. Die Liebe scheint immer mehr zum alleinigen Thema zu werden.

Wie zu hören ist, kommen die sterblichen Überreste des heiligen Valentin selbst aus ihrem Versteck hervor. Statt des schändlichen Pappkartons, in dem sie über Jahre aufbewahrt wurden, sollen sie jetzt im rauen Glasgower Bezirk Gorbals ein Reliquiar erhalten. Das Bild gefällt mir: Der Schutzpatron der Liebenden entdeckt die rohen Wahrheiten des Lebens in der realen Welt, während diese Welt wiederum durch das Erblühen der Liebe in ihren armseligen Straßen bereichert wird.

März 1999: Globalisierung

Vor einigen Jahren fand im Rahmen eines Literatur-Festivals im englischen Hay-on-Wye eine öffentliche Diskussion über einen Antrag statt, wonach es »Pflicht jedes Europäers ist, der amerikanischen Kultur zu widerstehen«. Zusammen mit zwei amerikanischen Journalisten (einer davon war Sidney Blumenthal, heute bekannter als Clinton-Berater und Impeachment-Zeuge) sprach ich mich gegen den Antrag aus. Ich freue mich, mitteilen zu können, dass wir rund sechzig Prozent der Zuhörerstimmen erhielten. Aber es war ein seltsamer Sieg. Meine amerikanischen Mit-Diskutanten wunderten sich über den starken Antiamerikanismus im Publikum – immerhin hatten vierzig Prozent für den Antrag gestimmt. Die »amerikanische Kultur« in Gestalt ihrer Streitkräfte habe doch vor noch gar nicht allzu langer Zeit Europa vom Nationalsozialismus befreit, meinte Sidney; dass sich das Publikum so wenig dankbar zeigte, irritierte ihn. Doch irgendwo hatte er auch das Gefühl, dass es starke Argumente für diesen »Widerstand« gab.

Seit damals hat sich die Debatte über die kulturelle Globalisierung und ihren militärisch-politischen Handlanger, die Intervention, weiter intensiviert, und der Anti-Amerikanismus nimmt zu. Die meisten Menschen assoziieren Globalisierung heute mit dem weltweiten Siegeszug von Nike, Gap und MTV, mit der Verwandlung des Planet Earth in McWorld. Es ist verwirrend: Als Konsumenten möchten wir in den Genuss dieser Güter und Dienstleistungen kommen, haben wir aber unseren kulturellen Hut auf, beklagen wir ihre Allgegenwart.

In punkto Intervention ist die Verwirrung noch größer. Wir scheinen nicht zu wissen, ob wir einen Weltpolizisten haben wollen oder nicht. Interveniert die »internationale Gemeinschaft« – gegenwärtig kaum mehr als ein Euphemismus für die Vereinigten Staaten – in Ruanda, Bosnien oder im Kosovo nicht auf der Stelle, wird sie für diese Unterlassung scharf angegriffen, interveniert sie anderswo aber doch, wenn nämlich amerikanische Bomben auf den Irak fallen oder amerikanische Agenten bei der Gefangennahme des PKK-Führers Abdullah Öcalan Hilfestellung leisten, erntet sie dafür nicht minder heftige Kritik.

Diejenigen von uns, die unter dem Schutz der *Pax americana* stehen, haben offenkundig ein zutiefst zwiespältiges Verhältnis zu ihr, und die Vereinigten Staaten werden sich zweifellos auch weiterhin darüber wundern, wie undankbar die Welt ist. Der globalisierenden Macht der amerikanischen Kultur stellt sich eine kuriose Allianz entgegen, in der alles vertreten ist: kulturrelativistisch orientierte Liberale wie kompromisslose Fundamentalisten, Pluralisten und Individualisten aller Art, ganz zu schweigen von den Fahnen schwingenden Nationalisten und Grüppchen bildenden Sektierern zwischen diesen Gruppen.

Große ökologische Besorgnis gilt gegenwärtig der bedrohten Artenvielfalt, der Möglichkeit, dass schon bald mindestens ein Fünftel der auf der Erde lebenden Arten ausgestorben sein wird. Für viele stellt die Globalisierung eine ebenso große soziale Katastrophe dar, mit ebenso alarmierenden Auswirkungen auf das Überleben echter kultureller Vielfalt, das Überleben der kostbaren Regionalkulturen dieser Welt: dessen, was an Indien indisch, an Frankreich französisch ist.

Bei all dem Lärm, mit dem diese globale Abwehrhaltung artikuliert wird, denkt kaum jemand daran, welch bedeutsame Fragen ein Phänomen aufwirft, das – ob wir es wollen oder nicht – so bald nicht wieder verschwinden wird. Ein Beispiel: Existieren Kulturen überhaupt als voneinander abgegrenzte, reine, schützenswerte Einheiten? Gelten nicht gerade Vermischung, Verschnitt, Verunreinigung, Zusammengewürfeltes als besonders modern, und ist es nicht fast dieses ganze krisengeschüttelte Jahrhundert hindurch so gewesen? Führt nicht die Vorstellung reiner, unbedingt von Kontamination durch Fremdes freizuhaltender Kulturen unausweichlich zu Apartheid, zu ethnischer Säuberung, zur Gaskammer? Oder, anders ausgedrückt: Gibt es noch andere Universalien außer internationalen Konglomeraten und den Interessen von Supermächten? Und wenn es, um diesen Gedanken einmal durchzuspielen, zufällig einen universellen Wert gäbe, den man um des Arguments willen »Freiheit« nennen könnte, und deren Feinde – Tyrannei, Bigotterie, Intoleranz, Fanatismus – unser aller Feinde wären; und wenn sich herausstellen würde, dass diese »Freiheit« in den Ländern des Westens in größerer Menge existiert als irgendwo sonst auf der Welt; und wenn in der Welt, wie sie im Moment besteht – nicht etwa in einem unerreichbaren Utopia –, die Autorität der Vereinigten Staaten der beste Garant dieser »Freiheit« wäre: Würde daraus nicht folgen, dass man gegen den falschen Feind ins Feld zieht, wenn man die Ausbreitung amerikanischer Kultur bekämpft?

Sind wir uns darin einig, wogegen wir sind, merken wir, dass wir dafür sind. André Malraux glaubte, das dritte Millennium müsse das Zeitalter der Religion sein.* Ich selbst würde eher sagen, es muss das Zeitalter sein, in dem wir endlich über unser Bedürfnis nach Religion hinauswachsen. Dass wir aufhören, an unsere Götter zu glauben, heißt jedoch nicht, dass wir anfangen, an gar nichts mehr zu glauben. Es gibt fundamentale Freiheiten, für die wir kämpfen müssen, und es genügt nicht, die terrorisierten Frauen in

---

* Oder auch nicht. Heute scheint es eher, als gehörte Malraux' viel zitierter Ausspruch »Das einundzwanzigste Jahrhundert wird ein Jahrhundert der Religion sein, oder es wird gar nicht sein«, den er nicht lange vor seinem Tod getan haben soll, in dieselbe Kategorie nie ausgesprochener Sätze wie »*Play it again, Sam*« und »*Come up and see me sometime*«. Das beruhigt mich. Es ist schön, nicht denken zu müssen, Malraux sei, nachdem er sich so lange so differenziert zum Thema Religion geäußert hat, am Ende ein alter Narr gewesen.

Afghanistan oder in den beschneidungsfreudigen Ländern Afrikas ihrem Schicksal zu überlassen und ihre Unterdrückung schlicht »Kultur« zu nennen. Und natürlich ist es die Pflicht Amerikas, seine Überlegenheit nicht zu missbrauchen, und unser Recht, solchen Missbrauch zu kritisieren – wenn beispielsweise harmlose Fabriken im Sudan bombardiert oder irakische Zivilisten sinnlos getötet werden.* Doch vielleicht müssen wir auch unsere eigenen allzu simplen Verurteilungen überdenken. Der Feind sind nicht Sneakers, Burger, Blue Jeans und Musikvideos. Wer sind wir denn, dass wir die kulturelle Kontamination der jungen Menschen im Iran kritisieren, wenn sie unbedingt Rockkonzerte wollen? Es gilt, die realen Tyrannen zu besiegen. Vergessen wir nicht, was wir damit gewinnen können.

---

* Oder wenn in der neuen Welt der Regierung von George W. Bush Amerika uns allen einen nutzlosen Raketenabwehrschild und womöglich einen neuen Rüstungswettlauf aufzwingen will, wenn Amerika sich weigert, das Kyoto-Protokoll oder ein Abkommen zur Ächtung chemischer Waffen zu unterzeichnen ... Doch ungeachtet aller Versuche Bushs, die USA zu einem Paria-Staat zu machen, bleibt es dabei, dass nicht die amerikanische Kultur der Feind ist. Das Problem ist nicht die Globalisierung an sich, das Problem ist die ungleiche Verteilung globaler Ressourcen.

April 1999: Rockmusik

Kürzlich sprach ich mit Václav Havel über seine Bewunderung für die amerikanische Rock-Ikone Lou Reed. Er sagte, man könne die Bedeutung der Rockmusik für den tschechischen Widerstand während der dunklen Jahre zwischen dem Prager Frühling und dem Zusammenbruch des Kommunismus gar nicht hoch genug einschätzen. Ich weidete mich gerade an der Vorstellung, wie die führenden Vertreter des tschechischen Untergrunds zu »I'm Waiting for the Man«, »I'll Be Your Mirror« oder »All Tomorrow's Partys« von Velvet Underground mitwippten, als Havel, ohne eine Miene zu verziehen, hinzufügte: »Was glauben Sie, warum wir die Zeit damals die samtene Revolution genannt haben?« Ich hielt das für ein Beispiel von Havels trockenem Humor, aber es war ein Witz von der Sorte, die eine andere, weniger unmittelbare Wahrheit offenbart, eine generationsbedingte Wahrheit vielleicht, denn für Popmusikfreunde eines bestimmten Alters sind die Begriffe Rock und Revolution untrennbar miteinander verknüpft. »You say you want a Revolution«, hatte John Lennon gespottet, »Well, you know,/We all want to change the world.« Im Lauf der Jahre hatte sich diese Verknüpfung für mich auf nicht viel mehr als ein jugendlich-romantisches Ideal reduziert, und so war es doch recht bewegend zu hören, dass der Glamour und die schroffen Texte der Rockmusik eine ganz reale Revolution inspiriert hatten. Das erschien mir wie eine Art Bestätigung.*

* Es war offenbar kein Witz. Später erfuhr ich, dass Havel dasselbe ganz im Ernst auch zu Lou Reed selbst gesagt hatte.

Denn heute, da niemand mehr Gitarren zertrümmert oder groß gegen irgendetwas protestiert, heute, da der Rock 'n' Roll in die Jahre gekommen ist und der Umsatz der führenden Mega-Gruppen den Haushalt kleiner Nationalstaaten übersteigt, heute, da Rock 'n' Roll Musik für ältere Leute ist, bei der sie an ihre Sturm- und Drangzeit zurückdenken, während die Kids Gangsta-Rap, Trancemusik und Hip-Hop hören, heute, da Bob Dylan und Aretha Franklin eingeladen werden, bei der Amtseinführung von Präsidenten zu singen, vergisst man leicht die oppositionellen Ursprünge dieser Musikform, ihre vom Protest gegen das Establishment geprägte Blütezeit. Doch der wilde, selbstbewusste Geist der Rebellion, der sie beseelte, mag einer der Gründe dafür gewesen sein, dass dieser seltsame, simple, überwältigende Lärm vor einem halben Jahrhundert die Welt eroberte, alle Grenzen, alle sprachlichen und kulturellen Barrieren überwand und nach den beiden Weltkriegen zum dritten globalen Phänomen wurde. Es war der Sound der Befreiung, und deshalb sprach er den freien Geist junger Menschen überall auf der Welt an, deshalb mochten ihn natürlich unsere Mütter nicht.

Als meine eigene besorgte Mutter meine Begeisterung für Bill Haley, Elvis und Jerry Lee Lewis bemerkte, fing sie an, eifrig die Vorzüge Pat Boones zu preisen, eines Mannes, der einmal eine sentimentale Ballade auf ein Maultier gesungen hat. Aber nach Liedern über Maultiere stand mir nicht der Sinn. Ich versuchte Elvis Presleys Schmollmund und sein Ohnmachten auslösendes Hüftkreisen zu imitieren, und vermutlich taten die Jungen überall auf der Welt, von Sibirien bis Patagonien, das Gleiche.

Was für uns nach Freiheit klang, war für die Erwachsenen schlechtes Benehmen, und in gewisser Weise trifft beides zu. Beckenschwingen und Gitarrenzertrümmern sind in der Tat die kindliche Randzone der Freiheit; ebenso wahr – und zwar in vielerlei Hinsicht, wie uns erst als Erwachsenen so recht klar wurde – ist aber, dass Freiheit gefährlich ist. Freiheit, jene uralte, fußwippende Anarchie, die dionysische Antithese Pat Boones: eine höhere, wildere Tugend als gutes Benehmen, die jedoch bei aller langhaarigen, nächtlichen Rebellion weit weniger ernsthaften Schaden anrichten dürfte als blinder Gehorsam und sture Konvention. Besser ein paar verwüstete Hotelsuiten als eine verwüstete Welt.

Aber da ist etwas in uns, das nicht frei sein will, das Disziplin, Konformität und patriotische Regionalklänge den wilden, zotteligen Lovesongs der Welt vorzieht. Da ist etwas in uns, das einfach nur mit dem Strom schwimmen und die Schwarzseher und Beckenschwinger dafür schmähen will, dass sie unser bequemes Boot ins Schaukeln bringen. »*Don't follow leaders*«, warnte Bob Dylan in »Subterranean Homesick Blues«, »*watch the parking meters.*« Doch wir möchten auch weiterhin geführt werden, wir möchten kleinen Warlords, mordlüsternen Ajatollahs und nationalistischen Rambos folgen oder aber Daumen lutschen und stumm auf überfürsorgliche Staaten hören, die zu wissen glauben, was das Beste für uns ist. Und so wimmelt es von Tyrannen zwischen Belgrad und Bombay, und diejenigen unter uns, die vermeintlich freien Völkern angehören, sind größtenteils nicht mehr sehr rockig.

Die Musik der Freiheit macht Angst und löst alle möglichen konservativen Abwehrmechanismen aus. Solange Orpheus seine Stimme erhob und sang, konnten ihn die Mänaden nicht töten. Doch dann schrien sie, ihre schrille Kakophonie übertönte seine Musik, und ihre Waffen fanden ihr Ziel, er fiel, und sie rissen ihn in Stücke.

Indem wir gegen Orpheus anschrien, wurden auch wir zu potenziellen Mördern. Der Zusammenbruch des Kommunismus, der Fall des Eisernen Vorhangs und der Mauer sollten eine neue Ära der Freiheit einläuten. Stattdessen aber erschreckte die Welt nach dem Kalten Krieg, die plötzlich gestaltlos und voller Möglichkeiten war, viele von uns zu Tode. Wir zogen uns hinter kleinere eiserne Vorhänge zurück, wir bauten kleinere Palisaden, wir sperrten uns in engere, noch fanatischere – religiöse, regionale, ethnische – Definitionen unserer selbst ein und machten uns für den Krieg bereit.

Heute, da das Getöse eines einzigen solchen Krieges den lieblichen Gesang unseres besseren Selbst übertönt, sehne ich mich nach dem alten Geist der Unabhängigkeit und des Idealismus zurück, der, in ansteckende Musik verpackt, einst dazu beigetragen hat, einen anderen Krieg (in Vietnam) zu beenden. Zurzeit aber ist die einzige Musik, die in der Luft liegt, ein Trauermarsch.

Mai 1999: Der Trottel des Jahres

Im weltweiten Wettstreit um den heiß umkämpften Titel »Trottel des Jahres« ragen zwei prominente Kandidaten heraus. Einer von ihnen ist der österreichische Schriftsteller Peter Handke, der mit seiner derzeitigen Serie leidenschaftlicher Rechtfertigungen des völkermörderischen Regimes von Slobodan Milosevic selbst seine glühendsten Bewunderer in Erstaunen setzt und kürzlich bei einem Besuch in Belgrad in Anerkennung seiner Propagandadienste zum »Serbischen Ritter« geschlagen wurde. Zu Handkes vorangegangenen Idiotien gehören unter anderem die Behauptung, die Muslime in Sarajevo brächten sich immer wieder gegenseitig um und gäben dann den Serben die Schuld, sowie sein Leugnen des serbischen Völkermordes in Srebrenica. Bald vergleicht er die Luftangriffe der NATO mit der Invasion Außerirdischer in dem Film *Mars Attacks!*, bald setzt er in einer törichten Vermischung der Metaphern die Leiden der Serben mit dem Holocaust gleich.

Sein Rivale in Sachen Torheit ist der Filmstar und Präsident der amerikanischen National Rifle Association Charlton Heston. Seine Reaktion auf das von Dylan Klebold und Eric Harris angerichtete Blutbad an der Columbine High School in Littleton, Colorado, ist geradezu ein Meisterwerk des Schwachsinns. Heston schlägt vor, Amerikas Lehrer zu bewaffnen; er scheint zu glauben, die Schulen wären sicherer, wenn Lehrer die Möglichkeit hätten, die ihnen anvertrauten Kinder niederzuschießen. (Der kleine Johnny fasst in die Tasche, um einen Stift herauszuholen, und peng, peng! legt ihn sein Erdkundelehrer um.)

Ich möchte jedoch keine oberflächlichen Parallelen zwischen den Luftangriffen der NATO und dem Massaker in Colorado ziehen. Nein, die größere Gewalt hat nicht die kleinere hervorgebracht. Und man sollte auch nicht zu viel hineininterpretieren in die zufällige Entsprechung zwischen Milosevics Hitler-Tendenzen und der tödlich verlaufenen Feier von Hitlers Geburtstag durch die so genannte »Trenchcoat-Mafia« oder auch in die noch gruseligere Assonanz zwischen der Videospiel-Mentalität der Colorado-Killer und den Livevideos, die uns die NATO-Journalisten täglich vorführen.

Was den Krieg betrifft, so sollten wir uns auch darauf einigen, dass es in Ordnung ist, ein gespaltenes Verhältnis zu den wirren Ad-hoc-Taktiken des NATO-Einsatzes zu haben. In einem Moment heißt es, Milosevics brutaler Vergeltungsschlag gegen den Kosovo sei nicht vorherzusehen gewesen, im nächsten hören wir, man hätte ihn sehr wohl vorhersehen können. Oder: Wir werden keine Bodentruppen einsetzen – nach reiflicher Überlegung werden wir es möglicherweise doch tun. Und unsere Kriegsziele? Streng begrenzt: Wir wollen nur einen sicheren Hafen schaffen, in den die Kosovo-Flüchtlinge zurückkehren können – nein, nein, wir marschieren in Belgrad ein und schnappen uns Milosevic, wir wollen nicht den gleichen Fehler machen wie bei Saddam!

Doch Einwände gegen Unentschlossenheit und Widersprüche sind nicht dasselbe wie Handkes halb irres, halb zynisches Sympathisieren mit dem Bösen. Moralisch gerechtfertigt ist die NATO-Intervention durch die humanitäre Katastrophe, die wir Abend für Abend im Fernsehen gezeigt bekommen. Die NATO für das Flüchtlingselend verantwortlich zu machen heißt, die serbischen Streitkräfte von ihren Verbrechen freizusprechen. Es kann gar nicht oft genug gesagt werden: Verantwortlich für Terror und Tod sind jene, die terrorisieren und töten.

Und was das Massaker von Colorado anbelangt, sollten wir uns darauf einigen, dass Schusswaffen nicht die einzige Ursache des Horrors sind. Die Mörder wussten aus dem Internet, wie man

Rohrbomben herstellt, ihre Trenchcoats hatten sie aus dem Film *Matrix*, und sie hatten gelernt, menschliches Leben gering zu achten – von wem? Von ihren Eltern? Von Marilyn Manson? Von den Gothics? Das heißt jedoch keineswegs, dass man Charlton Hestons uneinsichtigen Standpunkt übernimmt. »Hier geht es nicht um Schusswaffen«, erklärt er, »hier geht es um Kinder.« »Moses« Heston hat dieser Tage neue Gebote zu verkünden: Du sollst wider jegliche Evidenz das Recht, Waffen zu tragen, verteidigen, du sollst dir auf keinen Fall die Schuld zuschieben lassen, nur weil ein paar Kinder kaltgemacht worden sind.

Der Kosovo und Colorado haben eben doch etwas gemeinsam. Sie zeigen, dass in unserer instabilen Welt zwei unvereinbare Varianten der Realität aufeinander prallen, mit tödlichen Folgen. Dennoch können wir moralische Urteile über diese konkurrierenden Varianten der Welt abgeben. Und die einzig zivilisierte Sicht der Handke- und Heston-Variante ist die: Sie ist unhaltbar.

Dass Handke Mitautor des großartigen Films *Der Himmel über Berlin* ist, tut nichts zur Sache; von Alain Finkielkraut und Hans Magnus Enzensberger, von dem slowenischen Philosophen Slavoj Žižek und dem serbischen Schriftsteller Bora Cosic als »Monster« bezeichnet, hat er es verdient, »erledigt« zu werden, wie Susan Sontag es ausdrückt (intellektuell, nicht im wörtlichen Sinne – für den Fall, dass sich jemand diese Frage stellt). Und es tut auch nichts zur Sache, dass Heston mit seinem Mienenspiel von der Subtilität der Kolossalbüsten am Mount Rushmore Millionen von Kinobesuchern zu ein paar Stunden friedlichen Schlafs im dunklen Kinosaal verholfen hat. Auch er hat es verdient, »erledigt« zu werden.

Wer wird das Rennen machen? Peter Handkes Torheit macht ihn zum Komplizen des Bösen in großem Stil, aber glücklicherweise ist er fast völlig machtlos. Heston als Amerikas führender Schusswaffen-Lobbyist dagegen tut sein Möglichstes dafür, dass Schusswaffen nicht wegzudenkender Bestandteil des amerikanischen Haushalts bleiben, und so wird eines nicht mehr fernen

Tages irgendwo in Amerika wieder ein junger Mann zur Waffe greifen und auf seine Freunde schießen. Wegen der größeren Wirkung seiner Torheit überreiche ich die Siegespalme deshalb Charlton Heston. Aber das Jahr ist noch nicht einmal halb um. Noch größere Trottel könnten auftauchen und ihm den Sieg streitig machen. Achten Sie auf diese Kolumne.

Juni 1999: Kaschmir

Seit über fünfzig Jahren streiten sich Indien und Pakistan – immer wieder auch in Form von blutigen Zusammenstößen – um einen Ort, der zu den schönsten der Welt gehört: Kaschmir, für die Mogul-Herrscher einst das Paradies auf Erden. Als Folge dieses endlosen Kampfes wurde das Paradies geteilt, es verarmte, Gewalt breitete sich aus. Mord und Terrorismus suchen heute die Täler und Berge eines Landes heim, das für seine Friedlichkeit einmal so berühmt war, dass Außenstehende Witze über die Kaschmiri machten, denen es anscheinend an Kampfgeist fehle.

Ich habe ein besonderes Interesse an der Kaschmir-Frage, weil ich selbst zu mehr als der Hälfte Kaschmiri bin, weil ich Kaschmir mein Leben lang geliebt habe und mir seit vielen Jahren anhöre, was die aufeinander folgenden indischen und pakistanischen Regierungen zu sagen haben, die alle mehr oder weniger korrupt sind und die selbstsüchtigen Heucheleien der Macht von sich geben, während die einfachen Kaschmiri unter den Folgen ihres Gehabes zu leiden haben.

Sie können einem Leid tun, diese einfachen, friedfertigen Menschen, die zwischen den Felsblock Indien und das von Anfang an so harte Pakistan geraten sind! Jetzt, da die jüngsten Nuklearmächte der Erde wieder einmal in die Offensive gehen – ihr Dialog der Tauben wird durch ihre neuen Waffen gefährlicher denn je –, sage ich: Hol euch der Henker, alle beide. »Kaschmir den Kaschmiri«, so lautet ein alter Schlachtruf, der jedoch als einziger ausdrückt, wie sich die, um die sich der Streit dreht, seit jeher fühlen und wie die meisten von ihnen ihre Gefühle wohl auch heute noch in Worte fassen würden, wenn sie ohne Angst sagen dürften, was sie denken.

Indien hat im Umgang mit der Kaschmir-Frage von Anfang an schwere Fehler gemacht. 1947 »optierte« der Maharadscha des Landes, ein Hindu, für Indien (zugegebenermaßen nachdem Pakistan versucht hatte, Druck auf ihn auszuüben, indem es »zuließ«, dass Freischärler über die Grenzen strömten), und obwohl UN-Resolutionen das Recht der überwiegend muslimischen Bevölkerung auf eine Volksabstimmung bekräftigten, sprachen sich die führenden Politiker Indiens immer wieder dagegen aus und wurden nicht müde zu wiederholen, dass Kaschmir »integrierender Bestandteil« Indiens sei. (Die Nehru-Gandhi-Dynastie stammt selbst aus Kaschmir.) Indien hält seit Jahrzehnten eine starke militärische Präsenz in Kaschmir aufrecht, sowohl im Kaschmir-Tal selbst, wo der Großteil der Bevölkerung lebt, als auch in den Bergfestungen wie dem derzeitigen Unruheherd. Die indischen Truppen werden von den meisten Kaschmiri als Besatzungsmacht empfunden und sind zutiefst verhasst. Die meisten Inder aber, selbst die liberalen Intellektuellen, weigerten sich bis vor kurzem, der wachsenden Feindseligkeit, die ihnen entgegengebracht wird, ins Auge zu sehen. Als Folge davon hat sich das Problem immer mehr verschärft, auch durch Gesetze, die anti-indische Äußerungen in der Öffentlichkeit mit hohen Gefängnisstrafen belegen.

Pakistan seinerseits ist seit jeher ein stark militarisierter Staat, der auch unter scheinbaren Zivilregierungen von der Armee beherrscht wird und riesige Summen – zum Teil weit über die Hälfte des Gesamthaushalts – für seine Streitkräfte aufwendet. Diese gewaltigen Ausgaben und die daraus resultierende Macht der Generäle hängen damit zusammen, dass man sich vor einem gefährlichen Feind schützen muss und es mit einer »brenzligen« Sache zu tun hat. Den hohen Tieren in Pakistan war deshalb immer daran gelegen, an die Adresse Indiens gerichtete Friedensinitiativen zunichte zu machen und den Kaschmir-Konflikt am Schwelen zu halten. Diese Umstände und nicht etwa die angeblichen Interessen der Kaschmiri stehen hinter der pakistanischen Politik in dieser Frage.

Im Moment sieht sich die pakistanische Führung noch zusätzlich dem Druck der Mullahs und der radikalen Islamisten des Landes ausgesetzt, die den Kampf zur »Befreiung« (mit anderen Worten, zur Eroberung) Kaschmirs als heiligen Krieg betrachten. Ironischerweise war Kaschmir stets von der milden, sufistischen Variante des Islam geprägt, deren Pirs als Heilige verehrt werden. Dieser offene, tolerante Islam ist den Aufwieglern in Pakistan ein Dorn im Auge und könnte unter pakistanischer Herrschaft in Gefahr geraten. Die derzeitige Zunahme des Terrorismus in Kaschmir hat ihre Ursachen somit in der Behandlung der Kaschmiri durch die Inder, aber auch in den subversiven Interessen Pakistans. Gewiss, die Kaschmiri hassen die indische »Besetzung« ihres Landes; wahr ist aber auch, dass Armee und Geheimdienst Pakistans mit an Sicherheit grenzender Wahrscheinlichkeit die Terroristen ausbilden und unterstützen.

Dass Indien und Pakistan Atomwaffen besitzen, macht es noch dringender, den toten Punkt zu überwinden und die moribunde fünfzig Jahre alte Sprache der Krise hinter sich zu lassen. Was die Kaschmiri wollen – und Indien und Pakistan müssen dazu gebracht werden, es ihnen zu geben –, ist ein wiedervereinigtes Land, ein Ende der Waffenstillstandslinien und der Kämpfe auf Himalaya-Gletschern. Was sie wollen, ist weitgehende Autonomie, die Chance, ihr eigenes Leben zu führen. (Eine mögliche Lösung wäre eine doppelte Staatsbürgerschaft innerhalb sowohl von Indien wie von Pakistan garantierter Grenzen.)

Der Kaschmir-Konflikt hat bereits gezeigt, auf welch tönernen Füßen die aus dem Kalten Krieg stammende Theorie der atomaren Abschreckung steht, derzufolge die extreme Gefährlichkeit nuklearer Arsenale deren Besitzer sogar von einem konventionellen Krieg abhält. Diese These scheint inzwischen vollends unhaltbar geworden. Nicht Abschreckung hat vermutlich verhindert, dass der kalte zu einem heißen Krieg wurde, sondern einfach nur Glück. Und nun leben wir von neuem in einer gefährlichen Welt, in der zwei Nuklearmächte gegeneinander in den Krieg ziehen. In einer solchen Zeit muss der Sonderstatus Kaschmirs anerkannt und zur Grundlage der weiteren Entwicklung gemacht werden. Das Kaschmir-Problem muss entschärft werden, sonst führt es im unausdenklichen schlimmsten Fall zur atomaren Vernichtung des Paradieses selbst und anderer Gebiete dazu.

Juli 1999: Nordirland

Noch bevor Tony Blair und Bertie Ahern die Einzelheiten des jüngsten Friedensplans für Nordirland erläuterten, bezeichnete David Trimble, der Vorsitzende der Ulster Unionist Party, jene, die ihn drängten, die Bedingungen anzunehmen, als »willfährige Idioten«. Später sprach sein Kollege Ken Maginnis von »Verrat«, und Trimble selbst erklärte, er habe »große Mühe zu sehen, wie wir das auf den Weg bringen sollen«. Sind also Blair, Ahern, Mo Mowlan und die anderen Vermittler wirklich die Narren der Geschichte, die Dummen, die auf die IRA hereingefallen sind? Sind sie daher Mitläufer des Bösen, darauf versessen, Terroristen »ins Herz der Regierung« einzulassen, wie die Unionisten andeuten?

Zeitungen berichten von einem Treffen zwischen Blair und Martin McGuiness von der Sinn Féin, bei dem McGuiness, nachdem die Aufnahmegeräte abgeschaltet worden waren, erklärte, er spreche jetzt im Namen der IRA. Dann machte er das Angebot, das den britischen Premierminister davon überzeugte, das Ziel einer Entwaffnung der IRA zum Greifen nahe vor sich zu haben.

Ist Blair getäuscht worden? General John de Chastelain, der Leiter der Abrüstungskommission, ist, wie wir wissen, nicht dieser Ansicht. In seinem Bericht heißt es, man habe Grund zu der Annahme, dass die IRA und die paramilitärischen Loyalisten ihre Waffen bis Mai 2000 komplett abgeben würden. Trimble und seine Leute aber misstrauen den Gründen, aus denen die Veröffentlichung des Berichts um einige Tage verschoben wurde, und befürchten, man habe Druck auf de Chastelain ausgeübt, und die endgültige Fassung seines Textes sei von englischen Strippenziehern im Sinne der republikanischen Position frisiert worden.

Man kann gewisse Sympathien für Trimble hegen, der vor einem Jahr einen mutigen, politisch riskanten Schritt in Richtung Frieden getan hat und jetzt eine weiterführende Strategie mittragen soll, die den unbelehrbaren Massen der Drumcree-Marschierer und den übrigen unionistischen Getreuen zutiefst verhasst sein wird. Nur zu verständlich sind insbesondere die Wut und Erbitterung der Unionisten über die von der Sinn Féin noch immer praktizierte Doppelzüngigkeit; deren Führer betonen zwar offiziell, dass ihre Partei nicht mit der IRA gleichzusetzen sei, inoffiziell aber äußern sie sich in aller Deutlichkeit zugunsten der Provos.

Dass zwischen Unionisten und Sinn Féin ein tiefer gegenseitiger Hass schwelt, den kein Friedensprozess auslöschen kann, ist offenkundig. Wir erinnern uns, wie widerwillig der verstorbene israelische Ministerpräsident Itzhak Rabin Yasir Arafats ausgestreckte Hand ergriff. Trimble empfindet mindestens ebenso großen Abscheu vor Gerry Adams wie Rabin vor dem PLO-Chef. Und er hat vermutlich nicht vergessen, dass dieser Händedruck Rabin das Leben gekostet hat. Doch Frieden ist, wie Israelis und Palästinenser nur zu gut wissen, nicht gleich Versöhnung, Frieden bedeutet nicht, dass man sich küsst und sich mit dem über Generationen bekämpften Feind wieder verträgt. Er ist nicht mehr als die Entscheidung, nicht zu kämpfen. Die Versöhnung kommt vielleicht später, ganz allmählich, vielleicht auch gar nicht. Und zum jetzigen Zeitpunkt sind sich die meisten Bürger Nordirlands – wie die meisten Israelis und die meisten Palästinenser – darin einig, dass sie Frieden ohne Versöhnung wollen. Es genügt, wenn die Waffen schweigen.

Die Analyse – das Lotteriespiel im Grunde –, auf der die Blair-Ahern-Friedensinitiative basiert, sieht folgendermaßen aus: Je länger der Waffenstillstand in Nordirland aufrechterhalten werden kann, desto unwahrscheinlicher wird es, dass der paramilitärische Kampf erneut aufflammt. So unvollkommen die Einstellung der

Feindseligkeiten, so heimtückisch die anhaltenden Strafaktionen, so hetzerisch die Reden beider Seiten über den jeweils anderen vorerst auch sein mögen – dieser sich verlängernde Zeitraum minimaler Gewalt, diese Atempause könnte bewirken, dass der Friede tief genug Wurzeln schlägt, um von Dauer zu sein. Die misstrauischen Gemeinden der sechs Grafschaften könnten sich so sehr an ihren unversöhnten Frieden gewöhnen, dass eine Rückkehr zum Krieg untragbar wird.

So riskant es auch sein mag, ist dieses »Friedens-Lotteriespiel« doch das einzig mögliche Spiel, und wenn die Unionisten nicht mitspielen (Tony Blair hat davor gewarnt), wird man das schnell als unverzeihliche Sabotage werten. Im Moment sieht es so aus, als würde Gerry Adams eine zeternde, um sich tretende IRA zu einer Beendigung des Krieges hin zerren, während wir uns bei Trimble fragen, ob er inzwischen der Überzeugung ist, der angebotene Frieden sei eine Fata Morgana oder der Preis dafür sei schlicht zu hoch. Stellt er sich jetzt auf die Hinterbeine, kommt man um diese Schlussfolgerungen kaum herum. Wenn der Lohn der Mühen, wie Blair immer wieder sagt, so groß ist, dann wäre solche Unnachgiebigkeit eine größere Torheit als übermäßige »Willfährigkeit«.

David Trimble beharrt mit Recht darauf, dass es keine faulen Kompromisse geben darf, dass die Waffen tatsächlich, schnell und nachweislich abgeliefert werden müssen. Bringt aber unionistische Sturheit den Friedenszug zum Entgleisen, werden die Unionisten für immer als »widerspenstige Idioten« gebrandmarkt sein, die das Risiko scheuten und nicht in Richtung Hoffnung reisen wollten. Und David Trimble wird als Nordirlands Netanjahu in Erinnerung bleiben, nicht als sein Shamir oder Rabin.

August 1999: Kosovo

Unmittelbar nach dem Massaker in Gracko hat der britische Premierminister Tony Blair an die Albaner im Kosovo appelliert, ihren Hass beiseite zu schieben. »Wir haben diesen Kampf mitgekämpft«, sagte Blair in der Provinzhauptstadt Priština, »weil wir an Gerechtigkeit glauben, weil wir glauben, dass ethnische Säuberungen und Völkermord am Ende des zwanzigsten Jahrhunderts unrecht sind. Wir haben nicht dafür gekämpft, dass nun eine andere ethnische Minderheit [die Kosovo-Serben] unterdrückt wird.« Das sind gutherzige, noble, vernünftige Worte, die Worte eines Mannes, der überzeugt davon ist, einen gerechten Krieg geführt und gewonnen zu haben, und für den »Gerechtigkeit« den Gedanken der Versöhnung einschließt. Aber sie lassen auch einen Mangel an Phantasie erkennen. Die Albaner im Kosovo waren Gräueln ausgesetzt, deren psychische Wirkung anständige Leute wie Tony Blair nicht wegzuwünschen vermögen. Was dort geschehen ist, könnte schlicht unverzeihlich sein.

Tragischerweise fehlt es hier nicht zum ersten Mal an Phantasie. In der Anfangszeit des Konflikts waren auch viele Kosovo-Albaner nicht in der Lage, das Ausmaß des Grauens zu ermessen, das sie erwartete. In vielen Dörfern beschlossen die Männer zu fliehen, weil sie glaubten, Milosevics Truppen wollten sie umbringen. Sie verschwanden in die Wälder, über die Berge, fort aus der todbringenden Reichweite der Armee. Aber sie hatten sich verrechnet: Sie ließen ihre Familien zurück, in der Überzeugung, dass ihren Frauen, Kindern und gebrechlichen Eltern von den vorrückenden

Soldaten keine Gefahr drohe. Sie unterschätzten die menschliche Grausamkeit.

Stellen wir uns nun die schreckliche Rückkehr der Geflüchteten nach Beendigung des Konflikts vor. Nervös, voller Vorfreude, nähern sie sich ihrem Dorf. Doch schon von weitem sehen sie, dass das Unvorstellbare eingetreten ist. Die Felder sind mit blutigen Kleidungsstücken und abgetrennten Gliedmaßen übersät. Aasvögel flattern und stolzieren umher. Es stinkt. Die Männer dieses Dorfes müssen nun einer Wahrheit ins Auge sehen, in der sich tiefe Scham und Demütigung mit tiefer Trauer mischen. Sie sind am Leben, weil sie geflohen sind, aber statt ihrer wurden ihre zurückgelassenen Angehörigen umgebracht. Die Leichen, die sie jetzt auf Bauernkarren zum Friedhof fahren, klagen sie durch ihre Leichentücher hindurch an. *Mein Sohn, in der Schwäche meines Alters warst du nicht bei mir, um mich zu retten. Mein Mann, du hast zugelassen, dass ich vergewaltigt und abgeschlachtet wurde. Mein Vater, du hast mich sterben lassen.*

Die Überlebenden des Dorfes erzählen den zurückgekehrten Flüchtlingen von dem Massaker. Sie berichten, dass einige der Serben im Dorf serbische Uniformen anzogen und mit ihrer Ortskenntnis den Mördern halfen, die verängstigten Albaner aus ihren Schlupflöchern zu treiben. Nein, sagten sie, dieses Haus braucht ihr nicht zu durchsuchen, das hat keinen Keller. Ah, aber hier, da ist eine Falltür unter dem Teppich, bestimmt haben sie sich da unten versteckt.

Diese Kosovo-Serben sind jetzt geflohen. Doch in Serbien will Milosevic sie nicht haben, weil sie der lebende Beweis für seine Niederlage sind, und auch Tony Blair möchte, dass sie unter dem Schutz der KFOR-Truppen nach Hause zurückkehren. Aber sie wollen nicht zurück, aus Angst vor Racheakten. Und stellen Sie sich vor: Sie haben Recht. Sie haben Recht, und Blair mit seiner Vision eines neuen Kosovo – »Symbol dessen, was der Balkan sein sollte« – hat Unrecht.

Ich war für den NATO-Einsatz im Kosovo, aus meiner Sicht

war der Aspekt der Menschenrechte ein starkes, überzeugendes Argument für eine Intervention. Doch viele Schriftsteller, Intellektuelle, Künstler und wohlmeinende Linke waren anderer Meinung. Eines ihrer Argumente lautete: Wenn der Kosovo, warum dann nicht Kurdistan? Warum nicht Ruanda oder Osttimor? Kurioserweise betonen solche Reden nur das Gegenteil dessen, was sie eigentlich sagen wollen. Denn wenn eine Intervention in den genannten Fällen richtig gewesen wäre und der Westen hat sie zu Unrecht versäumt, dann war es auch richtig, die Kosovaren zu schützen, und die früheren Versäumnisse der westlichen Staaten bestätigen nur, dass sie – »wir« – wenigstens diesmal das Richtige getan haben.

Aus dem Anti-Interventions-Lager war und ist immer wieder zu hören, der NATO-Einsatz habe die Gewalt, die er verhindern sollte, überhaupt erst ausgelöst, die Massaker seien sozusagen Madeleine Albrights Schuld. Eine solche Argumentation ist in meinen Augen sowohl moralisch verwerflich – weil sie die wahren Mörder freispricht – wie auch nachweislich falsch. Lassen wir die Emotionen einmal beiseite und betrachten die kalte Logistik von Milosevics Massaker, so wird schnell deutlich, dass die Gräuel sorgfältig geplant waren. Man stellt keine detaillierten Pläne zur Beseitigung Tausender von Menschen auf, nur für den Fall, dass eine prompte Reaktion auf einen westlichen Angriff nötig werden sollte. Man plant ein Massaker, weil man ein Massaker will.

Gewiss, Tempo und Ausmaß des serbischen Angriffs haben die NATO-Streitkräfte überrascht (ein weiterer Mangel an Phantasie). Das heißt aber nicht, dass Vorwürfe an die Adresse der NATO berechtigt wären. Der Mörder ist des Mordes schuldig, den er begeht, der Vergewaltiger der Vergewaltigung.

Doch wenn »wir« recht daran getan haben einzugreifen und der Krieg tatsächlich aus idealistischen Motiven geführt wurde, so wirkt der Idealismus der derzeitigen Politik doch zunehmend blauäugig. Erfahrene Auslandskorrespondenten erklären bei ihrer Rückkehr aus dem Kosovo, sie hätten dergleichen noch nie gesehen, und die Realität, von der sie berichten, sieht so aus: Einige Serben leben noch im Kosovo, und es dürfte unmöglich sein, sie zu schützen. Das alte, multikulturelle Sarajevo wurde im Bosnien-Krieg zerstört. Der alte Kosovo ist ebenfalls verschwunden, wahrscheinlich für immer. Tony Blairs Ideal-Kosovo ist ein Traum. Er und seine Kollegen sollten sich jetzt für den Aufbau jenes freien, mehrheitlich albanischen Gebiets einsetzen, das historisch unumgänglich scheint. Nachkriegszeiten sind keine Zeiten für Träume.

September 1999: Darwin in Kansas

Vor einigen Jahren besuchte ich im südindischen Cochin den Welttag der Verständigung des dortigen Rotary Clubs. Den Hauptvortrag hielt ein amerikanischer Kreationist namens Duane T. Gish, der die Misere der heutigen Jugend darauf zurückführte, dass die Schulsysteme weltweit die verderblichen Lehren des armen Charles Darwin verbreiteten. Die heutige Jugend lerne, dass sie vom Affen abstamme! Infolgedessen und begreiflicherweise sei sie der Gesellschaft entfremdet und »depressiv«. Alles Übrige – ihre Perspektivlosigkeit, ihre Kriminalität, ihre Promiskuität, ihr Drogenmissbrauch – sei die zwangsläufige Folge.

Interessanterweise hörte das sonst so höfliche indische Publikum schon nach wenigen Minuten einfach nicht mehr zu. Das Gemurmel im Saal schwoll immer mehr an, bis der Redner kaum noch zu hören war. Das focht Gish jedoch nicht an. Gleich einem Dinosaurier, der nicht merkt, dass er ausgestorben ist, dröhnte er unverdrossen weiter.

Diesen Sommer aber gab es für Gish und andere Reptilien seines Schlags erfreuliche Neuigkeiten. In Kansas beschloss die Schulbehörde, die Evolutionslehre aus dem staatlichen Lehrplan und aus ihren standardisierten Tests herauszunehmen, was an sich schon stark gegen die Richtigkeit von Charles Darwins großer Theorie spricht. Käme Darwin im Jahr 1999 nach Kansas, fände er dort den lebenden Beweis dafür, dass die natürliche Auslese nicht immer funktioniert, dass manchmal die Dümmsten und Schwächsten überleben und die menschliche Rasse sich somit rückentwickeln kann, hin zu dergleichen Jugend-deprimierenden Affen. Und Darwin ist nicht das einzige Opfer. Im Gebiet von Kansas hat offensichtlich auch der Urknall nicht stattgefunden – oder zumindest ist er nur eine von mehreren Theorien. Die eine Waagschale enthält also die Relativitätstheorie, das Hubble-Teleskop und alles unvollkommene, aber sorgfältig zusammengetragene Wissen der menschlichen Rasse, die andere die biblische Schöpfungsgeschichte. In Kansas ist die Waage ausbalanciert.

Gute Lehrer sind – das sollte nicht unerwähnt bleiben – entsetzt über den Beschluss der Schulbehörde. Mit Beginn des neuen Schuljahres wird der Kampf losbrechen, und es gibt noch eine Chance, dass sich die Vernunft gegen den Aberglauben durchsetzt. Doch wie angesehene Professoren öffentlich einräumen, »ist es überall das Gleiche, und die Kreationisten werden siegen«. In Alabama beispielsweise verkündet ein Aufkleber auf Schulbüchern fröhlich, dass wir niemals wissen werden, was wirklich war, denn »niemand war dabei, als Leben auf der Erde entstand.« Dumm gelaufen.

Die Sache wäre komisch, wenn sie nicht alles andere als komisch wäre. Amerikanische Fundamentalisten wird es freuen zu hören, dass es anderswo auf der Welt – im pakistanischen Karachi beispielsweise – Fälle gibt, in denen die borniertn Buchstabengläubigen einer anderen Religion bis an die Zähne bewaffnet in Universitätsseminare eindringen und den Dozenten mit sofortiger Erschießung drohen, sollten sie von der orthodoxen Lehre des Koran bezüglich der Naturwissenschaften (oder irgendwelcher anderer Themen) abweichen. Könnte es sein, dass jetzt auch Amerikas berüchtigte Waffenkultur gegen das Wissen selbst ins Feld zieht?

Doch wir anderen sollten uns auch nicht zu viel einbilden. Der Krieg gegen religiösen Obskurantismus, ein Krieg, von dem viele glaubten, er sei längst gewonnen, bricht allenthalben und mit verstärkter Wucht wieder aus. Geschwafel ist wieder in. Der Sog der Dummheit wird immer stärker, überall. Junge Menschen sprechen von Spiritualität wie von einem Mode-Accessoire. Ein neues dunkles Zeitalter der Unvernunft könnte anbrechen. Hohepriester und grimmige Inquisitoren munkeln im Dunkeln. Bannfluch und Verfolgung kehren zurück.

Unterdessen aber geht das Streben nach Erkenntnis weiter, langsam und wunderbar. Ironischerweise hat es in der gesamten Geschichte der Wissenschaften nie zuvor ein so reiches, so revolutionäres goldenes Zeitalter gegeben. Im Großen erschließt die Forschung das Universum, im Kleinen löst sie die Rätsel des Lebens. Das neue Wissen wirft neue moralische Probleme auf, gewiss, aber das alte Unwissen wird uns nicht helfen, sie zu lösen. Das Schöne an der Gelehrsamkeit ist unter anderem, dass sie ihre Vorläufigkeit, ihre Unvollkommenheit nicht verhehlt. Diese Gewissenhaftigkeit in Forschung und Lehre, diese Bereitschaft zuzugeben, dass auch die fundierteste Theorie nur eine Theorie ist, wird jetzt von den Skrupellosen ausgenutzt. Aber dass wir nicht alles wissen, heißt nicht, dass wir nichts wissen. Nicht alle Theorien sind von gleichem Gewicht. Der Mond, selbst der Mond über Kansas, besteht nicht aus grünem Käse. Die Genesis als »Theorie« ist Humbug.

Wenn die Überfülle neuen Wissens in der Neuzeit, sagen wir, ein Tornado ist, dann ist das Land Oz die erstaunliche neue Welt in Technicolor, in die er uns verschlagen hat, die Welt, aus der es – da das Leben kein Film ist – keinen Weg zurück gibt. Mit den unsterblichen Worten, die Dorothy Gale ihrem Hund Toto zuflüstert: »Es scheint mir, als ob wir nicht mehr in Kansas wären.« Gott sei Dank, kann man da nur sagen.

Oktober 1999: Edward Said

»In allen Familien werden Kinder und Eltern erfunden, wird jedem Einzelnen eine Geschichte, ein Charakter, ein Schicksal und sogar eine Sprache verliehen. Daran, wie ich erfunden wurde … war immer irgendetwas verkehrt.«* Mit diesen Worten beginnt das Buch *Am falschen Ort* von Edward Said, das zu den schönsten Kindheits- und Jugenderinnerungen gehört, die seit vielen Jahren erschienen sind, ein Werk, das die Kritiker zu Vergleichen mit den bedeutendsten Autoren hinreißt. Mit Marcel Prousts großem Romanzyklus kann man es aufgrund der Art und Weise, wie es verlorene Zeit wieder zum Leben erweckt, mit Fug und Recht auf eine Stufe stellen, mit Balzac aufgrund seiner präzisen sozialen und historischen Schilderung und auch mit Joseph Conrad. Der Autor ist Conrad-Schüler, zugleich aber wie *Der Nigger von der »Narcissus«* ein kranker Mann, der dennoch entschlossen ist, bis zuletzt zu leben. (Said leidet an CLL, einer Form von Leukämie.) Es gibt viel über dieses Buch zu sagen, unter anderem, dass es ein heroischer Versuch ist, gegen den Tod anzuschreiben.

Wie die Eröffnungssätze zeigen, verrät *Am falschen Ort* einen scharfen Blick dafür, welche Fiktionen, Verschleierungen und Einbildungen unsere Wahrnehmung der eigenen Person und unserer Familie bestimmen. Das Buch weiß alles, was es über Vertreibung, über Verwurzelung und Entwurzelung, über das Gefühl, fehl am

---

* Edward Said, *Am falschen Ort*. Deutsch von Meinhard Büring, Berlin: Berlin Verlag 2000.

Platz zu sein in der Welt, zu wissen gibt, und es zieht den Leser gerade deshalb in seinen Bann, weil dergleichen Fremdheitserfahrungen dem Empfinden dessen, was es bedeutet, in unserer aus den Fugen geratenen, chaotischen Zeit zu leben, sehr nahe kommen oder damit identisch sind. Wie seltsam ist es da, dass ein so facettenreiches, so offenkundig aufrichtiges Buch, in dem auf jeder Seite die ungeheure Ehrlichkeit und Integrität des Autors zu spüren ist, einen interkontinentalen politischen Sturm entfacht hat! Denn Said ist böswillig des Betrugs bezichtigt worden, es heißt, er habe seine Biographie gefälscht, sein lebenslanges politisches Engagement basiere auf »dreißig Jahren sorgfältiger, geschickter Täuschung«, mit einem Wort: *Er sei in Wirklichkeit gar kein Palästinenser.*

Justus Reid Weiner, von dem die derzeitigen Angriffe ausgehen, hat fragwürdige Helfer, nämlich das überwiegend vom Milken-Familienfonds finanzierte Jerusalem Center of Public Affairs. Jawohl, genau der Michael Milken, jener unehrliche Finanzmann, der – Sie lesen richtig – wegen Betruges im Gefängnis gesessen hat. Er brüstet sich zwar damit, drei Jahre auf Saids Spuren gewandelt zu sein, doch seine Anschuldigungen haben weder Hand noch Fuß. Dass Said in Jerusalem geboren ist, kann Weiner nicht leugnen. Um jedoch zu »beweisen«, dass Said und seine Familie kein Recht auf den Status palästinensischer »Flüchtlinge« oder »Exilanten« haben, behauptet Weiner, Said sei nicht auf die St. George's School in Ost-Jerusalem gegangen und das Haus seiner Familie habe ihr nie gehört. Das ist alles Humbug. Mitschüler von Said haben sich zu Wort gemeldet und bestätigt, dass er tatsächlich auf St. George's war und dass die Saids eine bekannte, alte palästinensische Familie waren. Mindestens einer dieser Mitschüler sagte das auch Weiner selbst, der es in seiner Attacke jedoch wohlweislich verschwieg.

Das Haus in Jerusalem war nicht auf Saids Vater eingetragen, sondern auf nahe Verwandte. Wer damit irgendetwas beweisen will, kennt nicht die Alltagswirklichkeit einer Großfamilie. Trivialer geht es kaum noch. Soll hier allen Ernstes behauptet werden, Said sei, nur weil er früher teils in Jerusalem, teils in Kairo gelebt hat, nicht qualifiziert, als Palästinenser zu sprechen? Es sei in Ordnung, wenn Weiner, ein nach Israel übersiedelter Amerikaner, als Israeli spricht, nicht aber, wenn Said, ein Palästinenser, der in New York Fuß gefasst hat, für Palästina spricht?

Wenn ein herausragender Schriftsteller in dieser Weise attackiert wird – wenn seine Feinde nicht nur schlechte Kritiken über ihn schreiben, sondern ihn gar zu vernichten trachten –, dann ist mehr im Spiel als nur die alltägliche Bosheit des Literaturbetriebs. Kontroversen sind Said nicht fremd, und zum Dank dafür, dass er der scharfsinnigste und exponierteste palästinensische Intellektuelle des letzten Vierteljahrhunderts ist, hat er ein gerüttelt Maß an Todesdrohungen und Beschimpfungen einstecken müssen. Dieser jüngste Angriff aber ist neuartig, und trotz seiner Haltlosigkeit hat man ihm weithin Glauben geschenkt, erst in dem Magazin *Commentary*, dann in vielen führenden amerikanischen Blättern und im englischen *Daily Telegraph*.

Noch seltsamer ist es, dass keine amerikanische Zeitung Saids Gegendarstellungen gedruckt hat, die ironischerweise schließlich in der israelischen Zeitung *Ha'aretz* erschienen. Die israelischen Medien sind offensichtlich fairer als westliche Organe, die sich als Fürsprecher Israels gerieren.

Said ist ein leidenschaftlicher Verfechter der Versöhnung zwischen Juden und Palästinensern. Daraus lässt sich unschwer schließen, dass seine Feinde es nicht sind. Der Angriff auf Said ist auch ein Angriff auf das, wofür er steht, auf die Welt, die er mit seinen Schriften seit Jahrzehnten zu beschwören hofft: eine Welt, in der die Palästinenser in Würde in ihrem eigenen Staat leben können, gewiss, aber auch eine Welt, in der durch einen Akt konstruktiven Vergessens die Vergangenheit aufgearbeitet werden und dann Vergangenheit bleiben kann, damit Palästinenser und Juden endlich über eine andere Zukunft nachdenken können. Dass Extremisten in Israel entschlossen sind, sich dieser Vision in den Weg zu stellen, ist nichts Neues. Dass so große Teile der westlichen Presse diesen Extremisten so bereitwillig ihre Zusammenarbeit anbieten, dürfte dagegen neu sein. Ein Skandal ist es in jedem Fall.

November 1999: Pakistan

Pakistans neuer starker Mann, General Pervez Musharraf, hat versprochen, den Staat von Korruption zu säubern, bevor die Demokratie wiederhergestellt wird. Pakistan-Beobachter werden sich erinnern, dass schon früher die Karikatur eines Diktators, General Zia ul-Haq mit dem gewichsten Schnurrbart und den Waschbärenaugen, auf dem Höhepunkt seiner Macht immer wieder davon redete, das Land säubern und dann Wahlen abhalten zu wollen. Zia versprach und verschob Wahlen so oft, dass es zum Witz wurde. Sein Titel eines CMLA, offiziell »Chief Martial Law Administrator – Oberster Kriegsrechtsadministrator«, stehe für »Cancel My Last Announcement – Meine letzte Ankündigung gilt nicht mehr«, hieß es bald. Vielleicht aus Furcht vor einer ähnlichen Reaktion hat Musharraf erst gar keine Wahlen angekündigt. Ein Fortschritt ist das wohl kaum.

Lassen wir einmal die offenkundige Tatsache beiseite, dass General Musharrafs Weigerung, einen Zeitplan für die Wiederherstellung der Demokratie aufzustellen, schon an sich ein korrupter Akt ist – sein zweiter; der erste war sein Staatsstreich. Betrachten wir stattdessen den Augiasstall, den auszumisten er sich verpflichtet hat. Die Regierung Nawaz Sharif war wirtschaftlich inkompetent, unangenehm autokratisch, höchst unbeliebt, und sie wurde aller möglichen Formen der Korruption verdächtigt, darunter auch des Wahlbetrugs. Ihr Handeln bedarf sorgfältigster Überprüfung. Aber wie kann General Musharraf, nachdem er bereits Nawaz Sharif des versuchten Mordes an ihm beschuldigt und diesen angeblichen Versuch als »hochverräterisch« bezeichnet hat, uns davon überzeugen, dass die Ermittlungen seiner Regierung sachlich und glaubwürdig durchgeführt werden? Eine Generation zuvor hat General Zia Ministerpräsident Bhutto nach einem Schauprozess hinrichten lassen. Anklänge an diesen Fall sind in Musharrafs Äußerungen über Nawaz bereits zu vernehmen, und sie werden lauter.

Auch Benazir Bhutto, ihre Pakistanische Volkspartei und ihr Mann Asif Zardari werden viele Fragen beantworten müssen. Auch sie werden der Korruption großen Stils beschuldigt, Zardari soll außerdem in den Mord an Benazirs Bruder verwickelt sein. Unter Nawaz Sharifs Ministerpräsidentschaft konnte Benazir solche Vorwürfe als Teil von Sharifs politischem Rachefeldzug gegen sie abtun, wovon sie auch ausgiebig Gebrauch machte. So überrascht es nicht weiter, dass sie sich beeilte, Musharrafs Putsch zu begrüßen. Wie will General Musharraf glaubhaft machen, dass auch im Fall Bhutto/Zardari Gerechtigkeit geübt wird?

Ein Blick über die politischen Parteien hinaus offenbart die wahren Ursachen des sozialen Scheiterns Pakistans. Die Mohnfelder an der Nordwestgrenze liefern seit undenklichen Zeiten Opium, und heute werden auch große Mengen Heroin produziert. Für den Export muss dieses Heroin über sechzehnhundert Kilometer südwärts nach Karachi geschafft werden – vorbei an militärischen und zivilen Kontrollpunkten. Ich kenne keinen Kommentator und Kenner der Materie, der nicht der Meinung wäre, dass die pakistanische Drogenindustrie ohne die aktive Mitwirkung von Beamtenschaft und Armee gar nicht funktionieren könnte. Will General Musharraf uns von seinem Anti-Korruptions-Programm überzeugen, muss er erst einmal beweisen, dass sich die Armee gebessert hat. Wie genau will er das tun? Und wie gedenkt er mit Karachi zu verfahren, derzeit eine erschreckend wilde, fast gesetzlose Stadt, fest im Griff nicht nur einander bekämpfender politischer Splittergruppen, sondern auch der Drogenbarone und Mafias? Die Bewohner Karachis wissen von der Zusammenarbeit zwischen Polizei und organisiertem Verbrechen ein Lied zu singen. Wie sehen General Musharrafs Pläne zur Gesundung dieser bedeutendsten Stadt seines Landes aus?

Unter dieser schwärenden Oberfläche liegen tiefere Übel, die eine Militärregierung noch weniger angehen kann. Pakistan ist ein Land, in dem demokratische Institutionen – man könnte auch sagen demokratische Instinkte – nie wirklich Fuß fassen durften. Stattdessen plündern die – militärischen, politischen, industriellen und aristokratischen – Eliten abwechselnd die Reichtümer des Landes, während immer extremistischere Mullahs die Einführung drakonischer Formen der Scharia fordern.

Je schwächer Nawaz Sharifs Regierung wurde, desto fanatischer islamistisch gebärdete sie sich. General Musharrafs eilig bekundete Entschlossenheit, nicht zuzulassen, dass die Fundamentalisten den Staat übernehmen, ist im Prinzip zu begrüßen. Aber kann ein Putschist hoffen, einen säkular-demokratischen Staat aufzubauen, in dem Putsche nicht nur überflüssig, sondern auch undenkbar werden? Kann man einem Elitisten – und das ist ein Mann alle Mal, der das Recht für sich in Anspruch nimmt, die Herrschaft über einen ganzen Nationalstaat an sich zu reißen – glauben, wenn er sagt, er wolle den Elitismus bekämpfen?

Musharraf hat auch versöhnliche Signale an die Adresse Indiens ausgesandt und Truppen von der Grenze abgezogen, und doch ist er derjenige, der für die Planung des katastrophalen militärischen Abenteuers in Kaschmir dieses Jahr verantwortlich war und von dem man in letzter Zeit immer wieder höchst aggressive Äußerungen über Indien hört. Weshalb sollten wir diesem neuen, weicheren Kurs trauen, nachdem er doch keinen Zweifel daran gelassen hat, wie sehr es ihn im Abzugsfinger juckt – der nun auf Pakistans Atomknopf liegt?

Musharrafs Staatsstreich ist im Moment sehr populär in Pakistan, und die Atomtests waren es ebenfalls. Es gibt Berichte, wonach sich pakistanische Bürger an den Ort der Tests begaben und radioaktive Erde als patriotisches Souvenir mit nach Hause nahmen, um sie dort an einen Ehrenplatz zu stellen. Ihr Besitz könnte sich als weniger kostbar erweisen, als es im Moment scheint. Eine ganz ähnliche Hypothese könnte man in Bezug auf das Regime Musharraf aufstellen.

Dezember 1999: Der Islam und der Westen

Die Beziehungen zwischen der islamischen Welt und dem Westen scheinen eines der berühmten, von Antonio Gramsci so genannten »Interregnen« durchzumachen, in denen das Alte nicht sterben will, sodass das Neue nicht geboren werden kann und alle möglichen »morbiden Symptome« auftreten. Zwischen muslimischen und westlichen Ländern wie auch innerhalb muslimischer Gemeinschaften im Westen besteht das alte, tiefe Misstrauen unvermindert fort, es macht jeden Versuch, neue, bessere Beziehungen aufzubauen, zunichte und schafft viel böses Blut. Im Zusammenhang mit den Ermittlungen zum Absturz der EgyptAir 990 etwa ist durch die allgemeine Skepsis vieler Ägypter, was Amerikas Motive anbelangt, eine gespannte, an Hysterie grenzende Atmosphäre entstanden. Zurzeit gilt jede Information über eine Verantwortung des Piloten Gamil al-Batouti für den tödlichen Sinkflug als frisiert, trotz der vorliegenden Hinweise darauf, dass (a) er, obwohl er nicht Schicht hatte, den Vorgesetzten herauskehrte, um die Maschine vom Kopiloten zu übernehmen, und (b) das inzwischen bekannte Stoßgebet dem Sturzflug der Maschine unmittelbar voranging. Mittlerweile sind in Ägypten fast täglich neue Theorien zu hören, die den Piloten entlasten – es war ein technisches Versagen der Boeing, es war eine Bombe im Heck, es war eine Rakete, und auf jeden Fall war es die Schuld der Amerikaner. Die zahlreichen Vertreter dieser »anti-amerikanischen« Theorien sehen keinen Widerspruch darin, mit Inbrunst an Dinge zu glauben, für die es bislang nicht den Hauch eines Beweises gibt, und zugleich das FBI dafür zu schmähen, dass es aus den vorhandenen Indizien voreilige Schlüsse ziehe.

Eine sachlichere Darstellung der Ereignisse ist vonnöten. Das FBI neigt möglicherweise allzu sehr dazu, Flugzeugkatastrophen nicht als Unfälle, sondern als Verbrechen zu sehen. Das war nach dem Absturz der TWA 800 zweifellos ein Problem. Damals war es die Nationale Verkehrssicherheitsbehörde, die schließlich technisches Versagen für die Explosion in einem der Treibstofftanks verantwortlich machte. Diesmal aber hat eine erste Auswertung der Daten durch dieselbe Behörde ergeben, dass der Pilot Selbstmord begangen haben könnte.

Man kann die viel kritisierten undichten Stellen der Ermittlungsorgane auch ganz beruhigend finden; bei so viel Redseligkeit allenthalben wird am Ende die Wahrheit ans Licht kommen. Die staatlich kontrollierte Presse in Mubaraks Ägypten dagegen wird eher den nationalistischen Standpunkt der Regierung widerspiegeln, die jede Verantwortung Ägyptens für den Absturz zurückweist, um der Tourismusindustrie nicht noch weiter zu schaden.

Unvernunft und Emotionen haben die Ermittlungen mittlerweile gründlich politisiert. Man kann nur hoffen, dass jene, die ein Vertuschen von Seiten der USA befürchten, nicht eine Atmosphäre schaffen, in der amerikanische und ägyptische Politiker im Interesse der beiderseitigen Beziehungen die Wahrheit tatsächlich zu verschleiern suchen.

Auch im Westen lebende Muslime sehen sich weiterhin in der Defensive, sie fühlen sich beargwöhnt und verfolgt. Unmittelbar nach der Debatte über die EgyptAir-Tragödie wird im »multireligiösen Großbritannien« die Forderung laut, alle Glaubensrichtungen, nicht nur die etablierte Kirche von England, vor Kritik zu schützen. Die angebliche »Islamophobie« des Westens bewirkt, dass der islamische Ruf nach dem neuen Gesetz bei weitem der lauteste ist.

Zweifellos gibt es im Westen vielfach reflexartige Reaktionen, die zu vorschnellen anti-islamischen Verdächtigungen führen, sodass britische Muslime sich oft mit gutem Grund ungerecht behandelt fühlen. Doch die vorgeschlagene Lösung ist die falsche Medizin, sie würde alles nur noch schlimmer machen. *Denn es geht darum, Menschen zu schützen, nicht ihre Ideen.* Es ist völlig in Ordnung, dass Muslime – dass alle Menschen – in einer freien Gesellschaft Glaubensfreiheit genießen sollten. Es ist völlig in Ordnung, dass sie gegen Diskriminierung protestieren, wann und wo immer sie ihr ausgesetzt sind. Absolut nicht in Ordnung ist dagegen ihre Forderung, ihr Glaubenssystem müsse vor Kritik, Respektlosigkeit, Spott und auch Verunglimpfung geschützt werden. Die Trennung zwischen dem Individuum und seiner Überzeugung gehört zu den Grundlagen der Demokratie, und eine Gemeinschaft, die sie zu verwässern sucht, tut sich damit keinen Gefallen. Das englische Blasphemiegesetz ist ein Relikt aus der Vergangenheit, es wird nicht mehr angewandt und sollte ganz abgeschafft werden. Würde man es erweitern, wäre das ein anachronistischer Akt, der sich gegen den Geist eines Landes richtet, dessen Führung gern alles und jedes mit dem Attribut »neu« versieht.

Demokratie kann sich nur durch das Aufeinanderprallen von Ideen weiterentwickeln, kann nur im turbulenten Bazargedränge der Uneinigkeit blühen und gedeihen. Das Gesetz darf keinesfalls dazu benutzt werden, solche Uneinigkeit zu unterdrücken, so tief sie auch gehen mag. Das Neue kann nicht sterben, damit das Alte wieder geboren werden kann. Das wäre in der Tat ein morbides Symptom.

Auch hier ist ein klarerer Diskurs vonnöten. Die westlichen Gesellschaften müssen unbedingt wirksame Methoden finden, Muslime vor blindem Vorurteil zu schützen. Und ebenso dürfen islamische Wortführer nicht länger den Eindruck erwecken, der Weg zu besseren Beziehungen – der Weg zum Neuen – führe über neue Formen der Zensur, über gesetzliche Augenbinden und Knebel.

Januar 2000: Terror vs. Sicherheit

Da die große Millenniumsparty nun vorbei ist, lassen Sie uns einen Moment an die weltweite Schlacht denken, die in der Millenniumsnacht und darum herum im Verborgenen stattgefunden hat. Hinter den Bildern einer von Feuerwerkskörpern erhellten, einen flüchtigen Moment lang in Fröhlichkeit und gutem Willen vereinten Welt nahm die neue Dialektik der Geschichte Gestalt an. Dass es nicht mehr um Kapitalismus vs. Kommunismus ging, wussten wir schon. Jetzt sahen wir so deutlich wie das Feuerwerk am Himmel, dass sich der entscheidende Kampf des neuen Zeitalters zwischen Terrorismus und Sicherheit abspielen wird.

Ich war unter den Zehntausend, die sich im Londoner Millennium Dome versammelt hatten, demselben, auf dessen Dach James Bond im neuesten 007-Film als Streiter gegen die Mächte des Terrors landet. Das Publikum wusste – spätestens nachdem es auf einem kalten Bahnsteig stundenlang darauf gewartet hatte, gefilzt zu werden –, dass für das Renommier-Event gigantische Sicherheitsvorkehrungen getroffen worden waren. Dass jedoch unter einem IRA-Codewort eine Bombendrohung eingegangen und der Dome nur um Haaresbreite einer Räumung entgangen war, wussten nur wenige.

Tagelang hatte die Welt von nichts anderem gehört als von Terrorismus. Die USA hatten den Namen des derzeitigen schwarzen Mannes – »Osama bin Laden« – ausgesprochen, um uns Kinder zu erschrecken. Es kam zu Festnahmen: ein Mann mit Material zum Bombenbasteln an der Grenze zwischen den USA und Kanada, eine Gruppe in Jordanien. In Seattle wurden die Feierlichkeiten abgesagt. Japan befürchtete eine Terrorkatastrophe, nachdem ein führendes Mitglied der Aum-Sekte aus der Haft entlassen worden war. In Sri Lanka machte Präsidentin Chandrika Kumaratunga Geschichte, als sie ein Selbstmordattentat überlebte. Es gab falschen Bombenalarm auf einer englischen Rennbahn und in einem Fußballstadion. Das FBI befürchtete das Schlimmste von Endzeitgruppen und Extremisten. Am Ende aber kamen wir alle – abgesehen von dem armen George Harrison, der von einem einzelnen Geistesgestörten verletzt wurde – relativ glimpflich davon.

Fast alle, genauer gesagt, denn da war noch die Entführung der Indian-Airlines-Maschine. Die Ereignisse auf dem Flughafen von Kandahar haben ein ziemlich schlechtes Licht auf nicht weniger als vier Regierungen geworfen. Nepal hat Männer mit Schusswaffen und Granaten an Bord eines Flugzeugs gelassen und damit gezeigt, dass Kathmandu seinem terroristenfreundlichen Ruf alle Ehre macht. Die indische Regierung hat klein beigegeben – die erste Kapitulation vor Entführern seit Jahren; was wird sie tun, wenn das nächste Mal ein Flugzeug gekapert wird? Und schließlich verschwanden in Taliban-Lagern ausgebildete und mit pakistanischen Pässen versehene Terroristen aus Afghanistan, höchstwahrscheinlich nach Pakistan. So wurde eine weitgehend überholte Form des Terrorismus wieder belebt.

Einige reflexartige Reaktionen waren vorherzusehen. Ein islamistischer Journalist beklagte sich in einer liberalen englischen Zeitung, wie sie in islamistischen Ländern gar nicht erscheinen dürfte, dass Mitglieder von Freiheitsbewegungen, die gewalttätige, repressive Regimes bekämpften, mit dem Etikett »Terrorist« verteufelt würden. Aber Terrorismus ist kein verkapptes Streben nach Gerechtigkeit. In Sri Lanka werden Menschen, die für Frieden und Versöhnung eintreten, umgebracht. Und die brutalen Indian-Airlines-Entführer sprechen nicht für das Volk des friedlichen, verwüsteten Kaschmir.

Die Sicherheitsbehörden betrachten das nicht-explosive Millennium zu Recht als einen Triumph. Sicherheit ist ja die Kunst, dafür zu sorgen, dass bestimmte Dinge nicht passieren – eine undankbare Aufgabe, denn wenn sie nicht passieren, wird immer irgendjemand sagen, die Sicherheitsvorkehrungen seien übertrieben und unnötig gewesen. In London waren sie am Silvesterabend von einem Ausmaß, dass die Bürger vieler weniger begünstigter Nationen geglaubt hätten, ein Staatsstreich sei im Gange. Wir aber dachten keine Sekunde an so etwas. Es waren Sicherheitsmaßnahmen im Dienste des Vergnügens, und in einem solchen Fall können wir beeindruckt und dankbar dafür sein. Und doch gibt es Anlass zur Sorge. Besteht die Ideologie des Terrorismus darin, dass Terror funktioniert, so basiert die Ideologie der Sicherheit auf der Annahme, dass das Worst-Case-Szenario zutrifft. Das Problem ist: Das Ausmalen von Worst-Case-Szenarien spielt den Angstmachern direkt in die Hände. Das Worst-Case-Szenario beim Überqueren einer Straße ist ja, dass man von einem Lastwagen überfahren wird. Wir alle aber überqueren täglich Straßen, es ginge gar nicht anders. Sein Leben nach Worst-Case-Szenarien auszurichten hieße, den Terroristen den Sieg zu überlassen, ohne dass auch nur ein Schuss gefallen wäre.

Beunruhigend ist auch der Gedanke, dass die eigentlichen Schlachten des neuen Jahrhunderts im Verborgenen stattfinden könnten, zwischen Gegnern, deren Motive für die meisten von uns nicht nachvollziehbar sind und von denen die einen behaupten, in unserem Namen zu handeln, während die anderen uns durch Einschüchterung gefügig machen wollen. Demokratie braucht Offenheit und Licht. Müssen wir unsere Zukunft wirklich in die Hände der Schattenkrieger legen? Dass die meisten Millenniumsdrohungen blinder Alarm waren, unterstreicht nur das Problem; niemand will vor imaginären Feinden fliehen. Aber wie sollen wir, die Öffentlichkeit, solche Drohungen einschätzen, wenn es an Informationen fehlt? Wie können wir verhindern, dass Terroristen und ihre Antagonisten die Grenzen festlegen, innerhalb deren wir leben?

Sicherheitsmaßnahmen haben Präsidentin Kumaratunga das Leben gerettet, aber viele andere sind gestorben. Die Sicherheitsanlagen an George Harrisons festungsartigem Haus haben das Messer des potenziellen Mörders nicht aufgehalten; eine von Harrisons Frau beherzt geschwungene Tischlampe hat ihn gerettet. Sicherheitsmaßnahmen haben weder Ronald Reagan noch den Papst gerettet – es war reines Glück. Wir müssen begreifen, dass auch die höchste Sicherheitsstufe niemandes Sicherheit garantiert. Es geht um die Entscheidung – die Queen hat sie am Silvesterabend getroffen –, unser Leben nicht von Furcht bestimmen zu lassen. Denen, die uns terrorisieren wollen, zu sagen, dass wir keine Angst vor ihnen haben. Und unseren verborgenen Beschützern dankbar zu sein, sie aber auch daran zu erinnern, dass, wenn es zwischen Sicherheit und Freiheit zu wählen gilt, immer die Freiheit siegen muss.

Februar 2000: Jörg Haider

Im April 1995, am fünfzigsten Jahrestag der Befreiung Österreichs vom Nationalsozialismus, fand auf dem Heldenplatz im Zentrum Wiens eine ungewöhnliche Kundgebung statt. Unterhalb des Balkons, von dem aus Hitler einst seine grölenden Horden aufgepeitscht hat, kamen österreichische Künstler und Intellektuelle mit ihren Freunden und Unterstützern von auswärts zusammen, um Hitlers Untergang zu feiern und damit den alten Platz von seiner Verknüpfung mit dem Bösen zu reinigen. Ich hatte die Ehre, einer der Redner des Abends zu sein, und mir war klar, dass der aktuellere Zweck der Veranstaltung darin bestand, dem »guten Österreich« Gestalt und Stimme zu verleihen, jenen engagierten, entschiedenen Haider-Gegnern, von denen man außerhalb Österreichs erstaunlich wenig hört. Die Anhänger Jörg Haiders hatten das ebenfalls begriffen, und so wurde die Kundgebung von den Ultra-Rechten mit viel Spott und Hohn bedacht. Und dann fing es unglücklicherweise an zu regnen.

Es regnete in Strömen, ohne Pause, ohne Ende. Es war Neonazi-Regen, despotisch, intolerant, durchsetzungswillig. Die Organisatoren machten sich Sorgen. Würde die Veranstaltung schwach besucht sein, würden die Haider-Anhänger feiern, und der Schuss konnte fatal nach hinten losgehen. Nach einer Woche würde sich niemand mehr an das Wetter erinnern, den spärlichen Besuch aber würde man nicht vergessen dürfen. Doch es blieb keine Wahl. Die Kundgebung musste vonstatten gehen, und es schüttete weiter. Als ich jedoch auf die Bühne hinaustrat, bot sich mir ein unvergesslicher Anblick. Der Heldenplatz war gesteckt voll, so voll wie der Times Square in der Millenniumsnacht. Die Menge war bis auf die Haut durchnässt, sie war fröhlich, aufgekratzt, jung. Die ganze Nacht prasselte der Regen auf diese Menschen herab, aber das kümmerte sie nicht. Sie waren in Massen gekommen, um etwas zum Ausdruck zu bringen, was ihnen ungeheuer wichtig war, und davon wollten sie sich durch ein bisschen Wasser nicht abhalten lassen. Es war wohl die bewegendste Menschenansammlung, die ich je gesehen habe. Solche Kundgebungen sind dazu angetan, die Hoffnung zu stärken. Meine wurde ganz gewiss gestärkt.

Diese Erinnerungen an den Heldenplatz machen die Nachricht von Jörg Haiders Griff nach der Macht noch unangenehmer – es gibt hier geradezu unheimliche Anklänge an die Hitler nachempfundene Hauptfigur in Brechts *Der aufhaltsame Aufstieg des Arturo Ui*. Haiders wachsende Popularität ist für mich gleichbedeutend mit der Niederlage jener idealistischen jungen Menschen, die damals Schulter an Schulter im strömenden Regen standen.

Doch es genügt nicht, Haiders Triumph einfach als einen Sieg des Bösen über das Gute zu beschreiben. Der Erfolg extremistischer Führungsgestalten hängt immer mit den Defiziten des Systems zusammen, das sie ablösen. Die Tyrannei des Schahs von Persien führte zur Tyrannei der Ajatollahs. Die kommode Korruption im alten säkularistischen Algerien hat die GIA und die FIS hervorgebracht. In Pakistan hat Nawaz Sharifs Machtmissbrauch neuerlichen Missbrauch durch seinen Nachfolger, General Musharraf, möglich gemacht. Inkompetenz und Korruption in der indischen Kongresspartei haben die Hindu-nationalistische BJP und ihren Kumpan, die Shiv Sena, in die Lage versetzt, die Macht zu ergreifen. Die Fehler der alten englischen Labour Party haben Margaret Thatchers Radikalkonservatismus zu dem gemacht, was er ist. Und die langjährige »große Koalition« in Österreich, diese schulterklopfende Establishment-Seilschaft, hat viele Wähler so desillusioniert, dass sie sich Haider zuwandten.

Die Zeitungen sind im Moment voll von Berichten über Bestechungsskandale, und diese Enthüllungen kommen einem Populisten vom Typ Haiders wie gerufen. (Wenn die Erben des verstorbenen Bruno Craxi die Achseln zucken und die Kohl-Mitterrand-Craxi-Schmiergeldaffäre als bedeutungslos abtun, machen sie alles noch viel schlimmer. Je mehr Europa wie eine »große Koalition« arroganter Spitzenpolitiker wirkt, für die der Zweck allemal die Mittel heiligt, desto mehr Munition liefert es seinen Haiders.)

Wie Bombays Boss Bal Thackeray hat auch Haider erklärt, er wolle nicht selbst in die Regierung – die Dinge lassen sich über Stellvertreter und Handlanger ja viel leichter steuern, man ist dann viel weniger exponiert. Doch Thackeray hat seine Anhänger überwiegend unter den unbeachteten, entrechteten Armen in den Städten. Haider dagegen hat nach den Worten des Publizisten Karl-Markus Gauß einen eher europäischen Dreh gefunden. Wie Le Pen in Frankreich oder Bossi in Italien hat er sich die Unterstützung des wohlhabenden, erfolgreichen Bürgertums gesichert. Was diese Leute an den Ausländern hassen, so Gauß, ist nicht ihre Rasse, sondern ihre Armut. (Ehre, wem Ehre gebührt: Der Politiker, der diese Taktik erfunden hat und der die ganzen achtziger Jahre hindurch an der Macht blieb, weil er die Erwerbstätigen dazu brachte, gegen die Arbeitslosen zu stimmen, ist kein anderer als Margaret Thatchers Intimfreund Augusto Pinochet.)

Das System ist korrupt, steht auf den Transparenten der deutschen Anti-Kohl-Protestierer. Sie haben Recht, und der Kampf gegen diese Korruption und der Kampf gegen Jörg Haider sind ein und dasselbe. Die EU muss ebenso viel Energie darauf verwenden, die Schmiergeldkünstler in ihren eigenen Reihen aufzustöbern, wie darauf, gegen Haider und seine Freiheitlichen Front zu machen.

Am Ende von Brechts Stück tritt der Schauspieler, der den Arturo Ui spielt, an die Rampe und wendet sich direkt an die Zuschauer, um sie vor Selbstzufriedenheit zu warnen. Ui/Hitler mag gestürzt sein, sagt er, aber »die Hündin, die ihn gebar, ist wieder läufig«. Die Europäische Union muss ihr Haus schleunigst in Ordnung bringen, wenn sie nicht als jüngste Verkörperung dieser räudigen Hündin in die Geschichte eingehen will.

März 2000: Amadou Diallo

Amadou Diallo, ein schwarzer Immigrant aus Guinea, wurde in der Bronx von vier Polizisten des New York Police Department erschossen – nicht weniger als einundvierzig Schüsse feuerte das Quartett ab; alle vier Revolverhelden wurden jetzt von jeglichem Fehlverhalten freigesprochen, ein Urteil, das die New Yorker geschockt und gespalten hat.

Das Englische ist die flexibelste aller Sprachen, und so ist das Wort *mistake* – Fehler, Irrtum – sehr dehnbar und kann alles bedeuten, vom harmlosen kleinen Versehen bis hin zum unverzeihlichen, katastrophalen Fehler. In Albany, New York, dehnten die Geschworenen im Fall Amadou Diallo den Begriff noch ein wenig weiter.

Sie kamen zu dem Schluss, dass Diallos Tod die Folge eines tragischen *mistake* gewesen sei oder, genauer gesagt, einundvierzig tragischer *mistakes*, tödlicher Schnellfeuer-*mistakes*, die in rascher Folge von den vier Mitgliedern der Street Crime Unit abgefeuert wurden; zwei der Polizisten – Officer Carroll und Officer McMellon – entleerten ihre ganzen 16-Schuss-(oder besser: 16-*mistakes*)Ladestreifen in Diallos Körper. Nach kurzer Unterbrechung schickten ihre Kollegen, Officer Boss und Officer Murphy, noch fünf beziehungsweise vier *mistakes* hinterher.

Diese *mistakes* waren schon die Folge vorangegangener *mistakes*. Die Polizisten sahen einen Schwarzen vor seiner Haustür und begingen den *mistake*, ihn für einen Verbrecher zu halten. Er erinnerte sie an die Karikatur eines Vergewaltigers, die sie einmal gesehen hatten, aber das, äh, war ein *mistake*. Sie glaubten, er wolle eine Waffe ziehen, dabei holte er nur seine Brieftasche hervor: hm, ein schlimmer *mistake*. Sie behaupteten, sie hätten Mündungsfeuer aufblitzen sehen, so als wäre ein Schuss abgegeben worden (Brieftaschen blitzen eher selten auf). Dann stolperte Officer McMellon und stürzte, seine Kollegen glaubten irrtümlich, er sei getroffen worden, vermutlich von Diallos tödlicher Brieftasche, und schossen in Tötungsabsicht. Und sie schossen immer weiter, denn da Diallo nicht gleich umfiel, dachten sie merkwürdigerweise, er trage eine kugelsichere Weste. Er trug keine. Höchstwahrscheinlich hielt ihn die Wucht der Geschosse auf den Beinen, so oft und so heftig wurde auf ihn gefeuert. Seine Leiche wies neunzehn Einschuss- und sechzehn Austrittslöcher auf.

Als die Polizisten ihren Irrtum bemerkten – »Wo ist denn die verdammte Knarre?« –, flehten sie Amadou Diallo an, nicht zu sterben. Später, vor Gericht, weinten sie um ihn. Inzwischen sind sie jedoch offensichtlich der Meinung, sie hätten genug geweint und gelitten. Presseberichten zufolge hoffen sie, »nach und nach« wieder in ihr normales Leben zurückkehren zu können. Über ihre Anwälte äußern sie ihr Missfallen, wenn Forderungen laut werden, sie sollten den Dienst quittieren. Gleichzeitig deuten sie an, dass sie bei so viel Kritik möglicherweise gar nicht Polizisten bleiben wollen. Erstaunlicherweise scheinen sie sich inzwischen selbst als die Geschädigten zu betrachten. (Die Tränen im Gerichtssaal wirken jetzt noch mehr wie Krokodilstränen als seinerzeit.)

Und ihre Vorgesetzten erklären angesichts wütender Rassismusvorwürfe, das NYPD fühle sich durch die massive Kritik »entmutigt«. Es gibt vieles, was die Polizei entmutigen sollte. Wie die Erschießung Diallos gezeigt hat, bewirken die Vorurteile der Polizei – im Verein mit ihrer von Bürgermeister Giuliani verliehenen Befugnis, jedermann anzuhalten und zu durchsuchen, wie auch mit der Allgegenwart von Schusswaffen in Amerika und ihrer noch größeren Macht über Leben und Tod –, dass die Angehörigen amerikanischer Minderheiten ihr Leben inzwischen ernstlich bedroht sehen. Um es ganz offen zu sagen: Ist man zufällig schwarz und ein Polizist stolpert, während man gerade seine Brieftasche hervorholt, kann es passieren, dass man von dessen Kollegen erschossen wird.

Leider aber fühlt sich das NYPD nicht deswegen entmutigt. Die Kritik deprimiert die Polizei, nicht die eigenen Fehler. Denn Fehler macht schließlich jeder, stimmt's? Stimmt. Aber Rassismusvorwürfe? Junge, die gehen einem an die Nieren.

Vereinzelt werden inzwischen Stimmen laut, die die Entlassung der Polizisten fordern, doch bis jetzt hat sich der Gedanke, dass man für seine Fehler zur Rechenschaft gezogen werden sollte, nicht durchgesetzt. Die stark erweiterte Street Crime Unit ist Bürgermeister Giulianis Lieblingskind, und so überrascht es nicht, dass er die Polizei in Schutz nimmt. Seine politische Rivalin Hillary Clinton hat ihre üblichen nichts sagenden Sowohl-als-auch-Patentlösungen vorgeschlagen, und Kadiatou Diallo, die beeindruckende Mutter des Toten, ist zu untröstlich und zu würdevoll, um irgendetwas zu sagen, was als Ruf nach Rache interpretiert werden könnte.

Aber: Natürlich müssten die vier Polizisten augenblicklich vom Dienst suspendiert werden. Der Gedanke, dass sie ihre Waffen zurückbekommen und mit ihrem schwachen Urteilsvermögen und ihren Machosprüchen («Die Nacht gehört uns») in den Straßen New Yorks wieder auf Streife gehen könnten, ist unvorstellbar schrecklich. Nein, schlimmer: Er ist vorstellbar schrecklich. Nach den Prügeln, die Rodney King in Los Angeles bezog, nach der sexuellen Misshandlung Abner Louimas mit einem Stock und jetzt nach dem Tod Amadou Diallos können sich die Menschen das früher Unvorstellbare allmählich vorstellen.

Tragödien geschehen – »tragische Irrtümer« geschehen –, wenn Menschen der Unvollkommenheit ihrer Natur gemäß handeln, in Erfüllung ihres vorherbestimmten Schicksals. Die Tragödie der vier Mörder Amadou Diallos besteht darin, dass ihre Tat durch ihre vorgefassten Meinungen über Schwarze und arme Wohnviertel möglich wurde, durch eine Theorie der Polizeiarbeit, die sie dazu anhält, hart gegen kleine Gauner vorzugehen, und durch ein soziales Umfeld, in dem der Besitz von Schusswaffen so selbstverständlich ist, dass kaum noch darüber geredet wird. Die Tragödie des Straßenhändlers Amadou Diallo besteht darin, dass er durch Armut und seine Hautfarbe angreifbar war und unschuldig niedergemacht wurde. Und die Tragödie Amerikas besteht darin, dass eine Nation, die die Welt in eine globale Zukunft führen will, in der die amerikanischen Werte der Freiheit und Gerechtigkeit jedem zugute kommen, es so oft und so fatal versäumt, diese Freiheit und diese Gerechtigkeit innerhalb der eigenen Grenzen zu garantieren.

April 2000: Elián González

Wenn die Phantasie der Welt sich mit einer so erschütternden menschlichen Tragödie wie der von Elián González beschäftigt, dem sechs Jahre alten Flüchtlingsjungen, der einen Schiffbruch überlebte, nur um anschließend tief im politischen Sumpf des kubanisch-amerikanischen Florida zu versinken, trachtet sie unwillkürlich danach, sich in Herz und Verstand jedes der an dem Drama beteiligten Menschen zu versetzen.

Jede Mutter und jeder Vater kann sich bis zu einem gewissen Grad vorstellen, was Eliáns Vater Juan Miguel González in Eliáns Heimatstadt Cárdenas durchgemacht hat – den Schmerz über den Verlust des erstgeborenen Sohnes, der erst nach sieben Fehlgeburten zur Welt kam, sodann die Freude darüber, dass Elián wie durch ein Wunder überlebt hatte und in einem Schwimmreifen auf Florida zutrieb, und schließlich der ungeheure Schock, als ihm eine Horde fremd gewordener Verwandter und wildfremder Menschen mitteilte, sie seien entschlossen, sich zwischen ihn und sein Kind zu stellen.

Vielleicht bringen wir auch ein gewisses Verständnis für Eliáns aus den Fugen geratene seelische Verfassung auf. Der Junge musste mit ansehen, wie seine Mutter im dunklen Ozean versank, und er ist seit langem von seinem Vater getrennt. Wer könnte Elián einen Vorwurf daraus machen, dass er sich jetzt an die Menschen klammert, die sich in Miami um ihn kümmern, dass er sich verzweifelt an ihnen festhält wie zuvor an dem Rettungsring? Wenn er sich im Garten seines neuen Zuhauses in Florida eine Art provisorisches

Glück zurechtgebastelt hat, sollten wir das als einen psychischen Überlebensmechanismus ansehen und nicht als einen dauerhaften Ersatz für die Liebe seines Vaters.

Und wenn Politiker mit dem Leben eines kleinen Jungen Politik spielen, dann will das niemandem so recht gefallen, aber es ist auch niemand sonderlich überrascht. Al Gore interveniert mit dem schlecht durchdachten Plan, Elián und seinen Vater zu amerikanischen Staatsbürgern zu machen (was Juan Miguel González sofort ablehnt), und wir wissen, dass er – vergeblich, das ist so gut wie sicher – versucht, ein paar Stimmen von kubanischen Republikanern zu gewinnen. Der Bürgermeister von Miami-Dade County, Alex Penelas, erklärt unverantwortlicherweise, seine Polizeikräfte würden einer Anordnung, Elián seinem Vater zurückzugeben, auf keinen Fall Folge leisten, und wir wissen, dass auch er damit seine eigene Klientel bedient. Fidel Castro hält mehrere Volksreden, in denen er Elián zu einem Symbol kubanischen Nationalstolzes und der Torheit des Auswanderns in die USA macht, und auch das wundert uns nicht.

Elián González ist zum Spielball der Politiker geworden. Wem solches widerfährt, der ist die längste Zeit als lebender, fühlender Mensch betrachtet worden. Ein Ball ist ein unbelebter Gegenstand, dazu bestimmt, hierhin und dorthin getreten zu werden. Man wird also, was Elián in den Äußerungen der meisten geworden ist, die sich in seinem Fall zu Wort gemeldet haben – nützlich, aber im Wesentlichen ein Gegenstand. Man wird zum lebenden Beweis für den Hang der Vereinigten Staaten zu gerichtlichen Auseinandersetzungen oder für den Stolz und die politische Kraftmeierei einer mächtigen Immigrantengemeinde. Man wird zum Ort eines Kampfes zwischen der Herrschaft des Mobs und der Herrschaft des Gesetzes, zwischen einem rabiaten Antikommunismus und einem Dritte-Welt-Antiimperialismus. Man wird beschrieben und nochmals beschrieben, auf Parolen reduziert und verfälscht, bis man für die heulenden Kombattanten fast aufhört zu existieren. Man wird eine Art Mythos, ein leeres

Gefäß, in das die Welt ihre Vorurteile gießen kann, ihr Gift und ihren Hass.

Dies alles ist mehr oder minder begreiflich. Was jedoch in den Köpfen von Eliáns Verwandten in Miami vorgeht, das ist kaum nachzuvollziehen. Die Blutsverwandten des armen Jungen haben sich dafür entschieden, ihre ideologischen Ansichten über das offenkundige und dringende Bedürfnis des Jungen zu stellen, seinen Vater zurückzubekommen. Das erscheint den meisten von uns unbeteiligten Zuschauern als eine hässliche, unnatürliche Entscheidung. Es gibt – zum Beispiel in einem eindrucksvollen Artikel von Gabriel García Márquez in der *New York Times* – überzeugende Belege dafür, dass Juan Miguel González ein liebevoller Vater ist; wenn also die Anwälte der Verwandten in Miami seinen Charakter in Zweifel ziehen, ist das nicht sehr glaubwürdig. Sicher, es gibt auch Hinweise darauf, dass Juan Miguel von Castro für politische Zwecke benutzt wird, aber das würden die meisten von uns mit einem Achselzucken quittieren. Und auch wenn es sich bei Señor González um einen eingefleischten Kommunisten der Sorte handelt, die bei den Exilkubanern in Florida besonders verhasst ist, ändert das nichts daran, dass es richtig ist, ihm seinen Sohn zurückzugeben, und die gegenteilige Meinung glattweg als unmenschlich bezeichnet werden muss. Wenn die Verwandten in Miami durchblicken lassen, Elián werde einer Gehirnwäsche unterzogen, wenn er nach Hause zurückkehrt, kommt uns der Verdacht, dass sie noch engere Scheuklappen tragen als die Ideologen, die sie in Grund und Boden verdammen.

Am Ende seines Artikels beklagt García Márquez den Schaden, »den Elián González infolge der kulturellen Entwurzelung, der er unterworfen wird, an seiner geistigen Gesundheit nehmen muss«. Dieser routinierte Seitenhieb auf die USA schießt sicherlich weit übers Ziel hinaus. Präsident Clinton, Justizministerin Janet Reno und die amerikanischen Bundesgerichte haben während der ganzen langwierigen Krise einen vernünftigen Standpunkt eingenommen, und auch die amerikanische Öffentlichkeit ist überwiegend der Meinung, dass Elián zu seinem Vater gehört. Das ist weitaus lobenswerter als die Entscheidungen deutscher Behörden, die es in letzter Zeit in mehreren bekannt gewordenen Fällen abgelehnt haben, Kinder ihren nichtdeutschen, im Ausland lebenden Eltern zurückzugeben.

Eliáns Geschichte ist eindeutig keine amerikanische, sondern eine kubanische Tragödie. Und, ja, sicher, »kulturelle Entwurzelung« steht dabei im Mittelpunkt, aber nicht im Sinne von García Márquez. Die Entwurzelung durch den Weggang von ihrer Insel in der Sonne hat offenbar am meisten den Exilkubanern in Miami geschadet. Aus ihrer Flucht vor der Tyrannei ist, so hat es den Anschein, eine Flucht nicht nur vor der Vernunft, sondern auch vor schlichter Menschlichkeit geworden.

Mai 2000: J. M. Coetzee

Nur hin und wieder erschließt ein Werk der Literatur seinen Lesern ein klareres, tieferes Verständnis der undurchsichtigen Ereignisse, über die in Presse und Fernsehen berichtet wird und deren verschattete Wahrheiten vom schwachen Licht des Journalismus kaum erhellt werden. E. M. Forsters *Auf der Suche nach Indien* hat uns gelehrt, dass die großen öffentlichen Streitigkeiten der Geschichte es dem Einzelnen unmöglich machen können, sich seinen Privatfrieden zu schaffen. Die Geschichte verbietet die Freundschaft zwischen dem Engländer Fielding und dem indischen Arzt Aziz. »Noch nicht, noch nicht«, wehrt Aziz ab. Nicht, solange die große Ungerechtigkeit des Imperialismus zwischen uns steht. Nicht, ehe Indien frei ist.

Nach dem Zweiten Weltkrieg hatten viele deutsche Dichter und Romanschriftsteller das Gefühl, dass ihre Sprache vom Nationalsozialismus in Trümmer gelegt worden war, so gründlich wie die vom Bombenhagel verwüsteten Städte. Die »Trümmerliteratur«, die sie schufen, war der Versuch, die deutsche Literatur Stein für Stein wieder aufzubauen.

Nun, da die weißen Grundbesitzer in Simbabwe die Nachwehen der Kolonialherrschaft zu spüren bekommen und Kenia und Südafrika die Vorgänge besorgt beobachten, könnte man J. M. Coetzees gefeierten Roman *Schande* als ein weiteres Werk verstehen, das eine ganze Epoche definiert, als eine Linse, durch die wir vieles, was vorher verschwommen war, klarer erkennen. *Schande* ist die Geschichte von David Lurie, einem weißen Professor, der seine Stellung verliert, nachdem eine Studentin, mit der er eine Reihe freudloser sexueller Begegnungen hatte, ihn der sexuellen Belästigung bezichtigt hat. Lurie zieht zu seiner Tochter Lucy auf deren entlegene kleine Farm, wo sie von einer Gruppe Schwarzer überfallen und schwer misshandelt werden. Die Folgen dieses Überfalls erschüttern Lurie zutiefst und verdüstern seine Sicht der Welt.

Schande greift in gewisser Weise sowohl auf die Forster'sche Vision vom indischen Kampf um Unabhängigkeit als auch auf die deutsche Trümmerliteratur zurück. In Lucys scheinbarer Bereitschaft, ihre Vergewaltigung als den Versuch der Angreifer hinzunehmen, an ihrem Körper die notwendige historische Rache zu vollziehen, hören wir ein weit schrilleres, dissonanteres Echo von Dr. Aziz' »noch nicht«. Und Lurie glaubt (wie, so muss man annehmen, sein Schöpfer), dass die englische Sprache nicht mehr fähig ist, die Realität im südlichen Afrika abzubilden.

Die beinharte Sprache, die Coetzee für sein Buch gefunden hat, wird weithin bewundert, ebenso wie sein unerschrockener Blick. Das Buch erfüllt zweifellos die erste Anforderung an einen großen Roman: Es erschafft auf eindrückliche Weise eine Dystopie, die der Summe der uns zur Verfügung stehenden imaginierten Welten eine weitere hinzufügt und dadurch den Bereich des für uns Denkbaren erweitert. Wenn wir von Lurie und Lucy und ihrem gefährdeten, abgelegenen Stückchen Land lesen, können wir uns besser in die Lage jener weißen Farmer in Simbabwe einfühlen, an denen die Geschichte Rache nimmt. Wie der Byron'sche Lucifer – in dessen Namen sowohl »Lurie« als auch »Lucy« enthalten sind – handelt Coetzees Protagonist »impulsiv, und woher seine Impulse kommen, weiß er nicht«. Er hat, vielleicht, ein »wahnsinniges Herz« und glaubt an etwas, das er »das Recht zu begehren« nennt. Daher wirkt er leidenschaftlich, aber in Wahrheit ist er in einem fast somnambulistischen Ausmaß kalt und distanziert.

Diese kalte Distanziertheit, die auch den Stil des Romans kennzeichnet, ist das Problem. Die »Trümmerliteratur« hat die Sprache nicht nur bis aufs Knochengerüst entblößt. Sie hat diese Knochen mit neuem Fleisch umkleidet, vielleicht weil ihre Vertreter sich einen gewissen Glauben an diese Sprache bewahrt hatten, ja eine Liebe zu ihr und der Kultur, in der ihre erneuerte Sprache aufblühen sollte. Da ihm dieser liebende Glaube fehlt, klingt der Diskurs von *Schande* herzlos, und dieses Manko kann auch all seine Intelligenz nicht wettmachen.

Wer aufgrund von Impulsen handelt, deren Quelle er nicht zu kennen behauptet, und seine Übergriffe auf Frauen mit einem »Recht zu begehren« rechtfertigt, macht aus seelischen und moralischen Defiziten eine Tugend. Dass eine Romanfigur sich damit rechtfertigt, ihre eigenen Motive nicht zu verstehen, ist eine Sache, dass der Autor diese Rechtfertigung billigt, eine ganz andere.

In *Schande* versteht keiner den anderen. Lurie versteht Melanie nicht, die Studentin, die er verführt, und sie versteht ihn nicht. Er versteht seine eigene Tochter nicht, und umgekehrt gehen sein Handeln und seine Begründung dieses Handelns über Lucys Begriffe. Er versteht sich am Anfang selbst nicht, und er wird bis zum Schluss des Romans auch kein bisschen klüger.

Die Beziehungen zwischen den Rassen werden auf dem gleichen Niveau der Unkenntnis abgehandelt. Die Weißen verstehen die Schwarzen nicht, und die Schwarzen sind nicht daran interessiert, die Weißen zu verstehen. Kein einziger der in dem Buch vorkommenden Schwarzen – nicht Petrus, der »Gärtner-und-Hunde-Mann«, der auf Lucys Farm arbeitet, und ganz gewiss nicht die Bande der Angreifer – wird zu einem lebenden, atmenden Menschen entwickelt. Petrus kommt diesem Ziel noch am nächsten, aber seine Motive bleiben rätselhaft, und durch seine bloße Gegenwart wird er im Verlauf des Romans immer bedrohlicher. Für die Weißen in dem Roman sind überhaupt dessen schwarze Bewohner vor allem eine Bedrohung – eine historisch gerechtfertigte Bedrohung. Weil die Weißen früher die Schwarzen unterdrückt haben, so wird insinuiert, müssen wir jetzt akzeptieren, dass die

Schwarzen die Weißen unterdrücken. Auge um Auge, und so wird die ganze Welt blind.

Das ist also die viel gepriesene Offenbarung dieses Romans: die einer Gesellschaft wechselseitigen Nichtverstehens, die unausweichlichen historischen Zwängen unterworfen ist. Diese Weltsicht ist in sich durchaus kohärent – kohärent in ihrer Privilegierung der Inkohärenz, bemüht, ihre Blindheit in eine Art metaphorische Einsicht umzumünzen.

Wenn es den von einem Autor erfundenen Wesen an Verständnis mangelt, wächst ihm die Aufgabe zu, dem Leser die Einsichten zu vermitteln, die seinen Figuren fehlen. Tut er dies nicht, wird sein Werk nicht Licht in die Dunkelheit bringen, sondern selbst zu einem Teil der Dunkelheit werden, die es beschreibt. Dies ist die beklagenswerte Schwäche von *Schande*. Der Roman bringt letzten Endes nicht genug Licht in das, wovon er berichtet. Aber immerhin hilft uns das Berichtete ein wenig, das Buch zu verstehen.

Juni 2000: Fidschi

»Die wollen uns unser Land wegnehmen.« Diese emotionale Anklage erheben der gescheiterte Geschäftsmann George Speight und seine gewalttätige Putschistenhorde gegen Fidschis indischstämmige Minderheit im Allgemeinen und gegen die abgesetzte Regierung von Mahendra Chaudhry im Besonderen. Es ist eine der bittern Ironien des Zeitalters der Migration, dass Speights Betonung der grundlegenden kulturellen Bedeutung von Landbesitz für Menschen indischer Herkunft durchaus zu verstehen ist. (Er geht jedoch zu weit, und indem er das, was man als die rassischen Merkmale von Land bezeichnen könnte, so sehr in den Vordergrund stellt – denn Speight geht offenbar davon aus, dass das Land seinem Wesen nach ethnisch fidschianisch ist –, gleitet er in Bigotterie und Torheit ab.)

Land, Heimat, Besitz: Für Inder haben diese Worte von jeher eine besonders tiefe Bedeutung gehabt. Indien ist ein Kontinent tief verwurzelter Völker. Nicht nur besitzen Inder den Boden unter ihren Füßen; er besitzt auch sie. Eine orthodoxe Hindu-Überlieferung besagt sogar, dass jeder, der das »schwarze Wasser« – den Ozean – überquert, augenblicklich seiner Kaste verlustig geht. Die so genannte indische Diaspora, die dadurch entstanden ist, dass Inder ihr übervölkertes Land verlassen und sich in alle Himmelsrichtungen – und eben auch auf die Fidschi-Inseln – verbreitet haben, ist so gesehen ein höchst merkwürdiges Phänomen. Doch die Wanderungen der Inder über den ganzen Planeten ist eine der großen Sagas unserer Zeit, ein Epos voller Missgeschicke. Idi

Amins bösartige Vertreibung der ugandischen Asiaten, die Spannungen zwischen der schwarzen und der indischen Bevölkerung Trinidads und Südafrikas, die Diskriminierung der Pakistaner in Großbritannien, die schlechte Behandlung indischer Arbeiter in den Golfstaaten und jetzt Fidschi – die Schlussfolgerung liegt nahe, dass die Welt es auf diese hart arbeitenden Migranten und Nachkommen von Migranten abgesehen hat, deren Entschlossenheit, ihren Familien ein besseres Leben zu ermöglichen, irgendwie als anstößig empfunden wird.

In den Vereinigten Staaten sprechen viele Inder fast beschämt darüber, dass ihnen hier rassisch motivierte Schwierigkeiten erspart bleiben; da sie nicht zur Zielscheibe des amerikanischen Rassismus wurden, waren sie noch bis vor kurzem als Gemeinde fast unsichtbar, und dieser Unsichtbarkeit verdanken sie es vermutlich, dass sie nicht verfolgt wurden und werden. Aber es hat auch Triumphe gegeben. Mit jeder Generation sind die Inder zu einem festeren Bestandteil von Großbritannien geworden, ohne ihre Identität einzubüßen, und in Amerika hat die Tatsache, dass Silicon Valley mehr oder minder von jungen indischen Computergenies übernommen wurde, Aufmerksamkeit und Bewunderung erregt.

In der Inselrepublik Fidschi ist die jahrhundertealte indische Präsenz eine Erfolgsstory. Inder haben die Zuckerindustrie aufgebaut, die wichtigste Ressource des Landes; und wie die Opposition der indigenen Fidschianer gegen Speights Umsturzversuch zeigt, sind die Beziehungen zwischen einheimischen und indischstämmigen Bevölkerungsteilen keineswegs so schlecht, wie die Rebellen glauben machen wollen. Im Parlament der Fidschi-Inseln hatte die Regierung Chaudhry achtundfünfzig von einundsiebzig Abgeordneten hinter sich. Zwölf der achtzehn Mitglieder des entlassenen Kabinetts waren indigene Fidschianer. Die Regierung Chaudhry war also keineswegs eine sektiererische Regierung von Indern, die sich die Fidschianer untertan gemacht hätte. Sie stellte eine echte kulturelle Mischung dar. Seit ihrer Absetzung versuchen jedoch die Speight-Putschisten, unterstützt von dem feigen

Großen Stammesrat und dem Kriegsrecht-Regime von Commodore Bainimarama, Fidschi wieder in seine rassistisch intolerante Vergangenheit zurückzuziehen. Es kam allenthalben zu Gewalttätigkeiten. Viele Inder sagen jetzt, sie werden das Land verlassen müssen. Unterdessen sinkt die Qualität der Debatte von Tag zu Tag. Speights Spießgesellen verweisen billigend auf Mugabes Enteignungskampagne in Simbabwe und sagen, die Briten sollten die Verantwortung für die Inder übernehmen, die sie nach Fidschi gebracht haben, so wie sie auch die enteigneten weißen Simbabwer entschädigen »sollten«.

Durch derlei Unsinn wird gründlich verschleiert, worum es bei der Landbesitzfrage eigentlich geht. Die Wahrheit ist, dass die Fidschi-Inder nach hundert Jahren natürlich jedes Recht haben, als Fidschianer behandelt, also auf eine Stufe mit den indigenen Fidschianern gestellt zu werden. Die Inder vom Landbesitz auszuschließen ist eine grobe Ungerechtigkeit – das Land befindet sich, vor allem auf der Hauptinsel Viti Levu, zum größten Teil im Besitz von Fidschianern, ist jedoch durch Verträge mit einer Laufzeit von neunundneunzig Jahren an Inder verpachtet. Viele dieser Verträge müssen demnächst erneuert werden, und Speights Plan, die Zuckerfarmen zu übernehmen, sobald die Pachtverträge der Inder auslaufen, verschlimmert diese Ungerechtigkeit.

Britische Inder kämpfen darum, als Briten anerkannt zu werden, und den Indern in Uganda ist großes Unrecht geschehen, als Amin sie als »Ausländer« aus dem Land jagte. Eingewanderte Völker bleiben nicht bis in alle Ewigkeit Fremde. Irgendwann besitzt ihr neues Land sie, so wie es früher ihr Ursprungsland tat, und sie haben ihrerseits das Recht, es zu besitzen. »Wir wollen nicht, dass Fidschianer gegen Fidschianer kämpfen – unser gemeinsamer Feind sind die Inder«, sagt Speight, aber die ironische Folge dieser Spielart ethnischer Säuberung ist, dass die Fidschianer und die Inder in West-Fidschi, dem wohlhabendsten Teil des Landes, in dem die meisten Zuckerrohrfelder, einige Goldminen und die besten Touristenorte liegen, dabei sind, sich gegen ihn zu verbünden.

Eine Sezession wird ernsthaft diskutiert. Die erstaunlich unfähige politische Klasse Fidschis könnte daher schon bald vor einer schmerzlichen Alternative stehen: entweder von der im Grunde genommen rassistischen Vorstellung abzulassen, ihr Land stehe ausschließlich einer ethnisch definierten Gruppe zu, oder den besten Teil dieses Landes an diejenigen zu verlieren, die die Bigotterie, und die Schwäche, dieser Klasse unerträglich finden.

Juli 2000: Sport

Frankreich ist das mächtigste Land Europas und wahrscheinlich im Augenblick sogar der Welt, obwohl Brasilien dies bestreiten würde. Die Deutschen, sonst so tüchtig und gut organisiert, sind einer ganz untypischen Konfusion anheim gefallen. Die Italiener haben Stil, sind aber von Natur aus zutiefst defensiv. Die Holländer sind manchmal streitsüchtig, aber, wenn sie in Hochform sind, mit Abstand die artistischsten Europäer; Belgien ist vergleichsweise fade. Spanien ist hoch begabt, bleibt aber auf den höchsten Ebenen immer wieder hinter den Erwartungen zurück. Dänemark, Norwegen und Schweden sind offenbar auf dem Abstieg. Jugoslawien und Kroatien können sich (wie Argentinien) versteckter Brutalitäten schuldig machen. Die Türkei, Nigeria und die führenden arabischen Länder ziehen zusehends mit Europa und Südamerika gleich, während Japan und die USA nach wie vor mehr oder minder zweitklassige Länder sind. Und die Engländer – ach, die Engländer! – sind hausbacken, taktisch naiv und natürlich Hooligans.

Die Welt aus der Sicht des Fußballs unterscheidet sich, wie der gesamte Sportteil-Kosmos, ein wenig von dem Bild der Wirklichkeit, das die Nachrichtenseiten entwerfen, ist aber auf den ersten Blick erkennbar, außer in den wenigen noch fußballfreien Winkeln der Erde. Und in unserer von medienwirksamen knappen Statements dominierten Epoche haben die groben Nationalklischees, die der Sport hervorbringt, längst auch die Funktion, nicht nur unsere Sichtweise von der Sportarena, sondern auch die von der

»realen« Welt zu beeinflussen. Sie wirken sich sogar darauf aus, wie wir – auch dann, wenn wir völlig unsportlich sind – uns selbst betrachten.

Sportlicher Erfolg kann die erstaunlichsten sozialen und sogar politischen Auswirkungen haben. Vor ein paar Jahren war viel die Rede vom Schwinden des kulturellen und nationalen Selbstbewusstseins in Frankreich, von einer Art Identitätskrise der Franzosen. Die Fußballweltmeisterschaft vor zwei Jahren und jetzt der Triumph bei der Europameisterschaft letzte Woche hat all dieses Gerede verstummen lassen. Und die Genialität des französischen Muslim-Superstars Zinedine Zidane, der das Siegestor im Endspiel der Weltmeisterschaft erzielte und jetzt Vorbild der Europameisterschaftsteilnehmer war, hat mehr dafür getan, die Haltung der Franzosen zu ihrer muslimischen Minderheit zu verbessern und die politischen Erfolge der Ultra-Rechten zu schmälern, als es tausend Politikerreden jemals vermögen.

Auch die Auswirkungen sportlicher Niederlagen reichen weit über das Spielfeld hinaus. So hat England auf die Mittelmäßigkeit seiner Fußball-Nationalmannschaft und den Vandalismus ihrer Anhänger mit einem Anfall von Selbstkritik und Selbstanklage reagiert, der an die düstere Weltanschauung von A. A. Milnes unsterblichem I-aah-Esel denken lässt. Nicht nur können die englischen Fußballer nicht Fußball spielen, auch die englischen Tennisstars können nicht Tennis spielen, und einer von ihnen ist ohnehin Kanadier.

In dieser I-aah-Stimmung wirken sogar Siege wie extreme Formen der Niederlage. Das englische Cricket-Team gewinnt tatsächlich ein Test-Match, aber der I-aah-Esel weist darauf hin, dass die Engländer, wenn sie verlieren, und sie verlieren meistens, die Hucke voll bekommen, und wenn sie siegen, was selten genug vorkommt, dann nur um Haaresbreite. Das englische Rugby-Team schlägt das mächtige Südafrika, und die I-aah-Antwort lautet: Ja, schon, aber sie schaffen es nicht *regelmäßig*, es ist nur ein Strohfeuer. Der Weltmeister im Schwergewichtsboxen ist Brite, aber

I-aah nörgelt, dass auch Lennox Lewis mit transatlantischem Akzent Englisch spricht.

In einem Punkt herrscht anscheinend Einigkeit unter den Kommentatoren. Die – glänzende oder klägliche – sportliche Leistungsbilanz einer Nation hat wie das Verhalten ihrer Fans Ursprünge, die weit vom geschlossenen Universum des Sports selbst entfernt sind. Sie wurzelt tief in der »Kultur«.

Kultur ist heute unser Ersatz für Ideologie. Wir leben in einem Zeitalter der Kulturkriege, von Gruppen, die immer engere Selbstdefinitionen von Kultur benutzen, als Schild und als Schwert. Kultur ist empfindlich. Ein falsches Wort, und man wird von diesem oder jenem Kulturkommissar des Rassismus bezichtigt. (In Philip Roths meisterlichem neuen Roman *Der menschliche Makel* lautet dieses falsche Wort *spooks* [«dunkle Gestalten«], in einem Bericht der *New York Times* aus Akron, Ohio, letzte Woche war es *niggardly* [«knauserig«].)

Heutzutage ist alles Kultur. Essen ist Kultur, Religion ist Kultur, und Gärtnern natürlich auch. Lifestyle ist Kultur, Politik ist Kultur und Rasse ist Kultur, und dann gibt es noch eine ausufernde Fülle sexueller Kulturen, nicht zu vergessen die Subkulturen. Sport ist, natürlich, eine wichtige Kultur. Wenn sich britische (und, in begrenzterem Ausmaß, andere) Schlägertypen in Holland und Belgien wie die Vandalen aufführten, machte man ihre Kultur dafür verantwortlich, und niemand sah die Ironie, die darin lag, dass dieser Ausdruck zur Erklärung der Schandtaten durch und durch unkultivierter Individuen benutzt wurde. Aber wenn das Rowdytum jetzt auch schon eine Kultur ist, dann hat das Wort endgültig jeden Sinn verloren. Was aber nur eine Rolle spielt, wenn man der Meinung ist, Kultur sei etwas anderes, etwas, das mit Kunst, Phantasie, Bildung und Ethik zu tun hat, etwas, das die Wahrnehmungsfähigkeit erweitert, statt sie zu beschränken, das uns befähigt, über die nationalen Klischees hinaus die viel größere Komplexität des realen Lebens zu sehen, in der nicht alle Italiener defensiv und nicht alle Deutschen tüchtig sind und England, das arme England, nicht durch seine Sportler, Schläger und I-aah-Esel definiert wird, in der *spooks* und *niggardly* keine rassistischen Wörter sind, Subtilität höher geschätzt wird als medienwirksame Statements und ein Spiel einfach nur ein Spiel ist.

August 2000: Zwei Abstürze

Das Leben hat inzwischen eine solche Geschwindigkeit erreicht, dass es uns unmöglich ist, uns länger auf irgendetwas zu konzentrieren. Jeder Nachricht über ein aktuelles Ereignis muss eine Kurzfassung beiliegen, die uns die Bedeutung dieses Ereignisses erklärt und es in der entsprechenden Schublade unterbringt, damit wir uns weiterhin der beruhigenden Illusion hingeben können, wieder einmal etwas verstanden zu haben. In den Tagen nach zwei katastrophalen Abstürzen, dem des Nahost-Friedensprozesses und dem der Concorde der Air France, hat ein Heer von Kommentatoren versucht, solche prägnanten Kurzfassungen (vorzugsweise nicht länger als eine Postkarte) zu liefern.

Von den beiden Katastrophen gibt der Concorde-Absturz seine Instant-Botschaft am bereitwilligsten preis. Er bedeutet, so versichern uns unzählige Experten, das Ende des Traums von der Zukunft. In einer Welt, in der noch nie eine Concorde abgestürzt war, verkörperte dieses eleganteste aller Flugzeuge unsere Träume von unseren unbegrenzten Möglichkeiten. In der neuen Wirklichkeit, die im französischen Gonesse noch immer am Boden schwelt, müssen wir unsere Erwartungen zurückschrauben. Grenzenlosigkeit kann tödlich sein. Das sagen uns die Bilder. In unseren Flugzeugen, unserem Leben, unseren Phantasien davon, was sein könnte, müssen wir uns von dem Gedanken verabschieden, immer neue Grenzen niederreißen zu können. Für eine kurze fabelhafte Zeitspanne waren wir über uns selbst hinausgewachsen. Jetzt hat uns die Erde wieder.

Unglücklicherweise scheint der andere Absturz nach eingehender Analyse genau das Gegenteil zu bedeuten. Überall, wo ich im Lauf der letzten ein, zwei Wochen gewesen bin, und in vielem von dem, was ich gesehen, gehört oder gelesen habe, tauchte immer wieder eine Frage auf: Wenn es von Ihnen abhinge, wie würden Sie das Jerusalem-Problem lösen? Und in den Tischgesprächen und den politischen Feuilletons herrscht offenbar Konsens darüber, dass aus diesem uralten Ort eine freie Stadt werden muss, eine World City, weder israelisch noch palästinensisch, sondern Hauptstadt von beidem. Klingt vernünftig und letzten Endes auch machbar. Ja, doch, der Gedanke gefällt uns ... was sagen Sie? Es gibt eine sensationelle Neuigkeit? ... Schnell, schalten Sie CNN ein.

... Gut, meinetwegen, wenn Sie unbedingt wollen, können wir noch ein bisschen tiefer in das Thema eindringen. Die Sache ist eigentlich ganz einfach. Die Regierung Barak hat bereits ein Stück weit nachgegeben, aber die Vereinigten Staaten müssen Israel noch in den Schwitzkasten nehmen, bevor es sich zu diesem weitergehenden Zugeständnis bereitfindet. Und, ja, sicher, Arafat war unnachgiebig, zum Teil deswegen, weil Hosni Mubarak seine wichtigsten Förderer auf die Hardliner-Position – entweder wir kriegen Ost-Jerusalem, oder mit uns geht gar nichts – eingeschworen hatte. Also müssen die Vereinigten Staaten auch die arabischen Staaten in den Schwitzkasten nehmen, bis sie der Einzig Möglichen Lösung zustimmen ...

... Es ist nämlich so: Manchmal müssen Menschen größer sein als das, was sie zurückhält. Wir, sie, müssen aus uns selbst, aus sich selbst heraus die Kraft finden, über den eigenen Schatten zu springen. Denn Frieden ist der Traum von der Zukunft und darf niemandem verweigert werden ...

Instant-Analytiker stehen also vor einem scheinbaren Schwarzweiß-Widerspruch. Wenn der Concorde-Absturz richtig gedeutet wurde, dann ist das Zerplatzen von Menschheitsträumen unausweichlich. Deshalb wird es auch keinen Frieden im Nahen Osten geben. Und wenn die Intifada in gewalttätigerer Form wiederkehrt – weil die Palästinenser jetzt mit Waffen statt mit Steinen kämpfen können –, wird Israel mit aller Kraft zurückschlagen, und die Region wird an den Rand eines Krieges geraten. Lässt sich dagegen das freie Nach-Camp-David-Jerusalem herbeizaubern, werden wir alle daraus neue Hoffnung schöpfen, verbunden mit der Neuerfindung der Idee der Zukunft als eines potenziellen Star-Trek-Utopia, in dem technologische Wunder – sicherere, billigere Concordes, vielleicht Concordes für alle – Hand in Hand mit einer universalistischen, auf Brüderlichkeit gegründeten Philosophie der zwischenmenschlichen Beziehungen erscheinen werden.

In Wirklichkeit existiert der Widerspruch jedoch nicht. In der realen Welt ist die Gegenwart stets unvollkommen und die Zukunft (fast) immer ein Reich der Hoffnung. Das Problem liegt in der Art, wie wir alle meinen, auf die Nachricht reagieren zu müssen. Ist es etwas Gutes? Ist es etwas Schlechtes? Wie wirkt es sich für uns aus? Was sagt es uns über uns selbst? Oder über die andere Seite? Was ist der springende Punkt? Wessen Schuld ist es? Gib mir die Fernbedienung. Lass uns surfen! In ihrem berühmten Essay »Krankheit als Metapher« hat Susan Sontag auf die Gefahren dieses quasi-mystischen Denkens hingewiesen, wie es sich beispielsweise darin äußert, dass Krankheiten als Fluch oder Strafe aufgefasst werden. Dieses Argument ist auch auf die Nachrichten anwendbar oder besser gesagt auf die derzeit gängige Manie, eine symbolische Bedeutung in schlagzeilentauglichen Nachrichten finden zu wollen. Die Nachricht als Instant-Metapher macht aus einer zufälligen Katastrophe wie einem Flugzeugabsturz ein Ereignis von allgemeiner kultureller Signifikanz, oder – noch gefährlicher – sie überinterpretiert Ereignisse wie die Verhandlungen von Camp David so lange, bis die überlagerten Resonanzen und Echos die schwierige, halb gelöste, halb blockierte Sache selbst unkenntlich machen.

Die Nachricht als Instant-Metapher ist außerordentlich emotional, oft politisch verfälscht und unweigerlich seicht. Sie idealisiert und dämonisiert ihren Gegenstand und stumpft unsere Reaktionen ab oder entzündet sie. (Der niederträchtige Mord an der jungen Sarah Payne in England, totemartig dargestellt als Symbol der vom Bösen bedrohten Unschuld, hat Teile der britischen Medien in einen schäumenden Lynchmob verwandelt.)

Die britische Regierung – und nicht nur sie – ist vor kurzem dafür angegriffen worden, dass sie sich mehr mit »Spin« als mit Substanz, mehr mit Präsentation als mit Realität beschäftigt, mit anderen Worten also dafür, dass sie Regieren als Metapher betreibt. Aber wenn die kommentarlastigen Nachrichtenmedien selbst – provokante Meinungskolumnen, und seien sie noch so gekonnt geschrieben, sind nun einmal wesentlich billiger als altmodischer Journalismus – nicht so darauf versessen wären, die Nachrichten so lange durchzuquirlen, bis ein wabernder Nebel daraus wird, könnten wir auch klarer durch die Nebelschleier und Spiegelungen der politischen »Spin Doctors«, der Strippenzieher, sehen.

September 2000: Senator Lieberman

Nach Niccolò Machiavellis klassischem Handbuch der Realpolitik, *Der Fürst*, sollte ein Fürst nicht religiös sein, wohl aber darin geübt, Religiosität vorzutäuschen. Es wäre eine gewisse Erleichterung im gottgeplagten amerikanischen Wahlkampf dieses Jahres, wenn sich herausstellte, dass die verschiedenen Kandidaten es mit ihren öffentlichen Glaubensbekenntnissen eigentlich nicht so ernst meinen. Ginge es ihnen nur darum, in den Augen des notorisch religiösen amerikanischen Wählers möglichst gut auszusehen, könnte man sich fast dazu durchringen, ihnen ihre Bekundungen nachzusehen. Dass Politiker zynisch sind, ist schließlich nichts Neues, und überhaupt ist Zynismus immer noch besser als Scheinheiligkeit.

Aber den Gefallen tun sie uns leider nicht. Bill Clinton ist ja vielleicht wirklich ein tief gläubiger Mensch, aber durch die schiere Begeisterung und Häufigkeit, mit der er seine Sünden beichtet, und die bestechende Beredsamkeit und filmreife Darbietung seiner Reuige-Sünder-Nummer hat er die Glaubensgewohnheiten des Ersten Mannes auf das Niveau von erstklassigem Show-Biz emporgehoben. Seinen Nachfolgern, von denen keiner mit dem legendären Clinton'schen Charisma und Flair gesegnet (oder geschlagen) ist, bleibt nichts anderes übrig, als zu sagen, was sie meinen, und das bedeutet leider auch, dass sie meinen, was sie sagen.

Dem wahrhaft machiavellinischen Kandidaten wären zum Beispiel die Meinungsumfragen aufgefallen, die durchgeführt wurden, nachdem Al Gore sich Senator Joe Lieberman zu seinem Vize erkoren hatte. Angenommen, dieser amerikanische Machiavelli hätte mitgekriegt, dass zwar über neunzig Prozent der Wahlberechtigten sagen, sie könnten sich durchaus vorstellen, für einen schwarzen, einen jüdischen oder einen schwulen Präsidentschaftskandidaten zu stimmen, jedoch nur jeder Zweite es für denkbar hält, einen Atheisten zu wählen – er würde auf der Stelle seine religiöse Lautstärke erhöhen und sich diese Fähigkeit, falls er nicht ohnehin schon ein Meister im Simulieren tiefer Gläubigkeit wäre, schleunigst aneignen.

Und wie aufs Stichwort erscheint Senator Lieberman persönlich, zerrt George Washington aus dem Grab und lässt ihn verkünden, wo keine Religion sei, da gebe es auch keine Moral. Senator Lieberman mag ja vieles sein, ein Machiavelli ist er nicht, wie für jedermann ersichtlich aus der Zwei-linke-Hände-Tölpelhaftigkeit seines Versuchs, die Religion zu einem noch wichtigeren Thema im öffentlichen Leben Amerikas zu machen, als sie es ohnehin schon ist. Seit die Anti-Defamation League ihn wegen seiner Äußerungen angegriffen hat, rudert er hektisch zurück. Auf einmal ist er ganz für die Trennung von Kirche und Staat, ist es schon immer gewesen, wird es immer sein und vertritt auch, Gott behüte, keineswegs die Ansicht, dass Menschen ohne religiösen Glauben auch keine Moral hätten, obwohl er den armen alten George nur aus dem Grab geholt hat, damit er genau das verkündet.

Das alles beunruhigt diejenigen von uns (die Bürger der übrigen Welt), die im November nicht zur Wahl gehen können, deren Schicksal jedoch in erheblichem Umfang von der Entscheidung des amerikanischen Wahlvolks abhängen wird. Wir sind ohnehin schon ziemlich besorgt, weil nur etwa dreißig Prozent der amerikanischen Wahlberechtigten es der Mühe für wert halten, überhaupt zur Wahl zu gehen, und der Gedanke, die wahrgenommene relative Frömmigkeit der Kandidaten könnte den Ausschlag geben, ist nicht dazu angetan, unsere Seelenruhe wiederherzustellen.

In John Frankenheimers klassischem Thriller *Botschafter der Angst* aus den sechziger Jahren versuchen die Feinde Amerikas, das

Weiße Haus unter ihre Kontrolle zu bekommen, indem sie Laurence Harvey, der zuvor einer Gehirnwäsche unterzogen wurde, dazu bringen, für das Präsidentenamt zu kandidieren. Heute wünschen sich sogar die Freunde der USA insgeheim, dass auch der Rest der Welt einen Kandidaten ins Rennen schicken könnte. Wir leben alle unter der Ägide der unangefochtenen Macht des American Empire, und deshalb wird der siegreiche Kandidat auch unser Präsident sein. Von den beiden tatsächlichen Kandidaten würde der Rest der Welt natürlich auf Al Gore setzen. Er ist nicht nur intelligenter als sein Widerpart, er weiß offenbar auch, wo der Rest der Welt liegt, was ihm nach unserer zugegeben eigennützigen Ansicht einen eindeutigen Vorsprung verschafft. Dass George W. Bush nicht einfiel, wie der indische Staatspräsident heißt, war für viele von uns ein ebenso unverzeihlicher Fehler wie Dan Quayles orthographische Probleme mit dem Wort *potato*. Auch dass Bush so gern seine Mitmenschen röstet, gibt Anlass zur Sorge. Es war schon schwer genug, Clinton zu verzeihen, dass er einen geistig Behinderten hinrichten ließ, aber noch schwerer ist es, sich mit George W.s häufigen Menschengrillpartys abzufinden.

Umso bedauerlicher, dass der Freund, den sich Gore ausgesucht hat, um seine Eigenständigkeit zu beweisen, ein Moralapostel ist. Liebermans Angriff auf das Kino im Namen »der Familie« hätte uns stutzig machen sollen. Weder dies noch die Tatsache, dass er Washington als Bauchrednerpuppe missbraucht hat, wird leichter zu vergessen sein als Bushs Unkenntnis von Präsident Narayanans Namen. Al Gore muss seinen Vize dringend daran erinnern, dass Menschen moralisch sein können, ohne fromm zu sein, aus dem einfachen Grund, dass die Moral vor der Ideologie da war – Religion ist eine Möglichkeit, unsere Vorstellungen von Gut und Böse zu ordnen, aber nicht notwendigerweise die Quelle dieser Vorstellungen. Und er sollte Senator Lieberman sagen, dass der Rest der Welt es gern sähe, wenn er sich nicht wie ein Schwachkopf aufführen würde.

Oktober 2000: Der Human Rights Act

Mitte der siebziger Jahre, als der unsägliche Nationality Act im britischen Parlament behandelt wurde, war ich Mitglied einer Delegation, die den konservativen Unterstaatssekretär Geoffrey Finsberg beeinflussen sollte. Das vorgeschlagene Gesetz, so argumentierten wir, sei nicht nur der Intention nach rassistisch, sondern auch ein Akt gesetzgeberischer Wegelagerei. Es würde willkürlich ein neunhundert Jahre altes Geburtsrecht abschaffen, das so genannte *Ius soli*, demzufolge jedem auf britischem Boden Geborenen die britische Staatsangehörigkeit zusteht. Dies sollte durch einen neuen, vielschichtigen Begriff der Staatsangehörigkeit als Geschenk des Staates ersetzt werden. Die »volle« britische Staatsangehörigkeit sollte von dem schwammigen Begriff »Patrialität« – mindestens ein britischer Staatsbürger unter den Großeltern – abhängig gemacht werden, wodurch die meisten weißen Südafrikaner und Simbabwer Anspruch darauf hätten, nicht jedoch viele Inhaber eines britischen Passes, deren Hautfarbe schwarz oder braun ist und deren Großeltern unglücklicherweise in den fernen »Kolonien« aufgewachsen sind.

Dank des Fehlens einer schriftlich niedergelegten Verfassung konnten Finsberg und die Konservativen die Proteste mit einem Achselzucken übergehen, und das Gesetz trat in Kraft. Es wurde als Damm gegen die Flut ausländischer Immigranten dargestellt, und unter dem Schutz solcher Panikmache wurde ein uraltes Recht aller Bürger, Weißer wie Schwarzer, abgeschafft.

Diese Erfahrung überzeugte mich, dass die viel gepriesene »ungeschriebene Verfassung« Großbritanniens das Papier nicht wert ist, auf das sie nicht geschrieben wurde. Als Kind des postkolonialen Zeitalters wusste ich, dass die Briten jeder einzelnen ihrer Kolonien eine schriftliche Verfassung hinterlassen haben; warum sollte Großbritannien selbst darüber erhaben sein? Amerikaner und Europäer finden die britische Vorliebe für vage, undefinierte Freiheiten seit langem nicht nur ungewöhnlich, sondern geradezu bizarr. Wenn diese Dinge es wert sind, dass man sie besitzt, warum um alles in der Welt schreibt man sie dann nicht auf? Doch Initiativen für eine Verfassungsreform wie Charter 88, zu deren Gründungsmitgliedern ich gehörte, wurden von den Medien ins Lächerliche gezogen und stießen auf politische Apathie. Dass wir ganze zwölf Jahre später die Aufnahme eines schriftlichen Human Rights Act in den britischen Rechtskodex feiern, weist auf einen tief greifenden Umschwung im politischen Bewusstsein des Landes hin, und darauf können sich Pressure-Groups wie Charter 88, Liberty, Index on Censorship und Article 19 viel zugute halten. Auch die EU-Mitgliedschaft hat dabei eine Rolle gespielt. Kontinentaleuropäische Freiheitsideen waren unter den Torys verpönt, doch jetzt macht sich nach und nach ihr wohltätiger Einfluss bemerkbar.

Wenn wir noch Beweise dafür bräuchten, dass die Konservative Partei wegen ihrer Kirchturmpolitik unwählbar ist, fänden wir sie reichlich in ihrer Reaktion auf die Bill of Rights. Die Gegenwart der Partei, in Gestalt von Schatten-Innenministerin Ann Widdecombe, ihre Dinosaurier-Vergangenheit, verkörpert durch Lord Tebbit, und ihre Freunde in den Medien haben sich verbündet, um die neue Gesetzgebung zu bekämpfen. Die Gerichte werden mit »frivolen« Klagen überschüttet werden, protestieren sie. Illegale Einwanderer und Kriminelle werden sich die Hände reiben! Und, ach ja, es wird Homosexualität auf dem Schulhof geben, und Polygamie, die Religionen wie der Islam ja sanktionieren, wird kein Verbrechen mehr sein! Diese erstaunliche Demonstration zeigt, in welch tiefe Verwirrung die britische Rechte durch die Vorstellung festgeschriebener Freiheiten gestürzt wird. Der Human Rights Act ist in Schottland schon fast ein ganzes Jahr in Kraft, hat aber keineswegs die Gesellschaftsordnung zerstört. Den Schotten muss die Schwarzmalerei der Konservativen ein Rätsel sein. (Mitteilung an Gegner der Polygamie: Selbst im Islam gibt es juristische Schlupflöcher. Muslimische Länder wie Pakistan, wo die Polygamie nicht toleriert wird, nutzen sie, um die Vielweiberei unter Strafe zu stellen. Wo ein Wille ist, ist auch ein Weg.)

Verteidiger des Human Rights Act heben hervor, wie wichtig die Schaffung einer »Kultur der Freiheit« ist. Das bedeutet offenkundig nicht, dass die Briten Freiheit nicht zu schätzen wüssten. Doch wie der Proteststurm der Torys vermuten lässt, schätzen manche von ihnen sie nicht hoch genug. Eine echte Kultur der Meinungsfreiheit, um nur ein Beispiel zu nennen, hätte schon längst dafür gesorgt, dass das absurde, anachronistische Blasphemiegesetz abgeschafft worden wäre. Dieses Gesetz wurde 1996 am Europäischen Gerichtshof bei dem Prozess um das Video *Visions of Ecstasy* einer Prüfung unterzogen. In der Zeugenaussage, die ich in Straßburg vorlegte, schrieb ich: »Der moderne europäische Begriff der freien Meinungsäußerung wurde von den Intellektuellen der Aufklärung im achtzehnten Jahrhundert im Kampf nicht gegen den Staat, sondern gegen die Kirche entwickelt. Seither werden Inquisitionen in Europa abgelehnt, und es herrscht Einvernehmen darüber, dass religiöse Orthodoxie dem, was wir denken und sagen, keine Grenzen auferlegen darf.« Die Straßburger Richter verwarfen schließlich das Blasphemiegesetz nicht, sondern überließen solche Entscheidungen lieber den einzelnen Mitgliedsstaaten der EU. Großbritannien ist jetzt in der Lage, diese Entscheidung selbst zu fällen. Hoffen wir, dass die Abschaffung der Strafbarkeit von Gotteslästerung eine der ersten positiven Folgen des neuen Gesetzes sein wird. Leute vom Schlag einer Ann Widdecombe und eines Lord Tebbit werden darüber zwar aus dem Häuschen geraten, aber das macht den Gedanken nur noch verlockender.

November 2000:
Auf ins Wahlmännerkollegium

Der Höhepunkt der diesjährigen amerikanischen Präsidentschaftswahl hat für einen Moment den weitgehend in Vergessenheit geratenen Benjamin Harrison (1833–1901) heraufbeschworen, jenen gemäßigten Republikaner, der von 1889 bis 1893 der dreiundzwanzigste Präsident der Vereinigten Staaten war. Sie erinnern sich: Benjamin Harrison? Aus Ohio, Enkelsohn des neunten Präsidenten William Henry Harrison und der Überlieferung zufolge ein liebenswürdiger Mann und glänzender Redner? Benjamin Harrison, der als Präsident das erste Antitrust-Gesetz Amerikas unterzeichnete und den Vorsitz über den bekannten »Billion Dollar Congress« führte, mit dessen Unterstützung er den großen Haushaltsüberschuss vergeudete, den seine Regierung geerbt hatte? Nein? Na gut, zugegeben, ich wusste es auch nicht. Aber eine Tatsache garantiert diesem inzwischen obskuren Expräsidenten eine Fußnote in der Geschichte der amerikanischen Wahlen. In der Wahl von 1888 erhielt er 95 713 Stimmen weniger als sein Gegner, Grover Cleveland – 5 444 337 gegen 5 540 050 –, wurde aber trotzdem Präsident, weil er dank der Verteilung seiner Stimmen eine komfortable Mehrheit im Wahlmännerkollegium bekam, zweihundertdreiunddreißig Stimmen gegen hundertachtundsechzig für Cleveland.

Das Kopf-an-Kopf-Rennen zwischen Gore und Bush hat wie nie zuvor klar gemacht, wie ungewöhnlich die amerikanische Demokratie funktioniert. Eines haben wir in diesem Jahr alle gelernt:

Man braucht nicht Millionen von Stimmen, um Präsident der Vereinigten Staaten zu werden. Man braucht genau zweihundertsiebzig, im Wahlmännerkollegium, das heutzutage fünfhundertachtunddreißig Mitglieder hat.

Einige Tage vor der Wahl wurde vielen politischen Experten schlagartig klar, dass Al Gore einen Harrison machen, also weniger Stimmen als George W. Bush bekommen und trotzdem zum Präsidenten gewählt werden könnte, weil die Wahlumfragen in mehreren wichtigen Staaten, im dicht bevölkerten industrialisierten Norden ebenso wie in Florida, eine allmähliche Kehrtwendung gegenüber den landesweiten Umfragen anzeigten. Infolgedessen verlegten sich die Gore-Leute darauf, das Wahlmännerkollegium überschwänglich zu loben und die Weisheit der Gründerväter zu preisen, die einen solchen Sieg durch die Hintertür zu einer verfassungskonformen Möglichkeit gemacht hatten. Nachdem wir nun alle das Drama der knappsten Wahl in der amerikanischen Geschichte miterlebt haben – in der überraschenderweise nicht Gore, sondern Bush bei der Gesamtstimmenzahl zurücklag –, marschieren die Demokraten in die entgegengesetzte Richtung und heben hervor, wie ungerecht es sei, die Wahl an einen Gegner zu verlieren, der insgesamt weniger Stimmen auf sich vereinigt hat. So schwindelerregend dieses Manöver auch ist, bleibt doch die Frage: Wie demokratisch ist ein solches System der indirekten Wahl?

Eine Variante dieses Typs einer Zweistufenwahl war die so genannte Basisdemokratie, die 1960 in Pakistan von Präsident Ayub Khan eingeführt, inzwischen aber erfreulicherweise wieder abgeschafft wurde. Ayub war wie so viele Generale in Pakistan an die Macht gekommen – indem er diese einem zugegebenermaßen unbefriedigenden zivilen Staatschef entriss. Sein Interesse an einer repräsentativen Regierung war deshalb nicht groß, und das System, das er sich ausdachte, war mehr basisch als demokratisch. Es teilte die pakistanische Bevölkerung in »Wahlkreise« von rund tausend Erwachsenen auf, in denen jeweils ein Basisdemokrat gewählt wurde, der dann bei einem Referendum mitstimmte, durch das Ayub als Staatschef »bestätigt« wurde.

1965 wurde dasselbe System angewandt, um den starken Widerstand gegen das Ayub-Regime zu brechen, den eine vereinigte Oppositionspartei unter der Führung von Fatima Jinnah, der Schwester des Staatsgründers, leistete. In Pakistan herrschte weithin die Ansicht, der größte Vorteil des Wahlmännerkollegiums der Basisdemokratie liege darin, dass dessen Mitglieder unter Druck gesetzt und bestochen werden konnten. Es ist viel leichter, eine begrenzte Wahl zu manipulieren, als eine, an der alle Wahlberechtigten Pakistans direkt teilgenommen hätten.

Was natürlich nicht heißen soll, dass so etwas wie Wahlmanipulation jemals in Amerika möglich wäre; kein Gedanke. Allerdings machen sich die Kubaner, die Russen und die Chinesen unverhohlen lustig über die amerikanische Demokratie und nennen die Vereinigten Staaten eine »Bananenrepublik« oder Schlimmeres. Und wenn sogar CNN von einem »Geruch« spricht, der über der Florida-Wahl hänge, und immer mehr Berichte auftauchen, dass schwarze Wähler von Polizeibeamten eingeschüchtert wurden, Wahllokale geschlossen blieben, sodass die Menschen überhaupt nicht wählen konnten, und Wahlwilligen mitgeteilt wurde, die Wahlzettel seien ausgegangen, fragen sich diejenigen von uns, die Erfahrungen mit Wahlen in der Dritten Welt haben, unwillkürlich, warum in Amerika alle zu zimperlich sind, um auch nur zu erwähnen, dass sich dies alles in einem Staat abspielt, der ausgerechnet vom Bruder des Mannes regiert wird, der den größten Nutzen aus dem Fiasko zieht. Aber selbst wenn es keinerlei Mauschelei gegeben hat, zeigt die bizarre Florida-Episode doch, warum alles in allem direkte Wahlen sauberer wirken als indirekte. Man zweifelt plötzlich an der Weisheit der Männer, die das Wahlmännerkollegium ersonnen haben. Mein eigenes Heimatland, Indien, ist wie die Vereinigten Staaten eine große Föderation von Regionalismen, in der sich die Menschen in erster Linie als Bengali, Tamilen, Kaschmiri und so weiter sehen und erst in zweiter

Linie als Inder. Doch Indien, das viel weniger Ressourcen besitzt als die USA, hat es – wenn auch unvollkommen – fertig gebracht, ein halbes Jahrhundert lang eine auf Direktwahlen in Wahlkreisen beruhende Demokratie zu praktizieren. Es ist nur schwer zu begreifen, warum die Amerikaner dazu nicht in der Lage sind.

Was die Gründerväter uns jedoch zweifellos hinterlassen haben, ist ein System voller psephologischer Mysterien der Art, wie politische Kommentatoren sie über alles lieben. Da das Wahlmännerkollegium eine gerade Anzahl von Mitgliedern hat, besteht die Möglichkeit der Stimmengleichheit. (Eine ungerade Stimmenzahl wurde offenkundig für unklug gehalten, aus Gründen, die zweifellos ebenso wohl durchdacht waren, wie sie uns Heutigen unverständlich sind.) Leute mit einer Vorliebe für politische Esoterika werden es bedauern, dass ein Patt 269:269 unwahrscheinlich ist. Träte dieser Fall doch einmal ein, würde die Wahl aufs Repräsentantenhaus übergehen, in dem die Delegation jedes Staates nur eine Stimme hätte. Sollte es auch hier zu einem Gleichstand 25:25 kommen, dann würde der Senat wählen. Und wenn der Ausgang auch hier 50 zu 50 wäre, dann müssten die Senatoren einen Vizepräsidenten wählen, der dann das Patt überwinden müsste. Vielleicht waren die Gründerväter doch weiser, als ich eben noch wahrhaben wollte. Warum sollte man in einem Land, in dem es so viele Wahlmuffel gibt wie in den Vereinigten Staaten, die Entscheidung darüber, wer der mächtigste Mann der Welt wird, nicht einer einzigen entscheidenden Stimme überlassen? Das Schlagwort »ein Mann, eine Stimme« würde dadurch eine ganz neue Bedeutung bekommen.

Dezember 2000:
Eine große Koalition?

Inzwischen wissen wir alle bestens über das Wahlmännerkollegium Bescheid, und die meisten von uns würden sich jetzt am liebsten zurückziehen oder vielleicht ihr früheres Urteil widerrufen; wir sehnen uns nach den Tagen der Unschuld zurück, als ein *butterfly* kein Stimmzettel und *Chad* das Land Tschad und nicht ein Lochkartenschnipsel war. Wer immer die Wahl gewinnt, verliert sie, sagen wir manchmal. Bush und Cheney werden nie darüber hinwegkommen, dass sie landesweit dreihunderttausend Stimmen zu wenig erhalten haben. Und Gore-Lieberman werden dem halben Land als Sore-Loserman im Gedächtnis bleiben. Aber andererseits hat ja niemand mehr ein Gedächtnis. Zwei Wochen nach der Vereidigung eines der Kombattanten wird alles verblassen. Vielleicht verliert also doch der Verlierer. Wir geben auf. Wir sind verwirrt.

Wir finden das Ganze nicht mehr lustig oder auch nur traurig. Das ist immer noch die Wahl, die von Nader kaputtgemacht und durch Elián in ein schiefes Licht gerückt wurde, die durch Katherine Harris' Parteinahme aus der Bahn geworfen und von den Medien vermasselt wurde, aber vor allem ist sie schier endlos und verschwindet hinter juristischen Nebelschwaden, und uns ist inzwischen schon fast alles egal. Doch bei allem Überdruss wissen wir im Grunde, dass Schaden angerichtet wurde. Es wird lange dauern, bis Amerika der Welt wieder Predigten über die Transparenz von Wahlen halten kann. Diese Wahl war so transparent wie ein Sumpf in Florida.

Amerika verehrt seine Demokratie, seine Verfassung, seine Präsidentschaft, und die vergangenen Wochen haben den Glauben der Amerikaner in allen drei Punkten geschwächt. Wie also soll die Republik wieder zu Kräften kommen? Bush ist anscheinend nicht daran interessiert, Gore die Hand zu reichen, und Gore hat sich zu sehr in den Kampf hineingesteigert, um jetzt mehr als ein Lippenbekenntnis zu dem Gedanken einer wiedervereinigten Nation ablegen zu können. Die Wahrheit ist, dass die Vereinigten Staaten kaum jemals so gespalten waren wie jetzt. Amerika, das sich oft zum Friedensstifter der Welt aufwirft, muss jetzt erst einmal Frieden mit sich selbst machen und könnte deshalb von den Erfahrungen anderer gespaltener Völker lernen.

Ich denke da insbesondere an Israel und die Nachwehen der Post-Begin-Wahl von 1984. Die israelische Regierung der Nationalen Einheit entstand nach dieser Wahl, als sich herausstellte, dass weder Itzhak Shamirs Likud noch Shimon Peres' Arbeiterpartei eine Mehrheit bekommen würde. Die beiden großen Parteien fanden sich daraufhin in einer prekären, aber trotzdem haltbaren Allianz zusammen. Zwei Jahre diente Peres als Premier und Shamir als Außenminister; dann tauschten sie die Ressorts. Nachdem die Wahlen vom November 1988 keine wesentliche Verschiebung der Machtverhältnisse gebracht hatten, wurde die Koalition erneuert, wobei Shamir Premier und Peres Außenminister blieb. Die Koalition zerbrach dann 1990 an den unvereinbaren Einstellungen der beiden Parteien zum Friedensprozess. Solange sie bestand, war sie zwar nicht die effektivste Regierung der Welt, aber sie schaffte es immerhin, die Inflationsrate zu senken, und ermöglichte es Israel, sechs lange Jahre seinen Widersachern eine geschlossene Front zu bieten. Keine geringe Leistung.

Wie könnte solch eine große Koalition in den Vereinigten Staaten ins Leben gerufen werden? Nun, wenn Bush Präsident wird, könnte Dick Cheney vielleicht unter Hinweis auf seinen Gesundheitszustand überredet werden, auf die Vizepräsidentschaft zu verzichten, die man dann dem jetzigen Vizepräsidenten Al Gore anbieten könnte. Und in dem zunehmend unwahrscheinlichen Fall einer Gore-Präsidentschaft könnte Joe Lieberman sich dafür entscheiden, seinen Sitz im Senat einzunehmen, statt Gores Stellvertreter zu werden; daraufhin könnte Präsident Gore diesen Posten Bush offerieren. Nach einer so radikalen Maßnahme wäre die Bildung eines echten Koalitionskabinetts relativ – ich betone: relativ – einfach. Ob es mit der Verfassung vereinbar wäre, dass der Präsident nach zwei Jahren vom Podest tritt, um seinem Vize Platz zu machen, ist eine Frage, derer sich die Schwärme von Juristen annehmen könnten, die jetzt die Wahl umschwirren.

Unmöglich? Kann sein. Aber bis jetzt hat ja alles an dieser Wahl unser Vorstellungsvermögen überstiegen. Was früher einmal undenkbar war, könnte unter diesen ungewöhnlichen Umständen durchaus sinnvoll werden. Vielleicht ist es sogar bereits eine Notwendigkeit geworden. Im Internet kursiert zurzeit ein satirischer Text aus Simbabwe, dieser großen Demokratie. Diese Satire, angeblich von einem »simbabwischen Politiker« verfasst, fragt uns, was wir von dem amerikanischen Wahlfiasko halten würden, wenn es sich in einem Land der Dritten Welt ereignet hätte, und macht sich erwartungsgemäß lustig über die angebliche Korruption in den Vereinigten Staaten. Wenn Amerika jetzt schon zur Zielscheibe des Spotts von Politikern aus Simbabwe geworden ist, dann ist es sicherlich an der Zeit, an drastische Abhilfe zu denken. Eine Allianz Bush-Gore könnte im günstigsten Fall den amerikanischen (und internationalen) Glauben an die Ehrenhaftigkeit seiner führenden Politiker wiederherstellen und den stumpf gewordenen Glanz der US-Institutionen aufpolieren. Es wäre eine Regierung recht unterschiedlicher Bettgenossen, aber das wäre vielleicht immer noch besser als vier Jahre erbitterten Parteiengezänks, das die Verfassungsorgane Amerikas – den Kongress ebenso wie die Präsidentschaft, ja sogar den Obersten Gerichtshof – noch tiefer in den simbabwischen Dreck ziehen würde.

»Wenn doch nur beide verlieren könnten.« Warum nicht diesen Witz ins Gegenteil verkehren? Sollen doch beide gewinnen!

»Das Volk hat gesprochen«, hat Bill Clinton vor nicht allzu langer Zeit einmal gesagt. »Nur leider wissen wir nicht, was es gemeint hat.« Vielleicht entspräche eine solche Machtteilung dem Wählerwillen mehr als alles andere.*

---

* Nun, da die Regierung Bush sich als ein ideologisches, rechtsgerichtetes Hardliner-Regime entpuppt hat, mutet dieser Artikel lächerlich naiv an. Es ist das Los des Kolumnisten, von den Ereignissen ad absurdum geführt zu werden.

Januar 2001: Wie der Grinch Amerika gestohlen hat

(Ein Gedicht zur Amtseinführung, frei nach Dr. Seuss)

Jeder Wähler in Voteville ging gerne zur Wahl,
Für den Grinch aus dem Westen war's eine Qual.
Denn es ging ums Zählen, nicht bloß ums Addieren.
Was zählen heißt nicht nur mehr Stimmen kassieren:
Wer hat mehr auf dem Kasten? Der Veep? Der Grinch?
Wer schlägt den andern um zwei, drei Inch?

Der Veep, dieses Ekel, du meine Güte!
Der Veep als Sieger? Nein, Gott behüte!
Dem Veep unterliegen? Kommt nicht in die Tüte!

Doch der Veep hatte Pfiff,
War schlau und beschlagen
In großen wie kleinen politischen Fragen.
Kein Trick war ihm fremd, keine Finte, kein Kniff.
Der Veep konnte wunderbar schalten und walten,
Verstand es, das Staatsschiff auf Kurs zu halten.
Der Veep, der hatte alles im Griff.
Und der Grinch?
Tja, ein großes Licht war er nicht.
Präsident von Indien? Wirtschaft? Ich passe.

Schon als Kind war er nie an der Spitze der Klasse.
Seit je ist der Grinch eine Null gewesen,
Hat nie gezählt, war nicht eben belesen.
(Sein leiblicher Vater – ein Mann von Format!
Doch unser Grinchy – Bilanz: desolat.)
Und jetzt, dem Ziel seiner Träume so nah,
Wenn gefragt wird: Wer zählt? Wie steht er dann da?

Was ist schon 'ne Wahl, geht's um Silber, um Gold?
Werden Dollars gezählt? Oder Einkommensarten?
I wo, bloß bescheuerte Löcher in Karten!

Ach, die Löcher, die Löcher,
Hilf Himmel, die Löcher!
Die Löcher, die Löcher,
Die Löcher, die Löcher!

Von Kreisen aus Luft hing sein Schicksal ab,
Von nichtexistenten Löchern und solchen,
Die da sein sollten,
Aber nicht wollten.

Die werden ewig addieren. Und zählen!
Nur zählen und zählen und zählen und zählen!
Sich rackern und quälen, und schließlich, o Graus,
Kommt sicher was vollkommen Falsches raus!

»Wenn die immer bloß zählen«,
Er grinst gequält,
»Dann wird zuletzt noch der Veep gewählt!«

»O weh!«, tönt jämmerlich Grinchys Gegreine.
Da fällt ihm ein, er ist nicht alleine.
Gottlob gibt's ja Grinche allüberall,

Ein paar mächtige Grinche und viele kleine,
In Voteville und in der City Hall,
Und auch in den Medien Grinche zuhauf,
Die päppeln bestimmt seinen Wahlkampf auf.

Doch die Obergrinche,
Die Sieggaranten,
Das sind die Juristen,
Die Wahlspekulanten.

Seine Stimme erschallt über Berg und Tal:
»An die Arbeit, ihr Grinche, wir grinchen die Wahl.
Ein Grinch lässt sich niemals unterkriegen!
Wir grinchen, dass sich die Balken biegen,
Und lassen uns nicht von Löchern besiegen!
Ein Loch ist ein Nichts, so viel steht fest,
Und Nichts durch null, das geht auf ohne Rest.
Wenn hier jedes Nichts penibel gezählt wird,
Dann kommt's noch so weit,
Dass der Veep gewählt wird!«

Gesagt, getan, sie grinchen sich ein,
Und lassen auch gern mal fünf grade sein.
Die Advokaten taktieren, plädieren,
Bis Veep und Genossen den Mut verlieren.
Sie üben sich fleißig im Haarespalten
Und schmieden die Eisen, eh sie erkalten.
Die Causa kommt vors höchste Gericht,
Und siehe, die Hoffnung der Grinche trog nicht:
Voteville muss weiterer Zählung entsagen,
Der Grinch hat den Sieg davongetragen.

Und in Voteville? Da werden die Waffen gestreckt,
Werden Partys gefeiert und Wunden geleckt.

Schließlich können wir unsrer Verfassung vertrauen
Und auf die Weisheit der Richter bauen.
Der Veep hat gesiegt. Und verloren. Vorbei.
Man akzeptiert der Richter »*Es sei!*«.
Proteste? Ach was, jetzt zählt bloß noch das Team.
Und so fügt sich ein jeder in Grinchys Regime,
Ist doch alles wahrscheinlich
                wahrscheinlich
                    wahrscheinlich
           doch alles wahrscheinlich
Nur halb so schlimm.

»Vier Jahre Grinchtum!«,
Freut Grinchy sich.

»Jetzt zählt nur noch einer,
… und der
Bin ICH!«

Februar 2001: Die Korruption meldet sich zurück

Einen Tag nachdem der unter Korruptionsverdacht stehende ehemalige französische Außenminister, der selbstherrliche Roland Dumas, das gegen ihn eingeleitete Verfahren verurteilt hat – dass man es wagt, einer so distinguierten Persönlichkeit wie ihm solche Schmach anzutun! *Zut, alors* –, wird der flüchtige Geschäftsmann Alfred Sirven auf den Philippinen verhaftet und behauptet sofort, er könne gegen »hundert Namen« Beweise für Korruption vorlegen – also fast gegen die gesamte politische Elite der Ära Mitterrand.

Zur selben Zeit offenbart in Peru die Beschlagnahme von über zweitausend heimlich aufgenommenen Videokassetten, welche Macht der gestürzte Präsident Fujimori mit seinem Staat im Staate über fast jeden Angehörigen der herrschenden Klasse des Landes ausgeübt hat. Journalisten, Politiker, Generale, alle wurden jahrelang erpresst.

Zugleich kocht in Indien der Bofors-Skandal wieder hoch. Die Gerüchte über Korruption bei seinen Waffengeschäften in den achtziger Jahren haben bereits den verstorbenen Rajiv Gandhi – hat er Schmiergelder angenommen oder nicht? – und den verstorbenen Olof Palme – wurde er von einem Mittelsmann ermordet, der sich ungerecht behandelt fühlte? – in ein fahles Licht gerückt. Nun, da die indischen Gerichte sich mit den Aktivitäten der milliardenschweren Brüder Hinduja befassen, droht der alte Skandal neuen Dreck über die Ozeane zu schleudern, auf die britische Regierung, die so überaus freundliche Beziehungen zu den Hindujas unterhalten hat.

(Ein vierjähriges Kind hätte die Blairianer vor dieser Verbindung warnen können. Leider stand kein Vierjähriger zur Verfügung, und deshalb glaubt die britische Öffentlichkeit jetzt, New Labour sei fast so korrupt wie die schmierigen Torys, die es abgelöst hat. Fast so korrupt wie Neil Hamilton und Jonathan Aitken! Also nein!)

Zugleich steht in den Vereinigten Staaten Expräsident Clinton unter Beschuss, weil er den flüchtigen Finanzier Marc Rich begnadigt hat, während sein Nachfolger, »Präsident« Bush, Plattitüden über Bilateralismus von sich gibt, dabei aber die Interessen der äußersten Rechten vertritt, und dies, obwohl sich immer klarer abzeichnet, dass er die Wahl, die er dank des Coups des Obersten Bundesgerichts gewann, in Wirklichkeit verloren hat; in Florida, mit einem Abstand von rund 25 000 Stimmen.

Ja, die Korruption meldet sich zurück und zeigt ihr schmieriges Grinsen, um uns daran zu erinnern, dass sie nie ganz verschwunden war, dass sie nach wie vor die große okkulte Kraft ist, die das Zeitalter biegt und formt, ja, dass sie, deren Existenz seit jeher verleugnet wird, ihren Herrschaftsbereich ständig erweitert. Fast ist man geneigt, ihren unerschöpflichen Einfallsreichtum zu bewundern. Tag für Tag geraten Dinge, von denen man sich nie hätte träumen lassen, dass sie korrupt sind – Dinge, auf die nie zuvor auch nur der kleinste Schatten gefallen war –, unter den schleimigen Primat der Korruption und sind von da an ein für alle Mal entwertet oder, wie die Unschuld oder das Paradies, verloren.

So hat sich denn auch in den letzten Monaten die Korruption nicht nur in der Politik, wo man mehr oder minder damit rechnet, sondern auch im Sport breit gemacht. Sind Pferderennen manipuliert?, fragt die britische Presse, und man meint fast, die Pferde lachen zu hören. Beim Boxen macht sich schon niemand mehr die Mühe, diese Frage überhaupt zu stellen. Und dem ehemaligen Torwart von Liverpool, Bruce Grobbelaar, wurde zumindest passive Bestechung nachgewiesen. Sogar das Cricket, früher geradezu der Inbegriff von Integrität, steckt heute bis zum Hals im Sumpf. Und in der Leichtathletik hat die jüngste »Doping-Olympiade« spektakuläre Beweise dafür geliefert, wie sehr alles im Argen liegt: die vier positiven Drogentests des Kugelstoßers C. J. Hunter, der positive Test auf Pseudoephedrin bei der mit der Goldmedaille ausgezeichneten Turnerin Andreea Raducan und Carl Lewis' schockierender Kommentar zum positiven Nandrolontest bei Linford Christie: »Haben sie ihn endlich erwischt.« Unsere Helden sind also jetzt auch im Geschäft, genau wie unsere politischen Führer. Es sieht sogar danach aus, als seien sie es schon immer gewesen. Gibt es noch irgendetwas, was nicht manipuliert ist? Reality-TV-Wettbewerbe? Literaturpreise? Aufnahmeprüfungen an der Universität? Ihr nächstes Vorstellungsgespräch? Oder sind wir nur noch nicht dahinter gekommen, auf welche Weise manipuliert wird?

Willkommen im dritten Jahrtausend. Nie war die Neudefinition der Paranoia durch den amerikanischen Romanschriftsteller Thomas Pynchon so treffend wie heute: Paranoia, nüchtern betrachtet als die zum Wahnsinn treibende, aber absolut vernünftige Erkenntnis, dass es in unserer Zeit überall geheime Bedeutungen gibt, dass diese Bedeutungen über unsere abenteuerlichsten Phantasien hinaus schrecklich, unmoralisch und korrupt sind und dass die Oberfläche der Dinge ein Schwindel ist, etwas künstlich Fabriziertes, das die grauenhafte Wahrheit vor uns Naivlingen verbergen soll, die sich an den Kinderglauben klammern, dass vielleicht – wer weiß? – doch alles allmählich besser werden könnte.

Der Naivling würde auf viele der oben erwähnten Tatsachen mit dem Argument reagieren, dass die genannten Missetäter ja ihr Fett weghaben. Dumas steht vor Gericht, Sirven sitzt hinter Schloss und Riegel, Fujimori ist nicht mehr im Amt, die Hindujas dürfen bis zum Ende ihres Prozesses Indien nicht verlassen, Clinton ist Geschichte, die unredlichen Cricket-Spieler sind kaltgestellt, und die Spritzensportler wurden ertappt. Also alles in Butter.

Der Paranoiker weiß es besser. Wenn die Verbrechen der Vergangenheit erst jetzt aufgedeckt werden, wird er entgegnen, wie lange dauert es dann noch, bis wir von den Verbrechen der Gegenwart erfahren? Sind die »Unschuldigen« nur Schuldige, deren Schuld noch nicht festgestellt wurde? Pynchons Analyse lässt den wahren Paranoikern nur wenige Möglichkeiten offen: Sie können sich zu zwanghaften Ermittlern der geheimen Bedeutungen der Welt entwickeln, sich mit ihrer Ohnmacht abfinden und in einen frustrierten, dumpfen, entropischen Dämmerzustand verfallen oder sich in eine Wut hineinsteigern, die alles in die Luft sprengen will.

Ich habe einmal einen Mann gekannt, der den Fimmel hatte, die Toiletten in Bürogebäuden zu demolieren und einen Slogan an die verunstalteten Wände zu schreiben. »Wenn der Drecksstall nicht verändert werden kann, muss er zerstört werden.« Ich fange an zu verstehen, wie er sich gefühlt hat. Und wie ich selbst mich in einer früheren, kritischeren, zornigeren Phase meines Lebens oft gefühlt haben muss.

März 2001: Tiger und Drache

Ohne Hollywood, so sagt man, wäre Los Angeles bloß ein gesichtsloses Häusermeer wie Phoenix. Nun, da die Stichtage für Streiks der Schauspieler und Drehbuchautoren herannahen, hat es den Anschein, als könnte L. A. dieses Jahr vorübergehend zu solch einer charakterlosen, kinolosen Großstadt werden. Die Gerüchteküche brodelt: Die Studios wollen tatsächlich die Streiks, die Schauspieler wollen sie nicht, obwohl ihre Funktionäre den Mund voll nehmen. Und die Drehbuchautoren? Na ja, das sind schließlich nur Autoren. Die Verhandlungen werden immer wieder eine Handbreit vor der Einigung abgebrochen. Die Fernsehsender bereiten sich darauf vor, noch mehr Reality-TV zu bringen – billig! populär! gewerkschaftsfrei! –, um die durch den Streik entstehenden Lücken zu füllen. Die Stimmung ist mies, und es herrscht zunehmend das Gefühl, dass der Arbeitskampf unvermeidlich ist. Die Schließung »wird kommen« (das heißt, entweder sie kommt, oder sie kommt nicht).

Und mitten in dieser Unsicherheit sieht die Branche ihrem alljährlichen Festival der Big-Business-Interessen entgegen, die sich als individuelle Leistungen ausgeben. Die Zeit der Lobbyarbeit ist vorbei. Die Stadt wird nicht mehr mit Videokassetten »Mit der Bitte um Beachtung« bombardiert. Rockstars treten nicht mehr spontan in Altersheimen auf, in der Hoffnung, noch ein paar Stimmen für die Auszeichnung »Best Song« von den dort einsitzenden älteren Academy-Mitgliedern zu ergattern. Die Stimmen sind abgegeben. Die Oscars sind unterwegs.

Das Kino ist die Kultur von Los Angeles. Am Wochenende strömt das Publikum in die neuen Filme, wie die Mailänder Opernliebhaber zu einer Premiere in der Scala strömen. Ich habe außerhalb des indischen Subkontinents nirgendwo so begeistert mitgehende Zuschauer erlebt. Das kann einem auch auf die Nerven gehen, beispielsweise wenn ein Schrank von einem Mann, dem der Hintern aus der Hose hängt, jedes Mal laut grunzt und stöhnt, wenn Penelope Cruz in *All die schönen Pferde* auf der Leinwand erscheint – »Mein Gott, ist die schön! – Mannomann, der wird sich in sie verknallen! – Au weh, das gibt Ärger!« – oder wenn eine Fünfjährige in dem elend langen *Verschollen* andauernd ihre Eltern fragt: »Mommy, wann redet denn endlich der Volleyball?« (Anmerkung: Wilson, der Volleyball, zeigt die beste schauspielerische Leistung in diesem bleiernen Streifen. Warum wurde Wilson nicht für die beste Nebenrolle nominiert? Es ist ein Skandal.)

Der Enthusiasmus des Angeleno kann aber auch mitreißend sein. Ich kann mich nicht erinnern, jemals ein westliches Publikum erlebt zu haben, das auf einen neuen Film ähnlich reagiert hätte wie die Leute in einem bis auf den letzten Platz besetzten Kino an der La Brea auf *Tiger and Dragon*. Auch für Los Angeles wurde ungewöhnlich viel gejohlt und geklatscht. Das Publikum begriff, dass es ein ganz besonderes Ereignis miterlebte – die Ankunft eines großen, klassischen Films –, und war einfach hingerissen von diesem Meisterwerk. Wer da glaubt, dass die DVD eines Tages das Kinogehen ablösen wird, hätte an diesem Tag dabei sein sollen.

Die politisch korrekten Spaßverderber, die *Tiger and Dragon* als modernes Beispiel für Orientalismus verunglimpfen, als westliche Aneignung fernöstlichen Materials, hätten ein Publikum gesehen, das so vielfältig war wie Amerika selbst – koreanische Amerikaner, chinesische Amerikaner, Hispanoamerikaner und Afroamerikaner waren viel zahlreicher vertreten als irgendwelche WASP-Orientalisten, die den Film vielleicht aus den falschen Gründen genossen. Akira Kurosawa und Satyajit Ray erreichen in ihren Heimatländern Japan und Indien weniger Zuschauer als die kommerziellen

Filme ihrer Zeitgenossen. Deswegen sind *Die sieben Samurai* aber nicht weniger authentisch und die Schundprodukte des Bombayer Mainstream-Kinos nicht »indischer« als Rays Meisterwerke. Ja, sicher, Jackie Chan lässt die Kassen klingeln, und ja, *Tiger and Dragon* greift auf eine lange Tradition kriegerischer Filme zurück. Aber Jackie-Chan-Filme sind gängige Unterhaltung, und Ang Lees wunderschönes, intimes Epos ist – unverkennbar, würde man meinen – ein leuchtendes Kunstwerk.

Im Kontext der Oscar-Verleihung und des drohenden Streiks ist der Erfolg von *Tiger and Dragon* besonders bemerkenswert. Schon hört man, dies sei der Durchbruch, dieser Film habe die Amerikaner endlich dazu gebracht, untertitelte ausländische Filme in die riesigen Filmpaläste aufzunehmen, wo das große Geld gemacht wird. Und daher liegen die verschiedenen Beteiligten – vor allem aber die Studios – möglicherweise völlig falsch, wenn sie meinen, sie könnten einen Streik aussitzen, ohne dass der Markt sich ihrem Würgegriff entziehen kann. In den Sechzigern und frühen Siebzigern bewirkte eine Flut hervorragender nicht-amerikanischer Filmemacher, dass Hollywood diesen Griff wenigstens für ein paar Jahre etwas lockern musste. Ergebnis war das goldene Zeitalter des Tonfilms, die Zeit der großen Filme von Kurosawa und Ray, der französischen Nouvelle Vague, die Zeit von Fellini, Antonioni und Visconti, von Wajda, Jancso und Bergman. Jetzt erlebt das internationale Kino wiederum eine Blütezeit, in China, im Iran, in Großbritannien. Und es ist immerhin denkbar, dass das Massenpublikum endlich für eine etwas abwechslungsreichere kulturelle Kost reif ist. Schließlich gibt es ja im Übermaß miserable amerikanische Filme, auf die wir gut und gern verzichten könnten.

Die Oscars verraten uns im Allgemeinen, wie Hollywood sich selbst sieht. Ridley Scotts technisch brillanter, aber vom Drehbuch her hölzerner *Gladiator* ist der Kandidat der großen Studios, und die neueste rührselige Miramax-Konfektion *Chocolat* führt die Phalanx der kleineren Wettbewerber an. Comedy schneidet wie üblich schlecht ab – die Coen-Brüder müssen sich für ihre wundervolle *Mississippi-Odyssee* mit einer Nominierung für Drehbuch und Kameraführung begnügen. Gar nicht nominiert wurde George Clooney für seine köstliche haarnetzbewehrte Darstellung in diesem Film, und das gleiche Schicksal widerfährt Renée Zellweger mit ihrer bewegenden, subtilen Arbeit in der Titelrolle von *Nurse Betty*. Hinter all diesen sattsam bekannten Manövern lauern Tiger und Drache.

Sollte durch Zufall doch der einzige wahrhaft große Film, der dieses Jahr nominiert wurde, die wichtigen Preise abräumen, könnte das genau der Weckruf sein, den Hollywood braucht. Wenn die besten Filmemacher der Welt einem das Publikum abspenstig zu machen versuchen, ist es vielleicht nicht unbedingt ratsam, seinen Betrieb vorübergehend einzustellen.

April 2001: Ich war's nicht

Die derzeitige Hit-Single »It Wasn't Me« von Shaggy (featuring RikRok) feiert mit ansteckender Bosheit den Nutzen der Schamlosigkeit. Ein Mann, den seine Freundin in flagranti erwischt, wie er es auf der Couch, unter der Dusche, auf dem Fußboden im Badezimmer mit einer anderen treibt, müsse, so belehrt uns der Song, unter allen Umständen, auch wenn der Augenschein noch so sehr gegen ihn spricht, leugnen, leugnen, leugnen. An wen erinnert uns das?

Es hat in den letzten Jahren ein paar Champions des dummdreisten Dementis gegeben: Diego Maradona, der den auf Video aufgezeichneten Beweis für sein Handspiel-Tor gegen England nicht zur Kenntnis nimmt und von der »Hand Gottes« schwadroniert, O. J. Simpson, der schwört, sein Leben der Suche nach dem »wahren« Mörder seiner Frau zu widmen (schon eine heiße Spur, O. J.?), die konservativen britischen Politiker Niel Hamilton und Jonathan Aitken, die ihre bewiesene Korruption auch um den Preis ihres wirtschaftlichen Ruins abstreiten, und natürlich der Großmeister im Verleugnen, Bill Clinton, der diese Kunst gleich mehrfach ausgeübt hat, von »Ich hatte keinen Sex mit dieser Frau, Miss Lewinsky« bis zu seiner Leugnung irgendwelcher Unregelmäßigkeiten im »Pardongate«-Fall unmittelbar vor dem Ende seiner Amtszeit.

Etwas rundweg abzustreiten, gewissermaßen der Welt ins Gesicht zu lügen, ist in diesem Zeitalter der allgegenwärtigen Medien ein Merkmal des öffentlichen Lebens, das immer mehr Furore macht. Es ist inzwischen schon Routine, dass selbst Ungeheuer wie die Kriegsverbrecher aus dem ehemaligen Jugoslawien oder Kambodscha ihre Gräueltaten leugnen, weil sie wissen, dass ihre Macht über die Radiowellen der Welt fast mit Sicherheit größer ist als die Möglichkeiten eines Journalisten, die Wahrheit zu verbreiten. Wenn jemand offen zugibt, dass er ein schwerwiegendes Verbrechen verübt hat – Timothy McVeigh, der mit seinem Bombenanschlag in Oklahoma prahlt, die Taliban, die stolz sind auf ihre Zerstörung der Buddhastatuen von Bamiyan –, ist das so ungewöhnlich, dass man an sich halten muss, um nicht die Kriminellen für ihre Offenheit zu loben.

Ich saß einmal in einem Gerichtssaal im australischen Alice Springs und hörte mir die Aussage eines Truckers an, der des Mordes beschuldigt wurde; er habe, so die Anklage, seinen LKW absichtlich in eine Bar gelenkt, aus der er zuvor hinausgeworfen worden war, und dadurch viele Menschen getötet oder verstümmelt. Der Mann war offensichtlich in der wichtigen zeitgenössischen Kunst geschult worden, sich herauszureden. Er war vernünftig gekleidet, hielt die Augen gesenkt und gab sich erschüttert und manierlich; und lange Zeit hindurch stritt er glaubwürdig jede Schuld ab. Doch am Schluss konnte ihn auch die Schulung nicht retten. Nachdem er mehrfach behauptet hatte, so einer Tat überhaupt nicht fähig zu sein, machte er im Kreuzverhör den Fehler, den Grund dafür anzugeben. »Es würde mir völlig gegen den Strich gehen«, erläuterte er ruhig, »mein Fahrzeug absichtlich so schwer zu beschädigen.« Die Geschworenen befanden ihn umgehend für schuldig und warfen den Schlüssel weg. Was ihm das Genick brach, war dieses eine Aufblitzen der nackten Wahrheit. Ein geschickterer Lügner – bzw. Leugner – hätte es besser gemacht.

»Ich war's nicht.« Vielen dieser ausgebufften Vernebelungskünstler begegnen wir heute in den Nachrichten. In Großbritannien haben nacheinander mehrere Regierungen gemeinsame Sache mit der britischen Agrarlobby gemacht und damit nicht nur eine, sondern zwei Heimsuchungen auf die Welt losgelassen.

Die erste, BSE, war darauf zurückzuführen, dass erstens Kühe zu Kannibalen gemacht wurden und zweitens den Farmern erlaubt wurde, Energiekosten dadurch zu sparen, dass sie ihren Rindern Futter gaben, das nicht lange genug oder nicht mit ausreichend hohen Temperaturen gekocht wurde, um die tödlichen Keime unschädlich zu machen. Aber natürlich bekannte sich die damalige Tory-Regierung nicht zu ihrer Komplizenschaft, so wenig, wie die Farmerlobby ihre Schuld eingestand. Stattdessen behaupteten beide Seiten lange Zeit, ein Zusammenhang zwischen BSE und der für den Menschen tödlichen Variante CJD (der Creutzfeldt-Jakob-Krankheit) sei »nicht bewiesen«. Jetzt bricht die Maul- und Klauenseuche wieder aus, und es stellt sich heraus, dass die derzeitige Labour-Regierung es vor drei Jahren abgelehnt hat, die Verfütterung von Speiseabfällen zu verbieten (obwohl viele unserer europäischen Partnerländer das getan hatten), und es auch diesmal unterließ, dafür zu sorgen, dass die Abfälle ordnungsgemäß erhitzt wurden. Auch in diesem Fall gaben finanzielle Interessen den Ausschlag: Die Farmerlobby wollte den leichtesten Weg gehen und Geld sparen, und sie setzte ihren Willen durch. Vernehmen wir jetzt etwa von der Regierung oder der Farmerlobby das Eingeständnis, dass sie im Unrecht waren? Natürlich nicht. »Wir waren es nicht, es war dieses chinesische Restaurant, das illegal Fleisch importiert hat.« Also ist ja alles bestens. Die Chinesen sind schuld. Man weiß ja, was *die* alles essen.

Unterdessen laboriert in Indien die BJP-geführte Regierung an einem akuten Fall der Schnauze-im-Trog-Krankheit. Die verdeckte Aktion der exzellenten Website tehelka.com – wie sehr sich doch durch das Internet die Pressefreiheit in Indien verbessert hat! – zeigte Videoaufnahmen von vielen führenden Politikern des Landes bei der Entgegennahme von Bestechungsgeldern. Es hat ein paar Rücktritte gegeben, aber keine Schuldbekenntnisse, und die bloßgestellten Politiker und andere Parteigrößen haben viel Aufhebens von einer angeblichen finsteren »Verschwörung« gegen die Koalitionsregierung gemacht. Der neue Parteivorsitzende der BJP hat davon geredet, dass ein neuer Verhaltenskodex für Persönlichkeiten des öffentlichen Lebens geschaffen werden müsse, sich aber zugleich geweigert, seinen der Korruption überführten Vorgänger aus der Partei auszuschließen. Vielleicht ist er es ja doch nicht gewesen, trotz der Videoaufnahmen.

Und nun, da die Vereinigten Staaten, die den weltweit größten Beitrag zur globalen Erwärmung leisten, das Kioto-Abkommen zur Verringerung der Luftverschmutzung ablehnen, versteigt sich Präsident George W. Bush sogar zu der Behauptung, der Zusammenhang zwischen Treibhausgasen und globaler Erwärmung sei nicht bewiesen. («Wir waren es nicht.») Das Gleiche haben die Zigarettenhersteller immer über den Krebs gesagt, und das ist ungefähr genauso glaubwürdig. Aber der Präsident hat ein großes Megaphon, und wenn er seine Behauptungen oft genug wiederholt, bleiben sie möglicherweise sehr lange haften und richten entsprechenden Schaden an.

Ab und zu trifft ein Song zufällig die Wahrheit über den Geist unseres Zeitalters. Der Shaggy/RikRok-Hit trägt seine amoralische kleine Entdeckung fröhlich und ganz ohne schlechtes Gewissen vor. Leugne deine Untaten, und du machst sie ungeschehen. Nancy Reagan hätte es vielleicht so ausgedrückt: »Sag einfach nein.« Ein unwiderstehlicher Vorschlag. Man hört ihn jetzt überall, er hängt in der Luft wie ein Mantra. Und jetzt alle zusammen: »Ich war's nicht ...«

Mai 2001: Abtreibung in Indien

Ich habe mich immer glücklich geschätzt, weil ich aus einer weit verzweigten indischen Familie stamme, in der die Frauen den Ton angaben. Ich habe keine Brüder, aber eine Menge Schwestern (drei: das ist eine Menge, glauben Sie mir). Die Schwestern meiner Mutter sind zwei Tanten, so furchterregend und unwiderstehlich wie Bertie Woosters Tanten Dahlia und Agatha. Bei den Cousins und Cousinen meiner Generation kommen auf einen Jungen zwei Mädchen. Als ich aufwuchs, waren die Häuser unserer Familie in Indien und Pakistan erfüllt von den Anweisungen und Streitereien, dem Gelächter und den Ambitionen dieser Frauen, von denen nur wenige dem Klischee von der fügsamen, unterwürfigen Inderin ähneln. Vielmehr sind es eigenwillige, beredte, intelligente, witzige, mit den Armen fuchtelnde Frauen, die etwas in Bewegung bringen – Anwältinnen, Pädagoginnen, Radikale, Matriarchinnen –, und um in ihrer Gesellschaft Gehör zu finden, muss man etwas Interessantes vorzubringen haben. Wenn sich das Zuhören nicht lohnt, hört einem auch niemand zu.

Als Folge davon fühle ich mich bis auf den heutigen Tag am wohlsten in der Gesellschaft von Frauen. In meinem engsten Freundeskreis gibt es viel mehr Mädels als Jungs. In meinen Büchern habe ich mich wiederholt bemüht, weibliche Charaktere zu erschaffen, die genauso interessant und stark sind wie die Frauen, die ich kennen gelernt habe. Die Männer in meinen Büchern sind nur selten so eindrucksvoll wie die Frauen. So sollte es sein, oder so war es meistens, jedenfalls meiner Erfahrung nach.

Es ist deshalb gelinde gesagt beunruhigend, dass diese Frauen, oder besser gesagt ihre potenziellen Nachfolgerinnen in der indischen Generation, die jetzt gerade empfangen wird, zusehends zu einer bedrohten Art werden. Obwohl es verboten ist, werden immer häufiger Ultraschall-Untersuchungen – getarnt als allgemeine Routineuntersuchungen – zur Bestimmung des Geschlechts ungeborener Kinder in ganz Indien zu dem Zweck durchgeführt, gesunde weibliche Föten zu identifizieren und anschließend in erschreckend hoher Zahl abzutreiben. Das Geschlechterverhältnis verschiebt sich in einem alarmierenden Ausmaß zugunsten eines zahlenmäßigen Übergewichts der Männer.

Eine harte Nuss für die Gruppe der Abtreibungs-Befürworter, in der ich von jeher zahlendes Mitglied bin. Was soll man tun, wenn eine Frau das Selbstbestimmungsrecht über ihren Körper dazu benutzt, der Diskriminierung weiblicher Föten Vorschub zu leisten? In Indien vertreten viele die Meinung, wenn diese diskriminierenden Abtreibungen ein Ende haben sollen, müsste die Weigerung von den indischen Frauen kommen. Aber indische Frauen wünschen sich männliche Kinder genauso sehr wie ihre Ehemänner. Das liegt zum Teil an den unzähligen Zwängen einer männlich ausgerichteten Gesellschaft, einschließlich der Kosten des Mitgift-Systems. Aber im Grunde genommen ist es darauf zurückzuführen, dass die moderne Technik in den Dienst mittelalterlicher sozialer Vorstellungen gestellt wird. Es liegt auf der Hand, dass nicht alle Inderinnen so emanzipiert sind wie die, in deren Mitte ich aufwachsen durfte. Das traditionelle Indien existiert immer noch, und seine Wertvorstellungen sind noch immer sehr wirksam. Frauen, hütet euch vor den Frauen: Eine alte Geschichte bekommt einen neuen, gynäkologischen Sinn, der einen schaudern lässt.

Seit Indira und Sanjay Gandhi im Zuge der Zwangssterilisierungs-Exzesse Mitte der siebziger Jahre versucht haben, die Geburtenkontrolle per Dekret durchzusetzen, ist es äußerst schwierig, der breiten Bevölkerung Indiens den Gedanken der Familienplanung nahe zu bringen. Dass Mutter Teresa die Empfängnisverhütung kompromisslos verdammte, war diesem Bemühen nicht förderlich. Ein weiteres Hindernis erwächst daraus, dass in letzter Zeit Hindu-Nationalisten behaupten, die Muslime des Landes vermehrten sich schneller als die Hindus, wodurch der Hinduismus »in Bedrohung« gerate. (Und dies, obwohl die Hindu-Mehrheit nicht weniger als fünfundachtzig Prozent der Gesamtbevölkerung ausmacht.)

Abtreibung und Empfängnisverhütung sind bislang von den religiösen Führern Indiens verdammt worden. Als Folge davon ist die Bevölkerungszahl Indiens auf über eine Milliarde gestiegen und wird voraussichtlich etwa innerhalb eines Jahrzehnts die von China hinter sich lassen. Doch nun sind Schwangerschaftsabbrüche für viele Inder plötzlich akzeptabel geworden, aus dem denkbar verwerflichsten Grund, und der Streit über die dringenden Fragen der Bevölkerungskontrolle wird immer degoutanter. Manche behaupten, die jüngste Abtreibungswelle sei in Wirklichkeit zu begrüßen, weil die Bevorzugung männlicher Nachkommen bedeute, dass Ehepaare, die zunächst eine Tochter bekommen, dazu neigen, so lange weiter Töchter in die Welt zu setzen, bis sie schließlich einen Sohn bekommen, was einer Verlangsamung des Bevölkerungswachstums entgegenwirke. Ließe man ihnen dagegen die Wahl, so wird weiter argumentiert, würde dies nicht zu einem Mädchenmangel führen, sondern vielmehr einen Mädchenüberschuss verhindern. Der Schönheitsfehler dieser Theorie ist, dass es statistischen Berechnungen zufolge in einer Generation tatsächlich einen Mädchenmangel geben wird. Und was dann? Werden Mädchen dann höher geschätzt werden als heute, oder wird die Vorherrschaft der Männer in der indischen Gesellschaft, verstärkt durch ihr zahlenmäßiges Gewicht, einfach nur immer mehr Machos und eine weiter zunehmende Unterdrückung der Frauen zeitigen?

Nicht alle Probleme sind einer sofortigen Lösung zugänglich. Auch wenn die Nation selbst sich als Frau sieht – Bharat-Mata, Mutter Indien –, und obwohl im Hinduismus das dynamische

Prinzip der Gottheit – Shakti – weiblich ist, wird der Skandal der abgängigen indischen Mädchen erst dann ein Ende finden, wenn es dem modernen Indien gelingt, die jahrhundertealten Vorurteile gegen Kinder weiblichen Geschlechts zu überwinden.

Das soll nicht heißen, dass nichts getan werden könnte. Die Regierung kann und sollte unnachsichtig gegen die Ultraschall-Kliniken vorgehen, die es Eltern erlauben, die Gesetze zu missachten. Sie sollte Familien mit Töchtern finanziell unterstützen und vielleicht sogar eine Zeit lang Familien mit Söhnen steuerlich bestrafen. Politiker, Lehrer, Bürgerinitiativen und auch Journalisten können und sollten gegen die eingefleischten Vorurteile anrennen, die der Kern des Problems sind. Letzten Endes läuft alles auf die Frage hinaus: Will das heutige Indien in den Augen der Welt als das Land dastehen, das sich seiner Töchter entledigt, weil es sie im Vergleich zu den Männern für minderwertig hält? Die Eltern, die so etwas tun, werden sich eines Tages womöglich von den Kindern, die sie am Leben gelassen haben, fragen lassen müssen: »Wo sind meine Schwestern?« Und was werden sie dann sagen?

Juni 2001: Reality-TV

Bis jetzt habe ich es geschafft, dass das Reality-TV an mir vorübergegangen ist. Trotz des ständigen Geredes in Großbritannien über den fiesen Nick und den launischen Mel oder, in Amerika, über den dicken, nackten Mistkerl Richard, der sich den Desert-Island-Sieg erschlichen hat, ist es mir irgendwie gelungen, mir meine Unschuld zu bewahren. Ich würde Nick oder Mel nicht erkennen, wenn sie mir auf der Straße begegneten, und Richard auch dann nicht, wenn er unbekleidet vor mir stünde.

Fragen Sie mich, wo das Big-Brother-Haus ist oder wie man Temptation Island erreicht, und ich muss passen. Immerhin erinnere ich mich an den amerikanischen Bewerber in *Survivor*, der seine eigene Hand röstete, bis sich die Haut ablöste und seine Finger aussahen wie aufgeplatzte Würstchen, aber das liegt nur daran, dass die Geschichte es in die Abendnachrichten schaffte. Im Übrigen bin ich völlig unbeleckt. Wer hat gewonnen? Wer verloren? Wen interessiert's?

Dem Reality-TV als Thema kann man sich jedoch unmöglich entziehen. Sein Erfolg ist *die* Medienstory des (neuen) Jahrhunderts, zusammen mit dem Triumph der Gameshows, in denen es ums große Geld geht, wie beispielsweise *Wer wird Millionär?*. Erfolg solchen Ausmaßes muss analysiert werden, weil er uns etwas über uns selbst sagt – oder sagen sollte.

Was für ein peinlicher Narzissmus tritt hier zutage! Der Fernseher, den wir früher so idealistisch als unser Fenster zur Welt betrachtet haben, ist zu einem billigen Taschenspiegel verkommen.

Wer braucht noch Bilder von der Vielfalt und Andersartigkeit der Welt, wenn er diese halb vertrauten Avatare seiner selbst betrachten kann – diese halb attraktiven Halbmenschen –, die unter makabren Umständen normales Alltagsleben spielen? Wer braucht noch Talent, wenn ständig die schamlose Selbstdarstellung der Talentlosen im Angebot ist?

Ich habe mir [in England] *Big Brother 2* angesehen, eine Sendereihe, die das unglaubliche Kunststück vollbracht hat, mitten in der heißen Phase eines Unterhaus-Wahlkampfs die Titelseiten der Boulevardblätter zu erobern. Das liegt nach herkömmlicher Weisheit daran, dass die Show interessanter ist als die Wahl. »Reality« kann sogar noch seltsamer sein. Vielleicht ist Big Brother ja so beliebt, weil es noch langweiliger ist als die Wahl. Weil es die langweiligste und daher »normalste« Art ist, berühmt und, wenn man Glück hat oder gerissen ist, auch reich zu werden.

»Berühmt« und »reich« sind heute die beiden wichtigsten Begriffe der westlichen Gesellschaft, ihre Anziehungskraft ist so groß, dass ethische Fragen schlichtweg ausgelöscht werden. Und wenn es darum geht, berühmt und reich zu werden, dann ist es auch in Ordnung, nein, sogar »gut«, abartig zu sein. Es ist »gut«, exhibitionistisch zu sein. Es ist »gut«, ein schlechter Mensch zu sein. Und die Langeweile stumpft jedes moralische Empfinden ab. Es ist unmöglich, längere Zeit empört zu sein über Menschen, die so lange Zeit auf so triviale Weise ihre eigenen Zwecke verfolgen.

Ach, die Abstumpfung! Hier werden Leute dadurch berühmt, dass sie schlafen, dass sie das Feuer nicht ausgehen lassen, dass sie das Feuer ausgehen lassen, dass sie ihre banalen Gedanken mit der Videokamera aufzeichnen, dass sie ihre Brüste zeigen, dass sie herumlümmeln, sich streiten, zickig sind, sich unbeliebt machen und (aber das ist schon zu interessant, als dass es oft passieren dürfte) dadurch, dass sie sich küssen! Kurz gesagt, hier werden Menschen dadurch berühmt, dass sie fast nichts tun, es aber dort tun, wo sie jedermann sehen kann.

Man addiere den Exhibitionismus der Kandidaten mit dem Voyeurismus der Zuschauer, und man bekommt ein Bild von einer Gesellschaft, die auf pathologische Weise im Banne des von Saul Bellow so genannten *event glamour* steht. So übermächtig ist der Glamour dieser trivialen, doch perfekt ausgeleuchteten Events, dass alles, was irgendeinen Wert haben könnte – Bescheidenheit, Anstand, Intelligenz, Humor, Selbstlosigkeit, Sie können die Liste selbst vervollständigen –, redundant wird. In diesem ethisch verkehrten Universum ist das Schlechtere das Bessere. Die Show präsentiert »Realität« als Preisboxen und suggeriert *anything goes*, im Leben wie im Fernsehen. Und je verachtenswerter es ist, umso besser wird es uns gefallen. Gewinnen ist nicht alles, wie Charlie Brown einmal gesagt hat, aber Verlieren ist gar nichts.

Das Problematische an dieser Art von künstlich erzeugtem Realismus ist, dass er, wie alle Modeerscheinungen, wahrscheinlich ein kurzes Verfallsdatum hat, es sei denn, es gelingt ihm, sich zu erneuern. Wahrscheinlich wird unser Voyeurismus immer anspruchsvoller werden. Es wird uns nicht mehr reichen, jemandem dabei zuzusehen, wie er gehässig ist oder weint oder aus dem Höllenhaus vertrieben wird, oder damit, dass er oder sie hinterher in den Talkshows »alles enthüllt« – als ob es noch irgendetwas zu enthüllen gäbe.

Was hier nach und nach neu erfunden wird, ist der Gladiatorenkampf. Der Fernseher ist das Kolosseum, und die Kandidaten sind zugleich Gladiatoren und Löwen; ihre Aufgabe ist es, einander aufzufressen, bis keiner mehr am Leben ist. Aber wie lange wird es in unserer übersättigten Gesellschaft dauern, bis »echte« Löwen, echte Gefahren in die verschiedenen Formen von Fantasy Island eingeführt werden, um unseren Hunger nach immer mehr Action, immer mehr Schmerz, immer mehr stellvertretendem Nervenkitzel zu stillen? Ein Gedanke, ausgelöst durch die Nachricht, dass der respektable Gore Vidal sich bereit erklärt hat, der Hinrichtung des Oklahoma-Bombers Timothy McVeigh durch die Giftspritze beizuwohnen. Die Zeugen einer Hinrichtung beobachten die makabren Vorgänge durch eine Glasscheibe – einen Bildschirm. Auch das ist eine Art Reality-TV, und darin könnte doch – ein Vorschlag in aller Bescheidenheit – die Zukunft solcher Fernsehsendungen liegen. Wenn wir uns bereitwillig ansehen, wie Menschen einander ein Messer in den Rücken stechen, wären wir da nicht auch bereit zuzusehen, wie sie tatsächlich sterben?

In der Welt außerhalb des Fernsehens brauchen unsere abgestumpften Sinne bereits zunehmende Reizdosen. Ein einzelner Mord reicht kaum noch; auf die Titelseiten kommen nur noch Massenmörder. Man muss schon ein Gebäude voller Menschen in die Luft jagen oder eine ganze königliche Familie mit einer Maschinenpistole niedermähen, um Aufmerksamkeit zu erregen. Vielleicht muss man schon bald eine Wildtierart restlos ausrotten oder ein Virus freisetzen, das Menschen zu Tausenden dahinrafft, um nicht irgendwo im Inneren des Blattes zu landen. Und was für die Wirklichkeit gilt, gilt auch fürs Reality-TV. Wie lange noch bis zum ersten TV-Tod? Wie lange bis zum zweiten?

Am Ende von Orwells großem Roman *1984* hat Winston Smith eine Gehirnwäsche hinter sich. »Er liebte Big Brother.« Genau wie jetzt wir.

Juli 2001: Die Freilassung der Bulger-Mörder

Wie eine Gestalt aus einer griechischen Tragödie hält eine Frau – Denise Fergus ist ihr momentan berühmter Name – symbolisch den Leichnam ihres ermordeten kleinen Jungen James Bulger hoch und schreit nach Gerechtigkeit. Die Mörder sind aus dem Gefängnis entlassen worden, und die Mutter findet das ungerecht. »Egal, wo sie sich aufhalten«, schreit sie, »irgendwer wird auf sie warten. Jeder Stein wird umgedreht werden.« Dann steigt sie von der klassischen Blut-für-Blut-Höhe herab und fährt – ihren Trick verratend – fort: »Acht Jahre lang habe ich meine Würde gewahrt. Aber demnächst erzähle ich meine Version der Story.« Hoffentlich soll das nicht heißen, dass schon bald die Boulevardblätter Gerechtigkeit nach dem Motto »Auge um Auge« fordern. Würde taugt schließlich nicht fürs Titelblatt. Und wenn einer der beiden Entlassenen von Mitgliedern einer selbst ernannten Bürgerwacht getötet wird – oder Unschuldige mit den freigelassenen Mördern verwechselt und von denselben Leuten angegriffen werden –, umso besser für die Auflagen.

Der Fall der Ermordung des zweijährigen James Bulger durch die damals zehn Jahre alten Robert Thompson und Jon Venables 1993 in Merseyside hat von Anfang an schwerwiegende Fragen aufgeworfen. Dass die Mörder selbst noch Kinder waren und die Tat mit außerordentlicher Brutalität ausgeführt wurde, hat uns veranlasst, über das Wesen des Bösen nachzudenken, eine tiefgründige Frage, die unvermeidlicherweise durch die Medien banalisiert wurde, für die das Böse offenbar eine Art Horrorvideo-Phänomen der »Teufelssaat«-Spielart war. Es wurde tatsächlich die Vermutung geäußert, Venables und Thompson hätten sich von einem Horrorvideo beeinflussen lassen, das sie aber, wie sich herausstellte, gar nicht kannten. Nicht die Mörder haben in den Klischees von Horrorfilmen gedacht, sondern die britische Presse.

Aufgrund der Scheußlichkeit des Verbrechens halten es offensichtlich viele für undenkbar, dass Venables und Thompson erfolgreich resozialisiert wurden. Viele sehen in ihrer angeblichen Reue nur eine perverse List. In Evelyn Waughs berühmter Erzählung »Mr. Loveday's Little Outing« wird ein Mörder, der seit vielen Jahren der denkbar sanftmütigste, freundlichste, umgänglichste Häftling war, endlich auf Bewährung freigelassen und begeht prompt abermals einen Mord. Die Angst vor einer Wiederholungstat wird von den Gegnern der Freilassung Venables' und Thompsons immer wieder thematisiert, und diesen Verdachtsfunken versuchen die britischen Zeitungen zu einem Brand anzufachen.

Doch diejenigen, die es am ehesten wissen müssen, versichern uns immer wieder, dass Venables und Thompson sich wirklich geändert haben, dass sie geradezu Musterbeispiele für die Wirksamkeit von Resozialisierungsmaßnahmen sind. Mark Leech von Unlock, einem Verein für Entlassenenfürsorge, ist beispielsweise überzeugt, dass »eine neuerliche Straftat nicht zu erwarten« sei. Wir stehen also vor einer Entweder-oder-Entscheidung. Entweder wir glauben, dass Resozialisierung möglich ist, dann müssen wir die Expertenaussage akzeptieren, dass sie in diesen Fällen erfolgreich war, oder wir schließen diese Möglichkeit aus, dann sollten wir alle Resozialisierungsmaßnahmen einstellen und uns zu der Auffassung bekennen, dass Haftstrafen die Rache der Gesellschaft an Kriminellen sein und diese als hoffnungslose Fälle behandelt werden sollen, dass man sie also für immer unter schrecklichen Bedingungen hinter Schloss und Riegel halten muss. Wenn Menschen sich nicht bessern können, wenn faule Eier nun mal faule Eier sind, dann sollten wir sie einfach abschreiben.

Die tiefgründigen Fragen nehmen kein Ende. Reue und Vergebung sind nicht so eng miteinander verknüpft, wie manche meinen. Manchmal vergeben wir denen, die keine Reue zeigen, dann wieder verdammen wir diejenigen, die aufrichtig bereuen. Auch wenn die Bulger-Mörder wirklich andere Menschen geworden sind, auch wenn sich die Achtzehnjährigen, die auf lebenslange Bewährung entlassen werden sollen, von Grund auf geändert haben, können sie nur dann bis ans Ende ihrer Tage ein unbehelligtes Leben führen, wenn ein anderer Prozess – nennen wir ihn das Zunehmen von Fairness – in den Herzen der unmittelbar von ihrem Verbrechen Betroffenen und darüber hinaus in der Gesellschaft allgemein dazu führt, dass man ihnen vergibt.

Gerade weil es sich dabei um eine so komplexe und wichtige Angelegenheit handelt, ist das hetzerische Verhalten eines großen Teils der britischen Presse besonders abstoßend, und der alte Vorwurf, dass sie kein Maß und Ziel mehr kennt, trifft hier besonders zu. Manche Menschen, darunter auch solche, die sich ihr Leben lang entschieden für die Pressefreiheit eingesetzt haben, finden jetzt, dass das Verhalten der britischen Boulevardzeitungen es immer schwieriger macht, die Pressefreiheit zu verteidigen – dass ein hoch geschätztes demokratisches Prinzip von unseriösen Journalisten einem Härtetest unterzogen wird. Die Rückkopplung zwischen Ereignissen und Berichten ist heute so schnell, dass die Medien zu Hauptakteuren in den Ereignissen werden, über die sie berichten. Im vorliegenden Fall untergraben sie sämtliche zivilisierten Grundsätze der Gerechtigkeit und schüren bei ihren Lesern eine Lynchmob-Mentalität, die dazu führen kann, dass tatsächlich Menschen ihr Leben verlieren.

Etwas Abscheuliches läuft hier ab, ein allgemeiner Verfall der Reaktionsweisen der Öffentlichkeit, hervorgerufen durch jahrelange Konfrontation mit den Wertmaßstäben der Sensationspresse. Angeblich sind spanische Zeitungen bereit, große Summen für Informationen über den Verbleib von Venables und Thompson zu zahlen – nicht weil die spanischen Leser besonders interessiert wären, sondern weil Sommer ist und es in Spanien von britischen Touristen wimmelt. Das Internet, dieses Bordell der Verantwortungslosigkeit, hat bereits damit begonnen, entsprechende Informationen zu liefern, und zweifellos wird schon bald mehr durchsickern. Jon Venables und Robert Thompson können weglaufen, aber sie können sich wahrscheinlich nicht verstecken, und in einem Großbritannien, das sich zunehmend gebärdet wie Dodge City oder Tombstone in ihren wildesten Zeiten, werden die beiden von Glück sagen können, wenn sie nicht in Boot Hill enden. Wir können nur hoffen, dass ihnen das erspart bleibt, denn mit ihnen ist auch eine Vorstellung von Großbritannien gefährdet, bei der Zurückhaltung mehr gilt als Melodram, Mitgefühl höher geschätzt wird als Rache, und Würde es verdient, länger gewahrt zu bleiben als acht Jahre.

August 2001: Arundhati Roy

Nargis, die indische Kinokönigin der fünfziger Jahre, die später Karriere in der Politik machte, hat einmal den großen Filmregisseur Satyajit Ray beschuldigt, er zeichne in seinen Filmen ein zu negatives Bild von Indien. In ihren eigenen Filmen, sagte sie, habe sie stets das Positive gefeiert. Als man sie bat, ein Beispiel zu nennen, sagte sie: »Dämme.«

Große Staudämme (definiert als solche mit mehr als fünfzehn Metern Höhe) sind seit langem ein fester ikonographischer Bestandteil der industriellen Entwicklung Indiens, und ihre Rolle in der Versorgung des Landes mit Wasser und Strom war eine Zeit lang unbestritten, ja unbestreitbar. Seit einiger Zeit wird jedoch »zunehmend kontrovers über die Rolle diskutiert, die große Staudämme in der Entwicklung gespielt haben«, so der Vorsitzende der Weltstaudammkommission (WCD), der südafrikanische Bildungsminister Professor Kader Asmal.

Eines der größten im Bau befindlichen neuen Projekte ist der Sardar-Sarovar-Staudamm am Fluss Narmada im Bundesstaat Gujarat, der hundertsechsunddreißig Meter hoch werden soll. Zu den lautstärksten Gegnern des Projekts gehört die Romanautorin Arundhati Roy. »Große Dämme«, sagt sie, »sind schlecht für dieses Land.« Sie erhebt Einspruch gegen die Umsiedlung von mehr als 200 000 Menschen und die Schäden am empfindlichen Ökosystem des Narmada-Tals und weist eindrucksvoll darauf hin, dass viele große Staudämme die in sie gesetzten Erwartungen nicht erfüllen. (Der Bargi-Stausee beispielsweise bewässert nur fünf

Prozent des versprochenen Gebiets.) Weiterhin argumentiert sie, dass die arme Landbevölkerung die Zeche für einen Damm zahlen muss, den Nutzen aber die reichen Stadtbewohner haben: »Achtzig Prozent der ländlichen Haushalte haben [noch immer] keinen elektrischen Strom, zweihundertfünfzig Millionen Menschen keinen Zugang zu sauberem Trinkwasser.«

Der kürzlich veröffentlichte Bericht der WCD bestätigt im Wesentlichen Roys Argumente. Die WCD wurde von der Weltbank und der World Conservative Union ins Leben gerufen und erstellte ihren Bericht aufgrund von Untersuchungen an hundertfünfundzwanzig großen Staudämmen. (Rätselhafterweise verweigerte die Regierung des Staates Gujarat die Genehmigung zur Inspektion des Sardar-Sarovar-Staudamms.) Der Bericht sieht in großen Staudämmen die Ursache für zunehmende Überschwemmungen, Schäden am Ackerland und die Ausrottung von Süßwasserfischen. Er kommt ebenfalls zu dem Schluss, dass Staudämme vor allem den Reichen nützen, dass viele Dämme hinter den Erwartungen zurückbleiben und dass von den vierzig bis achtzig Millionen Menschen, die weltweit wegen des Baus von Staudämmen umgesiedelt werden mussten, nur wenige die ihnen zustehende Entschädigung erhalten haben. Arundhati Roy und die Narmada-Tal-Initiative vertreten schon lange die Ansicht, dass der Wasserbedarf von Gujarat sich auch durch alternative Methoden decken lasse; der WCD-Bericht kommt zu einem ähnlichen Ergebnis und weist darauf hin, dass man sich mehr auf erneuerbare Energien, Recycling, bessere Bewässerungsanlagen und die Vermeidung von Wasserverlusten konzentrieren müsse.

Der Kampf um den Narmada-Damm wird nun schon seit langer Zeit mit großer Erbitterung geführt. Allerdings hat er neuerdings eine surreale Wendung genommen. Arundhati Roy und zwei führende Vertreter der Protestbewegung, Medha Patkar und Prashant Bhushan, werden von fünf Anwälten beschuldigt, sie hätten sie am 13. Dezember vor dem Obersten Gericht in Delhi während einer Protestdemonstration gegen das Urteil des Gerichts, demzufolge die Arbeiten am Sardar Sarovar Project weitergehen dürfen, bösartig angegriffen. Angeblich haben Roy und Patkar die Menge aufgefordert, die Anwälte umzubringen, und Bhushan soll einen von ihnen an den Haaren gezogen und ebenfalls Morddrohungen gegen ihn ausgestoßen haben.

Dies alles müsste sich unter den Augen eines starken Polizeiaufgebots abgespielt haben. Kurioserweise entging der Zwischenfall auch dem Filmemacher Sanjay Kak, der die Demonstration mit einer Videokamera filmte. Und wie sich später herausstellte, hatte sich Bhushan zu der Zeit an einem ganz anderen Ort aufgehalten.

Trotz der nachweisbaren Absurdität der Anschuldigung ließ das Oberste Gericht die Klage der Anwälte zu und erhob Anklage. Damit verstieß es gegen seine eigenen Verfahrensvorschriften. Die Klage der Anwälte wies Formfehler auf und wurde nicht, wie eigentlich erforderlich, schriftlich vom Generalstaatsanwalt unterstützt. Vor allem aber hielt es das Gericht nicht für nötig, die Richtigkeit der Anschuldigungen zu überprüfen, obwohl Videoaufnahmen und Zeugenaussagen zur Verfügung gestanden hätten.

Vor Gericht gab Arundhati Roy in ihrer gewohnt direkten und kompromisslosen Art eine eidesstattliche Erklärung ab. Dass die Richter sich dafür hergegeben hätten, sie und ihre Kollegen in einem so belanglosen Fall vorzuladen, lasse »eine beunruhigende Neigung des Gerichts erkennen, Kritik zum Schweigen zu bringen und Menschen mit abweichender Meinung mundtot zu machen«. Das Gericht verlangte von ihr, diese Erklärung zurückzuziehen. Da sie sich weigerte, wurde sie erneut wegen Missachtung des Gerichts vorgeladen und könnte zu einer Gefängnisstrafe verurteilt werden. Wie sie einer britischen Journalistin sagte, steckt sie nun »ganz schön in der Bredouille«.

Das Gericht sollte sich eines vor Augen führen: Dadurch, dass es Arundhati Roy, Medha Patkar und Prashant Bhushan auf diese Weise verfolgt, setzt es sich selbst dem Urteil der Weltmeinung aus. Das Oberste Bundesgericht der USA hat sich durch den juristischen Handstreich, der George W. Bush zum »Präsidenten«

machte, vor aller Welt in Verruf gebracht. (Zwei ernst zu nehmende Bücher von Alan Dershowitz bzw. Vincent Bugliosi lassen keinen Zweifel daran, dass die Bundesrichter eine politisch motivierte, juristisch höchst bedenkliche Entscheidung getroffen haben.) Kann es sein, dass der Oberste Gerichtshof der »größten Demokratie der Welt« dem des mächtigsten Landes der Welt nacheifert, indem er sich als voreingenommen – in diesem Fall gegen die Meinungsfreiheit – erweist und sich nicht scheut, als Erfüllungsgehilfe einer bestimmten Interessengruppe zu handeln – in diesem Fall der mächtigen Koalition der hinter dem Narmada-Damm stehenden politischen und finanziellen Interessen?

Einem solchen Urteil kann das Gericht nur entgehen, wenn es das Verfahren gegen Arundhati Roy und ihre beiden Gesinnungsgenossen einstellt. Dies sollte es unverzüglich tun.*

---

* Am 6. März 2002 wurde Arundhati Roy wegen Missachtung des Gerichts »symbolisch« zu eintägiger Haft und einer Geldstrafe von 2000 Rupien (etwa 50 Euro) verurteilt. In der Urteilsbegründung hieß es, das Gericht habe Großmut an den Tag legen wollen und berücksichtigt, dass Arundhati Roy »eine Frau« sei.

September 2001: Telluride

Am Anfang waren Butch Cassidy und Sundance Kid, und die Kleinstadt Telluride in Colorado – ursprünglich »*To Hell You Ride*«, so genannt nach den Arbeitern der Silberminen, die von den Bergen in den Ort hinabrodelten, damals ein wüstes Kaff voller Bordelle – war Schauplatz ihres ersten Banküberfalls. Dann kam der Film, und Robert Redford benannte das Sundance Institute nach seiner berühmtesten Rolle. Das Sundance Film Festival entwickelte sich zum gefeierten Schaufenster für neue, unabhängige Filmemacher. Telluride selbst entwickelte sich ebenfalls zu einem berühmten Festival für das unabhängige Kino, das, so könnte man sagen, die Rolle von Butch gegenüber dem Sundance von Sundance spielte.

Ich schreibe dies in der dünnen Luft von Telluride, inmitten einer grandiosen Gebirgslandschaft, am Ende des 28. Festivals. (Zur Information: Ich war dieses Jahr Gastdirektor.) Im Lauf der letzten vier Tage hat eine Fülle guter Filme Scharen leidenschaftlicher Kinogänger daran erinnert, warum sie sich in das Kino verliebt haben, in der Zeit vor den riesigen Multiplex-Kinos und der Herrschaft des Einspielergebnisses des ersten Wochenendes.

Man könnte keinem, der in letzter Zeit im Kino war, einen Vorwurf machen, wenn er es kurzweiliger findet, zu Hause zu bleiben und die Wand anzustarren. Der Planet der Affen ist, nun ja, unfreundlich zu Primaten. Ein hochgejubelter Thriller, *The Score*, erweist sich als lahme Räuberpistole. (Die abgedroschene Figur des alten Berufsverbrechers bei seinem letzten großen Coup kann man sich auch in einem etwas besseren britischen Film, *Sexy Beast*, zu

Gemüte führen.) *American Sweethearts*, die »Komödie« mit Julia Roberts und Catherine Zeta-Jones, ist ein Insider-Witz der Filmbranche, den keiner versteht. *Blow* nervt einfach nur. Der einzige echte Lichtblick der letzten Zeit ist Coppolas *Apocalypse Now Redux*, und selbst dieser Film enthält Enttäuschendes. Das gilt vor allem für die restaurierte Sequenz mit der »französischen Plantage«; sie ist zu kommentierend, nicht fabulierfreudig genug für ihren Platz nahe am Herzen der Dunkelheit. Sie ist dort, wo Wahnsinn herrschen sollte, nur exzentrisch. Und Brandos darstellerische Leistung als Kurtz ist im Lauf der Zeit (bei wenig Änderungen) nicht besser geworden. Trotzdem, angesichts der hohen Ansprüche des Filmemachers und solcher Spitzenleistungen wie der des großen Robert Duvall («Ich liebe den Geruch von Napalm am Morgen«), vor allem aber angesichts des Schrotts, den man anderswo serviert bekommt, kann man dem Film diese Schwächen nachsehen. Apocalypse ist ein Himalaya inmitten von Ameisenhügeln.

Unterhalten Sie sich mit jungen Filmemachern in L. A., und auch die begabtesten unter ihnen werden Ihnen sagen, dass sie keine Wahl haben, dass sie sich der Macht des Marktes beugen und ihre Kunst verwässern müssen, damit ihre Filme überhaupt kommerziell möglich werden. Für dieses Problem gibt es eine Lösung, die in Telluride vor vollen Häusern spielte: den französischen Superhit *Die fabelhafte Welt der Amélie*. Amélie, ein in sich gekehrtes Mädchen, lebt ganz in ihrer Phantasie, bis sie nach und nach versucht, ihre erstaunliche innere Wirklichkeit auf die Außenwelt zu übertragen. Der Film quillt schier über von visuellem Einfallsreichtum und subtilem kinematographischem Witz, und sein gewaltiger Erfolg in Europa sollte alle die Filmemacher beschämen, die aus Bequemlichkeit den Kompromiss der Originalität vorziehen.

Der Wagemut und die Radikalität der Spielfilme, die von dem Kabelkanal HBO finanziert werden – eine Auswahl daraus war einer der Höhepunkte des Telluride Festival –, prangern indirekt die Kleinmütigkeit so mancher Produktion eines großen Studios an.

(Achten Sie vor allem auf Agnieszka Hollands *Shot in the Heart*, ein Film nach dem brillanten Buch von Mikal Gilmore über seinen Bruder Gary, der als Mörder hingerichtet wurde.) Und ein paar sehr sehenswerte Filme aus Gegenden, die nicht gerade im Zentrum der Kinowelt liegen, liefern weitere Beweise dafür, dass diesem Zentrum sein Alleinvertretungsanspruch streitig gemacht wird. Besonders beeindruckt war ich von Stil und Anmut des ersten abendfüllenden Films von Danis Tanovic, *No Man's Land*, in dem verwundete bosnische und serbische Soldaten, eingeschlossen in einem Schützengraben zwischen den Linien, zu einer Mikrokosmos-Vision ihres niederträchtigen, absurden Krieges werden. Es ist, als bluteten Becketts Wladimir und Estragon in einem Schützengraben, und als Godot erscheint, stellt sich heraus, dass er den blauen Helm der ohnmächtigen UNPROFOR-Truppen trägt. («Hier kommen die Schlümpfe!» ist der witzigste Satz des Films.) Mir kam der Gedanke, Hollywood hätte unbedingt verlangt, dass die verwundeten Soldaten sich allmählich miteinander anfreunden, dass ihre gemeinsame Menschlichkeit über die Verrücktheit des Krieges siegt; und einer der unerbittlichsten und zugleich bitter-komischen Vorzüge von Tanovics Film ist es, dass es bei ihm genau umgekehrt kommt. Es endet alles in einem blutigen Höhepunkt so rabenschwarz satirisch wie Joseph Hellers *Catch-22* – ein Schluss, der dem Zuschauer solches Unbehagen verursacht, dass kein Hollywood-Produzent ihn hätte durchgehen lassen.

In Telluride haben wir dieses Jahr Andrej Tarkowskijs großen Film *Solaris* vorgeführt, um ein Science-Fiction-Meisterwerk zu ehren, bevor die zeitgenössische Pest der Remakes es auslöscht. Diese Erkundung der Unzuverlässigkeit der Realität und der Macht des menschlichen Unbewussten, diese große Erforschung der Grenzen des Rationalismus und der perversen Macht auch der unglücklichsten Liebe muss möglichst viele Zuschauer finden, bevor sie von Steven Soderbergh und James Cameron in etwas verwandelt wird, was die beiden lächerlicherweise als Mischung aus *2001* und *Der letzte Tango in Paris* androhen. Sex im Weltraum mit schwebender Butter? Tarkowskij muss sich im Grab umdrehen.

Ein anderer Erfolg aus früheren Tagen war Satyajit Rays bezaubernder Kinderfilm *Die goldene Festung* (1974), dessen geringer Erfolg seinen großen Regisseur stets bekümmert hat. Vielleicht wird der gewaltige Erfolg des Streifens hier ihm endlich einen Verleiher bescheren. Heute Telluride, morgen die ganze Welt?

Es gibt zwei Arten von Filmfestivals: einerseits die von einem gewaltigen Medienrummel begleiteten Verkaufsveranstaltungen wie Cannes und sogar Sundance, andererseits Telluride, wo keine Preise vergeben werden und wo Leute, die womöglich doch zum Kaufen und Verkaufen gekommen sind, kein Aufhebens davon machen. Es ist außerordentlich spannend, in diesem Zeitalter des triumphierenden Kapitalismus eine Veranstaltung zu entdecken, die nicht dem Kommerz, sondern der Liebe gewidmet ist. Und wenn das altmodisch und blauäugig klingt, dann sei's drum. Im Kino geht es von jeher um Illusionen.

Nachschrift

To Hell You Ride – *in der Tat. Am 11. September 2001, ganze acht Tage nach dem Ende des Filmfestivals, brachten zwei von Terroristen gekaperte Verkehrsflugzeuge die Zwillingstürme des World Trade Centers in New York zum Einsturz. Ein drittes bohrte sich ins Pentagon. In Pennsylvania stürzte eine Maschine kurz vor ihrem Ziel ab, dank dem selbstlosen Heroismus der Passagiere, die den Terroristen Widerstand leisteten und deren Pläne vereitelten. Wie idyllisch unschuldig erschienen plötzlich unsere Tage in Telluride: als seien wir aus dem Paradies vertrieben worden, die Frucht vom Baum der Erkenntnis von Gut und Böse in den zitternden Händen.*

Oktober 2001: Die Angriffe auf Amerika

In meiner Kolumne vom Januar 2000 schrieb ich, der entscheidende Kampf des neuen Zeitalters werde zwischen Terrorismus und Sicherheit ausgetragen, und äußerte die Sorge, ein Leben nach den Worst-Case-Szenarien der Sicherheitsexperten könnte bedeuten, dass wir zu viele unserer Freiheiten den unsichtbaren Schattenkriegern der verborgenen Welt opfern müssten. Demokratie braucht Sichtbarkeit, schrieb ich, und im Kampf zwischen Sicherheit und Freiheit dürften uns nur Irrtümer zugunsten der Freiheit unterlaufen. Am 11. September jedoch wurde das Worst-Case-Szenario Wirklichkeit.

Sie haben unserer Stadt das Rückgrat gebrochen. Ich bin noch nicht lange New Yorker, aber selbst Menschen, die noch nie in Manhattan waren, fühlten sich im Innersten getroffen, denn in unserer Zeit ist New York das Herz der sichtbaren Welt, schnoddrig, schwindelerregend, Walt Whitmans »Stadt der Orgien, der Spaziergänge und der Freuden«, seine »stolze und leidenschaftliche Stadt – energiegeladene, wahnsinnige, extravagante Stadt!« Dieser hellen Hauptstadt des Sichtbaren haben die Mächte des Unsichtbaren einen furchtbaren Schlag versetzt. Wie furchtbar, brauche ich nicht weiter auszuführen; wir haben es alle gesehen und müssen jetzt dafür sorgen, dass die Wunde keine tödlichen Folgen hat, dass die Welt des Sichtbaren über diese andere Welt triumphiert, die Welt des Vermummten, das man nur durch die Auswirkungen seiner scheußlichen Taten wahrnimmt.

Um die freien Gesellschaften vor dem Terrorismus zu schützen – besser zu schützen –, wird es unumgänglich sein, unsere Bürgerrechte einzuschränken.* Doch als Gegenleistung für die teilweise Erosion der Freiheit können wir mit Recht erwarten, dass unsere Städte, unsere Wasserversorgung, unsere Flugzeuge und unsere Kinder wirklich besser geschützt werden als bisher. Die Reaktion des Westens auf die Angriffe vom 11. September wird weitgehend danach beurteilt werden, ob die Menschen sich zu Hause, am Arbeitsplatz, in ihrem täglichen Leben wieder halbwegs sicher fühlen. Dieses Vertrauen haben wir verloren, und wir müssen es wiedergewinnen.

Als Nächstes stellt sich die Frage nach dem Gegenangriff. Ja, wir müssen unsere Schattenkrieger gegen die ihrigen ins Feld schicken und hoffen, dass unsere die Oberhand gewinnen. Doch dieser geheime Krieg allein kann nicht den Sieg bringen. Wir brauchen auch eine öffentliche, politische und diplomatische Offensive, deren Ziel die baldige Lösung einiger der dornigsten Probleme der Welt sein muss; vor allem muss sie den Kampf zwischen Israel und dem Volk der Palästinenser um Lebensraum, Würde, Anerkennung und Überleben beenden. Ein besseres Urteilsvermögen wird in Zukunft auf allen Seiten nötig sein. Bitte keine sudanesischen Aspirinfabriken mehr bombardieren. Und nun, da kluge amerikanische Köpfe offenbar begriffen haben, dass es unrecht wäre, das verarmte, unterdrückte afghanische Volk als Vergeltung für die Untaten seiner tyrannischen Herren zu bombardieren, könnten sie diese Klugheit rückblickend auch darauf anwenden, was dem verarmten, unterdrückten Volk des Irak angetan wurde. Es ist an der Zeit, sich keine neuen Feinde mehr zu machen und damit anzufangen, Freunde zu gewinnen.

Dies zu sagen bedeutet keineswegs, sich der Verteufelung Ame-

---

* Damit wollte ich damals sagen, dass man uns wahrscheinlich noch lästigeren, indiskreteren Flughafenkontrollen unterziehen würde. Was ich nicht voraussah, war der Übereifer, mit dem die Herren Ashcroft, Ridge & Co. darangehen würden, den Apparat eines autoritäreren Staates aufzubauen.

rikas durch Teile der politischen Linken anzuschließen, die zu den unangenehmsten Folgen der terroristischen Angriffe auf die Vereinigten Staaten gehören. »Das Problem mit den Amerikanern ist ...« – »Amerika muss begreifen ...« Es hat in letzter Zeit viel scheinheilige moralische Relativierung gegeben, meist durch solche Phrasen eingeleitet. Einem Land, das gerade den verheerendsten Terroristenangriff der Geschichte erlitten hat, einem Staat, in dem tiefe Trauer und entsetzlicher Gram herrschen, wird herzlos vorgeworfen, es sei selbst schuld am Tod seiner Bürger. («Haben wir das verdient, Sir?«, fragte ein fassungsloser Arbeiter in »Ground Zero« neulich einen britischen Journalisten. Ich finde die ernste Höflichkeit dieses »Sir« höchst erstaunlich.)

Es muss klargestellt werden, warum dieser Ansturm wohlmeinender antiamerikanischer Äußerungen blanker Unsinn ist. Terrorismus ist die Ermordung Unschuldiger; diesmal war es Massenmord. Solche Gräuel als Reaktion auf die Politik der US-Regierung zu rechtfertigen heißt, den Grundgedanken jeglicher Moral zu negieren: dass Individuen für ihre Handlungen selbst verantwortlich sind. Des Weiteren ist Terrorismus nicht die Verfolgung legitimer Ziele durch illegitime Mittel. Der Terrorist hüllt sich in die Missstände der Welt, um seine wahren Motive zu bemänteln. Was immer die Mörder erreichen wollten, eine bessere Welt zu schaffen gehörte sicher nicht zu ihren Zielen.

Der Fundamentalist will viel mehr niederreißen als nur Gebäude. Solche Menschen sind – um nur ein paar Beispiele zu nennen – gegen Meinungsfreiheit, Mehrparteiensysteme, allgemeines Wahlrecht, zur Rechenschaft verpflichtete Regierungen, Juden, Homosexuelle, die Gleichberechtigung der Frauen, Pluralismus, Säkularismus, kurze Röcke, Tanzen, Bartlosigkeit, Evolutionslehre, Sex. Das sind Tyrannen, keine Muslime. (Der Islam ist streng mit Selbstmördern; sie sind dazu verdammt, ihren Tod bis in alle Ewigkeit ständig zu wiederholen.) Es muss von Muslimen in aller Welt gründlich untersucht werden, wie es kommt, dass der Glaube, den sie lieben, so viele mutierte, gewalttätige Ableger hervorbringt. Wenn der Westen seine Unabomber und McVeighs verstehen muss, dann muss sich der Islam seinen Bin Ladens stellen.

UN-Generalsekretär Kofi Annan hat gesagt, wir sollten uns jetzt nicht nur dadurch definieren, wofür wir sind, sondern auch dadurch, wogegen wir sind. Ich würde den Satz umkehren, denn im Moment braucht niemand zu überlegen, wogegen wir sind. Selbstmordattentäter rammen Großraumflugzeuge ins World Trade Center und ins Pentagon und ermorden Tausende von Menschen: Tja, äh, da bin ich dagegen. Aber wofür sind wir? Wofür würden wir unser Leben riskieren? Sind wir uns darin einig, dass es sich bei allen Punkten der obigen Liste – jawohl, auch bei den kurzen Röcken und beim Tanzen – um Dinge handelt, für die es sich zu sterben lohnt?

Der Fundamentalist glaubt, dass wir an gar nichts glauben. Nach seiner Weltanschauung ist er im Besitz absoluter Gewissheiten, während wir in sybaritischer Dekadenz versinken. Um ihn zu widerlegen, müssen wir zunächst überzeugt sein, dass er im Unrecht ist. Wir müssen uns einig sein darüber, was alles gut und richtig ist: Küssen in der Öffentlichkeit, Schinkenbrote, Meinungsverschiedenheiten, neueste Mode, Literatur, Großzügigkeit, sparsamer Umgang mit Wasser, eine gleichmäßigere Verteilung der Ressourcen dieser Welt, Filme, Musik, Gedankenfreiheit, Schönheit, Liebe. Das werden unsere Waffen sein. Nicht indem wir Krieg führen, sondern durch die furchtlose Art zu leben, für die wir uns entscheiden, werden wir sie besiegen.

Wie der Terrorismus zu besiegen ist? Lassen Sie sich nicht terrorisieren. Lassen Sie nicht zu, dass Angst Ihr Leben beherrscht. Auch wenn Ihnen angst und bange ist.

November 2001:
Nicht um den Islam?

»Es geht hier nicht um den Islam.« Seit Wochen wiederholen führende Politiker in aller Welt dieses Mantra, teils mit der löblichen Absicht, Vergeltungsangriffe auf im Westen lebende Muslime zu verhindern, teils deswegen, weil die Vereinigten Staaten ihre Koalition gegen den Terror ja wohl aufrechterhalten möchten und es sich deshalb nicht leisten können, irgendeine Verbindung zwischen dem Islam und dem Terrorismus anzudeuten.

Das Problem mit diesem notwendigen Dementi ist, dass es nicht der Wahrheit entspricht. Wenn es hier nicht um den Islam geht, warum dann die weltweiten muslimischen Demonstrationen für Osama bin Laden und al-Qaida? Warum haben sich dann die 10 000 mit Schwertern und Äxten bewaffneten Männer an der pakistanisch-afghanischen Grenze zusammengerottet, als irgendein Mullah zum Dschihad aufrief? Warum sind die ersten drei britischen Gefallenen des Krieges Muslime, die auf der Seite der Taliban kämpften?

Warum der übliche Antisemitismus der oft wiederholten islamischen Verleumdung, »die Juden« hätten die Flugzeugabstürze auf das World Trade Center und das Pentagon arrangiert, für die die Taliban-Führung unter anderem die sonderbar selbstironische Erklärung anbietet, die Muslime verfügten weder über das technologische Know-how noch über die organisatorischen Fähigkeiten, um eine solche Aktion durchzuführen? Warum verlangt Imran Khan, der ehemalige pakistanische Spitzensportler, der sich zum Politiker gewandelt hat, Beweise für die Schuld der al-Qaida, während er offenbar taub ist für die Selbstbezichtigungen der al-Qaida-Sprecher (es würden Flugzeuge vom Himmel regnen, Muslime im Westen sollten nicht in Hochhäusern wohnen oder arbeiten usw.)? Warum all das Gerede über ungläubige US-Militärs, die den heiligen Boden Saudi-Arabiens entweihen, wenn nicht irgendeine Definition von »heilig« den Kern der derzeitigen Unzufriedenheit bildet?

Nennen wir endlich die Dinge beim Namen. Natürlich geht es hier »um den Islam«. Die Frage ist nur: Was genau bedeutet das? Schließlich hat religiöser Glaube meist nicht allzu viel mit Theologie zu tun. Die meisten Muslime sind keine tiefgründigen Koran-Exegeten. Für eine riesige Zahl »gläubiger« Muslime ist »Islam« ein nicht besonders scharf umrissener Begriff, der nicht nur für Gottesfurcht steht – eher die Furcht vor Gott als die Liebe zu ihm, so argwöhnt man –, sondern auch für ein Gemenge aus Bräuchen, Meinungen und Vorurteilen. Dazu gehören auch ihre Nahrungsgewohnheiten, die Isolierung oder Beinahe-Isolierung »ihrer« Frauen, die Predigten des Mullahs ihrer Wahl, die Abscheu vor der modernen Gesellschaft mit ihrer Fixierung auf Musik, Gottlosigkeit und Sex sowie die spezielle Abscheu (und Angst) davor, dass ihre eigene unmittelbare Umgebung dem liberalen westlichen Lebensstil anheim fallen könnte.

Hoch motivierte Organisationen muslimischer Männer (ach, wenn doch die Muslim-Frauen ihre Stimme erheben könnten!) sind seit etwa dreißig Jahren dabei, aus diesem Glaubensbrei eine wachsende radikale politische Bewegung zu schaffen. Zu diesen Islamisten – wir müssen uns an die Bezeichnung »Islamisten« gewöhnen, womit diejenigen gemeint sind, die sich für solche radikalen Projekte engagieren, und sie von dem durchschnittlichen, politisch neutralen »Muslim« unterscheiden lernen – gehören die Muslim-Bruderschaft in Ägypten, die bluttriefenden Kombattanten der FIS und der GIA in Algerien, die schiitischen Revolutionäre im Iran und die Taliban. Armut ist ihre große Helferin, und die Frucht ihrer Anstrengungen ist Paranoia. Dieser paranoide Islam, der alle Plagen der muslimischen Gesellschaften Außenseitern, »Ungläubigen«, anlastet und als Heilmittel vorschlägt, diese Gesellschaften gegen das rivalisierende Projekt Modernität abzuschotten, ist zurzeit die weltweit am schnellsten wachsende Erscheinungsform des Islam.

Damit schließt man sich noch nicht Samuel Huntingdons These vom »Zusammenprall der Kulturen« an, aus dem einfachen Grund, weil sich das Projekt der Islamisten nicht nur gegen den Westen und »die Juden« richtet, sondern auch gegen ihre islamischen Glaubensbrüder. Allen öffentlichen Bekundungen zum Trotz haben die Regime der Taliban und des Iran nicht viel füreinander übrig. Die Zwistigkeiten zwischen muslimischen Nationen reichen mindestens genauso tief wie die Vorbehalte dieser Nationen gegenüber dem Westen. Trotzdem wäre es absurd abzustreiten, dass der sich selbst freisprechende, paranoische Islam eine Ideologie ist, die auf viele eine große Anziehungskraft ausübt.

Vor zwanzig Jahren, als ich einen Roman über Machtkämpfe in einem fiktiven Pakistan schrieb, war es in der muslimischen Welt schon *de rigeur*, alle Missstände dem Westen und vor allem den Vereinigten Staaten in die Schuhe zu schieben. Damals wie heute war diese Kritik gut begründet; es ist hier nicht der Ort für eine Rekapitulation der Geopolitik des Kalten Krieges oder der häufigen »Kippbewegungen« (Henry Kissinger) der amerikanischen Außenpolitik zu (bzw. von) diesem oder jenem vorübergehend nützlichen (bzw. missbilligten) Nationalstaat oder der Rolle Amerikas bei der Einsetzung oder Abschaffung diverser unliebsamer Staatschefs oder Regimes. Aber ich wollte damals eine Frage stellen, die heute nicht weniger bedeutsam ist: Angenommen, die Übel unserer Gesellschaften sind nicht überwiegend Amerikas Schuld, sondern wir haben sie uns selbst zuzuschreiben. Wie würden wir sie dann sehen? Würden wir nicht vielleicht dadurch, dass wir die Verantwortung für unsere Probleme übernehmen, allmählich lernen, sie aus eigener Kraft zu lösen?

NOVEMBER 2001: NICHT UM DEN ISLAM?

Interessanterweise beginnen jetzt viele Muslime ebenso wie säkularistische Analytiker mit Wurzeln in der islamischen Welt, solche Fragen zu stellen. In den letzten Wochen haben sich überall muslimische Stimmen gegen den obskurantischen »Raub« ihrer Religion erhoben. Die Heißsporne von gestern (unter ihnen Yusuf Islam alias Cat Stevens) gebärden sich nun auf einmal erstaunlich brav. Ein irakischer Schriftsteller zitiert einen früheren irakischen Satiriker: »Die Krankheit in uns kommt von uns selbst.« Ein britischer Muslim schreibt, der Islam sei »sein eigener Feind geworden«. Ein befreundeter libanesischer Schriftsteller, gerade aus Beirut zurückgekehrt, erzählt mir, dass im Gefolge des 11. September die Kritik an den Islamisten viel lauter geworden ist. Viele Kommentatoren sprechen von der Notwendigkeit einer Reformation in der muslimischen Welt. Ich erinnere mich, wie nicht-kommunistische Sozialisten sich immer vom tyrannischen »real existierenden« Sozialismus der Sowjets distanziert haben. Trotzdem sind die ersten Anfänge dieses Gegenprojekts von großer Bedeutung. Wenn der Islam seinen Frieden mit der Modernität machen soll, müssen diese Stimmen ermuntert werden, bis sie zum Gebrüll anschwellen.

Viele von ihnen sprechen von einem anderen Islam, ihrem persönlichen, ganz privaten Glauben, und die Rückführung der Religion auf die Sphäre des Persönlichen, ihre Entpolitisierung ist die Kröte, die alle muslimischen Gesellschaften schlucken müssen, um modern werden zu können. Der einzige Aspekt der Modernität, an dem die Terroristen interessiert sind, ist die Technik, in der sie eine Waffe sehen, die gegen ihre Hersteller gerichtet werden kann. Wenn der Terrorismus besiegt werden soll, muss die Welt des Islam die säkularistisch-humanistischen Prinzipien an Bord nehmen, auf denen die Moderne gründet. Andernfalls wird die Freiheit für ihre Länder ein unerreichbarer Traum bleiben.

Februar 2002: Antiamerikanismus

Man hat uns gesagt, dass es ein langer, hässlicher Kampf werden würde, und so ist es auch gekommen. Amerikas Krieg gegen den Terror ist in seine zweite Phase getreten, eine Phase, die gekennzeichnet ist durch die Entrüstung über die Bedingungen, unter denen die Gefangenen in Camp X-Ray festgehalten werden, durch die Frustration darüber, dass es den USA nicht gelingt, Osama bin Laden und Mullah Omar zu finden, und durch den wachsenden Widerstand gegen die fortgesetzten Bombenangriffe in Afghanistan. Mehr noch: Wenn Amerika jetzt andere Länder angreift, die im Verdacht stehen, Terroristen zu beherbergen, wird es das wohl allein tun müssen, ohne die Koalition, die das Vorgehen in Afghanistan unterstützte. Der Grund liegt darin, dass Amerika sich einem ideologischen Feind gegenübersieht, der womöglich noch schwerer zu besiegen ist als der militante Islam, nämlich dem weltweit grassierenden Antiamerikanismus.

Die gute Nachricht ist, dass die Post-Taliban-Zeiten schlechte Zeiten für islamistische Fanatiker sind. Tot oder lebendig, bin Laden und Omar sind Männer von gestern, unselige Krieger, die anderen ein Martyrium aufzwangen und sich selbst ins Gebirge davonmachten. Wenn man den hartnäckigen Gerüchten Glauben schenken kann, ist es außerdem durchaus möglich, dass die Niederlage der terroristischen Achse in Afghanistan einen islamistischen Coup gegen Musharraf in Pakistan verhindert hat, den die eher talibanfreundlichen Elemente in den Streitkräften und Geheimdiensten geplant hatten, Leute wie der Furcht erregende General Hamid Gul. Und Präsident Musharraf, selbst kein Unschuldsengel, wurde dazu gedrängt, die Anführer der Kaschmiri-Terroristengruppen zu verhaften, die er bislang unterstützt hatte. (Es ist erst gut zwei Jahre her, dass er dieselben Gruppen gegen Indien hetzte und damit die letzte Kaschmir-Krise auslöste.)

In aller Welt lernt man jetzt die Lektion aus der Intervention der Amerikaner in Afghanistan. Der Jihad sieht nicht mehr so gut aus wie letzten Herbst. Staaten, die im Verdacht stehen, den Terrorismus zu unterstützen, sind plötzlich die Freundlichkeit selbst und gehen sogar gegen den einen oder anderen Schurken vor. Iran hat die Rechtmäßigkeit der neuen afghanischen Regierung anerkannt. Selbst Großbritannien, ein Staat, der den islamistischen Fanatikern bisher toleranter gegenüberstand als die meisten anderen, sieht allmählich ein, dass es ein Unterschied ist, ob man die »Islamophobie« ablehnt oder einigen der schlimmsten Verbrecher der Welt einen sicheren Zufluchtsort gewährt.

Amerika hat in Afghanistan getan, was getan werden musste, und es hat seine Sache gut gemacht. Das Dumme ist nur, dass die Vereinigten Staaten sich mit keinem dieser Erfolge Freunde gemacht haben. Vielleicht ist es paradoxerweise sogar so, dass die Welt Amerika nach seinem Feldzug noch mehr hasst als zuvor. Westliche Kritiker des militärischen Eingreifens der USA in Afghanistan sind erbost, weil inzwischen bewiesen ist, dass sie nicht nur kein Rückgrat haben, sondern auch fast in jedem Punkt Unrecht hatten: Die US-Truppen wurden doch nicht gedemütigt wie seinerzeit die Russen, die Luftschläge haben doch ihre Wirkung getan, die Nordallianz hat doch kein Massaker in Kabul angerichtet, die Taliban haben sich doch aufgelöst, wie es sich für solche Tyrannen gehört, sogar in ihren Hochburgen im Süden des Landes, es war doch nicht so schwer, die Militanten aus ihren Höhlenfestungen herauszuholen, und es ist den rivalisierenden politischen Gruppen doch gelungen, eine Regierung auf die Beine zu stellen, die zur allgemeinen Überraschung recht gut funktioniert.

Unterdessen fühlen sich diejenigen Elemente in der arabischen und muslimischen Welt, die Amerika wegen seiner angeblichen politischen Ohnmachtsgefühle schmähen, selbst ohnmächtiger denn je. Wie immer nährt sich der antiamerikanische Radikalismus von dem weit verbreiteten Zorn über die Notlage der Palästinenser, und es stimmt nach wie vor, dass nichts die Propaganda der Fanatiker wirkungsvoller untergraben würde als eine akzeptable Einigung im Nahen Osten. Doch selbst wenn diese Einigung schon morgen Wirklichkeit wäre, würde der Antiamerikanismus wahrscheinlich nicht nachlassen. Er ist inzwischen ein zu nützliches Tarnnetz für die zahlreichen Defekte der muslimischen Staaten – ihre Korruption, ihre Inkompetenz, ihre Unterdrückung der eigenen Bürger, ihre wirtschaftliche, wissenschaftliche und kulturelle Stagnation. Hass auf Amerika ist zu einer Art Abzeichen geworden, das zu einer auftrumpfenden, Flaggen verbrennenden Rhetorik in Wort und Tat berechtigt, die den Menschen gut tut. Dieser Hass enthält ein gerüttelt Maß an Heuchelei – man hasst, was man am meisten herbeisehnt – und Elemente von Selbstekel («wir hassen Amerika, weil es aus sich gemacht hat, was wir aus uns nicht machen können»). Was sie Amerika vorwerfen – Engstirnigkeit, Voreingenommenheit, Ignoranz –, würden die Ankläger auch sehen, wenn sie in den Spiegel schauten.

Jeder, der in den letzten fünf Monaten in Großbritannien oder auf dem europäischen Kontinent war oder die dortige politische Diskussion verfolgt hat, wird überrascht, ja schockiert gewesen sein, wie tief antiamerikanische Ressentiments dort bei weiten Teilen der Bevölkerung und bei den Medien sitzen. Der westliche Antiamerikanismus ist weitaus verdrießlicher als sein islamisches Gegenstück und seltsamerweise auch viel stärker personalisiert. Muslimische Länder stören sich an der Macht Amerikas, seiner »Arroganz«, seinem Erfolg; im nichtamerikanischen Westen hat man offenbar hauptsächlich etwas gegen das amerikanische *Volk*. Abend für Abend musste ich mir anhören, wie Londoner über den hässlichen Amerikaner herzogen. Die Angriffe auf Amerika werden konsequent bagatellisiert («die Amerikaner kümmern sich nur um ihre eigenen Toten«). Der Patriotismus, die Fettleibigkeit, die Emotionalität, die Egozentrik der Amerikaner: Das sind die wichtigen Themen.

In diesem Klima der Feindseligkeit läge es für Amerika nahe, konstruktive Kritik unbeachtet zu lassen. Die Behandlung der Gefangenen von Guantánamo ist ein gutes Beispiel. Colin Powells angeblicher Wunsch, diesen Menschen den Status von Kriegsgefangenen zuzuerkennen, war eine staatsmännische Reaktion auf den weltweiten Druck; dass es ihm offenbar nicht gelang, Bush und Rumsfeld zur Annahme seiner Empfehlungen zu bewegen, gibt Anlass zur Besorgnis. Die Regierung Bush hat seit ihren Anfängen, als sie internationale Abkommen aufkündigte, große Fortschritte gemacht. Sie sollte jetzt nicht auf Konsens bildende Maßnahmen verzichten. Große Macht und großer Reichtum waren wahrscheinlich noch nie beliebt. Trotzdem sind wir mehr denn je darauf angewiesen, dass die Vereinigten Staaten ihre politische und wirtschaftliche Macht verantwortungsbewusst ausüben. Dies ist nicht der Zeitpunkt, die übrige Welt zu ignorieren und einen Alleingang zu beschließen. Damit würde man wieder aufs Spiel setzen, was man gewonnen hat.

März 2002: Gott in Gujarat

Das Bild der Woche ist ein Foto vom schwarz verbrannten Arm eines kleinen Kindes, die Fingerchen zur Faust gekrümmt, der aus den Überresten eines Scheiterhaufens in Ahmadabad, Gujarat, hervorschaut. Die Ermordung von Kindern ist so etwas wie eine indische Spezialität. Die routinemäßigen täglichen Tötungen unerwünschter weiblicher Babys, das Massaker an Unschuldigen in Nellie, Assam, in den achtziger Jahren und das an Sikh-Kindern in Delhi im Zuge der entsetzlichen Vergeltungsmorde nach dem erfolgreichen Attentat auf Mrs. Gandhi zeugen von unserer speziellen, vor allem in Zeiten religiöser Unruhen zutage tretenden Begabung, Kinder mit Benzin zu übergießen und sie anzuzünden, ihnen die Kehle durchzuschneiden, sie zu ersticken oder sie einfach mit einem Holzprügel zu erschlagen. Ich sage »unsere Begabung«, denn ich schreibe als in Indien geborener und aufgewachsener Mann, der Indien zutiefst liebt und weiß, dass alles, was einer von uns heute tut, potenziell morgen jeder von uns tun könnte. Wenn ich stolz bin auf Indiens Stärken, dann müssen auch Indiens Sünden die meinigen sein.

Klingt das zornig? Gut. Beschämt und angewidert? Das will ich doch hoffen. Denn während Indien die schlimmsten blutigen Auseinandersetzungen zwischen Hindus und Muslimen seit über einem Jahrzehnt erlebt, klingen mir die Äußerungen vieler Menschen nicht zornig, beschämt oder angewidert genug. Polizeichefs entschuldigen die Weigerung ihrer Männer, die Bürger Indiens ohne Ansehen ihrer Religion zu beschützen, mit dem Hinweis darauf, dass auch diese Männer Gefühle haben und denselben Stimmungen unterliegen wie die ganze Nation.

Unterdessen drohen die politischen Herren Indiens mit dem Finger und verbreiten wie immer die beschwichtigende Lüge, die Situation sei bereits weitgehend unter Kontrolle. (Es ist sicher niemandem entgangen, dass die herrschende BJP – die Bharatiya Janata Party oder Indische Volkspartei – und die Hindu-Extremisten vom VHP – dem Vishwa Hindu Parishad oder Weltrat der Hindus – Geschwister sind, Ableger derselben Mutterorganisation.) Auch einige internationale Stimmen wie die britische Zeitung *Independent* raten von »allzu großem Pessimismus« ab. Die schreckliche Wahrheit über die Massaker zwischen verschiedenen Volksgruppen Indiens ist, dass wir daran gewöhnt sind. Kommt immer wieder mal vor. So ist das Leben, Leute. Normalerweise ist Indien die größte säkulare Demokratie der Welt, und wenn es ab und zu ein bisschen religiösen Dampf ablässt, sollten wir uns davon unser Gesamtbild nicht trüben lassen.

Natürlich gibt es politische Erklärungen. Seit Dezember 1992, als ein VHP-Mob eine vierhundert Jahre alte muslimische Moschee demolierte, die Babri Masjid in Ayodhya, die angeblich auf der heiligen Geburtsstätte des Gottes Rama erbaut worden war, haben Hindu-Fanatiker diesen Kampf herbeigesehnt. Ein Jammer, dass einige Muslime bereit waren, ihnen diesen Kampf zu liefern. Der mörderische Angriff auf einen ganzen Zug voller VHP-Aktivisten in Godhra (mit seinen scheußlichen, atavistischen Anklängen an die Abschlachtung Hunderter von Hindus und Moslems während der Teilungs-Unruhen von 1947) spielte den Hindu-Extremisten direkt in die Hände.

Der VHP ist offenbar unzufrieden mit der BJP-Regierung, die ihm zu unschlüssig und nicht radikal genug erscheint. Premierminister Vajpayee ist gemäßigter als seine Partei; außerdem führt er eine Koalitionsregierung und ist gezwungen, weitgehend auf die extremere hindu-nationalistische Rhetorik zu verzichten, um die Koalition zusammenzuhalten. Aber das funktioniert nicht mehr.

In Bundesstaatswahlen überall im Land muss die BJP vernichtende Niederlagen einstecken. Das war möglicherweise für die Aufwiegler des VHP das Signal, auf das sie noch gewartet hatten. Warum sollten sie sich mit dem Verrat der Regierung an ihrem faschistischen Programm abfinden, wenn dieser Verrat nicht einmal zu Wahlerfolgen führt?

Die Wahlschlappen der BJP (von der Immer-mit-der-Ruhe-Fraktion als Beweis dafür angeführt, dass Indien sich von der ethnisch und religiös bestimmten Politik abwendet) waren also aller Wahrscheinlichkeit nach der Funke im Pulverfass. Der VHP ist entschlossen, einen Hindu-Tempel am Standort der zerstörten Ayodhya-Moschee zu errichten – von dort kamen die Toten von Godhra –, und es gibt tadelnswerter-, idiotischer-, tragischerweise Muslime in Indien, die genauso entschlossen sind, sich ihnen zu widersetzen. Vajpayee fordert, dass die notorisch langsamen indischen Gerichte unverzüglich über Recht und Unrecht im Fall Ayodhya entscheiden. Der VHP will nicht mehr warten.

Die angesehene indische Schriftstellerin Mahasveta Devi tadelt in einem Brief an den indischen Staatspräsidenten K. R. Narayanan die (von einem BJP-Hardliner geführte) Regierung von Gujarat sowie die Zentralregierung dafür, dass sie »so spät so wenig getan« hätten, und sieht die Schuld ausschließlich bei den »motivierten, sorgfältig geplanten und provokativen Aktionen« der Hindu-Nationalisten. Hingegen hat ein anderer Schriftsteller, der Nobelpreisträger V. S. Naipaul, der eine Woche vor Ausbruch der Gewalttätigkeiten in Indien sprach, die Muslime Indiens pauschal angeprangert und die nationalistische Bewegung gepriesen. Die Mörder von Godhra müssen in der Tat angeprangert werden, und Mahasveta Devi fordert denn auch in ihrem Brief »strenge juristische Maßnahmen«. Aber der VHP und die andere mit ihm verbundene Organisation, die ebenso sinistre RSS (Rashtriya Swyamsevak Sang oder Vereinigung der Nationalen Freiwilligen, von der sowohl die BJP als auch der VHP sich inspirieren lassen), sind entschlossen, diese säkulare Demokratie zu beseitigen, auf die Indien angeblich so stolz ist und zu deren Schutz es so wenig unternimmt. Indem V. S. Naipaul sie unterstützt, macht er sich zum Mitläufer des Faschismus und entehrt den Nobelpreis.

Die politische Diskussion ist wichtig, und sie erklärt vieles. Aber darunter rumort etwas, dem wir nicht ins Gesicht sehen wollen, nämlich die Tatsache, dass in Indien wie andernorts in unserer sich verdunkelnden Welt Religion das Gift im Blut ist. Wo Religion ins Spiel kommt, kann man sich nicht auf bloßes Unwissen berufen. Doch wir drücken uns nach wie vor um die notwendige Auseinandersetzung und sprechen, wie es Mode ist, von Religion in der Sprache des »Respekts«. Was an alledem oder an irgendeinem der Verbrechen, die jetzt fast täglich in aller Welt im gefürchteten Namen der Religion begangen werden, nötigt uns Respekt ab? Wie gut und mit welch tödlichen Ergebnissen errichtet die Religion Totems, und wie gern sind wir bereit, für sie zu töten! Und wenn wir es oft genug getan haben, macht es uns die damit einhergehende Abstumpfung des Gefühls umso leichter, es wieder zu tun.

So erweist sich das Problem Indiens als das Problem der ganzen Welt. Was in Indien geschehen ist, geschah im Namen Gottes. Das Problem selbst heißt Gott.

TEIL VIER:
ÜBERSCHREITEN SIE DIESE GRENZE!

Die »Tanner Lectures«
über menschliche Werte
Yale 2002

Überschreiten Sie diese Grenze!

Erster Teil

Die erste Grenze war der Rand des Wassers, und es gab einen ersten Moment, denn wie könnte es sein, dass es keinen solchen Moment gab, in dem ein Lebewesen aus dem Ozean kam, diese Grenze überschritt und gewahrte, dass es atmen konnte. Bevor diese erste Kreatur den ersten Atemzug tat, muss es andere Momente gegeben haben, in denen andere Kreaturen denselben Versuch unternahmen und erschöpft in die Wogen zurücksanken oder aber wie Fische zappelten und zuckten und schließlich erstickten, an derselben Küste und an vielen anderen. Es gab vielleicht Millionen dieser nirgends verzeichneten Rückzüge, dieser anonymen Todesfälle vor dem ersten geglückten Schritt über die Grenze zwischen Wasser und Land. Wenn wir uns diese sieghafte Überschreitung vergegenwärtigen – unser vulkanischer junger Planet, die rauchige, schweflige Luft, das heiße Meer, das rote Leuchten am Himmel, das entkräftete Wesen, das an der unbekannten, unwirtlichen Küste nach Luft schnappt –, kommen uns unwillkürlich allerlei Fragen nach diesen urzeitlichen Lebewesen in den Sinn. Was motivierte sie? Warum büßte das Meer so viel von seiner Anziehungskraft ein, dass sie alles riskierten, um aus dem Alten ins Neue auszuwandern? Was war das für ein Drang, der sogar den Selbsterhaltungstrieb überwand? Wie konnten sie ahnen, dass Luft zum Atmen taugt – und wie konnten sie, da sie doch unter Wasser lebten, Lungen ausbilden, mit denen sie diese Luft atmen konnten?

Aber, so wendet der anwesende Wissenschaftler ein, unsere extrem prähumanen Vorfahren hatten keine »Motive« in dem Sinne, wie wir den Ausdruck verstehen. Weder hat ihnen das Meer gefallen, noch hat es sie enttäuscht. Sie hatten keine Ahnungen, sondern wurden von Befehlen gesteuert, die in ihrem unentschlüsselten genetischen Code verborgen waren. Es war kein Wagemut im Spiel, kein Heroismus, kein Wille zum Abenteuer, zur Übertretung. Diese Strandkriecher kamen nicht aus dem Wasser an die Luft, weil sie neugierig oder auf Arbeitssuche waren. Sie trafen keine bewusste Wahl. Zufällige Mutationen und die natürliche Auslese waren ihre machtvollen, überpersönlichen Triebkräfte. Sie waren nur Fische, die zufällig kriechen lernten.

Aber das sind in gewissem Sinne auch wir. Die Geburt jedes Einzelnen von uns spiegelt diese erste Überschreitung der Grenze zwischen den Elementen wider. Wenn wir aus dem Fruchtwasser, dem flüssigen Universum des Mutterschoßes, auftauchen, entdecken auch wir, dass wir atmen können; auch wir lassen eine Wasserwelt hinter uns, um Bewohner der Erde und der Luft zu werden. So verwundert es nicht, dass die Phantasie der Wissenschaft trotzt und in diesem ersten urtümlichen Zwitterwesen unseren spirituellen Vorfahren sieht und diesem seltsamen Metamorphoten den Willen zuerkennt, seine Welt zu verändern. In seinem siegreichen Übertritt erkennen und feiern wir den Prototyp unserer eigenen buchstäblichen, moralischen und metaphorischen Grenzüberschreitungen und applaudieren demselben Drang, der Kolumbus mit seinen Schiffen zum Ende der Welt aufbrechen oder die amerikanischen Pioniere auf ihre Planwagen klettern ließ. Das Bild von Armstrong bei seinem ersten Mondspaziergang lässt an die ersten Bewegungen des Lebens auf der Erde denken. Dem innersten Wesen nach sind wir grenzüberschreitende Geschöpfe. Wir wissen das aus den Geschichten, die wir uns erzählen; denn wir sind auch Geschichten erzählende Lebewesen. Es gibt eine

Geschichte von einer Meerjungfrau, einem Zwitterwesen, die aus Liebe zu einem Menschen ihrem Fischleben entsagte. War es also das, fragen wir uns. War dies der Ur-Trieb? Kamen wir um der Liebe willen aus dem Wasser?

Vor langer Zeit hielten die Vögel einmal eine Konferenz ab. Der große Vogelgott, der Simurgh, hatte einen Boten, einen Wiedehopf, ausgesandt, der sie in seine sagenumwobene, weit entfernte Festung auf dem Gebirge Qaf bestellen sollte, das die Erde umgürtet. Die Vögel waren nicht sonderlich erbaut von dem Gedanken, solch eine gefährlich anmutende Reise zu unternehmen. Sie erfanden allerlei Ausreden – anderweitige Verpflichtungen, dringende Geschäfte an einem anderen Ort. Ganze dreißig von ihnen machten sich auf die Wanderschaft. Die Heimat zu verlassen, die Grenze des eigenen Landes zu überschreiten, jene Linie zu übertreten, war in dieser Geschichte eine religiöse Handlung, ihr Abenteuer die Befolgung eines göttlichen Gebots und nicht etwa die Reaktion auf ein ornithologisches Bedürfnis. Liebe trieb diese Vögel, so wie sie die Meerjungfrau getrieben hatte, nur war es bei ihnen die Liebe zu Gott. Auf dem Weg galt es Hindernisse zu überwinden, gewaltige Berge, Furcht einflößende Abgründe, Allegorien und Herausforderungen. Bei all solchen Wanderungen bekommt es der Reisende mit schrecklichen Wächtern zu tun, einem Riesen hier, einem Drachen dort. Bis hierher und nicht weiter, befiehlt der Wächter. Aber der Reisende muss die Grenzziehung des anderen zurückweisen, muss überwinden, was seine Furcht ihm einflüstert. Er überschreitet die Grenze. Die Bezwingung des Riesen ist eine Öffnung im Selbst, für den Reisenden ein Zuwachs an Seinsmöglichkeiten.

So war es auch bei den dreißig Vögeln. Am Ende der Geschichte, nach all den Wechselfällen und Überwindungen, gelangten sie auf den Gipfel des Qaf und sahen, dass sie allein waren. Der Simurgh war nicht da. Nach allem, was sie durchgemacht hatten, war das eine betrübliche Feststellung. Sie beschwerten sich bei dem Wiedehopf, der alles in Gang gebracht hatte; daraufhin erklärte ihnen der Wiedehopf die wortspielerische Etymologie, aus der sich der geheime Sinn ihrer Reise ergab. Der Name des Gottes zerfiel in zwei Teile: *si* gleich »dreißig« und *murgh* gleich »Vögel«. Nun, da sie die Grenzen überschritten, allen Fährnissen getrotzt und ihr Ziel erreicht hatten, waren sie selbst das, wonach sie suchten. Sie waren der Gott geworden, den zu finden sie ausgezogen waren.

Vor langer, langer Zeit, vielleicht in einer »ganz, ganz weit entfernten Galaxie«, gab es einmal eine fortschrittliche Zivilisation – frei, liberal, individualistisch – auf einem Planeten, dessen Eiskappen zu wachsen begannen. Alle Kulturen dieser Welt vermochten dem Vormarsch des Eises nicht Einhalt zu gebieten. Die Bürger dieses idealen Staates bauten eine gewaltige Mauer, die den Gletschern eine Zeit lang widerstand, aber nicht ewig. Es kam die Zeit, als das Eis, erbarmungslos, unaufhaltsam, ihre Grenzen überschritt und sie zermalmte. Zuallerletzt wählten sie noch eine Gruppe von Männern und Frauen aus, die über das Eis ans andere Ende des Planeten wandern sollte, um die Kunde vom Untergang ihrer Kultur zu überbringen und auf eine bescheidene Weise zu bewahren, was der Sinn dieser Kultur gewesen war: ihre Repräsentanten zu sein. Auf der mühseligen Wanderung über die Eiskappe erkannten diese Menschen, dass sie, wollten sie überleben, sich wandeln mussten. Ihre Individualitäten mussten zu einer Kollektivität verschmelzen, und dieses kollektive Wesen – der Repräsentant – schaffte es bis zum anderen Ende des Planeten. Was es jedoch repräsentierte, war nicht das, was es ursprünglich hatte repräsentieren wollen. Die Reise erschafft uns. Wir werden zu den Grenzen, die wir überschreiten.

Die erste dieser beiden Geschichten stammt aus dem Mittelalter: *Vogelgespräche* von dem Sufi-Dichter Faridaddin Attar. Die zweite ist eine Inhaltsangabe von Doris Lessings Science-Fiction-Roman *Die Entstehung des Repräsentanten für Planet 8*, zu dem die Autorin durch die verhängnisvolle Südpolreise von Scott und seinen Gefährten angeregt wurde – aber auch durch ihr langjähriges Interesse an der Sufi-Mystik. Die Vorstellung, die Grenzen niederzureißen, die uns alle einengen, und die Beschränkungen zu überwinden, die uns durch unsere Natur auferlegt sind, ist wesentlicher Bestandteil jeder Gralssuche. Der Gral ist eine Chimäre. Die Suche nach dem Gral ist der Gral. Oder, wie K. P. Kavafis in seinem Gedicht »Ithaka« andeutet, der Sinn einer Odyssee ist die Odyssee:

> Brichst du auf gen Ithaka,
> Wünsch dir eine lange Fahrt,
> Voller Abenteuer und Erkenntnisse.
> ...
>
> Und alt geworden lege auf der Insel an,
> Reich an dem, was du auf deiner Fahrt gewannst,
> Und hoffe nicht, dass Ithaka dir Reichtum gäbe.
>
> Ithaka gab dir die schöne Reise.
> Du wärest ohne es nicht auf die Fahrt gegangen.
> Nun hat es dir nichts mehr zu geben.
>
> Auch wenn es sich dir ärmlich zeigt, Ithaka betrog dich nicht.
> So weise, wie du wurdest, und in solchem Maß erfahren,
> Wirst du ohnedies verstanden haben, was die Ithakas bedeuten.*

Die Grenze ist eine schwer fassbare Linie, sichtbar und unsichtbar, physisch und metaphorisch, amoralisch und moralisch. Dem Zauberer Merlin obliegt die Erziehung eines Knaben namens Artus, der eines Tages ein Schwert aus einem Stein ziehen und König von England werden wird. (Der Zauberer, der in der Zeit rückwärts lebt, weiß dies, der Knabe hingegen nicht.) Eines Tages verwandelt Merlin den Knaben in einen Vogel, und im Flug über das

---

* Konstantinos Kavafis, *Brichst du auf gen Ithaka ... Sämtliche Gedichte*. Aus dem Neugriechischen von Wolfgang Josing, unter Mitarbeit von Doris Gundert. Köln: Romiosini Verlag 1983

Land fragt er Artus, was er sehe. Artus bemerkt die üblichen Dinge, aber Merlin meint etwas, was man nicht sehen kann, er fragt Artus nach etwas nicht Vorhandenem: *Aus der Luft gesehen gibt es keine Grenzen.** Später, als Artus Excalibur und das Königreich in Besitz genommen hat, wird er erfahren, dass Zauberer nicht immer weise sind und die Vogelschau auf der Erde nicht viel nützt. Er wird seine Grenzkriege führen, und er wird auch feststellen, dass es Grenzen gibt, die, da unsichtbar, gefährlicher sind als die physischen.

Als der beste Freund des Königs, sein Günstling, sich in die Gemahlin des Königs verliebt, als Lancelot vom See die verbotene Grenze zu des Königs Glück übertritt, macht er sich damit einer Überschreitung schuldig, die zur Zerstörung der Welt führen wird. Im Grunde genommen erzählt die Geschichtensammlung, die als »Matter of Britain« bekannt ist, nicht nur von einer verbotenen, Grenzen verletzenden Liebe, sondern von zweien: der Lancelots zu Guenièvre und ihrem okkulten Spiegelbild, der inzestuösen Liebe von Artus und Morgane le Fay. Gegen die Kraft dieser grenzüberschreitenden Liebenden kann die Tafelrunde nichts ausrichten. Die Suche nach dem Gral kann die Welt nicht reinigen. Nicht einmal Excalibur vermag die Wiederkehr der Finsternis zu verhindern. Und am Schluss muss das Schwert wieder dem Wasser überantwortet werden und versinkt in den Wellen. Doch der verwundete Artus übertritt auf dem Weg nach Avalon abermals eine Grenze. Er wird nach und nach verwandelt, in einen der großen Schlafenden, die dereinst wiederkehren werden, wenn die Zeit gekommen ist. Barbarossa in seiner Höhle, Finn MacCool in den irischen Hügeln, die australischen *wandjina* oder Ahnen in ihren unterirdischen Ruhestätten und eben Artus in Avalon: Dies sind unsere ehemaligen und zukünftigen Könige, und die letzte Grenze, die zu überschreiten ihnen bestimmt ist, ist nicht der Raum, sondern die Zeit.

---

* Aus T. H. White, *The Sword in the Stone*.

Wer eine Grenze überschreitet, wandelt sich. Als Alice vor den Toren des Wunderlands steht, den Schlüssel zu dieser Miniaturwelt in der Hand, passt sie erst dann durch die winzige Tür, hinter der sie wundersame Dinge erspäht, als sie sich so verändert, dass sie in ihre neue Welt passt. Aber die erfolgreiche Grenzgängerin wächst auch über sich hinaus. Sie ändert die Gesetze ihres neu entdeckten Landes: Alice im Wunderland, die wandelbare Alice, versetzt die Einheimischen in Furcht und Schrecken, indem sie so groß wird, dass sie nirgends mehr unterzubringen ist. Sie zankt sich mit verrückten Hutmachern und gibt Raupen Widerworte, und zu guter Letzt überwindet sie ihre Angst vor einer aufs Köpfen versessenen Königin, als sie sozusagen erwachsen wird. *Ihr seid nur ein Haufen Spielkarten* – Alice die Wanderin durchschaut schließlich die Scharade der Macht, ist nicht mehr beeindruckt und fordert das Wunderland heraus, und indem sie es zunichte macht, findet sie wieder zu sich selbst. Sie erwacht.

Die Grenze ist ein Weckruf. An der Grenze müssen wir uns der Wahrheit stellen; die tröstlichen Schichten des Alltäglichen, die uns gegen die raue Wirklichkeit der Welt isolieren, werden abgetragen, und mit weit geöffneten Augen sehen wir im grellen Neonlicht der fensterlosen Räume an der Grenze die Dinge so, wie sie sind. Die Grenze ist der physische Beweis für das gespaltene Ich der menschlichen Rasse, der Beweis, dass Merlins utopische Himmelsschau eine Lüge ist. Dies ist die Wahrheit: diese Linie, vor der wir stehen müssen, bis man uns erlaubt, hinüberzugehen und unsere Papiere einem Beamten auszuhändigen, der befugt ist, uns mehr oder minder alles zu fragen. An der Grenze nimmt man uns unsere Freiheit – vorübergehend, hoffen wir –, und wir betreten das Universum der Kontrolle. Noch die freiesten Gesellschaften sind unfrei an dem Rand, wo Dinge und Menschen hinausgehen und andere Menschen und Dinge hereinkommen; wo nur die richtigen Dinge und Menschen hereinkommen und hinausgehen dürfen. Hier, am Rande, unterwerfen wir uns der Prüfung, der Musterung, dem Urteil. Die Menschen, die diese Linien bewachen, müssen uns sagen, wer wir sind. Wir müssen passiv sein, fügsam. Wer es nicht ist, macht sich verdächtig, und an der Grenze in Verdacht zu geraten ist das schlimmste aller Verbrechen. Wir stehen vor dem, was sich Graham Greene als den gefährlichen Rand der Dinge vorstellte. Hier müssen wir uns als einfach darstellen, als plausibel: Ich komme nach Hause. Ich bin auf Geschäftsreise. Ich besuche meine Freundin. Was wir in jedem Fall meinen, wenn wir uns auf diese simplen Feststellungen reduzieren, ist dies: Ich bin nichts, was Ihre Aufmerksamkeit erfordert, wirklich nicht – nicht der Mann, der gegen die Regierung gestimmt hat, nicht die Frau, die heute Abend mit ihren Freunden ein bisschen Hasch rauchen möchte, nicht der Mensch, bei dem Sie fürchten müssten, sein Schuh könnte explodieren. Ich bin eindimensional. Wirklich. Ich bin einfach. Lassen Sie mich passieren.

Über die Grenzen der Welt bewegen sich täglich die geheimen Wahrheiten der Welt ungehindert hin und her. Grenzbeamte dösen oder stecken schmutziges Geld ein, und die Drogen und Waffen der Welt, ihre gefährlichen Ideen, alle Konterbanditen des Zeitalters, die polizeilich Gesuchten, die etwas zu deklarieren hätten, es aber nicht deklarieren, rutschen durch; während wir, die wir nichts Nennenswertes zu deklarieren haben, uns in nervöse Beteuerungen von Einfachheit, Offenheit und Loyalität kleiden. Die Luft summt von den Beteuerungen der Unschuldigen, während die anderen, die nicht unschuldig sind, die überfüllte, unzulängliche Grenzstation passieren oder dort den Übertritt vollziehen, wo die Grenzen schwer zu überwachen sind – durch tiefe Schluchten, auf Schmugglerpfaden, über Ödland, das nicht verteidigt wird –, und dann ihren unerklärten Krieg führen. Der Weckruf der Grenze ist auch ein Ruf zu den Waffen.

So denken wir heute, denn dies sind angstvollerfüllte Zeiten. Es gibt ein Foto von Sebastião Salgado, auf dem die Mauer zwischen den Vereinigten Staaten und Mexiko zu sehen ist, die sich über die Hügelkämme schlängelt und in die Ferne erstreckt, so weit das Auge reicht, teils Chinesische Mauer, teils Gulag. Wir finden hier eine Art brutaler Schönheit, die Schönheit des Kargen. In Abständen stehen Wachtürme an der Mauer, und diese so genannten »Himmelstürme« sind mit Bewaffneten besetzt. Auf dem Foto sehen wir die winzige Silhouette eines rennenden Mannes, eines illegalen Einwanderers, der von anderen Männern in Autos gejagt wird. Das Seltsame an dem Foto ist, dass der Mann, obwohl er sich eindeutig auf der amerikanischen Seite befindet, auf die Mauer zuläuft, nicht von ihr weg. Er ist entdeckt worden und hat mehr Angst vor den Männern, die ihn mit ihren Autos hetzen, als vor dem Leben in Armut, das er hinter sich wähnte. Er will wieder zurück, ist bereit, auf die ersehnte Freiheit zu verzichten. Unsere Freiheit soll also nun gegen diejenigen verteidigt werden, die zu arm sind, um ihrer Segnungen würdig zu sein, und zwar mit den Bauwerken und Maßnahmen des Totalitarismus. Was für eine Freiheit ist das also, deren wir uns in den Ländern des Westens erfreuen – unseren exklusiven, immer besser bewachten Enklaven? Das ist die Frage, die dieses Foto stellt, und bis zum 11. September 2001 wären viele von uns – viel mehr als heute vermutlich – auf der Seite des flüchtenden Mannes gewesen.

Doch auch schon vor den jüngsten Terrorakten waren die Einwohner von Douglas, Arizona, immer dabei, wenn es galt, Amerika vor so genannten »Eindringlingen« zu schützen. Im Oktober 2000 traf sich der britische Journalist Duncan Campbell mit Robert Barnett, der in Douglas einen Abschleppdienst und ein Propangas-Depot betreibt, aber auch Hetzjagden auf illegale Einwanderer organisiert.* Touristen können bei ihm übers Wochenende ein paar Tage Menschenjagd buchen. »Stoppt die Invasion«, steht auf Plakaten in Douglas. Campbell zufolge ist Barnett in dieser Gegend eine Art Volksheld. Er fände es »Spitze«, wenn die Vereinigten Staaten im Gegenzug Mexiko besetzten. »Die haben da haufenweise Bergwerke und irre Strände, es gibt Landwirtschaft und Bodenschätze. Stellen Sie sich vor, was die Vereinigten Staa-

---

* Aus einem Artikel in *The Guardian*.

ten dort alles machen könnten – Mann, die bräuchten nicht mehr hier rüberkommen.«

Für einen anderen Einwohner von Douglas, Larry Vance, Jr., sind die Mexikaner so etwas wie die Weißschwanzgnus Afrikas: leichte Beute für Wilderer. »Wo eine einheimische Population von Eindringlingen verdünnt wird, kommt es früher oder später zu einem Blutbad. Wir verabscheuen Gewalt, aber wir haben erkannt, dass Menschen das gottgegebene Recht haben, sich zu verteidigen.« Vielleicht wird der fliehende Mann auf Salgados Foto gerade von Mr. Barnetts Sensationstouristen gejagt, die nicht den geringsten Zweifel hegen, dass sie ihr gutes Recht verteidigen, oder von Anhängern von Mr. Vance' Organisation, den Cochise County Concerned Citizens, den »Besorgten Bürgern des County Cochise«. Die Mexikaner sehen das anders, erinnert uns Campbell: »‹Wir sind nicht über die Grenze gegangen, die Grenze ist über uns hinweggegangen›, lautet eine gängige Bemerkung der Mexikaner, die es geschafft haben. In gewissem Sinn stimmt das sogar: Nach dem Mexikanisch-Amerikanischen Krieg von 1846–48 wurde festgelegt, dass gegen eine Entschädigung von 18 250 000 Dollar ganz Kalifornien, die größten Teile Arizonas und New Mexicos sowie Teile von Utah, Nevada, Colorado und Wyoming von Mexiko an die Vereinigten Staaten abgetreten wurden.« Aber die Geschichte, so sagt man ja, besteht aus Interviews mit den Siegern, und niemand fragt die Mauerspringer und illegalen Einwanderer heute nach ihren Ansichten über die Weltpolitik. Und wenn als Folge von Terroranschlägen viel mehr von uns die Notwendigkeit einer Gulag-Welt von Wachtürmen und Menschenjägern anerkennen, wenn wir aus Furcht lieber etwas von dem preisgeben, was Freiheit bedeutet, sollten wir uns dann nicht Sorgen darüber machen, was aus uns wird? Freiheit ist unteilbar, pflegten wir zu sagen. Inzwischen denken wir alle daran, sie zu teilen.

Denken Sie einen Moment lang an dieses Bild von einem rennenden Mann, einem Mann, der nichts hat, für niemanden eine Gefahr darstellt und aus dem Land der Freien flieht. Für Salgado und für mich ist der Migrant, der Mann ohne Grenzen, die archetypische Gestalt unseres Zeitalters. Salgado hat viele Jahre unter den Geflüchteten und Vertriebenen dieser Welt gelebt, unter den Entwurzelten und Verpflanzten, er hat ihre Grenzübertritte, ihre Flüchtlingslager, ihre Verzweiflung, ihren Einfallsreichtum in Bildern festgehalten und so eine einzigartige fotografische Chronik dieses wichtigsten Phänomens unserer Zeit geschaffen. Die Bilder zeigen, dass es nie zuvor eine geschichtliche Epoche gegeben hat, in der die Völker derart durcheinander gewirbelt wurden. Wir sind so gut durchgemischt, Kreuz mit Karo, Herz mit Pik und überall Joker, dass wir einfach damit werden leben müssen. In den Vereinigten Staaten ist das eine alte Geschichte. Anderswo ist es eine neue Erscheinung, und nicht überall kommt man damit zurecht. Ich, der ich selbst ein Migrant bin, habe immer versucht, die kreativen Aspekte dieser Vermischung hervorzuheben. Von seinen Wurzeln getrennt, oft in eine neue Sprache verpflanzt, stets verpflichtet, die Regeln einer neuen Gemeinschaft zu erlernen, wird der Migrant gezwungen, sich den großen Fragen der Veränderung und Anpassung zu stellen; aber angesichts der schieren existenziellen Schwierigkeit, solche Veränderungen zu vollziehen, und oft auch angesichts der schieren Fremdheit und defensiven Feindseligkeit der Völker, in deren Mitte sie sich wiederfinden, ziehen sich viele Migranten vor solchen Fragen hinter die Mauern ihrer alten Kultur zurück, die sie zugleich mitgebracht und zurückgelassen haben. Der rennende Mann, zurückgewiesen von eben jenen Menschen, die große Mauern errichtet haben, um ihn draußen zu halten, rettet sich in seinen eigenen Zwinger.

Dies ist das schlimmste denkbare Szenario für die Grenze der Zukunft: Der Eiserne Vorhang sollte die Menschen am Ausbrechen hindern. Heute errichten wir, die wir in den reichsten und angenehmsten Gegenden der Welt leben, Mauern, um andere Menschen am Eindringen zu hindern. Wie der mit dem Wirtschafts-Nobelpreis ausgezeichnete Professor Amartya Sen gesagt hat, ist das Problem nicht die Globalisierung. Das Problem ist die gerechte Verteilung der Ressourcen in einer globalisierten Welt. Und in dem Maß, wie sich der Graben zwischen den Besitzenden und den Habenichtsen der Welt vertieft (er vertieft sich zusehends) und sogar ein lebenswichtiges Element wie sauberes Trinkwasser knapp wird (es wird zusehends knapper), wird sich der Druck auf die Mauer verstärken. Denken Sie an Doris Lessings Eis, das sich unerbittlich ausbreitet. Wenn also wir Repräsentanten aussenden, die der Zukunft berichten sollen, wer wir waren, was für eine Geschichte werden sie zu erzählen haben? Vielleicht eine Geschichte von mit kostbarem Schmuck behängten Menschen, die auf ihren Schatzkisten saßen, Menschen, die »Armreife hatten und Amethyste ohne Zahl, und an den Fingern trugen sie Ringe mit prächtigen funkelnden Smaragden, und sie hatten silberbeschlagene Spazierstöcke mit wundervollen Krücken aus getriebenem Gold«, Menschen, die auf die Barbaren warteten, wie Kavafis uns erzählt – wiederum Kavafis, dieser Borges'sche Mythomane, der auch einer der großen Dichter der Rassenmischung ist –

> Weil heute die Barbaren kommen;
> Und solche Dinge blenden die Barbaren.

An der Grenze war von jeher die Drohung, oder auch, für eine dekadente Kultur, die Verheißung der Barbaren.

> Worauf warten wir versammelt auf dem Markt?
> Es sollen heute die Barbaren kommen.
> Warum herrscht im Senate diese Tatenlosigkeit?
> Was sitzen diese Senatoren da und geben nicht Gesetze?
> Weil heute die Barbaren kommen.
> Welcherlei Gesetze sollen die Senatoren noch erlassen?
> Wenn die Barbaren hier sind, geben sie Gesetze.
> …
>
> Warum brach plötzlich Unruh' aus,
> Verwirrung. (Wie wurden die Gesichter ernst.)
> Warum nur leeren sich so schnell die Straßen und die Plätze

Und alle kehren tief besorgt nach Haus zurück?
Weil es nachtet und die Barbaren nicht gekommen sind.
Und von den Grenzen trafen Leute ein,
Und die berichteten, Barbaren gebe es nicht mehr.

Was denn soll nun aus uns werden ohne die Barbaren.
Irgendeine Lösung waren diese Menschen.*

»Was soll aus uns werden ohne die Barbaren?« J. M. Coetzees Roman, der ebenfalls den Titel *Warten auf die Barbaren* trägt, verleiht dem Kavafis-Gedicht einen dystopischen Glanz. Diejenigen, die Wache stehen und auf die Ankunft der Barbaren warten, können am Ende darauf verzichten, dass die Barbaren kommen. In einer düsteren Abwandlung der *Vogelgespräche* werden sie selbst zu den Barbaren, vor deren Kommen sie sich so sehr gefürchtet haben. Und dann gibt es keine Lösungen mehr.

»Warum brach plötzlich Unruh' aus?« Es ist noch gar nicht so lange her, dass die amerikanische Grenze ein Ort der Freiheit war, nicht der Unruhe und des Unbehagens. Noch gar nicht lange her, dass Sal Paradise mit seinem Kumpel Dean Moriarty nach Mexiko aufbrach, um den Teil seines Lebens zu beginnen, den man sein Leben unterwegs nennen könnte. Liest man heute Kerouacs *Unterwegs*, fällt einem als Erstes auf, wie gut sich das Buch gehalten hat: Die Sprache ist spritzig, schlanker und weniger weitschweifig, als man gedacht hätte, und die gefühlsbetonte Vision hat nichts von ihrem Glanz eingebüßt. Das Buch ist eine Huldigung an die offene Straße und auch an die offene Grenze. Der Übertritt in eine andere Sprache, eine andere Daseinsform, ist ein Schritt zur Glückseligkeit, zu dem weltlichen Heil, nach dem alle Dharma-Landstreicher streben.

Im Geiste habe ich Kerouacs Buch immer eine andere klassisch-moderne Fabel von der amerikanisch-mexikanischen Grenze an die Seite gestellt, Orson Welles' großartigen Film *Im Zeichen des*

---

* Kavafis, a.a.O.

Bösen. Der Welles-Film ist die dunkle Kehrseite des Kerouac-Buches. Wie der Roman setzt auch der Film die Offenheit der Grenze als selbstverständlich voraus: Die Story wird erst dadurch möglich, dass die Grenze nicht zu bewachen ist. Die Landstreicher des Films sind aber keine Dharma-Vagabunden. Seine Figuren sind nicht gesegnet oder auch nur auf der Suche nach Erleuchtung. Welles' Grenze ist fließend und wachsam, wechselt ständig Fokus und Augenmerk: Mit einem Wort, sie ist unstabil. In der berühmten ersten Einstellung, in der Minute um Minute ohne Schnitt verstreicht, ergehen sich die Bewohner von Welles' Zwischenreich in einem kryptischen Totentanz. Das Alltagsleben an der Grenze mag banal, sinnlos und vor allem kontinuierlich erscheinen, aber es beginnt damit, dass eine Bombe gelegt wird, und endet mit der radikalen Diskontinuität einer Explosion. Diese Grenze ist anonym, denaturierend; sie stellt die Menschlichkeit bloß. Sonst gibt es kaum etwas Wichtiges, außer vielleicht den Alkohol. Marlene Dietrich drückt es am besten aus, als sie den Nachruf auf den unvollkommenen Helden spricht, der mit dem Gesicht nach unten in einem seichten Kanal treibt: »Er war irgend so ein Mann. Was liegt schon daran, was man über die Menschen sagt?«

Irgend so ein Mann. Dieser korrupte Polizist hatte irgendwo auch eine gute Seite. Eine Hure liebte ihn, irgendwie. Also, was soll's, er ist tot. Ein Mann übertritt eine Linie, er bekommt seine Strafe. Dieser Mann war lange Zeit davongekommen, und dann kam er einmal nicht mehr davon. Was gibt es da noch zu sagen? Die Grenze überwacht das Kommen und Gehen des Lebens. Sie urteilt nicht. Ein anderer Mann, der Gegenspieler des Toten, ein mexikanischer Gesetzeshüter, kommt mit einer amerikanischen Blondine in diese Grenzstadt. Auch er hat eine Linie übertreten: die Grenze der Hautfarbe, des Rassenunterschieds. Die Blonde ist seine Übertretung, sein Vergehen gegen die natürliche Ordnung, in der solche Frauen für solche Männer tabu sind. Sie ist deshalb auch seine Schwäche. Er ist ein rechtschaffener Mann, aber als seine Frau attackiert wird – unter Drogen gesetzt, falsch beschuldigt –, ist er die längste Zeit Polizist gewesen. Er legt sein Abzeichen ab und ist von da an nur noch ein Mann, der um seine Frau kämpft. Die Grenze hat bewirkt, dass Gesetzestreue und Zivilisation von ihm abgefallen sind. Das ist normal. Die Grenze stellt einen bloß, und dann ist man, was man ist, und tut, was man tut. So ist es eben. Was liegt daran, was man über die Menschen sagt?

Die Weltmüdigkeit – die Wortmüdigkeit – von alledem steht in denkbar krassem Widerspruch zur gierigen, redseligen Welt der Beatniks und der verwandten Welt der übrigen Literatur, in der nichts wichtiger ist als das, was man über die Menschen sagt, außer wie man es sagt. Die achselzuckende Marlene Dietrich, die mit ihrer dunklen Stimme dem toten Orson Lebewohl sagt, lässt eine ältere amerikanische Vorstellung von der Grenze anklingen, dieser lakonischen Welt, in der Taten lauter sprechen als Worte, die Boot-Hill-, OK-Corral-, Loch-in-der-Wand-Grenze der Gesetzlosen, an die wir vielleicht immer noch am häufigsten denken, wenn wir die Wörter »amerikanisch« und »Grenze« kombinieren, die sich immer weiter nach Westen verlagernde Siedlungsgrenze von Natty Bumppo und später dann Davy Crockett, aber auch von John Ford und dem einsilbigen John Wayne. Der Wilde Westen, wie er auf uns gekommen ist, ist ein Mythos von einer weitgehend vorkulturellen, ja beinahe vorsprachlichen Welt, einer Welt der »Kids« – Sundance, Cisco –, die noch kaum Namen brauchten, eine Welt der »Bills« – Wild, Buffalo –, für die ein einziges Epitheton ausreichte, und mindestens eines Bill oder Billy, der es schaffte, zugleich auch ein Kid zu sein. Doch ihren Ruf verdanken sie Schreibern, deren Namen wir nicht mehr kennen: fabulierenden Boswells der Desperado-Johnsons des Wilden Westens, sensationshungrigen, auf die Konstruktion von Legenden erpichten Männern, die sich Reporter nannten. Was liegt schon daran, was man über die Menschen sagt? Sehr viel, so stellt sich heraus, wenn man in der Legendenbranche tätig ist. Die amerikanische Grenze gab vor, Worte zu verachten, aber sie war eine aus Wörtern erbaute Landschaft. Es gibt sie nicht mehr, doch die Wörter bleiben.

Tiere, die durch eine Landschaft ziehen, hinterlassen Spuren. Geschichten sind die Spuren, die wir hinterlassen.

Die tatsächlich existierende amerikanische Grenze wurde 1890 als für immer verschwunden erklärt, als der Leiter der Volkszählung berichtete, man könne »kaum noch von einer Grenzlinie sprechen. Es kann daher bei der Diskussion um ihre Ausdehnung, ihre Bewegung nach Westen usw. in den Volkszählungsberichten nicht länger von ihr die Rede sein.« Ganze drei Jahre nach dieser etwas trockenen Grabrede wurde die »Frontier Thesis« aus der Taufe gehoben. Auf einer Tagung der American Historical Association am 12. Juli 1893 in Chicago hielt Frederick Jackson Turner, der zweiunddreißig Jahre alte Sohn eines Journalisten und Lokalhistorikers aus Portage, Wisconsin, einen Vortrag über »Die Grenze: ihre Bedeutung in der amerikanischen Geschichte«,* der später als der »einflussreichste Text der amerikanischen Geschichtsschreibung« bezeichnet werden sollte, und erlitt das übliche Schicksal des Pioniers: Seine Ideen wurden völlig ignoriert. Allerdings nicht lange. Sein Stern stieg unaufhaltsam, und obwohl er nie die großen Bücher auf der Grundlage seiner Gedanken über die Grenze vorlegte – Bücher, für die er gleichwohl Verträge unterschrieb und Vorschüsse annahm –, erwies er sich als erfolgreicher, karrierebewusster Akademiker. Colleges von Berkeley über Chicago bis Cambridge bemühten sich um ihn, und schließlich akzeptierte er einen Ruf nach, wenn ich das Wort aussprechen darf, Harvard.

Turners Arbeit zufolge erklären »die Existenz eines Freilandgebietes, dessen fortlaufender Rückgang und das Vordrängen amerikanischer Besiedlung nach Westen die amerikanische Entwicklung. [Diese] zeigt nicht nur den Fortschritt längs einer einzelnen Grenze, sondern eine Rückkehr zu primitiven Bedingungen an einer sich laufend verschiebenden Grenzlinie, worauf eine neue Entwicklung in dieser Zone einsetzt. Die amerikanische soziale

---

* Frederick Jackson Turner, *Die Grenze. Ihre Bedeutung in der amerikanischen Geschichte*. Übersetzt von C. H. von Lossel, Bremen-Horn: Walter Dorn Verlag 1947

Entwicklung hat an der Grenze fortlaufend neu begonnen. Diese dauernde Wiedergeburt, dieser fließende Zustand amerikanischen Lebens, diese Ausbreitung westwärts mit ihren neuen Möglichkeiten, ihre fortwährende Berührung mit der Einfachheit primitiver Gesellschaften liefern die den amerikanischen Charakter beherrschenden Kräfte.«

Turner definiert die Grenze als »den Punkt, wo Wildnis und Zivilisation aufeinander stoßen«, eine Formulierung, mit der er bei einem kulturell sensibleren modernen Publikum auf wenig Gegenliebe stoßen wird. Nicht so fragwürdig, dafür aber interessanter sind seine folgenden Ausführungen: »Zuerst war die Grenze die Atlantikküste. Es war Europas Grenze in einem sehr realen Sinne. Indem sie sich westwärts bewegte, wurde die Grenze mehr und mehr amerikanisch. Ebenso wie aufeinander folgende Endmoränen von aufeinander folgenden Vergletscherungen herrühren, so lässt jede Grenze ihre Spuren hinter sich, und wenn aus ihr ein besiedelter Raum wird, so behält die ganze Zone die Grenzmerkmale. So bedeutet das Vordringen der Grenze ein stetiges Entfernen vom europäischen Einfluss, ein ständiges Wachsen der Unabhängigkeit im amerikanischen Sinne.« Die Grenze, so argumentiert er, ist der physische Ausdruck des Amerikanertums. »Die universelle Disposition der Amerikaner, in den Wilden Westen auszuwandern, um ihre Herrschaft über die unbelebte Natur auszuweiten, ist das tatsächliche Ergebnis des ihnen wesensbedingt innewohnenden Expansionsdrangs.« Die Grenze wird durch dieses Amerikanertum geschaffen, erschafft aber ihrerseits auch viel von dem, was wir als den Inbegriff des Amerikanischen ansehen. »Die Grenze förderte die Entstehung einer zusammengesetzten Nationalität für das amerikanische Volk.« Und: »Der Aufstieg des Nationalismus und die Evolution der politischen Institutionen Amerikas hingen vom Vorrücken der Grenze ab ... Nichts befördert den Nationalismus so wie der Verkehr innerhalb der Nation. Die Mobilität der Bevölkerung macht dem Regionalismus den Garaus.« Und auch: »Die Grenze erzeugt Individualismus ... [sodass]

die bedeutendste Auswirkung der Grenze darin liegt, dass sie die Demokratie voranbringt.«

Dies alles zusammen ergibt nicht weniger als den amerikanischen Charakter. »Der Grenze verdankt der amerikanische Geist seine auffallenden Eigenschaften: jene Derbheit und Kraft, verbunden mit Scharfsinn und Wissbegier, jene praktische erfinderische Geistesrichtung, die sich schnell mit Notbehelfen abfindet, jenes meisterhafte Erfassen materieller Dinge, dem zwar das Künstlerische fehlt, das aber zu großen Endzielen führt, jene ruhelose, nervöse Tatkraft, jener ausgesprochene Individualismus, der das Gute und das Böse schafft, und vor allem jene Spannkraft und Lebensfülle, die aus der Freiheit strömt – dies sind die Charakterzüge der Grenze. Die Bevölkerung der Vereinigten Staaten hat ihre Prägung von der unaufhörlichen Ausweitung bekommen, die ihr nicht nur geboten, sondern sogar aufgezwungen wurde ... Bewegung ist das beherrschende Element [des amerikanischen Lebens] geworden, und wenn diese Wesensbildung ihre Wirkung nicht mehr auf ein Volk ausübt, so wird sich die amerikanische Tatkraft ein größeres Betätigungsfeld suchen.«

Die »Frontier Thesis« zeichnet ein überschwängliches Bild von der Entstehung Amerikas, gegen das man nur allzu leicht Einwände vorbringen kann, und da Turner sie als Erster präsentiert hat, ist beinahe jede ihrer Ideen und Annahmen auf Widerspruch gestoßen. Als Erstes wird natürlich infrage gestellt, ob es tatsächlich jemals so etwas wie eine »Grenze des freien Landes« gegeben hat, ein jungfräuliches Gebiet, an dem sich das Amerika der Pioniere messen konnte. Was wäre dann mit den besiegten und sogar vernichteten Stämmen der amerikanischen Ureinwohner – mir fiel es schon in der Zeit vor der *political correctness* schwer, im Zusammenhang mit Amerika von *Indians* zu sprechen –, die schon da waren, lange bevor die unerbittliche Grenze in ihr Land vordrang?* Tur-

---

* In dem Film *Little Big Man* erklärt der alte Cheyenne-Häuptling, der die Cheyenne »die Menschen« nennt (das bedeutet »Cheyenne« offenbar in der

ner räumt ein, dass das, was die Siedler an der Grenze vorfanden, »keine Tabula rasa« war, aber seine offenkundige Verachtung für die vertriebenen »Wilden« färbt und beschädigt seine Argumentation, verleiht ihr, besser gesagt, einen dunkleren Sinn, den er nicht beabsichtigte. »Die amerikanische Tatkraft wird sich ständig ein größeres Betätigungsfeld suchen.« Diese optimistische Formulierung klingt heute fast imperialistisch. Wenn die Ureinwohner Amerikas niedergetrampelt und beiseite gefegt wurden, während die Grenze nach Westen vorrückte, sollte dann die übrige Welt, dieses »größere Betätigungsfeld«, heute nicht Befürchtungen hinsichtlich der Intentionen Amerikas hegen?

Historiker weisen zudem darauf hin, dass die großen Unterschiede zwischen dem puritanischen Osten, dem von der Sklaverei gezeichneten Süden und dem Westen der Goldgräber und der Eisenbahnen es unmöglich machen, irgendeine allgemein gültige Theorie der Grenzentwicklung aufzustellen – man tue besser daran, jedes dieser Gebiete als eine Region für sich mit ihrer eigenen historischen Dynamik zu betrachten. Auch die angebliche formende Wirkung der Grenze auf das amerikanische Selbstverständnis wird in Zweifel gezogen. Das von der Grenze verschlungene Land wurde keineswegs demokratisch in gleich großen Parzellen unter den frühen Pionieren aufgeteilt; und was die Herausbildung des amerikanischen Charakters angeht, so hat nicht ein ruppiger Individualismus, sondern eher das Gemeinschaftsgefühl dafür gesorgt, dass der Westen gedeihen und sich zu einem Staatswesen entwickeln konnte. Einem heutigen Bericht zufolge bestanden »beispielsweise die meisten Wagentrecks aus großen Sippschaften. Außerdem spielten im Verlauf des neunzehnten Jahrhunderts die Bundesregierung und die großen Firmen eine immer wichtigere Rolle. In New York ansässige Großinvestoren bauten die Eisenbahnen; Truppen der Bundesregierung unterwarfen Indianervöl-

---

Sprache der Cheyenne), dem Titelhelden traurig, dass der Vormarsch der Weißen nicht aufzuhalten sei, denn während es anscheinend unbegrenzt viele Weiße gebe, sei die Zahl der Menschen nun einmal streng begrenzt.

ker, die sich weigerten, dem offenkundigen Schicksal seinen Lauf zu lassen; sogar die Cowboys, in der populären Mythologie durchweg raubeinige Einzelgänger, waren im Allgemeinen einfache Angestellte großer Rinderzuchtfirmen, die sich manchmal sogar in ausländischem Besitz befanden. Der Westen war und ist nicht das Land der Freiheit und der unbegrenzten Möglichkeiten, das uns sowohl die Turner'sche Geschichtsschreibung als auch die Folklore vorgaukeln. Für viele Frauen, Asiaten oder Mexikaner, die plötzlich Einwohner der Vereinigten Staaten wurden, und natürlich für die Indianer war der Westen kein gelobtes Land.«*

Es hat also den Anschein, dass der gute alte Turner in vielfacher Hinsicht Unrecht hatte. Dennoch könnte er, wie Freud, auf die richtige Art Unrecht gehabt haben. Mediävisten, die die Turner'sche Grenztheorie auf die Entwicklung Osteuropas im Mittelalter anwandten, fanden seine Ideen nützlich. Die Grenze Europas im Mittelalter, die sich von England nach Wales und Irland vorschob, von Mitteleuropa in die riesigen Wälder Russlands und schließlich in den Konflikten mit dem Islam in den Orient der Kreuzfahrer und das Spanien der Reconquista, kann, um einen Experten für diese Epoche zu zitieren, C. J. Bishko von der University of Virginia,** eindeutig gesehen werden als »eine einzige Grenze, eine Einheit nicht im Sinne geographischen Zusammenhangs, wohl aber als Ausdruck derselben tief wirkenden Kräfte der mittelalterlichen Dynamik und der grundlegenden Ähnlichkeiten von Zielen, Methoden und Erfolgen.«

»Die Grenze«, so argumentiert Bishko, »hat für die Geschichte nicht nur neue Länder mit europäischer Kultur geschaffen, sondern auch neue Völker – die Portugiesen, die Kastilier, die Österreicher, die Preußen, die Großrussen, Völker, die nach kurzer Zeit die neuere Geschichte ihrer jeweiligen Länder dominierten.

---

* Aus dem amerikanischen Dokumentarfilm *The West*, 1996.
** «The Frontier in Medieval History», American Historical Association, 1955.

Sie brachte eine Grenzliteratur hervor, darunter ... Heldenlieder wie das *Igorlied* oder das *Cid-Epos*. Sie schuf eine Fülle neuer Typen mittelalterlicher Männer und Frauen – den Grenzadeligen, mochte er nun Bogatyr, Caballero, Lord Marcher oder Markgraf genannt werden; sie schuf die Ritterorden, die eine so bedeutende Rolle im Führen von Grenzkriegen und in der Besiedelung spielten; den Grenzgeistlichen, den kolonisierenden Bischof oder Abt, den Missionar, den Priester der einsamen Grenzgemeinde; den Grenzkaufmann und den Grenzstadtbewohner; den Landspekulanten und den Ansiedlungswerber; vor allem aber den Grenzlandbauern, der die Axt schwang, den Pflug führte oder das Vieh weidete. Dies sind die Grenzbewohner, die die Ränder der mittelalterlichen Zivilisation vorschoben, mit oder ohne die Unterstützung ihrer Herrscher; dies sind die Männer, deren kriegerischer oder friedlicher Umgang mit Nichteuropäern zum ersten Mal für die mittelalterlichen Denker die große Frage nach den Rechten der eingeborenen Völker und der Gerechtigkeit eines Krieges gegen sie aufwarfen – der Beginn der Kontroversen, die sich im sechzehnten Jahrhundert auf die Indianer der Neuen Welt ausweiteten und die spanischen Theologen und Juristen veranlasste, die Grundlagen für das internationale Recht und die Rechte der nichteuropäischen Menschen zu schaffen. Für viele Menschen des Mittelalters, die nie die prachtvollen königlichen Residenzen, die betriebsamen Handelsstädte, die alten feudalen Domänen oder die neuen Bücher und Universitäten der mittelalterlichen Renaissance zu Gesicht bekamen, stellte die mittelalterliche Grenze die größte Hoffnung auf ein besseres Leben und den Aufruf zu mannhaften Abenteuern und den Risiken und Belohnungen von Mut und Unternehmungsgeist dar. Und wie so viele Dinge aus dem Mittelalter endete die Grenze nicht 1453 oder 1492 oder 1500, sondern ging in die moderne Zivilisation ein.«

Eines der Hauptmerkmale von Grenzen ist, dass sie umstritten sind. Geben Sie mir eine quer durch die Welt gezogene Linie, und ich gebe Ihnen einen Streit. Wir können im Wesentlichen fast allen Kritikpunkten von F. J. Turners Gegnern zustimmen, können einräumen, dass die Grenze in verschiedenen Teilen Amerikas unterschiedlich gezogen wurde und verschiedene Bedeutungen hatte, dass es in der Grenzgesellschaft in vieler Hinsicht eher oligarchisch als demokratisch zuging, dass das Land, in das sich die Grenze vorschob, nur in dem Sinne »frei« war, dass die weißen Siedler die Landbesitzrechte der früheren Bewohner nicht anerkannten, und dass die Werte der Gemeinschaft, des Zusammenschlusses und des Föderalismus weitaus wichtiger waren, als es Turner für möglich hielt – kurz, wir können ganze Bündel seiner Thesen zu Asche verbrennen, und trotzdem bleibt mitten in den rauchenden Ruinen etwas Substanzielles stehen. Es bleibt uns das Bild von einer geschlängelten Linie, die sich westwärts über einen Kontinent vorschiebt und dabei alles verändert und eine Welt entstehen lässt. Diese Linie weckt unsere Phantasie, so wie sie die Phantasie derer anregte, die mithalfen, sie vorwärts zu treiben, und auch die Phantasie derer, die sich ihrem Vorrücken widersetzten. In der amerikanischen Literatur von Twain bis Bellow entdecken wir das Walten jenes Grenzgeistes, dessen Merkmale Turner so eloquent beschrieben hat, und in der dunklen Seite des modernen Amerika, in seinen den Staat hassenden Milizen und Unabombern erkennen wir diesen dominanten, das Böse wollenden Individualismus, dessen er sich durchaus bewusst war. Man denke sich den triumphierenden Tonfall weg, und Turners These scheint vieles von der amerikanischen Geschichte seit der Schließung der Grenze vorwegzunehmen: eine Geschichte der Fluktuationen, in der es Perioden entschlossenen Engagements in der Welt gibt, einer Erweiterung der Grenzen, einer Ausweitung der Einflusssphäre Amerikas, und dann wieder Perioden des Rückzugs hinter die Festungsmauern einer Grenze, die nicht mehr die Fähigkeit zur Bewegung besitzt.

Die alten Weltmächte wie Großbritannien tun sich schwer damit, sich mit ihrem neuen, minderen Status in der postkolonialen Welt abzufinden. Für die Briten war ihr Empire eine Art

Überschreitung, eine Möglichkeit, nicht nur andere Nationen zu überwältigen und ihre Grenzen in die weiteren Grenzen der *Pax Britannica* einzubeziehen, sondern auch die Grenzen des eigenen Selbst zu überwinden, die Zurückhaltung Englands abzulegen und ein hemdsärmeliges, tatkräftiges Volk zu werden, feurig und groß, das ausgreifend über die große Bühne der Welt schreitet statt über die engen Bretter der Heimat. Seit dem Untergang des Empires sind sie in ihre Schachtel zurückgestoßen worden, ihre Grenze hat sich um sie geschlossen wie ein Gefängnis, und die neue Öffnung politischer und finanzieller Grenzen in der Europäischen Union betrachten sie noch immer mit Argwohn. Amerika, das dem Status einer neuen Führungsmacht am nächsten kommt, hat das umgekehrte Problem; während sein Einfluss sich über den Planeten ausdehnt, kämpft es sich immer noch damit ab, sein eigenes, entgrenztes Selbst zu verstehen. Unter der Oberfläche des amerikanischen Jahrhunderts mit seinen vielen Triumphen können wir ein Unbehagen wahrnehmen, eine Unsicherheit über die eigene Identität, eine wiederkehrende Ungewissheit über die Rolle, die Amerika in der Welt spielen, und darüber, wie es sie spielen sollte.

Vielleicht ist es an der Zeit, eine neue These der neuen Grenze aufzustellen: dass die Entstehung dieser neuen, durchlässigen Grenze im Zeitalter der Massenmigration, der Massenverpflanzung und der Globalisierung von Finanzen und Industrie das herausragende Merkmal unserer Zeit ist und, um mit Turner zu sprechen, »unsere Entwicklung erklärt«, wie nichts sonst es vermag. Bei all ihrer Durchlässigkeit sind die Grenzen dieser Welt nie wichtiger gewesen als heute. Dies ist der Tanz der Geschichte in unserem Zeitalter: Lang, lang, kurz, kurz, lang, vor und zurück und von einer Seite auf die andere überschreiten wir diese festgelegten, sich verlagernden Linien.

Zweiter Teil

Der Fluch der Ungewissheit lastet nicht nur auf Amerika. Wir alle sehen heute mit mehr oder minder düsteren Vorahnungen in die Zukunft. Das liegt meiner Meinung nach vor allem an der wesensmäßigen Veränderung der Grenze, die sich in unserer globalisierten Welt vollzogen hat. Von der intimsten Grenze, der des Zuhauses, bis zum größten, dem globalen Maßstab, hat sich die neue Durchlässigkeit der Grenze zum alles beherrschenden Thema entwickelt. Der Terrorismus ist die bestürzendste Folge der durchlässigen Grenze, aber Terrorismus ist schließlich nur eine jener Kräfte in der modernen Welt, die Grenzen im Sinne der Weltreiche des letzten und vorletzten Jahrhunderts ablehnen. Die Zwillingswelten der Wirtschaft und des Finanzwesens verhalten sich genauso, und die Sorgen vieler Menschen angesichts der Folgen der globalisierten Wirtschaft brauche ich hier nicht aufzuzählen. Andere Gruppen – Künstler, Wissenschaftler – haben von jeher die Einschränkung durch Grenzen verachtet, nach Belieben aus allen vorhandenen Quellen geschöpft und sich für den freien Wissensaustausch eingesetzt. Die offene Grenze, die durch das Niederreißen von Mauern entsteht, war und ist ein Symbol anderer Formen von Offenheit. Jedoch – und ich zitiere hier eine Passage*, die ich vor einigen Jahren in einem Artikel über Rockmusik (ausgerechnet!) geschrieben habe: »Die Musik der Freiheit macht Angst und löst alle möglichen konservativen Abwehrmechanismen aus. Solange Orpheus seine Stimme erhob und sang, konnten ihn die Mänaden nicht töten. Doch dann schrien sie, ihre schrille Kakophonie übertönte seine Musik, und ihre Waffen fanden ihr Ziel, er fiel, und sie rissen ihn in Stücke.

Indem wir gegen Orpheus anschreien, werden auch wir zu potenziellen Mördern. Der Zusammenbruch des Kommunismus, der Fall des Eisernen Vorhangs und der Berliner Mauer sollten eine

---

* Siehe Teil III, Kolumnen, »April 1999: Rockmusik«, S. 379.

neue Ära der Freiheit einläuten. Stattdessen aber erschreckte die Welt nach dem Kalten Krieg, die plötzlich gestaltlos und voller Möglichkeiten war, viele von uns zu Tode. Wir zogen uns hinter kleinere eiserne Vorhänge zurück, wir bauten kleinere Palisaden, wir sperrten uns in engere, noch fanatischere – religiöse, regionale, ethnische – Definitionen unserer selbst ein und machten uns für den Krieg bereit.«

Das kostbarste Buch, das ich besitze, ist mein Reisepass. Wie die meisten schlichten Behauptungen dieser Art wirkt auch diese leicht übertrieben. Ein Reisepass ist schließlich ein ganz alltäglicher Gegenstand. Vermutlich machen Sie sich nicht allzu oft Gedanken über Ihren. Wichtiges Reisedokument, möglichst nicht verlieren, schreckliches Foto, muss demnächst verlängert werden: Im Allgemeinen beansprucht ein Reisepass nur ein recht bescheidenes Maß an Aufmerksamkeit und Umsicht. Und wenn Sie ihn am Ende einer Reise doch einmal vorzeigen müssen, erwarten Sie, dass er ohne viel Aufhebens seinen Dienst tut. *Ja, sicher, das bin ich, aber Sie haben Recht, ich sehe mit Bart etwas anders aus, vielen Dank, auch Ihnen einen schönen Tag.* Ein Pass ist keine große Sache. Er ist wartungsfrei. Er ist nur ein Identitätsbeweis.

Ich bin seit meinem achtzehnten Lebensjahr britischer Staatsbürger, also hat mein Pass jetzt tatsächlich schon lange effizient und unauffällig seinen Dienst verrichtet, aber ich habe nie vergessen, dass nicht alle Reisepässe so funktionieren. Mein erster – indischer – Pass beispielsweise war eine lumpige Angelegenheit. Anstatt seinem Inhaber ein Sesam-öffne-dich für jeden beliebigen Ort der Welt zu sein, erklärte er in trockener Amtssprache, dass er nur für Reisen in bestimmte Länder gültig sei – und die Liste dieser Länder war bestürzend kurz. Überflog man sie, stellte man rasch fest, dass sie fast keines der Länder enthielt, in die man gern gefahren wäre. Bulgarien? Rumänien? Nordkorea? Kein Problem. USA? England? Italien? Japan? Sorry, Sahib. *Dieser Reisepass gilt nicht für Reisen in diese Länder.* Die Genehmigung zu Reisen in attraktive Länder musste eigens beantragt werden, und man wurde nicht im Zweifel darüber gelassen, dass sie nicht so ohne weiteres erteilt werden würde. Einer der Gründe waren die Devisen. An ihnen herrschte in Indien chronischer Mangel, und der sollte sich nicht noch verschlimmern. Ein größeres Problem war, dass viele der attraktiveren Länder der Welt den Gedanken, uns hereinzulassen, gar nicht attraktiv fanden. Sie waren offenbar der rätselhaften Überzeugung, dass wir, einmal im Lande, nicht wieder würden ausreisen wollen. »Reisen« im unbekümmerten, auf Vergnügen bedachten Sinne westlicher Urlauber waren ein Luxus, den man uns in Indien nicht gestattete. Wenn wir Glück hatten, konnten wir die Genehmigung für absolut notwendige Reisen bekommen, wenn nicht, wurden uns sogar solche Reisen verwehrt. Pech gehabt.

In *Eine islamische Reise. Unter den Gläubigen*, V. S. Naipauls Buch über seine Reisen in der muslimischen Welt, gesteht ein junger Mann, der den Autor durch Pakistan kutschiert hat, dass er keinen Pass besitzt, aber für sein Leben gern einen hätte, weil er weite Reisen machen und die Welt kennen lernen möchte. Zutiefst sarkastisch vermerkt Naipaul, welche Schande es doch sei, dass die einzige Freiheit, an der dieser junge Mann offenbar interessiert sei, die Freiheit sei, das Land zu verlassen. Als ich vor Jahren diese Passage zum ersten Mal las, drängte es mich sehr, den jungen Mann vor der gefeierten Verachtung des gefeierten Autors in Schutz zu nehmen. Zum einen ist der Wunsch, Pakistan zu verlassen, und sei es auch nur vorübergehend, für viele durchaus nachvollziehbar. Zum anderen, und dies ist der wichtigere Punkt, ist das, was der junge Mann sich wünscht – die Freiheit, Grenzen zu überschreiten –, schließlich etwas, was Naipaul seinerseits immer als Selbstverständlichkeit betrachtet hat, ja genau das, was ihn erst in die Lage versetzt hat, das Buch zu schreiben, in dem er seine Kritik äußert.

Ich habe einmal einen Tag an der Einwanderersperre auf dem Londoner Flughafen Heathrow verbracht und beobachtet, wie die ankommenden Passagiere von den Einwanderungsbeamten behandelt wurden. Es wunderte mich nicht, dass die meisten der Passagiere, die dort Schwierigkeiten hatten, nicht weiß waren, sondern schwarz oder arabischen Typs. Überraschenderweise gab es jedoch einen Faktor, der eine dunkle Hautfarbe oder arabisches Aussehen unwichtig werden ließ. Dieser Faktor war der Besitz eines amerikanischen Passes. Man zeige einen amerikanischen Pass vor, und die Einwanderungsbeamten werden auf der Stelle farbenblind und winken einen durch, mag man auch noch so afrikanisch oder levantinisch aussehen. Denjenigen, denen die Welt verschlossen ist, erscheint solche Offenheit in höchstem Maße wünschenswert. Wer diese Offenheit dagegen für sein Geburtsrecht hält, schätzt sie vielleicht am geringsten. Wenn man genug Luft zum Atmen hat, sehnt man sich nicht nach Luft. Aber wenn frische Luft Mangelware wird, merkt man rasch, wie wichtig sie ist. (Mit der Freiheit ist es genauso.)

Der Grund, weshalb ich jenen ersten indischen Pass brauchte, so begrenzt seine Einsatzmöglichkeiten auch waren, war der, dass acht Wochen nach meiner Geburt eine neue Grenze gezogen wurde, die meine Familie in zwei Hälften teilte. Mitternacht, 13./14. August 1947: Die Teilung des indischen Subkontinents und die Gründung des neuen Staates Pakistan erfolgten exakt vierundzwanzig Stunden vor der Unabhängigkeit des Rests der ehemaligen britischen Kolonie. Indiens Moment der Freiheit wurde auf den Rat von Astrologen hinausgeschoben, die Jawaharlal Nehru mitteilten, das frühere Datum stehe unter einem ungünstigen Stern und die Verzögerung werde die Geburt des Staates unter einem verheißungsvolleren Mitternachtshimmel ermöglichen. Die Astrologie hat jedoch ihre Schwächen, und die Schaffung einer neuen Grenze bewirkte, dass die Geburt beider Staaten schwer und blutig vonstatten ging. Meine eigene indisch-muslimische Familie war vom Glück begünstigt. Keiner von uns wurde bei den damaligen Massakern verletzt oder getötet. Aber unser aller Leben veränderte sich, selbst das Leben eines kleinen Jungen von acht Wochen und das seiner noch ungeborenen Schwestern und seiner künftigen Cousins und aller unserer Kinder. Keiner von uns ist der, der er gewesen wäre, wenn diese Linie nicht durch unser Land gezogen worden wäre.

Einer meiner Onkel, der Mann der jüngeren Schwester meiner Mutter, war Soldat. Zum Zeitpunkt der Unabhängigkeit diente er als Adjutant bei Feldmarschall Claude Auchinleck, dem Befehlshaber der abziehenden britischen Armee in Indien. Auchinleck, genannt »*the Auk*«, war ein brillanter Soldat. Unter seiner Verantwortung war die britische Achte Armee in Nordafrika nach ihren Niederlagen gegen Rommel wieder aufgebaut worden. Er hatte die Moral wieder hergestellt und wieder eine schlagkräftige Truppe aus der Armee gemacht. Aber er und Winston Churchill hatten einander nie leiden können, und deshalb entzog Churchill ihm das afrikanische Kommando und schob ihn ab auf den Posten des Aufsehers über den Untergang des Empires in Indien. Dadurch konnte sein Nachfolger, Feldmarschall Montgomery, die glorreichen Früchte von Auchinlecks Arbeit ernten, indem er Rommel bei El Alamein schlug. Auchinleck war insofern eine Ausnahmeerscheinung unter den Feldmarschällen des Zweiten Weltkriegs, als er der Versuchung widerstand, seine Memoiren zu schreiben. Diese Geschichte habe ich deshalb von meinem Onkel, Auchinlecks Adjutanten, der später General in der pakistanischen Armee wurde und eine Zeit lang auch Minister in der pakistanischen Regierung war.

Mein Onkel, der General, erzählte auch eine andere Geschichte, die ein gewisses Aufsehen erregte, als er später seine Lebenserinnerungen veröffentlichte. »*The Auk*«, sagte er, sei überzeugt gewesen, er könne den Massakern Einhalt gebieten, wenn man ihm einzugreifen gestatte, und habe sich mit einer entsprechenden Bitte an den britischen Premierminister Clement Attlee gewandt. Attlee war, ob zu Recht oder zu Unrecht, der Auffassung, die Zeit der britischen Herrschaft in Indien sei zu Ende, Auchinleck sei dort nur in vorübergehender, beratender Funktion tätig und solle daher nichts unternehmen. Britische Truppen sollten sich nicht in diese rein indisch-pakistanische Krise einmischen. Diese Untätigkeit war die letzte Handlung der Briten in Indien. Was Nehru und Jinnah von einem entsprechenden Hilfsangebot der Briten gehalten hätten, ist nicht überliefert. Es ist möglich, dass sie nicht einverstanden gewesen wären. Vermutlich wurden sie gar nicht gefragt. Über die Zahl der Toten gehen die Schätzungen auseinander. Hunderttausend? Eine halbe Million? Wir wissen es nicht. Niemand hat sie gezählt.

Als ich ein Kind war, reisten meine Eltern, meine Schwestern und ich bisweilen zwischen Indien und Pakistan hin und her – zwischen Bombay und Karachi –, immer auf dem Seeweg. Die Dampfer, die diese Route befuhren, waren zwei alte Pötte, die *Sabarmati* und die *Sarasvati*. Die Reise war heiß und langsam, und aus unerfindlichen Gründen machten die Schiffe jedes Mal vor der Küste des Rann of Kutch für mehrere Stunden Halt, während unerklärte Frachten an Land und an Bord gebracht wurden: Schmuggelgut, stellte ich mir begeistert vor, Gold, kostbare Edelsteine. (Ich war zu ahnungslos, um an Drogen zu denken.) Mit der Ankunft in Karachi betraten wir jedoch eine Welt, die viel fremdartiger und seltsamer war als der sumpfige, fragwürdige Rann der Schmuggler. Es war immer wieder ein Schock für uns Kinder aus Bombay, die wir an die ungezwungene kulturelle Offenheit und Vielfalt unserer kosmopolitischen Heimatstadt gewöhnt waren, die trockene Wüstenluft Karachis mit seiner viel hermetischeren, mit Scheuklappen versehenen Monokultur zu atmen. Karachi war langweilig. (Das war natürlich, bevor es sich in die von Waffen regierte Metropole verwandelte, die es heute ist, wo Armee und Polizei, oder jedenfalls diejenigen Soldaten und Polizisten, die sich nicht haben kaufen lassen, nicht ohne Grund befürchten, dass die Kriminellen der Stadt besser bewaffnet sind als sie.) Bombay und Karachi liegen geographisch so nahe beieinander, dass mein Vater wie viele seiner Zeitgenossen sein Leben lang zwischen beiden Städten hin- und hergefahren war. Dann plötzlich, nach der Teilung, wurden die beiden Städte einander völlig fremd.

Während ich heranwuchs, vergrößerte sich der Abstand zwischen den beiden Städten, als hätte die durch die Teilung geschaffene Grenzlinie die Landmasse Südostasiens durchschnitten wie ein straff gespannter Draht ein Stück Käse, und Pakistan buchstäblich von der Landmasse Indiens abgetrennt, sodass es jetzt langsam übers Arabische Meer davonschwimmen konnte, so wie sich die Iberische Halbinsel in José Saramagos Roman *Das steinerne Floß* von Europa ablöst. In meiner Kindheit pflegte sich ein- bis zweimal jährlich die ganze Familie zu versammeln, im Haus meiner Großeltern mütterlicherseits in Aligarh im nordindischen Staat Uttar Pradesh. Diese Familientreffen hielten uns zusammen, doch dann übersiedelten meine Großeltern nach Pakistan, das Haus in Aligarh war verloren, die Zusammenkünfte endeten, und die beiden Zweige der Familie, der indische und der pakistanische, begannen sich voneinander zu entfernen. Wenn ich mit meinen pakistanischen Cousins zusammenkam, stellte ich zunehmend fest, wie verschieden wir geworden waren, wie unterschiedlich unsere Grundauffassungen. Es fiel uns immer leichter, verschiedener Meinung zu sein, immer leichter, dem Familienfrieden zuliebe unsere Zunge zu hüten.

Als Schriftsteller habe ich es immer als ein Glück empfunden, dass ich durch die Wechselfälle des Familienlebens sowohl von Indien als auch von Pakistan einiges kennen lernte. Oft kam ich in die Lage, Indern pakistanische Auffassungen zu erklären und umgekehrt, wobei ich gegen Vorurteile argumentierte, die sich auf beiden Seiten immer mehr verfestigten, während Pakistan immer weiter übers Meer davontrieb. Ich kann nicht behaupten, dass meine Bemühungen von Erfolg gekrönt waren, oder auch nur, dass ich ein ganz unparteiischer Schiedsrichter gewesen wäre. Ich finde es abscheulich, wie wir, Inder und Pakistani, füreinander die anderen geworden sind und jeder den anderen gewissermaßen nur durch dunkles Glas wahrnimmt, jeder dem anderen die unlautersten Motive und den hinterhältigsten Charakter unterstellt. Ich finde es abscheulich, aber letzten Endes stehe ich auf der indischen Seite.

Eine meiner Tanten lebte zur Zeit der Teilung im pakistanischen Karachi. Sie war eng befreundet mit dem berühmten Urdu-Dichter Faiz Ahmed Faiz (1911–1984). Faiz war der erste große Schriftsteller, den ich kennen lernte, und durch sein Werk und die Gespräche mit mir vermittelte er mir eine Beschreibung der Aufgabe des Schriftstellers, die ich voll und ganz akzeptierte. Faiz war ein überragender Lyriker, und seine vielen Gaselen, zu Musik vorgetragen, brachten ihm buchstäblich Millionen von Bewunderern ein, obwohl es sich dabei oft um seltsam unromantische, desillusionierte Serenaden handelte:

> Fordere nicht von mir, meine Liebe,
> die Liebe, die ich einst für dich empfand ...
> Wie lieblich du immer noch bist, meine Liebe,
> doch auch ich weiß keinen Rat;
> denn die Welt hat andere Sorgen als Liebe,
> und andere Freuden auch.
> Fordere nicht von mir, meine Liebe,
> die Liebe, die ich einst für dich empfand.

Er liebte auch sein Land, aber in einem seiner besten Gedichte darüber nimmt er den lyrisch-nüchternen Standpunkt des entfremdeten Exilanten ein. Dieses Gedicht wurde, in der Übersetzung von Agha Shahid Ali, vor einigen Jahren in der New Yorker U-Bahn ausgehängt, zur Freude aller Liebhaber der Urdu-Poesie:

> Du fragst mich nach dem Land, dessen Merkmale mir entfallen sind.
> Ich entsinne mich nicht seiner Geographie, weiß nichts mehr von
>   seiner Geschichte.
> Und sollte ich es in der Erinnerung besuchen,
> Wäre es wie ich ein einstiger Geliebter,
> Nach Jahren, für eine Nacht, nicht mehr rastlos vor Leidenschaft,
> Ohne Furcht vor Reue.
> Ich habe das Alter erreicht, in dem man
> Das Herz nur noch
> Aus Höflichkeit aufsucht.

Als kompromissloser Poet der romantischen wie der patriotischen Liebe war Faiz auch eine politische Gestalt und ein sehr öffentlicher Autor, der sich innerhalb und außerhalb seiner Lyrik den zentralen Fragen seiner Zeit stellte. Dieses doppelte Verständnis der Rolle des Schriftstellers, teils privat, teils öffentlich, teils verhohlen, teils direkt, sollte, großenteils dank Faiz' Vorbild, auch meines werden. Ich teilte seine politischen Ansichten nicht, vor allem nicht seine Vorliebe für die Sowjetunion, die ihm 1963 den Lenin-Friedenspreis eintrug, aber ich übernahm ganz selbstverständlich seine Vorstellungen darüber, was die Aufgabe des Schriftstellers ist oder sein sollte.

Doch das alles war viele Jahre später. Damals, 1947, hätte Faiz die Unruhen nach der Teilung möglicherweise nicht überlebt, wäre da nicht meine Tante gewesen.

Faiz war nicht nur Kommunist, sondern auch bekennender Ungläubiger. In den Tagen nach der Gründung des Muslim-Staates war beides höchst gefährlich, selbst für einen viel geliebten Dichter. Faiz kam ins Haus meiner Tante in dem Bewusstsein, dass ein blindwütiger Mob ihm auf den Fersen war und dass es, sollten diese Leute ihn finden, um ihn geschehen wäre. Unter dem Teppich im Wohnzimmer war eine Falltür, die in den Keller führte. Meine Tante ließ den Teppich zurückrollen, Faiz stieg in den Keller hinab, die Falltür wurde geschlossen, der Teppich wieder ausgerollt. Und als die Eiferer kamen, um den Dichter zu holen, fanden sie ihn nicht. Faiz wurde kein Haar gekrümmt, obwohl er weiterhin die Staatsmacht und die Gläubigen mit seinen Ideen und seinen Gedichten provozierte – man brauchte nur eine Linie in den Sand zu ziehen, und Faiz fühlte sich intellektuell verpflichtet, sie zu überschreiten. Als Folge davon verbrachte er Anfang der fünfziger Jahre vier Jahre in pakistanischen Gefängnissen, und die gehören nicht zu den komfortabelsten Haftanstalten der Welt. Viele Jahre später ließ ich mich von der Erinnerung an den Vorfall im Haus meiner Tante zu einem Kapitel in *Mitternachtskinder* inspirieren, aber die wahre Geschichte des realen Dichters, oder zumindest die Geschichte, die mich auf dem nicht immer zuverlässigen Weg der Familienlegenden erreichte, hat den tieferen Eindruck bei mir hinterlassen.

Als kleiner Junge, zu jung, um Faiz' Werk zu kennen oder zu lieben, liebte ich stattdessen den Mann selbst: seine Herzlichkeit, den freundlichen Ernst, mit dem er auf Kinder einging, das verdrehte Lächeln in seinem gütigen Opa-Munster-Gesicht. Ich fand damals – und daran hat sich bis heute nichts geändert –, dass ich mich allem, was ihn gefährdete, entschieden widersetzen würde. Wenn die Teilung, durch die Pakistan geschaffen wurde, dazu führte, dass ein Mob ihm nach dem Leben trachtete, dann war ich dagegen. Später, als ich alt genug war, um mich seinen Gedichten zu nähern, fand ich mich in ihnen bestätigt. Sein Gedicht »*Der Morgen der Freiheit*«, geschrieben in jenen unheilschwangeren Mitternachtsstunden Mitte August 1947, begann Faiz mit den Zeilen:

> Dieses fleckige Licht, diese nachtbenagte Morgenröte,
> Ist nicht die Morgenröte, nach der wir uns sehnten.

Dasselbe Gedicht endet mit einer Warnung und einer Ermahnung:

> Die Zeit für die Befreiung von Herz und Geist
> Ist noch nicht gekommen.
> Setz deine beschwerliche Reise fort.
> Erlahme nicht, das Ziel ist noch weit.

Ich sah Faiz zum letzten Mal bei der Hochzeit meiner Schwester, und meine letzte, erheiternde Erinnerung an ihn ist der Augenblick, als er, zum sprachlosen Entsetzen der orthodoxeren – und daher puritanisch abstinenten – Gläubigen unter den Anwesenden, einen Toast auf die Jungvermählten ausbrachte, indem er sein Glas erhob, das randvoll war mit zwölf Jahre altem Scotch on the rocks. Wenn ich so an Faiz denke, an diesen letzten, harmlosen, aber ganz bewusst provokanten Vorfall, kommt er mir vor wie eine Brücke zwischen der realen und der metaphorischen Welt, oder wie ein Vergil, der uns armen Dantes den Weg durch die Hölle zeigt. Es ist ebenso wichtig, scheint er zu sagen, während er seinen ketzerischen Whisky hinunterschüttet, die metaphorischen wie die realen Grenzen zu überschreiten, sich nicht durch irgendjemandes Vorstellungen davon, wo eine Linie gezogen werden sollte, einengen zu lassen.

Das Überschreiten von Grenzen, der Sprache, der Geographie, der Kultur; die Untersuchung der durchlässigen Grenze zwischen der Welt der Dinge und Taten und der Welt der Phantasie; das Niederreißen unerträglicher Grenzen, die von vielerlei Gedankenpolizisten überall auf der Welt geschaffen werden: All dies bildet den Kern des literarischen Projekts, das mir durch die Umstände meines Lebens vorgegeben wurde, das ich mir also nicht etwa aus intellektuellen oder »künstlerischen« Gründen selbst ausgesucht habe. In eine Sprache, Urdu, hineingeboren, habe ich mein Leben und mein Werk in einer anderen verwirklicht. Jeder, der eine Sprachgrenze überschritten hat, wird ohne weiteres verstehen, dass eine solche Reise eine Art Gestaltwandel oder Selbstübersetzung erfordert. Der Wechsel der Sprache verändert uns. Jede Sprache erlaubt andere Formen des Denkens, der Phantasie, des Spiels. Ich stelle fest, dass meine Zunge mit meiner Muttersprache etwas anders umgeht, als wenn mir, um den Titel einer Story von Hanif Kureishi auszuleihen, »deine Zunge im Hals steckt«.

Der größte Schriftsteller, der je erfolgreich die Reise über die Sprachgrenze unternommen hat, Vladimir Nabokov, hat in seinem Aufsatz »Die Kunst des Übersetzens«[*] die »drei Stufen des Bö-

---

[*] in: Vladimir Nabokov, *Die Kunst des Lesens. Meisterwerke der russischen Literatur*. Aus dem Amerikanischen von Karl A. Klewer, Frankfurt a. M.: Fischer Verlag 1984

sen« aufgezählt, die sich »in der eigentümlichen Welt unterscheiden [lassen], in der Wörter Grenzen überschreiten.« Er sprach zwar von der Übersetzung von Büchern und Gedichten, aber als ich als junger Schriftsteller darüber nachdachte, wie das große Thema Indien ins Englische zu »übersetzen« sei, wie man Indien selbst gestatten könnte, den Akt der »Grenzüberschreitung« von Wörtern zu vollziehen, schienen mir die Nabokov'schen »Stufen des Bösen« durchaus passend.

»Die erste und harmloseste ist offensichtlichen Fehlern vorbehalten, die aus Unwissenheit oder fehlgelenktem Wissen entstehen«, schrieb Nabokov. »Hier handelt es sich um bloße menschliche Schwäche, und die ist entschuldbar.« In westlichen Kunstwerken, die sich mit Indien befassten, wimmelte es von solchen Fehlern. Um nur zwei zu erwähnen: Die Szene in David Leans Film *Reise nach Indien*, in der er Dr. Aziz auf Fieldings Bett springen und die Beine kreuzen lässt, *wobei er die Schuhe anbehält*, ein Fehler, der jeden Inder zusammenzucken lässt, und die (unfreiwillig) noch komischere Szene, in der Alec Guiness als Godbole am Rand des heiligen Beckens eines Hindu-Tempels sitzt *und seine Füße ins Wasser baumeln lässt*.

»Den nächsten Schritt auf dem Weg zur Hölle«, sagt Nabokov, »tut ein Übersetzer, der mit voller Absicht Wörter oder Passagen auslässt, die zu verstehen er sich nicht bemüht oder von denen er vermutet, sie könnten auf den Leser (von dem er eine vage Vorstellung hat) obskur oder obszön wirken.« Lange Zeit, so fand ich jedenfalls, wurde die gesamte mannigfaltige Realität Indiens auf diese Weise von Schriftstellern »ausgelassen«, die sich ausschließlich dafür interessierten, wie Menschen aus dem Westen Indien erleben – englische Mädchen, die sich in Maharadschas verlieben oder von Nicht-Maharadschas angegriffen oder nicht angegriffen werden, in nächtlichen Gärten oder schaurig hallenden Höhlen –, alles in kühl-klassischer westlicher Manier geschrieben. Aber natürlich wird Indien hauptsächlich von den Indern selbst erlebt, und wenn Indien eines nicht ist, dann kühl und klassisch. Indien ist heiß und vulgär, fand ich, und es brauchte eine literarische »Übersetzung« im Einklang mit seinem wahren Wesen.

Das dritte und schlimmste Verbrechen begeht Nabokov zufolge der Übersetzer, der sich bemüht, das Original zu verbessern, wobei es »nivelliert und in eine solche Form geklopft wird, dass es den Vorstellungen und Vorurteilen einer bestimmten Leserschaft entspricht«. Die Exotisierung Indiens, sein »In-Form-Klopfen«, war das, was den Indern am meisten missfiel. Solch falsches Ausschmücken findet heute kaum noch statt, und das Indien der Elefanten, Tiger, Pfauen, Smaragde und Tänzerinnen wird zu Grabe getragen. Eine Generation begabter indischer Autoren, die in englischer Sprache schreiben, bringen ihre vielen verschiedenen Versionen der indischen Wirklichkeit ins Englische, und diese vielen Versionen ergeben, alle zusammengenommen, allmählich etwas, was man als die Wahrheit bezeichnen könnte.

In Träumen beginnt Verantwortung.* Unsere Sicht der Welt wirkt sich auf die Welt aus, die wir sehen. Wenn sich unsere Vorstellungen von weiblicher Schönheit wandeln, erscheinen uns andere Frauen als schön. Wenn sich unsere Ansichten über gesundes Leben wandeln, sehen wir die Dinge, die wir essen, mit anderen Augen. Unsere Träume von unserer eigenen Zukunft und der unserer Kinder wirken sich darauf aus, wie wir im täglichen Leben urteilen, über Arbeit, über Menschen, über die Welt, die diese Träume entweder ermöglicht oder verhindert. Das tägliche Leben in der realen Welt ist auch ein imaginiertes Leben. Die Geschöpfe unserer Phantasie kommen aus unseren Köpfen gekrochen, überschreiten die Grenze zwischen Traum und Wirklichkeit, zwischen Schatten und Tat, und werden real.

Die Ungeheuer der Phantasie tun desgleichen. Der Angriff auf das World Trade Center war im Grunde genommen ein monströser Akt der Phantasie, der auf alle unsere Phantasien einwirken,

---

* *In dreams begin responsibilities.* Englischer Titel eines Buches von Delmore Schwartz (deutsch *Der Traum vom Leben*).

unsere Vorstellungen von der Zukunft verändern sollte. Es war eine ikonoklastische Tat, in der die Ikonen der Modernität, die weltverkleinernden Flugzeuge und diese hoch aufragenden profanen Kathedralen, die Hochhäuser, ineinander gerammt wurden, mit der Absicht, eine Botschaft auszusenden: dass die moderne Welt selbst der Feind ist und zerstört werden wird. Es mag uns unvorstellbar erscheinen, aber für diejenigen, die dieses Verbrechen begingen, war der Tod von vielen Tausend Unschuldigen eine Randerscheinung. Es ging nicht um Mord. Es ging darum, eine Bedeutung zu schaffen. Die Terroristen des 11. September und die Planer der Ereignisse dieses Tages haben sich wie perverse, aber auch genial grenzüberschreitende, transgressive Performance-Künstler verhalten: schauerlich innovativ, schockierend erfolgreich, ein Low-Tech-Anschlag auf unsere High-Tech-Welt. In Träumen beginnt auch die Verantwortungslosigkeit.

Ich wollte eigentlich über Literatur sprechen, aber wie Sie sehen, komme ich immer wieder auf die Katastrophe zurück. Wie jeder Schriftsteller auf der Welt versuche ich, eine Möglichkeit zu finden, nach dem 11. September 2001 weiterzuschreiben, einem Tag, der zu einer Art Grenze geworden ist. Nicht nur weil die Angriffe so etwas wie eine Invasion waren, sondern weil wir an diesem Tag alle eine Grenze überschritten haben, eine unsichtbare Trennlinie zwischen dem Vorstellbaren und dem Unvorstellbaren, und es sich zeigte, dass das Unvorstellbare real war. Auf der anderen Seite dieser Grenze sehen wir uns vor ein moralisches Problem gestellt: Wie sollte eine zivilisierte Gesellschaft – in der es wie in allen Gesellschaften Grenzen gibt, Dinge, die wir nicht tun oder die wir nicht in unserem Namen geschehen lassen wollen, weil wir sie für indiskutabel, für nicht hinnehmbar halten – auf einen Angriff von Menschen reagieren, für die es keinerlei Grenzen gibt, Menschen, die buchstäblich zu allem bereit sind: sich die eigenen Füße wegzusprengen oder die Tragflächen eines Flugzeugs Sekunden vor dem Aufprall auf einen Wolkenkratzer so zu neigen, dass möglichst viele Stockwerke getroffen werden?

» Was Menschen Übles tun, das überlebt sie,
Das Gute wird mit ihnen oft begraben.«

Es überrascht nicht, dass das Wort *evil*, »böse«, in den letzten Monaten so oft verwendet wurde, vielleicht zu oft. Die Terroristen sind zu den *evildoers* geworden, ihr Anführer wurde *the evil one*, und jetzt wird befremdlicherweise auch noch die »Achse des Bösen« entdeckt, die dem Präsidenten der Vereinigten Staaten als Grund für eine Kriegsdrohung dient. Es ist ein seltsam widersprüchliches Wort, dieses »böse«, zu sehr befrachtet mit absoluter Bedeutung, um die unsaubere Relativität der Wirklichkeit angemessen zu beschreiben, und zu sehr durch inflationären Gebrauch entwertet, als dass es noch so viel bedeuten könnte, wie es sollte. So enthüllte die Comedy-Website SatireWire.com:

Erbittert darüber, dass man sie bei der Mitgliedschaft in der Achse des Bösen übergangen hat, haben Libyen, China und Syrien heute erklärt, dass sie die Achse des Genauso-Bösen gebildet haben, die nach ihren Worten noch viel böser sein wird als diese läppische Iran-Irak-Nordkorea-Achse. Kuba, der Sudan und Serbien meldeten, sie hätten die Achse des Etwas-Bösen gebildet, sodass sich Somalia gezwungen sah, sich mit Uganda und Myanmar zur Achse des Gelegentlich-Bösen zusammenzuschließen, während Bulgarien, Indonesien und Russland die Achse des Eigentlich-gar-nicht-so-Bösen als vielmehr nur Allgemein-Unangenehmen etablierten. Sierra Leone, El Salvador und Ruanda stellten den Antrag, künftig die Achse der Länder sein zu dürfen, die nicht-die-schlimmsten-sind-aber-bestimmt-nicht-gebeten-werden-die-Olympischen-Spiele-auszurichten; Kanada, Mexiko und Australien bildeten die Achse der Nationen, die-eigentlich-ganz-nett-sind-insgeheim-aber-fies-über-Amerika-denken, während Spanien, Schottland und Neuseeland von nun an als Achse der Länder gelten wollen, in-denen-Schafe-manchmal-aufgefordert-werden-Lippenstift-zu-benutzen.

»Das ist eigentlich keine Drohung, sondern nur etwas, was wir gern machen«, sagte der Erste Minister für Schottland Jack McConnell.

Ich persönlich würde mir wünschen, der Präsident hätte nicht gelobt, »die Welt vom Bösen zu befreien« – damit übernimmt er sich, diesen Krieg wird er kaum gewinnen können. »Böse« ist ein Ausdruck, der klären, aber auch verdunkeln kann. Für mich liegt dabei die größte Schwierigkeit darin, dass er diese Ereignisse enthistorisiert, entpolitisiert und entpersönlicht. Wenn das Böse das Werk des Teufels ist, und bei dieser tiefreligiösen Regierung muss man davon ausgehen, dass viele ihrer ranghohen Vertreter es so sehen, dann lässt man meiner Ungläubigen-Meinung nach die Terroristen vom Haken. Wenn das Böse außerhalb unser selbst liegt, eine von außen auf uns einwirkende Kraft ist, dann sind wir nur noch begrenzt für seine Folgen verantwortlich.

Das Bestechendste an der Shakespeare'schen Haltung zum Bösen ist ihre Betonung der menschlichen, nicht göttlichen Verantwortung dafür. »Was *Menschen* Übles tun«, sagt Marcus Antonius, und das ist die einzige Art, die Shakespeare interessiert. Die Verschworenen in *Julius Cäsar* sind von Omen und Auspizien besessen. »Doch nie bis heute Nacht, noch nie bis jetzt«, sagt Casca,

> Ging ich durch einen Feuerregen hin.
> Entweder ist im Himmel innrer Krieg,
> Wo nicht, so reizt die Welt durch Übermut
> Die Götter, uns Zerstörung herzusenden.«

Doch damit nicht genug.

> ... Die schwuren, dass sie Männer
> Mit feur'gen Leibern wandern auf und ab
> Die Straßen sahn. Und gestern saß der Vogel
> Der Nacht sogar am Mittag auf dem Markte,
> Und kreischt' und schrie. Wenn dieser Wunderzeichen
> So viel zusammentreffen, sage niemand:
> »Dies ist der Grund davon, sie sind natürlich.
> Denn Dinge schlimmer Deutung, glaub' ich, sind's,
> Dem Himmelsstrich, auf welchen sie sich richten.«

Die Verschwörer reden sich ein, dass die Omen, die Zeichen der Götter, ihr Verbrechen rechtfertigen, ja, notwendig machen. Wenn man die Verschriftung des so genannten »Rauchender Colt«-Videobands von Bin Laden liest, das notorische Kicher-Video, auf dem er über seine Verbrechen und den Tod seiner eigenen Männer lacht, fällt einem auf, wie sehr die Geistesverfassung der al-Qaida-Attentäter und die der Mörder Julius Cäsars einander gleichen. Das Band ist voll von Gerede über prophetische Träume und Visionen. Bin Laden selbst sagt: »Abu al-Hasan al-Masri hat mir vor einem Jahr gesagt: ‹Ich sah in einem Traum, dass wir gegen die Amerikaner Fußball spielten. Als unser Team ins Stadion einlief, waren es lauter Piloten!› Er sagte, das Spiel sei weitergegangen, und wir hätten sie geschlagen. Das war ein gutes Omen für uns.« Oder: »Dieser Bruder trat näher und erzählte mir, er habe im Traum ein hohes Gebäude in Amerika gesehen ... Ich war besorgt, das Geheimnis könnte womöglich offenbart werden, wenn jeder es in seinem Traum sieht.« An dieser Stelle der Aufzeichnung hört man, wie jemand von noch einem anderen Traum erzählt, in dem zwei Flugzeuge in ein hohes Gebäude rasen. Träume und Omen sind die Entschuldigungen der Mörder. Shakespeare wusste es besser. So sagt Cassius: »Nicht durch die Schuld der Sterne, lieber Brutus, / Durch eigne Schuld nur sind wir Schwächlinge.« Er spricht von der Notwendigkeit eines Staatsstreiches. Aber nach dem Attentat haben wir die »Schwächlinge« vergessen; es ist der erste Teil, in dem von der Verantwortung des Menschen für sein eigenes Handeln die Rede ist, dessen Wahrheit spürbar wird. *Nicht durch die Schuld der Sterne, lieber Brutus, durch eigne Schuld nur ...* Das Geniale daran ist, dass Shakespeare dem Attentäter genau den Gedanken in den Mund legt, der ihm später zum Verhängnis wird. Shakespeare glaubt nicht an das Wirken des Teufels. In der letzten Szene von *Othello*, als der Mohr endlich erfährt, wie Jago ihn hintergangen hat, sagt er: »Ich seh' ihm auf den Fuß; doch das ist Fabel.« Keine gespaltenen Hufe schauen unter dem Beinkleid des Schurken hervor. »Bist du ein Teufel, kann ich dich nicht töten.«

Die Welt ist real. Es gibt keine Dämonen. Die Menschen sind dämonisch genug.

Das Böse, das Menschen bei Shakespeare tun, ist immer eine Art Exzess. Es hat mit der Leugnung von Grenzen zu tun, der Bereitschaft, jede moralische Grenze zu übertreten. Goneril und Regan, Lady Macbeth, Jago: Für sie rechtfertigt das Ziel jedes Mittel. Notwendig, egal wie!* Hamlet ist das genaue Gegenteil: ein Mann, der so von moralischen Skrupeln umgetrieben wird, dass er eine Ewigkeit braucht, um zu handeln. Die große Frage des Handelns und der Grenzen des Handelns – *Wie weit können wir gehen? Wie weit ist zu weit, wie weit ist nicht weit genug?* – steht im Mittelpunkt von Shakespeares – und jetzt auch unserer – Welt.

Das Problem der Grenzen wird für Künstler und Schriftsteller, mich selbst eingeschlossen, dadurch prekär, dass wir uns ganz entschieden auf den Standpunkt stellen, für unsere Arbeit dürfe es keine Grenzen geben. Die Grenzenlosigkeit der Kunst war und ist unsere berauschende Ideologie. Das Ideal der transgressiven Kunst wird so wenig infrage gestellt – »wenn es nicht transgressiv ist, ist es kein Underground« –, dass es in den Augen konservativer Kritiker als eine neue Orthodoxie gilt. Früher einmal war das Neue schockierend, nicht weil es schockieren wollte, sondern weil es neu sein wollte. Heute ist allzu oft der Schock selbst das Neue; und die Schockwirkung nutzt sich in unserer übersättigten Kultur allzu rasch ab. Wie die Kinder in dem Disney-Film *Die Monster AG* lassen wir uns nicht mehr so leicht bange machen wie früher. Der Künstler, der schockieren will, muss sich deshalb immer mehr Mühe geben und immer weiter gehen, und diese Eskalation ist inzwischen vielleicht zur schlimmsten Art künstlerischer Selbstverliebtheit geworden. Und jetzt, in der Zeit nach dem Horror, nach der bilderstürmerisch entfesselten Selbststilisierung der Terroristen, haben jetzt Künstler und Schriftsteller immer noch das Recht, sich auf die erhabene, uneingeschränkte Freiheit der Kunst

---

* *By any means necessary*. Buch von Malcolm X.

zu berufen? Ist es an der Zeit – statt immer weiter die Grenzen auszuloten, sich auf verbotenes Terrain zu wagen und ganz allgemein Ärger zu machen –, der Frage nachzugehen, ob es nicht doch Grenzen gibt, die man der Kunst setzen sollte und die man ihr setzen kann, ohne ihr einen Tort anzutun?

Der britische Schriftsteller (und Jurist) Anthony Julius erörtert solche Fragen in seinem neuen Buch *Transgressions. The Offences of Art*. Er behandelt überwiegend, wenn auch nicht ausschließlich, die bildenden Künste und erinnert uns dankenswerterweise an das Aufkommen des Wortes *transgression* im England des sechzehnten Jahrhunderts. Es sei »mit negativen biblischen Anklängen befrachtet« gewesen und habe rasch weitere Bedeutungsschichten angenommen: »Regelübertretung, einschließlich des Verstoßes gegen Prinzipien, Konventionen, Gebote der Frömmigkeit oder Tabus, Erregung von Anstoß und Überschreiten, Auslöschen oder Verändern physischer oder gedanklicher Grenzen«. Er untersucht die transgressive Kunst Edouard Manets in den 1860er Jahren: Mit seiner »Olympia«, dem Bild von einer Hure, der Manet einen von Huren der Zeit gern verwendeten Namen gab, erkundete er die Grenze zwischen Kunst und »Pornographie« – wörtlich »Hurenmalerei« –, ein aus derselben Epoche stammendes Wort, und überschritt die Grenze zwischen dem Akt (einer ästhetischen, unerotischen Idee) und der nackten Frau, die mit unverhohlen erotischer Intention aus dem Bild schaut. Mit *Toter Christus mit Engeln* stellte Manet die Auferstehung infrage, und das Gemälde erregte großen Anstoß. Und sogar dem *Frühstück im Freien* wurde vorgeworfen, es verstoße »gegen die Gesetze der Perspektive und der Moral«. Nun, da die Zeit Manet und seine großen Zeitgenossen zu hochkarätigen Meistern der Kunstwelt geadelt hat, haben wir wenigstens eine Antwort an diejenigen, die der Kunst wieder Grenzen auferlegen möchten: Was der einen Epoche als Pornographie gilt, ist der anderen ein Meisterwerk. Schließlich hatte 1857 *Madame Bovary* die konventionellen, anständigen Menschen so in Rage gebracht, dass Flaubert juristischer Verfolgung ausgesetzt wurde. Wächter der Grenzen öffentlicher Moral sollten bedenken, dass sie im Urteil der Nachwelt irgendwann als Narren dastehen können.

Mit Recht spricht Julius dem französischen Schriftsteller des zwanzigsten Jahrhunderts Georges Bataille das Verdienst zu, große Teile unserer modernen Vorstellung vom Transgressiven formuliert zu haben. Interessanterweise glaubte Bataille jedoch, das Brechen von Tabus sei sowohl eine Notwendigkeit als auch eine *réinscription*, eine Bestätigung, der verletzten Grenze. »Grenzüberschreitungen heben Tabus auf, ohne sie zu unterdrücken.« Julia Kristeva erweitert das noch: »Die ethische Frage taucht überall dort auf, wo ein Kodex umgestoßen wird, um Platz zu schaffen für das freie Spiel der Negativität, des Bedürfnisses, des Verlangens, der Freude und des Vergnügens, bevor er wieder eingeführt wird, wenn auch nur vorübergehend.« Hier also ist eine zweite mögliche Antwort an Möchtegern-Zensoren in unserem neuen, furchtsameren Zeitalter: Kunstwerke verändern nichts, im Gegensatz zu Terroristen.

Exzellent ist Julius in seiner Darstellung der fünf Argumente zur Verteidigung der Kunst: das Argument der Meinungsfreiheit; das »ästhetische Alibi« («die Kunst ist ein privilegierter Bereich, in dem sonst Unsagbares gesagt werden darf«); das »Entfremdungs-Argument« («es ist Aufgabe der Kunst ... uns unseren vorgefassten Meinungen zu entfremden, indem sie das Vertraute fremdartig und das Selbstverständliche problematisch erscheinen lässt«); das »kanonische Argument« («Kunstwerke stehen in einer Tradition solcher Werke und müssen im Hinblick auf diese Tradition beurteilt und verstanden werden«); und das »formalistische Argument« («die Kunst hat ihre eigene, besondere Daseinsform und darf nicht mit verwandten, aber eigenständigen Werken der Einbildungskraft wie Propaganda und Polemik verwechselt werden«). Als jemand, der gewisse Erfahrungen mit Grenzüberschreitungen und ihren Konsequenzen hat, habe ich zu verschiedenen Zeiten alle diese Argumente benutzt, wie Julius freundlicherweise anmerkt. Er kommt jedoch zu dem Schluss, dass »das ästhetische Potenzial des Transgressiven erschöpft« sei. Ich bin mir nicht sicher, ob er damit Recht hat.

Schon vor den Angriffen auf Amerika habe ich mit Besorgnis beobachtet, dass in Großbritannien und auf dem europäischen Kontinent ebenso wie in Amerika der Druck auf die künstlerische und sogar die geistige Freiheit zunahm – dass vorsichtige, konservative politische und institutionelle Kräfte die Oberhand gewannen und dass viele gesellschaftliche Gruppen bewusst eine neue Kultur der mimosenhaften Bereitschaft zum Gekränktsein nährten, sodass immer weniger sagbar wurde und immer mehr Arten der sprachlichen Äußerung zu Grenzüberschreitungen erklärt wurden. Außerhalb der westlichen Welt – in der ganzen arabischen Welt, in vielen afrikanischen Ländern, im Iran, in China, Nordkorea und anderswo – stehen Schriftsteller und Intellektuelle überall unter Beschuss, und immer mehr von ihnen werden gezwungen, ins Exil zu gehen. Wenn es vor dem 11. September wichtig war, sich dieser kulturellen Einengung zu widersetzen, so ist es heute doppelt wichtig. Die Freiheit der Kunst und des Geistes hängt eng mit der allgemeinen Freiheit der ganzen Gesellschaft zusammen. Im Kampf um die künstlerische Freiheit kristallisiert sich die umfassendere Frage, die sich uns allen stellte, als die Flugzeuge in die Gebäude rasten: Wie sollen wir jetzt leben? Wie unzivilisiert dürfen wir unsere eigene Welt in Reaktion auf einen so barbarischen Angriff werden lassen?

Wir leben, glaube ich, in einer Grenzzeit, einer der Perioden großer Umwälzungen in der Geschichte der Menschheit, in der mit atemberaubender Geschwindigkeit große Veränderungen eintreten. Auf der Plusseite stehen das Ende des Kalten Krieges, die Revolution in der Kommunikationstechnologie, große wissenschaftliche Errungenschaften wie die Vollendung des Human Genome Project; auf der Minusliste steht eine neue Art Krieg gegen neue Arten von Feinden, die mit schrecklichen neuen Waffen kämpfen. Wir werden alle danach beurteilt werden, wie wir uns in dieser Zeit verhalten. Welches wird der Geist dieser Grenze sein? Werden wir dem Feind die Genugtuung verschaffen, uns in so etwas wie sein hasserfülltes, engherziges Spiegelbild zu verwandeln, oder werden wir, als die Hüter der modernen Welt, als die Bewahrer der Freiheit und die Bewohner der privilegierten Länder des Überflusses, weiterhin bestrebt sein, die Freiheit zu mehren und die Ungerechtigkeit einzudämmen? Werden wir uns in die Rüstungen verwandeln, die unsere Angst uns anlegen lässt, oder werden wir weiterhin wir selbst sein? Die Grenze formt unseren Charakter und stellt unser Durchhaltevermögen auf die Probe. Ich hoffe, wir bestehen die Probe.

Februar 2002

Danksagung

Neben den Zeitschriften und Institutionen, denen ich schon im Verlauf dieses Buches gedankt habe, gilt mein besonderer Dank Gloria B. Anderson und ihrem Team bei der *New York Times*, die alle Kolumnen aus Teil III zusammengetragen haben; und dem *New Yorker*, aus dem folgende neun Texte zum ersten Mal publiziert wurden: »Out of Kansas« (auch erschienen als Broschüre des British Film Institute zum *Zauberer von Oz*); »Wieder einmal – Zur Verteidigung des Romans«; »Reservoir Frogs«; »Heavy Threads«; »Über gesäuertes Brot«; »Crash«; »Der Volkssport«; »Verdammich, das ist eben der Orient!« und »Der Traum von einer glorreichen Heimkehr«. »Überschreiten Sie diese Grenze!« wurde ursprünglich für die »Tanner Lectures« über menschliche Werte in Yale 2002 geschrieben und dort auch vorgetragen. »In der Voodoo Lounge« erschien ursprünglich im *Observer* und »U 2« zuerst in der *Sunday Times*. »Die besten jungen britischen Romanciers« und »*Beirut Blues*« erschienen erstmalig im *Independent on Sunday*. »Über das Fotografiertwerden« kam zunächst in *Egoïste* heraus (in französischer Übersetzung). Richard Avedon und Nicole Wisniak gebührt großer Dank dafür, dass sie den Abdruck meines Porträts, das ursprünglich in *Egoïste* erschien, für diese Ausgabe genehmigt haben. Danken möchte ich auch: Article 19, besonders Frances D'Souza und Carmel Bedford, die die Rushdie Defence Campaign leiteten; all denen, die in den Rushdie Defence Commitees verschiedener Länder tätig waren; all den Schriftstellern, Verlegern, Buchhändlern, Lesern, Politikern, Diplomaten, Sicherheitsbeamten und anderen wohlwollenden Zeitgenossen, die uns in unserem Kampf unterstützten. Die Dankbarkeit, die ich für sie empfinde, ist so tief, dass ich sie nicht in Worte zu fassen vermag.

Register

11. September 2001 250, 334 fn, 493 fn, 494–496, 501, 521, 548 f., 556

Abu-Zeid, Nasr 333
Achebe, Chinua 93
Adams, Gerry 392 f.
Adonis (Dichter) 321, 331
Afghanistan 204, 250 f., 503; *siehe auch* Taliban
Ahern, Bertie 391 f.
Ahmed, Anis 281
Aitken, Jonathan 463
al-Batouty, Gameel 405
Albright, Madeleine 396
al-Fayed, Dodi 158, 160–162
al-Fayed, Mohamed 161 f.
Alfred Knopf (Verlag) 194
Algerien 331
Ali, Agha Shahid 208, 543
Ali, Quaddus 345
Alibhai-Brown, Yasmin 336, 338
All die schönen Pferde (Film) 467
Allen, Les 169
Allen, Woody 84
Almodóvar, Pedro 258
Al-Qaida 251, 498 f.
al-Shaykh, Hanan
Beirut Blues 70–73
Sahrahs Geschichte 71
Im Bann der High-Tech Harems 71
al-Tabari, Muhammed ibn Jarir 322
Amado, Jorge 93
Ambedkar 238

Amélie, Die fabelhafte Welt der (Film) 491
American National Endowment for the Arts 192
American Society of Newspaper Editors 185
American Sweethearts (Film) 491
Amiel, Jon 106
Amin, Idi 434
Amis, Kingsley 54
Amis, Martin 53 f.
– *Gierig* 54
– *London Fields* 54
– *Pfeil der Zeit* 54
Anand, Mulk Raj 216 f.
Ananthamurthy, U. R. 210
Anderson, Terry 182, 312
Anderton, Darren 182
Annan, Kofi 497
Anti-Defamation League 445
Antonioni, Michelangelo 32 f., 105, 468
– *Die rote Wüste* 32
Appachana, Anjana: *Listening Now* 224
Apuleius, Lucius 103
– *Der goldene Esel* 102
Arachne 199
Arafat, Yasser 392
Ardiles, Osvaldo 172 f., 177
Aristophanes 80
Aristoteles 365
Arlen, Harold 28 f., 35 f.
– ‹It's Only a Paper Moon› 28
Arsenal FC 166–168, 173, 184

Article 19: Rushdie Verteidigungskampagne 311, 317, 319, 339, 341, 448
Artus-Sage 517f.
Arumugam, Nicole 117
Ascherson, Neal: *Schwarzes Meer* 83
Asian Age 294
Aslam, Nadeem: *Season of the Rainbirds* 57
Asmal, Kader 486
Äsop 103
Attar, Fariduddin: *Vogelgespräche* 516
Attenborough, Richard: *Gandhi* 106, 236, 239
Attlee, Clement 540
Auchinleck, Sir Claude 540
Auermann, Nadja 154
Austen, Jane 80, 85, 98, 220f.
– *Emma* 122
Auster, Paul 85
Avedon, Richard 151–157
Aydinlik (türkische Zeitung) 329f., 339, 346
Ayub Khan 450f.
Azharuddin, Mohammed 273, 280

Babur, Zahiruddin Muhammed: *Baburnama* 245–253
Bainimarama, Commodore 434
Baker, James 314
Baker, Peter 169
Bakhtiar, Shapour 310
Bakker, Jim 369
Baldwin, James 215
Ball, Colin 258, 272
Ballard, J. G.: *Crash* 158f.
Balzac, Honoré de 401

Banerjee, Bibhutibhushan: *Pather Panchali* 210
Banks, Iain 53, 55
Barak, Ehud 441
Bard College 194, 197f.
Barker, Pat 53, 55
Barnes, Julian 53f.,
– *Flauberts Papagei* 54
– *Eine Geschichte der Welt in 10 1/2 Kapiteln* 54
– *Das Stachelschwein* 54
Barnett, Roger 521
Basu, Jyoti 212
Bataille, Georges 555
Baudelaire, Charles 68
– *Die Blumen des Bösen* 80
Baum, L. Frank 18–21, 31, 42, 51f.
BBC 107, 192, 256, 338f.
– Verfilmung von *Mitternachtskinder* 107, 110–112, 116–119
Beckett, Samuel 82, 98, 215, 373, 492
Bedford, Carmel 311
Beecher-Stowe, Harriet: *Onkel Toms Hütte* 188
Belge, Murat 340
Bellow, Saul 74, 480
Bentley, Ursula 53
Bergman, Ingmar 84, 468
Bernhard, Thomas 82
Berkeley, Michael 139
Best of Young British Novelists 53f., 58
Bernières, Louis de 53
Beverly Hillibillies 41
Bhushan, Prashant 483f.
Bhutto, Benazir 406
Bhutto, Asif Zardari 406
Big Brother (TV-Serie) 478–481
Bill of Rights 312, 448

Billson, Anne 53
bin Laden, Osama 281, 412, 498, 502, 552
Birla, Ghansyam Das 235
Bishko, C. J. 532
Bishop, Elizabeth 94
BJP (Bharatiya Janata Partei) 231, 240, 256, 260 f., 264, 270, 286–288, 417, 473, 507 f.; *siehe auch* Hinduismus
Blade Runner (Film) 122, 123
Blair, Tony 362, 370, 391–393, 395, 397, 463
Blake, William 303
Blanchflower, Danny 168 f.
Blumenthal, Sidney 375
Bock, Thea 317
Boden unter ihren Füßen, Der (Rushdie) 105, 110, 141, 149 fn, 265
Bofors-Skandal 230
Boje, Nicky 272
Bolger, Ray 41 f.
Bollywood 266, 294
Bombay 13, 32, 111, 145, 148, 166, 204, 225, 227, 229 f., 254 f., 259, 261, 275, 418, 541
Bono 131, 138–141
Booker Prize 55, 100, 106 f., 220
Boone, Pat 380
Borges, Jorge Luis 215, 524
Bose, Rahul 117
Botsford, Flora 118
Boyd, William 53
– *Die neuen Bekenntnisse* 54
Boyt, Rose 56
Brando, Marlon 491
Brecht, Bertolt: Der *aufhaltsame Aufstieg des Arturo Ui* 417–419
Brick (Zeitschrift) 145
British Arts Council 267, 271

Brontë, Charlotte 80
Brontë, Emily: *Sturmhöhe* 80
Brown, Bill 169, 171
Brundtland, Gro Harlem 316
Bryson, Bill 267
BSE 472
Buddhismus 177, 332
Buford, Bill 53
Bugliosi, Vincent 489
Bukhari, Imam 256, 260
Bulger, James 482–485
Bumppo, Natty 527
Buñuel, Luis 121
– *Ein andalusischer Hund* 121
– *Der Würgeengel* 305
Burchill, Julie 54
Burgess, Anthony: *Uhrwerk Orange* 122
Burke, Billie 39
Burroughs, William S. 121–123
Bush, George W. 185, 314, 378 fn, 446, 450–452, 457 fn, 463, 473, 505
– Bush-Gore Wahlkampf 446, 450–452, 454–456
– und Kyoto-Protokoll 378 fn
Butt, Uzra 295
Byatt, A. S. 53, 57

Calasso, Roberto: *Die Hochzeit von Kadmos und Harmonia* 83, 359
Calvino, Italo 69, 82, 102–104, 225
– *Die unsichtbaren Städte* 102
– *Sechs Vorschläge für das nächste Jahrtausend* 103
– *Wenn ein Reisender in einer Winternacht* 102
– *Der Baron auf den Bäumen* 103
– *Der geteilte Visconte* 103
– *Der Ritter, den es nie gab* 103

Cambridge Universität 146, 194–197, 321f., 324
Cameron, James 491
Camões, Luís Vazde 92
Campbell, Duncan 521
Campbell, Sol 172 fn, 181
Camus, Albert 82
Cannes Filmfest 493
Capriolo, Ettore 358
Carlsson, Ingvar 318
Carr, Stephen 182
Carter, Alexander 60
Carter, Angela 37, 60–69
– *American Ghosts and Old World Wonders* 67
– ‹A Souvenir of Japan› 62 f.
– ‹A Victorian Fable› 62
– *Blaubarts Zimmer* 63–65, 68
– *Buch Eva* 61
– ‹Erlkönig› 65
– ‹The Executioner's Beautiful Daughter› 63
– *Fireworks* 62
– ‹Flesh and the Mirror› 63
– ‹Die Gesellschaft der Wölfe› 66
– ‹The Loves of Lady Purple› 63 f.
– *Kinder und Hausmärchen* 65
– ‹Master› 64
– *Nächte im Zirkus* 62
– ‹Das Schneekind› 65
– *Schwarze Venus* 66 f.
– ‹The Smile of Winter› 63
– ‹Der Werwolf› 63, 65
– *Wie's uns gefällt* 37, 61, 64, 66
Carter, Mark 60
Cartier-Bresson, Henri 155
Carver, Raymond 69, 304
Cassim, Hamid 280
Castro, Fidel 425 f.

Chakravati, Aruna 264
Chan, Jackie 468
Chandra, Vikram 224, 274
– *Die fünf Seiten des Lebens* 274
Channel Four 107
Charles, Prinz von Wales 160, 346
Charter 88 448
Chastelain, John de 391
Chatterjee, Bankim Chandra 210, 217
Chatterjee, Upamanyu: *English, August* 224
Chatwin, Bruce 53, 68
Chaudhry, Mahendra 432 f.
Chaudhuri, Amit 224
Chaudhuri, Nirad C. 217
– *The Autobiography of an Unknown Indian* 217
Chawla, Sanjiv 272, 280
Cheney, Richard (Dick) 454 f.
Chicago Bulls 167
Chidambaram, P. S. 262
Chrétien, Jean 320
Christie, Linford 464
Chughtai, Ismat 210
Churchill, Sir Winston 233, 540
Clayton, Eddie 169
Cleveland, Grover 450
Clinton, Bill 187, 260f., 270f., 276, 365–367, 369–371, 375, 426, 444, 457, 464, 470
– Amtsenthebungsverfahren 365 f., 369–371
– Indien-Reise 260 f., 276
– Monica Lewinsky Affäre 261
Clinton, Hilary 422
Clooney, George 468
CNN 441, 452
Cockburn, Alexander 338–340
Coe, Jonathan 56

Coen-Brüder: *Mississippi-Odyssee* 468 f.
Coetzee, J. M. 91, 293, 428–431, 525
– *Schande* 428–431
– *Warten auf die Barbaren* 525
Columbia Universität 312 f.
Commentary (Zeitschrift) 403
Commonwealth 328
Commonwealth Foundation 258, 272
Commonwealth Writers' Prize 55, 257, 272, 290, 292 f.
Concorde-Absturz 440 f.
Conrad, Joseph: *Nigger von der Narcissus* 103, 401
Conservative Party (Großbritannien) 327, 329, 345
Cook, Robin 272
Coppola, Francis Ford: *Apocalypse Now Redux* 491
Corbijn, Anton 140
Cosić, Bora 385
Cotte, Tony 183
Craxi, Bettino 418
Crockett, Davy 527
Cronenberg, David: *Crash* (Film) 158 f.
Cronje, Hansie 272, 274, 276, 278 f.
Cruz, Penélope 467
Cunningham, Jack 319

Daily Mail 343, 344 fn, 346 f.
Daily Mirror 305
Daily Telegraph 205, 310, 403
Dalai-Lama 239, 241
Danko, Betty 41
Darwin, Charles 367, 398 f.
Das, Arjun 263

Davis, Andrew 108, 113
Delhi 207, 209, 227, 257 f., 263, 267, 269, 278, 281, 283 f., 289–292, 487, 506
DeLillo, Don: *Unterwelt* 100
Dershowitz, Alan 489
Desai, Anita 220 f., 224
– *Im hellen Licht des Tages* 98, 220 f.
– *Der Hüter der wahren Freundschaft* 221
Desai, Kiran 220, 225
– *Der Guru im Guavenbaum* 225
Desani, G. V. 218–220, 236 f.
– *All About H. Hatter* 218 f.
Deshpande, Shashi 293
Deutsche/Deutschland 164, 317 f., 436, 438
Devi, Mahasveta 210, 508
Devi, Rabri 264 f.
Dharker, Ayesha 117
Diallo, Amadou 420–423
Diallo, Kadiatou 422
Diana, Prinzessin von Wales 158–162
Dickens, Charles 98 f.
– *Unser gemeinsamer Freund* 80, 100
– *Bleak House* 99
– *Little Dorrit* 99
– *Nicholas Nickleby* 188
Diddley, Bo 131
Diderot, Denis 83, 302
Dietrich, Marlene 526 f.
Djaout, Tahar 333, 349
Doodhwala, Golmatol 265
Doodhwals, Piloo 265
Doordarshan (TV-Sender) 283, 288
Dostojewski, Fjodor 303
d'Souza, Frances 311

Dube, Rani 106 f.
Dumas, Roland 464
Dürrenmatt, Friedrich
– *Die Physiker* 146
Duvall, Robert 491
Dykes, Dick van 47
Dylan, Bob 135, 305, 380 f.

East Anglia Universität 74
Ebsen, Buddy 41
Eco, Umberto 331
Edinburgh, Justin 181
EgyptAir Flug 990 Absturz 409 f.
Einstein, Albert 241
Eliot, George: *Middlemarch* 80
Emecheta, Buchi 53
Engholm, Björn 318
Enzensberger, Hans Magnus 385
Erwitt, Elliott 155
ESPN 163 f.
Europäische Kommission 328
Everly Brothers 131
Everton FC 173
Expressen (schwedische Zeitung) 347

FA Cup 165, 168, 176, 179
Faiz, Faiz Ahmed 543–545
– ‹Der Morgen der Freiheit› 545
Fan, Der (Film) 122
Farrakhan, Louis 193
Fatwa 54, 191, 197, 256, 299, 301, 309 f., 314–316, 318–323, 326, 328, 341, 361 f., 372–374; *siehe auch* Iran; Khomeini, Ayatollah
Faulkner, William 97 f., 218
– *Als ich im Sterben lag* 100
Fellini, Federico 105, 468
Ferdinand, Les 182 f.
Fergus, Denise 482

Fielding, Henry: *Tom Jones* 116
Fields, W. C. 42 f.
Figaro 80
Finkielkraut, Alain 385
Finsberg, Geoffrey 447
Fischer, Lisa 134 f.
Fischer, Tibor: 53, 55 f.
– *Stalin oder ich* 55
Fisher, Mark 132
Fitzwater, Marlin 314
Flaubert, Gustave: *Madame Bovary* 80, 554 f.
Fleming, Victor 21
Flynt, Larry 369
Ford, John: *Schade, dass sie eine Hure war* (Film) 527
Forster, E. M.: *Auf der Suche nach Indien* 428 f.
Fouda, Farag 324, 333
Franco, Francisco 82
Frankenheimer, John: *Botschafter der Angst* 445
Franklin, Aretha 380
Freed, Arthur 20 f.
‹Freedom at Midnight› Rede 211
French, Patrick: *Liberty or Death* 239
French, Sean 56
Freud, Esther 53, 56
– *Marrakesh* 55
Fujimori, Alberto 464, 462
Fundamentalismus 192, 204, 329–331, 339, 354, 405, 495–497; *siehe auch* Islam
Fußball 163–184, 436 f.

Gabriel, Erzengel 323
Galbraith, John Kenneth 233
Galilei, Galileo 301
Gallant, Mavis 215

Gandhi (Film) *siehe* Attenborough, Richard
Gandhi, Indira 33, 106, 229, 240 f., 261 f., 286, 475, 506
Gandhi, Kasturba 238
Gandhi, Mohandas (‹Mahatma›) 217, 227 f., 235–241, 262, 286, 325, 388
Gandhi, Rajiv 230, 255, 262, 462
Gandhi, Sanjay 229 f., 475
Gandhi, Sonia 262, 265
Gangopadhyay, Sunil: *Those Days* 264
Gansel, Norbert 317
García Márquez, Gabriel 93, 215, 426 f.
Garland, Alex 267
Garland, Judy 14, 21, 28–30, 42–44
Gascoigne, Paul 177
Gates, Bill 235
Gauß, Karl-Markus 418
Gee, Maggie 53
Ghalib, Mirza 210
Ghosh, Amitav 247
– *In einem alten Land* 224
Gibbs, Herschelle 272
Gilmore, Mikal 492
Gilzean, Alan 177
Gingrich, Newt 365
Ginola, David 174–176, 181 f.
Ginsberg, Allen 313
Gish, Duane T. 398
Giuliani, Rudolph 422
Glaister, Lesley 56
Globalisierung 375–378
Goethe, Johann Wolfgang von 92
Gokhale, Namita 293
Gogol, Nikolai: *Die toten Seelen* 231
González, Elían 424–427
González, Juan Miguel 424–426

Gordimer, Nadine 91
Gore, Al 425, 444, 446, 450–452, 454–456
– Gore-Bush Wahlkampf 444, 446, 450–452
Gottlieb, Bob 194
Govender, Sadha 279
Grady, Bill 34
Graham, George 176, 178 f., 184
Granada TV 108
Gramsci, Antonio 409
Granny Takes a Trip (Boutique) 125–129
Grass, Günter 76, 82
Greaves, Jimmy 177
Greene, Graham 82, 215, 520
Grimm, Gebrüder: ‹Der Fischer und seine Frau› 26
Grimus (Rushdie) 268
Grobbelaar, Bruce 463
Gross, Christian 178
Guardian 118, 341, 521 fn
Guinness, Sir Alec 547
Gujarat-Massaker (Indien) 506–509
Gujral, I. K. 231
Gul, General Hamid 503
Gunesekera, Romesh: *Monkfish Moon* 57
Gupta, R. S. 290 f.

Ha'aretz (israelische Zeitung) 403
HBO 491
Haidar, Salman 263
Haider, Jörg 416–418
Haider, Qurratulain 210
Haile Sellassie 83
Haley, Bill 380
Haley, Jack 42
Hall, Christopher 117 f.
Halliday, Professor Fred 324

Hamilton, Margaret 33, 39, 42
Hamilton, Neil 463, 476
Handke, Peter 383–385
Harburg, E. Yip 28 f.
– ‹Brother can you spare me a dime› 36
Hardy, Oliver 16
Hariharan, Githa 224
Harmetz, Aljean 28 f.
– *The Making of the Wizard of Oz* 20 fn
Harun und das Meer der Geschichten (Rushdie) 24 f., 101, 120, 141, 266
Harris, Eric 385
Harris, Robert 56
Harrison, Benjamin 450
Harrison, George 413, 415
Harrison, William Henry 450
Harvey, Laurence 440
Havel, Václav 341 f., 379
Hawthorne, Nathaniel: *Der scharlachrote Buchstabe* 101
Heath, Sir Edward 327
Heilbron, Terry 181
Heldenplatz-Kundgebung 416–419
Heller, Joseph: *Catch 22* 29, 492
Helms, Jesse 143
Hemingway, Ernest 215
Heston, Charlton 383–386
Hibbert, Arthur 322
Hinduismus/Hindus 177, 213, 228, 236, 239 f., 249, 337, 476; *siehe auch* BJP; RSS
Hindustan Times 279, 294
Hitler, Adolf 337, 416 f.
Hoddle, Glen 177 f.
Hogg, Douglas 341
Holiday, Billie 70

Holland, Agnieszka: *Shot in the Heart* 492
Hollinghurst, Alan 53
Hollowbread, Johnny 169
Hooliganismus 163
Hopkins, Mel 169
Homer
– *Ilias* 80
– *Odyssee* 80
Human Rights Act 447–449
Hume, John 143
Hunter, C. J. 464
Huntingdon, Samuel 500
Hurd, Douglas 307
Hussein, Saddam 365–367

Ibrahim, Dawood 273
Igarashi, Hitoshi 303, 358
Independent 336, 339, 507
Index on Censorship 90, 448
Indian High Commission 256
Indian Sahitya Akademi 210
Indien 81, 208, 209–211, 213, 216–241, 250 f., 254, 262, 295, 453, 542
– Abtreibung / Mord an Babys 474–477
– DMK-Partei 231
– Kongress-Partei 228, 255, 264 f.
– Muslim League 228, 237
Indian Express 294
Internationale Konferenz zur Freiheit der Meinungsäußerung 299
Internationales Schriftstellerparlament 351
Ionesco, Eugène 98, 146
Iqbal, Muhammad 210
Iqbal, Shoaib 291
IRA 287, 391 f., 412

Iran 163, 258, 272, 304, 309f., 314–319
– und Fatwa 197, 309f., 314f., 324, 328, 347
Ishiguro, Kazuo 53, 55
– *Der Maler der fließenden Welt* 54f.
– *Was vom Tage übrig blieb* 55
Islam 118, 203f., 212f., 228, 237, 245, 249–251, 256, 275, 306, 309, 320, 322–324, 328, 330f., 333, 337, 339, 342, 349, 354, 383f., 409–411, 448, 495–501; *siehe auch* Fatwa; Fundamentalismus
Islam, Yusuf 501
ITN 339
Iversen, Steffen 182f.
Ivory, James: *Hollywood in Bombay* 16, 18

Jackson, Samuel 84
Jagger, Mick 125, 130–135
Jaitley, Arun 264
James, Henry 80, 215
Jehan, Shah 242
Jelloun, Tahar Ben 321
Jennings, Pat 171, 174
Jerusalem Center for Public Affairs 402
Jesus Christus 189, 246, 301, 368f.
Jha, Raj Kamal 293
Jhabvala Ruth Prawer 220
Jihad 203, 503
Jinnah, Fatima 452
Jinnah, M. A. 228, 237, 286
Jones, Cliff 169
Jones, Darryl 134
Jones, Paula 366
Jonson, Ben: *Alchemist* 146
Jordan, Michael 167
Jordan, Neil: *Die Zeit der Wölfe* (Film) 66, 141
Jørgensen, Anker 315
Joshi, Suresh 210
Joyce, James 85, 98, 215, 217
– *Ulysses* 80, 211
Juan Carlos, König von Spanien 308 fn
Judd, Alan 53
Julius, Anthony: *Transgressions: The Offences of Art* 554f.

Kadaré, Ismaïl 93
Kafka, Franz 100, 103
Kak, Sanjay 488
Kalra, Rajesh 272f.
Kanga, Firdaus: *Trying to Grow* 220
Kapur, Geeta 261m 269, 276
Kapuscinski, Ryszard: *König der Könige* 83
Kaschmir 208, 381, 390, 413, 503
Kaur, Ravel 262
Kavafis, Konstantinos 517, 524f.
Keller, Kasey 170, 182f.
Kemal, Yashar 331
Kendal, Jennifer 16
Kennedy, A. L. 53, 56
Kenny, Mary 343, 345, 347
Kent, Clark 47
Kerouac, Jack: *Unterwegs* 525f.
Kerr, Philip 53, 55
Khaliqui, Mohammed Din 281
Khan, Akhtar Hameed 332
Khan, Imran 498
Khilnani, Sunil 239
Khomeini, Ayatollah 104, 255, 316, 319, 321–323, 326, 328, 337, 361; *siehe auch* Fatwa
Khoury, Elias: *Little Mountain* 71
King, Martin Luther 241

King, Rodney 422
Kinkel, Klaus 318
Kirkpatrick, Jeane 194
Kiš, Danilo 82, 91
Kissinger, Henry 260, 500
Klebold, Dylan 383
Kleist, Heinrich von: *Michael Kohlhaas* 103
Klinsmann, Jürgen 175
Kohl, Helmut 418
Kolaktar, Arun 210, 216
Kongress-Partei *siehe* Indien
Koshay, Bobbie 43
Kosovo 394–397
Krishan, Kulbir 289
Kristeva, Julia 555
Kubrick, Stanley: *Uhrwerk Orange* 122
Kumar, Akshey 274, 283, 285, 289
Kumaratunga, Präsident Chandrika 117, 413, 415
Kundera, Milan 82, 85 f., 353
– *Testaments Betrayed* 85 f.
Kureishi, Hanif 53, 55
Kurosawa, Akira: *Die sieben Samurai* 468
Kurt-Tucholsky-Preis 318
Kyoto-Abkommen 378 fn, 473

Labour Party (Großbritannien) 319, 327 fn, 362, 417, 472
Lächeln des Jaguars, Das (Rushdie) 139
Lahiri, Jhumpa: *Die Melancholie der Ankunft* 280 f.
Lahr, Bert 45
Lahr, John 34
Lal, B. B. 288
Langley, Noel 20 f.
Lanois, Daniel 142

Lategan, Barry 155
Lateinamerikanische Literatur 81 f.
Lawson, Mark 56
Lazio Rom 177
Leahy, Patrick 314
Lean, David: *Reise nach Indien* 547
Lee, Ang: *Tiger und Drache* 466–469
Lee, Spike 322 f.
Leeds United 179
Leicester City FC 171, 177, 180–183
Lennon, John 125, 137, 379
Le Pen, Jean-Marie 418
LeRoy, Mervyn 21
Lessing, Doris 82, 524
– *Die Entstehung des Repräsentanten für Planet 8* 516
Levin, Bernard 329
Lévy, Bernard-Henri 346
Levy, Deborah 56
Lewinsky, Monica 470
Lewis, Carl 464
Lewis, Chris 273
Lewis, Jerry Lee 380
Lichter der Großstadt (Film) 47
Lieberman, Senator Joe 444–446, 454, 456
Limonow, Eduard 93
Lineker, Gary 177
Littleton, Colorado: Columbine High School Morde 383–385
Lively, Adam: *Sing the Body Electric* 53, 55
Livingston, Robert 369
Loader, Kevin 107 f., 110
Loman, Willy 75
London Review of Books 102
Louima, Abner 422
Luard, Clarissa 267

Lyttle, John 306

McCarthy, Joseph 76
MacDougall, Barbara 320
McEwan, Ian 53, 346
- *Ein Kind zur Zeit* 54
- *Unschuldige* 54
- *Schwarze Hunde* 54
McGuinness, Paul 141f.
McGwire, Mark 368
Machiavelli, Niccolò 105, 252, 444f.
- *Der Fürst* 444
Mackay, Dave 169
McVeigh, Timothy 480
McWilliam, Candida 53
Maginnis, Ken 391
Magris, Claudio: *Donau* 83
Mahal, Mumtaz 242
Mahapatra, Jayanta 210
Mailer, Norman 91
Major, John 326, 328, 341
Malcolm X 323
Malik, Amita 293
Malik, Salim 273
Malle, Louis: *Auf Wiedersehen, Kinder* 123
Malouf, David 97, 104
Malraux, André 377
Manchester United 168
Mandelstam, Osip 334, 352
Manet, Edouard
- *Toter Christus mit Engeln* 554
- *Frühstück im Freien* 554
- *Olympia* 554
Mansfield, Jayne 138
Manson, Marilyn 385
Manto, Saadat Hasan 210
- ‹Toba Tek Singh› 211
Mark Twain: *Huckleberry Finn* 188

Mars-Jones, Adam 53f.
Martial 59
Maruti-Skandal 230
Marx, Karl 217
Masjid, Juma 291
Mauren letzter Seufzer, Des (Rushdie) 110, 230, 255, 267
Marvell, Andrew: ‹On a Drop of Dew› 61
Mehta, Gita: *Narmada oder Geschichten vom menschlichen Herzen* 224
Mehta, Ved 220, 240, 264
- *Water* 263
Meinhof, Ulrike 58
Melville, Herman 103
- *Moby Dick* 80, 188
Middlesbrough FC 178
Mike Heron's Incredible String Band 130
Milken, Michael 402
Milken Familienfond 402
Milnes, A. A. 437
Mill, John Stuart: *Über die Freiheit* 301f.
Millar, Gavin 112–114
Miller, Arthur 74–77
- *Tod eines Handlungsreisenden* 75
- *Zeitkurven* 74
Milošević, Slobodan 383, 394–396
Milton, John 303
Miłosz, Czesław 353
Mishra, Pankaj 213
Mistry, Rohinton 224, 274
- *So eine lange Reise* 224
- *Das Gleichgewicht der Welt* 224
- *Das Kaleidoskop des Lebens* 224
Mitchinson, John 53
Mitternachtskinder (Rushdie) 99,

106–111, 114, 116f., 119f., 149, 151, 207, 255f., 263, 266f., 292
- Fernseh-Adaptation von 106–108, 111

Mitterrand, François 330, 418, 462
Mo, Timothy 53
Moderne Zeiten (Film) 47
Mohammed 322f., 332
Montaigne, Michel de 83
Moqtadaei, General Morteza 319
Moraes, Dom 210
Morante, Elsa 82
Morgan, Frank 42, 47; *siehe auch* Zauberer von Oz
Morrell, Jill 72
Moynihan, Daniel Patrick 314
Mr. Deeds geht in die Stadt (Film) 47
Mubarak, Hosni, Präsident 441
Mugabe, Robert 434
Mughal-e-Azam (Film) 32
Mukherjee, Bharati 207f.
Mukherjee, Meenakshi 212
Multatuli: *Max Havelaar* 56
Mumcu, Ugur 324, 333
Musharraf, General Pervez 260, 405–408, 502f.
Muslime *siehe* Islam

Nabokov, Vladimir 82, 215
- ‹Die Kunst des Übersetzens› 546–548

Naidu, Sarojini 237
Naipaul, Shiva 53
Naipaul, V. S. 79, 81, 83, 94, 207f., 221–223, 287, 508f., 538
- *Ein halbes Leben* 79 fn
- *Ein Haus für Mr. Biswas* 79
- *India. A Wounded Civilization* 221
- *Indien. Ein Land in Aufruhr* 221
- *Eine islamische Reise. Unter den Gläubigen* 538
- *Land der Finsternis* 221–223

Nanak, Guru 247f.
Narasimhaiah, C. D. 215
Narayanan, J. P. 446
Narayan, Raman Kocheril 207, 218f., 231
- *Der Menschenfresser von Malgudi* 218
- *The Painter of Signs* 218
- *The Vendor of Sweets* 218

Nargis (Filmstar) 486
Nasrin, Taslima 352, 355f.
- *Nemesis* 198
- Rushdies offener Brief an 352–355

Nation of Islam 323
National Geographic 242
National Rifle Association 383
NATO 383–385, 394–396
NBA 164
Nehru, Jawaharlal 211, 217, 227, 228, 237, 240f., 286, 325, 388
Nehru Centre, London 256
Nesin, Aziz 329–331, 339f.
Newcastle United 175
New Statesman & Society 324
New York Times 332, 339, 426, 438
Newman, Randy 137
NFL 164
Nicholson, Emma 327
Nielsen, Allan 182f.
Nixon, Richard 365
Norfolk, Lawrence 53
- *Lemprières Wörterbuch* 55

Norman, Maurice 169
Norman, Philip 53
Nordirland 391–393; *siehe auch* IRA
Nourse, Alan E.: *Bladerunner* 123

Nygaard, William 347, 356–359

Oasis (Rockband) 122
Observer 134 fn, 339
Öcalan, Abdullah 376
Ocampo, Victoria 97
Odessa Courier 80
Okri, Ben 53, 55
Olympique Marseille 178
Omar, Mullah 502
Ondaatje, Michael 145
Orwell, George 80, 88 f., 481
Oscar-Filmpreisverleihung 466–469
Outlook (indische Zeitschrift) 294
Ovid 92, 105, 352
– *Metamorphosen* 89
Oxford, Morris 258
Ozick, Cynthia 331

Padgaonkar, Dilip 294
Pakistan 57, 227, 229, 284, 405–408, 417, 449, 474, 538 f., 541
– Kaschmir / Konflikt mit Indien 229, 387–390, 542
Palästina 392 f.
Palme, Olof 462
Parera, Padma 224
Parker Bowles, Camilla 346
Pasolini, Pier Paolo 105
Patkar, Medha 487 f.
Patterson, Glenn 56
Paul, K. K. 274, 278
Payne, Sarah 443
Pears, Tim: *Die Farben des Sommers* 57
PEN 76, 91, 315 f., 318 f.
Penelas, Alex 425
Penguin (Verlag) 314
Pepys, Samuel 80

Perchard, Colin 271
Peres, Shimon 455
Peters, Martin 177
Philips, Caryl 53
Pico, Gianni 319 fn
Pilot, Rajesh 262
Pindar 78
Pinochet, Augusto 365, 367 f., 418
Pinter, Harold 98
Pioneer (indische Zeitung) 294
Poe, Edgar Allan 68
Potter, Dennis: *The Singing Detective* 106
Powell, Colin 505
Powell, Tristram 114 f.
Prabhakar, Manoj 273
Pradesh, Himachal 281
Premchand
– *Godaan* 210
– *The Gift of a Cow* 210
Premier League 168 f.
Presley, Elvis 14, 133, 137, 380
Price of Free Speech 356
Pritam, Amrita 210
Profumo, David 56
Prometheus 199 f.
Proust, Marcel 401
Pynchon, Thomas 33, 464 f.
– *Die Enden der Parabel* 33

Quayle, Dan 446

Raabe, Manfred 35 fn
Rabin, Yitzhak 392 f.
Raducan, Andreea 464
Rae, Bob 319 f.
Rafsandjani, Präsident Hashemi 342, 347
Rajagopalachari, C. 240
Rajaram, N. S. 247 f.

Ram, Govind 283, 285
Ramanujan, A. K. 210
Ramones 132
Ranganathan, Suman 261
Rao, P. V. Narasimha 231
Rao, Raja: *Kanthapura* 217
Ray, Satyajit 84, 210, 220, 467, 486
– *Die goldene Festung* 493
Rayner, Richard 56
Reagan, Nancy 473
Reagan, Ronald 185, 415
Reality-TV 478–481
Real Madrid 166–168
Reed, Lou 379
Rehman, Nasreen 338
Reno, Janet 426
Renoir, Jean 84
Richards, Keith 111, 132–135
Richardson, Samuel: *Clarissa* 219
Rilke, Rainer Maria 89
Ritchie, Harry 54
Roberts, Julia 491
Robinson, Mary 320
Rolling Stones 130–135
Rommel, Erwin 540
Rossellini, Roberto: *Rom, offene Stadt* 217
Roth, Philip: *Der menschliche Makel* 438
Roy, Arundhati 108, 486–489
– *Der Gott der kleinen Dinge* 224f.
Royal Shakespeare Company 119
RSS (Rashtriya Swyamsevak Sangh) 287, 508; *siehe auch* Hinduismus
Rumsfeld, Donald 503
Rushdie, Anis Ahmed 13 f.
Rushdie, Milan 283
Rushdie, Zafar 257, 266–268, 275, 278 f., 283–285, 290, 293
Ryerson, Florence 20 f.

Said, Edward 71
– *Am falschen Ort* 401–404
Salgado, Sebastião 520
Sandesh (Zeitschrift) 220
Saramago, José: *Das steinerne Floß* 542
Satanischen Verse, Die (Rushdie) 102, 105, 255 f., 292, 294 f., 299–301, 303, 305, 310, 313 f., 316, 320, 322, 324 f., 328 f., 331, 334, 339 f., 357 f.; *siehe auch* Fatwa
Saul, Frank 169
Savage, Robbie 181
Scham und Schande (Rushdie) 104, 267, 354
Schneewittchen und die sieben Zwerge 16
Schokolade zum Frühstück (Film) 145
Schöne und das Biest, Die (Fabel) 64
Schwarzenegger, Arnold 24, 313
Scindia, Madhavrao 262
Scott, Paul: *Juwel in der Krone* 108
Scott, Ridley 123
– *Gladiator* 468
Scutt, Judy 125
Scutt, Paul 125, 127
Segal, Kiran 295
Segal, Zorah 295
Self, Will 53, 56
– *The Quantity Theory of Insanity* 83 f.
Sen, Armartya 523
Sena, Shiv 240, 255, 417
Seth, Bapsi: *Cracking India* 224
Seth, Roshan 295
Seth, Vikram 110, 207
Eine gute Partie 107, 110
Shagal, Nayantara 217, 293

– *Prison and Chocolate Cake* 217
Shaggy 470, 473
Shakespeare, Nicolas 53, 56
Shakespeare, William
– *Hamlet* 78, 553
– *Julius Cäsar* 551 f.
– *Sommernachtstraum* 37, 66–68
– *Othello* 552 f.
Shamir, Yitzhak 455
Shankar, Ravi 126
Shankardass, Rani 295
Shankardass, Vijay 257 f., 261 f., 290, 294 f.
Shariati, Ali 338
Sharif, Nawaz 227, 260, 405, 407
Shaw, Bernard: *Die heilige Johanna* 145
Sher-Gil, Amrita 267, 270
Sherwood, Tim 182
Sica, Vittorio De 105
– *Fahrraddiebe* 217
Siddiqui, Dr. Kalim 321
Simon, Paul 137
Simpson, O. J. 470
Sinclair, Clive 53, 55
Singer, Leo 34
Singh, Rajendra 287
Sinn Féin 287; *siehe auch* IRA
Sivren, Alfred 464
Sivas, Türkei: Morde 331, 338 f., 342 f.
Smith, Bobby 169
Smith, John 319
Snowdon, Anthony Armstrong-Jones Lord 155
Soames, Sally 155
Soares, Mario, Präsident 341 f.
Soderbergh, Steven 492
Sokrates 301
Solschenizyn, Aleksandr 82, 294

Sondergaard, Gale 43
Sontag, Susan 385
– ‹Krankheit als Metapher› 442
– *Über Fotografie* 154
Soyinka, Wole 92, 331
Spark, Muriel 215
Speight, George 432, 434
Spence, Richard 110
Spielberg, Steven 24
Spring, Dick 320
Sri Lanka 117–119, 281, 413 f.
St. Aubin de Terán, Lisa 53
Stalin, Josef 323, 335
Starr, Kenneth 365, 370
Stein, Gertrude 215
Steiner, George 78–85, 87
Stendhal 224
Sterne, Laurence: *Tristram Shandy* 219
Stevens, Cat *siehe* Islam, Yusuf
Stevens, Gary (Everton) 173 f.
Stevens, Gary (Tottenham) 173 f.
Strydom, Pieter 272
Sudarshan, K. S. 287
Suetonius 104 f.
Sufi-Mystik 517
Sugar, Alan 178
Suleri, Sara: *Meatless Days* 224
Sundance Film Festival 490–493
Sundaram, Vivan 264, 269–271
Sunday Times 53 f.
Supple, Tim 119
Süssmuth, Rita 318
Swift, Graham 53, 100
– *Letzte Runde* 100
– *Waterland* 54

Tagore, Rabindranath 92, 97, 209 f.
Taj Mahal, Agra 160, 242–244

Taliban 204, 250, 412, 471, 499f., 502 f.; *siehe auch* Afghanistan
Tanovic, Danis: *No Man's Land* 492
Tapie, Bernard 178
Tarantino, Quentin 84
– *Pulp Fiction* 84
– *Reservoir Dogs* 123
Tarkowskij, Andrej: *Solaris* 492 f.
Taylor, D. J. 56
Taylor, Ken 108 f., 111–113
Tebbit, Lord Norman 448 f.
Temple, Shirley 30
Temple-Morris, Peter 327
Temur-i-Lang 252
Tendulkar, Sachin 280
Teresa, Mutter 235, 475 f.
Terrorismus 281, 304, 307, 310, 324, 383 f., 412–415, 494–497, 500 f., 555; *siehe auch* Al-Qaida
Terry, Megan: *Viet Rock* 147
Thackeray, Bal 255
Thackston, Wheeler M. 253
Thatcher, Margaret 58, 345, 367, 417 f.
The Nation 338
Thomas, R. S. 90
Thompson, Robert 482–485
Thorpe, Adam 56
Tik-Tok Man of Oz (Musical) 19
Time Magazine 226
Times 329
Times of India 294 f.
Tolstoi, Leo N.: *Anna Karenina* 80
Tottenham Hotspur FC 165, 168–184
Trainspotting (Film) 121
Travolta, John 84
Tremain, Rose 53
– *Der König Narr* 54
Trimble, David 143, 391–393
Tripp, Linda 365 f.
Türkei 329–333
– Islamisch-fundamentalistische Morde 324, 329, 333
Turner, Frederick Jackson 528, 534 f.
– *Die Grenze* 528 fn
Turner, Tina 134
TWA 800 Absturz 410

U2 130, 138–143
Ulster Unionist Party 391
UNESCO 210
Univision (TV-Sender) 163 f.
UNO 201, 327 f., 348, 350, 362, 388
Updike, John 91

Vajpayee, Atul Behari 264, 287, 507
Vance, Larry Jr. 522
Van Morrison 140 f.
Vargas Llosa, Mario 173 f., 215, 353
Varma, Pavan 257
Vega, Ramon 181 f.
Velvet Underground 379
Venables, Jon 482–485
Vergil: *Georgica* 105
Verma, Nirmal 210
VHP (Vishwa Hindu Parishad) 507 f.; *siehe auch* Hinduismus
Vidal, Gore 480
Vidor, King 21
Villa, Ricardo 172–174, 177
Villapalos, Gustavo 315
Vincent, Gene 131
Vintage Book of Indian Writing (Mitherausgeber: Rushdie) 110
Visconti, Luchino 105, 468
Voltaire 205, 301

Vom Winde verweht (Film) 21, 126

Waite, Terry 307
Waits, Tom 137
Waldegrave, William 307
Walker, Ian 183
Warburg, Yip 21
Warhol, Andy 242
Warner, Marina 335
Watts, Charlie 134f.
Wayne, John 527
Waugh, Evelyn: ‹Mr Loveday's Little Outing› 483
Webber, Sir Andrew Lloyd 186f.
Weiner, Justus Reid 402
Welles, Orson: *Im Zeichen des Bösen* 525f.
Welsh, Irvine: *Trainspotting* 122
Weltstaudammkommission (WCD) 486f.
Welty, Eudora 97f.
Wenders, Wim: *Himmel über Berlin* 385
West, Nathanael 43, 147
Westerberg, Bengt 318
White, John 177
White, T. H.: *The Sword in the Stone* 518
Whitman, Walt 494
Roger Rabbit, Falsches Spiel mit (Film) 24
Widdecombe, Ann 449
Wiesel, Elie 331
Williamson, Robin 130
Willingdon, Lord 235
Wilson, A. N. 53

Wilson, Edward O. 367
Wilson, Lanford: *Virgil is Still the Frogboy* 121
Wilson, Robert McLiam 56
Winogrand, Garry 154
Winterson, Jeanette 53, 55
Wolfe, Tom 83, 367
– *Radical Chic & Mau Mau bei der Wohlfahrtsbehörde* 83
The Right Stuff 83
Woolf, Edgar Allan 20f.
Woolf, Virginia 80, 211
Wooster, Bertie 474
World Conservative Union 487
Worthington Cup 165, 170, 175, 184
Wylie, Andrew 313
Wynn, Ed 43

Yadav, Laloo Prasad 231, 264
Yentob, Alan 107, 111f.
Young, Sir Rob 272

Zagorakis, Theo 183
Zahavi, Helen 57
Zakariya, Fouad 335
Zappa, Frank 136f.
Zauberer von Oz, Der (Film) 13–52
Zellweger, Renée: *Nurse Betty* 469
Zeta-Jones, Catherine 491
Zia ul-Haq, General Mohammad 405
Zidane, Zinedine 437
Ziegfeld, Flo 39
Žižek, Slavoj 385
Zola, Émile 80